W0191924

JAKOB MATTHIESSEN

TOD
ODER
TAUFE

DIE KREUZFAHRER
AM RHEIN

JAKOB MATTHIESSEN

TOD
ODER
TAUFE

DIE KREUZFAHRER AM RHEIN

GMEINER

HISTORISCHER ROMAN

Immer informiert

Spannung pur – mit unserem Newsletter informieren wir Sie
regelmäßig über Wissenswertes aus unserer Bücherwelt.

Gefällt mir!

Facebook: @Gmeiner.Verlag
Instagram: @gmeinerverlag
Twitter: @GmeinerVerlag

Besuchen Sie uns im Internet:
www.gmeiner-verlag.de

© 2021 – Gmeiner-Verlag GmbH
Im Ehnried 5, 88605 Meßkirch
Telefon 07575 / 2095-0
info@gmeiner-verlag.de
Alle Rechte vorbehalten
1. Auflage 2021

Lektorat: Daniel Abt
Herstellung: Mirjam Hecht
Umschlaggestaltung: U.O.R.G. Lutz Eberle, Stuttgart
unter Verwendung eines Bildes von: © https://commons.wikimedia.org/
wiki/File:SiegeofAntioch.jpeg
Druck: CPI books GmbH, Leck
Printed in Germany
ISBN 978-3-8392-0083-4

Zum Gedenken an die Opfer
christlicher Judenfeindschaft,
gewidmet all denjenigen, die sich für die Stärkung
des jüdischen Lebens in Europa einsetzen.

Präambel

Tausendfünfundneunzig Jahre nach der Geburt des Herrn erging der Ruf des Papstes Urban II. an die Christenheit, das Gelobte Land müsse den Heiden entrissen werden. Nie verwelkender Ruhm und unendliche Freuden im Himmelreich erwarteten jeden, der diesem Ruf Folge leiste. Gott will es!

Mächtige und Habenichtse, Suchende und Skrupellose, Abenteurer und Vogelfreie machten sich auf zur heiligen Stadt Jerusalem. Pilgerströme formten sich zu Heeren. Getrieben von Armut, Heilsverlangen, Gier und Ruhmessucht zogen sie durchs Frankenreich.

Aber warum in der Ferne kämpfen, wenn hier unter ihnen ein Volk von Ungläubigen seine schändlichen Bräuche ganz ungehemmt betreiben darf?, fragten sich die bewaffneten Horden. Und auch auf gute Beute hofften sie in den Bischofsstädten Speyer, Worms und Mainz, in denen sich das Volk der Gottesmörder – wie es von ihnen genannt wurde – niedergelassen hatte. Denn nicht wenige der Juden waren tüchtig und erfolgreich, und einige von ihnen hatten es zu beträchtlichem Wohlstand gebracht.

7

Warum verdunkelte sich nicht auch da der Himmel, warum zogen die Sterne ihren Lichtglanz nicht ein, und Sonne und Mond, warum verfinsterten sie sich nicht an ihrem Gewölbe, als an einem Tage, am dritten des Siwan, tausendeinhundert heilige Personen ermordet und hingeschlachtet wurden, so viel Kleine und Säuglinge, die noch nicht gefrevelt und gesündigt hatten, so viele arme unschuldige Seelen! – Willst Du hierbei an Dich halten, Ewiger? Denn für Dich ließen die Personen ohne Zahl sich umbringen.

Salomo bar Simson, ein Chronist der Verfolgungen

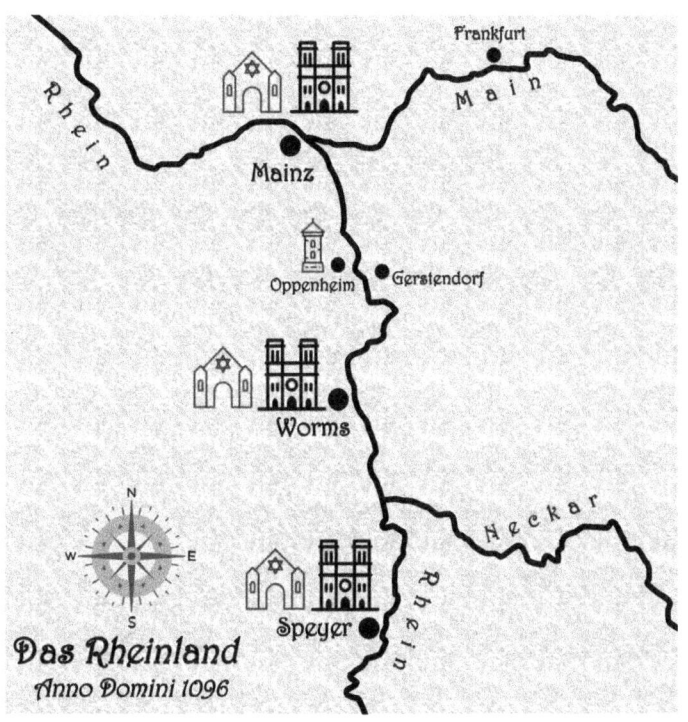

Frankfurt

Rhein

Main

Mainz

Oppenheim ● Gerstendorf

Worms

Neckar

Rhein

Speyer

Das Rheinland
Anno Domini 1096

Dramatis Personae

Historische Personen sind mit einem * gekennzeichnet.

Aus der jüdischen Gemeinde von Mainz:

Chaim, Rabbi und Glasmacher, Mitglied des Judenrates
Jehudith, Chaims Frau
David, Jehudiths und Chaims ältester Sohn
Hannah und **Benjamin,** Jehudiths und Chaims kleinere Kinder
Mosche*, Chaims älterer Kollege, ebenfalls Mitglied des Judenrates
Kalonymos ben Meschullam*, Vorsteher des Judenrates
Schmuel Hendlein, Kaufmann, Mitglied des Judenrates
Salomo, geschätzter Arzt und Mitglied des Judenrates
Zacharias, Trödel- und Kleinhändler
Rachel*, seine Frau
Aaron, Isaak, Orli und **Bela,** Rachels und Zacharias' Kinder
Sarah, Jehudiths Schwester
Doron, Sarahs Bräutigam
Dov, Jehudiths Vater
Elischewa, Rachels Freundin
Erez, Jonah und Ethan, Jehudiths Brüder

In der Bischofspfalz:

Raimund, Domdekan
Bischof Ruthard*, Erzbischof von Mainz, gleichzeitig Stadtherr von Mainz und Erzkanzler des Heiligen Römischen Reiches
Manfried, Dompropst, Stellvertreter des Bischofs
Bruder **Anselm,** zuständig für die Verpflegung und Unterbringung der bischöflichen Gäste
Hauptmann Hadewin, Befehlshaber der Wache der Bischofspfalz
Irmgard, verantwortlich für die Näherinnen in der Pfalz

⚬

Im Heer der Kreuzfahrer:

Rotkutte, Priester
Peter, Bauernjunge aus der Nähe von Gerstendorf
Emicho von Flonheim*, Führer des Kreuzfahrerheers vor Mainz
Christain, Peters neuer Freund
Jutta, Hübschlerin
Roland, Fähnrich im Heer der Leininger
Veit, Hauptmann im Heer der Leininger
Wolf, Soldat im Dienste Emichos

⚬

In und um Mainz:

Ida, Bäckerstochter, Davids gute Freundin
Brose, Scharfrichter von Mainz
Gottfried, Idas Vater, Bäckermeister
Utz, einfacher Bauer

Veronika, Idas Mutter, Gottfrieds Frau
Hermann von Erkenbald, Vogt der Stadt Mainz
Wendel, Schuster
Meister Wernhart, Zimmermann
Bernhard, Peters jüngerer Bruder
Mathilde, Peters jüngere Schwester

Prolog

Dienstag, der 27. Mai Anno Domini 1096 / 3. Siwan 4856

Mainz – Bischofspfalz, in der Johanniskirche

DER LAPPEN IN seinem Mund schmeckte fischig. Mit Mühe konnte er dem Würgereiz widerstehen, den der Knebel in ihm auslöste. Der Strick schnitt sich tief in seine Handgelenke, die man ihm hinter dem Rücken zusammengebunden hatte. Seine Finger waren inzwischen taub.

Rabbi Chaim stand in einer langen Reihe vor dem Altarkreuz. Diejenigen, die es noch in die Bischofspfalz geschafft und am heutigen Tag nicht den Tod gefunden hatten, warteten auf das nun Unvermeidliche.

Chaim wandte sich um. Dies war also der Rest seiner einst so blühenden Gemeinde. Die meisten der Seinen senkten die Köpfe voller Scham, vereinzelt gewahrte Chaim Blicke des Vorwurfs. Rachel, ihr blitzte der Zorn aus den Augen. Sie war bereit gewesen zum Kiddusch ha-Schem, dem höchsten Opfer zur Heiligung Seines Namens.

Chaim war es nur recht, dass auch ihr der Mund verschlossen war. Er wollte Rachels Beschimpfungen jetzt nicht hören, dafür war später Zeit genug. Aber viele in seiner Gemeinde empfanden Erleichterung. Das hatte er gespürt, selbst wenn die Wenigsten dies zugeben würden. Darauf ließe sich aufbauen. Darauf setzte Chaim all seine Hoffnung.

Er rieb seine gebundenen Hände gegeneinander, damit er sie wieder spüren konnte. Sie blieben jedoch taub. Chaim drehte seinen Kopf nach rechts. Jehudith hockte mit ein paar der Ihren gefesselt an der Wand unter dem Kreuz mit dem Gehängten. Ihr sonst so schönes, lockiges Haar war strähnig und zerzaust. Aber in ihrem Blick fühlte er auch jetzt die Wärme, die ihm in den letzten Tagen Kraft gegeben hatte.

Ach, Jehudith, meine geliebte Rose von Scharon. Du hast den schweren Gang schon hinter dir.

Chaim schloss die Augen. Nun war es an ihm.

Zwei Wachen zerrten ihn nach vorn. Die Beine drohten, ihm zu versagen, aber die beiden Hünen, die ihn fest unter den Armen packten, gaben Chaim Halt. Er spürte eine weite, schwammige Leere. Wie aus großer Ferne vernahm er die sanfte Stimme seines Freundes Raimund. »Glaubst du an Gott, den allmächtigen Vater?«

Chaim wollte den Kopf schütteln, mit dem bisschen Kraft, das noch in ihm war. Doch zwei Hände pressten sich gegen seine Ohren und Wangen. Dann wollte er sein Haupt eben gar nicht bewegen. Schließlich musste er sich dem Druck fügen, der seinen Kopf einmal nach oben und nach unten führte.

Warum auch nicht? Er glaubte an den allmächtigen Vater. Alle Juden glaubten daran.

»Glaubst du an Christus, Gottes Sohn?« Raimunds Frage erscholl in der Weite des Raumes in ungewohnter Fülle. Doch war da dieses schwache Zittern, das sich immer dann in die Rede seines Freundes einschlich, wenn dieser seinen Worten selbst nicht trauen mochte.

Was habt ihr Christen aus dem Nazarener gemacht? Einen Gott! Einen Gott, der gekreuzigt wurde!

Selbst über solch heikle Themen hatte er mit Raimund sprechen können. Zwischen den Reben auf den Hügeln am Ufer des Rheins waren sie umhergegangen. Und in den Stunden des hitzigen Disputs verriet jenes leise Zittern die Zweifel seines Freundes, der sonst seine Worte so geschickt zu setzen wusste.

Chaim machte sich ganz steif. Aber die zwei Pranken, die sich wie die zwei Backen eines Schraubstocks in seine Schläfen pressten, waren stärker als das, was von seinem Willen nach all den Strapazen übrig geblieben war. Sie zwangen ihn erneut zu einem Nicken.

»Glaubst du an den Heiligen Geist?«

Der Ewige ist eins, nicht drei! Moses und die Propheten sagen es immer wieder. Der Ewige ist nicht teilbar, er ist eins!

Aber Chaims Aufbäumen war nicht mehr als der Flügelschlag eines Spatzen, schon ließ er seinen Kopf bereitwillig führen.

Mit einem Ruck wurde er nach unten gebeugt. Er öffnete die Augen.

Sein Spiegelbild starrte ihn aus dem Wasser des runden Beckens an. All die Zweifel hatten tiefe Furchen in sein Gesicht gegraben.

Würde er je vor dem Gericht des Herrn bestehen können? Er selbst war es ja gewesen, der dies alles von Raimund verlangt hatte. Nicht nur für sich selbst. Und nicht nur für Jehudith und seinen Sohn David. Für den ganzen Rest der Gemeinde hatte er gesprochen.

War es Weisheit? War es Torheit? Oder war es nur die schäbige Angst um sein kleines bisschen Leben? Würde er all dies seinem Schöpfer erklären können?

Chaim, du Dummkopf. Der Ewige braucht keine Erklärungen, der Ewige weiß.

Tropfen bildeten sich auf seiner Stirn. Der Schweiß kroch in sein rechtes Auge, rann quälend langsam den Nasenflügel hinunter und tropfte in das Becken. Das Angesicht, auf das er schaute, verschwamm in der Unruhe der Wasserfläche.

Raimunds Stimme besiegelte den Frevel. »So taufe ich dich im Namen des Vaters.«

Die Hände pressten seinen Kopf in das Becken. Chaim hielt den Atem an. Das Wasser war angenehm warm. Und noch während er sich über seine Erleichterung darüber wunderte, wurde er wieder nach oben gerissen.

Er wollte einen tiefen Atemzug nehmen.

»Im Namen des Sohnes.«

Sein Haupt wurde nochmals in den Bottich getaucht. Chaim verschluckte sich am Wasser, das an dem Knebel vorbeirann.

. Endlich erlaubten ihm die fremden Hände, nach Luft zu schnappen. »Und im Namen des Heiligen Geistes«, hörte er Raimund wie durch eine Blase verkünden.

Da war sein Kopf ein weiteres Mal unter Wasser, und Chaim prustete hilflos in das Becken.

Die Hände rissen ihn hoch, diesmal so, dass er aufgerichtet dastand. Röchelnd schaute Chaim in das Gesicht seines Freundes.

Raimund blickte zur Seite, als wolle er Trauer und Scham verbergen.

Die Hände lösten sich von Chaims tropfnassen Wangen, dann schleifte man ihn weg.

Er hatte es so erwartet, doch war da ein Rest Furcht in ihm gewesen. Aber weder hatte das Wasser seine Haut verbrannt noch hatte ein Blitz vom Himmel sein Herz zerfetzt.

Und es roch genau so, wie Wasser riechen sollte: nach nichts.

Einst die Herren,
werden sie jetzt in fremden Landen gedrückt durch
Knechtschaft
und durch das Joch, das man ihnen aufgelegt.

Selichah – Kalonymos ben Jehuda

Teil I: Schatten aus dem Süden

Freitag, der 23. Mai Anno Domini 1096 / 28. Ijjar 4856

Mainz – auf dem Synagogenplatz

»GEBT GUT ACHT AUF DEN RING«, sagte Chaim beim Abschied. Der Rabbi hatte den goldenen Trauring, der schon seit Generationen im Besitz der Gemeinde war, zur Familie des Bräutigams gebracht. Dabei hatten sie die letzten Einzelheiten der Hochzeit besprochen. Und Chaim hatte sich überreden lassen, am Mitzwah-Tanz teilzunehmen, dem letzten Teil der Zeremonie, bevor Braut und Bräutigam endlich eine Weile allein in einem Zimmer verweilen durften.

Er trat aus der Tür und blickte auf den kleinen Platz. Die Sonne stand hoch am Mittagshimmel, die Häuser aus dunklem Holz und Lehm, die ihre Synagoge umschlossen, warfen wohltuende Schatten. Eng zusammengerückt standen sie da, als würden sie das große Steinhaus in ihrer Mitte beschützen wollen. Drei große bogenförmige Öffnungen fanden sich unterhalb des Giebels, das darüberliegende runde Rosenfenster mit dem rötlich schimmernden Glas kam aus Chaims Werkstatt. Erst vor einigen Jahren war ihnen der Bau ihres Bethauses gestattet worden. Jedoch nur unter der Bedingung, dass es nicht direkt an der Straße läge, sondern versteckt in einem Innenhof.

Haus der Beschnittenen wurde ihre Synagoge seitdem von

den wohlwollenden Christen genannt. *Brutstätte des Teufels* war eine andere Bezeichnung, die auch jeder in der Stadt verstand.

Chaim hatte sich gerade dem hohen Eingang ihres Gotteshauses mit den drei breiten Treppenstufen zugewandt, da kam ein Junge aus dem Torbogen zur Lorscher Gasse gerannt. Ein etwas jüngeres Kind folgte dem Buben mit ein paar Schritten Abstand.

»Isaak, ich krieg dich!«, schrie der Jüngere.

»Versuch es doch, Aaron, du Zwerg«, rief Isaak zurück. »Lahmer Zwerg, lahmer Zwerg. Versuch's doch, versuch's doch!«

Während des Laufens hatte sich Isaak zu seinem Bruder umgedreht. Es schien, als wolle er den Abstand zu Aaron genau abstimmen. Einerseits sollte sein kleiner Bruder die Verfolgung nicht mutlos aufgeben, andererseits wollte Isaak genug Distanz bewahren, um dessen Knüffen nicht ausgesetzt zu sein. So bemerkte Isaak den Pferdewagen nicht, der mit Speisen und Getränken für die Hochzeit beladen war. Der Kutscher war abgestiegen und bemühte sich, das Gefährt unter den Kran zum Abladen zu bugsieren, sodass die vielen Säcke, Fässer und Kisten endlich im Keller eingelagert werden konnten.

Zunächst drückte er das breite Hinterteil des Pferdes nach vorn, rannte dann fluchend zum Kopf des Tieres und drängte es wieder nach hinten. Das arme Geschöpf wieherte und versuchte, aus den widersprüchlichen Anweisungen des Mannes schlau zu werden. So war der Blick des Wagenführers auf das Pferd und den Kran gerichtet und nicht auf den rennenden Isaak.

Der Rabbi sah das Unglück herannahen. Im allerletzten Augenblick zog er Isaak von dem großen Wagen weg.

Chaim schnaufte. Es hätte nicht viel gefehlt, und der Junge wäre von dem eisenbeschlagenen Rad zermalmt worden.

Langsam beruhigte sich der Herzschlag des Rabbis. Er nahm den Buben auf seinen Arm und ging auf Aaron zu, der vor Schreck auf den Boden geplumpst war. Dabei sprach Chaim streng auf Isaak ein: »Du musst nach vorne schauen, wenn du läufst. Guck, der Wagen dort wäre fast über dich ...«

»Isaak, Aaron, rennt doch nicht weg! Ich habe Orli und Bela bei mir, ich kann nicht so schnell«, unterbrach ihn eine kräftige Frauenstimme. Da kam auch schon die Mutter der beiden durch den Torbogen herbeigeeilt. Ihren Säugling Bela trug sie eingebunden in einem Tuch vor der Brust. Die einjährige Orli thronte aufrecht, ebenfalls in ein Tuch gewickelt, auf dem Rücken der Mutter.

»Schalom, Rachel. Hier sind deine beiden Lausbuben«, grüßte Chaim.

»Schalom, Rabbi Chaim, gut, dass ich dich treffe«, brachte Rachel hervor, vom Laufen atmete sie noch schwer. »Hast du einen Moment Zeit?«

Die kleine, kräftige Frau kratzte sich verlegen mit der linken Hand den Nacken. Gleichzeitig zupfte sie mit der rechten ihr abgewetztes Leinenkleid zurecht, an dem ein Riss an der linken Schulter zwar sichtbar, jedoch sorgfältig zugenäht war.

Chaim lächelte freundlich. Er konnte Rachel gut leiden, auch wenn er ab und an über ihre mit manchem Aberglauben gespickte Gottverbundenheit schmunzeln musste. Die Länge des Bartes ihres Mannes Zacharias, dessen Haut doch so empfindlich sei, war Gegenstand langer Erörterungen gewesen. War die Anweisung aus dem zehnten Kapitel des Levitikons, den Bart nicht zu stutzen, nun ein Gebot oder ein Verbot? Und falls es ein Verbot war, wie schwer würde das Kratzen in Zacharias' Gesicht gegenüber Gottes Willen wiegen? Rachel hatte auf einer Klärung des Sachverhaltes von höchster Stelle bestanden. So hatte diese Frage schließlich selbst den Rat beschäftigt.

Chaim unterdrückte ein Seufzen bei der Erinnerung an all die haarspalterischen Diskussionen. Insbesondere Rabbi Mosche liebte es, sich in solchen Details zu ergehen. Mit welcher Geduld sein älterer Kollege Rachel damals zugehört und alle Aspekte des Bartwuchses und Kratzens ihres Mannes beleuchtet hatte. Da war kein Zweifel: Diese stolze Frau führte ihr bescheidenes Heim nach allen Regeln der jüdischen Sitte. Nun stand sie vor ihm, ihre Haare quollen unter dem halb gelösten Kopftuch hervor, und dicke Schweißperlen standen ihr auf der Stirn.

Eine Unterhaltung mit Rachel könnte lange dauern, dazu hatte Chaim jetzt wirklich weder Lust noch Zeit. Der Domdekan Raimund würde bald in die Synagoge kommen, und Chaim wollte unbedingt den Psalm studieren, den sie gerade bearbeiteten, schließlich war Raimund immer bestens vorbereitet. So antwortete er: »Nein, Rachel, jetzt ist es gerade nicht so gut. Ich muss dringend in die Synagoge.«

»Bitte, Rabbi Chaim, du musst mich anhören. Gestern Nacht ist Zacharias nicht nach Hause gekommen«, insistierte Rachel, während die kleine Orli fröhlich mit ihren Fingerchen am Bindeband des Kopftuchs ihrer Mutter spielte.

»So? Wo wollte Zacharias denn hin?«

»Er ist mit seinem Handwagen frühmorgens Richtung Guntzinheim losgezogen. Am Nachmittag wollte er aber schon zurück sein.« Rachel musste Orlis Hände festhalten, die nun kräftig an ihrem Haarband zogen. »Meister Wendel wollte ihm doch endlich das Geld für die sieben Felle geben, die er vor vier Wochen auf Vorschuss von Zachi erworben hatte. Der Schuster wollte aus dem Leder Schuhe machen und uns dann von dem Erlös bezahlen.«

»Vielleicht ist die Deichsel seines Wagens gebrochen und Zacharias musste unterwegs übernachten.«

»Es ist noch nie passiert, dass er über Nacht nicht heimgekehrt ist«, erwiderte Rachel empört.

Chaim erwog die Möglichkeiten, was geschehen sein könnte. Dass der Trödel- und Kleinwarenhändler nicht heimgekommen war, konnte Tausende von Gründen haben. Jedoch war gerade ein Jude außerhalb des Walls in Gefahr. Die Mauern der Stadt boten Schutz vor Tieren, Wegelagerern und Ausgestoßenen, besonders bei Nacht. Und neuerdings gingen Gerüchte um, dass aufgewühlte Christen sich zu Heeren zusammenrotten würden. Rachels Sorge hatte also einen guten Grund.

Aber was soll ich jetzt machen?, dachte Chaim in seiner Ungeduld. Isaak zappelte auf seinem Arm und der Kutscher war nach
wie vor gefährlich am Manövrieren. Er wollte den Jungen daher
nicht loslassen. Deshalb fragte er Rachel: »Hast du genug Geld
bis morgen?«

Der kleine Aaron war mittlerweile aufgestanden und zog an
der linken Hand seiner Mutter. Rachels Blicke wechselten zwischen dem Jungen und Chaim hin und her. Gleichzeitig versuchte sie, mit ihrer Rechten Orli zu beruhigen. »Fünf Silberschillinge hat uns Meister Wendel versprochen. Mittlerweile
können wir uns nicht mal mehr Brot kaufen. Zachi war so froh,
dass wir nun endlich das viele Geld erhalten würden, das uns
der Schuster schuldet.«

Chaim brannte es unter den Füßen, aber er musste der
armen Frau helfen. Wenn er Rachel jetzt Geld gäbe, würde er
dies jedoch nur unter größten Mühen aus der Armenkasse der
Gemeinde zurückbekommen. Dazu brauchte es seit Neuestem
die Zustimmung des Rates. Eine reine Formsache in diesem Fall,
aber die Zustimmung musste *vor* der Auszahlung gegeben werden. Chaim fühlte einen Groll gegen diese völlig unnötige Vorschrift in sich aufkommen, dem er nun jedoch keinen Raum
geben wollte. Ach, was soll's, dachte er. Sobald es mit Zacharias'
kleinem Geschäft wieder aufwärtsginge, würde Rachel ihm das
Geld unaufgefordert zurückzahlen. *Sie* würde *ihn* daran erinnern, wenn er das Ganze längst schon wieder vergessen hätte.

Er wandte sich an den Jungen auf seinem Arm. »Isaak, du
musst jetzt brav deiner Mutter folgen, versprichst du das dem
Rabbi Chaim?«

Der Junge, der inzwischen an Chaims Schläfenlocken Gefallen
gefunden hatte und daraus kleine Zöpfe drehte, nickte gehorsam.

Chaim ließ Isaak hinunter, holte einen Lederbeutel aus seinem Wams hervor, nahm zwei Münzen heraus und legte sie auf
seine flache Hand. »Rachel, ich muss jetzt wirklich gehen. Bitte
nimm die zwei Pfennige und kauf Brot und auch etwas Wurst

für dich und deine Kleinen. Wahrscheinlich gibt es für alles eine ganz einfache Erklärung.«

Rachel schaute Chaim zweifelnd an, sodass der hinzufügte: »Dein Mann kommt sicher bald wohlbehalten zurück. Du darfst das Böse nicht an die Wand malen, sonst kommt es von selbst.«

Bei dem Wort *Böse* schreckte Rachel unvermittelt zurück. Derweil zogen sowohl Isaak als auch Aaron an Rachels Arm. Sie schaute auf die zwei Münzen in Chaims Hand. Nun fing auch noch die kleine Bela zu schreien an.

Zögernd nahm Rachel das Geld an sich. »Danke, Rabbi Chaim. Ich gebe dir alles zurück, sobald Zacharias wieder zu Hause ist und wir das Geld von Schuster Wendel erhalten haben.«

»Ist schon gut, Rachel. Das hat keine Eile.«

»Kannst du dem Parnas sagen, dass mein Mann nicht nach Hause gekommen ist?«

»Es tut mir wirklich leid, ich muss jetzt gehen. Schalom.« Mit diesen Worten ließ er Rachel und ihre vier Kinder stehen und eilte zum Eingang der Synagoge.

Dort angekommen schlug Chaim das in weiches Leder eingebundene Buch der Psalmen auf und atmete den vertrauten Geruch des kostbaren Pergaments ein. Und während er sich an den wie Perlen aufgereihten Buchstaben und den feinen Bildern erfreute, die sich wie Efeu um die hebräische Schrift rankten, verflüchtigte sich jeder Gedanke an Rachel und ihren Mann.

Mainz – Bischofspfalz, im Schlafraum des Domdekans

Es war eine hohe Kunst, sich der schwarzen Soutane der Benediktiner zu entledigen. Die weiße Kordel mit den zehn Knoten hing bereits am Haken an der Tür. Mit der Gewandtheit jahrzehntelanger Übung griff Raimund mit beiden Händen über

Kreuz den schweren Stoff auf Schulterhöhe, beugte sich nach vorn, zog sich zunächst das enge Rückenteil über die Schultern und dann den weiten Rest der Kutte. Dabei vermied er jegliche Berührung des Stoffes mit dem kargen Steinboden seiner Zelle.

Nun stand er da, mit nacktem Oberkörper, nur die weiße Bruoch bedeckte seine Blöße.

Er sah an sich hinunter. Im Gegensatz zur Mehrzahl seiner Mitbrüder hatte er seinen schlanken Körper bewahrt. Die straffe Ordnung des klösterlichen Tagesablaufes war für ihn seit jeher eine wohltuende Stütze, daher musste er die Monotonie des Mönchslebens nicht durch Sinnesfreuden kompensieren. Von dem meist reichhaltigen Klosteressen nahm er nur in Maßen. Aber am Sonntagabend beim geselligen Gespräch mit seinen Brüdern genoss er es, einen Becher Wein zu trinken. Das Kloster am Jakobsberg war allseits bekannt für seine Vinifikation, die sich der roten und weißen Reben von den Hängen der zwei großen Flüsse bediente, die in seiner Stadt zusammenfanden.

Sein Weg sollte ihn heute Mittag zur Synagoge führen. Dabei war es angeraten, unverdächtige Kleidung zu tragen. Schon aus Respekt vor jüdischen Besuchern. Denn obwohl Raimund und Rabbi Chaim für ihr Treffen die Mittagszeit ausgemacht hatten, in der kaum mit Anwesenden zu rechnen war, galt es, vorsichtig zu sein. Die Synagoge stand jederzeit allen in der Gemeinde offen, Gott war schließlich immer da. Und ebenso das Bedürfnis, mit ihm in Kontakt zu treten, hatte Chaim erklärt.

Aber auch christliche Stadtbewohner könnten Anstoß nehmen an einem Mönch auf dem Weg in das Viertel, in dem vorwiegend Juden wohnten, und dies umso mehr, nachdem man ihn im letzten Jahr zum Domdekan bestimmt hatte. Daher schlüpfte Raimund in das grau-grüne Wams, das auf der Pritsche bereitlag, obwohl es nur ein kurzer Fußweg von der Bischofspfalz neben dem Sankt-Martins-Dom zur Synagoge war. Und trotz der seit Wochen andauernden Hitze entschied er sich, auch die Gugel auf dem Kopf zu tragen.

Raimund hängte die Mönchskutte an den Haken zu der Kordel, öffnete die schwere Holztür und schritt an den geschlossenen Zellentüren seiner Mitbrüder vorbei. Das Klappern seiner Sandalen gab den Takt zum Zirpen einer Meise, blühende Rhododendren im menschenleeren Innenhof verbreiteten einen bleiern-süßen Duft. Wenn es so warm war, bevorzugten die Mönche ihre kühlen Zellen zur Mittagsruhe.

Er schritt an dem Kaiserhaus vorbei, in dem der Herrscher über das Frankenreich und seine Fürsten weilten, wenn sie sich zu einem Hoftag in der Mainzer Bischofspfalz versammelten. Heute vermied es Raimund, die Pfalz durch die große Pforte zum Marktplatz zu verlassen. Daher wählte er nicht den direkten Weg über den Michaelishof mit den Ställen und Verwaltungshäusern, sondern wandte sich zum Bischofspalast zu seiner Linken, der einen direkten Zugang zum Dom bot. Er schritt durch die Pforte mit den zwei Säulen und trat in eine große Halle ein.

Langsam gewöhnten sich seine Augen an die Dunkelheit, ließen die schmalen Fenster hoch oben in dem Mauerwerk doch nur wenig Licht hinein. Ein Bildnis Heinrichs IV. auf der gegenüberliegenden Seite nahm zögerlich Gestalt an. Eine weite marmorne Treppe teilte sich nach links und rechts und ließ so Raum für das mannshohe Wandbild des Kaisers. Der stand dort jedoch etwas verloren zwischen all den gerahmten Gesichtern der Geistlichkeit: Seit einigen Jahren prangten Bischof Ruthards zweiundsiebzig Vorgänger an den Wänden hoch über dem Bildnis des Kaisers.

Raimund entschied sich für die rechte Treppe. Oben angekommen blickte er durch ein kleines Fenster in Richtung Michaelishof, wo er die Spitze des alten Wohnturms durch die enge Öffnung erspähen konnte. Obwohl der mächtige Turm von außen sehr robust wirkte, wusste Raimund, dass dessen Inneres in einem erbärmlichen Zustand war. Feuchte hatte sich in alle Winkel eingeschlichen, das Holz war modrig geworden und verbreitete einen muffigen Geruch. Er hatte den Turm als sicheren Lagerplatz für bedeutende Dokumente im Auge, war jedoch mit Bischof Ruthard bisher nicht bezüglich der vorher notwendigen Renovierung übereingekommen. Raimund seufzte kurz, wandte sich nach rechts und passierte den Empfangsraum des Bischofs, vor dem wie immer eine Wache stand. Der lange Gang war ausgefüllt mit goldenen und silbernen Monstranzen, die sorgsam auf Tischen aufgereiht waren. Dazwischen beäugten hölzerne Heilige die Vorbeigehenden, als wären sie vom Himmel abgestellt worden, die kostbaren Reliquien zu bewachen.

Über eine Holzbrücke ging es von dem Bischofspalast hinüber in den Dom.

All die Pracht der Pfalz konnte leicht vergessen machen, dass man sich in einer Festung befand. Neben dem gut gesicherten Tor zum Marktplatz war dieser Übergang die einzige Verbindung nach draußen. Erst letztes Jahr hatte Bischof Ruthard die weitaus prachtvollere Steinbrücke abreißen und durch diese schlichte einziehbare Holzkonstruktion ersetzen lassen. So konnte nun ein Ansturm vom Dom her vereitelt werden. Bei Gefahr verschluckte die Pfalz die Schubbrücke und die Angreifer stünden machtlos vor einem gähnenden Abgrund.

Eine kleine Tür führte in den Altarraum des Domes, durch die er mit seinen Mitbrüdern soeben erst vom Gebet zur Sext gekommen war. Das Mittagslicht zeichnete Streifen in den majestätischen Raum. Christus, ans Kreuz genagelt, blickte stumm auf die wenigen Betenden hinunter. Ein Kranz von Sonnenstrahlen umgab den Körper des Herrn, der, von der Marter seltsam unberührt, hoch über den Menschen schwebte.

Trotz all seiner Bewunderung für die hohe Baukunst empfand Raimund eine merkwürdige Beklemmung angesichts dieses Wahrzeichens erzbischöflicher Macht. Deutlich wohler war ihm in der viel bescheideneren Johanniskirche, die wenige Schritte westlich des Domes innerhalb der Pfalz lag. Dort, vor dem unscheinbaren Bild des Sämanns, der Gottes Botschaft vertrauensvoll über das weite Feld verstreute, betete er am liebsten.

War es, weil auch seine Eltern Bauern waren? Wie so oft tauchten Erinnerungen an seine Mutter ganz unverhofft in seinem Bewusstsein auf. In ihrem erdfarbenen Kleid sah er sie beim Melken der Kühe auf einem Schemel. Sie hielt ihm die noch warme Milch in einem grob geschnitzten Holzbecher an den Mund, aus dem er gierig trank. Der vertraute mütterliche Geruch und der süßliche Geschmack der frischen Milch, die seine Kehle hinunterlief, waren die sinnlichsten Momente eines Kindesglücks, welches einmal da gewesen sein musste. Das war, bevor er als Sechsjähriger in das Kloster auf dem Jakobsberg jenseits der Stadtmauer gebracht worden war. Seitdem hatte er seine Mutter nicht mehr gesehen.

Vermutlich lebte sie nicht mehr, die Bauern hier wurden nicht alt.

Am Ausgang des Doms zog er die Gugel tief ins Gesicht. Schnell schritt er an dem mächtigen Tor zur Bischofspfalz vorbei, hinein in die Straße zum Flachsmarkt, die in Mainz nur die »Lange Gasse« genannt wurde. Aus den zweistöckigen Häusern links und rechts drangen Stimmen, Kinderschreien und -lachen, deftiges Fluchen und das ein oder andere Tischgebet. Nur vor einigen der vielen Läden waren Waren ausgestellt. Er kam zügig voran auf dem sonst so geschäftigen, jedoch in der heißen Mittagszeit fast menschenleeren Weg.

Vor dem Flachsmarkt bog Raimund nach links ab in die Lorscher Gasse und ging auf einen weiten Torbogen zu. Der Durchgang zum Synagogenplatz führte durch eines der wenigen Steingebäude in Mainz, in denen keine Gottesdienste gefeiert wurden, sondern die ausschließlich als Wohnstätten dienten. Auf der rechten Seite des Durchgangs stand Frau Hendlein zwischen den Auslagen ihres Geschäftes. Die Gattin des wohl tüchtigsten Kaufmanns von ganz Mainz grüßte Raimund, indem sie die Hände auf die Brust legte und sich verbeugte. Sie trug ein Kleid aus einem der leuchtenden orientalischen Stoffe, die bei den Städterinnen heiß begehrt waren.

Raimund antwortete mit einem kurzen Nicken und warf einen Blick auf die Auslagen. Neben einem Tischchen mit feinen Lederhandschuhen stand eine marmorne Madonna aus Italien. Marderfelle hingen an einem Haken in der Tür, und in einer Vielzahl von Schalen waren bunte, herrlich duftende Gewürze aus fernen Ländern ausgestellt, die im Rheintal nicht gedeihen wollten. Sogar eine vergoldete Amphore stand neben einem kupfernen Kessel, der aus Afrika zu kommen schien.

Raimund schritt unter dem Torbogen hindurch und blickte auf das Haus aus hellbraunem Sandstein mit dem hohen Giebeldach in der Mitte des Platzes. Die rundliche Ausbuchtung in der Mitte der Hauswand zeigte die Stelle an, an der sich im Inneren der Torahschrein befand. Darüber thronte das runde Rosenfenster aus rötlich schimmerndem Glas. Ein Fuhrmann lud mit einem Kran die letzte Kiste seiner Ladung ab.

Er hatte sich mit Chaim in dem kleinen Holzanbau zur Linken der Synagoge verabredet.

Auf einem Acker nahe Gerstendorf

Ruhig und stetig zog das braune Kaltblut voran, dem trockenen Boden unter ihm zum Trotz. Lenes dunkler Schweif baumelte gemächlich über ihrem breiten Hinterteil. Der Pflug riss eine neue Furche, drei Handbreit neben der, die sie zuvor gezogen hatten. Lene wusste von selbst, wie sie sich bewegen musste, locker lag die Leine über Peters Schulter.

Wegen der Härte des Bodens musste er den Pflug fester halten, als es sonst notwendig war. Immer wieder wollte das Schar ausbrechen, manchmal nach links, in das unbearbeitete Feld, manchmal nach rechts, in eine der Furchen, die sie bereits gezogen hatten. Und Peter musste auch darauf achtgeben, dass er nicht hängen blieb an den großen Steinen, die sich auf dem Feld wie Sterne am Himmel verteilten, denn sonst könnte der eiserne Meißel beschädigt werden.

Er wischte sich den Schweiß aus der Stirn. Seit dem frühen Morgen hatten sie bereits geschuftet und erst ein paar Dutzend Furchen waren gezogen. Der Acker auf dem Rücken des Hügels schaute ihn mitleidlos an.

Wenn er schon pflügen sollte, dann nur mit ihrer Stute Lene, hatte er heute Morgen am Tisch in der Stube gefordert. Vater war einverstanden gewesen. »Nimm sie nur, ich habe heute im Stall zu tun. Pass aber auf, dass das Kumt richtig um ihren Hals liegt, damit sie genug Luft bekommt.« Diese Bemerkung seines Vaters hatte ihn geärgert. Als ob er das nicht selbst wüsste.

Am Ende des Feldes angekommen, lockerte Peter seine verkrampften Schultern. Weil er stetig auf den schwarzbraunen Boden hatte schauen müssen, tat es ihm gut, den Blick schweifen zu lassen, entlang des grünlich schimmernden Flusses und über die Hügel jenseits des Ufers. In weiten Bögen wand sich der Rhein durch die Landschaft. Ruhig floss er daher, von Speyer über Worms und schließlich bis nach Mainz, so wusste es Peter aus den Erzählungen seiner Eltern. Doch die drei großen Städte lagen verborgen hinter Hügeln.

Ach, wie gerne würde er Mainz einmal sehen. Der Turm der großen Kirche sei so hoch, dass er die Wolken kitzle. Das hatte ihm einmal ein altes Weib aus Gerstendorf erzählt, wohin sie jeden Sonntag zur Messe gingen.

Die Konturen des Rheintals verloren sich in der Ferne, verschluckt vom Dunst am Horizont. Aus den Wäldern auf der gegenüberliegenden Seite des Flusses streckte sich der Turm der Burg Oppenheim wie der Kopf eines Rehs hervor. Etwas unterhalb der Burg mühte sich ein Bauer hinter einem Ochsen über ein Feld. Immer wieder ließ er den großen Stock auf das Tier niederfahren. Gut, dass er die folgsame Lene hatte, dachte Peter.

Ein Fährboot lag auf der anderen Rheinseite halb auf dem Ufersand, der Ferge ruhte in seinem Schatten.

Nur ganz selten war Peter mit dieser Fähre zum großen Markt in Oppenheim über den Rhein gefahren. Meist zusammen mit der Mutter und mit Gänsen und Hühnern, Zwiebelsäcken und ein paar Kisten Kohl. Zu zweit zogen sie dann frühmorgens den schweren Holzwagen den Berg hinauf in die Stadt. Angekommen am Tor zum Markt legte sie ihm gewöhnlich die Hände auf die Schultern und lobte ihn seiner gewachsenen Kräfte wegen.

Heute warteten lange Stunden der Plackerei auf ihn, und trotzdem würden sie erst in ein paar Tagen mit dem Acker fertig werden. Peter seufzte. Lenes große, freundliche Augen blickten ihn fragend an. Zärtlich streichelte er über ihren struppigen Hals und flüsterte ihr zu: »Komm, Lene, wir gehen zur Wasserstelle und ruhen uns im Schatten der Bäume etwas aus.«

Lene nickte mit ihrem zotteligen Kopf. Peter spannte den Pflug ab, und so trotteten sie gemeinsam zu dem kleinen Wäldchen am Feldrand. Nochmals richtete Peter seinen Blick in die Ferne in Richtung Worms. Eine außergewöhnlich große Staubwolke fiel ihm auf. Sie kroch zum Himmel empor, dort, wo der Rhein sich hinter dem lang gestreckten Hügel versteckte. Es ist doch kaum ein Wind zu spüren, wunderte sich Peter.

An der Baumgruppe angekommen, zog es Lene sofort zu dem kleinen Bach. Bald scharrten ihre Hufe durch den steinigen Grund, während sie das frische Wasser gierig einsaugte. Auch Peter genoss das kühle Nass, das er aus seinen Händen schlürfte.

Nachdem sein erster Durst gestillt war, nahm er den großen Ledersack aus Ziegenfell von Lenes Rücken, zog den Korken aus dem hölzernen Mundstück, lehrte den Schlauch aus und ließ das frische Wasser des Baches hineinlaufen. Er lehnte sich an eine große Linde und nahm eine der getrockneten Pflaumen, die ihm seine Mutter am Morgen mitgegeben hatte, aus dem Beutel, den er am Gürtel trug. Saftig und süß, so mochte er es. Bald würde auch sein kleiner Bruder mit dem Essen kommen.

Peter liebte diesen Platz, den er in den Pausen aufsuchte, wann immer er in der Nähe arbeiten musste. Von hier aus konnte er in aller Ruhe das Geschehen auf dem Treidelweg auf der anderen Seite des Flusses beobachten. Heute zogen zwei kleine Händlergruppen am Fluss entlang. Ein schwarzer Ochse war vor den ersten Wagen gespannt, ein massiger Ardenner zog den anderen. Ein Reiter auf einem stolzen Hengst forderte mit ausholenden Armbewegungen, dass man ihm Platz machte.

Flussabwärts trieben zwei Schiffe in Richtung Mainz. In Gegenrichtung mühten sich ein Mann und ein Mädchen, eine kleine Barke an langen Leinen zurück nach Worms zu treideln. Ach, auf einem Schiff zu arbeiten, das wäre schön. Dann könnte man sich ausruhen, wenn es den Fluss hinunterging.

Ein leises Rauschen meinte Peter zu vernehmen, ein Rumpeln und Poltern in der Ferne, aus der Richtung dieser seltsamen Wolke, die näher gekommen war. Unvermittelt stand der Ferge auf und schaute flussaufwärts. Hastig schob er sein Boot in das Wasser, steuerte mit kräftigen Schlägen in den Fluss und ruderte herüber auf die hiesige Seite.

Mainz – im Anbau der Synagoge

Beim Eintritt in den Anbau der Synagoge schlug Raimund der Duft von frisch gebackenem Brot entgegen. Jehudith, die Frau des Rabbis, winkte ihm mit einer mehligen Hand zu. Auch ihre Schürze und Arme waren ganz bestäubt von dem hellen Puder. »Mein Mann erwartet dich bereits. Er brütet in der Synagoge über dem Text, den ihr heute übersetzen wollt.«

Raimund zog sich die Gugel von seinem Kopf und verbeugte sich vor der Frau seines Freundes. Auf einem Tisch neben dem Ofen lag ein großer heller Teigklumpen, in den sie mit der Faust ihrer rechten Hand ein Loch drückte. Aus einem Tonschälchen goss sie eine gräuliche Masse in das Loch hinein und schlug den Teig darüber zusammen. Flink kneteten Jehudiths Hände die zähe Masse, mit kräftigen Bewegungen walkten ihre Handballen wieder und wieder in den Teig hinein. Dann streute sie Mehl auf den Tisch und drückte den Klumpen flach, um den Fladen nochmals zusammenzuschlagen und in rhythmischen Bewegungen weiter durchzukneten.

Fasziniert beobachtete Raimund das geschickte Spiel von Jehudiths Händen. Nach einer Weile der Stille blickte sie ihn fragend an. »Warum schaust du so interessiert, wenn ein Weib seine Arbeit verrichtet?«

»Entschuldige bitte, Jehudith«, erwiderte Raimund. »Aber kennst du das Gleichnis vom Sauerteig? Daran musste ich denken.«

»Nein, das kenne ich nicht.«

Da ertönte eine warme Stimme aus der Tür, die zur Synagoge führte. »*Das Himmelreich ist gleich einem Sauerteig, den ein Weib nahm und unter drei Scheffel Mehl vermengte, bis es ganz durchsäuert ward.*«

Chaim kam mit ausgebreiteten Armen auf Raimund zu. Seine großen wachen Augen über dem buschigen Bart schauten ihn freundlich an. »Raimund. Wie schön, dich zu sehen.«

»Dein Wissen über unseren Herrn beeindruckt mich immer wieder.« Raimund streckte seine Hand aus, die Chaim, das Angebot der Umarmung dezent zurückstellend, herzlich ergriff.

»Danke. Gerade gestern habe ich in den Berichten eurer Evangelisten gelesen. Ich mag es sehr, wie euer Herr seine kleinen Geschichten erzählt wie die vom Sauerteig. Ganz schlicht und doch verwirrend schön. Dann denke ich, da spricht ein Jude zu mir, rätselhaft und geheimnisvoll«, schwärmte Chaim und fügte dann ernst hinzu: »Aber du weißt, ich kann nicht glauben, dass Jesus Gott ist. Gott will nicht, dass man ihn teilt.«

Auch wenn Raimund das sehr wohl wusste, versetzte es ihm doch einen kleinen Stich ins Herz. Er hatte seinem Freund eine

Funktion als Berater der Kurie zu Fragen des Alten Testaments vermittelt. Dies war sowohl für ihn selbst als auch für Chaim von Vorteil, konnten sie doch so ihre religiösen Gespräche unter einem Mantel der Legalität verbergen. Und natürlich hatte er gehofft, seinem Freund ein wenig Verständnis für die Göttlichkeit Jesu abzugewinnen, die seit dem Konzil von Nicäa vor mehr als siebenhundert Jahren ein kirchliches Dogma war. Aber in diesem Punkt gab Chaim keine Haaresbreite nach. So schaute Raimund nun ein wenig enttäuscht auf Jehudiths Hände, die in emsiger Beharrlichkeit den Teig weiterbearbeitete.

»Mein Freund, da ist ganz viel Gutes in dem, den ihr euren Heiland nennt«, fügte Chaim in versöhnlichem Ton hinzu. Er schloss die Augen und sprach langsam, als wolle er sich jedes Wort auf der Zunge zergehen lassen: »*Das Himmelreich ist gleich einem Sauerteig, den ein Weib nahm und unter drei Scheffel Mehl vermengte, bis es ganz durchsäuert ward.* Wahrlich, dieses schöne Gleichnis hätte einen Platz auch in unserem Talmud verdient.«

Jehudith kicherte. »Ganz gewiss arbeite ich für das Reich Gottes, denn ich bereite das Essen für die Hochzeit meiner Schwester Sarah vor. Fast die ganze Gemeinde wird am Sonntag hier erscheinen. Geht ihr nur euren geistigen Beschäftigungen nach, während ich mich um das Leibliche kümmere.«

»Höre ich da etwa eine Andeutung von Spott, mein Liebes?« Der Rabbi steckte seine Hände in die Seitentaschen seiner braunen Weste, die er über einem mit Stickereien verzierten Wams trug, zog die Augenbrauen hoch und blickte Jehudith an. Dabei musste Chaim sein Haupt nach oben richten. Seine Frau war einen halben Kopf größer als er.

»Ich will es so ausdrücken.« Jehudith legte von dem Teig ein daumengroßes Stück für das Opfer beiseite. »Wenn du mein Brot isst, dann ist es nur recht und billig, wenn du mir danach auch von den Früchten eurer Arbeit erzählst.«

An Raimund gewandt sagte Chaim schmunzelnd: »Du musst wissen, Jehudith mag die Psalmen sehr. Deshalb gefällt ihr deine

Idee, sie zu übersetzen. Dann kann sie die Lieder Davids unseren Kindern nicht nur auf Hebräisch, sondern auch in unserer Alltagssprache vorsingen.«

»Du bist zu beneiden, ein solch kluges Weib deine Frau nennen zu dürfen«, antwortete Raimund.

»Nun aber genug der Schmeicheleien. Verschwindet aus meiner Küche und lasst eine einfache Frau ihre Arbeit verrichten. Sonst wird's ein trauriges Hochzeitsfest am Sonntag werden!«, rief Jehudith lachend.

Freundlich, aber bestimmt schob Chaim seinen christlichen Freund zur Tür, die in die Synagoge führte.

Auf einem Acker nahe Gerstendorf

Da! Reiter auf schwarzen Pferden erschienen hinter dem Hügel auf dem Treidelpfad. Neben ihnen liefen einfache Soldaten. Peter sprang auf. Der Vorhut folgte ein Trupp Berittener mit weißen Fahnen. Er beschirmte seine Augen mit der Hand. Die großen weißen Banner mit dem roten Kreuz. Das mussten die heiligen Ritter sein!

Jetzt tauchte eine Kolonne Wagen auf. Peter kniff die Augen zusammen. Sie schienen mit allerlei Alltagsgerät beladen zu sein. Den Schluss der Karawane bildete Fußvolk. Aber bald kamen schon wieder neue Reiter. Ein wahrer Strom von Menschen, Pferden und Fahrzeugen quoll hinter der Biegung des Rheins hervor.

Seit letztem Jahr schwärmte der Pfarrer von den Gotteskämpfern! Und ganz verrückt vor Aufregung waren die Kinder im Dorf. *Befreit Jerusalem, Gott will es*, hatte der Papst gefordert. »Jerusalem, Jerusalem, wir befreien Jerusalem!«, riefen die Jungen und Mädchen seit Neuestem, während sie mit Stöcken um den Teich liefen. Und die Alten beklatschten das Treiben ihrer Kinder.

Sogar von Zeichen wurde seit einiger Zeit im Dorf gemunkelt. Ein Komet mit einem Schweif wie ein Schwert hätte sich am Himmel gezeigt. Auch zwei himmlische Reiter wurden geschaut. Einer mit einem großen Holzkreuz, der andere mit einem krummen Säbel. Und, so hatte es der Pfarrer berichtet, der Säbelträger wurde von dem Kreuz zermalmt, blutrote Wolken seien daraufhin am Himmel erschienen.

Peter schnalzte ungeduldig und Lene kam folgsam aus dem Bach getrottet. Er musste unbedingt ein Stück weiter das Feld hinauf, vielleicht konnte er von dort aus noch besser sehen.

Viele Menschen, viel mehr, als Peter je gesehen hatte, marschierten nun über den Handelsweg auf der gegenüberliegenden Seite des Flusses. Immer näher kamen die Reiter an der Spitze des Zuges, viele in leuchtenden Kleidern und mit Schwertern. Echte Ritter! Daneben Knappen, die die Lanzen trugen. Vergessen war die Pflugschar. Peter ließ Lene am Feldrand grasen.

Eine Vielzahl von Karren, bunt durcheinandergewürfelt, von Ochsen und Pferden gezogen. Auf den meisten Wagen sah Peter lange Stangen. Zeltstangen! Das mussten Zeltstangen sein. Wie es wohl sein würde, mit Zelten zu lagern? Wild pochte Peters Herz. Je näher der Zug kam, desto deutlicher sah er, wie viele Pilger es waren. Dass es so viele Menschen auf der Welt überhaupt gab! Sapperlot! Und sie zogen an seinem Acker vorbei.

Mainz – in der Synagoge

Eine rote Rose vibrierte auf dem hell gekachelten Steinboden der Synagoge. Geheimnisvoll warf die Sonne ihr Licht durch das runde Giebelfenster mit dem rubinroten Glas. Die hohen weiß verputzten Wände ließen den Raum trotz der wenigen und schmalen Fenster licht und einladend erscheinen. Chaim geleitete Raimund an der achteckigen Bimah vorbei, auf der während des Gottesdienstes der Aufgerufene die heiligen Texte vortrug. Raimund bewunderte die fein ziselierten Bögen, von denen dieser erhöhte Bereich umgeben war. Doch wies ihn Chaim in einen Nebenraum, der sonst dem Talmudunterricht diente.

Wie so oft in den letzten Monaten standen sie gemeinsam an dem Lehrerpult. Raimund griff in sein Wams, entnahm ihm eine schlichte hölzerne Mappe und legte sie neben das in Leder eingebundene Buch, welches aufgeschlagen bereitlag. Ein kunterbunter Papagei umspielte mit seiner Laute die hebräischen Buchstaben, die mit höchster Präzision auf das kostbare Pergament geschrieben waren.

»Lass uns mit dem hundertvierten Psalm weitermachen, der Hymne der Schöpfung«, sagte Chaim. »Wir haben letzten Montag mit dem neunten Vers abgeschlossen.«

Raimund öffnete die Holzmappe, deren Innenseiten von einer honigfarbenen Wachsschicht überzogen waren. Links hatte er den Psalm aus der Übersetzung des großen Gelehrten Hieronymus eingeritzt. »Im zehnten Vers heißt es: *Qui emittis fontes in convallibus inter medium montium pertransibunt aquae potabunt omnes bestiae agri expectabunt onagri in siti sua.*«

»Dann lass uns auch im Sefer Tehillim nachschauen.« Chaim beugte sich über das Buch der Lieder und deutete auf eine der Zeilen. »Sieh, hier ist die Stelle.«

Chaims Finger fuhren von rechts nach links über eine Zeile mit den hebräischen Buchstaben, ohne das Pergament zu berühren. »Dort heißt es: *Há-meschaléach ma'ajaním ba-nechalím, bejn harím jehalechún.*«

»Leider sagen mir diese Zeichen nichts«, sagte Raimund mit Bedauern in der Stimme. »Aber im Hebräischen klingt es viel weicher als im Lateinischen. Es ist mehr ein Singen, selbst wenn du es sprichst.«

»Es sind ja auch die Lieder Davids«, antwortete Chaim schmunzelnd. »Nun sag schon, wie hast du es übersetzt?«

Raimund schaute auf die rechte Seite der Wachstafel.

»Auf Gottes Befehl hin füllen sich Auen aus den Quellen,
sie fließen zwischen Bergen,
die Tiere des Feldes trinken,
wilde Esel löschen ihren Durst.«

»Gut getroffen.« Chaim beugte sich nochmals über die Passage im Sefer Tehillim. »Im hebräischen Text steht in etwa: ›Der, der die Quellen sich ergießen lässt in Auen.‹ Den Ausdruck *Gottes Befehl*, den sollte man vielleicht besser weglassen. Der Satz wird auch zu lang, und der Rhythmus geht verloren.«

Einen Moment lang schloss Chaim die Augen. Er kämmte mit seinen kräftigen Fingern durch seinen Bart und sagte schließlich: »Was hältst du von *Du füllst Auen aus den Quellen.*«

»Mmmmh, das gefällt mir gut.« Und nach einem Moment des Nachdenkens fügte Raimund hinzu: »So belassen wir es.«

»Der Rest stimmt ganz gut mit dem hebräischen Text überein, wobei man es vielleicht noch flüssiger ausdrücken kann.«

»Hast du einen Vorschlag?«

Chaim schloss erneut die Augen und sagte in einem leichten Singsang:

»Du füllst Auen aus den Quellen,
sie fließen zwischen saftig grünen Berghängen dahin.
Die Tiere des Feldes trinken,
wilde Esel löschen ihren Durst.«

»Saftig grün, ist das deine Erfindung?« Raimund sah auf den Text auf der Wachstafel. »Das steht jedenfalls nicht in der Vulgata. Kommt das im hebräischen Text vor?«

Abrupt öffnete Chaim die Augen und blickte auf das Buch vor sich auf dem Pult. »Nein, das steht nicht dort. Aber ich finde, es klingt so schön und man kann sich die Tiere des Feldes und die wilden Esel auf den grünen Hängen besser vorstellen.«

»Mhhh. Ich weiß nicht.« Raimunds Stirnfalten zogen sich zusammen. »Ich finde nicht, dass wir etwas hinzudichten sollten.«

»Du bist ja mal wieder richtig pedantisch!«, erwiderte Chaim unwirsch, wobei jedoch ein Lächeln seine Lippen umspielte.

»Es ist Gottes Wort, da kann man gar nicht vorsichtig genug sein«, antwortete Raimund ernst. »Aber lass uns einen Kompromiss schließen. Ich setze eine Klammer um *saftig grün*, dann können wir das später entscheiden, wenn wir den gesamten Psalm niedergeschrieben haben.«

Raimund nahm einen Griffel aus seinem Wams. Das eine Ende war zugespitzt und das andere abgeflacht. Mit Letzterem rieb er vorsichtig über das weiche Bienenwachs auf der rechten Innenseite der Mappe und die Schriftzeichen verschwanden. Dann drehte er den Griffel um und ritzte mit dem spitzen Ende den Text, den Chaim gerade vorgelesen hatte, in die Fläche ein. Sanft zog die Griffelspitze durch das weiche Wachs und die Buchstaben reihten sich in akkuraten Strichen und perfekten Bögen aneinander.

Kritisch betrachtete Raimund das Geschriebene und reichte Chaim die Wachstafel. Der nickte wohlwollend beim Lesen und gab sie Raimund schließlich mit anerkennendem Blick zurück.

»Lass uns weitermachen.«

Raimund schaute auf die linke Seite der Mappe und las: »Im nächsten Vers heißt es: *Super ea volucres caeli habitabunt de medio petrarum dabunt voces.* Wie lautet es im Hebräischen?«

Das Tappen von Schritten riss die beiden Gelehrten aus ihrer Arbeit.

Auf einem Acker nahe Gerstendorf

Schier endlos schob sich der Menschenzug auf dem Treidelpfad dahin und immer mehr Gestalten strömten hinter dem Hügel hervor. Doch waren es kaum noch stolze Ritter auf Pferden mit ihren Knappen. Es waren Bauern mit Sensen und Spießen, Ochsenwagen, beladen mit Kisten, Säcken, Gänsen und Hühnern in ihren Käfigen. Mütter zogen ihre Kinder inmitten von Schweinen und Ziegen hinter sich her, Hunde rannten durch die Menge. Dazwischen schienen ein paar Mönche zu singen und zu tanzen.

Staunend beobachtete Peter das Treiben. Was für ein Schauspiel bot sich da direkt vor seinen Augen!

Sein kleiner Bruder Bernhard kam über den Rücken des Hügels gelaufen. Er hielt einen Korb in den Händen. »Peter, Peter! Mutter hat mich geschickt. Ich bring dir das Essen.«

Peter zeigte in Richtung des Treidelpfades. Für einen Augenblick blieb Bernhard stehen. Mit offenem Mund betrachtete er die Menschenmassen, rannte zu seinem älteren Bruder und zog ihn an der Hand. »Komm, komm, schnell nach Hause.«

»Das sind die kämpfenden Wallfahrer, die ins Heilige Land ziehen«, bemerkte Peter wissend. Er lächelte seinem Bruder zu. »Wollen wir uns die Jerusalempilger zusammen anschauen?«

Peter spürte den Druck von Bernhards Fingern in seiner Handfläche. Der Blick seines Bruders schweifte entlang des Rheins, dann schaute er Peter mit unsicheren Augen an. Der lächelte beschwichtigend. »Schau auf diese Menschen. Sie ziehen den weiten Weg in den Orient, weil der Herr der Kirche es von ihnen verlangt hat.«

Bernhard blieb bei seinem Bruder.

Sie inspizierten den Korb, den die Mutter für Peter gefüllt hatte. Ein halber Laib Brot war dort zu finden, eine große geschälte Zwiebel, zwei Äpfel, fünf Karotten und eine Tonschale mit Butterschmalz. Peter riss ein kleines Stück Brot ab und gab es Bernhard, nahm anschließend ein großes Stück für sich selbst, fuhr damit durch das weiche Schmalz und biss genussvoll hinein. Bernhard linste auf den kleinen Lederbeutel an Peters Gürtel. Der lachte, öffnete ihn und gab Bernhard eine Pflaume. Schmatzend lutschte sein kleiner Bruder an der dunkelblauen Frucht.

Bernhard lehnte sich an Peter an, der den Arm um ihn legte. Eng angeschmiegt saßen sie da. Peter spürte, wie das Auf und Ab des Brustkorbs seines Bruders langsam ruhiger wurde, die körperliche Nähe tat auch ihm gut.

Wie ein langer Wurm schlängelte sich die Prozession auf der anderen Seite des Rheins den Pfad entlang. Peter vergaß all die Köstlichkeiten, die Mutter für ihn mitgegeben hatte. Gemeinsam winkten sie den Menschen zu. Das ein oder andere Bauernkind erwiderte ihren Gruß.

Oder wollten sie die beiden zu sich winken? Riefen sie etwa: »So kommt doch mit, ihr zwei!« Oder war dies nur Peters Wunsch? Jerusalem, die Heilige Stadt. Peter war es, als wollten seine Füße den Berg hinunterlaufen. Bernhards Interesse richtete sich dagegen immer mehr auf den offenen Lederbeutel. Er stibitzte eine weitere Pflaume aus dem offenen Säckchen, aber Peter war so mit dem Treiben auf dem gegenüberliegenden Ufer beschäftigt, dass er seinen kleinen Bruder gewähren ließ.

Langsam steuerte der Ferge sein Boot zurück in Richtung des Ufers, an dem die Menschenmassen über den Treidelweg marschierten. Lene genoss derweil ganz unbeteiligt das frische Gras.

Mainz – in der Synagoge

Respektvoll näherte sich David, Jehudiths und Chaims Ältester. In seiner Hand hielt er eine Schiefertafel.

»Sei gegrüßt, David«, sagte Raimund, »wie geht es dir?«

»Entschuldigt bitte vielmals, dass ich störe«, antwortete David, »aber der Parnas hat mich gebeten, diese Nachricht eiligst meinem Vater zu übergeben.«

»Was will Kalonymos von mir?« Chaim stöhnte laut. »Kann das nicht warten? Du siehst doch, dass wir mitten in der Arbeit sind.«

»Er hat gesagt, es sei sehr dringend«, insistierte David und hielt ihm die Schiefertafel vors Gesicht.

Entschuldigend blickte Chaim zu Raimund, nahm die Tafel und las. Bereits nach wenigen Zeilen wurde er ganz ernst und wandte sich an seinen Sohn. »Was hat Kalonymos noch gesagt?«

»Er lässt ausrichten, dass sich der Rat augenblicklich bei ihm treffen soll. Er bittet darum, dass du dich beeilst.«

»Ich komme«, sagte Chaim. »Raimund, es tut mir leid, ich muss jetzt gehen.«

»Was ist passiert?« Raimund sah ihn besorgt an. Sein Freund konnte sich sicher denken, dass Streitfragen über Talmudauslegung oder innerjüdische Angelegenheiten nicht solcher Eile bedurft hätten.

»Es gibt beunruhigende Nachrichten aus Speyer.« Chaim wollte Raimund nicht vor den Kopf stoßen, aber er hatte eigentlich schon zu viel gesagt. Die Dinge, die im Rat besprochen wurden, mussten absolut vertraulich behandelt werden. Selbst Jehudith dürfte er eigentlich nichts davon erzählen. Aber in ihrem Fall überging er das strenge Gebot. Auf Jehudiths Verschwiegenheit konnte er sich verlassen. Um aus ihr etwas herauszubekommen, müsste man sie foltern.

Raimund schien sich über Chaims Situation im Klaren, daher unterbrach er die peinliche Stille und verbeugte sich. »Bitte lass mich wissen, wenn ich helfen kann.«

»Wir werden deine Hilfe vielleicht bald bitter nötig haben«, antwortete Chaim, erleichtert, dass sein Freund, der Domdekan, ihm vertraute, obwohl er sich so verhalten geäußert hatte.

Chaim zeigte auf ein zusammengefaltetes Leintuch neben dem Tehillim auf dem Pult und sagte: »David, möchtest du das Buch der Psalmen in das Regal zurücklegen? Du weißt ja, wohin.«

David nickte. Chaim sah noch, wie sein Sohn das Leinen nahm, es auf dem Pult auseinanderfaltete und das kostbare Buch auf den ausgebreiteten Stoff legte, den er schließlich sorgfältig über dem Leder zusammenschlagen würde.

Am Ausgang der Synagoge schaute Chaim nochmals hinter sich. Achtsam trug David den Tehillim zu dem kopfhohen Regal an der Seitenwand der Synagoge, in dem sich unzählige Schriftrollen, Bücher und andere Dokumente befanden, wohlgeordnet in verschiedenen Abteilungen. Eine süße Wehmut umfing Chaim, sein Vaterherz sehnte sich danach, dass auch David einmal ein Rabbi werden würde.

Chaim trat auf den Platz vor der Synagoge. Mit schnellen Schritten eilte er den kurzen Weg zum Haus von Kalonymos ben Meschullam, dem Vorsteher der jüdischen Gemeinde in Mainz.

Auf einem Acker nahe Gerstendorf

Letztendlich hatte Peter sich losreißen können und war zurückgekehrt zu seiner Arbeit auf dem Feld. Auch Bernhard war nach Hause gegangen, jedoch nicht, bevor er die letzte Pflaume aus Peters Beutel genommen hatte.

Die Ritter mit den Fahnen waren längst hinter der Flussbiegung in Richtung Mainz verschwunden, aber noch immer kamen Menschen von der Wormser Seite, jedoch weitaus spärlicher.

Die Fähre und ein kleineres Boot machten sich gerade daran, den Rhein zum hiesigen Ufer hin zu überqueren. Der Fährmann schob ein Ochsengespann auf seine Ladefläche. Der Wagen trug keinerlei Fracht, aber ein Ritter und sein Knappe gesellten sich zu ihm, nachdem der Ferge das Gespann unter großen Mühen eingeladen hatte.

In dem kleineren Boot saßen einige Mönche in braunen Gewändern. Ein Priester in einer feuerroten Kutte stand am Bug. Aufmerksam tastete der Blick des großen schlanken Mannes die Hügel des diesseitigen Ufers ab, ein großes silbernes Kreuz hing um seinen Hals. Nun schaute er genau in Peters

Richtung. Nahm der Priester ihn wahr? Das Kreuz spiegelte das Sonnenlicht zu ihm herüber und eine Welle des Wohlbehagens durchfloss Peters Körper. Dann schweifte der Blick des Mannes weiter.

Das kleine Boot glitt über das Wasser.

Auf ihrer Seite angekommen, verteilten sich die Mönche in der Landschaft. Wie ein schmaler roter Strich zeichnete sich der Priester vor den grünen Wiesen und braunen Feldern ab. Langsam kleiner werdend, bewegte er sich einen Hang hinauf, bis er schließlich in einem Wald verschwunden war.

Mainz – auf der Langen Gasse

Speyer, hatte Chaim gesagt. In Gedanken versunken ging Raimund die Lange Gasse zurück zum Dom. Für den nächsten Morgen war Raimund beim Bischof einbestellt, zusammen mit dem Vogt. Ob das irgendetwas mit der Nachricht an Chaim zu tun hatte? Sein Freund schien seltsam reserviert und bekümmert. Raimund war so damit beschäftigt, sich einen Reim auf die ganze Sache zu machen, dass er beinahe mit einer Waschfrau zusammengeprallt wäre, die einen Zuber Wasser in den Rinnstein gießen wollte. Das Weiblein wollte schon zu einer Schimpftirade ansetzen, als sie den Domdekan trotz seines Wamses erkannte.

Raimund entschuldigte sich knapp. In seinem Kopf durchwalkte er die verschiedensten Möglichkeiten, wie es Jehudiths flinke Hände mit dem Sauerteig getan hatten. Wenn der Vogt involviert war, dann musste es um etwas gehen, das sich außerhalb der Bischofspfalz abspielte. Das gehörte nicht zu seinem Einflussbereich als Domdekan, das lag in der Verantwortung des Propstes. Raimunds Aufgabe bestand normalerweise nur in der Organisation des geistlichen Lebens innerhalb der Domdiözese.

Aber nun befand sich Dompropst Manfried seit einigen Wochen auf Reisen. Lange hatte sich der alte und wegen seines Pflichtbewusstseins allseits geschätzte Stiftskollege danach gesehnt, eine Pilgerreise zum Grab des heiligen Viktor in Xanten anzutreten. Seitdem musste Raimund den Propst vertreten.

Raimund stöhnte vor sich hin. Gerade er, dem das Machtpolitische gleichermaßen fremd wie zuwider war. Ein Empfang beim Bischof zusammen mit dem Vogt? Chaims besorgte Reaktion ließ Raimund mit noch größerem Unwohlsein auf das morgige Treffen blicken. Entsprechend beunruhigt trat er durch das Tor der Bischofspfalz, deren Wachen ihm erst den Weg versperren wollten, da auch sie ihren Domdekan in seinem Wams zunächst nicht erkannten. Erst jetzt bemerkte Raimund, dass er besser den weitaus diskreteren Weg durch den Dom über die einziehbare Holzbrücke genommen hätte.

Mainz – im Haus des Parnas

Noch bevor er klopfen konnte, wurde Chaim die Tür geöffnet.

»Sie warten schon auf dich, oben im Empfangsraum«, raunte ihm die Frau des Parnas zu. Sie war umgeben von einer Duftwolke, die Chaim für einen Moment irritierte. Auch Jehudith machte ab und an Gebrauch von Duftwasser, jedoch zu seinem Gefallen in einer weitaus dezenteren Art.

Beim Gang die Treppe hinauf bestaunte Chaim die Respekt einflößende Gleve, die an der Wand hing, als wolle sie den Weg zu dem großen Saal im ersten Stock weisen. Er widerstand der Versuchung, mit seinen Fingern die Schärfe der Klinge an der Seite dieser furchterregenden Lanze zu erfühlen. Mit seinen kindlichen Bewegungen hatte David, als er noch einige Jahre jünger gewesen war, seinem Vater anhand einer Gartenharke die mannigfaltigen Anwendungsmöglichkeiten dieses Mordinstruments vorgeführt. Selbst wenn der erste Stich mit der Spitze sein Ziel verfehlen sollte, hatte ihm sein Sohn damals stolz erklärt, könnte man immer noch die Klinge als Haken benutzen und den Gegner durch eine schnelle Zugbewegung umreißen. Mit dem zwei Handbreit langen Schlagdorn, der der Klinge gegenübersaß, ließ sich dann auf den hilflos am Boden liegenden Körper einhacken. Selbst die härtesten Panzerungen würden dem nicht standhalten, hatte David geschwärmt.

Legenden kreisten um diese Waffe des Geschlechts der Kalonymos: Kaiser Otto II. habe diese Waffe dem Ururgroßvater des Parnas vermacht. Dieser habe dem Kaiser das Pferd geschenkt, auf dem er nach der Schlacht bei Cotrone vor den Sarazenen flüchten konnte. Aus Dank habe der Kaiser die Familie aus Lucca eingeladen, sich in Mainz niederzulassen. Dies sei der Anfang ihrer nun so stolzen Gemeinde am Rhein gewesen, so die Legende.

War es Kalonymos selbst, der diese Geschichten verbreitete? Oder waren sie Teil der Überlieferungen, die Menschen befähigten, eine Gemeinschaft wie die ihre zu bilden? Chaim war in jedem Falle froh gewesen, als sich Davids Interesse für Waffen gelegt hatte und er stattdessen anfing, sich für das Schreiben und Zeichnen zu begeistern.

Er trat in den großen Raum, der fast die ganze Etage einnahm. Der Parnas begrüßte ihn an der Tür. Kalonymos' festen Handschlag angemessen zu erwidern, kostete Chaim Mühe, und er musste seinen Blick nach oben richten, um dem Parnas in die Augen schauen zu können.

Die Sonne warf harte Schattenkanten durch die Fensteröffnungen auf den Dielenboden. In der Mitte des Raumes saßen sich zwei Männer an einem großen Holztisch gegenüber. Mit seinen faltigen Händen hielt der alte Mosche, der zweite Rabbi der Gemeinde, ein kleines Pergament nah an seine Augen. Ein Lächeln grub sich in sein zerfurchtes Gesicht. Ihm gegenüber saß Salomo, ein in Mainz nicht nur von den Juden geschätzter Arzt. Chaim nickte den beiden freundlich zu. Mosche blickte nicht auf, und wie so oft beschlich Chaim ein Gefühl der Verunsicherung. Nahm Mosche ihn aufgrund seiner schlechten Augen nicht wahr oder war es seine Art, ihm gegenüber Verachtung auszudrücken? Der alte Rabbi war doch sonst so warmherzig zu allen in der Gemeinde.

Die letzten Jahre waren von schmerzlichen Auseinandersetzungen mit seinem älteren Kollegen geprägt gewesen. Mosches großes Wissen beeindruckte Chaim immer wieder, jedoch verspürte er gegen dessen überpräzise Auslegung der Torah immer häufiger einen Unwillen, den er selbst bei den Gottesdiensten nur noch schwer verbergen konnte. Die Qualität von Mosches Stimme, der oft als Vorbeter die Torahtexte aus der Bimah vorsang, war jedoch unbestritten. Aus der Fülle seines Leibes entluden sich eine Tiefe und Wärme, die die ganze Gemeinde verzauberten. Und auch Chaim liebte es in diesen Momenten, dem alten Mosche zuzuhören.

Salomo begrüßte Chaim mit einem verschmitzten Lächeln, das dieser zwar nicht zu deuten wusste, das ihm jedoch keinerlei Unbehagen bereitete. Chaim vertraute dem erfahrenen Arzt, der David, Benjamin und Hannah gesund zur Welt gebracht hatte und auch manches Wehwehchen der Kinder mit den Kräutern seines geheimnisvollen, üppigen Gartens lindern konnte. Auch gegen Chaims gelegentliche Schwermut wusste Salomo Rat. Und wenn es nicht anders ging, so fand er mit Sicherheit eine Mixtur, die es Chaim ermöglichte, die Woche bis zum Sabbat zu überstehen. Deshalb strebte Chaim sofort auf den freien Stuhl neben dem Arzt zu. Er legte ihm kurz die Hand auf die Schulter und setzte sich.

Der Kaufmann Schmuel Hendlein stieß als Letzter hinzu. Beim Eintritt wanderte sein Blick flüchtig über die Anwesenden, während er mit besorgter Miene ein paar Sätze mit dem Parnas wechselte. Dann ging er zum Tisch, gab Chaim und Salomo einen freundlichen Klaps auf den Rücken, begab sich zu dem freien Platz neben Mosche und reichte diesem die Hand. Erst jetzt sah Mosche auf, und Schmuels feine, gepflegte Hände versanken in den Pranken des alten Rabbis.

Kalonymos schloss die schwere Eichentür, begab sich zum Kopf des Tisches und zeigte auf ein eingerolltes Pergament, das vor ihm lag. »Liebe Mitglieder des Rates, dieser Brief wurde uns von unseren jüdischen Freunden aus Speyer gesandt.«

Der Parnas schaute jedem der Anwesenden in die Augen. Nachdem er sich der Aufmerksamkeit aller Mitglieder des Rates sicher war, fuhr er fort. »Wir haben viele Gerüchte über das Heer der Unbeschnittenen gehört, auch dass es vor Speyer gelagert hat.«

Er ließ seinen Blick für einen Moment auf Schmuel verweilen. »Manche von uns haben gar schon an Flucht gedacht.«

Schließlich wandte sich der Parnas wieder an den ganzen Rat. »Nun bekommen wir endlich Klarheit. Der Brief enthält wichtige Nachrichten. Hoffnungsfrohe, aber auch besorgniserregende. Deshalb habe ich nach euch schicken lassen. Habt Dank, dass ihr so schnell gekommen seid, und hört nun selbst, was uns die Gemeinde aus Speyer zu berichten hat.«

Der Parnas rollte das Blatt auseinander und las vor. »*Liebe Brüder und Schwestern in Mainz! Bewegende Dinge sind geschehen bei uns in Speyer, von denen wir euch in Kenntnis setzen möchten. Elf Gemeindemitglieder haben wir verloren, und viele von uns wurden in schwere Glaubensnöte gebracht. Jedoch schenkte der Eine uns in seiner großen Güte Rettung zu guter Letzt. Aber lasst uns von unserem Geschick berichten, damit ihr Vorsorge treffen könnt.*« Kalonymos blickte auf. Sorgenfalten durchzogen sein Gesicht. »*Am Sabbat, dem achten Tag des Monats Ijjar, kam die schwere Prüfung des Herrn über uns. Schon seit dem Freitag lagerte das Heer der Unbeschnittenen in Zelten vor unserer Stadt und verbreitete großen Schrecken unter uns. Sie hefteten ein verwerfliches Zeichen, ein Kreuz, an ihre Klei-*

der, sowohl Mann wie Frau, alle die sich bereitfanden, den Irrweg nach dem Grab ihres Messias zu ziehen, sodass die Männer, Frauen und Kinder zahlreicher waren als die Heuschrecken auf der Fläche des Erdbodens. Emicho von Flonheim – seine Gebeine mögen in einer eisernen Mühle zermalmt werden – führte das Heer an. Als sie nun auf ihrem Zuge durch die Städte kamen, in denen Juden wohnten, sprachen sie untereinander: ›Sehet, wir ziehen den weiten Weg, um das Haus der Schande aufzusuchen und uns an den Ismaeliten zu rächen, und siehe, hier wohnen unter uns Juden, deren Väter Christum unverschuldet umgebracht und gekreuzigt haben! So lasset zuerst an ihnen uns Rache nehmen und sie austilgen unter den Völkern, dass der Name Israel nicht mehr erwähnt werde; oder sie sollen unseresgleichen werden und zu unserem Glauben sich bekennen.‹«

Auf Mosches Stirn traten Zornesfalten. »Der Gekreuzigte, der gehängte Bastard, Verderben und Blut bringt er.«

Chaim verschloss die Augen. Musste Mosche solche Worte wählen? Auch ihm war die Vorstellung eines gekreuzigten Messias zutiefst fremd. Noch schlimmer war, dass sie den Nazarener zu einem Gott erhöht hatten. Durch nichts, was in den Schriften stand, war dies zu rechtfertigen. Aber was half es, den, welchen die Christen als ihren Heiland anbeteten, einen *Bastard* zu nennen? Insbesondere die Kinder schnappten so etwas gerne auf. Und dann verbreiteten sich solche Worte und stifteten Missgunst unter den Städtern.

»Speyer, das sind nur zwei Tagesreisen mit dem Schiff.« Schmuels Bemerkung unterbrach Chaims Gedanken. »Knapp vier Tage mit dem Pferd, sieben Tage zu Fuß.«

Kalonymos ben Meschullam fuhr fort: »*Es wurden mehr von den Gottlosen jeden Tag, und sie trieben sich herum in der Stadt, dass es uns bange wurde. Unter der Führung Emichos, er soll auf ewig verflucht sein, wandten sie und einige der Städter sich gegen uns, töteten elf Menschen und zwangen viele, sich zu beschmutzen mit ihrem übel riechenden Wasser.*«

»Elf Seelen ermordet in Speyer«, raunte Schmuel.

Mosche fügte hinzu. »Und viele zu ihrer Verderben bringenden Taufe gezwungen. Wir …«

»Wartet, wartet. Lasst mich den Brief zu Ende lesen«, unterbrach der Parnas den alten Mosche. »*Als dies Bischof Johann zu Ohren kam, sammelte er seine Krieger und hielt seine Hand über uns. Er gewährte uns Juden Einlass in seine Pfalz und schützte uns vor den Mördern.*«

»Seht«, bemerkte Chaim, »wir können dem Bischof vertrauen!«

Schmuels Gesicht war die Erleichterung anzusehen.

»*Und er ergriff manche der Aufwiegler und verfügte, dass ihnen die Hand abgeschlagen werde, wie es vom Kaiser Heinrich bestimmt worden war. Durch diesen frommen Bischof wurde uns die Gnade des Herrn zuteil.*«

Chaim nickte zufrieden. »Die Hände des Mörders abschlagen, das ist die vorgesehene Strafe nach kaiserlicher Rechtsprechung. Das wird dieses Räubervolk in ihre Grenzen verweisen. Sie werden es nicht noch einmal wagen, sich an unsereinem zu vergehen.«

»*Unter Berufung auf den Kaiser gewährte Bischof Johann den übrigen Gemeindemitgliedern in seinen Festungen Schutz*«, fuhr Kalonymos fort.

Über Mosches Gesicht zog ein dankbares Lächeln, mit kämpferischem Optimismus raunte er: »Gott ist groß.«

»*Der Ewige nahm sich unser an, denn sein Name ist heilig. Und der Bischof verteidigte uns, bis die Horden fortgezogen waren.*« Kalonymos ließ das Pergament sinken und atmete tief durch.

Ein betretenes Schweigen lag im Raum. Langsam setzte sich die Nachricht in den Köpfen, und die möglichen Folgen für ihre Gemeinde, die aus den Ereignissen erwuchsen, drängten sich auf.

Mosche ballte die Faust. »Was ist mit denen geschehen, die von ihrem Schmutzwasser besudelt wurden? Müssen die Armen in der Hölle darben?«

»Mich interessiert vor allem, *wohin* Emichos Heer weiterge-zogen ist«, warf Schmuel ein.

»Der Brief geht noch weiter, lasst mich bitte zum Ende kom-men«, setzte Kalonymos noch einmal an. »*Rabbi Mosche bar Jakuthiel, unser Parnas, brachte Rettung. Durch seine Intervention beim Bischof durften all die zum wahren Glauben an den Einen zurückkehren, die gegen ihren Willen getauft worden waren.*«

»Des Ewigen Gnade kennt keine Grenzen.« Mosche breitete die Hände aus, als ob er einen himmlischen Segen entgegenneh-men würde.

Auf Schmuels Stirn zeigten sich dagegen Schweißperlen. »Ich frage noch einmal. *Wohin* ist das Heer der Unbeschnittenen gezo-gen?«

Kalonymos erwiderte: »Das sagt der Brief nicht. Aber der Bote, der ihn brachte, hat ein großes Zeltlager der Feinde Got-tes vor Worms gesichtet. Ein wilder Haufen von beiden Sei-ten des Rheins hätte sich dort versammelt. ›Sie kamen aus allen Himmelsrichtungen und mit jedem Tag wurden es mehr.‹ Das hat er mir noch gesagt, bevor er weiterzog.«

»Sie sind schon in Worms, nur zwei Tagesmärsche entfernt.« Schmuels Stimme überschlug sich.

»Der Bischof von Speyer, der gute Johann, hat eingegriffen. Das wird auch in Worms geschehen, und das würde auch in Mainz so sein. Bischof Ruthard ist auf unserer Seite«, bemerkte Chaim, unsicher darüber, ob seine Stimme die Festigkeit hatte, die er ihr geben wollte.

»Ich hoffe, du hast recht. Ganz sicher hast du recht.« Kalony-mos kratzte sich an seinem mächtigen Hinterkopf. »Aber auch wir sollten unseren Teil beitragen, falls Emichos Heer vor Mainz auftauchen sollte. Wir müssen dem Bischof unsere Unterstüt-zung anbieten. Ich schlage vor, wir fordern unsere Männer auf, sich zur Verteidigung der Stadt bereitzuhalten.«

Schmuel zog den Kopf zwischen die Schultern. »Für die Kampferfahrenen unter uns ist dies sicherlich angemessen.« Er richtete sich auf und fügte hinzu: »Aber Geld werden wir auch benötigen, um den Bischof für uns einzunehmen. Er wird sich gut überlegen, ob er das Leben seiner Männer für uns riskieren wird.«

Chaim schüttelte den Kopf. »Es ist seine Pflicht, uns zu schützen. Er hat dem Kaiser gehorsam zu sein.«

»Sei kein Narr! Uns Juden wurde schon viel versprochen«, ereiferte sich Schmuel. »Und wenn es darauf ankam, wurden die Christen zu geknicktem Rohr. Erinnert euch daran, was vor zwölf Jahren geschah, nach dem großen Feuer. Wir Juden sollten es gelegt haben, wurde von einigen der Bürger behauptet, obwohl die Häuser der Unseren mit den anderen gebrannt haben. Daraufhin mussten viele von uns die Stadt verlassen.«

»Die meisten konnten nach Speyer ziehen, wo sie vom damaligen Bischof Rüdiger freundlich aufgenommen wurden«, wendete Chaim ein. »Und es ist noch keine sieben Jahre her, da hat Heinrich bestimmt, dass uns Juden Schutz zu gewähren sei. Zwölf Pfund Gold muss derjenige als Strafe bezahlen, der einen von uns zur Taufe zwingt. Und um ganz sicher zu sein, dass, was der Ewige verhindern möge, einer der Unseren aus freien Stücken ihren Glauben annehmen möchte, so hat der Kaiser bestimmt, dass erst nach drei Tagen die Taufe vollzogen werden darf.«

»Das ist schön und gut, aber lass uns dem Bischof unsere Dankbarkeit erweisen. Eine Spende wird er ganz sicher nicht verachten«, erwiderte Schmuel.

»Euer Mangel an Vertrauen zu Gott ist beschämend«, mischte sich Mosche in die Debatte ein. »Wir müssen uns Gottes Gunst würdig erweisen.«

»Und wie sollen wir das deiner Ansicht nach bewerkstelligen?«, entgegnete Schmuel.

»Wir müssen beten und fasten, die ganze Gemeinde. Bis die Ungläubigen an Mainz vorbeigezogen sind.«

Schmuel stöhnte vernehmlich und verdrehte die Augen.

»Es ist so, wie es immer war: fünf Juden, sechs Meinungen.«
Ein resigniertes Lächeln zeigte sich auf Kalonymos' Gesicht,
während er sein mächtiges Haupt abwägend nach links und
rechts drehte. Alle Blicke richteten sich auf den Parnas, der
schließlich mit undeutbarer Miene verkündete: »Dann kann ja
nichts mehr schiefgehen. Wir beten und fasten, sammeln Geld
für den Bischof und bereiten die Verteidigung vor.«

Schmuel und Mosche nickten.

»Salomo und Chaim, ist es das, was wir machen werden?«,
fragte der Parnas.

Salomo überlegte kurz. »Ja.«

»Einverstanden«, sagte schließlich auch Chaim, fügte aber
mit einem bitteren Lächeln hinzu: »Ich hoffe nur, dass unsere
Männer dem Bischof trotz des Fastens ihre volle Kampfbereit-
schaft zur Verfügung stellen können.«

»Gott wird ihnen die nötige Kraft geben, das Gebet wird sie
stark machen«, erwiderte Mosche im Brustton der Überzeugung.

Chaim unterdrückte ein Seufzen. Urplötzlich überkam ihn
der Wunsch, sein Gesicht in Jehudiths Busen zu vergraben. Zwischen ihren zwei sanften Hügeln wollte er verweilen. Diese über-
schaubare beruhigende Landschaft sollte sein Versteck sein, bis
seine Frau zu ihm sagen würde: Mein Schatz, du kannst wieder
auftauchen. Der Spuk ist vorbei, die bösen Männer sind weg.

Unsanft riss ihn die Stimme des Parnas zurück in die Wirklichkeit. »Also gut, dann lasst uns eine Bekanntmachung für
morgen vorbereiten. Wegen des Sabbats werden fast alle der
Unseren in die Synagoge kommen.«

Kalonymos zog eine Wachstafel aus einer Schublade unter der
Tischplatte hervor und fragte: »Was sollen wir morgen bekannt
geben? Ich warte auf eure Vorschläge.«

Auf einem Acker nahe Gerstendorf

Von der schier endlosen Prozession am anderen Rheinufer waren nur noch ein paar Nachzügler zu sehen, vorwiegend Alte, einige auf Krücken. Sie schienen Essensreste und andere Dinge aufzusammeln, die liegen geblieben waren zwischen Pferdeäpfeln und Ochsenmist.

Die Furchen, die Peter und Lene gezogen hatten, waren so schief und krumm, dass Vater sicher schimpfen würde. Aber wie zum Teufel konnte er auf den blöden Acker achtgeben, wenn die Ritter des Kreuzes direkt vor seiner Nase vorbeizogen?

Nachdem auch die Allerletzten die Biegung des Rheins erreicht hatten, wurde es ein wenig ruhiger in Peters Brust. Er hielt den Pflug nun wieder fest in seinen Händen und blickte aufmerksam zu Boden, um den Steinen auszuweichen. So kamen sie gut voran, und wenn sie zu einer neuen Furche ansetzten, dann streichelte er über Lenes Hals, wie er es immer tat.

Doch der äußere Schein trog. Zwar war das Heer der Pilger nun in Richtung Mainz hinfortgezogen, aber Peters Gedanken verweilten bei dem Heer Gottes. Was diese beneidenswerten Menschen wohl alles erleben würden? Er dagegen musste noch mindestens zwei Tage diesen steinharten Acker pflügen. Während er sich abschuftete, konnten die Pilger die weite Welt sehen und Heldentaten vollbringen. Und sobald er mit diesem Acker fertig war, würde er Unkraut aus dem Flachsfeld rupfen müssen. Ihm tat der Rücken weh, allein wenn er an das dauernde Bücken dachte und die sengende Sonne im Nacken. Ein Buckeln ohne Ende, das war sein Leben.

Lene zog geduldig Furche um Furche. Was unterscheidet mich von diesem Gaul, haderte Peter. Verbissen arbeitete er weiter, bis die Sonne nur noch vier Handbreit über dem Horizont stand. Peter war erschöpft, und Lenes Schnauben zeigte ihm, dass auch sie am Ende ihrer Kräfte war.

»Genug für heute«, bestimmte Peter, und Lene nickte dankbar mit ihrem großen Kopf.

Beim Gang durch die Äcker zu seinem Heim kreisten seine Gedanken weiterhin um all das Wunderliche, was sich an diesem Nachmittag vor seinen Augen abgespielt hatte.

Mainz – in der Langen Gasse

Nachdenklich schritt Chaim durch die Lange Gasse in Richtung des Marktplatzes. Stundenlang hatten sie gestritten, abgewogen und verworfen. Um jedes Wort für die morgige Ankündigung in der Synagoge war es ein entnervendes Ringen gewesen. In seiner Empörung hatte Mosche Ausdrücke von sich gegeben, die schwerwiegende Konflikte hätten heraufbeschwören können: *Sohn der Abgesonderten* und *gehängter Bastard* hatte er den Heiland der Christen genannt. In seiner Erregung über den Tod ihrer Glaubensgenossen hatte er ihre Taufe als *Beschmutzung mit übel riechendem Wasser* und ihre Kirchen als *Haus der Unreinheit* bezeichnet. Immer wieder musste Chaim auf Mäßigung dringen. Ganz besonders jetzt waren sie doch auf die Hilfe ihrer christlichen Mitbürger aus Mainz angewiesen.

Und Kalonymos wollte alle kampffähigen Männer bewaffnen. Dazu sah auch Chaim die Notwendigkeit, die Nachrichten aus Speyer waren zweifelsohne besorgniserregend. Und noch schlimmer war, dass ein Heer der Unbeschnittenen vor Worms zu stehen schien. Aber bestand nicht die Gefahr, die Christen in Mainz durch waffentragende Juden zu provozieren?

Immerhin war es Chaim gelungen durchzusetzen, dass die Bewaffnung heimlich vonstattenginge.

Erschöpft erreichte er sein Haus am Marktplatz gegenüber dem großen Dom. Er betrat den Laden mit Glaswaren, den sie erst letztes Jahr eröffnet hatten. Einige der reicheren Bürger der Stadt konnten sich die durchsichtigen Becher und Karaffen leisten, und Schmuck mit dem geheimnisvoll funkelnden, farbenreichen Material war ein begehrtes Geschenk für eine Angebetete. So war es Jehudiths Idee gewesen, die Glasprodukte, die in Chaims Werkstatt im hinteren Teil des Hauses hergestellt wurden, den Mainzern in einem Laden vorzuführen.

Die linke Seite stand deshalb unter dem Regiment seiner Frau: Hinter einem Tresen waren bunte Gläser, Pokale und Schalen, Ringe, Broschen und Ohrgehänge in allen Farben in einem großen Wandregal adrett positioniert. Und sogar glasbesetzte Diademe gab es dort. Chaims Bereich war auf der rechten Seite zu finden. Dort waren Fenster aus Glas ausgestellt, die in Mainz bisher nur in seiner Werkstatt hergestellt werden konnten. Schmuel versorgte ihn mit farblosen Glasbarren aus dem Orient, die er in seiner Werkstatt weiterverarbeitete. Nun konnte er endlich kleine durchsichtige Schiebefenster herstellen, die die Kälte weitaus besser abwehrten als die dünnen Pergamente, die man bisher in die Fensterrahmen spannte. Und man war sogar in der Lage, die Konturen der Häuser und Menschen durch das Glas zu sehen. Der Rohstoff war sündhaft teuer, aber für die Wohlhabenden waren seine neuen Fenster nicht unerschwinglich.

Beim Eintritt in den Laden nickte er Jehudith kurz zu, die mit einem Kunden beschäftigt war. Sie blickte fragend zu ihrem Mann hinüber. Chaim wies mit dem Finger auf die Treppe hinauf zu ihrer Wohnung und formte mit dem Mund ein lautloses »Später«. Er setzte sich an den großen Küchentisch und wechselte ein paar Worte mit David, der sich jedoch schnell wieder zu Hannah und Benjamin gesellte. Kurze Zeit später kam Jehudith, begrüßte ihn mit einem für seinen Geschmack viel zu flüchtigen Kuss und fragte: »Und? Wieso gab es so plötzlich eine Ratssitzung? Ist etwas passiert?«

Ernst schaute er in die Augen seiner Frau und sagte leise: »Schlimme Nachrichten aus Speyer. Mosche war eine Plage und Kalonymos mal wieder übereifrig.«

»Na, so ist es doch schon immer gewesen.«

»Dem Herrn sei Dank ist Salomo vernünftig geblieben in dem ganzen Schlamassel. Aber ich hatte das Gefühl, da war etwas, mit dem er nicht rausrücken wollte. Er hat mich so merkwürdig angeschaut und dabei gegrinst. Kannst du dir einen Reim darauf machen?«

Eine leichte Röte zeigte sich auf Jehudiths Gesicht. Geschwind wandte sie sich zur Küche um und antwortete im Gehen: »Ich bring dir erst einmal etwas zu essen. Setz dich hin und ruh dich aus. Magst du etwas Wein?«

Chaim ließ sich auf den Stuhl fallen. »Gerne, mein Schatz.«

Schon kam Jehudith mit dem Rotweinkrug. Sie reichte ihm einen Tonbecher und ein Messer aus dem Wandregal. Chaim schenkte sich ein und nahm einen ordentlichen Schluck, während Jehudith ein Holzbrett mit Kümmelbrot, Pflaumenmus und einem Stück der harten Wurst, die er so mochte, aus der Küche hereintrug. »Du kannst mir heute Abend mehr von der Sitzung des Rates erzählen. Ich muss wieder nach unten, die Frau des Metzgers in der Krämergasse wartet.«

Bevor sie zur Treppe hinunter zum Laden entschwand, kraulte sie Chaim kurz den Nacken. Der brummte wohlig vor sich hin. »Aaaahhhhh, tut das gut.«

»Räum die Sachen bitte nachher in die Küche.«

Schmunzelnd blickte Chaim seiner Frau nach. Drei schwere Geburten lagen hinter ihr, und kein Kind hatten sie verloren. Auch dank Salomo. Alle drei Kinder hatten anfangs mit hohem Fieber zu kämpfen gehabt, die Kräuter des Arztes, mit dem sie nun schon seit vielen Jahren befreundet waren, hatten jedoch jedes Mal schnell Linderung gebracht.

Jehudiths Hüften waren mit den Jahren fülliger geworden, wie auch der Umfang seines Bauches gewachsen war. Und ihre

Brüste waren nicht mehr die zwei jungen Rehzwillinge, die unter den Rosen weideten, wie er sie in den ersten Jahren ihrer Ehe mit Worten aus dem Hohelied liebkost hatte. Die Spuren des Stillens dreier Kinder ließen sich nicht verbergen. Lass deine Brüste sein wie Trauben am Weinstock, hatte er ihr aus diesem alten Lied vorgesungen, als David endlich auf der Welt gewesen war, und Jehudiths Brüste zunächst kaum Milch geben wollten.

Aber sein Verlangen nach Jehudith, das hatte er nicht verloren. Ebenso wenig wie seine Begeisterung für das Schir ha-Schirim, das Lied der Lieder, wie das Hohelied auch genannt wurde. Noch immer nannte er sie meine Rose von Scharon. Und auch Jehudiths Lust war frisch geblieben. Nach den Geburten hatte er sie in Ruhe gelassen und gewartet, bis sie sich ihm wieder genähert hatte.

Mit großem Hunger verspeiste Chaim die guten Dinge, die ihm von Jehudith aufgetischt worden waren. Seit dem Frühstück hatte er nichts mehr zu sich genommen. Die Wurst war würzig, das Brot angenehm weich und schmackhaft und das Mus lieblich süß. Der Wein legte sich wohltuend um seine düsteren Gedanken an die Ereignisse in Speyer. Satt und ein wenig beruhigter räumte er zu guter Letzt die übrig gebliebenen Speisen in die Kammer.

Er hatte noch zwei Stunden Zeit, in seiner Werkstatt im Hinterhaus nach dem Rechten zu sehen.

Peters Heim nahe Gerstendorf

Aus der Ferne sah Peter sein mit Stroh gedecktes Heim, in dem er zusammen mit Vater und Mutter, seinem Bruder Bernhard und der kleinen Mathilde, ihrem Pferd Lene, drei Kühen und zwei Ochsen lebte. Die Hühner und Schweine waren in ihrem eigenen Stall untergebracht, etwas abseits des Hauses. Erst letzten Sommer hatte der Vater ihn gebaut. Alle waren froh, dass der Schweinegestank nun nicht mehr aus dem Raum direkt gegenüber der Stube drang. Dort stand jetzt nur noch Lene mit den Kühen und Ochsen.

Die Stube war der Schlaf- und Essraum der Familie. Im Winter rückten sie eng zusammen um die Feuerstelle. Dort schliefen sie auf Stroh. Manchmal jedoch verbrachte Peter die Nacht neben Lene. Seit diesem Frühling verzog er sich auch gern in die Grubenhütte etwas abseits des Hauses, in der das Werkzeug lagerte und wo der Vater seine Schmiedearbeiten durchführte.

Er ließ Lene aus dem Bach trinken, der an ihrem Haus entlangführte. Dort konnte sie noch etwas in der Abendsonne stehen, das Gras an dieser Stelle schmeckte ihr besonders gut. Erst nach der Mahlzeit würde er sie in ihren Stall führen. Nachdem er mit Lene ein paar letzte Worte gesprochen und ihr zum Abschied über das Fell gestrichen hatte, begab er sich ins Haus.

An der Tür empfing ihn eine Stimme, die ihm unbekannt war. »Gott segne dich, du musst Peter sein.«

Langsam gewöhnten sich seine Augen an die Dunkelheit des fensterlosen Raumes. Der Feuerplatz war neben einer blakenden Talglampe die einzige Lichtquelle im Raum. Am Tisch saß der Priester in der roten Kutte, den er heute Mittag von seinem Acker aus beobachtet hatte. Dieser richtete abermals das Wort an ihn. »Setz dich zu uns, Peter. Du musst erschöpft sein. Der Pflug ist schwer und der Boden sicher hart, so wenig wie es in den letzten Wochen geregnet hat.«

Die Stimme des Mannes war sanft, er rollte das R so weich, dass es einem ganz warm ums Herz wurde. Wie fremd war doch dieser leuchtend rote Stoff in ihrem Haus, den der Priester an seinem schlanken Körper trug. Und wie fein die Sandalen. Seine Hände waren unglaublich sauber. Peter kam sich erbärmlich vor mit seinen dreckigen Füßen, auf denen er heute barfuß durch den Acker gestapft war.

Mutter rührte einen Getreidebrei über dem Feuer, während sein Vater die Gunst der Stunde nutzte und mit dem hohen Besuch am Tisch Met genoss, den es sonst nur am Sonntag zu trinken gab. Scheu setzte sich Peter hinzu, und sein Vater schenkte auch ihm etwas von der goldenen Köstlichkeit in einen Holzbecher.

»Wir werden immer mehr, seitdem Papst Urban alle Christenmenschen zur Befreiung Jerusalems aufgerufen hat«, sagte der fremde Mann. »Vor vier Wochen waren wir knapp zweihundert, jetzt sind wir fast zweitausend auf dem Weg in die Heilige Stadt.«

»Was denkt Ihr, wann werden die Ritter Jerusalem erreichen?« Vater füllte Peters Becher mit Wasser aus einem großen Tonkrug auf.

»Wohl nächstes Jahr im Frühling. Gott will, dass wir zuerst hier im Rheinland für Ordnung sorgen.«

»Herr, was meint Ihr damit?«, erkundigte sich Peters Vater.

»Reden wir lieber von Jerusalem«, überging der fremde Mann die Frage. »Aus allen Ländern kommen die Ritter und das Fußvolk dem Aufruf unseres Papstes nach. Wir werden die Sarazenen im Handstreich besiegen.«

Mainz – in Jehudiths und Chaims Haus

Die Gesellen hatten in Chaims Abwesenheit alle Arbeiten fehlerfrei ausgeführt. Zu seinem Missfallen ließen sie ihn jedoch wissen, dass der Bischof einmal mehr bezüglich der Domfenster hatte nachfragen lassen.

Das rote Rosenfenster, das er für die Synagoge gefertigt hatte, war auch unter den Christen nicht unbemerkt geblieben. Nun war es der Wunsch des Bischofs, dass in seinem Dom die gläsernen Bildnisse den Raum mit farbigem Licht ausfüllten. Und Chaim war der Einzige in ganz Mainz, der so etwas vielleicht schaffen konnte. Da war der hohe Herr sogar bereit, den Dienst eines Juden anzunehmen.

Die Seitenöffnungen des großen Bauwerks, die im Winter und bei starkem Regen mit Teppichen verschlossen wurden, waren hoch und breit. Die Druckverhältnisse der Mauern waren kompliziert, veränderten sich mit der Temperatur, und der Wind presste mit all seiner Macht gegen die großen Flächen. Daher wollte Chaim nicht zu viel versprechen.

Doch der Bischof bestand darauf, sich und all seine Vorgänger verewigt zu sehen. Und schlimmer noch, ein Bild des Gekreuzigten sollte ein Fenster im Altarraum zieren. Zwar reizten Chaim die Herausforderungen eines solchen Auftrags, aber auch das Ungemach in der Gemeinde gab ihm zu denken. *Unser Christenfreund Chaim schmückt nun die Häuser der Unreinheit,* würde es wohl heißen. *Rabbi Chaim stellt Bilder des Gehängten her.* Daher hatte Chaim beim letzten Gespräch mit dem Bischof in allen Details auf die technischen Probleme hingewiesen. Der Bischof hatte ungehalten reagiert und wohl auch durchschaut, dass Chaim die vorgesehenen Motive wenig zusagten. Seitdem ließ Ruthard hartnäckig nachfragen. Lange würde Chaim sich nicht mehr erwehren können.

Daher verfolgte er mit Raimund neben der Psalmenübersetzung heimlich eine weitere Idee, welche in Richtung des Wunsches des Bischofs ging: Die Fensteröffnungen in der Johanniskirche waren weitaus kleiner, und an diesen wollte sich Chaim zunächst versuchen. Auf den sechs Fenstern auf der Westseite der Kirche sollten Gleichnisse des Nazareners dargestellt werden. An Skizzen dafür wollte er noch etwas arbeiten.

Peters Heim nahe Gerstendorf

Mit offenem Mund beobachtete Peter den hohen Besuch. Der Dorfpfarrer pflegte ab und an vorbeizuschauen, um Honig und Met abzuholen. Und als die Großmutter im Sterben lag, war er gekommen, um ihr die letzte Salbung zu spenden. Peter mochte ihren dicken, redseligen Pfarrer, der auch manchen guten Witz zu erzählen wusste. Aber von diesem schlanken Mann in seiner roten Kutte mit dem großen silbernen Kreuz über der Brust strömte ein Glanz aus, wie es Peter vorher nie erlebt hatte. Und dieser Mann hatte ihn gegrüßt, hatte sogar seinen Namen gekannt.

»Hohe feste Mauern umschließen die Heilige Stadt, viel höher als die Mauern von Mainz«, mischte sich Peters Mutter ein, die die Gedanken ihres Sohnes wohl erraten hatte. »Das habe ich auf einem Bild im großen Dom gesehen. Viele Menschen werden ihr Leben lassen in Eurem Krieg.«

»Gott ist auf unserer Seite, daher werden wir gewinnen. Und wer sein Leben hergibt im heiligen Kampf, dem werden alle Sünden vergeben. Das hat Papst Urban feierlich verkündet.«

»Mmh«, war alles, was Peters Mutter darauf antwortete. Dann sagte sie: »Der Brei ist fertig. Etwas Besseres können wir Euch in unserer bescheidenen Hütte leider nicht anbieten, aber dick ist er und honigsüß. Unsere Bienen waren besonders fleißig im vergangenen Jahr.«

Sie stellte den dampfenden Kupfertopf mit den drei Beinen auf den Tisch und schöpfte den nussfarbenen Brei in die Holzschalen. Anschließend ging sie vor die Tür und rief: »Bernhard, Mathilde, kommt zu Tisch! Das Essen ist fertig!«

Die beiden Kinder kamen lachend angerannt und stoppten abrupt, als sie den Fremden sahen. Die Mutter blickte auf die beiden und zog die Augenbrauen nach oben. Peters Geschwister verbeugten sich und setzten sich still links und rechts neben ihrem Bruder auf die Bank. Zärtlich legte Peter seine Arme um Mathilde, die sich an ihn schmiegte. Mutter setzte sich zu Vater, der den Priester fragte: »Möchtet Ihr, Herr, das Tischgebet sprechen?«

Der Mann in der roten Kutte faltete die Hände und seine geschmeidige Stimme erfüllte die Stube. »Der Herr segne diese Speise. Er erbarme sich euer, erlasse euch die Sünden und führe euch zum ewigen Leben. Amen.«

Die Holzlöffel klackerten in den Schalen und ein gefräßiges Schweigen erfüllte eine Zeit lang den Raum. Jedes seiner Geschwister aß mit einem eigenen Löffel, in den von Peter hatte sein Vater eine Haselnuss am oberen Ende des Griffes eingeschnitzt.

»Ein wohlschmeckender Brei, Weib«, durchbrach der Mann die Stille. »Wir brauchen gute Köchinnen auf unserer Reise und auch starke Männer.«

Mutters Gesicht zeigte keine Regung.

»Jerusalem, wart Ihr schon einmal dort?«, fragte Peters Vater.

»Ja, ich war schon dort. Eine Stadt, so schön wie ein Gedicht. Wie heißt es in einem Psalm des Herrn:

Vergesse ich dein, Jerusalem, dann soll mir die rechte Hand verfaulen.

Meine Zunge soll an meinem Gaumen kleben, wo ich nicht dein gedenke,

wo ich nicht lasse Jerusalem meine höchste Freude sein.«

»Höchste Freude«, wiederholte der Vater träumerisch. »Höchste Freude.«

»Reich und üppig ist das Land. Die Böden tragen dreimal Frucht im Jahr. Saftige Feigen, schwarze und grüne Oliven und süße Aprikosen wachsen in großer Zahl. Mit den Schätzen der Sarazenen werden wir bald Kirchen und Burgen im Heiligen Land erbauen. Ein neues Reich in Gottes Gnade werden wir dort errichten.«

»Erzählt bitte mehr vom Heiligen Land«, bat Peter, der gebannt an den Lippen des fremden Mannes hing.

»Es wird bald dunkel und Ihr müsst sicher noch einen weiten Weg gehen«, unterbrach ihn die Mutter. Sie legte die Hand auf das Bein ihres Mannes und sah ihn mit ernsten Augen an.

Der Vater erwiderte den Blick, nickte und richtete sich auf. »Mein Weib hat recht, die Dämmerung wird bald hereinbrechen und zum Dorf ist es ein gutes Stück.«

»Was ist mit dir, Peter? Willst du nicht mit uns ziehen?«, fuhr der Priester ungerührt fort. »So einen wie dich können wir gut gebrauchen. Willst du nicht die weite Welt entdecken? Trockene Böden beackern, ist das alles, was du aus deinem Leben machen willst?«

»Wir brauchen unseren Sohn hier«, antwortete Peters Vater unwirsch. »Und er verspürt auch nicht den Wunsch, in Euren Krieg zu ziehen.«

»Nun, für Großes müssen Opfer gebracht werden.« Der Priester ließ sich keinen Ärger anmerken. »Abenteuer und die Schätze der Sarazenen erwarten dich, mein Sohn.« Ernst und freundlich richtete der fremde Mann in der roten Kutte seinen Blick auf Peter. »Und die Frauen der Sarazenen mit ihrer …«

»Wärt Ihr so freundlich, einen Segen für unser Haus zum Abschied zu sprechen?«, unterbrach die Mutter den Priester.

»Nein, bitte bleibt«, erwiderte Peter.

Patsch! Das laute Knallen einer Ohrfeige schallte durch den Raum.

»Widersprich deiner Mutter nicht!«, schimpfte der Vater.

Peter lief rot an vor Scham. Er biss die Zähne aufeinander, sein Blick wurde starr. Erschrocken schlug die Mutter die Hand vor den Mund. Peter sprang auf. Der Vater wollte ihn noch festhalten. »Bleib hier!«

Aber Peter riss sich los und rannte aus der Stube. Auf der Bank vor ihrem Haus setzte er sich nieder.

Nach einiger Zeit hörte er den Priester sprechen. »Habt Dank für dieses gute Mahl. Glück und Segen komme über dieses Haus.«

Beim Verlassen der Stube sang der Mann leise vor sich hin: »*Vergesse ich dein, Jerusalem, dann soll mir die rechte Hand verfaulen. Meine Zunge soll an meinem Gaumen kleben, wo ich nicht dein gedenke, wo ich nicht lasse Jerusalem meine höchste Freude sein.*«

Mainz – in Jehudiths und Chaims Haus

Die Frau des Metzgers hatte sich in ein Halskettchen mit roten und grünen Glasperlen verguckt. Nach kurzer Verhandlung war der Verkauf besiegelt und Jehudith konnte fünf Schillinge als Einnahme verbuchen. Entsprechend zufrieden hatte sie den Laden verschlossen und sich an die Vorbereitungen des Sabbatmahls gemacht.

Benjamin, ihr Kleinster, war glücklich, David und Hannah beim Spielen beobachten zu können, sodass sie in aller Ruhe den Bohneneintopf mit Rindswurst vorbereiten konnte, den sie heute auftischen wollte. Sie hatte sich dafür ein saftiges Hüftstück von dem jüdischen Metzger bringen lassen, das sie nun in Sonnenblumenöl über der Feuerstelle in einem Kessel anbriet. Sie fügte eine Handvoll Thymian aus ihrem kleinen Hintergarten hinzu und schimpfte wie gewöhnlich über den Rauch, der nur ungenügend durch den Schacht nach draußen abzog.

Für Benjamin zerstampfte sie einen Apfel und vermischte das Mus mit etwas Hirse, Milch und Honig. Sie schüttete die geschnittenen Bohnen in den Kessel und goss nach einigen Minuten etwas von dem billigen Rotwein nach. Eine Dampfwolke entstieg dem Kessel und bald schon kam zum Aroma der Kräuter der herbe Duft von angebratenem Fleisch und erfüllte ihre Wohnung.

Peters Heim nahe Gerstendorf

Auf der Bank vor der Hütte kämpfte Peter mit den Tränen, als der Priester in der roten Kutte aus dem Haus ins Freie trat und ihn aufmunternd anlächelte. »Vielleicht sehen wir uns ja morgen wieder, Peter.«

Dann wurde der Blick des Mannes ernst. »Denk an die heiligen Pflichten, die Gott uns abverlangt. Ein neues Reich in Christi Namen werden wir gründen. Und denk an die Schätze der Sarazenen, die uns bald gehören werden. Denk an die Kirchen und Burgen, die wir damit bauen können. Und ein hübscher starker Mann, wie du es bist, der darf auch Träume haben, die sich ein Priester verwehren muss. Drum denk du ruhig an die sagenumwobene Schönheit der Frauen des Orients mit ihrer sanften braunen Haut.«

Noch lange schaute Peter dem Mann nach. Die leuchtend rote Kutte erschien immer verschwommener in der Dämmerung, versteckte sich zuweilen hinter Bäumen, tauchte wieder auf, nur um kurz danach wieder verdeckt zu werden. Bevor der Priester ganz hinter dem Hügel verschwand, drehte er sich ein letztes Mal um und winkte ihm zu.

Peter hörte die Mutter mit dem Vater in der Stube schimpfen. »Du hättest ihn nicht so züchtigen sollen. Vor dem Priester, das macht ihn nur aufsässiger.«

»Willst du zulassen, dass er dir widerspricht?«, erwiderte der Vater und fügte mit kleinlauter Stimme hinzu: »Ich habe es gut gemeint.«

»Du Narr, du warst doch auch einmal jung.«

Mainz – in Jehudiths und Chaims Haus

Nach getaner Arbeit stieg Chaim erschöpft, aber zufrieden die Treppe zur Wohnung empor. Er hatte einen der Entwürfe für Raimunds Fenster fertigstellen können, und es war ihm sogar noch etwas Zeit geblieben, mit dem Psalm weiterzukommen, bei dessen Übersetzung er mit seinem Freund am Mittag unterbrochen worden war. Seine Sorgen über das Heer der Irrenden hatte er während seiner Arbeit an den Skizzen ganz vergessen.

Ihre Stube war von einem herrlich herben Duft erfüllt. Jehudith stand an der Feuerstelle und rührte in dem Kessel. David verteilte die Holzteller und Glasbecher auf dem Tisch, aus denen alle außer Benjamin am Sabbat zu trinken pflegten, und erzählte ihm derweil begeistert von einem neuen Murmelspiel. Hannah schmiegte sich an ihren Vater und kämpfte sich schließlich hinauf auf seinen Schoß.

»David, stell auch den Kidduschbecher auf Papas Platz«, hörte Chaim Jehudith aus der Küche rufen. »Das Döschen mit dem Salz und der Teller mit den Sabbatbroten liegen hier bei mir auf dem Tisch.«

David tat, was ihm aufgetragen worden war, und setzte sich dann rechts neben seinen Vater.

Jehudith stellte den dampfenden Kessel in die Mitte des Tisches und setzte Benjamin auf den erhöhten Stuhl, von dem er alles beobachten konnte. Damit er nicht herunterfiel, band sie ihm ein Stofftuch um den Bauch, das sie dann an der Lehne festmachte. Sie ging nochmals in die Küche, entzündete einen Holzspan an der Feuerstelle und nahm Hannah, die Chaims Schoß entglitt, an die Hand. Die beiden wandten sich der Kommode zu, auf der bereits die zwei Sabbatkerzen standen.

Jehudith drückte den Span, an dessen anderen Ende ein kleines Flämmchen brannte, in Hannahs Hand und führte sie zu der Kerzenspitze. Mit leuchtenden Augen beobachtete Hannah, wie sich die Kerzen entzündeten. Gemeinsam mit ihrer Mutter sprach sie den Segen und das Sabbatmahl konnte beginnen.

In der Nähe von Peters Heim

Nachdem in der Stube wieder Ruhe eingekehrt war, setzte sich seine Mutter zu Peter auf die Bank. Sie legte den Arm um seine Schultern, aber er machte sich ganz steif.

Er wollte weg, nur noch weit weg.

Nach einer Weile hielt er es nicht mehr aus und entzog sich der Nähe seiner Mutter. Zunächst ging er langsam in Richtung des Hügels, dann lief er den Weg hinauf. Unter seinen nackten Füßen spürte er den trockenen Boden und das Stechen der Steine in seinen Fußsohlen. Dieser Schmerz tat ihm gut. Schließlich rannte er, rannte, so schnell er konnte, als könne er die Schmach wegrennen.

Peter erreichte die Hügelspitze und hielt an. Unter ihm schleppte der große Fluss sein Wasser Richtung Mainz. Er hockte sich nieder. Jetzt erst flossen die Tränen aus seinen Augen, Rinnsalen gleich. Er legte sich mit dem Bauch auf den Boden und schlug mit der Faust in das trockene Gras, bis er schließlich keine Kraft mehr hatte.

Nach einiger Zeit richtete er sich auf, schaute noch einmal auf den mächtigen Strom und ging langsam und mit hängendem Kopf zurück zu ihrem Haus.

Mainz – in Jehudiths und Chaims Haus

Jehudith hatte sie alle mit einer neuen Nachtischkreation überrascht: ein Honigkuchen mit geraspelten Mandeln und Rosinen, die sie am Tag zuvor in einem Wacholderlikör eingelegt hatte. Sie wurde überschwänglich gelobt, nicht nur von Chaim, sondern auch von David und Hannah. Benjamin zeigte seine Freude durch aufgeregte Armbewegungen in Richtung der Mandel-

und Rosinenkrümel, die auf dem Teller übrig geblieben waren. Vielleicht war er aber auch enttäuscht darüber, dass seine Mutter diese köstlichen Krümel abkratzte, bevor sie den Kuchen in sein Mündchen führte.

Chaim fühlte sich satt und zufrieden. Jehudith zwinkerte ihm zu, zum Zeichen, dass er nun den Abschlusssegen sprechen sollte. Er füllte den Kidduschbecher ein letztes Mal und tat wie ihm geheißen.

David und Hannah maulten ein wenig, aber der strenge Blick seiner Frau genügte, damit die beiden ins Kinderzimmer abzogen.

Chaim stand auf und räumte den Tisch ab, während Jehudith Benjamin ins Bett brachte. Als er allein in der Küche war, geriet seine gute Laune ins Wanken, die er während des gesamten Sabbatmahls im Kreise seiner Familie empfunden hatte. Die Schattengesichter der Ratssitzungen schlichen sich in seine Gedanken zurück.

Beim Hinaufgehen ins Dachgeschoss kam er an dem Zimmer der Kinder im zweiten Stock vorbei und hörte sie und David das Maariw, das Nachtgebet, sprechen.

»*Schma Jisrael, Adonaj elohejnu, Adonaj echad!*«, sprach David.

»*Höre, Israel! Adonaj ist unser Herr, Adonaj ist eins*«, antwortete Jehudith.

Wie lange würden sie dieses Gebet in Mainz noch sprechen dürfen? Es half nichts, diese missliebigen Ahnungen stiegen immer wieder in Chaim auf, sosehr er sie zu verscheuchen wünschte. Bedrückt ging er hinauf in die Dachkammer, in der er mit Jehudith nächtigte.

Er setzte sich auf einen Hocker am Fenster. Sie wohnten in einem der wenigen dreistöckigen Häuser in Mainz. Vom Dachboden aus konnte er seine Blicke über die Stadtmauer bis zum Hafen schweifen lassen. Auf dem Turm am Zugang zum Hafen standen die üblichen zwei Männer der Stadtwache. Nichts deutete auf eine bevorstehende Gefahr hin.

Er stand auf und sprach das Schma Jisrael. Es fiel ihm zunächst schwer, seine Gedanken auf das Gebet zu richten. So brabbelte er mehr, als dass er mit seinem Herzen bei der Sache war.

Er versuchte, seinen Geist in den Rhythmus des Singsangs zu zwingen. Bei der Amidah, dem Achtzehngebet, gelang es ihm schließlich, in Schwingung mit den heiligen Worten zu kommen.

»Gelobt seist Du, Ewiger, unser Gott und Gott unserer Väter,
Gott Abrahams, Gott Isaaks und Gott Jakobs,
großer starker und furchtbarer Gott,
der Du beglückende Wohltaten erweisest und Eigner des Alls
bist.«

Chaim befand sich nun im Zustand des Einverständnisses mit dem großen Plan des Schöpfers aller Dinge. Er genoss dieses Gefühl der Geborgenheit in all seinem Unwissen und trotz all der Fremdheit, mit der Gott ihm zuweilen entgegentrat. Er schwang mit in Gottes Wollen, wie der Samen einer Pusteblume, der dem Wind eine Zeit lang widerstehen mag, sich aber irgendwann löst, ja lösen muss, um endlich über die Wiesen zu schweben und neue Frucht hervorbringen zu können.

Mit jeder Zeile des Gebets verflog etwas von seiner Angst, sie verlor an Gewicht, leichter und leichter wurde ihm im Herzen. Alles würde gut werden, alles hatte seine Ordnung, er konnte loslassen, die Dinge geschehen lassen. Geradezu heiter war ihm, als er zur zwölften Bitte kam.

»Den Verleumdern sei keine Hoffnung,
und alle Ruchlosen mögen im Augenblick untergehen,
alle mögen sie rasch ausgerottet werden,
und die Trotzigen schnell entwurzle, zerschmettere, wirf nieder
und demütige sie schnell in unseren Tagen.
Gelobt seist Du, Ewiger,
der Du die Feinde zerbrichst und die Trotzigen demütigst!«

Das Gebet entglitt ihm erneut. Die Auseinandersetzungen mit Mosche kamen ihm in den Sinn, der auf einer anderen, schärferen Version der zwölften Bitte beharrte. *Die freche Regierung mögest*

du eilends ausrotten in unseren Tagen, so sollte es im Gottes-
dienst heißen, und, schlimmer noch, *die Nazarener und die
Ketzer mögen umkommen in einem Augenblick.* Warum diese
Unversöhnlichkeit, die nur neuen Hass erzeugte? All die zähen
Diskussionen im Rat kochten in ihm hoch. Er hatte sie so satt.

Erneut konnte Chaim seine Gedanken bezwingen und kam
zurück in den Fluss, in das Schweben, das er gerade heute so
ersehnte, das er gerade jetzt brauchte. Und so fiel alle Last des
Tages von ihm ab, und er beendete das Gebet, wenn auch nicht
glücklich, so doch ruhiger, gelassener.

*»Verleihe Frieden, Glück und Segen, Gunst und Gnade und
Erbarmen*

uns und ganz Israel, Deinem Volke, segne uns, unser Vater,

uns alle vereint durch das Licht Deines Angesichts,

*denn im Lichte Deines Angesichtes gabst du uns, Ewiger, unser
Gott,*

die Lehre des Lebens und die Liebe zum Guten.«

Er blieb einen Moment sitzen, genoss den warmen Abend
und schaute hinaus in Richtung des mächtigen Flusses, der ruhig
und kraftvoll sein Wasser hin zum großen Meer fließen ließ.

Chaim stand auf, füllte Wasser aus dem Tonkrug neben der
Kommode in die große Schale auf der marmornen Platte und
entkleidete sich. Mit einem Lächeln zog er die oberste Schublade auf und nahm einen der gelben Schwämme heraus. Sündhaft teuer waren diese toten Überreste von seltsamen Lebewe-
sen, für die Taucher an den Küsten Griechenlands sich tief ins
Meer vorwagen mussten. Es gab sie nur bei Schmuel, und das
wusste der schlaue Kerl auszunutzen. Chaim hasste das Feilschen, aber in diesem Fall konnte er nicht anders. Er hatte Jehudith mit diesem porösen und gleichsam weichen Wirrnis zu
ihrem Hochzeitstag überrascht – und Schmuel schließlich mit
einem Satz Gläser bezahlen müssen.

Freudig hatte Chaim ihr gezeigt, wie diese gelben Ballen das
Wasser in sich aufnahmen und wie weich man mit ihnen über

die Haut streichen konnte. »Das Dreißigfache seines Gewichtes saugt ein solcher Schwamm auf«, hatte er ihr stolz verkündet. Jehudith hatte ihn ausgelacht, weil er immer so exakt mit Zahlen war. Aber ihr Lachen war in Liebe getaucht gewesen, sie hatte sich riesig gefreut.

Chaim musste an all dies denken, als er den weichen Ballen in die Schale tauchte, der sofort begann, das Wasser gierig in sich aufzunehmen.

Er rieb sich gründlich ab. Das kühle Wasser erfrischte ihn, zog ihn hinaus aus der seligen Gleichmut, in die ihn das Gebet geführt hatte. Er genoss seine Nacktheit und verzichtete darauf, sich abzutrocknen. Stattdessen setzte er sich auf den Hocker am Fenster und betrachtete den langsam dunkler werdenden Himmel durch das offene Fenster.

Die Sterne gossen ein zartes Leuchten über die Stadt aus, während sich die Geräusche des Hafens nach und nach in der Stille der Nacht verloren.

An diesem lauen Maiabend trocknete seine Haut rasch. Er setzte sich auf das Bett, in dem David, Hannah und Benjamin gezeugt und geboren worden waren. Mit dem Rücken lehnte er sich an das hölzerne Kopfende, zog sich die helle Leinendecke über seinen Körper und wartete in freudiger Erregung auf seine Frau.

Am Bach bei Peters Heim

Peter ging zunächst zum Bach, mit einem kurzen Wiehern kam Lene auf ihn zugetrabt. Längst wäre es für das Kaltblut an der Zeit gewesen, im Stall zu sein. Nach all den Stunden allein sehnte sich die Stute nach der Wärme der anderen Tiere. Peter nahm den Zügel und zog Lene mit sich, ohne ihr braunes Fell zu streicheln, wie es sonst seine Gewohnheit war. Vom Stall ging er in das gedrungene Grubenhaus, rollte sich in eine Decke ein und drehte sich zur muffigen Holzwand.

Nun merkte Peter, wie die schwere Arbeit auf dem Acker ihm in den Knochen steckte. Und die Ohrfeige seines Vaters hatte sich wie ein Brandzeichen in seine Seele eingeprägt.

Er konnte nicht einschlafen. So viele Eindrücke waren heute auf ihn eingestürzt. Der Strom von Pilgern. Dieser seltsame Fremde in der roten Kutte, der gar seinen Namen kannte. Und dann dieser demütigende Schlag, das laute Klatschen der Hand seines Vaters in seinem Gesicht.

Mainz – in Jehudiths und Chaims Haus

Nach einiger Zeit vernahm Chaim Jehudiths leise Schritte, die die Treppe hinaufkamen. Als sie die Schlafkammer betrat, setzte er zu einer freundlichen Begrüßung an. Doch legte seine Frau einen Finger auf die Lippen und flüsterte ihm zu: »Die Kinder schlafen endlich alle.« Behutsam schloss sie die Tür und setzte sich zu Chaim aufs Bett. »Nun erzähl mir in allen Einzelheiten, was ihr im Rat besprochen habt?«

Chaim zögerte zunächst. Dann sagte er: »Ein Heer der Unbeschnittenen hat in Speyer für Unruhe gesorgt.«

»Christenkämpfer? Darüber gab es viel Gerede in der Gemeinde, einige denken sogar an Flucht. Das erschien mir jedoch alles sehr aufgebauscht«, bemerkte Jehudith. »Die wollen doch Jerusalem erobern. Warum Speyer? Geht es darum, Leute anzuheuern oder Geld zu erpressen?«

»Wahrscheinlich beides. Jedoch haben sie dort elf der Unseren ermordet.«

Jehudith sog scharf Luft ein. »Das ist ja furchtbar.« Sie

schwieg einen Moment. »Also ist doch etwas dran an dem, was die Leute reden.«

»Die Mörder wurden jedoch, dem Ewigen sei Dank, von Bischof Johann bestraft.«

»Das ist gut. Das hat diese Irren hoffentlich gelehrt, unsereinem Respekt zu zollen.«

Chaim schnaubte. »Sie haben wohl einige der Unseren zu ihrer Taufe gezwungen. Aber als das Heer weiterzog, erlaubte der Bischof unseren Brüdern und Schwestern, zum Glauben an den Einen zurückzukehren.«

»Dann scheint es ja nicht ganz so schlimm zu sein.«

»Ich bin jedenfalls besorgt.«

»Speyer wird diesen Teufeln hoffentlich eine Lehre sein.« Jehudith betrachtete ihren Mann. Ihre Lippen kräuselten sich. »Hab keine Angst, der Eine wird uns beschützen. Erzähl mir lieber, was du mit Raimund übersetzt hast.«

Jehudiths Augen leuchteten vor Neugierde.

Chaim war dankbar, dass seine Frau das Thema wechselte. Er wollte sie nicht noch mehr belasten, und auch er sollte sich die Zukunft nicht allzu schwarz malen. Jehudith würde sicher recht behalten, schließlich schien die Sache in Speyer aufgrund des Eingreifens des Bischofs einigermaßen glimpflich ausgegangen zu sein.

So kam es ihm gelegen, dass er ihr nicht von dem Heer vor Worms erzählen musste. »Wir waren ja leider wegen der Sitzung des Rates gezwungen, unsere Arbeit abzubrechen. Aber ich könnte dir den Anfang des Psalms vortragen.«

»Sehr schön. Vorher mache ich mich kurz fein.«

Jehudith stand auf und begab sich zur Kommode mit der großen Schale. Sie schüttete das Wasser aus dem Fenster und füllte aus dem Tonkrug frisches nach. Dann zog sie ihr Kleid über den Kopf und stand, nur mit ihrem Leinenhemd bekleidet, den Rücken zu Chaim gewandt am Fenster. Silbern leuchtete ihre Haut im zarten Licht des Mondes und der Sterne.

Sie nahm den Schwamm, wusch sich langsam über ihr Gesicht und den Hals. Anschließend entledigte sie sich ihres Hemdes und rieb mit dem gelben Ballen über ihre kräftigen Schultern, sodass das Wasser ihr über den Rücken rann. Chaim beobachtete das Rinnsal, das ihre Wirbelsäule hinunterlief und zwischen den Pobacken zu versiegen schien. Er merkte, wie sein Geschlecht sich wohlig regte.

Jehudith rieb sich über die vollen Brüste und den Bauch. Danach stellte sie ihren linken Fuß auf den Hocker am Fenster, dafür musste sie sich etwas zur Seite drehen. Langsam ließ sie den Schwamm über ihren Schenkel gleiten. Natürlich wusste sie, dass Chaims Blick nun auf ihren Brüsten ruhen würde. Er lächelte. Sie stellte den anderen Fuß auf den Schemel, ließ das Wasser auch über ihr rechtes Bein rinnen, wischte nach und legte den Schwamm schließlich zurück in die Schale. Abschließend nahm sie ein frisches Leintuch aus der Kommode, wickelte es sich um und verknotete es über ihren Brüsten.

Sie kämmte sich durch ihr langes schwarzes Haar. Jedes Mal, wenn der Kamm hängen blieb, gab sie ein leises Stöhnen von sich. Köstlich, dachte Chaim. Er mochte es, wenn ihre Haare vom Kamm befreit zurückwippten. Schließlich nahm sie das Tuch von ihrem Körper und rieb sich Gesicht, Arme und Füße trocken.

Chaim war angenehm erregt. Aber er wusste, dass es ratsam war, seine Lust noch einige Zeit zu zügeln. Jehudith schlüpfte zu ihrem Mann unter die Decke und schaute ihn mit großen Augen an. »Nun, fang an.«

»Womit?«

»Mit eurer Übersetzung.«

»Ahh … Also gut. Raimund hat es aufgeschrieben, ich habe heute Nachmittag sogar noch ein paar weitere Zeilen übersetzt. Ich glaube, ich kann es auswendig hersagen.«

Chaim blickte tief in Jehudiths braune Augen und sprach:

»Lobe Ihn, meine Seele!
Gott, mein Gott, Du bist sehr groß,
Pracht und Glanz sind Deine Kleider,
Er trägt das Licht wie einen Mantel,
spannt den Himmel wie eine Plane,
baut auf dem Himmelsmeer Seine Burg.
Wolken macht Er zu Seiner Kutsche,
reist auf den Flügeln des Windes.
Winde macht Er zu Seinen Boten,
loderndes Feuer zu Seinem Diener.
Er baut die Erde auf festen Grund,
dass sie in Ewigkeit nicht schwankt.«

Jehudith hatte sich inzwischen an Chaim geschmiegt, und er
legte seinen Arm zärtlich um seine Frau.

»Hast sie mit dem Meer bekleidet.
Über die Berge traten die Wasser.
Als Du drohtest, flohen sie,
Deine Donnerstimme schreckte sie auf.
Berge stiegen, Täler sanken,
dorthin, wo Du den Grund gelegt.
Grenzen hast Du für sie gezogen,
dass sie nicht kommen, die Erde zu fluten.
Du füllst Auen aus den Quellen,
sie fließen zwischen saftig grünen Berghängen dahin.
Die Tiere des Feldes trinken,
wilde Esel löschen ihren Durst.
Darüber wohnen die Vögel des Himmels,
singen zwischen den Zweigen.
Berge tränkst Du aus Deiner Burg,
füllst die Erde mit Deinen Früchten.«

»Herrlich! Der Ewige wird uns beschützen in allen Gefahren.« Ein seliges Lächeln lag über dem Gesicht seiner Frau. »Es
ist so schön, diesen Psalm in unserer Alltagssprache zu hören.
Bitte sag Raimund, wie sehr ich seine Arbeit schätze.«

»Das werde ich machen, meine Rose von Scharon«, antwortete Chaim.

Am Bach bei Peters Heim

Nach langer, langer Zeit übermannte Peter endlich die Erschöpfung und er fiel in einen unruhigen Schlaf. Tief in ihm arbeiteten all die Bilder weiter, während er sich schwitzend und gleichzeitig frierend von einer Seite zur anderen wälzte. In etwas, das weder ganz Traum noch ganz Wunschgemälde war, formten sich die Bilder zu etwas Neuem.

Vor den Mauern einer großen Stadt sah er sich einem massigen braunen Bären gegenüberstehen. Strahlend blau war der Himmel, und der Sand brannte unter seinen nackten Füßen. Langsam schlich das zottige Ungetüm um ihn herum, belauerte ihn aufmerksam. Ritter bildeten einen Kreis um sie, schlugen mit ihren Schwertern langsam im Takt auf ihre Schilde. Auch Peter hielt ein Schwert in seiner Hand, mit dem er den Bären auf Abstand halten konnte.

Eine junge Frau wurde zu ihm in den Ring gestoßen. Sie stolperte und fiel auf den heißen Boden. So lag sie da, hilflos, bemitleidenswert, gleichzeitig süß anzusehen mit ihrer braunen Haut und den langen schwarzen Locken.

Unruhig witternd riss der Bär seinen mächtigen Kopf in die Höhe und wendete sich der Schönen zu. Angstvoll sprang das Mädchen auf und versteckte sich hinter Peters Rücken. Das laute Brüllen des Ungetüms ging ihm bis ins Mark.

Die Schläge der Ritter wurden schneller. Der Bär kam langsam näher, dann richtete er sich zu seiner vollen Größe auf. Das metallische Hämmern der Schwerter war nun ein einziger dröhnender Trommelwirbel. Plötzlich ließ sich das Raubtier auf Peter fallen. Blitzschnell hob der das Schwert, sodass dessen Spitze sich dem Bären mitten in die Brust bohrte. Peter taumelte, konnte sich jedoch gerade noch auf den Füßen halten. Der pelzige Fleischkoloss fiel in den Sand. Röchelnd lag das Tier vor ihm und schleuderte seine Schnauze vor Schmerz hin und her.

Dunkelrotes Blut quoll aus der Wunde, versickerte augenblicklich im hellen Sand und färbte den Boden in einem schmutzigen Rot. Peter ließ den Bären nicht aus den Augen. Die junge Frau hatte ihre Arme um seinen Bauch gelegt, ihre weichen Brüste rieben sich wohlig an seinem Rücken.

Peter konnte den Schwertgriff fassen, riss die Klinge aus der Brust des Bären und setzte an zum Gnadenstoß. Während das scharfe Metall in den Hals des Tiers eindrang, verwandelte sich dessen Schnauze in einen Mund und eine Nase. Das Fell des Ungetüms wurde glatt und hell. Es war nun das verzerrte Gesicht seines Vaters, dessen Augen ihn anstarrten, gleichermaßen verwundert und entsetzt. Stöhnend wand er sich vor ihm, während Peter die Klinge langsam aus seinem Hals zog. Ein letztes Zucken ging durch den Körper seines Vaters, bis sich seine Augen schließlich starr gen Himmel richteten.

Schweißgebadet wachte Peter auf. Aber schon kurz darauf fand er endlich in den ersehnten Schlaf.

Mainz – in Jehudiths und Chaims Haus

Jehudiths Kopf lag entspannt an der Schulter ihres Mannes, der seinen Arm locker um sie geschlungen hatte. Eigentlich war es nun der rechte Moment, seine Frau zu küssen, aber sie wich seinem Blick aus. Ihr verschmitztes Grinsen sagte Chaim, dass da etwas war, das sie ihm mitteilen wollte.

Jehudith schloss die Augen. »Ich glaube, ich weiß, warum Salomo dich so merkwürdig angeschaut hat, als du ihn heute im Rat getroffen hast.«

»So?«

»Hannah hatte Bauchschmerzen.«

»Ah ja.« Chaim hatte nicht die geringste Ahnung, worauf seine Frau hinauswollte.

»Und uns ist der Kräutersud ausgegangen, den ich in solchen Fällen den Kindern gebe.«

»Hm.«

»Deshalb bin ich heute Morgen zu Salomo gegangen. Der hat mir ein Säckchen getrockneten Fenchel mitgegeben.«

»Und, haben die Kräuter geholfen?«, fragte Chaim, mehr, um in Jehudiths Spiel mitzuwirken, als aus wirklichem Interesse.

»Ja, Hannah ging es schon am Nachmittag viel besser.«

»Sehr schön. Aber war das der Grund für sein Grinsen?« Chaim war verwirrt, dieses Rumgestottere war ganz und gar nicht Jehudiths Art. Die Klarheit ihrer Worte war nicht nur bei den Kindern gefürchtet.

»Ähm … wohl nicht«, druckste Jehudith weiter herum.

»Was war dann der Grund?«, fragte Chaim mit Engelsgeduld.

»Ich habe mit Salomo über dies und das gesprochen.«

»Aha.«

»Nun ja, ich habe ihm erzählt, dass ich immer ziemlich genau nach dreiunddreißig Tagen meine Blutungen bekomme.«

Chaim konnte sich ein Schmunzeln nicht verkneifen. »Schon oft habe ich unserem Schöpfer dafür gedankt, dass der Zeitraum deiner reinen Tage länger ist als bei den meisten anderen Frauen. Und auch dafür, dass du das immer so genau einschätzen kannst. Wir sind wirklich gesegnet.«

Jehudith lächelte. »Meine letzte Monatsblutung war am sechsten Ijjar. Ich mache dann immer eine Kerbe in den Kalender in der Küche. Daher weiß ich das so genau.«

Natürlich war es Chaim nicht entgangen, dass seine Frau

am Dienstag letzter Woche für das rituelle Reinigungsbad die Mikwe aufgesucht hatte. Seit dem Tag war ihnen nach der Niddah, wie die zwölf Tage der Schonung nach der ersten Blutung genannt wurden, wieder die Möglichkeit der Vereinigung gegeben. Aber abgesehen von dem Abstimmen der Zeiten der Reinheit und der Schonung redeten sie normalerweise nicht über diese Dinge, das war eigentlich Frauensache. So blickte Chaim Jehudith ratlos an und sagte mit gespielter Empörung: »Ich hoffe nur, dass unsere Kinder das mit dem Kalender nicht wissen. Oder willst du, dass die ganze Familie diese Dinge mitverfolgt?« Mit jeder Sekunde wuchs Chaims Lust. Als Jehudith schwieg, konnte er seine Ungeduld kaum noch beherrschen. »Nun spann mich nicht weiter auf die Folter, worauf willst du hinaus?«

Jehudith gab vor, von der Unruhe ihres Mannes keine Notiz zu nehmen. »Das bedeutet, dass ich am neunten Siwan wieder bluten werde«, dozierte sie, als würde sie einem Schüler das kleine Einmaleins beibringen.

»Und? Komm zur Sache, mein Liebes.« Chaim verdrehte die Augen und zählte die Balken an der Decke.

Das Grinsen seiner Frau ging von einem Ohr zum anderen. »Salomo hat gesagt, dass genau fünfzehn Tage vor der nächsten Blutung die beste Zeit sei.«

Chaim wurde es zu bunt, er zeigte mit der Hand nach oben und platzte heraus: »Schatz. Die beste Zeit *wofür*? Deine Sprache ist so dunkel wie die Balken an unserer Decke.«

Zärtlich nahm Jehudith den Kopf ihres Mannes in ihre warmen Hände und zog ihn zu sich hinunter. Er spürte ihre weichen Lippen auf seinem Mund. Ihre Zunge berührte seine Lippen, und bereitwillig öffnete er sie. Langsam dämmerte es ihm, worauf seine Frau hinauswollte, und seine Anspannung löste sich. Frei und sorglos gab er sich Jehudith hin.

So fühlten die beiden sich als Teil von Gottes großem Plan. Sie würden sich nun verewigen in dem großen Geschichtswerk, das Generation für Generation, Geschlecht für Geschlecht der Welt Seinen herrschaftlichen Willen einprägte und Seine Größe und Schönheit abbildete in all der Fülle des Lebens.

Samstag, der 24. Mai Anno Domini 1096 / 29. Ijjar 4856

Peters Heim nahe Gerstendorf

KEIN WORT SPRACH Peter bei der morgendlichen Mahlzeit in der Stube. Die getrockneten Pflaumen, die seine Mutter für ihn auf den Tisch gelegt hatte, ließ er achtlos liegen. Und auch Lene würdigte er keines Blickes. Er zog das Kumt fest um den Hals eines Ochsen, nahm die Peitsche von der Wand, zerrte das Tier aus dem Stall, spannte das kleine Wägelchen an und wuchtete den Pflug, der über Nacht draußen vor der Tür gestanden hatte, auf das Gefährt. Nach einem Schlag mit der Gerte auf den breiten Rücken des Zugtieres setzte sich der Karren in Bewegung und Peter stapfte hinterher.

Auf dem Acker machte er dort weiter, wo er gestern aufgehört hatte. Alles in ihm war taub. Weder bemerkte er den Schmerz in seinem Rücken noch die Sonne, die ihm ins Gesicht brannte. Dem leisen Rauschen des Windes schenkte er so wenig Beachtung wie dem fröhlichen Zwitschern der Vögel, die laut und energisch ihr Revier verteidigten. Den großen Fluss, der sich unten im Tal kraftvoll um die Hügel wand, sah er nicht an. Stumpf richtete er die Augen zu Boden. Wie die Zahnräder einer Mühle arbeitete er, und auf den Ochsen sah er nur, wenn der zu langsam wurde oder nach links oder rechts abdriftete. Dann gab er mit dem Seil, das an dem Kumt des massigen Tieres angebracht war, ein Kommando, setzte einen kurzen festen Schlag mit der Peitsche und es ging weiter.

In all dieser Dumpfheit spürte er auf einmal einen sanften Druck auf seiner Schulter. Die Anspannung in seinem Körper löste sich ein wenig, während eine freundliche Stimme zu ihm sprach: »Komm mit, Peter, Gott ruft dich.«

Er hatte den Priester mit der roten Kutte gar nicht bemerkt. Peter blickte auf zu dem großen Mann, dem das Mitgefühl im Gesicht stand. Der Mann beugte sich ein wenig zu ihm hinunter und wies mit der Hand in Richtung Tal. Peter schaute auf die gepflegten Hände und dann auf den mächtigen Strom. Langsam, sodass Peters Blicke folgen konnten, zog der Priester die weiten Bögen des Flusses zwischen den Hügeln mit seinem Finger nach. Mainz mit seinem großen Bischofsdom und den hohen Stadtmauern musste hinter diesen Kuppen liegen. Der Mann zeigte hinauf auf den Kamm des Hügels. Dort stand bereits ein Junge aus dem Dorf und winkte ihm zu. Peter lächelte verlegen.

Er blickte auf den halb gepflügten Acker, sah auf den Ochsen, der vor ihm stand, dumm und stumm, als sei er ein Stein und nicht ein Wesen aus Fleisch und Blut. Er hörte den Priester freundlich sagen: »*Christus spricht: Wer seine Hand an den Pflug legt, der ist nicht geschickt zum Reich Gottes.*«

Peter ließ vom Pflug ab. Wortlos folgte er dem Mann in der roten Kutte.

Der Junge gesellte sich zu ihnen, und zu dritt schritten sie den Berg hinunter. Peter konnte vor Aufregung nicht sprechen und hielt Abstand zu dem anderen Buben.

Die Fähre wartete am Ufer. Ein anderes Boot mit einem Ochsenkarren und Soldaten war schon bis zur Mitte des Flusses vorgefahren. Der gestern noch leere Wagen war nun voller Brotlaibe und Getreidesäcke. Vier Schweine standen auf wackeligen Beinen auf dem Boot und quiekten vor Angst. Der Ritter und der Knappe schienen zufrieden.

Eine Bauernfamilie mit vier Kindern, die Mönche von gestern und sechs Jungen in seinem Alter stiegen mit Peter auf die Fähre. Zuletzt trat der Priester, der ihn von dem Acker abgeholt hatte, in das Boot und der Ferge gab das Kommando zum Ablegen.

Bald schritten sie auf dem Treidelweg voran, der ganz bedeckt war mit den Ausscheidungen der Pferde, Ochsen und Menschen, die gestern hier entlanggeströmt waren. Hinter der Biegung des Flusses erkannten sie bereits die Zelte der Pilger.

Das Lager war in Auflösung begriffen. Wie sich am Ufer eines Flusses Erde löste, die durch die Strömung fortgerissen wird, so reihten sich die Rastenden in den Menschenstrom flussabwärts ein.

Peters Taubheit war verflogen. Mainz, endlich würde er sie sehen, die große Stadt. Und von dort ging es weiter nach Jerusalem. Er richtete sich auf und mit festen Schritten stapfte er durch den von den vielen Tritten aufgeweichten Unrat, der den Treidelpfad bedeckte.

Bald fanden sie Anschluss an die Menschenmenge. Nach einiger Zeit verschwand der Priester in der roten Kutte in dem Menschengewusel. Aber das machte nichts, denn nun war Peter Teil der großen Prozession zur Huldigung des Herrn im Himmel und zur Befreiung der Heiligen Stadt.

Die Stimme, die so wimmert,
ist die Stimme von Jakobs Kindern,
die von Frevlerhänden geschlagen werden.

Selichah – Kalonymos ben Jehuda

Teil II: Schlimme Botschaften

Mainz – in Rachels Haus

ORLI NUCKELTE AN RACHELS LINKER BRUST. Tief hatte sie die rötlich braune Warze in ihr kleines Mündchen genommen. Wie meist, wenn sie ihren zwei Kleinsten die Milch in ihrem Haus mit der Stube, dem Stall und dem Lager für Zacharias' Laden gab, hatte Rachel sich bei den Tieren einen bequemen Platz geschaffen. Die dicke Wolldecke auf dem frischen Stroh bot einen weichen und für das Stillen wohlgeformten Ruheplatz, in den sie sich halb liegend hineinschmiegen konnte, während Bela und Orli die Milch strömen ließen.

Der Wind strich durch die Ritzen der Bretter, die leise klapperten und ab und an ein Knarzen von sich gaben. Mit dem Geld von Schuster Wendel wollten sie den Stall ausbessern, das hatte Zachi ihr versprochen. Bela lag zwischen Rachels Beinen auf dem dünnen Leinenuntergewand wie in einem Nest und schaute sie mit halbgeschlossenen Augen an. Ihre Jüngste streckte bereits die Ärmchen und rieb sich im Gesicht, ein untrügliches Zeichen, dass auch sie bald Hunger haben würde.

Ihre zwei Kühe standen ruhig da, Rachel hatte sie direkt nach dem Aufstehen gemolken. Jetzt kauten sie das duftende Wiesenheu und glotzten dabei gutmütig umher. Noch war es kühl, die Morgenfeuchte hing klamm in Rachels Kleidern. Durch die

Tür sah sie den Nebel über dem Feld liegen wie ein Tuch. Ein Leichentuch, ging es ihr durch den Kopf, und sofort schämte sie sich für diesen Gedanken.

Mit rhythmischen Mundbewegungen saugte ihre Tochter an ihren üppigen Knospen. Die linke Brust war bereits halb leer. Orli musste nun kräftiger arbeiten, um an die ersehnte Köstlichkeit zu kommen. Bald würde sie müde werden.

Die drei Hennen hatten in der Nacht jede ein Ei gelegt. Rachel betrachtete die Hühner keine fünf Ellen neben ihr auf dem Stroh. Stolz saßen sie da, als wären sie Schwäne. Abends nach Sonnenuntergang, wenn der Sabbat vorbei war, würde Rachel aus den Eiern und den reifen Möhren ihres Gartens noch einen warmen Happen für Isaak und Aaron bereiten. Ihr Vater saß auf der Bank vor der Tür und betete die Amidah. Rachel summte den hebräischen Gesang mit, von dem sie kein Wort verstand.

Gestern Nachmittag hatte ihr Vater den beschwerlichen Weg von seiner kleinen Hütte über dem Dietmarkt auf sich genommen, um ihr Trost zu spenden. Ernst hatten sie miteinander gesprochen und so war es spät geworden. Und da die Sonne bereits tief am Horizont gestanden hatte, war es ihr nicht mehr möglich gewesen, die zwei Sabbatbrote selbst zu backen. Stattdessen hatte sie mit dem Geld, das Rabbi Chaim ihr geborgt hatte, zwei Laibe von dem jüdischen Bäcker in der Lorscher Gasse gekauft und war dann noch schnell hinunter zum Flachsmarkt gegangen, um Birnenmus zu kaufen. Auf Wurst und Käse hatte sie verzichtet, aber einen Krug koscheren Wein wollte sie auf jeden Fall füllen lassen. So hatte ihr Vater gestern Abend noch den Segen über den Kidduschbecher sprechen können.

Und mit demselben Wein würde er heute Abend die Hawdalakerze löschen. Zuvor würden sie die Besamimbüchse umhergehen lassen und den würzig herben Duft der Myrte und der Tannennadeln einatmen. Die Myrte wuchs in ihrem Garten. *Statt der Dornsträucher werden Zypressen aufschießen, und statt der*

Brennnesseln Myrten, hatte der Prophet Jesaja gesagt. Nach dem Lichtsegen würde ihr Vater die Flamme der Kerze in den Wein tauchen, zum Zeichen, dass der Sabbat vorbei war.

Ach, der Segen war eigentlich Zachis Aufgabe, er war doch der Hausherr. Rachel fühlte einen Stich im Herzen.

Sie streifte den anderen Träger ihres Unterhemdes ab und betrachtete ihre rechte Brust, die noch ganz gespannt war. Sie hob Bela, ihre Jüngste, etwas an, sodass ihr Näschen ihre noch freie Brustwarze berührte. Die Aussicht auf die warme Wonne ließ Bela ihr Mündchen weit öffnen. Sofort führte Rachel den Kopf ihrer erst vor drei Wochen Geborenen an ihren Busen und schon saugte die Kleine genüsslich neben Orli. Rachel atmete tief ein und aus. Nun war ihr eine kurze Zeit der Muße geschenkt.

Jedoch hörte sie bald Isaak und Aaron streiten. Vermutlich liefen sie vor dem Haus umher und störten den Vater beim Gebet. Aber war es nicht gut, dass sie miteinander rauften? Jungen brauchten das, um stark zu werden.

Die beiden halfen ihr bereits im Garten. Isaak bestellte die Beete für die Zwiebeln und die Möhren ganz allein und ließ Aaron nicht daran. Rachel hatte ihrem jüngsten Sohn versprochen, dass auch er bald sein eigenes Beet bestellen dürfe. Vor ein paar Tagen hatte sie sich entschieden, Aaron die Erbsen zu überlassen. Gestern Morgen hatte sie ihm zeigen wollen, wie er die Samenkörner in den Boden drücken sollte, der von der Nacht noch feucht war. Weil Zachi nicht nach Hause gekommen war, hatte sie es in all der Aufregung jedoch vergessen.

Orlis Zähnchen verursachten ihr Schmerzen, doch Rachel ließ sie gewähren. Bald würde ihre älteste Tochter selig schlafen, ihr Saugen wurde schon schwächer. Dafür war Bela nun ganz bei der Sache. Rachel döste ein wenig.

Im Tagtraum sah sie Zacharias den Weg zu ihrem Haus hinuntergehen. Sie musste sich auf die Zehenspitzen stellen, um ihm zur Begrüßung einen Kuss zu geben.

Sicher, sie war eine kleine Frau, aber dafür hatte sie Milch für zwei. Und von den fünf Kindern, die sie gezeugt hatten, war ihr nur eins gestorben.

»Du hast ein weites Becken und zwei gesegnete Brüste«, hatte die Hebamme zu ihr gesagt.

»Der Herr im Himmel hat Zachi und mich lieb«, hatte sie darauf mit einem Lächeln geantwortet.

Sie schlug die Augen auf. Kein Zachi war da.

Das Böse nicht an die Wand malen, sonst käme es von selbst. Rabbi Chaim hatte gut reden. Er musste gestern den Parnas getroffen haben, der Rat hatte sich versammelt. Das hatte ihr die Bäckersfrau erzählt.

Orlis Köpfchen neigte sich zur Seite, Rachel hielt es fest, sodass sich Orlis zarte Wange an ihre weiche Haut schmiegte. Rachel lächelte, aber schon im nächsten Moment krochen die Sorgen um ihren Mann wieder in ihr hoch. Hoffentlich hatte Rabbi Chaim dem Parnas Bescheid gegeben. Rabbi Chaim war immer so vergesslich. Rabbi Mosche, auf sein Wort konnte man sich verlassen. Rabbi Mosche nahm sich immer die Zeit, ihr zuzuhören. Rabbi Chaim wirkte dagegen oft fahrig. Dabei wäre es gar keine Mühe für Rabbi Chaim gewesen, dem Parnas von Zachis Ausbleiben zu berichten.

Aber bisher war niemand zu ihr gekommen.

Orli war inzwischen eingeschlafen und schnarchte leise vor sich hin.

In der Nacht hatte Rachel alle Kinder bei sich im Bett gehabt. Wahrscheinlich waren die vier sogar froh gewesen, dass sie ihre Mutter für sich alleine auf der Strohmatratze hatten. Rachel musste schmunzeln, während sie Bela zärtlich über ihr rosiges Gesichtchen streichelte.

Die Kinder hatten Rachel Trost gespendet, und trotzdem war sie nur in einen dämmrigen, unruhigen Schlaf gefallen. Unzählige Male hatte sie nach dem drahtigen Körper ihres Mannes getastet, an dem man jede Sehne erfühlen konnte. In jeder Nacht seit ihrer Hochzeit hatte er neben ihr gelegen, sie vermisste seine große warme Hand auf ihrem Bauch.

Noch immer sang ihr Vater vor der Tür mit seiner tiefen Stimme. Nicht so voll und schön wie Rabbi Mosche sang er, aber doch genauso zärtlich und klar wie damals, als sie noch ein Kind gewesen war und er sie durch seinen Gesang hatte trösten können.

Der arme Zachi irrte in diesem Moment sicher ganz allein da draußen herum. Dummer Zachi. Bist hoffentlich nicht vom Weg ab in den Wald gegangen, um Pilze oder Beeren zu suchen. Bist doch immer so neugierig, und dann machst du törichte Sachen. Aaron und Isaak, die haben das von dir. Wölfe gibt es im Wald und sogar ein Bär wurde letzte Woche gesichtet. Oder bist du gar auf einen Baum geklettert, um einen besonders großen Tannenzapfen zu pflücken oder frische Äste mit Nadeln für die Besamimbüchse? Bist du gestürzt und hast dir womöglich was gebrochen? Liegst du hilflos da und keiner hört dich rufen?

Rachels Herz schlug kräftig. Man musste etwas unternehmen, man konnte ihn doch nicht einfach da draußen im Ungewissen lassen.

Belas Saugen wurde schwächer. Bald würde sie ihre zwei Kleinsten zum Schlafen in den großen Bastkorb mit dem runden Henkel zurücklegen, in dem Orli und Bela zusammen schliefen. Darin würde sie die beiden in die Stube tragen und anfangen, den Frühstückstisch zu richten, sodass sie nach der Rückkehr ihres Vaters aus der Synagoge zusammen speisen konnten. Gestern Nachmittag hatte sie in aller Eile vor Sabbatbeginn noch einen Brei mit dem Birnenmus zubereitet, das Isaak und Aaron so gerne mochten und auch ihr Vater mit seinen wenigen Zähnen gut essen konnte.

Gern hätte sie Walnüsse gekauft, um den Brei noch schmackhafter zu machen. Aber Rachel hatte sich letztendlich dagegen entschieden. Wenn Zachi heute nicht zurückkommen sollte, wollte sie morgen noch etwas Geld zur Verfügung haben.

Man muss etwas machen, nagte es in ihr. Doch heute ist ja Sabbat. Da darf man gar nicht nach Zachi suchen.

Vater würde für Zachi beten, das hatte er ihr versprochen. Aber nur beten, das reichte nicht, wenn er wirklich irgendwo lag und sich nicht rühren konnte. Wo könnte er nur sein?

Der Gesang endete, und sie hörte ihren Vater von der Bank aufstehen und in die Stube auf der anderen Seite der Stallwand gehen. Sicher wollte er vor dem Gottesdienst eine Kleinigkeit essen.

Hin und her wälzte Rachel die Steine in ihrem Kopf. Schuster Wendel hatte gestern so gemein gelacht, als sie an seinem Laden vorbeigegangen war, um nach Zachi zu fragen.

Dass Zachi nicht zu Hause war, das war nicht richtig. Gar nicht richtig. Rachel verspürte den Drang aufzustehen, doch zwang sie sich, ruhig liegen zu bleiben. Bela musste erst einschlafen. Um sich zu beruhigen, führte Rachel ihre linke Hand zum Mund und nagte an der weichen Haut ihres Handballens, der nach dem Stroh schmeckte, auf dem sie saß.

»Ich muss selbst mit dem Parnas sprechen, falls Rabbi Chaim das vergessen hat«, sagte sie zu sich selbst. »Auch wenn Sabbat ist.«

Bela löste sich von ihrer Brust und steckte den Daumen in den Mund. Rachel blickte durch die Tür. Draußen war es heller geworden, der Nebel hatte sich aufgelöst und sie konnte sogar die hohe Stadtmauer am Ende ihres schmalen Feldes sehen.

Sie vernahm die Schritte ihres Vaters vor der Tür, ihre zwei Töchter schliefen. Behutsam richtete sie sich auf und ließ die zwei Kleinen langsam auf die Wolldecke gleiten. Sie griff nach dem großen Bastkorb, der neben dem Heuhaufen stand, legte Bela und Orli hinein und deckte sie mit dem weißen Leinenlaken zu. Dann zog sie die Träger ihres Unterhemdes wieder über die Schultern, stand auf, raffte ihr braunes Überkleid über die Brüste und zog es an den Schnüren unter ihrem Hals fest.

Die beiden würden sicher schlafen, bis die Domglocken zur Terz schlügen. Und zur Synagoge waren es nur ein paar Schritte.

Rachel ging mit dem Korb hinaus und ließ ihren Blick über das große Stück Land schweifen, das bis zur Stadtmauer reichte. Sie hatten es zusammen mit dem Haus gepachtet. Wenn Zachis Krämerladen nicht genug abwarf, war dies ihre letzte Sicherheit. Die Erde war fruchtbar, und die Sonne goss ihr Licht viele Stunden am Tag über die Pflanzen in ihrem Garten. Die Wurzbeete vor dem Haus waren ihr ganz besonderer Stolz. Petersilie, Beifuß, Koriander, Kresse, Lorbeer, Dill, Kümmel und Salbei gediehen hier. Brunnenkresse, Myrte, Bärlauch und Pfefferminze hatte sie weiter oben im Schatten nahe der Stadtmauer gepflanzt. Der Eine *musste* sie lieb haben, sonst wüchsen ihre Pflanzen nicht so üppig.

Jetzt jagte Isaak seinen jüngeren Bruder über die Beete.

»Schon wieder trampelt ihr auf meinem Kohl herum!«, rief sie verärgert. »Isaak! Aaron! Ihr dürft nur auf den Wegen laufen. Wie oft habe ich das euch gesagt! Wollt ihr im Winter etwa hungern? Kommt her, sofort!«

Die beiden unterbrachen ihr Spiel. Langsam näherten sie sich ihrer Mutter, wohl weil sie ein schlechtes Gewissen und Angst vor Schelte hatten. Auf dem Weg knuffte Isaak seinen Bruder. Der ließ sich dies jedoch nicht gefallen und stellte dem größeren Jungen ein Bein. Rachel musste ein Schmunzeln unterdrücken, als Isaak tatsächlich auf den Boden plumpste. Wie von Sinnen rannte Aaron auf sie zu und versteckte sich hinter ihrem Rücken, während sich der Ältere verdutzt aufrappelte.

»Schluss jetzt mit dem Streit!«, herrschte Rachel laut. »Isaak, du gibst auf Bela und Orli acht. Ich bin gleich wieder zurück.«

Isaak maulte, aber Rachel ließ sich nicht erweichen. Sie stellte den Korb auf den Tisch vor der Tür und verriegelte den Raum mit dem Warenlager. Das Schloss krächzte, während sie den großen Schlüssel umdrehte. Schließlich hängte sie sich das schwere Eisen um den Hals, versteckte es unter ihrem Kleid und rannte ihrem Vater hinterher.

Mainz – in Jehudiths und Chaims Haus

Wie gewöhnlich wollte Chaim an diesem Sabbatmorgen noch weiterschlafen. Jehudith hatte jedoch den Vorhang vor dem Fenster zurückgezogen und frische Luft strömte in den Raum. Es war behaglich kühl, noch hatte die Sonne ihre Dachkammer nicht zu einem Glutofen gemacht. Mit geschlossenen Augen versuchte Chaim, einen Zipfel der Sinnlichkeit festzuhalten, die er am Abend mit seiner Frau erlebt hatte. Wie ein Säugling hatte er sich in der Nacht an Jehudith geschmiegt, nun sah er einem ausgiebigen Sabbatfrühstück mit der Familie entgegen.

Seine Frau war eine Meisterin darin, eine wohlige Atmosphäre zu schaffen. Am Sabbatmorgen gab es Feigen und Oliven zu dem durchsäuerten und außerdem mit ganz vielen Kümmelkörnern gespickten Brot. Und mindestens zwei Hummussorten pflegte sie am Vortag vorzubereiten. Am liebsten mochte er die Variante mit dem starken Nussöl, das es nur bei Schmuel Hendlein zu kaufen gab.

»Chaim, du Schlafmütze, komm endlich herunter!«, rief Jehudith von unten. »Wir warten schon auf dich.«

Nackt trat er aus dem Bett, wusch sich schnell mit dem Wasser, das Jehudith für ihn bereitgestellt hatte, über das Gesicht, zog sich die Bruoch an und schlüpfte in das bequeme Morgenkleid aus dem federleichten grünen Stoff, das er nur über den Kopf ziehen musste. Er huschte durch das Morgengebet, denn er roch bereits den Duft seines Lieblingskäses mit dem blauen Schimmel, der mehrere Tagesreisen jenseits des Rheins hergestellt wurde. Er war der Einzige in der Familie, der diese Sorte leiden konnte, um seinetwillen ertrugen seine Lieben den strengen Geruch dieser Krönung westfränkischer Essenskunst.

Langsam stieg er die Treppe hinab. Jehudith und die Kinder saßen bereits an dem reich gedeckten Tisch, David und Hannah sahen ihn erwartungsvoll an. Denn erst nachdem Chaim den Segen gesprochen hatte, konnten sie mit dem Essen beginnen.

Chaim lächelte in die Runde. Auch er hatte Hunger, so beeilte er sich mit dem Segensspruch.

Mainz – Bischofspfalz, im Sankt-Viktor-Haus

Das Läuten der Domglocke zur Sext war seit einiger Zeit verstummt, aber Raimund war es gewohnt, dass Bischof Ruthard sich verspätete. Er wartete geduldig im Schreibkontor des verreisten Propstes Manfried, in das er und Hochvogt Hermann von Erkenbald bestellt worden waren.

Raimund hatte sich zunächst gewundert, dass dieses Treffen hier im Viktorhaus stattfinden sollte und nicht im Empfangssaal direkt neben den Privatgemächern Ruthards im Bischofspalast. Dann jedoch hatte er verstanden: Da Ruthard die hundertfünfzig Holzbalken inspizieren wollte, die am Morgen in die Zehntscheune hinter dem Martinshaus gebracht worden waren, und er danach im Dom zu tun hatte, konnte er sich auf diese Weise einen Weg sparen.

Raimund ließ den Blick durch das Zimmer seines gut zwanzig Jahre älteren Stiftskollegen schweifen, der ihm insbesondere zu Beginn seiner Amtszeit mit manch gutem Rat zur Seite gestanden hatte. Der Raum war weitaus geräumiger als seiner. Der Sinn fürs Praktische, der Propst Manfried anhaftete, war ihm anzusehen. Trotz seiner repräsentativen Größe war die Einrichtung schlicht gehalten: Weder schmückten bunte Gobelins die Wände noch befanden sich aufwendig gearbeitete Skulpturen in dem Zimmer. Der Propst empfing hier Juden und selbst muslimische Legaten, und er sah wohl keinen Grund, seine Gäste durch Darstellungen christlicher Heiliger zu verärgern. Nur eine kleine Figur Karls des Großen, des fränkischen Königs und ersten Kaisers des Reiches, stand auf Manfrieds Pult in der

Mitte des Raumes. Aufrecht saß Karl auf seinem Pferd, das in ruhigem Schritt über den Tisch zu traben schien.

Raimund ergriff die bronzene Figur. Ihrem Gewicht nach war sie aus einem Guss gefertigt. Er strich über die geriffelte Mähne des Pferdes und die fein gearbeiteten Zügel, die der Kaiser fest in seiner rechten Hand hielt. Der mächtigste Herrscher des Frankenreiches weckte in Raimund gemischte Gefühle. Zwar hatte er das Reich durch viele Kriege geeint und die Segnungen des Christentums auch zu den Völkern jenseits des Rheins gebracht, jedoch nicht durch Überzeugungskunst. Die von Karl dem Großen angeordneten Zwangstaufen der Sachsen waren selbst unter den Gelehrten seiner Zeit umstritten gewesen.

Neben dem Pult befand sich eine Sitzgruppe mit einer Holzbank, drei stabilen Stühlen und einem niedrigen Eichentisch. Raimund wusste, dass sich im Inneren der Holzbank Tonkaraffen mit den besten einheimischen Weinen befanden. Propst Manfried pflegte eine ungezwungene Atmosphäre, wenn er hier mit hiesigen Händlern und von weit her gereisten Gesandten verhandelte.

Raimund stellte die Bronzefigur zurück auf den Tisch und überlegte, ob er sich setzen sollte, entschied dann aber, die Gelegenheit zu nutzen, den privaten Teil des Raumes zu inspizieren.

Hinter einer Holzabtrennung stand ein Bett, auf dem der betagte Propst sein nachmittägliches Nickerchen abzuhalten pflegte. Auf einem schmalen Regal an der Wand stand ein Bildnis Sankt Viktors von Xanten. Über der leinenbezogenen Matratze, aus der am unteren Rand etwas von der filzigen Wollfüllung herauslugte, kniete der Heilige mit gebeugtem Kopf. In seiner Rechten hielt er eine Lanze, die mit einem schlichten Holzkreuz geschmückt war. Voller Demut, ohne jede Furcht, aufgehoben in der Geborgenheit seines Glaubens, erwartete Sankt Viktor den Schwertschlag des römischen Zenturios. Eine goldene Botschaft war unter dem Bildnis ins Holz geschnitzt:

Allmächtiger, ewiger Gott,
Du hast dem heiligen Viktor und seinen Gefährten
die Kraft gegeben, ihren Glauben an Christus
durch ihr Sterben zu bekennen.
Komm unserer Schwachheit zu Hilfe,
damit wir Deine Wahrheit
durch unser ganzes Leben bezeugen.

Der heilige Viktor entsprach auf vielerlei Art Manfrieds Wesen. Trotz seiner Bescheidenheit, die zuweilen in Selbstgeißelung auszuarten drohte, war der Propst ein Mann der Tat. Der Bischof hatte die Position des Verwalters der Reichtümer der Diözese mit einem Mann besetzt, auf dessen Gründlichkeit und Pflichtbewusstsein er sich verlassen konnte. Und Manfried war der Einzige unter den Geistlichen der Kurie in der Pfalz, dem der Bischof persönlich die Beichte abzunehmen bereit war. So war der schlaue Fuchs jederzeit bestens informiert über die Besitztümer seines Herrschaftsgebietes.

Der Duft von Weihrauch kündigte Bischof Ruthard an. Raimund schaffte es gerade noch rechtzeitig zum Arbeitstisch zurück, bevor der Ministrant, das Rauchfass schwenkend, zur Tür hereinkam. Ohne ihn anzublicken, vollzog der Junge in dem schneeweißen Kleid mit dem purpurnen Untergewand einen Kreis um Raimund, den Schreibtisch und die Sitzgruppe, vernebelte den Raum und verschwand wie ein Traumbild in den harzig riechenden Rauchschwaden, als er das Zimmer wieder verließ.

Raimund unterdrückte ein Husten und wandte seinen Blick zur Tür.

Ruthard ächzte unter seiner Massigkeit, die seinem blauen Rock eine beeindruckende Fülle gab. Der breite Kragenbesatz bot genug Platz für die vierzehn Stationen der Passion des Herrn, die auf handtellergroßen Goldknöpfen abgebildet waren. Aus den wohl der Hitze wegen mit Löchern versehenen Lederschuhen schauten ein Paar fleischige Füße, die aus den Öffnungen im Leder herauszuquellen schienen.

Behäbig steuerte der Bischof auf die Sitzgruppe zu und ließ sich unter lautem Stöhnen auf die Bank plumpsen, die seinem Gewicht überraschend klaglos widerstand. »Welch ein schreckliches Wetter. Ich bete seit Wochen zum heiligen Columban, damit er ein Wunder wirke.«

Raimund verbeugte sich, wie es Sitte war, und wartete. Aus Erfahrung wusste er, dass es angeraten war, die Stimmung des Bischofs zunächst genauer zu studieren.

Ruthard atmete schwer von dem kurzen Gang vom Dom. »Wo ist von Erkenbald?«

»Ich weiß es nicht, mein Bischof.«

»Dieser Ausbund an adliger Arroganz zeigt einmal mehr seinen Mangel an Respekt«, ereiferte sich Ruthard. »Man muss ihm immer wieder klarmachen, dass seine Autorität unter der des Bischofs steht. Er hat zuweilen Mühe, dies einzusehen.«

Raimund senkte seinen Blick, was Ruthard als Bestätigung auffassen sollte. Zwar war von Erkenbald Vogt und gleichzeitig Stadtpräfekt, jedoch waren beide Ämter seit einigen Jahrzehnten dem Bischof unterstellt. Von Erkenbalds pompöse Titel waren zu dessen großem Verdruss mehr Schein als Sein.

»Gerade jetzt ist Dompropst Manfried nicht da«, klagte der Bischof.

Raimund senkte den Kopf erneut, diesmal noch ein wenig tiefer. Was ihn nun erwarten würde, war unbekanntes Territorium, das er zum einen fürchtete und das ihn zum anderen nicht interessierte. Raimund überlegte, wie er Ruthards offensichtlichem Missmut begegnen könnte, da hörte er das Stapfen schwerer Stiefel auf dem Flur.

Der Vogt musste seinen Kopf neigen, um durch die Tür zu kommen. Sein kantiges Gesicht ragte aus einem schwarzen Rock mit hellen Streifen heraus, welcher an Pracht kaum hinter dem des Bischofs zurückstand. Das rote Wappen der Stadt mit dem Doppelrad prunkte auf seiner Brust, der Gürtel hielt ein Kurzschwert. Die Scheide war mit einem Riemen über dem

Knie befestigt, zu dem fein gearbeitete Schnallenstiefel empor-
ragten.

Raimund fühlte sich mit seinen einfachen Schnursandalen
zwar deplatziert, tröstete sich jedoch damit, dass er in dieser
Hitze sicherlich das bequemste Schuhwerk trug.

Ohne zu grüßen oder gar aufzustehen, fuhr der Bischof den
Vogt an. »Der Herr war zum Sextläuten bestellt.«

»Euer Suffkopf von Glöckner verschläft jedes Mal, die Was-
seruhr rechtzeitig zu füllen, und dann läutet er nach Belieben.«
Der Vogt gab dem Bischof keine Zeit für eine Erwiderung, sondern fuhr direkt fort: »Das Wetter wird immer mehr zu einem
Problem. Wir müssen auf Medardus hoffen, es heißt doch: *Wenn
es an Medardus regnet, wird es vierzig Tage nass.*«

Raimund sah eine Möglichkeit, sich in das Gespräch einzuschalten. »Bis zum Medardustag sind es noch mehr als zwei
Wochen. Dann wäre es zu spät, denn das Getreide würde schon
vertrocknet sein und des Hungers wegen müssten die Bauern
ihre Tiere schlachten. Und trotzdem würden viele über den
Winter darben und nicht wenige sterben.«

»Im Herbst hat sich der Kaiser angekündigt, wenn er denn bis
dahin aus Italien freikommen kann. Was sollen wir ihm auftischen?« Ruthard stöhnte, als trüge er das gesamte Leid der Welt
auf seinen Schultern. »Es wird schwer sein, dem Gesindel den
Zehnten abzunehmen. Sie werden klagen und die Waren verstecken, die eigentlich für die Kirche bestimmt sind.«

»Der Bischof wird hart durchgreifen müssen«, antwortete
der Vogt.

»Wo nichts ist, kann man nichts holen«, erwiderte Raimund.
»Und wenn die Bauern sterben, wer soll dann die Felder im
nächsten Jahr bestellen und das Vieh versorgen?«

»In diesem Fall muss man die guten Dinge eben importie-
ren. In Straßburg soll es mit dem Wetter besser sein«, entgegnete der Vogt.

»Aber wovon sollen wir das bezahlen?«, ereiferte sich Ruthard. »Die Bauern haben keinen Groschen. Bliebe nur, die Steuer auf den Handel zu erhöhen.«

Dieses Gespräch kann lange dauern, fürchtete Raimund. Die Steuern, die die Bürger der Stadt an den Bischof zu zahlen hatten, waren seit vielen Jahren Anlass für Streit. Der Vogt, der die Interessen der wohlhabenden Mainzer Bürger zu vertreten wusste, hatte sich bisher gegenüber den Wünschen des Bischofs nach Erhöhungen der Abgaben durch eine Mischung aus Ablehnung, Verzögerung und scheibchenweisem Entgegenkommen zu erwehren gewusst. Seine Antwort überraschte Raimund daher nicht.

»Die Städter werden mehr als genug geschröpft. Sie bezahlen viel Geld für das Recht, ihre Waren auf dem Markt zu verkaufen. Dazu kommen die Steuern auf ihre Häuser, ihr Anteil an den Kosten für die Stadtmauer, die horrenden Zölle, die die Waren unbezahlbar machen, die …«

»Der Herr erspare mir seine übliche Litanei«, unterbrach ihn der Bischof schroff. »Als hätten wir nicht Sorge genug. Wir sind hier, um anderes zu besprechen.«

Von Erkenbald schürzte die Lippen. Dann entspannte sich sein Gesicht, vermutlich war er froh, dass es Ruthard diesmal nicht um höhere Abgaben zu gehen schien. »Ich nehme an, der ehrenwerte Bischof referiert zu dem, was in Worms vorgefallen ist.«

Chaim hatte doch von Speyer gesprochen, wunderte sich Raimund.

Ruthard nickte. »Der Herr ist gut informiert.«

»Was ist geschehen?«, fragte Raimund.

Der Vogt musterte ihn amüsiert. »War der gelehrte Herr Stiftskollege mal wieder so vertieft in seine Studien, dass er die Welt um sich herum vergessen hat?«

Volltreffer! Raimund schaute betroffen zu Boden.

Ruthard warf ihm einen Blick zu, den Raimund irgendwo zwischen Belustigung und Verärgerung einordnete. »Berichte unserem Domdekan, was du weißt.«

Von Erkenbald kniff, wohl angesichts der herablassenden Anrede, die Augenbrauen zusammen und sprach: »Bischof Johannes' Soldaten waren in der Lage, die aufgewühlten Pilger zu vertreiben, bevor sie in Speyer größeres Unheil unter den Juden anrichten konnten. So gut wie keinem von ihnen wurde ein Haar gekrümmt. Der selbst ernannte Feldherr Emicho von Flonheim ist dann anscheinend nach Worms weitergezogen, und dort haben seine Soldaten kräftig zugelangt. Die Wormser Juden, soweit es mir berichtet worden ist, sind nun entweder getaufte Christen oder mausetot.«

Raimund erbleichte. »Die jüdische Gemeinde in Worms hat gut sechshundert Seelen, wie viele sind getötet worden?«

»Ich weiß es nicht«, antwortete der Vogt. »Die Tore waren lange Zeit verschlossen. Erst gestern habe ich Genaueres erfahren, aber die Berichte widersprechen sich.« Er musterte Raimund genau. »Aber was sorgt sich der Herr Domdekan um die Ungläubigen, ist er nicht für die Christen zuständig?«

Der Bischof überging von Erkenbalds Bemerkung. »Das deckt sich mit dem, was mir berichtet wurde.«

»Ich glaube nicht, dass die getauften Juden gute Christenmenschen werden«, warf der Vogt ein.

»Die Juden bringen gutes Geld, die Kopfsteuer ist beträchtlich, und sie bezahlen pünktlich, ohne zu klagen«, erwiderte der Bischof. Mit einem Seitenblick auf den Vogt fügte er hinzu: »Was man von vielen der anderen Städter nicht behaupten kann. Außerdem sind einige Juden ausgezeichnete Handwerker, und ihre Verbindungen zum Mittelmeer erlauben dem Vogt so manche geschmackliche Raffinesse, nicht zu sprechen von dem feinen Tuch, das der Herr auf seiner Haut zu tragen pflegt. Mir wurde übrigens gestern erst berichtet, dass der Herr Vogt sich neuerdings für Marmorfiguren mit zweifelhaften Motiven interessiere, die er von dem Juden Schmuel Hendlein zu beziehen gedenkt.«

Raimund nutzte die Überraschung des Vogts über Ruthards Angriff und fragte: »Wo ist Emichos Heer jetzt?«

»Nach Speyer und Worms könnte Mainz durchaus ihr nächstes Ziel sein. Es sei denn, dass sie es nochmals in Speyer versuchen und vielleicht weiter Richtung Süden nach Straßburg ziehen.«

»Hat der Herr etwas über Truppenbewegungen erfahren können?«

»Nichts Genaues. Jeder erzählt etwas anderes. Nicht ausgeschlossen, dass einige Mainzer gar bezahlt werden, um in den hiesigen Gasthäusern und Schenken falsche Informationen zu streuen.«

»Was tun wir, falls sie kommen sollten?«, fragte Raimund.

»Ich will den Pöbel hier in Mainz nicht haben«, antwortete der Vogt. »Unsere Mauern sind hoch und robust. Da haben sie keine Chance. Eine Belagerung würde Monate dauern. Wir sollten einen kühlen Kopf bewahren.«

»Gut, dass wir in den letzten Jahren die Mauern um zwei Ellen erhöht haben. Der Herr Vogt kann daran sehen, dass die Abgaben an den Bischof auch den Mainzer Bürgern zugutekommen.« Mit einer Handbewegung, als wolle er Raimund und den Vogt aus dem Raum scheuchen, fügte Ruthard hinzu: »Ich denke, wir müssen uns keine allzu großen Sorgen machen. Ich verlasse mich darauf, dass die zwei Herren sich darum kümmern werden.« Und zu sich selbst sagte er leise: »Diese verfluchte Hitze. Wie soll man da beten können?«

Raimund verneigte sich und folgte dem Vogt, der bereits ohne jeden Abschiedsgruß den Raum verlassen hatte.

Mainz – auf der Langen Gasse

Heute waren sie ganz besonders spät dran und eilten nun durch die Lange Gasse, um rechtzeitig die Synagoge zu erreichen.

Chaim hatte Benjamin auf seinen Schultern. Links neben ihm lief Jehudith mit Hannah an der einen und einem Bastkorb in der anderen Hand. David ging rechts von Chaim und bat um die Erlaubnis, sich am Nachmittag mit Ida zu treffen. Er unterstrich seinen Wunsch mit einer ausführlichen Begründung, der Chaim jedoch nur mit halbem Ohr zuhörte.

Er wechselte einen Blick mit Jehudith, die ihm kurz zunickte.

»Gut, David, du darfst nach dem Gottesdienst etwas mit Ida zusammen sein. Aber zum Vesperläuten bist du wieder zurück. Versprichst du mir das?«

David lächelte zufrieden. »Natürlich, Papa.«

Als sie endlich in die Lorscher Gasse einbogen, wurden sie Teil des Stroms der Juden, der in Richtung ihres Bethauses zog. Nachdem sie den Torbogen unter Schmuels Haus passiert hatten, trafen sie auf die übliche Ansammlung von Menschengrüppchen, die sich vor Gottesdienstbeginn auf einen Schwatz zusammengefunden hatten. Jehudith nahm ihm Benjamin ab und begab sich mit Hannah unter das Holzdach seitlich der Synagoge, unter dem die Frauen und Kinder geschützt vor Sonne und Regen den Gottesdienst zu verfolgen pflegten, den die Männer im Inneren vollzogen.

Wie gewöhnlich fanden sich nur wenige der Frauen ein, registrierte Chaim verärgert, während er Schaloms erwiderte und die eine oder andere Hand drückte. Natürlich hatte das Weibsvolk einen guten Grund fernzubleiben, immerhin galt es, das Heim für den Sabbat herzurichten. Aber dieser lieblose Unterstand vor der Synagoge war sicher nicht förderlich, ihr Interesse am Gottesdienst zu wecken. Wie oft hatte sich Jehudith bei ihm darüber beklagt. Bereits seit einiger Zeit kämpfte Chaim dafür, ihr Bethaus um eine Empore für die Frauen zu erweitern. Doch wiederholte Male war er am Widerstand einiger dickköpfiger Männer gescheitert. Und da stand sie auch schon, die Altenfraktion, die Köpfe mit den langen Bärten dicht zusammengesteckt. Und Mosche war natürlich mitten unter ihnen.

Er konnte den Einwand seines älteren Kollegen einfach nicht mehr hören, mit dem er sich bisher im Rat hatte durchsetzen können: Die Gefahr der Ablenkung durch Weibsvolk sei zu groß und würde die Wirkung der Gebete vermindern. Zum Henker noch mal! Die Empore würde *im Rücken* der Männer liegen. Dann sollten sich die alten Lüstlinge eben nicht nach den Frauen umdrehen.

Jetzt schauten sie zu ihm. Wegen dieses Haufens starrsinniger Greise konnten die Frauen die Stimme des Vorbeters nur durch das offene Fenster hören, dachte Chaim, während er die Blicke mit einem höflichen Nicken quittierte. Oft tratschte das Weibsvolk dann aus Langeweile. Und wenn sie dabei zu laut wurden, kam der Schammes und ermahnte sie. Kein Wunder, dass sie lieber zu Hause blieben. Jehudith hatte ganz recht, es war ein untragbarer Zustand.

Chaim wechselte hier und dort ein paar Worte und wollte sich gerade zur Eingangspforte der Synagoge begeben, da sah er Rachel bei Kalonymos stehen. Der um einiges größere Parnas hatte sich zu ihr hinuntergebeugt, während ihm Rachel aufgeregt etwas mitteilte.

Zacharias!, schoss es Chaim durch den Kopf.

Da hatte Kalonymos ihn bereits erkannt. Mit heftigen Armbewegungen forderte er Chaim auf, zu ihm zu kommen.

Mainz – auf dem Synagogenplatz

Jehudith stand unter dem Vordach der Synagoge und hielt Ausschau nach ihrer Schwester. Sie erspähte Sarah vor dem Haus der Familie ihres zukünftigen Schwagers und ging mit Hannah und Benjamin auf sie zu. Sarah stand neben ihrer Mutter und wartete bereits ungeduldig.

Schnell wurden sich die beiden Schwestern einig, dass sie ganz gewiss nicht dem Gottesdienst unter dem grässlichen Vordach zuhören wollten, dazu war das Wetter einfach viel zu schön. Am Nachmittag würde es unerträglich heiß werden, jetzt war die Sonne gerade angenehm. Und auf Gespräche mit den anderen Frauen hatten sie keine Lust, schließlich wollten sie noch letzte Einzelheiten der Hochzeit besprechen.

Außerdem hatte Jehudith das Gefühl, dass ihrer fünf Jahre jüngeren Schwester ein wenig Ablenkung guttun würde. Die Aufregung über den morgigen Tag war ihr anzumerken. So gab Jehudith Hannah und Benjamin in die Obhut ihrer Mutter. Zur Non würde sie die Kinder beim letzten gemeinsamen Mahl vor der Hochzeit wiedersehen, das sie mit der ganzen Familie im Haus der Eltern feiern wollten.

Jehudith und Sarah verließen den Synagogenplatz und gingen Richtung Flachsmarkt.

Mainz – auf dem Synagogenplatz

Chaim blickte sich um. Rachels Mann war nirgends zu sehen. Also war er noch nicht zurückgekommen. Ein leichtes Magenzwicken machte sich bemerkbar.

»David, geh schon mal vor und halte mir einen Platz frei«, sagte er zu seinem Sohn. Der Parnas war berüchtigt für seine öffentlichen Ausfälle, das musste David jetzt wirklich nicht miterleben.

Gemächlich, sodass David in dem großen Eingangsportal der Synagoge verschwinden konnte, bevor sein Vater auf Rachel und den Parnas traf, schob sich Chaim durch die Menschenmenge.

Rachel weinte, während Kalonymos ihr zuredete und Chaim gleichzeitig herbeiwinkte. Noch bevor er die beiden begrüßen konnte, fuhr der Parnas ihn an: »Rachel hat mir berichtet, dass Zacharias noch immer nicht nach Hause gekommen ist. Sie habe gestern vor der Ratssitzung mit dir gesprochen. Stimmt das?«

»Schalom, Rachel. Schalom, Kalonymos«, sagte Chaim, einerseits, um Zeit zu gewinnen, und andererseits in der vagen Hoffnung, die Spannung ein wenig zu lösen. Dabei blickte er sich um, wer gerade in der Nähe war. Mosche war nicht mehr zu sehen, er stand wahrscheinlich schon in der Bimah. Zumindest seine hämischen Kommentare würden ihm erspart bleiben.

Der Parnas schwieg und Chaim sagte notgedrungen: »Ja, das stimmt.«

Mit seiner dröhnenden Stimme, die jeder der Umstehenden hören konnte, fuhr der Parnas fort: »Und warum hast du uns gestern im Rat nichts davon erzählt? Rachel hatte dich darum gebeten, oder?«

Deutlich trat Chaim die Situation vor Augen, Rachel mit Orli auf ihren Schultern, die an dem Kopftuch ihrer Mutter zuppelte.

»Rachel, das tut mir wirklich leid. Ich hatte gehofft, dein Zacharias würde gestern noch zurückkommen.« Selbst in seinen Ohren klang diese Ausrede lahm.

Die beiden blickten ihn stumm an. Chaim kratzte sich am Hinterkopf. »Wir sollten nicht das Schlimmste befürchten. Vielleicht gibt es eine ganz einfache Erklärung.«

Chaims Beschwichtigungen machten den Parnas noch wütender. »Ausgerechnet in diesen Zeiten ist einer von uns in finsterer Nacht vor den Toren der Stadt in Gefahr! Dein Verhalten war unverantwortlich. Das weißt du genau.«

Um sie herum hatte sich eine Menschentraube gebildet, die stetig größer wurde. Unbarmherzig fuhr der Parnas fort. »Warum bist du nicht mit Rachel direkt zu mir gekommen? Was war denn so viel wichtiger?«

Raimund und die Psalmenübersetzung, schoss es Chaim durch den Kopf. *Das* wollte er jetzt unter keinen Umständen sagen. Nach einem Räuspern antwortete er: »Ich hatte ein Treffen mit dem Domdekan.«

»Das wurde mir berichtet. Und was habt ihr gemacht?«

Der Parnas war natürlich wie immer bestens informiert. Geheimniskrämerei war zwecklos. »Wir haben ein theologisches Problem erörtert.«

Das war recht weit entfernt von der Wahrheit, jedoch keine direkte Lüge. Ihr Psalmenvorhaben wollte Chaim unbedingt geheim halten. Er hörte Mosche schon lästern: »Ist Hebräisch etwa nicht mehr gut genug für unseren Christenfreund?«

Und wie sollte er auch rechtfertigen, dass ihm Raimund bei einer Übersetzung half? Weder die von den Christen benutzte griechische Septuaginta und erst recht nicht deren lateinische Übersetzung wurden unter jüdischen Gelehrten als zuverlässige Quellen anerkannt.

Kalonymos war unerbittlich. »Sprich. Warum erörterst du deine theologischen Probleme nicht mit Rabbi Mosche, sondern mit einem Christen?«

Rachel hatte aufgehört zu weinen. Nun sah auch sie Chaim wütend an. Die Menschen drängten sich um sie herum. »Äh, ich dachte, das Problem mit Zacharias würde sich von selbst lösen. Dies war wohl ein Irrtum. Das bedaure ich sehr. Was wollen wir …«

»Jetzt ist Sabbat und daher können wir keinen Suchtrupp losschicken«, unterbrach ihn der Parnas. »Gestern wäre dies möglich gewesen.«

Rachels Schultern sackten herab.

»Wenn es um Leben und Tod geht, wäre dies trotz des Sabbats gestattet«, antwortete Chaim und bereute im gleichen Augenblick seine Worte. Jetzt malte *er* das Böse an die Wand. Schon hörte er Getuschel um sich herum.

»Es heißt doch, am Sabbat soll man nicht mehr als tausend Schritte gehen«, fuhr Alon dazwischen. Die muskulösen Arme des Schmieds der Gemeinde schwangen bedrohlich in der Luft.

»Nein, es heißt tausend Schritte vom Stadtrand weg dürfe man nicht gehen«, antwortete der um einen Kopf kleinere Brettschneider Joseph.

Ein Dritter warf ein: »Genau, in der Stadt selbst gibt es keine Einschränkung. Viele wohnen weiter als tausend Schritte entfernt von der Synagoge. Die dürften sonst ja gar nicht zum Gottesdienst kommen.«

»Dann müssen sie halt näher zur Synagoge ziehen«, erwiderte Alon und richtete sich zu seiner vollen Größe auf.

»Ihr seid doch meschugge!« Joseph zeichnete mit seinem Zeigefinger einen Kreis auf seine kahle Stirn.

»So oder so«, erwiderte Alon. »Welch einen Sinn könnte ein Suchtrupp haben, der sich nur tausend Schritte weit von der Stadt wegbewegen kann?«

Kalonymos presste die Lippen zusammen. Chaim rechnete jeden Moment damit, erneut angefahren zu werden, da kam Salomo hinzu und sagte: »Kommt bitte. Mosche wartet schon ganz ungeduldig in der Bimah und möchte mit dem Nischmat beginnen.«

Mit Zornesfalten auf der Stirn schaute Kalonymos Chaim an. Bevor der Parnas sich abwandte, sagte er: »Wir sprechen uns später.«

Chaim atmete tief durch und sandte einen dankbaren Blick an Salomo. Die Menschen um ihn herum begaben sich in die Synagoge. Rachel trocknete ihre Tränen und stand nun allein mit ihm auf dem Vorplatz. Chaim wandte sich ihr zu. »Rachel, das tut mir wirklich alles sehr leid.« Dann folgte er zögerlich den Männern.

Der Gottesdienst war heute außergewöhnlich gut besucht, die Ankündigung einer Rede des Parnas hatte ihre Wirkung nicht verfehlt. Durch Chaims Glasfenster warf die Sonne eine rote Rose an die weißgekachelte Wand, die dicken Steine hielten die Wärme draußen. Chaim fröstelte, während Mosche auf dem Pult der Bimah in dem großen Buch mit den liturgischen Gesängen blätterte.

Vor ihm schritt Kalonymos durch den Mittelgang und setzte sich in die erste Reihe, während Chaim neben David etwas weiter hinten Platz nahm.

Es wurde langsam still und Mosches Gesang begann.

»Die Seele alles Lebenden segne Deinen Namen, Gott, unser Gott ...«

Während die volle, tiefe Stimme des alten Rabbis den großen Saal füllte, schaute Chaim starr nach vorn. Dabei registrierte er die neugierigen Blicke, die von allen Seiten auf ihn geworfen wurden, während sich die Nachricht über die Schelte des Parnas im Saal verbreitete. Aus dem Zwicken im Magen war mittlerweile ein drückender Schmerz geworden.

Mosche sang:

»... in jeder Zeit der Not und der Drangsal
haben wir keinen König außer Dir.«

Den Beistand des Einen konnte Chaim jetzt wirklich gut gebrauchen.

Mainz – auf dem Flachsmarkt

Jehudiths Bastkorb schwang in ihrer Mitte. Die beiden Schwestern trugen ihn wie so oft gemeinsam, jede eine Hand an dem runden Henkel. Im Geschäft von Heinrich Flucks, das hinter der Sankt-Ottilien-Kirche lag, wollten sie die allerletzten Änderungen an Sarahs Brautkleid überprüfen, die sie dem Schneider gestern noch aufgetragen hatten.

Nach Jehudiths Ansicht war Flucks der mit Abstand beste Schneider in Mainz, jedenfalls wenn es um die Verarbeitung von feineren Materialien ging. Er führte die erlesensten Samtstoffe und hatte zudem eine Technik, bei der die Nähte völlig unsichtbar blieben.

In freudiger Erwartung traten sie in den Laden ein. Meister Flucks saß hinter dem Tresen und nähte. Er legte seine Arbeit jedoch augenblicklich nieder, als er die zwei Frauen erblickte, und schritt unter einer Abfolge kleinerer Verbeugungen auf die beiden Schwestern zu. »Guten Morgen, meine werten Damen. Ich nehme an, Ihr wollt das Brautkleid des jungen Fräuleins noch einmal begutachten.«

»Guten Morgen, Meister Flucks«, antwortete Jehudith lächelnd. »Ihr habt es erraten.«

»Darf ich die junge Braut bitten, sich nach hinten in das Umkleidezimmer zu bemühen? Ich werde das Kleid sofort bringen und meine Frau zu Hilfe rufen.«

Sarah folgte dem Schneider, und Jehudith hatte Zeit, einen Blick auf die neuen Stoffe zu werfen, die ihr allerdings in ihrer schillernden Farbigkeit nicht besonders gefielen.

»Zu viel des Guten«, sagte sie zu sich selbst. »Eine Dame ist doch kein Papagei.«

Nach einiger Zeit kam Sarah mit Meister Flucks und seiner Frau zurück. Ihre Schwester strahlte in dem glänzenden blauen Tuch, für das sie sich nach langen Erörterungen entschieden hatten. Der enge Perlengürtel betonte Sarahs schlanke Taille, unter der ein kraftvolles Becken Sinnlichkeit und Fruchtbarkeit versprach. Die roten Ärmel schlossen mit goldenen Besätzen ab, die hervorragend zu Sarahs langem blondem Haar passten.

»Sarah, das ist ein Traum von einem Kleid!«, rief Jehudith freudig aus. »Und jetzt sitzen auch die Schultern genau. Doron wird ganz hingerissen sein.«

»Was denkst du über die Länge?«, erwiderte Sarah. »Ist es nicht etwas zu kurz?«

Jehudith trat ein paar Schritte zurück. Der Schneider hielt sichtbar den Atem an, schon zum vierten Mal suchten sie ihn nun auf, um Änderungen einzufordern. Jehudith ging ein wenig hin und her, während ihre Blicke fachmännisch über den Körper ihrer Schwester glitten. Schließlich sagte sie: »Nein, so wird man deine schönen Kalbslederschuhe sehen können.«

Jehudith lächelte in sich hinein, als sie das erleichterte Ausatmen des Schneiders vernahm.

Mainz – Bischofspfalz, im Sankt-Viktor-Haus

»Was machen wir jetzt?«, fragte Raimund den Vogt, der vor der Tür auf ihn wartete.

Von Erkenbald musterte Raimund. »Da der Propst verreist ist, muss ich wohl mit dem Herrn Domdekan Vorlieb nehmen.«

Raimund blieb nichts anderes übrig, als die Stichelei zu ignorieren. Er hatte wirklich keine Ahnung, was zu tun war.

»Wir sollten auf jeden Fall mit Waldemar sprechen«, bequemte sich der Vogt schließlich zu antworten.

Raimund schaute ihn fragend an.

»Waldemar ist der neue Hauptmann der Stadtwache. Und auch mit den Verantwortlichen an den einzelnen Toren sollten wir uns treffen. Die müssen nun ganz besonders aufmerksam sein und dürfen keine fremden Gesichter hereinlassen.«

»Sollen wir sie rufen lassen?«, fragte Raimund.

»Nein. Ich glaube, es würde unserem Herrn Domdekan guttun, wenn er selbst die Tore und die Stadtmauer inspizieren würde. Heißt es nicht *ora et labora*? Vielleicht hat der Herr in letzter Zeit ein wenig zu viel gebetet und dafür zu wenig gearbeitet.« Von Erkenbald grinste breit. »Wir machen einen längeren Spaziergang. So bekommt der Herr etwas Luft und Sonne. Man sagt, das sei gesund für Körper und Geist.«

Raimund atmete tief ein. Von Erkenbald hatte recht, nun lag Dringlicheres an, als alte Manuskripte zu durchforsten. »Einverstanden. Gehen wir?«

Sie verließen das Viktorhaus. Draußen schien die Sonne warm in Raimunds Gesicht. Durch das große Tor der Pfalz traten sie auf den Marktplatz, der wie immer an einem Samstagnachmittag voller Menschen war. Sie schritten am Dom entlang Richtung Rhein, dann nach rechts zwischen der Stiftskirche Sankt Maria ad Gradus und dem Martinsdom hindurch und schließlich die Grebengasse hinauf, an deren Ende sie sich nach links zum Jakobstor wandten.

Mit festem Schritt ging der Vogt voraus. Raimund hatte zunächst Mühe zu folgen, nach einiger Zeit fand er jedoch Gefallen an der Ertüchtigung. Auch schien die Abwesenheit des Bischofs von Erkenbald in eine erträglichere Stimmung zu versetzen.

»Nun, falls sie überhaupt kommen sollten, dann werden sie wahrscheinlich von Osten oder vom Hafen her eindringen wollen.« Der Vogt genoss es offensichtlich, sein Wissen zu demonstrieren, und Raimund war ein guter Zuhörer. »In diesem Falle, werden wir die Tore verschließen. Möge der Herr sich entweder zum Jakobstor oder zur Dulcinesheimer Pforte begeben. Ich werde den Hafen und die Tore im Westen übernehmen. Sie könnten gerade dort kleinere Ablenkungsattacken ausführen.«

Schließlich standen sie vor dem großen Jakobstor mit den zwei runden Wachtürmen links und rechts, aus deren Mitte sich das massige viereckige Torhaus mit drei Stockwerken erhob. Die Wachen hatten den Vogt bereits erkannt und grüßten respektvoll.

»Ich denke, Ruthard will seine Ruhe haben. Also werden wir zwei das wohl in die Hand nehmen müssen.« Der Vogt hieb Raimund kräftig auf den Rücken, sodass dieser fast gestolpert wäre. »Willkommen in der Welt, gelehrter Domdekan. Mit seinem Latein wird der Herr jedoch weder Emicho noch die Stadtwachen beeindrucken.«

Raimund zog die Augenbrauen hoch. Gleichzeitig war er froh darüber, dass der Vogt die Führung übernommen hatte.

Von Erkenbald zeigte auf das Tor. »Ich vermute, dass sich Waldemar in dem Raum über dem Durchgang aufhält.«

Aus einem der Turmfenster aus dem zweiten Stock winkte ihnen jemand zu. Von Erkenbald erwiderte den Gruß. »Ah, da schau her, wenn man vom Teufel spricht. Da ist der Hauptmann ja schon. Lasst uns hinaufgehen.«

Auf dem Treidelpfad zwischen Worms und Mainz

Welch Freude, welch unvorstellbares Glück. Peter lief wie auf einem Wolkenkissen, als er an einer Kolonne Pferdegespanne vorbeieilte. Braune und schwarze Rösser, große stolze Gäule und kleine dickliche Klepper zogen die Wagen. Auf den Böcken saßen Männer neben ihren Frauen mit Kindern auf dem Schoß. Hatte er wirklich heute Morgen noch einen steinigen Acker gepflügt? Peter konnte es nicht glauben.

Ein leichter Wind machte selbst die Hitze vergessen. Es drängte ihn an die Spitze des Zuges. Er wollte der Erste sein, der die große Kirche sehen würde, deren Türme die Wolken kitzelten. Wie im Rausch rannte er nach vorn.

Peter erreichte eine Gruppe kahl Geschorener und verlangsamte seine Schritte. Ausgelassen tanzend liefen die Männer vor einem Pferdegespann her. Zwei Mönche saßen neben dem Kutscher auf dem Bock und spielten auf einem Kasten eine lustige Melodie, laut und klar. Der eine drehte an einer Kurbel, während die Hände des anderen über die kleinen Tasten an der Kiste flogen. Die Tänzer vor dem Wagen drehten sich wie wild in Kreisen zu der Musik, sodass ihre Kutten weit über ihren Knien wehten. Behaarte und glatte, dicke und staksige Beine bewegten sich lustig im Sonnenlicht. Aus vollem Halse sangen sie:
»*Schöne Länder, reich und herrlich,*
welche ich schon hab gesehen,
doch du übertriffst sie alle.

Welche Wunder sind hier geschehen!
Dass eine Jungfrau ein Kind gebar,
hoch erhaben über aller Engel Schar,
war das nicht ein Wunder gar?«
Die Melodie sprang so fein von Ton zu Ton. Einer der Mönche presste mit seiner rechten Hand ein Instrument an seinen Hals, das Peter noch nie zuvor gesehen hatte: Mit einem Holzbogen, unter dem ein feines Band gespannt war, strich er mit seiner Linken flink hin und her und entlockte dem Instrument helle klare Töne, die wie frisches Wasser die Seele erquickten. Andere Mönche schlugen kleine Zimbeln gegeneinander, deren Ton den Takt vorgab.

»Christen, Juden und Heiden
behaupten, dass dies ihr Erbe sei.
Gott müsste es gerecht entscheiden,
durch die seiner Namen drei.
Die ganze Welt bekriegt sich.
Aber wir sind mit unserer Bitte im Recht,
und daher ist es nur recht,
dass der Herr sie uns gewähre.«
Peter stimmte lauthals mit ein und kreiselte mit den Mönchen, bis ihm der Kopf schwirrte.

Mainz – in der Synagoge

Schwer wälzte Chaim die Steine in seinem Gewissen. Von dem Gottesdienst hatte er bis zu dem Moment, in dem die Torah wieder zusammengerollt und in ihren grünen Samtmantel eingebunden wurde, so gut wie nichts mitbekommen. David hatte ihn des Öfteren erinnern müssen, dass er bei den Gebeten vorschriftsmäßig aufstand.

Wie beim letzten großen Regen, als das Wasser durch die Ritzen des Holzes in ihr Haus eingedrungen war, so brach nun nach und nach das ganze Ausmaß seiner Unachtsamkeit in sein Bewusstsein ein. Ein Gefühl von Ohnmacht machte sich in seinem Innern breit und drohte, jede Regung zu lähmen.

Noch kämpfte er dagegen an. Zacharias wird sicher gleich quicklebendig in der Synagoge auftauchen, sprach er sich Mut zu. Doch es nutzte alles nichts. Die bittere Wahrheit der Schuld drängte sich in seinen Geist wie das jauchige Wasser in die Sandsäcke, die sie beim letzten Regensturm vor dem Eingang ihres Hauses aufgeschichtet hatten.

Fast wäre er sitzen geblieben, als die Torah auf dem Weg von der Bimah zum Torahschrein an ihnen vorbeigetragen wurde. Im letzten Moment, nachdem David ihn kräftig in die Rippen gestoßen hatte, erhob er sich und erwischte gerade noch mit den Fingerspitzen eine der zwei Silberkronen, die als Schmuck für die zwei Stäbe dienten, auf die das kostbare Pergament gerollt war. Gar nicht auszudenken, was er sich im Rat hätte anhören müssen, wenn er die rituelle Berührung der heiligen Schrift auch noch versäumt hätte.

Kalonymos hat völlig recht, raunte ihm eine innere Stimme zu. Du stehst da wie ein Trottel. Nun kamen ihm zu allem Überfluss die Ereignisse von Speyer in den Sinn, deren Bitterkeit er gestern in Erwartung der süßen Liebesnacht so gut im Zaum hatte halten können. Erinnere dich an die elf, die getötet worden sind, befahl ihm sein Gewissen. Und noch schlimmer: Denke an die Zelte vor Worms, an die man blutrote Kreuze aufgestickt hat.

Die Stadtmauern von Mainz sind mächtiger als die von Speyer und Worms, hielt er der bohrenden Stimme der Selbstzerfleischung entgegen. Was kann uns in Mainz passieren? Und überhaupt, in Speyer wurden die Verblendeten zurückgeschlagen. Aber wer konnte schon wissen, wie die Stimmung bei den bewaffneten Pilgern nach ihrer Schmach von Speyer war.

Chaim hielt es kaum noch aus. Seine Finger kratzten an dem

Holz des Stuhles, auf dem er saß, sein Magen schmerzte, egal, welche Position er einnahm. Mosche sang schon das Kaddisch zum Abschluss des Gottesdienstes. Verdammt, wo steckte Zacharias denn nur?

Der Gottesdienst war vorbei. Die Gemeinde blieb sitzen, um die angekündigte Rede des Parnas zu hören. Wahrscheinlich würde er auch über Rachels Sorge sprechen. Chaim flehte den Herrn an, dass Kalonymos seinen Namen nicht erwähnte. Wenigstens diese Demütigung sollte ihm erspart bleiben.

Der Parnas war aufgestanden und schritt in Richtung Torahschrein, da hörte Chaim lautes Gemurmel hinter sich. Zacharias ist zurückgekommen, freute er sich. Der Herr hatte seine Gebete erhört.

Aber wieso vernahm er keine Willkommensrufe und keine Zeichen der Erleichterung? Immer lauter und empörter wurden die Stimmen aus dem hinteren Teil der Synagoge.

»Nein, das kann nicht sein.«

»Was wird nun mit uns geschehen?«

»Fliehen, wir müssen fliehen.«

Chaim schloss die Augen und beugte sich nach unten für ein letztes Stoßgebet. Dann gab er sich einen Ruck, stand auf und drehte sich um.

Mainz – in der Kämmerergasse

Nachdem Sarah wieder ihre Alltagskleidung angezogen hatte, flanierten die beiden Schwestern ein wenig durch die Kämmerergasse, die hinunter zur Stadtmauer führte.

Mit Chaim hatte Jehudith sich darauf verständigt, noch ein Schmuckstück für Sarah zu kaufen, jedoch sollte sie nicht mehr als zehn Silberschillinge ausgeben. So geleitete Jehudith ihre jüngere Schwester zum Feinschmied Blasius, der seine Werkstatt mit dem kleinen Laden weiter unten in der geschäftigen Gasse betrieb.

Sie stöberten in den Schaukästen und fanden schließlich eine vergoldete Brosche, die fast perfekt zu Sarahs Kleid passte, aber auch zu anderen Anlässen gut tragbar war. Jehudith bestand darauf, dass der Feinschmied den blauen Stein durch einen grünen ersetzte, damit das Brautkleid durch die Brosche einen Akzent in einem anderen Farbton erhielt. Gemeinsam durchkämmten sie die große Auslage mit Edelsteinen, bis sie fanden, wonach sie gesucht hatten.

Jehudith zog sich mit Herrn Blasius in seine Werkstatt zurück, um außerhalb der Hörweite ihrer Schwester über den Preis des Geschenks zu verhandeln. Jedoch mehr aus Vergnügen als aus Notwendigkeit, denn der Händler verlangte von vornherein für die Brosche selbst mit dem neu eingefügten Stein nur neun Schillinge.

Als sie das Schmuckstück einen halben Schilling heruntergehandelt hatte, besiegelten sie den Kauf mit einem Handschlag. Sie sagte Meister Blasius zu, das Geld am Montag vorbeizubringen, bewegte sie sich doch mit dem Feilschen um den Preis der Brosche bereits an der Grenze dessen, was die Sabbatregeln zuließen. Die Aushändigung des Kaufpreises an einem Samstagmorgen stand für sie als Frau eines Rabbis jenseits des Erlaubten. Blasius nickte freundlich, er war vertraut genug mit seiner jüdischen Kundschaft, um dies zu verstehen.

Jehudith senkte ihren Blick aus Dankbarkeit und trat zu einem Spiegel, an dem sich Schmuckstücke begutachten ließen. Davor nahm sie unter dem erstaunten Blick des Goldschmieds ihr Kopftuch ab und befestigte ihr langes volles Haar links und rechts über dem Ohr mit je einer kleinen Eisenspange. Dann nahm sie ein Stück festen rötlichen Stoff, das wie ein Schiffchen aussah, aus ihrem Bastkorb. An den Enden des roten Stoffes war ein halbdurchsichtiges weißes Samttuch angenäht. Jehudith drückte die Zipfel des Schiffchens zusammen, sodass eine Öffnung entstand, in die ihr Hinterkopf genau hineinpasste. Sie griff eine breite Bronzespange aus dem Korb und zog sie so über den Stoff, dass der Chapeau fest saß.

Jehudith nestelte etwas an dem groben Stoff und der Spange, bis ihre Haare vollends unter der Kopfbedeckung verschwunden waren. Zu guter Letzt wischte sie sich mit den Händen über die Schulter, damit der durchsichtige Stoff an den Zipfeln des Chapeaus frei hing. Endlich war sie bereit, zurück in den Laden zu gehen, wo ihre Schwester sie bereits gespannt erwartete.

Sarahs anerkennendes Lächeln gab Jehudith die Bestätigung, auf die sie gehofft hatte. Sie nickten dem verdutzten Meister Blasius beim Verlassen des Ladens kurz zu und ließen sich wohlgelaunt mit dem Menschenstrom weiter in Richtung des mächtigen Tores zum Kai treiben.

Auf dem zweistöckigen Turm standen wie immer Soldaten. Zwischen den Köpfen der Menschen und dem runden Torbogen konnten sie bereits das funkelnde Wasser ausmachen und bald auch das Kastell auf der anderen Seite des Rheins.

Eine kleine Menschenschlange hatte sich vor dem Durchgang zum Hafen gebildet, die Wächter kontrollierten einzelne Taschen und Säcke. Da Jehudith jedoch einen der Soldaten kannte, konnten sie passieren, ohne angehalten zu werden.

Der sanfte Wind, der über Jehudiths Haut strich, würde den durchsichtigen Stoff umspielen, der an den Enden ihres Hutes befestigt war. Die geschmiedete Bronzespange, die vom linken zum rechten Ohr über den Kopf gezogen war, gab der fragilen Form der Kopfbedeckung einen stabilen Halt, dem – sie hatte es bereits zu Hause ausprobiert – selbst schnelle Bewegungen nichts anhaben konnten.

Die besondere Mischung aus der verspielten Leichtigkeit des Seidentuches und der Robustheit der breiten Spange hatte es Jehudith sofort angetan, als sie das kleine Kunstwerk das erste Mal bei Schmuel Hendlein betrachtet hatte. Und da der Glasschmuck, den sie in ihrem Laden verkaufte, so gut lief, war es ihr nicht schwergefallen, Chaim von der Notwendigkeit eines neuen Chapeaus zu überzeugen. Nun war es das erste Mal, dass sie ihn im Freien trug. Mit Wohlgefallen registrierte sie die neugierigen Blicke, die ihre neue Kopfbedeckung auf sich zog.

Auf dem Treidelpfad zwischen Worms und Mainz

Irgendwann erinnerte sich Peter daran, dass er ja der Erste sein wollte, der die Türme der großen Kirche sehen würde. Er ließ die singenden Mönche hinter sich und stürmte weiter nach vorn.

Er traf auf zwei Männer, beide etwas jünger als sein Vater. Der eine trug ein grünes Wams und einen lustigen Hut mit einer Feder auf dem Kopf. In der rechten Hand hielt er eine Tonkaraffe mit schlankem Hals. Der andere schleppte einen Beutel über der Schulter, der am Ende eines Holzstabes festgezurrt war. Sein Oberkörper war nackt und stark behaart. Beide gingen in hohen Stiefeln mit raffinierten Bronzeschnallen an der Seite. So ein Paar Stiefel hätte Peter auch gern gehabt. Er schritt eine Zeit neben den zwei Männern her, die sich laut und etwas lallend unterhielten.

»Es läuft sich gut in den neuen Schuhen, viel besser als in den Holzpantinen, in denen man sich dauernd Blasen holt«, sagte der mit dem nackten Oberkörper.

»Hatte zwei Paar Schuhe, dieser verdammte Jude, eines schöner als das andere«, antwortete der mit dem grünen Wams und nahm einen kräftigen Schluck aus der Karaffe.

»Hä, hä. War ausgesprochen nett von ihm, sie uns zu überlassen«, sagte sein Kamerad und riss ihm dabei die Karaffe vom Mund.

»He!«, rief der mit dem Wams. »Nicht so hastig.«

»Aber das Judenweib war ganz trocken, hat gar keinen Spaß gemacht«, brummte der mit dem nackten Oberkörper, während er sich die Karaffe an den Mund führte. Nachdem er einen kräftigen Schluck getrunken hatte, rülpste er laut, und ein schelmisches Grinsen breitete sich auf seinem Gesicht aus. »Aber wie ihr Mann dazwischengehen wollte, das war schon ein Vergnügen.«

Der andere prustete los und stieß seinem Kameraden in die Seite, dass dessen Holzstab fast auf den Boden gefallen wäre. »Hast ihm das Messer in seinen beschnittenen Schwanz gerammt. Mein Gott, der hat geschrien wie am Spieß.«

»Nicht lange.«

»Nee, der hatte es eilig, in seine Judenhölle zu kommen.«

Sie grölten, als hätten sie etwas Lustiges gesagt.

»Wie du der Alten ihren prallen Arsch versohlt hast, als sie nicht wollte, das war auch nicht von schlechten Eltern«, lobte nun der Behaarte.

»Da haben die Kinder gleich gelernt, wie man 'ne Frau ordentlich behandelt.«

»Ja, die sollten uns dankbar sein.«

»Danach hat sie sich nicht mehr gewehrt.«

»Alles eine Frage der richtigen Herangehensweise.« Das Grinsen des Mannes mit dem behaarten Oberkörper ließ Peter schaudern.

»Trotzdem war sie ganz trocken.«

»Und geflennt hat sie auch noch.«

»Da kommt einfach kein Spaß auf mit den Judenweibern.«

»Aber die Stiefel sind gut.«

»Und der Wein erst.« Der im grünen Wams streckte seinen Arm fordernd aus. »Komm, gib schon her, du trinkst das gute Zeug ja ganz alleine weg.«

Zwar verstand Peter nur die Hälfte von dem, worüber da gesprochen wurde. Aber das war genug. Von diesen zwei Männern wollte er sich auf jeden Fall fernhalten, sie waren ihm nicht geheuer.

Mainz – in der Synagoge

Vor dem Ausgang der Synagoge sammelten sich die Gottesdienstbesucher. Chaim kämpfte sich durch die Menge, doch hatte er kaum noch Hoffnung, auf Rachels Mann zu treffen.

Die Menschen standen in einem Kreis um eine junge Frau, die nicht aus Mainz zu kommen schien. Zumindest konnte Chaim sich nicht erinnern, sie in ihrer Gemeinde gesehen zu haben. Unter Dreck und Staub war ein bildhübsches Gesicht erahnbar. Ein mit kostbaren Perlen bestücktes Schapel saß schief auf ihrem Kopf und hielt ein blaues Samttuch, das über dem rechten Ohr eingerissen war. Ihr reich mit Borten verziertes Kleid war ganz lehmig am unteren Saum wie auch ihre Lederschuhe, deren strahlend rote Farbe unter der feuchten Erde stellenweise hervorschimmerte.

Kalonymos kam hinzu. Mit seinen großen Händen bahnte er sich einen Weg durch die Menge und stand der Frau nun direkt gegenüber. »Wer bist du, Weib?«

Die Frau schaute zum Parnas auf und antwortete: »Ich bin Noa, die Frau …« Sie machte eine kurze Pause. »… die Witwe von Levi ben Melchi aus Worms.«

»Ich bin Kalonymos ben Meschullam, der Parnas von Mainz. Ich kenne deinen Mann, er ist Kaufmann. Ist es nicht so?«

»Ja, das war er. Er wurde ermordet.« Noas Gesicht verzerrte sich für einen Wimpernschlag, doch sofort hatte sie sich wieder im Griff und schaute dem Parnas direkt in die Augen.

»Erzähl! Was ist euch widerfahren?«

Immer mehr der Gottesdienstbesucher kamen hinzu, der Kreis um Noa und den Parnas vergrößerte sich. Chaim spürte eine gespenstische Stille um sich herum.

Noa schien es gewohnt zu sein, im Beisein vieler Menschen zu sprechen. Mit klarer Stimme antwortete sie: »Ich bin vor dem Heer der Unbeschnittenen geflohen. Eine halbe Woche habe ich mich in der Stadt bei guten Christen verstecken kön nen. Dann haben sie mich heimlich herausgebracht. Ich bin über die Hügel gekommen. Den Treidelpfad zu nehmen, schien mir zu gefährlich.«

»Was ist in Worms geschehen?«

Noas Augen wurden stumpf, mit seltsam monotoner Stimme fuhr sie fort: »Sie haben uns massakriert. Dutzende der Unseren habe ich tot in den Gassen liegen sehen, und es gibt wohl auch viele, die sich von ihrem Schmutzwasser haben besudeln lassen.«

Chaim stockte der Atem. Stumm schauten sich die Menschen an. Manche hielten die Hände vor den Mund, andere schüttelten stumm ihre Köpfe.

»Erzähl von Anfang an«, forderte der Parnas die Frau auf.

»Unser Rat hatte es nicht glauben wollen, als erste Gerüchte aus Speyer in der Stadt die Runde machten. Mein Mann hatte im Rat für die Flucht plädiert. Man wollte nicht auf ihn hören. Das war, bevor die Ungläubigen sich vor den Toren unserer Stadt breitgemacht hatten.«

»Wie viele waren es?«

»Vielleicht tausend, aber von Süden her kamen immer mehr.«

»Was wird mit uns?«, erhob sich eine Stimme aus der Menge. »Wir müssen etwas tun!«

Kalonymos hob die Hände. »So lasst Noa doch erzählen, danach werden wir uns beraten.«

Die Frau rückte ihr Schapel zurecht und fuhr fort. »Unsere Gemeinde hat sich aufgeteilt. Die einen suchten beim Bischof in der Pfalz Unterschlupf, die anderen versteckten sich in ihren Häusern. Auch ich blieb im Haus bei meinem Mann und unseren Kindern. Wir fühlten uns trotz allem sicher.« Für einen Moment schloss Noa die Augen. »Oh, so dumm waren wir! Unser Nachbar, einer der Berater von Bischof Adalbert, sagte zu uns: ›Seit unbesorgt. Jedermann, der einen Juden tötet, dessen Leben soll verwirkt sein.‹ Und der Bischof versprach, unser Vermögen zu beschützen, das wir ihm anvertraut hatten. Wir hofften, die Irrenden würden bald weiterziehen.« Noa ballte ihre Faust. »Es kam anders.«

Die ganze Pein, die diese stolze Frau erlebt haben musste, sprach aus ihrer Stimme. Chaim musste an Jehudith denken. Übelkeit stieg in ihm hoch.

»Sprich weiter, was ist dann geschehen?«, sagte der Parnas.

»Sie drangen ein in unsere Wohnung. Meinen Mann wollten sie zwingen, ihr übel riechendes Wasser über sich ergießen zu lassen. Standhaft weigerte er sich.« Noas Mundwinkel zogen sich nach unten, ihre Miene versteinerte. »Da stießen diese Unmenschen ihm ein Schwert in den Bauch.«

Eine Frau neben Chaim heulte laut auf.

Nach einiger Zeit sprach Noa weiter. »Sie drängten auch mich, dass ich mich beschmutzen lasse.« Sie schloss die Augen erneut, bevor sie leise weitersprach: »Ich blieb stumm.«

»Was geschah dann?«, fragte der Parnas.

»Sie nahmen mir meine Kinder und ließen mich zurück bei meinem sterbenden Mann. Ich hielt seine Hand, bis er zum Herrn gegangen war. Er wollte nicht, dass ich die Wunde untersuche, er wusste, dass er sterben würde. Und woher hätten wir auch in dem ganzen Tumult einen Arzt rufen sollen.« Die Frau senkte den Blick. »Wir beteten zusammen zum Ewigen, dass Er uns Trost gebe. Mein Mann starb im Glauben an die Güte und die Macht des Einen.«

Mosche beugte seinen mächtigen Leib zu der Frau hinunter und sagte mit zarter, warmer Stimme: »Dein Gemahl ist nun bereits im Himmel und sitzt zusammen mit Abraham und seinen Kindern beim großen Festmahl. Und auch du wirst getröstet werden, ruhe dich nun aus, unsere Gemeinde wird dir beistehen.«

Noa lächelte kurz. »Ab und an schaute ich aus dem Fenster. Unsere Frauen wurden nackt durch die Gasse gejagt. Soldaten zwangen sie, sich ...« Mit ihrer verschmutzten Hand wischte sich Noa eine Träne von der Wange. »Die Männer schleifte man über den Boden wie das Vieh zur Schlachtbank. Schreien und Weinen überall. Ich weiß nicht, warum sie mich in unserem Haus vergaßen.«

Chaim hörte Rufe von rechts und links.

»Was wird mit uns?«

»Unser Parnas muss sagen, was wir tun sollen.«

»Wir müssen fliehen, bevor sie auch zu uns nach Mainz kommen.«

»Aber wohin sollen wir fliehen? Wo würden die Gottlosen uns nicht finden?«

Mainz – am Hafen

Mit all seiner Macht strömte der Rhein an Sarah und Jehudith vorbei. Neben vielen kleineren Treidelschiffen lagen drei Zweimaster vor Anker, zwischen denen sich ein altes Normannenschiff zum Auslaufen bereit machte. Leise platschten die Wellen ans Ufer, an dem die beiden Schwestern entlangschlenderten. Erst im vergangenen Jahr war der Hafenbereich erneuert worden. Die schiefen Steine, die wohl noch aus Römertagen stammten, waren eingeebnet und der Weg entlang der Stadtmauer mit großflächigen roten Sandsteinen verbreitert worden, auf denen man angenehm spazieren konnte. Mindestens eine Rute breit sollte der Treidelpfad nach dem Erlass eines Merowingerkönigs sein, nun waren es hier am Hafen ganze drei Ruten.

Seitdem war dieses Stück Rheinufer *die* Flanierfläche in Mainz.

Im Schatten der vier Mann hohen Stadtmauer drängten sich neben Musikern, Reliquien- und Tuchhändlern eine Vielzahl von Ständen mit herrlich duftenden Nüssen, die in flachen Eisenschalen über Feuern geröstet wurden. Auch gebratener Fisch und, wie Jehudith mit Ekel feststellte, gegrilltes Schweinefleisch wurde von Marktschreiern feilgeboten. Zwischen den Ständen saßen einige Bettler und zeigten ihre verkrüppelten Gliedmaßen. Eine Magd mit einem blauen Kopftuch trug ein Netz gefüllt mit Fischen auf ihrem Rücken. Sie nahm eine Münze aus dem Beutelchen an ihrem Gürtel und reichte das Geldstück einer Bettlerin, die beide Beine verloren hatte. Die Verkrüppelte streckte ihre entstellten Hände aus und formte sie zu einer Schale, in die die Magd das Almosen legte. Gerne hätte auch Jehudith der armen Frau zwei Sachsenpfennige gegeben, aber wegen des Sabbats war ihr dies nicht erlaubt.

Sie bummelten weiter. Sarah holte ein Säckchen Walnüsse unter ihrem Kleid hervor und bot es Jehudith an. Während die beiden Schwestern die mundgerechten Köstlichkeiten genossen, sprachen sie über den bevorstehenden Tag. Aber so anregend das Treiben um sie herum auch war, so machte es ein vernünftiges Gespräch mehr und mehr unmöglich. Daher entschieden sich die beiden Schwestern, ihre Unterhaltung bei einem Kräutersud in Jehudiths Haus fortzusetzen.

Mainz – in der Synagoge

»Bis zur Dämmerung blieb ich bei meinem toten Mann. Dann verließ ich das Haus, meine Gugel tief ins Gesicht gezogen«, berichtete Noa weiter. »Ich lief vorbei an Leichenhaufen. Jünglinge und Greise lagen nackt übereinander, überall aufgeschlitzte Kehlen oder abgetrennte Köpfe.«

»Oh ewiger Herr, sieh was geschieht mit dem Überrest Israels!«, rief Mosche laut. »Wo bleiben Deine Wundertaten?«

Chaim schloss die Augen. Das Bild von Jehudith, David, Benjamin und Hannah, die tot und nackt in einer Gasse lagen, überwältigte ihn. Er musste sich an seinem Nebenmann festhalten, während er versuchte, die grausame Vorstellung aus seinem Kopf zu vertreiben. Nein, nein, so etwas durfte niemals geschehen.

»Dann kam ich ans Tor. Die Soldaten mit den blutigen Kreuzen bewachten es, keiner wurde hinausgelassen. Auch kein Christ.« Noa hustete, ihre Stimme wurde immer rauer.

»Deshalb also erhielten wir keine Nachrichten von unseren Brüdern und Schwestern aus Worms«, rief Schmuel Hendlein.

»Gebt der Frau frisches Wasser«, befahl der Parnas.

»Es gab keinen Weg hinaus aus der Stadt. So kehrte ich um und traf auf eine der Unseren und ihren Mann.«

Ein Becher wurde dem Parnas gereicht. Er übergab ihn Noa. »Hier, trink. Dann spricht es sich leichter.«

Noa leerte den Becher in einem Zug und fuhr mit ihrem Bericht fort. »Der Mann hielt den Blick gesenkt. Seine Frau fauchte mich an. ›Bleib weg von uns‹, sagte sie, ›wir sind verloren. Wir waren nicht stark genug.‹«

Mosche nahm die Hand vor das Gesicht. »Die Armen, sie haben ihr Seelenheil verwirkt.«

Noa warf ihm einen harten Blick zu und hob die Stimme. »›Ihr lebt, kommt Zeit, kommt Rat‹, erwiderte ich. Der Mann zog seine Frau weiter.«

»Es gibt keine Rettung, wenn man sich einmal vom Einen abgewandt hat«, erwiderte Mosche traurig.

Noas Mundwinkel zuckten geringschätzig. »Auf dem Weg zum nächsten Tor sah ich, wie sie die Wohnungen der Unseren plünderten. Sowohl Städter als auch Soldaten. Trunken von Wein und Gier stritten sie um Schmuck und Kleider. Ich ging schnell weiter und kam an der Synagoge vorbei. Die Torahrollen lagen im Dreck der Straße, mit ihren Stiefeln trampelten sie darauf herum.«

»Welch ein Frevel.«

»Seid still und lasst die Frau weitersprechen!«, rief der Parnas in das aufkommende Stimmengewirr.

»So irrte ich durch die Stadt. Nach Hause traute ich mich

nicht. Ich wusste nicht, wo ich die Nacht verbringen sollte. Da traf ich auf Kunden meines Mannes, Christen. Sie erkannten mich, obwohl ich mein Gesicht zu verhüllen suchte.«

»Was geschah dann?«

»Die Frau nahm mich am Arm und führte mich in eine dunkle Seitengasse. Erst dachte ich, sie wollte mich an die Tollwütigen übergeben. Ich wollte mich schon losreißen, da sagte sie: ›Hab keine Angst. Wir wollen dir helfen.‹«

»Seht ihr, es gibt auch gute Christen.« Chaim verstummte jedoch sofort, als er die Blicke um sich wahrnahm.

»Sie brachten mich zu einer kleinen verfallenen Hütte nahe der östlichen Stadtmauer. Sie sagten: ›Hier kannst du bleiben, bis die Tore wieder frei sind. Wir werden dir zu essen und zu trinken bringen.‹«

Noas Stimme wurde wieder rau. Der Parnas nahm ihr den Becher aus der Hand und reichte ihn einer Frau, die Wasser aus einer Karaffe nachfüllte.

»Ich blieb dort drei Tage. Am Abend des dritten habe ich mich herausgetraut. Die Stadt war immer noch voll von Soldaten mit dem verwerflichen Zeichen auf dem Rücken, die Tore wurden weiterhin von ihnen kontrolliert, nur einzelne Wagen wurden herein- und hinausgelassen. Daher kehrte ich in die Hütte zurück.« Noa musste husten. »Am Tag darauf kam die Christenfrau mit Essen und Geld. In einem Marktkarren versteckt haben sie mich aus der Stadt geschleust.«

»Und dann?«, fragte der Parnas, während er ihr den vollen Tonbecher reichte.

»Zunächst traute ich mich nur des Nachts durch den Wald und versteckte mich tagsüber. Ich wechselte bald auf die andere Rheinseite, wo weniger Menschen waren. Der Ferge erkannte mich, sagte jedoch nichts.« Noa nahm einen kräftigen Schluck. »Am dritten Tag nahm ich meinen ganzen Mut zusammen und zeigte mich auf der Straße nach Basinusheim. Ein Händler nahm mich schließlich mit auf seinem Wagen.«

»Du sagtest, viele der Unseren hätten sich zur Pfalz des Bischofs begeben. Was ist mit ihnen geschehen?«, fragte der Parnas.

»Ich weiß es nicht«, antwortete Noa. »Der Händler redete viel. Er tat mir nichts, wollte wohl nur etwas Gesellschaft haben auf der langen Fahrt. Und so verdreckt nach all den Tagen im Wald war ich ja auch nicht mehr schön anzusehen. Dies und das habe ich aufgeschnappt, aber ich war müde von den Nächten in der Wildnis. Und ich wollte nicht allzu viel fragen, sonst hätte er mich als eine Jüdin erkannt.« Noa dachte einen Moment nach. »Die Pfalz ist gut gesichert. Ich glaube, dass sie dort untergekommen sind. Ich kann mich erinnern, dass die Christenfrau beim Abschied sagte, das Tor zur Pfalz wäre noch immer geschlossen.«

Chaim sah einen kleinen Hoffnungsschimmer. In Worms war es deutlich schlimmer gewesen als in Speyer. Die bewaffneten Pilger mussten irgendwie in die Stadt gekommen sein. Aber die Mehrzahl ihrer Brüder und Schwestern war vermutlich beim Bischof in Sicherheit. So warf er ein: »Hat uns der Ewige nicht aus Ägypten herausgeführt?«

Keiner der Umstehenden erwiderte etwas.

»Wo ist das Heer der Verirrten jetzt?«, drängte Kalonymos.

»Das kann ich nicht sagen. Der Wagenfahrer ließ mich in Basinusheim absteigen. Dann nahm ich den Weg über Griezheim und Gerau zu euch nach Mainz. Die bewaffneten Horden kamen wohl aus Speyer entlang des Treidelpfades.«

Kalonymos verbeugte sich. »Tapferes Weib, ich danke dir für deinen Bericht.«

Mosche trat vor und sagte: »Komm in unser Haus, meine Frau wird dir ein warmes Bad bereiten und dir saubere Kleidung geben. Danach sollst du dich satt essen und schlafen. Du stehst nun unter unserem Schutz.«

Kalonymos richtete seinen Blick auf die Umstehenden. »Der Rat wird trotz des Sabbats zusammenkommen. Die Situation lässt uns keine andere Wahl. Zur Non werden wir uns hier in der Synagoge wiedertreffen. Dann werden wir euch sagen, was zu tun ist. Bis dahin bleibt ruhig und betet, dass der Herr uns schonen möge.« Er schaute sich im Kreis um. »Mosche, Schmuel und Salomo, kommt mit in mein Haus. Ebenso du, Chaim. Wir werden auch über Rachel sprechen müssen.«

Mainz – am Hafen

Jehudith und Sarah schlenderten durch das Fischtor und dann über den Heumarkt. Sie passierten die Kirche Sankt Maria ad Gradus und wandten sich auf halber Höhe des Doms nach rechts zu Jehudiths Heim. Dort tranken sie etwas Aufguss, naschten von dem gestern gebackenen – und daher angenehm weichen – Mandelbrot, und gingen nochmals den Ablauf des morgigen Hochzeitstages durch. Jehudith wusste ihrer Schwester die eine oder andere Sorge zu nehmen, insbesondere was die Viertelstunde des Jichuds anging, in der Mann und Frau nach der öffentlichen Zeremonie allein sein durften. Sie sollte sich zunächst mit einem Kuss begnügen und die Freuden der Vereinigung am späteren Abend in Ruhe genießen oder besser noch am nächsten Tage.

So waren sie bester Sabbatstimmung, als David die Treppe hinaufpolterte und ganz aufgeregt von einer Frau in prachtvollen, aber schrecklich schmutzigen Kleidern erzählte, die fürchterliche Dinge aus Worms zu berichten wusste. Und als David erklärte, dass sein Vater irgendwie merkwürdig gewesen sei und nun an der am Sabbat einberufenden Sitzung des Rates teilnahm, war die friedliche Feiertagsstimmung mit einem Schlag dahin.

Auf dem Treidelpfad zwischen Worms und Mainz

Immer weiter eilte Peter nach vorn. Er traf auf einen Bauern und seine Frau, die auf dem Bock eines Ochsengespanns saßen. Die Frau fummelte an einem feinen Diadem auf ihrem Kopf herum.

»Anna, versteck den Judenschmuck besser, ist zu viel Gesindel hier«, sagte der Mann.

Sein Weib maulte zurück: »Da hat man mal etwas Schönes und dann soll man es verstecken.«

Peter ging vorbei an dem Wagen und traf auf eine Schar Gänse, die eine Frau mit einer langen Weidenrute zusammenzuhalten versuchte. Immer wieder schlug sie auf die Flügel eines Ganters, der zum Ufer des Rheins auszubrechen drohte. Die Gänse schnatterten verdrießlich, blieben aber beieinander.

Peter überholte die Gänseschar, lief vorbei an Reitern und schlängelte sich durch grunzende Schweine und Hühner, die ihm unter lautem Gegacker Platz machten.

Der Priester in der roten Kutte hatte ihm die Augen geöffnet. Warum sollte Peter von Gerstendorf sein Leben auf einem engen Hof verschwenden und sich auf ewig abrackern? Was für ein Tausch war ihm gelungen: Statt eines Lebens in dörflicher Mühsal und Knechtschaft erwartete ihn nun die weite Welt. Bald würde er eine Frau sein Eigen nennen können, tausendmal schöner als all die einfältigen Bauernmädchen in ihren abgewetzten Kleidern. Reich würde er werden und ein Haus für seine Kinder bauen, auf einem der Hügel um Jerusalem herum.

Er musste lächeln. Vielleicht würden sie ja nach fünf Sommern zurückkommen. Da würden Vater und Mutter staunen. Peter von Gerstendorf kommt zurück aus der Fremde, hoch zu Ross, mit einem dicken Beutel Geld und einer arabischen Schönheit, würde es heißen.

Schon konnte er die stolzen Pferde sehen, die er als Erstes von seinem Acker ausgemacht hatte. Da war sie, die Spitze des Zuges. Wie stolz die Ritter zu Pferde saßen und wie schön die Fahnen im Wind flatterten. Nur noch an den Fußsoldaten musste er vorbei, dann könnte er sie ganz von Nahem sehen.

Jäh wurde er von einer Lanze zurückgehalten.

»Kleiner, was willst du hier?«, raunzte ihn der Lanzenträger an.

»Ich will ganz vorn laufen, ich möchte die Türme des Domes sehen, die die Wolken kitzeln«, antwortete Peter fröhlich.

»Ganz vorn, da laufen keine Bauernjungen. Das ist den Rittern vorbehalten.« Der Lanzenträger schüttelte ungläubig den Kopf. Um seinen Worten Nachdruck zu verleihen, gab er Peter eine Kopfnuss, die richtig wehtat. »Geh wieder nach hinten, zum gemeinen Volk. Du wirst die große Stadt früh genug zu sehen bekommen.«

Peter schmollte, aber was sollte er tun? Er setzte sich auf einen Stein am Wegesrand, ließ die Menschen an sich vorbeiziehen und blickte über den Rhein, der kraftvoll Richtung Mainz rauschte.

»Na, war der junge Herr da etwas zu vorpreschend?«, sprach ihn die Frau an, die soeben noch das Diadem getragen hatte. Sie lächelte freundlich. »Komm, steig auf unseren Wagen. Auf dem Bock ist genug Platz. Spar dir deine Kraft lieber für später auf.«

Der Mann reichte Peter die Hand und zog ihn hoch. »Wir haben noch ein paar Leckereien aus Worms. Bei allen Heiligen war das eine Schlachterei. Aber das Essen war gut. Magst du ein Stück Lammfleisch?«

So verging einige Zeit mit Reden und Speisen. Peters Laune hellte sich langsam wieder auf. Und der Lammbraten war herrlich saftig, genau wie Peter es mochte.

Und endlich sah er sie zum ersten Mal: die zwei hohen runden Türme der riesigen Kirche aus rotem Stein. Oh Gott, wie hoch sie waren! Die Alte aus dem Dorf hatte nicht übertrieben. Wirklich, die Turmspitzen kitzelten die Wolken.

Mainz – in Jehudiths und Chaims Haus

Nach Davids bestürzendem Bericht hatte sich Sarah bald zu ihren Eltern aufgemacht. Jehudith gab ihr zwei Nachrichten mit. Zum einen für die Frau des Parnas, der ganz in der Nähe ihres Elternhauses wohnte: Chaim solle unbedingt nach der Sitzung des Rates nach Hause kommen. Und ihren Eltern sollte Sarah sagen, dass Jehudith mit Chaim nachkommen würde, um mit der Familie zu Abend zu essen.

David zog es nach draußen zu Ida. Seine Laune war von den Ereignissen anscheinend nicht allzu sehr getrübt, stellte Jehudith mit Erleichterung fest. Sie musste nun jedoch Klarheit haben, und dafür musste sie mit Chaim allein sprechen.

Ungeduldig wartete Jehudith auf die Rückkehr ihres Mannes. Chaim, zurechtgewiesen vom Parnas, die nackten Leichen in Worms, die ganze Zeit musste sie daran denken. Davids Bericht erschien ihr umso wirrer, je länger sie grübelte. Trotz seiner zuweilen wilden Fantasie hätte ihr ältester Sohn sich all dies nicht ausgedacht, er war ja keine neun mehr. Etwas war dabei, völlig aus dem Ruder zu laufen. Vermutlich war es viel Wind um nichts, versuchte sie sich zu beruhigen. Immer wieder schaute sie aus dem Fenster der Stube hinaus auf den Marktplatz. Dort bot sich nur der Anblick des üblichen Samstagstreibens. Die Schenken waren gut besucht, eine Gruppe Musikanten spielte zum Tanz auf, dem sich jedoch nur wenige der Mainzer anschlossen. Auf den Bänken der Wirtshäuser im Schatten der Leintücher, die man auf Pfähle gespannt hatte, ließ es sich wohl besser aushalten als in der prallen Sonne.

Von Chaim war weit und breit keine Spur zu sehen.

Sie konnte nicht still dasitzen, so suchte sie etwas, um sich abzulenken. Jehudith sah auf die löchrigen Fußlappen der Familie, die bereits seit einigen Wochen in einer Kiste unter dem Fenstersims lagen und dringend gestopft werden mussten. Jehudith nahm den Stopfpilz, das Garn, die Nähnadel und einen der Lappen aus dem Bastkorb und war schon dabei, den Faden durch das Nadelöhr zu ziehen, da wurde ihr gewahr, dass heute Sabbat und daher jegliches Nähen verboten war. Seufzend ließ sie die Stopfsachen in die Kiste zurückfallen und goss sich ein wenig Wasser in einen Holzbecher, den sie auf das Fensterbrett stellte.

Nach mehr als einer Stunde der Grübelei sah sie schließlich ihren Mann aus der Langen Gasse auf den Marktplatz kommen. Jehudith erkannte sofort, dass es schlecht stand. Chaim ging gebeugt und hatte diesen fahrigen Blick, den er immer dann an den Tag legte, wenn er kurz davor war, in seine verdammte Schwermut zu verfallen. Unter Umständen saß er tagelang in seinem Zimmer herum und starrte die Wand an. Absolut nichts war dann mit ihm anzufangen. Chaim und seine Melancholie, ihre Mutter hatte sie schon vor der Hochzeit davor gewarnt.

Sie ging die Treppe hinunter zum Laden. Wie ein begossener Pudel stand er da.

»Wie geht es dir, Schatz?«, fragte sie.

Chaim schaute an ihr vorbei und wollte sich durchdrängeln, aber Jehudith hielt ihn an den Armen fest. »Was ist los?«

Chaim schloss die Augen. »Frag lieber nicht. Ich habe fürchterliche Kopfschmerzen. Geh du allein zu deinen Eltern, ich muss mich etwas hinlegen.«

Chaim, jetzt stell dich um des Herrn willen nicht so an, dachte sie. Jehudith wusste jedoch, dass sie ihren Ärger zunächst zurückstellen musste, Ungeduld würde jetzt eher schaden. »Leg dich ruhig hin. Ich brühe dir eine von Salomos Kräutermischungen auf und du erzählst mir, was passiert ist.«

»Nein, nein«, antwortete Chaim und versuchte, sich aus Jehudiths Griff zu lösen. »Lass mich schlafen, mir geht es nicht gut.«

Chaim, du Idiot, jetzt rück endlich raus mit der Sprache. Jehudith entschied sich für die direkte Konfrontation. »David hat mir ganz seltsames Zeug erzählt, etwas von einer Schelte des Parnas.«

Chaim wich ihrem Blick aus. Also war das schon einmal wahr. »Und dann hat er noch etwas von nackten Leichen in Worms gesagt«, setzte sie nach.

»Ich habe wirklich ganz heftige Kopfschmerzen. Ich berichte dir alles, sobald es mir besser geht.«

Chaim, ich muss wissen, was los ist, wollte sie erwidern. Aber sie durfte ihn jetzt nicht zu sehr drängen, sonst würde er völlig bockig reagieren. »Gut, geh nach oben. Ich komme gleich.« Sie ließ ihn los.

Er nutzte die Gelegenheit, um sich an ihr vorbeizuschieben, während er vor sich hin murmelte: »Die ganze Welt gerät aus den Fugen, und das am Sabbat. Da ist es am besten, wenn man schläft.«

Sapperlot, Chaim, sei ein Mann, dachte sie, und in ihrem Ärger platzte es aus ihr heraus: »Steht das etwa in deinen Büchern?«

Schon während sie es aussprach, bereute Jehudith ihre Bemerkung. Chaims Bücher waren ihm heilig. Entsprechend verärgert keifte er zurück: »Lass meine Bücher aus dem Spiel, mir geht es elend genug.«

Es stand nun auf Messers Schneide. Ein falsches Wort, und Chaim würde die nächsten Tage schmollen. Keine Macht des Himmels konnte ihn dann zu etwas bewegen. Sie musste die Strategie wechseln. »Du Armer, leg dich hin.«

Sie trat auf die Treppe zu ihm, drückte ihren Mann an die Brust und flüsterte ihm ins Ohr. »Ich hole uns etwas Sud und ein paar Scheiben von dem köstlichen Mandelbrot. Dann setze ich mich zu dir ans Bett.«

Chaim seufzte wie der leidende Hiob persönlich und ließ seinen Kopf an ihrem Busen ruhen. Schließlich löste er sich aus der Umarmung, sah Jehudith erschöpft an und nickte. »Meinetwegen, aber bring auch die Himbeermarmelade mit.«

»Mach ich, mein Held.«

Mainz – auf dem Wehrgang

Zwei Stunden lang hatte Raimund zusammen mit dem Vogt bereits die Stadtmauer inspiziert. Vom Jakobstor hinauf zur Dulcinesheimer Pforte, dann die Höhe entlang in Richtung des Altmünsters. Den größten Teil der Strecke hatten sie auf dem Trampelpfad auf der Innenseite der Mauer zurückgelegt, immer wieder waren sie die Wehrtürme hinaufgegangen. Von Erkenbald hatte die Wachen auf die drohende Gefahr hingewiesen und Anweisungen gegeben. Nur den Mainzern und den Menschen aus den Gemeinden, die Schutzzoll zahlten, war es von nun an erlaubt, die Stadt zu betreten. Und kein Unbefugter durfte mehr hinaus, eine schriftliche Erlaubnis mit dem Siegel des Bischofs war dafür erforderlich. Außerdem sollten die Tore schnellstens geschlossen werden, wenn sich Bewaffnete von außen näherten.

Den letzten Weg zum Altmünstertor hatten sie auf dem Wehrgang zurückgelegt, eine hölzerne Plattform, die von Turm zu Turm etwa vier Ellen unterhalb der Zinnen entlanglief. Sie mussten hintereinander herschreiten, da der Wehrgang kaum einen halben Klafter breit war, links von der Mauer und rechts von einem Holzgeländer umrahmt. Sie waren bereits in Sichtweite des Altmünsterklosters, ihrem nächsten Ziel.

Von hier oben konnte Raimund die Stadt gut überblicken. Wie die Finger seiner Schüler, wenn sie etwas sagen wollten, streckten sich die Türme der Kirchen aus dem Dächermeer hervor. Innerhalb der Mauern gab es weite unbebaute Flurstücke, insbesondere die Fläche zwischen Zeybach und Umbach am westlichen Teil der Mauer, die von den Mainzern »Auf der Bleiche« genannt wurde. In den zwei Bächen spülte Weibsvolk die Wäsche aus, um sie anschließend zum Trocknen auf den Wiesen auszubreiten. Auch heute sah man die weißen Flecken auf der saftig grünen Wiese und die vielen Frauen, die die großen Bettlaken zu zweit spannten.

Auf dem Weg hatte von Erkenbald ihm die Architektur der

Stadtmauer erklärt. Es war im Wesentlichen noch die Mauer aus Römerzeiten. Bischof Liutbert hatte sie als Vorkehrung gegen einen Einfall der Normannen vor gut zweihundert Jahren instand gesetzt und zudem einen kleinen Graben zwei Schritte tief und fünf Schritte breit außerhalb der Mauer ausheben lassen. Dort waren die Angreifer ein leichtes Ziel für die Bogenschützen, die hinter den Zinnen eine gute Deckung fanden. Auf der nordöstlichen Seite war die Mauer unter Bischof Hatto um gut hundert Ellen Richtung Rhein verlegt worden.

Eine Zinne war gut einen Klafter breit und von Erkenbald wusste genau, welche Ortschaft außerhalb und welche Gemeinde innerhalb der Stadtmauer für einen bestimmten Teilabschnitt die Kosten zu tragen hatte. Der Vogt zeigte ihm die Ortsnamen, die auf einigen der Zinnen eingemeißelt waren: Nackenheim, dann zehn Zinnen weiter Bodenheim und nach sechs weiteren Zinnen Guntzinheim, so erschienen die Namen der umliegenden Ortschaften, einer nach dem anderen.

Nachdem sie mit den Wachen der Altmünsterpforte gesprochen hatten, kehrten sie im Wirtshaus des Frauenklosters ein. Sie vernahmen keinerlei Anzeichen von Besorgnis bei den Gästen. Die anhaltende Trockenheit und die aufgrund einer Schanksteuer kürzlich erhöhten Preise für Wein und Bier waren die Themen, die die Mainzer mehr zu beschäftigen schienen als das, was sich in Speyer und Worms abgespielt hatte.

Vom Altmünsterkloster gingen sie entlang der Bleichen in Richtung Peterstor. Raimund spürte mittlerweile die Anstrengung in seinen Beinen. Von Erkenbald dagegen schritt leichtfüßig dahin, obwohl sie sicher schon drei Stunden zügig unterwegs waren.

Kurz vor dem Tor zum Stift Sankt Peter kam ein Bote auf sie zugerannt. Der Junge, vielleicht sechzehn Jahre alt, hielt eine Wachstafel in seinen Händen und übergab sie von Erkenbald. Der Vogt warf einen kurzen Blick auf den Text und reichte die Tafel an Raimund weiter.

*Zweitausend Bewaffnete bauen ein Lager oberhalb von Vilz-
bach und Selenhofen auf*, las Raimund. Seine Hand begann zu
zittern, und er war sich nicht sicher, ob dies der ungewohnten
körperlichen Anstrengung geschuldet war oder der Aufgabe,
die nun auf ihn wartete. Er gab die Tafel schnell an den Vogt
zurück und fragte. »Was machen wir nun?«

»Natürlich, sie sind den Treidelweg entlanggekommen. Die
Nachrichten der Schiffer haben darauf hingedeutet.« Von Erkenbald dachte einen Moment nach. »Ich übernehme die Rheinseite
und schlage vor, dass der Herr Domdekan sich zum Jakobstor
begibt, so wie wir es besprochen haben.«

Raimund nickte unsicher.

»Es ist zu früh, die Tore zu schließen«, fügte von Erkenbald
hinzu. »Viele der Menschen aus der Umgebung werden in der
Stadt Schutz suchen wollen. Dies ist ihr gutes Recht, da sie die
Abgaben wie vorgeschrieben entrichtet haben. Erst im Falle
eines möglichen Angriffs können wir die Tore schließen. Aber
keiner der Pilger darf in die Stadt hineinkommen. Sie könnten Unruhe unter den Städtern stiften und die Menschen sogar
absichtlich gegen den Bischof und die städtischen Autoritäten
aufwiegeln. Wir müssen uns beeilen.«

Von Erkenbald drehte sich um und nahm die nächste Abbie-
gung auf dem Petersweg in Richtung Flachsmarkt. Raimund
folgte ihm keuchend, konnte mit dem Tempo des Vogtes jedoch
schon bald nicht mehr mithalten, sein Pulsschlag wurde immer
schneller. Am Flachsmarkt angekommen musste der Vogt auf
ihn warten und Raimund sagte zu ihm: »Geht vor. Ich werde
mich schnellstmöglich zum Jakobstor begeben, aber vorher in
der Ottilienkirche ein Gebet an den Herrn richten.«

Von Erkenbald schüttelte den Kopf, verkniff sich jedoch
eine Bemerkung. »Gut, das Beten wird sicherlich nicht schaden. Nachrichten können wir von jetzt an wohl nur noch mithilfe von Boten austauschen. Handlungsstärke und Weisheit
sind die Gebote der Stunde.«

Raimund lächelte dünn. Der Vogt nickte kurz, dann eilte er die Lange Gasse hinunter Richtung Dom.

Mainz – in Jehudiths und Chaims Haus

Mit dem Gesicht zur Wand gedreht lag Chaim im Bett, den Vorhang hatte er vor das Fenster gezogen. Jehudiths Augen mussten sich zunächst an die Dunkelheit in der Schlafkammer gewöhnen. Sie stellte das Tablett mit zwei Bechern Kräutersud, einem Brettchen mit mundgerecht geschnittenen Stücken Mandelbrot und einer kleinen Schale mit Himbeermarmelade auf das Tischchen neben dem Bett, ging zum Fenster und zog den dicken Stoff vor der kleinen Luke beiseite. »Hier muss Luft rein, es ist ja ganz stickig.«

»Ahh! Es ist viel zu hell.« Chaim stöhnte und zog sich die Decke über den Kopf.

Jehudith setzte sich zu ihrem Mann aufs Bett. Nur noch Chaims mit den Jahren lichter gewordener Hinterkopf war zu sehen. Sie schlug das Leinen um. »Los, hoch mit dir. Im Liegen kann man nicht essen.«

Widerwillig richtete sich Chaim auf, schaute Jehudith kurz an, nahm sich ein Stückchen von dem Mandelbrot, tauchte es in die Schale mit der Marmelade und schob es in den Mund.

Er hat Appetit, das ist ein gutes Zeichen, dachte Jehudith. »So, nun erzähl.«

Chaim kniff die Augen zusammen, zog eine Schnute und kaute weiter.

»Los, ich muss wissen, was passiert ist«, insistierte Jehudith.

Chaim stöhnte. Er ließ seinen Kopf nach hinten gegen die Wand fallen.

Ohne sie anzuschauen, brummte er schließlich: »Willst du zuerst die schlimme oder die fürchterliche Nachricht hören?«

»Fang mit dem Schlimmsten an.«

Chaim atmete zweimal tief durch und gab sich endlich einen Ruck. »Wir haben doch gestern über die bewaffneten Irren gesprochen.«

»Die, die in Speyer ihr Unwesen getrieben haben?«

»Genau, ihr Anführer heißt Emicho. Emicho von Flonheim.«

»Mmh. Und was ist mit denen?«

»Sie haben auch in Worms gewütet und viele der Unseren getötet. Andere haben sie zur Taufe gezwungen. ›Tod oder Taufe‹, das soll ihr Schlachtruf gewesen sein.«

Um ihre Unrast zu zügeln, griff Jehudith nach dem Becher mit dem Sud und fragte um Ruhe bemüht: »Und wie viele wurden getötet?«

»Das wissen wir nicht sicher, aber wohl sehr viel mehr als in Speyer.«

»Was weiß man genau?« Jehudith nippte kurz an dem Becher und drehte ihn in ihren Händen hin und her.

»Noa, die Frau von Levi ben Melchi, konnte dem Grauen entfliehen.«

»Levi, der Kaufmann aus Worms, von dem Schmuel diese weichen, kariert gewebten Stoffe geliefert bekommt?«

»Genau. Seine Frau erschien nach dem Gottesdienst in der Synagoge, bevor der Parnas seine Rede halten konnte.«

Jehudith versuchte, sich von der zunehmenden Panik in den Augen ihres Mannes nicht anstecken zu lassen. Chaim redete lauter. »Während der Wirren in Worms hat sie sich bei Christen verstecken können. Daher hat sie selbst gar nicht so viel gesehen. Aber was sie erzählte, war schlimm genug.«

»Was denn?«

»Die bewaffneten Pilger haben ihren Mann vor ihren Augen getötet, weil er sich nicht taufen lassen wollte. Und die Kinder wurden ihr entrissen.«

Immer schneller drehte sich der Becher in Jehudiths Händen, während Chaim weitersprach. »Einige der Unseren scheinen sich beim Bischof in der Pfalz verschanzt zu haben. Denen ist wohl nichts passiert, jedenfalls nicht bis zum Zeitpunkt, an dem Noa die Stadt verließ. Aber das war vor fünf Tagen. Wer weiß, was inzwischen noch geschehen ist.«

»Von Worms nach Mainz, das sind nur zwei Tagesmärsche«, stellte Jehudith fest.

»Wegen des Heers der Unbeschnittenen hat Noa nicht den schnellsten Weg entlang des Treidelwegs nehmen können. Sie ist über Basinusheim gekommen.«

»Dann sind es bestenfalls drei Tage.«

»Ja, aber aus Angst vor den Soldaten hat sie sich zwischendurch im Wald versteckt gehalten. Man sah es ihr wahrlich an, ihre feinen Kleider waren völlig hinüber.« Aus Chaim brach es nun regelrecht heraus. »Es muss viele Tote gegeben haben. Die Stadttore von Worms waren tagelang gesperrt. Keiner kam rein oder raus. Schreckliche Dinge müssen sich dort abgespielt haben. Noa sprach von Leichenhaufen.«

»Nein, das kann nicht sein«, entfuhr es Jehudith. Beim Wort *Leichenhaufen* sprang sie auf. Sie musste einige tiefe Atemzüge nehmen, bevor sie sich wieder im Griff hatte. »Warum sollte jemand so etwas tun? Und wie sind diese Verbrecher überhaupt in die Stadt hineingekommen?«

»Das weiß keiner so genau. Ich kann mir nicht vorstellen, dass der Bischof sie freiwillig hereingelassen hat.«

»Eine Stadt zu belagern, das dauert doch Monate.« Jehudith ging neben dem Bett auf und ab und verschüttete dabei etwas Kräutersud. »Die Mainzer erzählen noch immer stolz von König Ottos Belagerung vor mehr als hundert Jahren und wie er nach zwei Monaten unverrichteter Dinge wieder abziehen musste. Und erst vor ein paar Jahren wurde die Mauer nochmals erhöht.«

»In Mainz, nicht in Worms.« Chaim schüttelte den Kopf. »Trotzdem ist auch mir das ein Rätsel. Irgendwie müssen die Feinde des Ewigen es geschafft haben. Vielleicht haben sie Hilfe von Christen in der Stadt bekommen.«

Jehudiths Entsetzen wurde zu Angst. Die christlichen Städter waren immer sehr freundlich zu ihnen gewesen, versuchte sie sich zuzureden. Natürlich gab es unheimliche Gestalten. Aber hinter den Mauern waren sie doch sicher. Das hatte sie zumindest bisher gedacht. »Und was machen wir jetzt?«

»Kalonymos wird nach dem Läuten zur Non in der Synagoge reden.« Chaims Blick verdüsterte sich. Trotzig streckte er die Unterlippe vor. »Ich gehe aber nicht dorthin.«

Jehudith war irritiert. »Warum?«

»Erstens weiß ich, was er sagen wird. Und zweitens ist da noch etwas. Und das ist die schlimme Nachricht.«

»Was wird er sagen?«

»Nichts Neues. Ruhe bewahren, Bewaffnung der Unseren, Geld an den Bischof, fasten und beten.«

»Warum nicht fliehen?«

»Wohin?« Chaim hob die Arme mit nach oben gedrehten Handflächen und ließ sie kraftlos wieder sinken. »Willst du da draußen herumirren? Was ist mit der Werkstatt, was mit den kostbaren Glasbarren? Und selbst wenn wir nur das Wichtigste mitnähmen. Wir wären trotzdem leichte Beute für all die Schufte, die da draußen lauern.« Chaim stockte und fügte mit gepresster Stimme hinzu. »Sie sagen, sie ziehen den Männern die Beingewänder herunter. Wir können unser Judensein nicht verbergen.«

Jehudith sah Chaim erschrocken an. Natürlich, er hatte bereits alles durchdacht. Daher nickte sie nur, als er sagte: »Der Rat war sich einig, dass wir hinter den Stadtmauern am sichersten sind.«

Eine Weile verharrten beide still. Jehudith setzte sich auf das Bett und nahm Chaims Hand. Endlich konnte er ihr in die Augen sehen. Jehudith fragte leise: »Und was ist die schlimme Nachricht?«

Chaims Gesicht verzerrte sich, als würde ein Schmerz in seinem Körper aufbrechen. Seine Hand war ganz feucht. »Rachels Mann wird vermisst.«

»Und was hast du damit zu tun?«

Chaim flüsterte: »Ich wusste es schon gestern.«

»Was?« Jehudith wollte die Hand ihres Mannes loslassen, besann sich aber rechtzeitig und sagte ruhig: »Du hast mir gestern Abend gar nichts davon erzählt.«

Chaims Mundwinkel verzogen sich, sodass es fast grotesk aussah. »Ich dachte, es wäre nicht so wichtig.«

»So?« Jehudith schaute ihren Mann fragend an.

»Schlimmer«, Chaim kniff die Augen zusammen. Tiefe Furchen durchzogen sein Gesicht, er schien um Jahre gealtert. »Ich habe es einfach vergessen und dem Parnas nichts gesagt«, presste er zwischen den Zähnen hervor.

»Wirklich?«

»Du kennst doch Rachel ...« Chaim stöhnte.

»Was soll das heißen?«

»Na ja, sie macht immer so ein Gewese. Kannst du dich an die Sache mit Zacharias' Bart erinnern?«

Jehudith musste unfreiwillig lächeln. »Das war dein erster großer Streit mit Mosche: Zacharias' Kratzen gegen das Gebot des Propheten.«

»Ja, damals habe ich mich im Rat durchgesetzt.« Chaims Lippen wollten sich ebenfalls zu einem Lächeln formen, doch es geriet zur Grimasse.

»Es ging dir damals wohl weniger um Zacharias' Jucken als darum, Mosche zu zeigen, dass du nicht mehr der brave Rabbi bist, der dem Älteren in allem zu folgen gewillt ist.« Jehudith atmete tief ein. »Manchmal denke ich, dass deine Wut auf Mosche dir ein wenig den Blick getrübt hat. Sicher, er ist sehr fest in seinen Ansichten. Störrisch und erstarrt hast du ihn oft genannt, aber hat er nicht auch dir gegenüber immer wieder sein großes Herz bewiesen? Wie oft hat er dich vor Kalonymos verteidigt, als du noch ein junger Rabbi warst und im Talmud weniger bewandert, als du es heute bist?«

Chaim nickte. »Zacharias ist vorgestern Abend nicht nach Hause gekommen. Rachel bat mich, dem Parnas davon zu berichten.«

Jehudith blickte Chaim ernst an und hielt dabei seine Hand fest gedrückt.

»Ich habe ihr Geld gegeben, damit sie sich und ihren Kindern etwas zu essen kaufen kann«, fuhr Chaim leise fort. »Ich dachte, Zacharias würde schon wieder auftauchen.«

»Das sind Ausflüchte.«

Chaim blickte nach unten auf Jehudiths Hände, die die seinen hielten. »Ja, das sind Ausflüchte.« Er atmete einige Male tief ein und sprach weiter: »Ich habe mich dann an den Psalm gemacht. Raimund sollte ja bald kommen und dieser Streber ist immer so perfekt vorbereitet. Da habe ich Zacharias schlicht und einfach vergessen.«

»Und deshalb hat der Parnas dich gescholten.«

Chaim nickte. »Ja, deshalb hat der Parnas mich gescholten.«

»Er war also im Recht.«

Chaim schwieg eine Zeit lang. Mit zittriger Stimme sagte er: »Du kannst dir vorstellen, wie Mosche gegen mich im Rat gewettert hat.«

»Arme Rachel«, sagte Jehudith. Die Lippen ihres Mannes kräuselten sich im Bewusstsein seines verhängnisvollen Versäumnisses.

»Dummer Chaim«, antwortete er leise.

Jehudith krabbelte auf das Bett, schmiegte sich an ihren Mann und legte den Arm um ihn. Nach langer Stille erwiderte er die Umarmung und sie schwiegen einträchtig.

Nach einer Weile fragte Jehudith: »Was wird nun geschehen?«

»Morgen früh wird ein Suchtrupp losgeschickt.«

»Warum nicht schon heute?«

»Wegen des Sabbats.«

»Mosche?«, fragte Jehudith.

»Ja, Mosche. Er argumentierte, dass wir gerade jetzt die Sabbatgebote penibel einhalten müssten.« Chaim schüttelte den Kopf. »Bei Lebensgefahr hätte man jedoch auch heute eine Suche rechtfertigen können. Aber ich hatte einfach keine Kraft mehr, dafür zu kämpfen.«

»Lass uns nicht das Schlimmste annehmen.«

Chaim schwieg.

»Gott wird uns beschützen. Das hat er doch immer getan«, sagte Jehudith leise, während sie über Chaims Kopf streichelte.

»Ich hoffe, du hast recht.«

Plötzlich hörten sie ein Poltern unten im Laden. Jemand kam die Treppe hochgerannt, die Tür wurde aufgerissen und David stürzte ins Zimmer. Ganz außer Atem rief er: »Sie stehen vor den Toren der Stadt! Die Soldaten mit den blutroten Kreuzen stehen vor den Toren der Stadt!«

Auf einer Wiese oberhalb von Vilzbach und Selenhofen

Die Dächer von Mainz duckten sich hinter der mächtigen Stadtmauer. Nur die Türme der Kirchen wagten es, sich in die Höhe zu strecken. Ihre Spitzen wirkten gebrochen durch die flirrend heiße Luft. Peter saß nur mit seiner Bruoch bekleidet vor einem Zelt. Im Schatten unter der an zwei Pfählen aufgespannten Eingangsplane beobachtete er die anderen Jungen, die versuchten, Steinchen in ein Loch zu werfen, das sie in den Boden gegraben hatten.

In der Nähe zweier Ortschaften hatten sie auf einer freien Wiese ihr Lager aufgeschlagen. Über ihnen thronte das Kloster auf dem Jakobsberg und das blaue Band des Rheins wand sich unter ihnen durch das Tal. Peter war mit zwei Handvoll anderer Jungen einem runden Zelt zugeordnet worden, das sie unter Anleitung eines mürrischen Alten hatten aufbauen müssen. Danach hatte der Alte Peter zwei rote Stofflappen, einen Faden und eine Nähnadel gegeben, damit er sich das Kreuz auf sein Hemd nähe. Er hatte sich zunächst abgemüht, den Faden durch die dünne Öse zu fädeln, und kämpfte anschließend damit, die dicke Nadel in den Stoff zu schieben. Mein Gott, das hatte bisher immer seine Mutter gemacht, fluchte er. Erst wollte er das heilige Zeichen am Ärmel befestigen, dann entschied er sich, obwohl die Stoffstücke sehr klein und schmal waren, das Kreuz stolz über dem Herzen zu tragen. Schließlich gelang es ihm mehr schlecht als recht. So schön wie bei den Rittern sah es wahrlich nicht aus, aber immerhin war er nun auch ein Soldat des Heeres für den Herrn im Himmel.

Peter probte einige Stöße mit seiner Forke, die er auch von dem mürrischen Alten bekommen hatte. Das wurde ihm irgendwann langweilig und er fühlte sich müde von dem langen Marsch. Er legte seine Waffe auf das zertretene Gras und betrachtete das Lager, das innerhalb weniger Stunden um ihn herum aus dem Boden gewachsen war.

Dicht an dicht standen die Zelte auf der zum Rhein hin leicht abfallenden Wiese. Es war ein wuseliges Treiben. Eine Frau briet einen Hasen, den sie gerade geschlachtet hatte, über einem Feuer. Das Fell des Tieres lag auf der Erde und ein Hund schnüffelte daran herum. Peter sollte eigentlich Hunger haben, aber der Geruch von Kot und Urin, der sich überall breitmachte, verdarb ihm den Appetit. Die Menschen erleichterten sich neben den Zelten, pöbelten herum oder schrien sich gegenseitig an. Es war eine fremde, schmutzige und laute Welt, die Peter sah. Er musste an seinen Lieblingsplatz am Bach unter der alten Linde denken, an dem er mit Lene häufig gerastet hatte, um seinen Blick über den großen Fluss, den Treidelpfad und die sanften Hügel schweifen zu lassen. War es richtig gewesen, das Elternhaus zu verlassen?

Ach was, dachte er. Seit zwei Wochen hatte es nun schon nicht mehr geregnet. Wenn diese Hitze weiterhin anhielt, hätte ihn dort ein weiterer Winter mit unruhigen Nächten und dem nagenden Hunger im Bauch erwartet. Der heilige Christophorus vermochte nichts auszurichten, trotz der flehentlichen Gebete, die das Landvolk an ihn richtete. Peter hatte nur Verachtung übrig für diese dummen Bauern. Sollten sie doch hungern. Spätestens im nächsten Frühjahr würde er auf den Mauern Jerusalems stehen. Was ging ihn das hiesige Landvolk überhaupt noch an?

Einige Ritter auf Pferden preschten heran und riefen: »Kommt zu dem alten Theater und nehmt eure Waffen mit!«

Erregung machte sich breit und erfasste auch Peter. Endlich ging es richtig los.

Das ungeordnete Hin und Her im Lager verwandelte sich in einen Menschenfluss, und selbst die Betrunkenen richteten sich auf von ihren Schlafstätten. Peter ließ sich mitziehen zu der großen Wiese, von der man eines der Tore der Stadt sehen konnte. Seine Forke nahm er mit.

Die Menschen strömten zu einer riesigen Steinansammlung auf halber Höhe des Hügels. In einem Halbkreis führten große Stufen hinunter, auf denen Menschen gespannt warteten. Ganz unten befand sich eine ebene Fläche, auf der ein Holzpodest aufgebaut war. Dahinter stieg eine Wand senkrecht empor, in die kleine Nischen zwischen zerborstenen Säulen eingearbeitet waren. Die Mauer musste einmal prächtig gewesen sein. Einzelne der Säulen trugen kleine Dächer, doch von den meisten sah man nur Stümpfe.

»Was ist das?«, fragte er eine dicke Frau in einem bunten Kleid, die neben ihm stand.

»Das war mal ein Theater«, antwortete die Dame, die gerade an ihren aufgetürmten Haaren herumfrickelte.

»Ein Theater?« Das Wort kannte Peter nicht.

Die Frau ließ ab von ihrer Frisur. »Dort spielt man Geschichten.«

»Geschichten spielen? So wie an Ostern, wenn der Heiland durch das Dorf getragen wird, bevor die Juden ihn ans Kreuz nageln?«

»Ja, aber die Geschichten wurden nicht in den Gassen, sondern dort unten gespielt, auf der Bühne. Von Schauspielern, die ihr Leben lang nichts anderes machten, als in solchen Theatern aufzutreten. Aber das ist viele Hundert Jahre her.«

»Es sieht irgendwie kaputt aus.«

Die Frau lachte über ihr breites Gesicht. »Es muss einmal ein stolzer Bau gewesen sein. Er stammt bestimmt aus den Tagen, als die Heiden aus Rom hier das Sagen hatten. Die Mainzer haben wohl viele der Steine zum Bau ihrer eigenen Häuser benutzt. Gaukler spielen hier immer noch ab und an.«

Die Dame ging weiter. Peter schaute über die Stadt hinter der Steinwand und setzte sich zu einer Gruppe Älterer auf den Rasen am oberen Rand des großen Halbkreises. Die großen Steintreppen, die nach unten führten, waren bereits dicht mit Menschen besetzt. Er legte die Forke neben sich. Von hier konnte er das Podest gut sehen, ohne diese Enge zwischen all den Leuten ertragen zu müssen.

»Was willste hier mit deiner Mistgabel, Kleiner. Haste schon 'nen Jud damit aufgespießt?«, frotzelte einer der Älteren. Der Mann nahm einen kräftigen Schluck Gerstensaft aus einem großen Holzbecher zu sich. Sein Mund, um den herum eine Menge Schaum in dem wilden Bart zurückblieb, verzog sich zu einem hässlichen Grinsen.

Peter drehte sich weg.

Eine Frau in einem blauen Kleid, deutlich jünger als seine Mutter, setzte sich neben ihn und begann, ihr drapiertes Kopftuch kunstvoll zu ordnen, sodass ihr Nacken vor der Sonne geschützt war.

»Na, mein Süßer, warm heute, nicht?« Sie lachte ihn an.

Dabei zog sie langsam ihren Rock hoch und entblößte ihre kräftigen Oberschenkel. Die Welle der Begierde, die durch seinen Körper rauschte, traf Peter völlig unerwartet. Er versuchte, gelassen zu bleiben, aber seine Augen wanderten immer wieder zu den zwei prallen Hügeln, die sich unter den Brustschnüren versteckten. Die eng gespannten Bänder schnitten kleine Wellen in die sonnenbraune Haut.

»Bin die Jutta. Willste ein bisschen Spaß haben?«

Peters Hals war staubtrocken, sein Brustkorb bewegte sich heftig auf und ab. Mit krächzender Stimme antwortete er: »Nee, keine Lust jetzt.«

Peter zwang sich, nach vorn zum Podest zu schauen, aber es wollte ihm nicht gelingen. Sein Blick ging immer wieder zu den weißen Schenkeln, die von der Sonne gekitzelt werden wollten. Ganz besonders dorthin, wo diese zusammenliefen, vom Rock nur noch knapp bedeckt.

Juttas Grinsen offenbarte ihre großen weißen Zähne. »Für so einen hübschen Burschen wie dich, da mach ich's für nur zwei Sachsenpfennige.«

Es gelang Peter, seiner Stimme Festigkeit zu verleihen. »Vielleicht später.«

Nachsichtig schaute sie ihn an und sagte: »Hab ein rundes Zelt. Am Eingang hängen zwei Pfauenfedern. Kannst aber auch einfach nach der Jutta fragen. Man kennt mich hier.«

Im Aufstehen nahm sie Peters Hand und strich mit ihr ganz beiläufig über die Innenseiten ihrer Oberschenkel. »Na, dann pass mal weiter gut auf, dass dir keiner deine Forke klaut.«

Das Gefühl der warmen, fleischigen Fülle von Juttas Schoß brannte sich in Peters Finger ein, während er sie weggehen sah. Immer wieder schaute er auf das blaue Kleid, das sich langsam durch die Menge die Stufen hinunterbewegte.

Hübscher Bursche, hatte sie zu ihm gesagt.

Schließlich nahm Jutta inmitten einer Gruppe Männer Platz, ohne sich noch mal nach ihm umzuschauen.

Mainz – im Haus von Jehudiths Eltern

»Natürlich wird morgen geheiratet.« Jehudith war von ihrem Stuhl aufgestanden und schaute ihren Vater empört an. Dabei legte sie ihre Hand auf Sarahs Schultern, die neben ihr leise vor sich hin weinte.

Chaim war zu Hause geblieben. Die Nachricht über die

bewaffneten Pilger vor den Toren hatte ihm einen solchen Schlag versetzt, dass Jehudith nichts anderes übrig geblieben war, als ihm den *Sud für die schweren Tage* aufzubrühen, wie sie es gegenüber ihrer Schwester nannte. Salomo hatte ihr für solche Fälle eine besondere Mixtur gegen Chaims Schwermut gegeben, aus deren Ingredienzen er jedoch ein großes Geheimnis machte. Heute hatte sie das Dreifache der von Salomo empfohlenen Menge verwendet und noch zwei Löffel getrockneten Baldrian und einen Löffel Lavendel untergemischt.

Aus langjähriger Erfahrung wusste Jehudith, dass dieser Aufguss, verbunden mit Schlaf, das Einzige war, was in solchen Fällen half. Chaim sollte sie jetzt nicht kirre machen mit allen möglichen Bedenken, die in solchen Phasen wie schwarze Wolken sein Gemüt verdunkelten. Keine halbe Stunde nachdem er den Sud getrunken hatte, war ihr Mann wie erwartet in einen tiefen und schweißtreibenden Schlaf gefallen.

Mit David hatte sie sich dann zunächst zur Synagoge aufgemacht, um der Rede des Parnas zuzuhören. Wie Chaim vorhergesagt hatte, forderte Kalonymos die Gemeinde auf, Ruhe zu bewahren und zu beten. Mosche ordnete strengstes Fasten nach dem Sabbat an.

Die Frauen, Alten und Kinder wurden schließlich gebeten, die Synagoge zu verlassen, nur die jüngeren Männer sollten bleiben. Es ging also um die Vorbereitung der Verteidigung. Dem Ewigen sei Dank waren erst die Sechzehnjährigen für den Waffendienst vorgesehen. Jehudith hatte eine Spur Enttäuschung in den Augen ihres ältesten Sohnes ausgemacht. Gesagt hatte er jedoch nichts. Und David mit einer Lanze oder einem Schwert, das wollte Jehudith sich auf keinen Fall vorstellen. So waren sie schweigend den kurzen Weg zu Jehudiths Elternhaus neben dem Lorscher Hof gegangen, wo Sarah und ihre Mutter den Tisch bereits gedeckt hatten. Die herrlichen Speisen waren jedoch kaum angerührt.

»Meinst du nicht, dass wir warten sollten, bis sich die Situation geklärt hat?«, gab ihr Vater zu bedenken. Er wirkte müde, sein buschiger Bart erschien Jehudith noch grauer als sonst. Er ist alt geworden, dachte sie, während er weitersprach. »Zudem würden wir gegen das Fastengebot verstoßen, das Mosche eingefordert hat. Die Gemeinde würde sicher Anstoß nehmen.«

»Und wegen Chaims Nachlässigkeit bezüglich Rachels Mann zerreißen sich einige der Unseren ohnehin die Mäuler über unsere Familie«, fügte ihre Mutter mit schneidender Stimme hinzu. Um ihren Worten Nachdruck zu verleihen, trommelte sie mit ihren ringbesetzten Fingern auf dem Tisch, sodass Jehudith Sorge um die Glaskaraffe mit dem Wein hatte, die gefährlich nah neben der Hand ihrer Mutter stand.

Jehudith ignorierte die bissige Bemerkung. »Wir könnten auf Fisch und Fleisch bei Sarahs Hochzeit verzichten, das würde sicherlich als Zugeständnis gewertet.«

Ihre Mutter schaute zunächst zu Sarah und dann zu ihrem Mann, der die Arme vor der Brust verschränkt hielt.

»Was ist mit Chaim?«, fragte der. »Er soll die Trauung ja vollziehen.«

Jehudiths Mutter nutzte das kurze Zögern ihrer ältesten Tochter und warf ein: »Ich habe dich schon vor deiner Heirat vor seiner verfluchten Schwermut gewarnt. Aber du wolltest ja nicht auf mich hören.«

Mutter, Mutter, dachte Jehudith. Warum musst du immer so auf Chaim herumhacken? Ich habe ihn eben mehr gemocht als diesen prahlerischen Meir, den ihr für mich im Auge gehabt hattet. Ihre Eltern hatten Meir vor allem wegen seiner entfernten Verwandtschaft zu Kalonymos favorisiert.

Natürlich war Chaims gelegentlicher Trübsinn äußerst kraftraubend, aber dafür konnte er zuhören und hatte Fantasie. Und mit seinen Händen war er geschickt, das musste selbst ihre Mutter zugeben. Jehudith hatte keine Lust auf die alte Debatte und sagte nur kurz: »Ich werde meinen Mann bis morgen wieder auf die Beine bringen.«

Ihre Mutter gab ein Stöhnen von sich.

»Die Mauern von Mainz sind hoch und stark. Die Irren da draußen werden bald feststellen, dass sie nichts auszurichten vermögen.« Jehudith wurde es langsam zu viel. »Wir sollten wegen denen nicht auf Sarahs Hochzeit verzichten. Denkt an all die Vorbereitungen. Dorons reicher Onkel ist sogar aus Sevilla gekommen.«

»Was wird die Gemeinde denken?«, erwiderte ihr Vater. »Wir feiern fröhlich, während Mosche uns zur Buße aufgerufen hat.«

»Wir werden auf Fisch und Fleisch verzichten. Der Ochse und die Hühner sollen ja erst morgen früh geschlachtet werden, die lassen wir leben. Und die Fische können wir räuchern lassen, dann halten sie Monate.«

Ihre Eltern schauten sich fragend an. Fast hatte sie die beiden so weit, dachte Jehudith, es bedurfte nur noch eines letzten Arguments. »Denkt an all die Speisen, die schon im Keller der Synagoge lagern. Soll das etwa alles vergammeln? Was wird mit all dem Brot, den vielen Eiern, den zwölf Laiben Käse und den großen Töpfen mit dem Hummus? Bei der Hitze wird das doch im Nu schlecht. Was für eine Verschwendung wäre das!«

Auf das Wort *Verschwendung* reagierte ihr Vater wie ein Stier auf ein rotes Tuch, das wusste Jehudith zu gut. Sie sah, wie es in seinem Kopf arbeitete. Er biss sich auf die Zähne und zählte vermutlich gerade all die guten Dinge, die im Keller der Synagoge gelagert waren. Dann blickte er kurz zu seiner Frau, die zunächst den Kopf sinken ließ, aber schließlich zögerlich nickte.

Jehudith hatte gewonnen.

»Bist du sicher, dass dein Mann morgen wieder auf dem Damm ist?«, fragte ihr Vater säuerlich.

Das war Jehudith ganz und gar nicht. »Natürlich«, antwortete sie mit um Sicherheit bemühter Stimme, während Sarah neben ihr ihre Tränen unter einem zaghaften Lächeln trocknete.

»Ich werde auf dem Rückweg bei Dorons Familie vorbeigehen und berichten, dass alles bleibt, wie es geplant war.« Jehudith strich Sarah sanft über den Rücken und fügte hinzu: »Du wirst deinen Bräutigam morgen küssen dürfen.«

»Kein Fisch und kein Fleisch, vergiss das nicht!«, erinnerte ihr Vater streng.

Jehudith musste gegen ein Grinsen ankämpfen. »Kein Fisch und kein Fleisch. Versprochen.«

Am römischen Theater vor den Toren von Mainz

Neben Peter hatte sich ein Ehepaar mit einem Jungen, der etwa so alt war wie sein Bruder Bernhard, und einem kleinen Mädchen auf die Wiese gesetzt. Es musste eine Bauernfamilie sein, ihre Kleider waren graubraun und schäbig wie seine. Peter schaute kurz zu dem Jungen hinüber, der jedoch kein Interesse an ihm zu haben schien. Das Mädchen hatte einen Marienkäfer im Gras entdeckt, den sie mit ihren Händen einzufangen versuchte.

Peter bemerkte ein Raunen hinter sich und drehte sich um. Mit einem Kreuz in der linken Hand und einem dicken Buch in seiner rechten schritt der Priester in der roten Kutte durch die Menge, während die Menschen ehrerbietig zur Seite rückten. Der Mann neben Peter stieß seine Tochter an, zeigte auf den Priester und sagte: »Lieschen. Schau, dort ist Rotkutte, der uns vom Herrn im Himmel gesandt wurde.«

Doch Lieschen reagierte nicht, sie war viel zu fasziniert von dem Marienkäfer, der inzwischen über ihre Hand krabbelte.

In gemessenem Schritt bewegte sich Rotkutte die Treppen hinunter, von den Blicken der Menge aufmerksam verfolgt. Er erstieg das Podest, und das Gemurmel erstarb. Nur das Flattern der orangen Fahnen mit dem Löwen der Flonheimer, die man hinter dem Podest aufgestellt hatte, war zu hören.

Rotkutte richtete seinen Blick zum Himmel, ein entrücktes Lächeln lag auf seinem glatt rasierten Gesicht. Langsam hob er das Kreuz in seiner Hand.

»Ihr Erwählten.« Rotkutte sprach laut und klar. »Gottes Segen sei mit euch.«

Peter richtete seinen Blick gespannt nach vorn.

»Ihr seid aufgebrochen, die Heilige Stadt zu befreien.« Rotkutte rollte das R so weich, dass es Peter warm ums Herz wurde. »Gott wird mit euch sein. Er wird euch Kraft geben und euch beschützen.«

Ein leises Lächeln umspielte Peters Mund.

»Und auch die heilige Jungfrau Maria wird eure Fürsprecherin im Himmel sein«, fuhr Rotkutte fort.

»Oh, benedeite Jungfrau, sei mit uns!«, rief ein Mütterchen in einer Tracht, mehr Sack als Kleid.

»Die Zeit ist nah. Schon bald werdet ihr die Heilige Stadt erblicken«, antwortete Rotkutte der Frau. Dann ließ er seinen Blick über die Menge schweifen. »Und nach dem Kampf, in dem Gott euch führen wird, werdet ihr auf den Mauern Jerusalems stehen. Durch deren Zinnenscharten werdet ihr in die Weite des Heiligen Landes schauen.«

Eine Welle wohltuenden Kribbelns durchlief Peter. Vorbei die Plackerei auf dem Felde, die Öde des Dorfes und die Enge ihres strohbedeckten Hauses. Jerusalem erwartete ihn.

»Ihr werdet auf das Land schauen, in dem unser Heiland geboren wurde. Auf das Land, in dem er die Menschen heilte und sättigte. Und in der Ferne auf einem Hügel werdet ihr Bethanien erkennen, den Ort, an dem Maria Magdalena dem Herrn die Füße gesalbt hat.«

Gebannt hing Peter an Rotkuttes Lippen. Wie es sich wohl anfühlen mochte, mit Pfeil und Bogen oder gar mit einer Armbrust hinter solchen Zinnen zu stehen. Schon die Befestigungen von Mainz, auf die er nun blicken konnte, waren gewaltig. Wie hoch mussten dann erst die Mauern von Jerusalem sein?

»Dann werdet ihr euch umwenden und die Heilige Stadt erschauen«, fuhr Rotkutte fort.

»Jerusalem, Jerusalem!«, jubelten einige in Peters Nähe.

»Dort, wo einst der Tempel der Juden stand.« Rotkutte ließ das Kreuz niedersausen, als schlage er damit auf etwas ein. »Der Tempel, den es Gott vor tausend Jahren beliebte zu zerschmettern, weil die Juden Christus, den Heiland der Welt, in ihrer Verblendung nicht erkennen wollten.«

Einer der Ritter war aufgestanden und streckte sein Schwert in die Höhe. Sein blauer Waffenrock flatterte im Wind, während er rief: »Welch Frevel!«

Der Priester erhob seinen Blick. Langsam und klar sprach er weiter. »Auf dem heiligen Platz, auf dem jetzt noch gegen Gott gefrevelt wird, in den Teufelshäusern der Sarazenen, dort wird nach eurem großen Sieg eine Kirche stehen. Eine Kirche, in der der wahre Herr gepriesen wird – Gott, sei gepriesen!«

»Gott, sei gepriesen!«, rief es von allen Seiten.

Peter war es auf einmal eigentümlich leicht ums Herz. Alles erschien ihm so klar, so einfach. Er drehte sich um. Einige der Menschen hinter ihm waren aufgestanden, wohl um besser sehen zu können. Eine Hitzigkeit schien sie zu ergreifen. Doch das Ehepaar mit den beiden Kindern begann, sich zu streiten.

»Dann werden dort wir Christen beten und Gott ehren. Weder die Muselmänner noch die Juden werden diesen heiligen Ort jemals wieder besudeln können. Nie wieder.«

»Nie wieder, nie wieder!«, schallte es über den Platz.

»Auf den Mauern von Jerusalem werdet ihr euch umwenden und hinuntersehen auf Golgatha, den Schädelberg. Auf den Hügel direkt vor den Mauern der Heiligen Stadt, an dem das böseste Böse geschah, was sich Menschen je erdacht haben.« Mit schmerzverzerrtem Gesicht blickte Rotkutte in den Himmel. Und dann war es, als ob die Pein selbst aus ihm herausschreien würde. »Den Mord an unserem Herrn Jesus Christus!«

Eine Welle der Empörung rauschte durch die Menge und erfasste auch Peter.

Ganz starr stand Rotkutte da. Stumm wartete er, bis die Menschen sich beruhigt hatten. Leise fuhr er fort: »Wir haben vor wenigen Wochen Ostern gefeiert. Wir haben den Tod des Herrn betrauert, der sich für die Welt hingegeben hat.«

Mucksmäuschenstill war es nun in dem Theater. Rotkuttes Stimme begann zu zittern: »Der Herr, der ermordet wurde. Schande über seine Mörder!«

»Schande über seine Mörder!«, gellte es aus der Menge zurück.

Rotkutte hob das Buch in seiner Rechten in die Höhe. »Von wem wurde er ermordet?«

»Von den Juden«, murmelte Peter.

»Von den Juden!«, rief es um ihn herum.

Rotkutte nickte langsam und sprach:

»*Welch schlimmes Unrecht, Israel, hast du getan?*
Du hast den, der dich ehrte, geschändet.«

»Geschändet«, formten Peters Lippen. Seine schwieligen Finger bohrten sich tief in den Boden hinein.

Kraftlos fielen Rotkuttes Arme nach unten, erschöpft schaute er die Menschen an. Dann raffte er sich auf und rief:

»*Den, der dich verherrlichte, hast du entehrt;*
den, der sich zu dir bekannte, hast du verleugnet;
den, der dir gepredigt hat, hast du abgelehnt;
getötet hast du den, der dich lebendig gemacht.«

Für einen Moment schien Rotkutte die Augen zu schließen. Dann, wie zu Tode erschreckt über eine innere Vision, riss er sie wieder auf und schrie: »*Was hast du getan, o Israel?*«

Ein einzelner Ruf ertönte aus der Menge: »Rache für den Tod unseres Heilands!« Peter nickte bedächtig.

»*Getötet hast du den Herrn inmitten Jerusalems!*« Rotkutte schaute auf das Kreuz in seiner Linken.

»*Unerhörter Mord geschah inmitten Jerusalems*
in der Stadt des Gesetzes,

in der Stadt der Hebräer,
in der Stadt der Propheten,
in der Stadt, die als gerecht galt!«
Er streckte das Kreuz der Menge entgegen und rief: »Die
Stadt, die ihr befreien werdet. Die Stadt des Herrn, Jerusalem.«
»Jerusalem!«, jubelte die Menge. Schwerter, Sicheln und Messer blitzten in der Sonne. Eine alte Frau streckte einen Suppenlöffel in die Höhe. Peter umfasste die Holzforke, die neben ihm
lag, während Rotkutte weitersprach.
»Der die Erde aufhing, ist aufgehängt worden;
der die Himmel festmachte, ist festgemacht worden;
der das All befestigte, ist am Holz befestigt worden.«
Rotkutte schien um Atem zu ringen. Als müsse er frische
Kraft schöpfen, stand er reglos da. Dann rief er: »*Der Herr – ist
geschmäht worden.* Wollt ihr das hinnehmen?«
»Nein! Niemals!«, schallte es von der Menge zurück.
Und auch Peter rief: »Niemals!«
»*Der Gott – ist getötet worden;*
der König Israels – ist beseitigt worden von Israels Hand.
Diese Schande muss gerächt werden.«
»Rache! Rache!« Immer mehr Menschen standen auf und
streckten ihre Waffen in die Höhe.
Peter stimmte mit ein: »Rache!«
»*O, des unerhörten Mordes! O, des unerhörten Unrecht!*«,
empörte sich Rotkutte und sein zorniger Funke sprang über
auf die Menge.
»Rache, Rache!«, kam es zurück.
Peter reckte seine Mistgabel in den Himmel, mit leuchtenden
Augen tauchte er in den Rausch der Masse ein.
»Und was riefen die Juden Pilatus entgegen, als er ihnen die
Wahl ließ? Die Wahl, dem räudigen Verbrecher Barabbas die
Freiheit zu schenken«, Rotkuttes Blick bohrte sich in Peter hinein, »oder unserem Heiland, dem Retter der Welt! Gottes eingeborenem Sohn!« Der Priester schien nach Atem zu ringen,

dann fasste er sich wieder. Er hob das Buch gen Himmel. »In der heiligen Schrift steht es geschrieben. Die Juden riefen nicht: ›Jesus. Lasst Jesus, den Heiland der Welt, frei.‹ Nein, sie riefen: ›*Barabbas, lasst Barabbas frei.*‹«

Männer schüttelten erbost ihre Köpfe, einige Frauen stöhnten laut.

»Und was erwiderten diese Unmenschen, als Pilatus sie fragte: ›*Was soll ich denn machen mit Jesus, von dem gesagt wird, er sei Christus?*‹« Wieder ließ Rotkutte seinen Blick über die Menge schweifen, die nun ganz still war. Mit einem Mal brüllte er: »*Sie schrien: ›Kreuzige ihn, kreuzige ihn.‹* Das schrien die Mörder unseres Herrn. Mörder! Gottesmörder!«

»Mörder, Gottesmörder!«, dröhnte es nun.

»Und dann rief das ganze Volk der Juden, so berichtet es der Evangelist Matthäus«, mit dem Kreuz in seiner Linken zeigte Rotkutte auf die Bibel in seiner anderen Hand, »sie riefen: ›*Sein Blut komme über uns und unsere Kinder.*‹«

Ein fanatisches Gebrüll erfüllte das Theater. Peter war nun ganz Teil der Raserei um ihn herum, auch er rief: »Blut, Blut! Sein Blut komme über sie!«

Stumm betrachtete Rotkutte die Menge. Nochmals wartete er geduldig, bis sich die Menschen beruhigt hatten. Er deutete hinter sich. »Und nun stehen wir hier, vor den Toren von Mainz. Hinter diesen dicken Mauern, dort leben sie, ganz in unserer Nähe haben sie sich eingerichtet. Dort verbreiten sie ihren verderblichen Glauben. Dort höhnen sie dem Herrn, an jedem Sabbat.«

Rotkutte sank in sich zusammen, richtete sich dann wie unter großen Mühen auf und fragte mit seiner warmen, klaren Stimme: »Dürfen wir das zulassen?«

»Nein!«, schrien ihm die Menschen zur Antwort entgegen. »Niemals!«

»Hier steht es geschrieben, im fünfundfünfzigsten Psalm.« Rotkutte wies auf das Buch in seiner Rechten. »*Der Tod übereile sie, dass sie lebendig in die Hölle fahren!*«

»In die Hölle! In die Hölle!«

»Ihr Gedächtnis soll auf Erden ausgelöscht werden. Ihr werdet sie auslöschen.«

»Auslöschen, auslöschen!«, schallte es von allen Seiten.

Peter ging ganz in dem Zorn auf. »Auslöschen!«, rief auch er.

»Ihr Seligen. *Der Gerechte wird sich freuen, wenn er solche Rache sieht!*«

»Rache, Rache!«

Wie Feuer glühte die rote Kutte des Priesters in der Sonne, flammengleich loderte der Stoff im Wind. Eine leuchtende Fackel, von einem himmlischen Segen umfangen, so stand Rotkutte auf dem Podest.

»Es heißt: *Der Gerechte wird seine Füße baden in des Gottlosen Blut.*«

»Blut!«, brüllte Peter.

»Blut!«, schallte es um ihn herum. »Wir wollen ihr Blut!«

Still beobachtete Rotkutte die tobende Menge, er schien das Tosen in sich einzusaugen. Peter fühlte sich stark und frei. Die jubelnde Masse trug ihn fort, ließ ihn wachsen, ließ ihn schweben. »Blut! Blut!«

Ein Schwarm Tauben zog über den Platz hinweg. Hoch und nieder bewegten sich die Vögel hin zu den hohen Mauern, als wollten sie die Richtung vorgeben, in die sie ziehen sollten. Dann zerstreute sich das flirrende, gurrende Dunkel über den Dächern der großen Stadt.

Peter drehte sich um. Er sah, wie die Frau in ihrem braunen Kleid Lieschen und ihren Bruder an die Hände nahm und sich einen Weg durch die erhitzte Menge hinweg von dem Theater bahnte. Ihr Mann schüttelte wütend den Kopf, aber bald schon schaute er wieder gebannt auf Rotkutte.

Nochmals streckte der Priester seine Arme aus, um die aufgewühlte Menge zur Ruhe zu bringen.

Mit sanfter Stimme sprach er: »Aber wir sollen gnädig sein, sagt der Herr.«

Die Menschen blicken sich verwundert an.

»Warum sollen wir gnädig sein?«, rief ein Ritter, der sein Schwert gezogen hatte.

Rotkuttes Stimme war nun voller Wärme. »Ihr Seligen, wir wollen ihnen die Möglichkeit zur Umkehr geben.«

Eine Welle des Raunens ging durch die Menge. Rotkutte senkte die Arme, richtete seinen Blick gen Himmel und sagte ruhig: »Eure Wut ist gerecht, ich verstehe sie gut.« Mit huldvoller Stimme fuhr er fort: »Herr, groß ist ihre Sünde, aber noch viel größer ist Deine Gnade. Wir sind bereit, ihnen alles zu verzeihen.«

»Warum sollen wir ihnen verzeihen? Sie haben Gott getötet!«, rief ein Ritter, seinen Arm auf den gelb-blau gestreiften Schild der Burgunder gestützt.

Mit traurigen Augen schaute Rotkutte den Rufer an: »Wenn sie einwilligen, die heilige Taufe zu empfangen, dann, aber nur dann, sind wir bereit, ihnen zu verzeihen.«

»Aber schnell sollen sie sich entscheiden!«, rief ein normannischer Hüne. »Es ist heiß unter unseren Kettenhemden und wir wollen nicht ewig schwitzen.« Der Mann schaute um sich und genoss das Gelächter.

»Oh wie recht ihr habt. Gott sieht, wie ihr leidet, was ihr für Ihn zu geben bereit seid. Denn er ist gerecht, euer Kampf.«

»Kampf! Kampf!«, antwortete die Menge.

»Es ist das Blut der Gerechtigkeit, das ihr verlangt. Das Blut der Frevler und Gottesfeinde!«, rief Rotkutte laut.

»Blut, Blut!«

»Tod oder Taufe, das ist die Wahl, vor die ihr sie stellen werdet, ihr Kämpfer Gottes. Tod oder Taufe!«

»Tod oder Taufe«, erwiderte die Menge. »Tod oder Taufe!«

Just in diesem Moment erklang die Domglocke. Rotkutte ließ das Kreuz über die Menge kreisen, als wolle er sie streicheln, als wolle Gott sie streicheln. »Der Herr im Himmel wird euch reich belohnen. Es segne und behüte euch der allmächtige und barmherzige Gott. Im Namen des Vaters, des Sohnes und des Heiligen Geistes.«

Getragen von dem Sturm der Begeisterung verließ Rotkutte das Podest und machte Platz für einen Mann in einem blauen Waffenrock.

»Emicho, unser Führer!«, riefen einige Ritter begeistert.

Der Mann hob die rechte Hand und wartete, bis es still geworden war. Dann rief er: »Ihr Boten Gottes, ihr wisst, was ihr zu tun habt!«

»Ja«, antworteten die Menschen im Halbrund des Theaters.

»Bevor wir Jerusalem von den Sarazenen befreien, werden wir Mainz von den Juden erlösen. Wie wir es in Worms getan haben.« Er hob sein Schwert und richtete es gegen die Stadt. »Folgt mir! Wir ziehen gen Mainz. Auf zum Tor!«

Mainz – hinter Rachels Haus

Ganz allein saß Rachel auf der Bank hinter ihrem Haus und betrachtete das üppig sprießende Grün ihres Gartens. Die Sonne stand nur noch drei Handbreit über der Stadtmauer und schien ihr angenehm warm ins Gesicht. In dem großen Bastkorb, der vor ihr auf dem Tisch ruhte, schliefen Bela und Orli friedlich. Isaak und Aaron hatte sie bereits ins Bett gebracht. Soeben stimmte Rachels Vater das Schlaflied für die beiden an, wie er es auch für sie als Kind getan hatte.

Wehmut machte sich in Rachels Herzen breit. »Ach«, sagte sie traurig zu sich selbst, »wie schön wäre es, wenn Zachi nun hier bei mir sitzen und eine seiner lustigen Geschichten erzählen würde.«

Sie dachte an die Fabel von dem Eichhörnchen und der Krähe. Sie sah ihren Mann vor sich, der auf der Bank saß und durch viele Gesten mit seinen spindeldürren Fingern und mit wechselnden Stimmen die zwei Tiere nachahmte. Das Eichhörnchen hatte vergessen, wo es seine Nüsse im Herbst versteckt hatte. Die Krähe wusste zwar, wo das Versteck zu finden war, konnte jedoch mit ihren dünnen Krallen den leckeren Schatz nicht aus dem Boden heben. Schließlich einigten sich die beiden darauf, die Kostbarkeiten zu teilen. »Und für die Krähe und das Eichhörnchen war es mehr als genug über den ganzen Winter« – immer hatte Zachis Geschichte mit diesem Satz geendet.

Plötzlich hörte sie jemanden rufen: »Rachel, Rachel! Bist du zu Hause?«

Sie vernahm ein Knirschen von Schritten auf dem steinigen Boden und Elischewa, die Frau des Scherenschleifers, schaute um die Ecke. Ihr großer magerer Körper war von einem bläulichen Kleid umhüllt, das lose um die Taille hing. Ihre braunen warmen Augen lächelten Rachel freundlich an.

Rachel stand auf und wies mit der Hand auf den Korb mit den zwei schlafenden Säuglingen, um der Besucherin zu bedeuten, dass sie leise sprechen mussten. Dann umarmte sie ihre Freundin und flüsterte ihr ins Ohr: »Oh, Elischewa. Wie schön, dass du gekommen bist.«

Die Nähe zu ihrer Freundin tat ihr gut. So weinte sie ein wenig und Elischewa ließ es geschehen, während sie Rachel in den Armen hielt.

Als Rachel sich beruhigt hatte, setzten sich die beiden auf die Bank.

Elischewa sagte leise: »Hast du gehört? Die Wölfe der Wüste stehen vor den Toren.«

Rachel nickte. »Ja, nun sind sie da, die Teufel.«

»Rabbi Mosche hat uns erklärt, dass Gott uns prüfen will. Wir sollen stark sein.«

»Mhh, immer muss ich stark sein«, antwortete Rachel traurig. »Isaak und Aaron sind so wild. Und Bela wacht meist dreimal auf in einer Nacht und will gestillt werden.« Sie versuchte zu lächeln. »Gut, dass Vater mir hilft. Er ist sehr alt, aber er tut, was er kann.«

»Was ist mit Zacharias?«, fragte Elischewa.

»Immer noch keine Nachricht.« Rachel schüttelte verzagt den Kopf. »Und wie soll er nun mit seinem Karren an den vielen bösen Menschen vorbeikommen, die vor den Toren lagern?«

Darauf wusste Elischewa keine Antwort. Rachel spürte ihre Hand auf den Schultern, und die beiden schauten auf Rachels Garten, während sich die Sonne langsam hinter den runden Wehrturm schob, der nur ein paar Dutzend Schritte von Rachels Haus entfernt in der hohen Stadtmauer eingebettet war.

Mainz – auf dem Turm über dem Jakobstor

Die Sonne brannte auf Raimunds rechte Wange, ein Schweißtropfen rann seine Stirn hinunter. Er versuchte, seinen Zügen Festigkeit zu geben, denn er spürte, wie die Blicke der Wachen den »Neuen« taxierten.

Durch das flirrende Licht betrachtete er den Trupp Soldaten mit den roten Kreuzen auf ihren Waffenröcken, der sich dem Jakobstor näherte. Die Reiter waren eingehüllt in eine Wolke aus Staub, aufgewirbelt von den Hufen der Pferde und dem Stampfen des Fußvolkes hinter den Rittern mit den schweren Waffen.

Gemeinsam mit Waldemar, dem Hauptmann der Stadtwache, hatte er die große Ansammlung um das verfallene römische Theater beobachtet. Nur Bruchstücke von dem sich stetig steigernden Brüllen der Menge waren zu verstehen gewesen. Das aber reichte, um zu wissen, was zu tun war. »Hauptmann, lasst das Tor schließen und die Brücke hochziehen. Und lasst hundert Soldaten aus dem Bischofspalast kommen, und zwar schnell.«

Auf ein Zeichen des Hauptmanns liefen ein Dutzend Männer zu zwei großen flach auf dem Boden angebrachten Holzrädern, aus denen je eine Kette mit schweren Eisengliedern herausführte. Die Ketten liefen zunächst flach über die Erde hin zu zwei dicken Eisenringen, die in den Boden eingelassen waren, und führten dann hinauf in die Mauer, wo sie in zwei schmalen Öffnungen links und rechts oberhalb des Tores verschwanden. Die Männer lehnten sich mit all ihrer Kraft gegen die Griffe, die aus den zwei wagenradgroßen Rollen ragten, auf die die Eisenketten aufgewickelt waren. Die schweren Kettenglieder ratterten durch die Eisenringe am Boden und spannten sich zu der Mauer über dem Tor. Langsam, unter dem gleichförmigen Klirren des Metalls und dem Stöhnen der Soldaten bewegte sich die schwere Holzbrücke in die Höhe.

Die Gesichter der Soldaten an den Rollen verzerrten sich unter der Anstrengung, aber ihre Bewegungen behielten ein stetiges Tempo bei, bis schließlich ein dumpfer Schlag von Holz auf Stein erklang und das Rattern der Ketten mit einem Mal erstarb. Die Brücke war hochgezogen.

In Rufweite vor dem Tor kam der Trupp zum Stehen. Ein Reiter in einem blauen Gewand löste sich aus der Menge und führte sein Pferd an den Graben vor dem Tor. Allmählich legte sich der Staub, den sein Pferd aufgewirbelt hatte, und er rief zu Raimund hinauf. »Es spricht Emicho von Flonheim! Lasst uns herein, wir wollen mit dem Bischof sprechen!«

Raimund blickte Emicho eine Zeit lang reglos an, bevor er zu einer Antwort ansetzte. »Wenn Ihr mit dem Bischof sprechen wollt, warum kommt Ihr mit einem so großen Haufen Bewaffneter? Was wollt Ihr von ihm?«

»Im Namen Papst Urbans haben wir uns auf den Weg nach Jerusalem gemacht, um die Heilige Stadt von den Sarazenen zu befreien. Uns Schutz und Nahrung zu geben, das ist Eure Christenpflicht.«

»Gottes Segen sei mit Euch auf Eurer langen Reise. Wir werden Euch Mehl, Honig und Eier für zehn Tage geben. Zudem je zehn Dutzend Kisten mit Möhren und Rüben. Und auch zwölf Malter Mad, zwei Malter Wein und ein Fass des besten Olivenöls aus den Kellern der Pfalz. Weiterhin genug Äpfel, Birnen und gedörrtes Fleisch für zehn Tage.« Raimund lächelte höflich. »Wir bringen es gern hinunter zu Euch ins Lager. Dann zieht weiter.«

»Gott wird es Euch und den Bürgern dieser Stadt danken.« Emicho legte seine rechte Hand auf die Brust und verneigte sich. Er machte jedoch keine Anstalten umzukehren, sondern blieb stehen und sah mit festem Blick zu Raimund herauf. »Bedenkt, wir könnten uns auch nehmen, was uns zusteht.«

Raimund spürte sein Herz ob der dreisten Drohung eine Spur heftiger schlagen. Er versuchte, sich nichts anmerken zu lassen. Neben sich vernahm er das entrüstete Murmeln der Soldaten. Stumm wartete Raimund und beobachtete Emicho durch die Zinnen.

»Aber da ist noch etwas«, sagte der berittene Graf nach einer Weile des Schweigens.

»Was wünscht Ihr noch?«

»Der Teufel hat sich in Eurer Stadt breitgemacht. Es stinkt bis in unser Lager. Wir wollen Euch helfen, ihn loszuwerden.«

Die hasserfüllten Rufe der Zustimmung aus den Reihen der Soldaten hinter Emicho ließen Raimund frösteln.

»Habt Dank für Euer Angebot der Hilfe«, erwiderte Raimund mit einem leichten Kopfnicken und fügte hinzu: »Der Teufel ist ein gerissener Gesell. Er schleicht sich ein in manch eine Seele, ohne dass man es von außen sehen kann. Ein jeder ist in Gefahr, von ihm erfasst zu werden. Auch ich, auch du.«

»In manch einem, da hat er sich festgebissen«, erwiderte Emicho mit einem kalten Lächeln. »Denn wer sich nicht reinigt durch die heilige Kommunion, der ist dem Teufel ein leichtes Opfer.«

»Ein starkes Mittel ist die Eucharistie, gewiss«, erwiderte Raimund ernst. »Aber für sich allein auch leer und fruchtlos, wenn nicht getragen von Gottes Wort und Gottes Geist. Lieben sollen wir unseren Nächsten, so steht es geschrieben. Sei er ein Freund oder ein Feind.«

Mit finsterem Gesicht erwiderte Emicho: »Lieben die, die Gott getötet haben?«

»An wen denkt Ihr?«

»Ich denke an das Judenpack in Eurer Stadt, das den Herrn verleugnet, jeden Sabbat. Ist nun schon ein großer Haufen geworden, wie es heißt. Wie ein Geschwür breitet es sich aus.«

Die Ritter hinter Emicho schlugen mit ihren Schwertern auf die Schilde. Raimund wartete, bis das metallische Dröhnen verstummt war. »Wir teilen das Wort mit ihnen, wir haben es sogar von ihnen geerbt.«

An den erschrockenen Blicken der Soldaten um sich bemerkte Raimund, dass er in seiner Verteidigung der Juden zu weit gegangen war.

Emicho wetterte: »Was redet Ihr da vom Wort! Die Juden ziehen das Evangelium des Herrn in den Schmutz!«

Schnell rief Raimund von der Plattform hinunter: »Sie sind unsere Nächsten, die wir achten sollen. Dies hat der Herr uns aufgetragen.« Raimund zeigte hinter sich auf die Stadt. »Die Juden stehen unter dem Schutz des Kaisers, des hochwürdigen Heinrich IV., und unseres Bischofs Ruthard.«

Unvermittelt spuckte Emicho auf den Boden. »Exkommuniziert hat Papst Urban Euren ›hochwürdigen‹ Kaiser. Er wird bis in alle Ewigkeit in der Hölle darben.«

Raimund hob den rechten Arm. »Seht Ihr unsere Soldaten?«

Zwei Dutzend Schützen traten hinter den Zinnen der Stadtmauer hervor und richteten ihre Armbrüste auf Emicho.

»Wollt Ihr, dass die Pfeile Euren Schädel durchbohren? Ist das die Sprache, die Ihr versteht?« Raimund blickte Emicho direkt in die Augen. »Zieht weiter. In Mainz habt Ihr nichts zu suchen.«

Laut schnaubend drehte Emichos Pferd den Kopf nach links und rechts, als spürte es die Gefahr, die sich plötzlich auftat. Emicho musste kräftig an den Zügeln reißen, um seinen Hengst unter Kontrolle zu halten. Nach und nach schien ihm klar zu werden, dass er keine Chance hatte, mit seinem Trupp gewaltsam in die Stadt einzudringen.

Emichos Gesicht verzerrte sich. Wie ein Kind in ohnmächtiger Wut saß er im Sattel seines stolzen Pferdes. Dann spie er erneut auf den sandigen Boden und rief: »Gehilfe des Satans, Gott wird Euch verfluchen für Eure Taten. Wir werden uns wiedersehen.«

Der Heerführer drehte ab und gab seinem Pferd die Sporen. Einer der Soldaten kicherte. Raimund blickte Emicho mit gemischten Gefühlen hinterher, der an seinen Mannen vorbei in Richtung des Lagers galoppierte, ohne sich nochmals umzusehen.

Mainz – hinter Rachels Haus

Eine lange Zeit hatten die beiden Freundinnen auf der Bank hinter dem Haus beieinandergesessen und über das eine oder andere gesprochen. Schließlich sagte Elischewa: »Leider muss ich nun gehen, damit ich noch im Hellen nach Hause komme.«

»Warte einen Moment«, sagte Rachel. »Rabbi Mosche hat gesagt, unser Messer würde bald zu schartig sein, um es für das Schlachten der Hühner zu benutzen. Kannst du es mitnehmen und von deinem Mann schleifen lassen?«

»Aber natürlich.«

»Zum Lohn gebe ich euch gern von meinen Kräutern.« Rachel stand auf und führte ihre Freundin zu den Beeten. »Schau, wie kräftig sie wachsen, ich gieße sie nun jeden Tag. Was magst du haben?«

»Gerne Minze und etwas Bärlauch«, antwortete Elischewa. »Gib mir das Schlachtmesser nur mit, Jonas wird es gleich morgen in der Frühe schleifen.«

»Wenn Zacharias zurückkommt, werde ich ihm zur Freude ein Huhn braten, so wie er es mag«, sagte Rachel. »Gefüllt mit ganz vielen Zwiebeln, etwas Knoblauch und getrockneten Äpfeln aus meinem Garten.«

»Das Huhn wird den Schnitt kaum spüren«, antwortete Elischewa mit einem Lächeln, »so scharf und glatt wird das Messer wieder sein.«

Rachel holte ein Holzkistchen aus der Stube und klappte es auf.

Elischewa warf einen kurzen Blick auf die fast rechteckige, silbrig glänzende Klinge, an die ein Holzgriff aus dunkler Eiche angebracht war. »Rabbi Mosche hat recht gehabt, das Messer muss dringend geschliffen werden. Soll Jonas es von Rabbi Chaim oder Rabbi Mosche prüfen lassen?«

»Lieber von Rabbi Mosche«, antwortete Rachel verlegen.

Elischewa nickte. Sie legte das Messer zurück in das Kistchen und schob es unter ihr Kleid, umarmte Rachel ein letztes Mal und zog von dannen.

Der Besuch ihrer Freundin hatte Rachel wohlgetan, sie war nun etwas ruhiger.

Sie setzte sich noch ein wenig auf die Bank. Nach und nach versank die Sonne hinter dem Wehrturm. Rachel betrachtete den Korb, in dem Bela und Orli friedlich schliefen. Langsam wanderte der Schatten über das helle Bastgeflecht, das weiße Laken und dann über die kleinen Gesichter, die ganz ruhig und vertrauensvoll einander zugewandt auf dem weichen Kissen ruhten.

Die Vogelfänger legten Schlingen
und glaubten, uns darin zu fangen,
dass wir Deine Einheit
gegen Baalsdienst vertauschen würden.
Sie wollten ganz das heilige Volk vernichten,
der Name Israel
sollte nicht mehr gedacht werden.

Selichah – Kalonymos ben Jehuda

Teil III: Die Schlingenleger

Sonntag, der 25. Mai Anno Domini 1096, 1. Siwan 4856

Vor den Toren von Mainz

ROTE PUNKTE FUNKELN AUS DICHTEN NEBELSCHWADEN, die Augen über dem aufgerissenen Maul der Natter taxieren ihn. Die Schlange will ihn beißen, aber noch kann er sie fernhalten mit seiner Forke. Zäh ist dieses verdammte Ding, geschmeidig schlingt sie ihren grauen Körper um den Stiel der Mistgabel in seiner Hand. Sie zieht. Er sticht. Sie zieht fester. Er sticht. Vor und zurück. Immer wieder trifft Peter ins Leere. Und die Natter lacht ihn aus.

»Emicho verlangt nach dir.« Eine barsche Stimme weckte Peter aus seinem Traum. Lautes Schnarchen erscholl um ihn herum und der Geruch von schalem Met waberte durchs Zelt.

Hatte es nicht gewirkt, das Zeichen gegen die Dämonen, das sie gestern nach dem kurzen Marsch zum Stadttor über den Zelteingang gehängt hatten. Oder war es zu schwach? Das wusste man nie mit diesen Zeichen. Manchmal wirkten sie, manchmal nicht. Sie war eine hohe Kunst, die *Magia Daemonica*.

»He, du bist doch dieser Peter aus Gerstendorf?« Die Stimme kam aus der Richtung des Zelteingangs. In Peters Kopf führten die Dämonen einen wilden Tanz auf.

Peter versuchte, die Augen zu öffnen. Er schielte vorsichtig in Richtung der Stimme und erkannte ein bärtiges Gesicht. Der Bart schrie ihn an: »Hoch mit dir, Suffkopf.«

Langsam tröpfelten die Erinnerungen in Peters Bewusstsein. »Vergessen sollen wir, was am Stadttor passiert ist, deshalb gibt es heute Bier, so viel wir trinken können.« Das hatte einer der Alten gestern am Lagerfeuer gemunkelt. Und natürlich hatte Peter mithalten wollen mit den Älteren.

»Komm endlich! Emicho hat nicht ewig Zeit. Oder muss ich ihm sagen, du hättest dich seinem Befehl widersetzt?«

Emicho. Eine Bangigkeit gesellte sich zu dem Dröhnen in Peters Kopf. Nur aus einiger Entfernung, umringt von seinen Soldaten, hatte er den Heerführer bisher sehen können. Hatte er vielleicht etwas angestellt? Er war sich keiner Schuld bewusst.

»Was will Emicho von mir?«, hörte Peter sich sagen, doch seine Stimme bleierte.

»Das wird er dir schon selbst mitteilen«, antwortete der Bart. »Ich an deiner Stelle würde meinen Kopf allerdings vorher in einen Wassertrog stecken. Wie 'ne zerdätschte Pflaume schaust du aus. Und dein Hemd ist eine Fleckenwüste. Deine Mama wollte wohl nicht mit nach Jerusalem, und jetzt weißt du nicht, wie du deine Kleider waschen sollst.«

Peter rappelte sich auf und stolperte aus dem Zelt. Das Tageslicht stach in seine Augen. Er kniff sie zu Schlitzen zusammen, sodass er die Zelte um sich herum gerade noch erahnen konnte. Zwar war er in der Lage, sich auf den Beinen zu halten, aber von dem vielen Bier war ihm übel. Tapsig folgte er dem Mann, der vor ihm hereilte.

Peter trat in Erbrochenes und versuchte im Gehen, die breiige Masse an seinen nackten Füßen im Gras abzuwischen. An das Licht hatten sich seine Augen inzwischen gewöhnt, aber nun biss sich Rauch in sie hinein, Tränen liefen seine Wangen hinunter. An einem Spieß hielt eine Alte eine gerupfte Taube übers Feuer, es roch nach verbrannter Vogelhaut. Peter hielt den Atem an, musste dann aber husten.

Der Mann ging weiter, ohne sich umzudrehen. Peter stolperte ihm hinterher.

Er kam an einem Fass vorbei. Peter schöpfte eine Kelle Wasser und ließ das kühle Nass über seinen Schopf fließen. Der Nebel in seinem Kopf lichtete sich ein wenig. Nun musste er sich jedoch beeilen. Schon zwei Steinwürfe war ihm der Bärtige voraus. Peter versuchte zu laufen. Es gelang ihm nur ein paar Schritte weit, bevor er in einen ungeschickten Trab fiel.

Endlich holte er den Mann ein. Der würdigte ihn jedoch keines Blickes.

Mainz – in Jehudiths und Chaims Haus

Chaim ging es zwar nicht gut, aber zumindest deutlich besser als gestern Abend, was Jehudith unter anderem daran erkennen konnte, wie er sich über den Stinkekäse aus dem westlichen Teil des Reiches hermachte. Sie hatte ihren Mann am Abend nur einmal kurz in den Abtritterker gegenüber der Stube gehen hören, dann war er gleich wieder die Treppe hinauf in die Schlafstube getapert.

Salomos Kräuter waren Gold wert, und auch die Dosis hatte Jehudith richtig gewählt: Ihr Mann hatte sie gestern nicht mehr mit seinem Grübeln belämmern können und war erst zum Terzläuten aufgewacht. Sein Gesicht war zwar noch recht zerknautscht, aber das würde sich bis zum Hochzeitsfest am Nachmittag schon legen. Ihn dazu zu kriegen, überhaupt mitzukommen, um die Trauung zu vollziehen, war die eigentliche Herausforderung. Mein Gott, wenn die Hochzeit endlich beginnen würde, dachte Jehudith, während sie die Senfkörner mit dem großen Mörser zerstieß.

Ihre zwei Kleinsten waren bei ihrer Mutter geblieben und sie hatte David losgeschickt, einige Besorgungen zu machen. Nun war die einzige Gelegenheit, bei der sie vor der Hochzeit allein mit ihrem Mann reden konnte. Jetzt oder nie. Nicht auszudenken, wenn Chaim sich querstellen würde. All ihre Überredungskunst war gefragt. »Geht es dir besser, mein Schatz?«

»Mmhhh.«

Chaim angelte nach einer weiteren Scheibe Brot und schnitt sich ganz unbekümmert ein dickes Stück des runden, von blauen Schimmelstücken durchsetzten und die ganze Küche verpestenden Käses ab. Anscheinend verschwendete ihr Mann weder einen Gedanken an Emichos Heer vor den Toren der Stadt noch an Rachel. Und auch nicht an Sarahs Hochzeit. Das war wahrscheinlich eine Nachwirkung von Salomos Kräuteraufguss.

Natürlich würden sich die unglückliche Sache mit Rachel und Emichos Soldaten bald wieder in seine Gedanken schleichen, dachte Jehudith. Auf jeden Fall war es besser, wenn *sie* die unangenehmen Dinge ansprach. So konnte *sie* auch die Richtung bestimmen, in der sich die Dinge in Chaims Kopf ordnen würden.

»Die Irren stehen immer noch vor den Toren«, sagte Jehudith möglichst beiläufig.

»Mmhhh.«

Sie sah von ihrem Mörser auf und blickte zu ihrem Mann, der an dem kleinen Tisch saß, an dem er ihr ab und zu beim Gemüseputzen half. Chaim schien ganz in seiner Welt zu schweben. Daher fügte sie hinzu: »Aber deswegen lassen wir uns doch nicht davon abhalten, das zu tun, was wir uns vorgenommen haben.«

»Mmhhh.«

»Dann hätten die ja schon gewonnen.«

»Mmhhh.«

»Nicht?«

»Ähh, denkst du an etwas Bestimmtes?«

Aha, ein erstes Zeichen. Chaims Aufmerksamkeit war nicht mehr vollständig von dem Käse eingenommen. »An Sarah denke ich, mein Schatz.«

Jehudith beobachtete, wie sich die Gedanken im Kopf ihres Mannes gemächlich zu einem zusammenhängenden Ganzen formten. Sie gab ihm die Zeit, die er dafür brauchte. Salomos Kräutersud verlangsamte Chaims Auffassungsgabe am Morgen des nächsten Tages, das war ihr nicht neu.

Stück für Stück schienen sich die Dinge zusammenzufinden, lösten aber anscheinend keine außergewöhnliche Reaktion in ihm aus. Anstatt wie von einer Tarantel gestochen aufzuspringen, schüttelte Chaim nur müde den Kopf und sagte in einem weinerlichen Ton: »Nein, bitte nicht auch das noch.«

Jetzt galt es einerseits, Widerstand sofort zu unterbinden und gleichzeitig gezielt mit Belohnungen zu winken, die ihrem Mann die Folgen seiner Gefügigkeit erträglicher erscheinen ließen.

»Zu spät«, antwortete Jehudith bestimmt.

Wie ein erfahrener Kapitän auf hoher See, der sein Schiff mithilfe der Winde und möglichst kleiner, aber wohlüberlegter Lenkbewegungen auf Kurs hielt, bewegte sich Jehudith im Meer von Chaims Stimmungen. Und wie auf hoher See jedes plötzliche Umschlagen des Ruders zu vermeiden war, ging es nun auch für Jehudith darum, jedwede heftige Reaktion ihres Mannes zu umschiffen. Also ergänzte sie leichthin: »Ist ja alles schon organisiert.«

Die Senfkörner ächzten eine Weile unter Jehudiths Stößel.

»Das mache ich nicht«, sagte Chaim schließlich in das Ächzen. Dabei bewegte sich seine Unterlippe gefährlich nach vorn. »Die Hochzeit muss verschoben werden, bis diese Irren verschwunden sind.«

Jetzt half nur entschiedenes Gegensteuern.

»Das geht nicht mehr«, erwiderte Jehudith und versuchte dabei, möglichst viel Vorwurf in ihre Stimme zu legen. »Warum hast du auch so lange geschlafen? Was sollte ich denn da machen? Ich musste eine Entscheidung treffen, du warst ja nicht ansprechbar.«

»Mmhhh.« Chaim kratzte sich an seinem fast kahlen Hinterkopf. »Wirklich merkwürdig, dass ich so lange geschlafen habe, wo ich doch gestern recht früh ins Bett gegangen bin.«

»Das hat mich auch gewundert«, antwortete Jehudith möglichst mitfühlend. Dabei drehte sie ihr Gesicht von Chaim weg, für den Fall, dass sie ein Grinsen nicht unterdrücken könnte.

»Wann?«

Fast hatte sie ihn so weit, nun mussten die Belohnungen gesetzt werden. »Zur Non. Alles ist vorbereitet, du musst nur die Trauung vollziehen, und danach kannst du dich beim Fest amüsieren.«

Mit Argusaugen beobachtete Jehudith die Miene ihres Mannes, während Chaim seine Optionen überdachte.

»Na ja, jedenfalls wird es etwas Gutes zu essen geben. Forelle in Senfsoße, habe ich gehört.«

So ein Mist, schoss es Jehudith durch den Kopf. Wegen Mosches Fastengebot funktionierte zumindest diese Belohnung nicht. Sie entschied sich dagegen, Chaim in seinem Glauben zu belassen. Das Risiko einer Menge Scherereien, die diese Unaufrichtigkeit nach sich ziehen könnte, war ihr zu hoch. »Sicher. Senfsoße gibt es, zu Brot und Gemüse. Fisch ist leider verboten.«

Chaims Mundwinkel verformten sich zu einer Anklage an die Welt.

»Wegen Mosche, diesem Blödmann«, fügte Jehudith schnell hinzu. »Mein Vater meinte, dass man wegen Mosches Fastengebots lieber keinen Fisch und auch kein Fleisch reichen sollte.«

»So ein Blödsinn«, platzte Chaim heraus. »Ein halbgares Fasten. So etwas machen nur halbseidene Christen. Wenn schon fasten, dann richtig. Und eine Hochzeit ist ein Freudenfest, da wird gar nicht gefastet.«

Chaim war nun ganz der wissende Rabbi. »Außer das Brautpaar natürlich, die beiden dürfen den ganzen Tag bis zur Hochzeit weder essen noch trinken und müssen natürlich auch in die Mikwe gehen.«

»Ach!«

»Mosche würde euch die Hölle heißmachen.« Chaim fasste sich mit beiden Händen an die Stirn. »Ich höre ihn schon schimpfen: ›Wie die Ungläubigen benehmen sie sich, mit ihrem heidnischen Fasten‹, ›Verzicht auf Fleisch, aber sonst aus dem Vollen schöpfen‹, und so weiter und so weiter. Dann könnt ihr ja gleich auf der Hochzeit die ›Gottbescheißerle‹ anbieten, die man in den hiesigen Schenken bestellen kann: diese Teigtaschen, in die sie an Fastentagen ihr widerliches Schweinehack stopfen, als ob der Eine es nicht sehen könnte.«

»Ahh, das war uns nicht klar.« Jehudith biss sich auf die Lippe. »Wenn das so ist, muss der Ochse doch noch dran glauben, und ich muss zum Hafen, um fünf Forellen einzukaufen. Und ausnehmen muss ich die Dinger auch noch.«

»Da hast du heute ganz schön was vor.«

Jehudith ging die Möglichkeiten durch. Das war alles machbar, sie musste das mit Chaim nun aber schnell zu Ende bringen.

»Gut, dann bekommst du sogar deinen Fisch«, sagte sie fröhlich. »Außerdem kannst du mit der Braut den Mitzwah-Tanz vollführen, das magst du doch so sehr.«

»Ahhh.« Chaim lächelte ein erstes Mal.

»Wir lassen uns doch von denen nicht vom Feiern abhalten. Es hat schließlich keinen Sinn, wenn wir uns den ganzen Tag Sorgen machen.«

Chaim nickte.

Es ging leichter als gedacht, freute sich Jehudith, fügte aber zur Sicherheit hinzu: »Ich bin froh, einen so tapferen Mann zu haben.« Ein Punkt blieb, aber sie hatte jetzt keine Zeit für lange Vorreden. »Schatz, du siehst verboten aus.«

Chaim sah sie mit Dackelaugen an.

»Komm, geh hoch und erfrische dich. Was sollen meine Eltern denken?«

Chaim schloss die Augen.

»Und erst die Gemeinde.«

Chaim gähnte laut.

»Komm, meiner Schwester zuliebe.«

Keine Antwort. Aber die Energie ihres Mannes schien zurückzukehren. Dazu war es auch höchste Zeit. Jehudith sah ihn streng an.

»Na gut, aber vor dem Abendessen werde ich für eine Stunde nach Hause gehen«, antwortete Chaim schließlich.

»Deine Bücher?«

Chaim nickte. »Raimund wollte nach dem Vesperläuten vorbeikommen.«

Man muss dem Affen Zucker geben, dachte Jehudith. Sei es ihm gegönnt. »Einverstanden, aber du bleibst bis zum Läuten bei der Feier und verdrückst dich höchstens für eine Stunde.«

Chaim lächelte, gab sich einen Ruck und stand auf. Während Jehudith ihren Mann die Treppe hinaufstapfen hörte, machte sich ein stilles Lächeln in ihrem Gesicht breit. Sie musste nun zum Hafen eilen, zuvor aber war ihren Eltern die Botschaft zu überbringen, dass der Ochse doch geschlachtet werden sollte.

Da hörte sie auch schon ihren Sohn nach oben kommen. Mit einem Sack Walnüsse und einem großen Stück Käse beladen trat er in die Stube. Jehudith nahm ihm die zwei schweren Lasten ab. »David, gut, dass du kommst. Du musst ganz schnell eine Nachricht zu Großvater und Großmutter bringen.«

Vor den Toren von Mainz

Vor dem Eingang des großen Zeltes standen zwei Wachen und etwas abseits ein Junge, etwa in Peters Alter. Auch er war barfuß und trug ein einfaches Hemd, das sicher einmal heller gewesen war. Der Junge hatte einen Hut mit einer feschen Eisenbrosche auf, aus dem eine Gänsefeder frech herausragte.

Das Zelt, getragen von vier Masten, war fast doppelt so groß wie Peters Heim. Die orangen Fahnen der Flonheimer flatterten an den Spitzen der vier Stangen im Wind. Der Eingang war zugezogen, lautes Stimmengewirr drang durch die dicken Zeltplanen heraus. Was zum Teufel hatte er hier zu suchen, dachte Peter.

»Ihr zwei Einfaltspinsel. Wartet hier, bis ihr gerufen werdet«, blaffte der Bärtige. Dann verschwand er im Zelt und die beiden Buben sahen sich neugierig an.

»Lass dir von Wolfs ruppiger Art nicht die Laune verderben. Dieser bärtige Haudegen ist bekannt als einer der fiesesten von Emichos Leuten.« Der Junge lachte breit und zeigte mit seinen schmutzigen Händen auf seine zwei großen Ohren. »Ins eine rein, aus dem anderen wieder hinaus.«

Peter nickte zögerlich. »Hast du eine Ahnung, was Emicho von uns will?«

»Nee, keinen blassen Schimmer.« Der Junge streckte die Hand aus. »Bin der Christain aus Mühlsteyn.«

»Peter aus Gerstendorf.« Er schlug ein. »Du bist wohl schon länger dabei?«

»Hab schon was gesehen, solches und solches.« Christain rückte seinen viel zu großen Hut zurecht. »Das Essen ist mies hier, sogar noch schlechter als zu Hause. Gibt nur Grütze, ohne was drin. Aber in Mainz, da wird es wohl was Besseres geben. So war es jedenfalls in Worms.«

Rotkutte erschien am Zelteingang. Er legte seine Arme um die Schultern der beiden Buben und schob sie in das Zelt hinein. »Hineinmarschiert, ihr Helden.«

An einem ovalen Eichentisch, vollgepackt mit Leckereien, speiste der Heerführer mit acht Rittern. Eine junge Frau, barfuß, aber in einem hübschen roten Rock über dem weißen Unterkleid, huschte mit einem Tonkrug umher. Einige Männer, darunter der Bärtige, standen um den Tisch herum und betrachteten begierig die Speisen darauf. Auch Rotkutte stand dort, etwas abseits des Tisches in der Nähe von Emichos Stuhl.

»Liesel, mehr Wein«, polterte einer der Ritter am Tisch und hielt die Frau am Arm fest, sodass sie fast gestolpert wäre.

174

Der Mann hielt seinen Becher so, dass Liesel sich über den Tisch beugen musste, um den Wein einzugießen. Da schlug er ihr mit der freien Hand auf den Hintern. Dem Klatschen folgte lautes Lachen von allen Seiten. Liesel fuhr mit ihrer Arbeit fort, als ob nichts geschehen wäre.

Mit einem breiten Grinsen im Gesicht betrachtete Emicho die zwei Jungen, während er einen Hühnchenschenkel aus der Schale vor ihm nahm. Mehr als ein Dutzend Augenpaare starrten Peter an. Wohin nur mit seinen Händen? Erst steckte er sie in seinen Gürtel, dann hinter den Rücken, dann hielt er sich wieder an seinem Gürtel fest.

»Ausgezeichnet, die sehen ja genauso blöde aus wie die anderen Tölpel hier in der Gegend.« Emicho wandte sich an seine Tischgenossen. »Da wird keine von den Torwachen Verdacht schöpfen.«

Mit seinen großen dunklen Zähnen riss er ein Stück Fleisch von dem Schenkel, warf die Knochen hinter seinen Rücken, winkte Liesel zu sich und wischte seine fettigen Finger an ihrem Kleid ab.

»Ihr beide könnt euch Verdienste erwerben. Heute ist Sonntag, da kommt viel Landvolk zum Gottesdienst nach Mainz.« Emichos Blick bohrte sich in Peter hinein. »Ihr mischt euch unters Volk, aber ohne eure Hemden mit dem Kreuz. Ihr kriegt frisches Zeug von unserem Priester.«

Verdutzt schauten sich die beiden Jungen an, während Emicho fortfuhr: »Ihr geht in die Stadt, dort werdet ihr euch mit Rotkutte treffen. Unser Mann Gottes wird seinen eigenen Weg nehmen.«

»Und was sollen wir in der Stadt?«

Ungläubig schaute Peter Christain an. Den Heerführer so anzusprechen. Mein Gott, der hat aber Mut. Zu seiner Verwunderung bekam Christain keine Maulschelle von Emichos Leuten. Emicho antwortete ganz ruhig: »Ihr werdet dort weitere Anweisungen bekommen. Ihr macht, was unser Priester sagt. Habt ihr verstanden?«

Die beiden nickten zögerlich.

»Sollen wir unsere Waffen mitbringen?«, fragte Christain.

»Nein«, antwortete Emicho grinsend. »Ihr könnt eure Stöcke und Mistgabeln ruhig in euren Zelten lassen.« Während er sich einen weiteren Hühnchenschenkel aus der Schale nahm, fügte er hinzu: »Und wenn ihr es gut macht, kriegt ein jeder von euch fünf Sachsenpfennige.«

Fünf Sachsenpfennige. Noch nie hatte Peter so viel Geld besessen. Er schaute zu Christain und dann zu Emicho. Der sagte nur: »Jetzt aber raus mit euch. Wartet vor dem Zelt.«

Mainz – Bischofspfalz, im Sankt-Viktor-Haus

»Gut gemacht!« Von Erkenbald gab Raimund einen kräftigen Schlag auf den Rücken. »Daran wird Emicho erst einmal eine Weile zu knabbern haben.«

»Danke«, antwortete Raimund, während er sich wegen des wuchtigen Prankenhiebs des Vogtes um sein Gleichgewicht bemühte. »Aber vielleicht ging das alles doch etwas zu leicht.«

»Eine strategische Leuchte scheint mir der werte Graf von Flonheim jedenfalls nicht zu sein.« Der Vogt ließ seine kräftigen Finger über die Reiterfigur Karls des Großen auf dem Schreibtisch des Propstes gleiten, in dessen Zimmer sie sich zur Beratung zurückgezogen hatten. »Das hätte er sich doch an den fünf Fingern einer Hand ausrechnen können, dass wir ihn nicht so mir nichts, dir nichts in die Stadt hereinlassen werden.«

»Sollen wir unser Angebot bezüglich der Lebensmittel erhöhen?«

Bedächtig wiegte von Erkenbald den Kopf hin und her: »Vielleicht sollten wir ihn noch etwas zappeln lassen. Seine Not wird mit jedem Tag größer werden. Die Zeit spielt für uns.«

Raimund nickte unsicher. Das war wirklich nicht sein Metier, er musste sich auf den Vogt verlassen.

»Meine Kundschafter haben mir von einem Priester in einer roten Kutte erzählt, der gegen die Juden gehetzt habe«, bemerkte der Vogt.

»Vom Jakobstor konnte ich gestern sehen, dass sie sich in den Ruinen des Theaters versammelt haben. Aber es war zu weit weg, so habe ich nicht viel erkennen können. Das Auditorium mitsamt der Bühne ist ja zum größten Teil in den Boden eingesenkt, aber das Podest, das sie gebaut haben, konnte ich aus der Ferne sehen. Ich meine, einer der Redner hätte rote Kleidung getragen.«

»Rotkutte nennen sie ihn wohl.« Von Erkenbald rümpfte die Nase. »Klingt für mich wie ein dahergelaufener Bauernpriester.«

Raimund wollte gerade zu einer Antwort ansetzen, da klopfte es. Eine Wache trat ein und sagte: »Kalonymos ben Meschullam und eine Frau stehen vor der Tür.«

Von Erkenbald stöhnte. »Mein Gott, nur wegen dieser verdammten Juden haben wir den ganzen Ärger.«

»Was will der Parnas?«, fragte Raimund.

»Es dreht sich anscheinend um den Mann dieser Frau.«

»Lass ihn herein.«

Der Vogt verdrehte die Augen und fügte hinzu: »Und sag ihm, dass er sich kurz fassen möge.«

Vor den Toren von Mainz

»Bei allen Höllenviechern, das mit Rotkutte gefällt mir ganz und gar nicht.« Christain und Peter standen an einem Fass etwa einen Steinwurf von Emichos Zelt entfernt und schlürften Wasser aus den zwei Kellen, die mit Seilen an den Eisenbändern der

Tonne festgebunden waren. Christain schaute auf die große Stadt, deren Mauern Emichos Zelt wie ein Gebirge überragten. »Das gibt Ärger, ich sag's dir.«

»Warum?«, fragte Peter.

»Da ist was heimlich, und heimlich ist selten gut.«

Jetzt erinnerte sich Peter an das, was Emicho zu ihnen gesagt hatte. »Du meinst, weil wir das Kreuz nicht tragen dürfen?«

»Genau.«

»Wir kämpfen doch für die Sache Gottes.« Jetzt wunderte sich auch Peter. »Warum sollen wir uns dann verstellen? Ich hatte mich schon darauf gefreut, mit dem heiligen Zeichen in die große Kirche zu gehen. Ich dachte, die Städter würden uns wie Helden begrüßen.«

»Die Wachen an den Toren haben wohl Anweisung, keinen von uns hereinzulassen.«

In Peters Kopf arbeitete es. »Du meinst also, sie wollen uns allein in die Höhle des Löwen schicken?«

Christain nickte.

»Verdammter Mist.«

Rotkutte erschien am Zelteingang. Er erspähte die beiden Jungen und kam auf sie zu. »Kommt, ihr zwei Helden, wir gehen hinunter zum Fluss.«

Sie folgten Rotkutte den sanft abfallenden Weg hinunter zum Rhein, bis sie das sandige Ufer zwischen den zwei Ortschaften erreicht hatten.

»Weg mit eurem Hemd. Auch das Unterzeug aus, ihr stinkt ja bis zum Himmel. Die Dörfler gehen mit frischem Wams zur Kirche, da dürft ihr nicht wie Schweine aussehen.«

Christain und Peter schauten sich ratlos an.

»Los, los, ihr beiden.« Rotkutte klatschte in die Hände. »Ich lasse euer Zeug waschen. Ihr kriegt es wieder, wenn wir zurück sind.«

Gehorsam folgten sie Rotkuttes Befehl und bald standen sie nackt da. Peter sah, dass Christain aussah wie er selbst. Seine Haut war ganz glatt. Weder hatte er Haare im Gesicht noch auf der Brust und auch kaum Gebüsch zwischen den Beinen. Mit seinen sehnigen Armen reichte Peter Rotkutte seine Kleidung, der hielt ihnen einen geöffneten Beutel hin. »Steckt euer Zeug dort hinein.«

Rotkutte zog den Sack zu. »Nun springt in den Fluss, damit ihr all die Läuse und Flöhe ersäuft, die es sich auf euch gemütlich gemacht haben. Ich hole derweil frisches Zeug.«

Mainz – Bischofspfalz, im Sankt-Viktor-Haus

»Was möchte der Herr?«, fragte von Erkenbald, als der Parnas den Raum betrat.

Kalonymos verbeugte sich und Raimund senkte seinen Blick zum Gruß.

Der Parnas räusperte sich. »Wir haben eine Bitte und möchten zudem dem Bischof ein Angebot unterbreiten.«

»So fangt mit dem Interessanten an. Was für ein Angebot?« Die Arroganz in der Stimme des Vogtes ließ Raimund frösteln.

»Die Juden von Mainz möchten sich für den Schutz bedanken, den der Bischof uns zu geben bereit ist.«

»Worte, Worte!«, erwiderte der Vogt. »Die sind billig zu haben!«

Kalonymos legte die Hand auf seine Brust. »Die Juden von Mainz sind bereit, mehr zu geben als nur Worte.«

»So haben die Pilger dort draußen schon etwas Gutes bewirkt«, antwortete von Erkenbald höhnisch. »Die Angst scheint euch Juden ja bereits im Nacken zu sitzen.«

»Die Juden sind Bürger von Mainz und somit stehen sie unter dem Schutz des Bischofs«, warf Raimund ein.

»Die jüdische Gemeinde bedankt sich für diese Gunst.« Kalonymos verneigte sich ein zweites Mal. Wir möchten der Stadt unsere besondere Unterstützung beweisen in dieser schweren Zeit.«

»Das ist sehr ehrenwert.« Von Erkenbald kratzte sich an seinem mächtigen Kinn. »Es könnte auch helfen, die erdrückenden Belastungen, die der Bischof den Städtern aufbürdet, auf ein erträglicheres Maß zu senken.«

Zum dritten Mal verneigte sich der Parnas. »Wir würden dem Bischof gern ein großzügiges Geschenk machen.«

»Der Herr spricht sehr weise. Dieser Meinung ist sicher auch der Herr Domdekan.«

Raimund überlegte. Zweifellos war es die Pflicht Ruthards, die Juden zu beschützen, ohne dass er dafür eine Gegenleistung zu erwarten hatte. Andererseits war diese Unterstützung brüchig, von Erkenbalds Verhalten spiegelte wahrscheinlich die allgemeine Meinung unter den Mainzer Christen wider. Und er brauchte um jeden Preis den Beistand des Vogtes. Selbst wenn von Erkenbalds Motive nicht blütenrein waren, schien er sein Handwerk zu verstehen. So sagte Raimund schließlich: »Ich werde versuchen, am Nachmittag für Euch eine Audienz bei Bischof Ruthard zu erlangen, und so bald wie möglich eine Nachricht in Euer Haus schicken lassen.«

Kalonymos verneigte sich ein viertes Mal, machte aber keine Anstalten, den Raum zu verlassen.

»Was ist nun Eure Bitte?«, fragte Raimund.

»Es geht um Rachels Mann Zacharias, einen der fahrenden Händler in unserer Gemeinde. Er ist am Donnerstag nicht von seiner Tour über die Dörfer zurückgekommen.«

»Dies mag zwar bedenklich sein, aber stellt auch nicht notwendigerweise eine Katastrophe dar«, erwiderte der Vogt. »Er könnte sich an allen möglichen Orten rumtreiben. Wir haben wahrlich andere Sorgen, als einen Händler ausfindig zu machen, der wahrscheinlich gerade betrunken bei irgendwelchen Huren liegt.«

»Er ist nun bereits seit drei Tagen verschwunden«, antwortete der Parnas. »Und es ist uns Juden leider nicht mehr mög-

lich, die Stadt zu verlassen. Daher wollen wir gnädigst darum
bitten, dass der Herr Vogt einen Suchtrupp losschicken möge.«

»Einen Suchtrupp wohin?«, fragte Raimund.

»Zacharias hatte eine feste Tour.«

»Woher ging diese?«

»Sein Weib Rachel weiß das genau. Sie wartet vor der Tür.«

Raimund schaute zum Vogt. Der stöhnte vernehmlich, ließ
sich aber schließlich von Raimunds Blicken erweichen und
sprach: »So bringt dieses Weib um Gottes willen herein.«

Vor den Toren von Mainz

Das kühle Wasser tat Peter gut, bis zum Bauch stand er im Rhein.
Christain schlug ihm mit der Hand Wasser ins Gesicht und Peter
spritzte zurück. Dann rangen sie miteinander. Zunächst sah es
so aus, als würde Peter gewinnen, da gelang es Christain, ihm
die Füße wegzuziehen. Schließlich platschten sie beide in das
erfrischende Nass und lachten.

Irgendwann hatten sie genug vom Toben und Peter ließ
sich nah am Ufer auf dem Rücken im Wasser treiben. Immer
wieder verschluckten die Wellen die Stadtmauern und spien
sie kurz danach wieder aus. Die zwei hohen Rundtürme des
Domes schwebten die ganze Zeit über dem Wasser, und auch
eine Kirche über dem Dom und das Kloster hoch oben auf
dem Jakobsberg.

Ach, wie herrlich fühlt sich das an, dachte Peter. Scheint doch
ganz in Ordnung zu sein, der Christain. Und gleich geht es in
die große Stadt. Der Peter aus Gerstendorf zieht in Mainz ein.
Es war ganz und gar richtig gewesen, von dem vermaledeiten
Hof wegzugehen. Was ist Gerstendorf schon gegen Mainz? Und
wie wird es erst in Jerusalem sein! Den Juden werden wir es zei-

gen, der Christain und ich. Christain war mit dabei in Worms, er hat den Heiligen Krieg bereits erleben dürfen.

Fünf Sachsenpfennige! Der Jutta über ihre zwei großen Hügel streicheln würde er. Und wie es geht, das würde sie ihm auch zeigen. Gehört hatte er's ja schon, als er gestern mit benebeltem Kopf an ihrem Zelt mit den zwei Pfauenfedern herumgestrichen war. Erst ein leises Rascheln und Hecheln. Danach Stöhnen von dem Kerl, als wenn man 'ne Ladung schweren Mist mit 'ner Schippe auf den Wagen hochhievt. »Mhhhhh«, hatte die Jutta dabei gemacht, »mhhhhh, mhhhhh.« Und immer lauter war das Stöhnen des Mannes zu hören gewesen. Und endlich ein langes »Ahhhhhhhhh«. Bis zu den zwei Türmen des Domes hatte man das wohl vernehmen können.

Christain und Jerusalem, das passt doch. Heute Mainz und morgen die Jutta. Und dann die Juden. Und dann Jerusalem. Peter schloss seine Augen und genoss das frische Nass, das ihn so vortrefflich trug.

»Raus mit euch, ihr Faulenzer«, hörte er Rotkutte von Weitem rufen. Der Priester trug einen Laib Käse im linken Arm und hielt ein Huhn an seinen Läufen in der rechten Hand. »Der Gottesdienst fängt bald an.«

Er wies auf zwei Tücher, die auf einem Stein lagen. »Hier, damit könnt ihr euch abtrocknen.«

Peter eilte am Ufer zu der Stelle, er war ein gutes Stück abgetrieben worden. Splitternackt stand Christain dort bereits in der Sonne und rubbelte mit dem Tuch über seine nasse Haut. Peter nahm sich das andere, dann zogen sie sich die frischen Hemden über. Das Bad hatte Peters Kopf gutgetan, und auch sein Magen hatte sich wieder beruhigt. Und das Beste war, es juckte nicht mehr in dem neuen Zeug.

Rotkutte grinste. »Mein Gott, ihr seht ja wieder aus wie richtige Menschen!« Dann wurde er ernst und zeigte mit dem Finger in Richtung des Weges, der zum Stadttor führte. »Seht ihr die vielen Landleute dort? Denen schließt ihr euch an. Aber geht zuerst ein Stück zurück durch den Wald, bevor ihr euch unter die Menschen mischt.«

Christain und Peter schauten in Richtung der Bäume, auf die Rotkutte wies. Das Huhn schlug wild um sich, aber Rotkuttes Hand hielt es in einem eisernen Griff. »Ihr bleibt zusammen und sprecht so wenig wie möglich. Wenn sie euch am Tor fragen, wohin ihr wollt, antwortet ihr: ›In den Dom.‹ Und wenn sie zu wissen verlangen, wo ihr herkommt, sagt ihr: ›Wir haben einen Onkel in Weisenau besucht. Er und die Tante sind krank, sie haben uns allein losgeschickt, um für ihr Wohl zu beten.‹« Streng schaute Rotkutte in ihre Augen. »*Weisenau*, habt ihr verstanden?«

Die beiden nickten eifrig.

»Ihr geht direkt zum Gottesdienst in dem Dom. Nehmt dafür den breiten Weg, der vom Jakobstor zur Johanniskirche führt. Direkt daneben liegt die große Kirche mit den zwei hohen Türmen, das ist der Dom. Wir treffen uns nach der Messe am Brunnen auf dem großen Marktplatz. Dafür müsst ihr nach dem Gottesdienst durch die bronzene Willigistür auf der gegenüberliegenden Seite hindurchgehen.« Drohend hob Rotkutte seinen Finger. »Wartet dort auf mich, aber fallt nicht auf. Setzt euch unscheinbar irgendwohin.« Der Priester streckte seine Arme aus. »Hier sind eure Gaben für den Gottesdienst. Christain, du bekommst den Käse. Und du, Peter, das Federvieh hier.«

Mit gemischten Gefühlen nahm Peter das Huhn entgegen. Trotz der Fesseln um Läufe und Flügel hatte er alle Mühe, das zappelnde Tier festzuhalten.

»So, und jetzt macht euch fort«, sagte Rotkutte. »Gottes Segen sei mit euch.«

Mainz – Bischofspfalz, im Sankt-Viktor-Haus

Der Parnas winkte sie herein. »Komm, Rachel. Der Vogt und der Domdekan würden gern mit dir sprechen.«

Zögerlich trat Rachel in das große Zimmer. Es war das erste Mal, dass sie die Pfalz betreten hatte. Die hohen Steinhäuser mit den schmalen Fensterschlitzen und den breiten Treppen machten ihr Angst. Und auch all die heidnischen Kreuze mit dem Gehängten an den Wänden und die Bilder ihrer vielen Götter, vor denen sie knieten und Baalsdienste verrichteten. Welch Sündenpfuhl.

Und nun musste sie sogar vor dem Herrn Domdekan und dem Herrn Stadtvogt sprechen, als hätte sie ein Verbrechen begangen.

»Sei gegrüßt, Rachel«, sagte der große schlanke Mann in der schwarzen Kutte und dem merkwürdigen Haarkranz auf dem Kopf, den so viele ihrer Priester trugen. Er senkte sein Haupt vor ihr und Rachel machte einen unbeholfenen Knicks. Der andere Mann trug hohe Stiefel und zwei Räder prangten auf dem Bruststück seines dunklen Kleides. Er würdigte sie keines Blickes.

Rachel blieb unsicher stehen, knickste noch einmal kurz und schaute zum Parnas. Der zeigte zunächst auf den Mann in der Kutte und sagte: »Das ist der Herr Domdekan, und der andere Herr ist Stadtvogt von Erkenbald.«

Sie verlagerte ihr Gewicht von einem Fuß auf den anderen und wusste nicht richtig, wo sie hinschauen sollte.

»Rachel«, sprach der Domdekan sie freundlich an. »Du vermisst deinen Mann seit Donnerstagabend. Ist das richtig?«

Sie nickte.

»Was hat er an diesem Tag gemacht?«

Der Parnas lächelte ihr aufmunternd zu. »Rachel, die zwei Männer wollen dir helfen, deinen Mann zu finden. Dafür müssen sie wissen, was er an dem Tag seines Ausbleibens gemacht hat.«

Rachel blickte zunächst auf die Sandalen des Domdekans,

dessen große Zehen ein wenig nach außen gebogen waren, und dann auf das bronzene Pferd mit dem Reiter auf dem Tisch. Wahrscheinlich stellte es auch irgendeinen ihrer Götter dar. Schließlich rang sie sich dazu durch zu antworten. »Zachi war am Donnerstag bei Sonnenaufgang zu seiner kleinen Tour aufgebrochen.«

»Wohin ging seine kleine Tour?«

»Durch das Altmünstertor hoch nach Drais über Guntzinheim. Dann nach Hechtsheim über Marienborn und Dulcinesheim, vorbei an Bretzenheim und durch die Dulcinesheimer Pforte zurück in die Stadt. Auf dem Rückweg wollte er bei Schuster Wendel am Dietmarkt vorbeigehen, um das Geld abzuholen, das er uns schuldet.«

»Das sind mindestens sechs Stunden Fußweg.«

»Aber er hatte ja seinen Handkarren dabei«, erwiderte Rachel. »Ich hatte ihn daher erst zum Vesperläuten erwartet.«

»Was hatte er bei sich?«

Rachel zögerte. »Das Übliche: ein paar Hemden, Fußlappen für Bauer Hans, der seinen Hof zwischen Guntzinheim und Hechtsheim hat. Ein paar Stoffe, einen Beutel Mönchspfeffer, zwei Beutel Keuschbaum und ein paar andere Kräuter aus meinem Garten. Drei Tonschüsseln, Nägel, allerlei Werkzeuge und ein paar Messer, die er beim Scherenschleifer Jonas hatte schärfen lassen. Und ungefähr ein Dutzend Nachrichten, die er Verwandten auf dem Lande von den Städtern hatte ausrichten sollen.«

Der Vogt schaute sie von oben herab an: »Die kann dein Mann doch gar nicht alle behalten.«

»Er hat sich alles auf Schiefertafeln notiert«, erwiderte Rachel empört. »Die Mainzer und die Bauern in der Umgebung wissen, dass sie sich auf meinen Zachi verlassen können.«

»Ihr mögt wissen, dass nicht wenige der jüdischen Männer des Schreibens mächtig sind. Und jeder Mann soll die Torah lesen können«, warf der Parnas ein.

»Zachi konnte sogar sehr gut schreiben«, fügte Rachel stolz hinzu.

»Warum sollen die einfachen Leute lesen können?« Der Vogt schüttelte den Kopf. »Die sollen ihre Äcker pflügen, die Tiere auf die Weide treiben und meinetwegen mit ihrem Ramsch durch die Landschaft ziehen.«

»Hatte er diesmal einen besonders wertvollen Gegenstand dabei?«, fragte der Domdekan.

Rachel blickte zu Boden und anschließend zum Parnas.

»Ein ...«, Rachel räusperte sich, »... ein bronzenes Kruzifix.« Nochmals schaute sie zum Parnas, eine Träne rann über ihr Gesicht und sie murmelte: »Ich habe ihn gewarnt. ›Trag diesen Götzen nicht mit dir rum‹, hab ich ihn noch gewarnt.«

»Das Judenweib soll achtgeben mit dem, was es sagt«, fuhr von Erkenbald den Parnas an. »Wenn sie den Heiland noch einmal verspotten sollte, kann ihr Mann da draußen verrecken.«

Rachel schlug erschrocken die Hand vor den Mund und schluchzte auf.

»Sie hat es sicher nicht so gemeint«, griff der Domdekan ein. »Für wen war das Kruzifix?«

»Für Bauer Utz bei Guntzinheim.« Rachel knickste vorsichtshalber noch einmal.

»Das könnte eine Spur sein.«

»Heute ist Sonntag. Warum kommt sie erst jetzt damit an?«, wandte sich von Erkenbald an den Parnas.

»Gestern war unser Sabbat, da war es uns nicht erlaubt, Euch zu informieren«, antwortete Kalonymos.

Von Erkenbald rümpfte die Nase und wandte sich an Rachel. »Du sagtest, am Donnerstag sei er nicht zurückgekommen. Nach meinem Wissen fängt euer gotteslästerlicher Sabbat am Freitagabend an.«

»Ihr habt recht«, antwortete Kalonymos an Rachels statt. »Genauer gesagt, bei Einbruch der Dämmerung, wenn drei Sterne am Abendhimmel zu sehen sind.«

»Also, warum habt ihr uns dann nicht bereits am Freitagmorgen unterrichtet?«, fragte von Erkenbald scharf. »Hat Euch dieses Weib etwa nicht informiert, weil sie es gewohnt ist, dass ihr Mann seine Nächte in den Mainzer Badehäusern verbringt?«

Was für ein gemeiner Vorwurf, dachte Rachel. Das durfte sie nicht auf Zachi sitzen lassen. Aber sie wollte den Vogt nicht noch mehr verärgern. Sie zögerte, und bevor sie zu einer angemessenen Antwort ansetzen konnte, sagte von Erkenbald: »Na bitte, ich hatte also recht.«

»Rachel hat am Freitagmorgen einen unserer Rabbis gebeten, sich an mich zu wenden«, sprang der Parnas Rachel bei. »Das hat er leider unterlassen, und so habe ich davon erst am Sabbatmorgen erfahren.«

»Warum hat er es unterlassen?«, fragte der Vogt.

Der Parnas schaute kurz zu dem Priester mit dem Haarkranz. »Der Herr Domdekan hatte ein Treffen mit unserem Rabbi. Es scheint, dass er Rachels Nachricht darüber vergessen hat.«

Von Erkenbald schüttelte den Kopf, verkniff sich jedoch eine Bemerkung. Rachel meinte, eine leichte Röte im Gesicht des Domdekans erkennen zu können.

Der Parnas wollte die peinliche Stille wohl überbrücken und sagte schnell: »Am Samstagmorgen war es dann zu spät, einen Suchtrupp loszuschicken.«

»Warum?«

»Am Sabbat ist uns jegliches Arbeiten untersagt. Es ist der Tag, an dem wir den Herrn loben sollen.«

Von Erkenbald gähnte verächtlich.

»Und jetzt stehen die bewaffneten Pilger vor den Toren«, fuhr der Parnas fort. »Es wäre zu gefährlich für uns Juden, die Stadt zu verlassen.«

»Ihr hättet eure verkorksten Sabbatregeln in diesem Fall brechen sollen.«

»Ein Suchtrupp könnte auch wichtige Informationen aus den Dörfern sammeln«, versuchte der Domdekan die aufkeimende Spannung zu beruhigen. »Wir sollten wissen, was Emichos Leute im Umland anstellen.«

»Der gelehrte Herr denkt strategisch. Alle Achtung!« Nach einem Moment des Überlegens fügte von Erkenbald hinzu: »Und er hat recht, man könnte die Suche nach diesem Lumpenhändler in der Tat mit nützlichen Nachforschungen verbinden. So ist es sogar unverdächtiger.«

Der Domdekan nickte Rachel freundlich zu. »Wir werden nach deinem Mann Ausschau halten. Ihr, Parnas, mögt uns die Route in allen Details aufschreiben lassen. Unsere Männer werden noch vor dem Gottesdienst aufbrechen.«

»Da seht ihr Juden, was wir alles für euch tun.« Von Erkenbalds Augenbrauen zogen sich zusammen. »An *unserem* heiligen Tag suchen wir nach einem *eurer* Leute, weil ihr dies an *eurem* heiligen Tag nicht tun wollt. Wir sind einfach zu gut zu euch.«

Mainz – in der Nähe der Mauritiuskirche

Peter und Christain hatten es ohne Probleme durch das Jakobstor geschafft. Zwar waren die Erwachsenen streng kontrolliert worden, doch die Jüngeren hatte man ohne Weiteres passieren lassen. Die Torwachen mit ihren Schwertern und Helmen, die Töpfen ähnelten, hatten nicht einmal gefragt, wo sie hinwollten.

Rotkutte hatte ihnen befohlen, so schnell wie möglich zu der Kirche mit den zwei hohen Türmen zu kommen. Sie waren jedoch nicht den breiten Weg gegangen, der in gerader Linie auf die Johanniskirche neben dem Dom hinführte, sondern hatten sich auf Drängen Christains in eine der Gassen links des Hauptweges begeben. Zwischen den Häusern verloren sie das Turmpaar bald aus den Augen. So liefen sie nach Gefühl und kamen schließlich zu einer Kirche, die zwar sehr viel größer war als die in Gerstendorf, aber nicht wie der Dom aus roten Steinen gebaut war, sondern ein graues Mauerwerk hatte.

Sie wussten nicht mehr, wo sie waren, und mussten nach dem Weg fragen. Peter wurde langsam wütend auf seinen Kameraden wegen des Umwegs, zu dem er ihn gedrängt hatte. Warum um Gottes willen haben sie nicht einfach das getan, was Rotkutte ihnen befohlen hatte. Zudem kackte das Huhn dauernd auf sein frisches Hemd. Zuweilen zappelte es wild, und er musste es streicheln, damit es sich zumindest ein Weilchen beruhigte. Mein Gott, der Christain hat es deutlich leichter mit seinem Laib Käse, ärgerte er sich.

»Das hier ist die Mauritiuskirche«, erklärte ihnen schließlich eine Frau, die in ihrem Bauchladen Schwefelhölzer und Zunderschwämme feilbot. Sie zeigte in eine Gasse: »Da entlang geht es zum Heumarkt, dort seid ihr schon fast am Dom.«

Sie bedankten sich und gingen weiter. Schließlich erreichten sie einen großen Platz, auf dem eine Vielzahl von Heuballen neben- und übereinander gestapelt waren, umringt von Soldaten, die mit erhobenen Lanzen ausdruckslos nach vorn schauten. Zu ihrer Rechten ging es hinunter zu einem Tor, das durch einen zweistöckigen Rundturm führte, durch dessen Öffnung das Sonnenlicht auf dem Rhein zu tanzen schien. Am Ufer waren ein paar Treidelschiffe festgebunden und sogar ein Zweimaster.

Auf der linken Seite sahen sie eine Kirche, die zwar aus rotem Stein bestand, aber keine Türme hatte. Also konnte auch das der Dom nicht sein.

»Ojemine, wie viele Kirchen haben die Mainzer denn noch?« Christain kratzte sich am Kopf. »Machen die überhaupt etwas anderes als beten?«

Sie gingen links an dem Kirchenbau vorbei und kamen auf einen weiteren Platz.

Wie ein Berg erschien der Dom unvermittelt vor ihnen.

Das riesige Gebäude war ganz aus rotbraunen Steinen errichtet, hatte aber ein ockerfarbenes Dach, das aus vielen flachen

Tellern zu bestehen schien. Die zwei Türme, aus denen schmale Fensteröffnungen wie Schießscharten herauslugten, hatten so viele Stockwerke wie Peter Finger an einer Hand.

Die beiden begaben sich zur Mitte des Platzes. Erst jetzt sahen sie, dass die kleinere Kirche aus demselben Stein, aber ohne Türme als eine Art Vorbau diente, der mit dem Dom durch eine Mauer verbunden war.

»Wie ein Kind sieht die kleinere Kirche aus«, sagte Peter. »Erscheint die Mauer nicht wie ein Arm, den es nach seiner Mutter ausstreckt?«

»Du meinst, der Dom ist die Mutter?« Christain lachte. »Was du dir nicht alles zurechtspinnst.«

Sie querten den Platz in Richtung Süden, wo er sich weitete. Bisher hatten sie nur die Frontseite des riesigen Gebäudes sehen können und nun war für sie die wahre Größe des Bauwerks zu ermessen: Das Gebäude war doppelt so lang wie der Acker, auf dem Peter gestern Morgen geschuftet hatte, und mehr als dreimal so hoch wie der höchste Baum, den er kannte, die große Eiche auf dem Weg nach Gerstendorf, die Vater immer nur »den Riesen« nannte. Am anderen Ende des Domes, dort, wo die zwei Bauten, aus denen die große Kirche zu bestehen schien, rechtwinklig zusammenliefen, ragte ein weiterer Turm in den Himmel.

Der Herrgott selbst musste dieses Bauwerk dort hingestellt haben, keine Menschenhand hätte so etwas Gewaltiges errichten können. Mit offenem Mund stand Peter da und staunte.

Mainz – Bischofspfalz, im Sankt-Viktor-Haus

Nachdem der Parnas mit Rachel den Raum verlassen hatte, verabschiedete sich Raimund von dem Vogt. Es war höchste Zeit, sich zur Messe in den Dom zu begeben, die er gemeinsam mit seinen Stiftskollegen feiern wollte.

Erst die aufgebrachten Pilger vor den Toren und dann noch die Sache mit Rachels Mann. All das behagte ihm ganz und gar nicht. Er sehnte sich nach seinen Studien und einem gediegenen Gespräch mit Chaim. Wahrlich, es wurde höchste Zeit, dass Propst Manfried von seiner Reise nach Xanten zurückkommen würde.

Mainz – Auf dem Marktplatz

Nachdem Peter sich an dem großen Gebäude satt gesehen hatte, bummelten die beiden Jungen mit dem Huhn und dem Laib Käse in den Armen ein wenig auf dem Platz herum. In dem sonntäglichen Gedränge nahm kaum jemand Notiz von ihnen.

Die meisten der umstehenden Häuser hatten zwei Stockwerke und waren sehr viel breiter als Peters Elternhaus, aber auch sie hatten meist Dächer aus Stroh. Nur einzelne der Gebäude waren wie der Dom mit Steinplatten gedeckt.

Gegenüber der großen Kirche richteten Männer Bänke und Tische her, über denen sie Planen an Holzstäben befestigten.

»Wirtshäuser«, sagte Christain. »Wenn wir endlich die fünf Sachsenpfennige haben, können wir uns dort vergnügen.«

Vor einem der Häuser standen durchsichtige Becher und Schalen auf drei Kisten. Ein Junge in Peters Alter mit pechschwarzen Locken saß dort und kritzelte auf einer Schiefertafel.

Auf einmal dröhnte es vom Dom so laut, dass Peter zunächst fürchtete, das riesige Gebäude würde zerbersten. Zwar hatte er diesen durch Mark und Bein dringenden Klang schon vom Lager aus gehört, aber nun musste er sich die Ohren zuhalten.

»Komm, die Glocken rufen zum Gottesdienst!«, schrie Christain über das Geläut. »Ich möchte den Dom von innen sehen. In Worms, da stand auch so ein Riesending, aber das hier ist noch größer.«

»Wie sollen wir da hineinkommen?«

Christain zeigte auf ein kleines Tor in der Mauer zwischen der kleineren Vorkirche und dem Dom, vor dem sich mittlerweile eine Menschentraube gebildet hatte. Die beiden stellten sich an und wurden bald in dem Gedränge nach vorn geschoben. Die zwei Wachen in kunterbunter Kleidung links und rechts vor dem Tor ließen sie unbehelligt durch.

Mit dem Strom der Menschen gelangten sie zunächst zu einer Auswölbung, die aus der Vorderwand des Domes herausragte. Vor einem großen Portal links davon traten die Gottesdienstbesucher langsam ein.

Wie anders sahen die Leute in der Stadt doch aus, wunderte sich Peter. Fast alle hatten Schuhe an den Füßen, obwohl es so warm war. Und selbst um die Beine herum trugen die Mainzer Kleider. Nicht nur Stofflappen, wie er sie im Winter mit Bändern um die Beine wickelte, sondern richtige Beinkleider, die wie angegossen saßen und an der Bruoch mit einer Spange festgemacht wurden, wie er es bei einem Mann sehen konnte, der sich zu seinem Kind hinunterbeugte.

Die meisten der Männer und Frauen hier trugen anstatt der einfachen Hemden, die Peter von zu Hause gewohnt war, Kleider, die aus vielen Stoffstücken zusammengenäht waren. Das Tuch passte sich der Form des Körpers perfekt an. Und eine Farbenpracht hatten diese Stoffe: so rot wie die leckeren Äpfel, die er im Herbst von dem Baum vor ihrem Haus zu pflücken pflegte, so blau wie die Blumen, die in den Weizenfeldern blühten, und so grün wie das Gras an dem Bach, an dem er vorgestern mit Lene gerastet hatte. Und bei manchen der Frauen glitzerte Schmuck in den Haaren, die unter den fast durchsichtigen Tüchern wie Kunstwerke aufgetürmt waren.

Auch die anderen Gottesdienstbesucher hatten Gaben dabei. Einige der ärmlicher Gekleideten hielten Äpfel, Birnen oder einen Kohl in ihren Händen. Die meisten hatten jedoch Hühner, Tauben und sogar Fische dabei, die sie in Eimern trugen. Ein Mann, so dick wie ein Fass, schleppte gar einen Ziegenkopf an den Ohren, aus dem etwas Blut auf den sandigen Boden tropfte. Viele trugen Kerzen, Töpfe und Fässchen bei sich.

Es waren inzwischen nur noch ein paar Schritte bis zur Treppe zum Portal. Fabelwesen wachten auf den Säulen links und rechts des Eingangs über ihnen. Sprungbereit saßen sie da, ihre Mäuler weit aufgerissen.

»Meinst du, die werden uns auffressen?«, fragte Peter leise.

»Du elende Bangebuchse. Du kannst doch hier nicht stehen bleiben und blöd in die Luft gucken. So fallen wir auf.« Christain schubste ihn nach vorn. »Geh endlich hinein.«

Drinnen wurde es mit einem Schlag dunkel. Zunächst durchschritten sie eine Art Vorraum, der zur eigentlichen Kirche zu führen schien. Die kleinen Fenster oben an den Wänden ließen kaum Licht herein, und trotz der Kerzen an den Mauern brauchten Peters Augen einige Zeit, um die Umrisse des Raumes wahrnehmen zu können. Ein angenehm kühler Luftzug strömte an seinem Gesicht vorbei, aber es roch ein wenig modrig.

Die beiden Jungen wurden mit der Menge weiter nach vorn geschoben, und mit einem Mal standen sie im eigentlichen Kirchenraum.

Mein Gott, dachte Peter, ist die Decke hoch. Viel höher, als ich einen Stein werfen kann. Und mehr als eine Handvoll der größten Treidelschiffe würden längsseits hintereinander Platz finden.

Die schmalen Fensteröffnungen an den Seiten warfen scharfkantige Lichtformen auf den gepflasterten Boden des Domes, aber es waren die Kerzen, die den Raum durch eine Vielzahl wackelig leuchtender Punkte mit Helligkeit erfüllten. Peter konnte sich gar nicht sattsehen an den hohen Mauern und den ausladenden Decken, die fast so hoch erschienen wie das Himmelszelt.

Die Messe hatte bereits begonnen. Unzählige Menschen waren in ständigem Niederknien und Aufstehen begriffen. Es roch etwas nach Schweiß, und ein Lautteppich von Hühnergegacker und Taubengurren legte sich um die Worte, die der Priester vom Altar aus der Menge zurief. Das Huhn in Peters Arm war nun ganz still. Vielleicht war es beeindruckt von der Mächtigkeit des Domes, wahrscheinlich fühlte es sich aber einfach wohler, da einige seiner Artgenossen anwesend waren.

Kinder in weißen Gewändern liefen umher und schwenkten kleine Fässchen, aus denen ein harzig riechender Rauch aufstieg. So roch es im Dom ein wenig wie im Hühnerstall, aber mit einer angenehm süßlichen Note.

»Siehst du die feinen Kleider von den Jungen?«, flüsterte Peter seinem Freund zu.

»Das sind die Ministranten«, antwortete der.

Gut zwei Handvoll Priester standen um den Altar herum. Einer von ihnen, umringt von Messdienern, redete in einer Sprache, die Peter nicht verstand. So war es auch in seiner Kirche in Gerstendorf gewesen. Und genauso wie in ihrer Dorfkirche sagte der Priester immer wieder »*Dominus vobiscum*«, und die Menschen knieten nieder und antworteten: »*Et cum spiritu tuo.*«

Nun redete der Priester in ihrer gewöhnlichen Sprache. Aber weil es so voll war und sie so weit weg vom Altar standen, verstand Peter nur einige Bruchstücke. Irgendetwas von Petrus und einem Hahn, der dreimal krähte. Aber bald rief der Priester der Menge zu: »*In nomine Patris et Filii et Spiritus Sancti.*«

Während die Ministranten ihre Weihrauchfässer hin und her schwangen, stimmten die anderen Priester mit ein: »*In nomine Patris et Filii et Spiritus Sancti.*« Peter erwiderte zusammen mit den Menschen um ihn herum im Chor, was er vor Jahren auswendig gelernt hatte: »*Sicut erat in principio et nunc et semper et in saecula saeculorum, amen.*«

Aber was kümmerten ihn diese Worte? Viel interessanter war dieser unermesslich hohe Kirchenraum. Peters Blicke tasteten die Streben im Deckengewölbe ab, die himmlischen Brücken gleich sich von Pfeiler zu Pfeiler emporstreckten.

Mainz – im Dom

Raimund war an diesem Tag nur am Rande in den Gottesdienst involviert. So konnte er sich zunächst frei im Dom bewegen, um die Abläufe zu kontrollieren.

Zwar ließ der Bischof ihn bezüglich der Bibliothek und der Auswahl der Studien für die Priester weitgehend in Ruhe. Was jedoch die Liturgie anging, musste jedes Ministrantenglöckchen, jeder Kelch, die Aussprache einer jeden Silbe der Einsetzungsworte und der Anteil Salz und Chrisam in jedem Weihwässerchen bis ins allerfeinste Detail Ruthards Anforderungen genügen.

Erst letzte Woche hatte ihm der Bischof ein Antwortschreiben von Papst Clemens unter die Nase gehalten, das die bei einem Domgottesdienst zu benutzende Anzahl Kelche mit dem Blut Christi zum Gegenstand hatte. Warum in aller Welt behelligt er den Heiligen Vater mit solchen Lappalien, hatte sich Raimund gewundert. Vielleicht war es Ruthard weniger um die eigentliche liturgische Frage gegangen, sondern vielmehr darum, in diesen unsicheren Zeiten seinen unbedingten Gehorsam gegenüber dem von Heinrich IV. berufenen Gegenpapst in Ravenna zu demonstrieren.

Im Ostchor des Doms wurde gerade die Leutemesse für das gemeine Volk zelebriert. Je zwölf Domvikare und Ministranten waren dafür vorgesehen. Die Messe für die vierundzwanzig Domherren im erhöhten Westchor bedurfte nach den neuesten Vorschriften des Bischofs mindestens der doppelten Anzahl Priester und der vierfachen Anzahl Messdiener, zuzüglich eines zwanzigköpfigen Chores.

Raimund kämpfte sich durch die Menge in Richtung Westchor zu seinen Stiftskollegen. Fast wäre er über einen Bauernjungen gestolpert, der seinen Blick nach oben an die Decke gerichtet hatte, anstatt dorthin, wo er seine Füße hinsetzen wollte.

»Pass doch auf, wo du hinläufst, Bursche«, schimpfte ein Mönch in einer schwarzen Kutte, der in ihn hineingerannt war. Der schlanke Mann klang aber nicht übermäßig böse.

»'tschuldigung«, antwortete Peter und ließ sich von Christain wegziehen. In der Mitte des Kirchenraumes wurde es endlich etwas leerer und die beiden konnten in Ruhe den Bau bestaunen.

Nach einiger Zeit begann jedoch das Huhn wieder zu zappeln. Daher begaben sie sich zu den Gabentischen, vor denen sich ein Knäuel von Menschen gebildet hatte.

In einem kleinen Holzstall veranstalteten mehr als zwei Handvoll Hühner einen Riesenkrach. Neben dem Stall befanden sich Kisten mit Unmengen von Kerzen; zwei riesige Holzfässer, in denen Fische schwammen; dahinter ein Tisch mit verschiedenen Käsesorten, Brotlaiben, frischem Obst und Trockenfrüchten; auf einem anderen lagen fünf tote Hasen, denen bereits die Haut abgezogen worden war, drei Lämmchen und ein Haufen toter Tauben; auf Tontellern daneben zwei Schweineköpfe und der Kopf einer Ziege, deren Zunge aus dem Mund heraushing, als ob sie noch im Sterben den Teller hatte ablecken wollen.

Es roch nach Blut und Tod.

Endlich nahm der Küster auch Peters Huhn entgegen. Christains Käse lag bereits neben den anderen Speisen auf einem der Tische. Heilfroh, das lästige Huhn endlich losgeworden zu sein und dem Gedränge vor den Gabentischen entkommen zu können, wollte Peter nun seine ganze Aufmerksamkeit auf den Kirchenraum richten. Er konnte gar nicht genug bekommen von den vielen Bildern, die auf Teppiche gemalt zu sein schienen.

Unter dem Geläut der Ministrantenglöckchen knieten die Menschen im Hauptschiff nieder. Peter und Christain trotteten ins Südschiff und schlenderten ein wenig umher.

Der Gottesdienst im Ostchor war offenbar zu Ende. Die Menschen strömten auf das Portal zu, das zum Marktplatz führte. Das muss die Willigistür sein, von der Rotkutte gesprochen hatte. »Komm, Christain, lass uns gehen.«

»Willst du dir etwa in dem Knubbel da die Beine in den Bauch stehen?« Christain zeigte auf einen Pulk, der sich mittlerweile am Ausgang zum Marktplatz gebildet hatte. »Ich will mich jedenfalls noch etwas umschauen.«

»Aber Rotkutte hat gesagt, dass wir gleich nach dem Gottesdienst zum Brunnen kommen sollen.«

»Sei doch nicht so ein Hosenschisser. Sieh nur die tollen Bilder an den Wänden.«

»Meinetwegen«, sagte Peter schließlich, »aber wenn der Eingang wieder frei ist, dann treffen wir uns hier.«

»Einverstanden«, sagte Christain, und dann war er auch schon weg.

Ein großer Wandteppich mit einer bergigen Landschaft hatte Peters Aufmerksamkeit gefangen. Er näherte sich dem Bildnis, da wurde er von einem älteren Mönch angesprochen. »Mein Sohn, ich habe dich hier noch nie zuvor gesehen. Wo kommst du her?«

Mainz – im Dom

Auf dem Weg zum Westchor traf Raimund auf Ferdinand Feinhals, den Verwalter des bischöflichen Reliquienschatzes. Feinhals verneigte sich höflich. »Der Herr Domdekan möge an die Delegation aus Straßburg denken. Sie wird für heute oder spätestens morgen erwartet.«

Der rechte Zeigefinger des heiligen Alexanders, schoss es Raimund durch den Kopf. Er unterdrückte ein Stöhnen. Das Mainzer Bistum war bereits im Besitz des Daumens, der rechten Hüfte und der Vorhaut des Märtyrers, der unter dem römischen Kaiser Mark Aurel vor den Augen seiner Mutter zu Tode gemartert worden war. Wollte Ruthard etwa den ganzen Körper des Heiligen Stück für Stück zusammenkaufen?

»Danke für die Erinnerung«, antwortete Raimund knapp und ging mit schlechter Laune weiter. Die erheblichen Aufwendungen für den Kauf von Reliquien, die den Gläubigen bei besonderen Anlässen vorgeführt wurden, waren ihm seit Langem ein Dorn im Auge. Die horrenden Kosten, die damit verbunden waren, machten es immer schwerer, dem Bischof die notwendigen Mittel für den Kauf von Pergamenten für die Erweiterung der Bibliothek abzuringen.

Die Mainzer Buchmalerei war im ganzen Frankenreich berühmt, und Raimund wollte alles daransetzen, diesem Ruf auch in Zukunft gerecht zu werden. Dafür brauchte er Tierhäute von allerhöchster Qualität. Und beste Tinte für das Kopieren der Schriften. Für die Initialen und Miniaturen benötigte es zudem strahlende Farben, die sündhaft teuer waren, und natürlich auch Blattgold. Es war ein stetiger Kampf um das liebe Geld, den er gegen Feinhals auszufechten hatte. Und sein Gegner war gewieft. Ständig schwänzelte er um Ruthard herum und informierte ihn über neu auf den Markt gekommene Knochen, Haare und Fußnägel des Herrn und seiner Apostel. Selbst die Asche von verbrannten Märtyrern und Kreuzsplitterchen wusste Feinhals aufzutreiben, woher auch immer. Feinhals' Haus war mittlerweile eines der prachtvollsten in ganz Mainz.

Es war ein ewiger Zank, ärgerte sich Raimund gerade, da sah er Bruder Anselm, der mit dem unachtsamen Bauernjungen sprach.

»Ähh …«, druckste Peter herum, dann fiel ihm ein, was Rotkutte zu ihnen gesagt hatte. »Ich lebe bei meinem Onkel und
meiner Tante in Weisenau. Sie sind krank. Deshalb haben sie
mich allein losgeschickt, um für ihr Wohl zu beten.«

Der Mönch lächelte. »Ist es das erste Mal, dass du in Mainz
bist?«

Peter nickte.

»Ich bin Bruder Anselm. Wie heißt du?«

»Ich bin der Peter aus Gerstendorf«, antwortete er und wurde
rot. Du Holzkopf, schalt er sich, aber Bruder Anselm lächelte
freundlich.

»Na, Peter aus Gerstendorf oder aus Weisenau, wie auch
immer. Weißt du, was das ist?«

Sanft legte ihm Bruder Anselm seine Hand auf den Rücken
und sie gingen auf den Wandteppich mit den vielen Bergen zu.

»Wer ist der Mann mit der Tafel in den Händen?«, fragte
Peter.

Der Mönch verzog das Gesicht und legte die Hand hinters
Ohr. »Du musst etwas lauter sprechen, meine Ohren sind nicht
mehr gut.«

Peter wiederholte die Frage.

»Hast du schon einmal etwas über den Propheten Moses
gehört?«

»Nee.«

»Kennst du die Zehn Gebote?«

»Dass man nicht lügen soll«, fiel Peter als Erstes ein. Das
machte ihn sofort verlegen, da er ja den netten Mönch ange-
schwindelt hatte. Daher fügte er schnell hinzu: »Und dass man
immer tun soll, was die Eltern sagen.«

Das machte sein Gewissen noch viel schwerer, da Mutter und
Vater sicher nicht begeistert waren, dass er sich einfach so mit
Rotkutte aus dem Staub gemacht hatte.

»Genau, bist ein pfiffiger Junge.« Bruder Anselm überspielte Peters Verlegenheit. »Was siehst du auf dem Bild?«

»Mhh, ich sehe einen alten Mann, der eine Tafel über den Kopf hält.«

»Genau«, sagte Bruder Anselm schnell. »Der Mann mit der Tafel, das ist der Prophet Moses.«

»Ach so.«

»Was siehst du noch?

»Da kommen drei Blitze vom Himmel und die Menschen, die um Moses herumstehen, scheinen Angst zu haben.«

»Und was glaubst du, wird er mit der Tafel machen?«

»Der wird sie doch nicht etwa auf den Boden schmeißen?« Peter zeigte auf den unteren Teil des Bildes. »Da liegt eine andere Tafel, die in zwei Stücke zerbrochen ist.«

»Genau. Auf diesen Marmortafeln sind die Zehn Gebote eingraviert, die Gott Moses auf einem Berg diktiert hat.«

»Aber warum schmeißt der Prophet sie dann auf den Boden? Gerade wenn sie von Gott kommen? Ist Gott da nicht wütend auf ihn geworden?«

»Ich glaube, darüber sagt die Bibel nichts«, antwortete Anselm schmunzelnd. »Moses war wütend auf die Menschen, weil sie Gottes Gebote nicht befolgt haben.«

»Aber deshalb muss man die Tafel doch nicht kaputt machen! Wenn ich das machen würde, so bekäme ich auf jeden Fall Dresche von meinem Vater.«

Der Mönch lachte. »Du bist wahrlich nicht auf den Kopf gefallen.«

»Bruder Anselm.« Der Mönch, der gerade fast über Peter gestolpert wäre, kam auf sie zu. »Habt Ihr einen Moment Zeit?«

Anselm drehte sich um. »Der Herr Domdekan. Was wünscht Ihr?«

»Es geht um die Delegation aus Straßburg.«

»Ja, die Zimmer im Kaiserhaus sind bereits hergerichtet. Die Gesandten aus dem Süden nächtigen im selben Flur wie die

Mönche aus Tholey, die einzigen Gäste, die wir zurzeit bei uns in der Pfalz beherbergen.«

Plötzlich stieß jemand in Peters Seite. »Komm, du Schlafmütze, wir werden erwartet.«

»Ach, Christain, ich habe Rotkutte …«

Da trat Christain ihm auf den Fuß, bevor er noch mehr ausplaudern konnte. Schnell sagte Peter zu Bruder Anselm: »Es tut mir sehr leid, wir müssen gehen.«

Der Mönch lächelte. »Na, wenn ihr zwei Bauernjungen so wichtige Geschäfte habt, dann los. Der Herr sei mit euch.«

»Auf Wiedersehen«, konnte Peter noch sagen, da riss Christain ihn schon mit, und sie eilten durch das große Kirchenschiff zu dem Portal auf der anderen Seite des Domes. Menschenleer war es dort nun, die zwei bronzenen Türflügel standen weit offen.

Mainz – auf dem Synagogenplatz

Die weiße Chuppa, der Hochzeitsbaldachin, strahlte auf dem Platz vor der Synagoge in der Sonne. Er war das Symbol des Hauses, in dem das Brautpaar bald den Keim für neues Leben legen würde. Doron wartete darunter auf seine zukünftige Frau. Der eng um die Taille gebundene Gürtel betonte die schmale, hoch aufgeschossene Gestalt des Bräutigams. Mithilfe von Eckstangen hielten vier junge Männer das Stofftuch über ihm gespannt, das aus den vornehmsten Gebetsmänteln der zwei Familien des Brautpaars geknüpft war.

Hin und her rollte der große Trauring in Dorons rechter Hand. Er ließ ihn in der Tasche seines Kleides verschwinden, verschränkte die Arme zunächst vor seinem Körper, dann hinter seinem Rücken, um schließlich seine Daumen unter den perlendurchsetzten Gürtel zu schieben, sodass seine angewinkelten Ellenbogen merkwürdig spitz hervorstachen.

Chaim, der neben dem Baldachin stand, zwinkerte Doron beruhigend zu.

Ihr Mann hatte sich für seine Verhältnisse außergewöhnlich passabel zurechtgemacht, stellte Jehudith zufrieden fest: Sein Bart war sorgfältig gekämmt, der runde Hut mit der flotten Spitze saß kerzengerade auf seinem Kopf und der feine blaue Umhang mit den weiß geschuppten Halsborten, der für die Liturgie vorgesehen war, versteckte das wie üblich viel zu nachlässige Wams. Bequem sollte es sein, war das Leitwort ihres Mannes, und überhaupt, was die anderen denken mochten, das interessiere ihn nicht.

Dieser kindische Trotz ihres Mannes war eines der Dinge, die Jehudith regelmäßig auf die Palme brachten. Aber im Moment war dies nicht wichtig, beruhigte sie ihren aufkeimenden Ärger. Sie sollte sich lieber darüber freuen, wie stattlich Chaim heute wirkte.

Mit Wohlgefallen hatte Jehudith wahrgenommen, wie sich der seelische Zustand ihres Gatten am Morgen von Stunde zu Stunde verbessert hatte. In seiner Rolle als Ba'al Kidduschin hatte er seine Selbstsicherheit überraschend schnell wiedergewonnen. Als Leiter der Hochzeitszeremonie stand er lächelnd neben dem Bräutigam, alle Schwermut schien von ihm abgefallen zu sein.

Seitlich der Chuppa war ein Tischchen aufgebaut, auf dem neben einem großen Pergament zwei Kelche standen. Zum einen der Kidduschbecher, aus dem bereits Jehudith und Chaim bei ihrer Hochzeit getrunken hatten. Über dem bronzenen Schaft thronte eine mit hebräischen Buchstaben und Blumenranken verzierte Silberschale. Der zweite, feuervergoldete Kelch stammte aus der Familie des Bräutigams und war sicher auch schon über Generationen vererbt.

Die zwei Brautzeugen standen bereits neben Chaim: Señor Matanza, der für die Hochzeit extra aus Sevilla angereist war, trug einen nach oben gezwirbelten Oberlippenbart, war aber sonst im Gesicht glatt rasiert. Neben seiner kunterbunten Jacke wirkte Sarahs und Jehudiths ältester Bruder Erez in seinem schwarzen Anzug geradezu blass. Jedoch war Erez' Bart in den letzten Jahren dichter und mächtiger geworden, und wie die meisten Juden in ihrer Stadt trug er ihn voller Stolz.

Trotz der bewaffneten Irren vor den Toren war der Platz vor der Synagoge gut gefüllt, selbst Kalonymos hatte sich die Ehre gegeben. Der Parnas stand neben Jehudiths Vater, dem die Erleichterung ins Gesicht geschrieben stand: Kalonymos' Anwesenheit hatte seine Sorge, dass die Hochzeitsfeier in ihrer prekären Situation auf Missfallen in der Gemeinde stoßen würde, schlagartig vertrieben.

War für ihren Parnas die Hochzeit vielleicht ein willkommener Grund, Mosches Fastengebot zu umgehen? Vermutlich nicht so sehr für sich selbst, sondern für die Männer, die noch am gestrigen Nachmittag mit Waffen ausgerüstet worden waren. Wie soll man auch hungrig und durstig kämpfen?

Plötzlich setzten Fidel- und Zimbelklänge ein. Sarah, begleitet von ihrer Mutter und der Gattin des reichen Onkels, bewegte sich gemessenen Schrittes durch die Menge, die ein Spalier gebildet hatte, in Richtung des Baldachins.

Einfach umwerfend schön war Jehudiths Schwester in ihrem blauen Samtkleid, das in absichtlichem Kontrast zu dem perlmuttroten Kleid Dorons von den Müttern nach wochenlangen Beratungen ausgewählt worden war. Sarahs Schritte waren fest, und ihr stolzes Lächeln, das man unter dem halbdurchsichtigen Schleier erahnen konnte, war von geradezu königlicher Würde.

Begleitet von den zwei Frauen begann sie, die Chuppa zu umkreisen, im Andenken an die Ahnmutter Rebekka, die den weiten Weg von Harran im Zweistromland nach Kanaan am Mittelmeer auf sich genommen hatte, um ihren zukünftigen Mann Isaak, den Sohn Abrahams und Vater Jakobs, zu begrüßen. Geschickt setzte Sarah ihre zierlichen Füße im Takt der Musik, lieblich schwangen ihre Hüften hin und her, während ihr Kopf stolz und aufrecht auf den Weg vor ihr gerichtet war. So würdig musste auch Rebekka herbeigeritten sein, bevor sie ihrem zukünftigen Gemahl zum ersten Mal gegenübertreten durfte.

Jehudith wurde einer gewissen Geschäftigkeit um ihren Vater herum gewahr. Der flüsterte zunächst dem Parnas etwas ins Ohr und machte dabei ungewöhnlich ausladende Gesten. Kalonymos wirkte unentschlossen, nickte dann aber, was ihren Vater lächeln ließ. Daraufhin wandte dieser sich ihrem jüngeren Bruder Ethan zu und sprach auf ihn ein. Ethan kräuselte zunächst die Stirn, dann nickte er nach kurzem Zögern ebenfalls. Ihr Vater berührte ihn am Arm, als wolle er sich bedanken, und wandte sich danach verlegen lächelnd wieder dem Parnas zu.

Die siebte und letzte Runde um das Zeltdach war vollendet, die Musik klang langsam aus. Sarah löste sich von ihren Begleiterinnen und trat zu ihrem zukünftigen Mann unter die Chuppa. Die Kidduschin, mit denen die Zeremonie ihren Anfang nahm, konnten beginnen.

Mainz – im Dom

Das Sonnenlicht stach in Peters Augen, als er aus der dunklen Kirche trat. Kurz musste er die Lider schließen, bevor er seinen Blick über den Marktplatz schweifen lassen konnte.

Die Bänke vor den Gasthäusern waren nun gut gefüllt. Auf einer Bühne fiedelten und trommelten Spielleute, während Männer und Frauen in einem großen Kreis umhertanzten. In ihrer Mitte jonglierte ein Kind mit sieben Bällen.

»Da ist der Brunnen.« Christain zeigte nach links und zog seinen Freund in Richtung der runden, knapp drei Ellen hohen Steinmauer, über die ein kleines Dach ragte.

»Mein Gott, ist der groß. Da drin könnten ja drei Handvoll Menschen nebeneinanderstehen«, staunte Peter nicht schlecht. »Aber wofür ist der runde Holzstamm über dem Brunnen?«

»Das wirst du gleich sehen. Schau auf die Frau dort.«

Eine Magd in einer löchrigen Schürze über ihrem gräulichen Kleid näherte sich dem Brunnen. Sie trug ein hölzernes Joch auf ihren Schultern, an dessen Enden links und rechts zwei Tonkrüge an Seilen baumelten. Die Frau bückte sich, ließ das Joch auf den Boden gleiten und lehnte die beiden Krüge an die Brunnenwand. Dann nahm sie den Eimer, der auf der Umrandung stand, und ließ ihn in den Brunnen fallen.

»Ist die verrückt?«, rief Peter.

»Sieh das Seil, mit dem der Eimer an dem Holzstamm befestigt ist. Jetzt dreht sie mit der Kurbel den Stamm und der Eimer bewegt sich nach unten.«

»Bei uns zu Hause schöpfen wir das Wasser aus dem Bach vor unserem Haus.« Peter kratzte sich am Hinterkopf. »Im Hof der Burg Oppenheim, da gibt es einen Brunnen. Der ist aber mickrig im Vergleich zu dem da. Und der hat auch kein Dach.«

»Guck, jetzt dreht sie in die andere Richtung.«

Die Magd musste sich sichtlich anstrengen, mit beiden Händen bewegte sie die Kurbel. Bald baumelte der Eimer unter dem Dach des Brunnens. Die Frau zog ihn auf die runde Umrandung, während sie ihren Körper an die Kurbel presste. Schließlich wuchtete sie den Eimer hoch und goss das Wasser vorsichtig in die zwei Tonkrüge.

»Wo ist Rotkutte?«, fragte Peter.

»Lass uns näher herangehen.«

Sie waren nur noch zwei Schritte von dem Brunnen entfernt, an dem bereits zwei andere Mägde Wasser holten. Um sie herum wimmelte es von Menschen, aber eine rote Kutte konnten sie nicht ausmachen.

»Ich sehe ihn immer noch nicht«, sagte Peter.

»Vielleicht hat er hier gewartet. Und weil du Schlafmütze im Dom so rumgetrödelt hast, dachte er, wir wären gar nicht durch das Stadttor gekommen.«

»Wer wollte denn unbedingt in der Kirche bleiben?«, verteidigte sich Peter.

»Und wer musste Geheimnisse ausplaudern? Du Dumpfbacke, wenn ich das Rotkutte erzähle, zieht er dir die Ohren lang.«

»Bist selbst 'ne Dumpfbacke«, war alles, was Peter einfiel.

»Streiten hilft uns jetzt nicht«, sagte Christain versöhnlich. »Außerdem kriege ich langsam Hunger.«

»Und wenn wir uns einfach etwas nehmen? Guck dir die leckeren Früchte dort an.« Der Stand ist so groß, der Händler würde es gar nicht merken, dachte Peter.

»Bist du verrückt? Das hier ist nicht wie bei dir auf dem Land, wo man sich die Äpfel einfach von den Bäumen pflücken darf.« Christain zeigte auf ein großes Podest, keinen Steinwurf von ihnen entfernt. »Siehst du die drei Balken dort?«

Peter konnte an den drei Holzgestellen jeweils ein großes Loch in der Mitte erkennen, links und rechts davon zwei kleinere. »Ja, die sehe ich. Was ist das?«

»Das ist ein Pranger. In die Mitte kommt der Kopf hinein, links und rechts werden die Hände eingeklemmt.«

Peter schauderte es. Er hatte schon einmal einen Pranger auf dem Markt in Oppenheim gesehen, das war aber nur ein einfacher Holzpfahl gewesen. Man hatte dort eine Diebin angebunden. Ihre Kleider waren aufgerissen und ihre Hände hatte man mit einem Seil gefesselt, nach oben gezogen und an einem Haken festgemacht. So musste die Frau auf ihren Zehenspitzen stehen mit dem Gesicht zum Markt hin. Vergammelte Äpfel und Birnen wurden auf sie geworfen. Seltsam still hatte die Frau dagestanden, ihre Augen waren geschlossen, während das faule Obst auf sie einprasselte. Seine Mutter hatte ihn ganz schnell weggezogen.

»Einer der drei Pranger ist kleiner«, wunderte sich Peter.

»Der ist für die Kinder.«

»Und wofür ist der Holzblock daneben?«

»Guck auf den Balken dort über dem Pranger. Was siehst du da?«

»Da sitzen Vögel und picken auf etwas ein.«

»Guck genauer.«

»Das sind vier Hölzchen, nein, Knochen, die aus einem Stück Fl...« Plötzlich schrie Peter. »Das ist ja eine Hand!«

»Ja, das ist eine Hand. Eine Hand, die gestohlen hat«, erwiderte Christain.

Nun wusste Peter auch, wozu der Holzblock diente.

Just in diesem Augenblick zerrte ihn jemand an der Schulter. Eine eiskalte Stimme drang an sein Ohr. »Ihr Schnarchtüten, warum kommt ihr erst jetzt? Der Gottesdienst ist längst vorbei.«

Rotkutte war kaum wiederzuerkennen in dem ockerfarbenen Wams mit der angenähten Gugel, die er tief ins Gesicht gezogen hatte. Aber die Stimme mit dem rollenden R war zweifellos die des Priesters. »Kommt mit. Wir müssen ins Gasthaus zum Eselsweck. Ich habe dort ein Zimmer für uns gemietet. Aber ich hätte euch wohl besser im Stall unter euresgleichen unterbringen lassen sollen.«

Mainz – auf dem Synagogenplatz

Chaim hob den silbernen Kelch aus der Familie von Jehudiths Eltern in die Höhe und sprach den Segen über den Wein:

»Gesegnet seist Du, Ewiger, unser Gott, König der Welt, der Du die Frucht des Weinstocks erschaffen hast.«

Danach sprach er den Verlobungssegen.

Damit waren Sarah und Doron aus der Schar der Heiratsfähigen füreinander abgesondert: Kein Mann außer Doron durfte Sarah mehr begehren, keine Frau außer Sarah ihren Doron. Aber erst nach dem zweiten Teil der Zeremonie, den Nissu'in, durften sie einander näher kommen.

Nur Jehudith wusste um die heimlichen Treffen zwischen den beiden. Eines Tages war ihre jüngere Schwester in Tränen aufgelöst zu ihr gekommen und hatte sie gefragt, ob man von einem Kuss schwanger werden könne. Sie hatte Sarah damals beruhigen können, ermahnte sie jedoch, äußerst vorsichtig zu sein, da selbst Gerüchte über unsittliche Berührungen vor der Ehe die Hochzeit hätten gefährden können. Von da an trafen sich Doron und Sarah in ihrem Haus, wenn Chaim und David zum Unterricht in der Synagoge und die beiden Kleinen bei ihren Eltern waren.

Mit einer grazilen Geste streckte Sarah ihren Finger aus. Der Bräutigam nahm den Ring aus seiner Tasche und sprach mit seiner hellen Jungenstimme: »*Mit diesem Ring bist du mir angeheiligt nach den Gesetzen von Moses und Israel.*«

Jehudith bemerkte ein leichtes Zittern an Dorons Händen. Sarah half ihm, indem sie ihren Finger selbst in den Ring hineingleiten ließ.

Der Sitte entsprechend reichte Chaim den Wein zunächst an den Bräutigam, der etwas zu hastig trank und fast vergaß, das Gefäß an seine Braut weiterzureichen. Unauffällig lenkte Chaim Dorons Arm in Richtung Sarah.

Vorsichtig lüftete der Bräutigam den Schleier, Sarah nahm einen kleinen Schluck und reichte den Kelch zurück an Chaim.

Der übergab dem Onkel des Bräutigams den Brautvertrag, die Ketuba. Eigentlich war es der Vater, der den Vertrag vorlesen sollte, aber man hatte Señor Matanza diese Ehre überlassen. Der reiche Onkel wandte sich der Menge zu, rollte das mit bunten Farben ausgemalte Schriftstück auseinander und hielt es so, dass es ein jeder sehen konnte. Als schließlich Stille eingekehrt war, begann er, den seit Generationen festgelegten Text mit einer an Hochmut grenzenden Gelassenheit vorzulesen: »*Am ersten Tage der Woche, am ersten Tage des Monats Siwan des Jahres 4856 nach Erschaffung der Welt, nach der Zeitrechnung, die wir* hier in der Stadt Mainz zählen. Es hat Doron, Sohn des Schachar, zu der Jungfrau Sarah, Tochter des Dov, gesagt: ›Sei mir zur Frau nach dem Gesetze Moses und Israels, und ich will für dich arbeiten, dich in Ehren halten, dich ernähren und versorgen, nach der Sitte der jüdischen Männer, die in Redlichkeit für ihre Frauen arbeiten, sie ehren, ernähren und versorgen. Auch will ich dir für die Morgengabe deiner Jungfräulichkeit zweihundert Susim geben, die dir gemäß der Torah gebühren, wie auch deine Speise, deine Kleidung und all deinen Bedarf, und ich komme zu dir nach der Weise der ganzen Welt.‹ Und sie, die Jungfrau, hat eingewilligt, ihm zur Frau zu werden.«*

Der hochgezwirbelte Bart tanzte in Señor Matanzas Gesicht. Mit ausladenden Gesten las er, sein gescheckes Wams fast genauso bunt wie die Blumenbilder, welche den Text der Ketuba umrankten. Was für ein aufgeblasener Vogel, dachte Jehudith.

»Und die Mitgift, die sie vom Hause ihres Vaters mitbekommt, sei es in Silber, Gold, Schmucksachen, Kleidungsstücken, Hausgeräten oder Bettzeug, beträgt hundert Stücke reinen Silbers. Und Doron, der Bräutigam, hat eingewilligt, ihr noch hundert Stücke reinen Silbers zuzufügen, sodass die ganze Summe zweihundert Silberschillinge beträgt.«

Schon seit Jahrhunderten waren diese Summen festgelegt. Aber was Señor Matanza der Braut vor der Hochzeit, und natürlich so, dass es jeder mitbekommen musste, geschenkt hatte, war ein mehr als reichlicher Grundstock für die Ehe ihrer Schwester: Ganze zweihundert sevillanische Denare hatte Chaim bei der Mahn, dem zeremoniellen Austausch der Geschenke vor der Hochzeit, im Namen des reichen Onkels überreichen können.

Jehudith wechselte einen Blick des Einverständnisses mit ihrer Mutter, während Señor Matanza langsam zum Ende kam. Mit einer gestelzten Verbeugung überreichte er die Ketuba dem Bräutigam, der sie an die Braut weitergab. Sarah strahlte, und auch Dorons Unruhe schien verflogen. Voller Liebe und einem guten Schuss Begehren blickte sich das Brautpaar an.

Um Sarahs finanzielle Sicherheit mussten sie sich keine Sorgen mehr machen, freute sich Jehudith und beschloss, sich heute ganz an dem unschuldigen Glück ihrer Schwester zu erquicken.

Mainz – auf dem Marktplatz

Peter und Christain hatten alle Mühe, Rotkutte zu folgen, der auf die Häuserreihe zueilte, die dem Dom gegenüberlag. Bald tauchten sie ein in eine enge Gasse. Schlagartig wurde es dunkler. Zwar war der Weg vor ihnen gut zwei Klafter breit, doch die Häuser schienen über ihnen zusammenzuwachsen. Dicke dreieckige Knaggen stützten die obersten Stockwerke, die oft mehrere Ellen über die Gasse lugten. Eine Vielfalt von Tieren, Menschen und Pflanzen waren in die Knaggen eingeschnitzt, einige waren sogar bemalt. Mein Gott, was sind das für Bildnisse, dachte Peter. Die Gesichter wirkten so echt. Auf einer der Knaggen war ein Tier eingeschnitzt, mit Händen, Füßen und einem Schwanz. War das der Teufel? Nein, dazu sah es viel zu nett aus. Und da? Ein Mann und eine Frau ganz nackt, dazwischen ein Apfelbaum. Hatte die Frau Brüste! Peter stolperte, weil er nicht auf das schadhafte Pflaster vor ihm auf dem Boden geachtet hatte.

»Pass doch auf, du Tölpel«, zischte Rotkutte. Der wusste offenbar genau, wo er hinwollte. Ohne seine Schritte zu verlangsamen, führte er sie durch das dichte Netz der Gassen.

Männer und Frauen saßen in den Türeingängen der Häuser, die größtenteils aus Holz und Lehm gebaut waren. Bei manchen bestand der untere Teil aus ockerfarbenen Steinen, aus denen Holzstreben hinauszuwachsen schienen. Kinder warfen sich Bälle aus zusammengeschnürten Stoffresten zu oder spielten Fangen. Es roch nach Jauche und Mist, verfaultem Gemüse und verbranntem Fleisch. Wie viel frischer duftete es bei ihnen zu Hause, jedenfalls wenn man nicht gerade den Schweinestall ausmisten sollte.

Peters Blick fiel auf eine Frau, die einen gelben Schleier trug, aber sonst nur sehr wenig anhatte. Beinahe wäre er erneut gestolpert, aber Christain nahm ihn beim Arm und zog ihn zu sich.

»Das ist eine Stadthure«, raunte er ihm zu. »Die müssen so ein gelbes Tuch auf dem Kopf tragen.«

Immer wieder sah er solche Frauen auf ihrem Weg.

Patsch.

Peter zuckte zurück. Ein brauner Klumpen war ihm direkt vor die Füße gefallen. Wäre er einen Schritt weiter gewesen, hätte ihn die feuchte Masse mitten auf den Kopf getroffen.

Mainz – auf dem Synagogenplatz

Um die Wartezeit für das Brautpaar möglichst kurz zu halten, fand die eigentliche Hochzeit, die Nissu'in, direkt nach den Kidduschin statt, denn obwohl Doron und Sarah nun verlobt waren, durfte das Brautpaar sich noch nicht berühren.

Eine Gruppe ausgewählter Herren näherte sich dem Baldachin. Jehudith musste sich auf die Zehenspitzen stellen, um überhaupt etwas über die Köpfe der Menschen hinweg sehen zu können.

Zunächst trat ihr zweitältester Bruder Jonah vor das Zeltdach. Chaim reichte ihm den feuervergoldeten Kelch aus Dorons Familie und Jonah sprach den *Segen über den Wein* und den *Segen über die Schöpfung*.

»Amen«, antwortete die ganze Gemeinde und dann klatschten die Menschen auf dem Platz. Weitere Segnungen waren zu hören, während viele nur »Masel Tov! Masel Tov!« riefen, was so viel hieß wie viel Glück, viel Glück.

Der Vater des Bräutigams trat nun vor den Baldachin, übernahm den Kelch von Jonah und sprach den *Segen über den Menschenbildner:*

»*Gesegnet seist Du, Ewiger, unser Gott, König der Welt,
der Du den Menschen bildest.*«

Nachdem sich der Jubel gelegt hatte, war es an Jehudiths Vater hervorzutreten. Seine faltige Hand umfasste den Kelch, und er sprach den *Segen über das Menschenpaar.*

»*Gesegnet seist Du, Ewiger, unser Gott, König der Welt,
der Du den Menschen bildest in einem Ebenbild,
– im Ebenbild, in der Gestalt seines Vorbildes –,
und bereitete aus ihm ein Bauen für die Ewigkeit.
Gesegnet seist Du, Ewiger, Bildner des Menschen.*«

Jehudith erinnerte sich, wie sie bei den Vorbereitungen ihrer eigenen Hochzeit über die Bedeutung insbesondre dieses vierten Segens, dessen Sinn ihr unklar geblieben war, mit Chaim gesprochen hatte. Auch er hatte lange darüber nachdenken müssen, war dann jedoch auf eine Erklärung gestoßen, die Jehudith eingeleuchtet hatte: Ein Mann sei nur ein halber Mensch und auch eine Frau sei nicht vollständig. Erst beide zusammen bildeten den ganzen Menschen. Daher schuf der Ewige aus der Seite des Menschen ihm ein Gegenüber und gab ihnen so die Möglichkeit, eine neue Welt zu erbauen, indem die Getrennten ein Fleisch wurden.

Erneut trat der Vater des Bräutigams hervor. Er umfasste den Kelch und sprach den *Segen über Jerusalem,* mit dem alle Juden die Rückkehr der Kinder in die Heilige Stadt heraufbeschworen.

Immer lauter erschollen die Jubelrufe. Das Glück dieses Paares und der Kinder, die sie zum Segen Israels bald zeugen würden, verwandelte sich in die Freude der ganzen Gemeinde.

Zu Jehudiths Verwunderung war es nun Kalonymos höchstpersönlich, der nach vorn ging. Ihr Vater musste ihn in letzter Minute überzeugt haben, auch einen der Segen zu sprechen. Ihr jüngster Bruder Ethan, der eigentlich den *Segen über das*

Brautpaar hätte vortragen sollen, musste also zurückstehen. Das erklärte die merkwürdige Betriebsamkeit ihres Vaters im ersten Teil der Zeremonie.

Mit seiner energischen Stimme sprach der Parnas über die Freudenrufe der Gemeinde hinweg:

»Erfreue die, die sich lieben,
wie Du einst Dein Geschöpf im Garten Eden erfreut hast.
Gesegnet seist Du, Ewiger, der Du den Bräutigam und die Braut erfreust.«

Und dann fügte er noch hinzu: »Lass auch Sarah und Doron in der Zeit der Bedrohung eine starke Saat zur Ehre des Einen werden.«

Bis sich das Klatschen, die vielen Segen und Masel-Tovs wieder gelegt hatten, dauerte es eine ganze Weile.

Schließlich trat einer von Dorons Brüdern hervor und sprach den *Segen über die Vollendung*:

»Gesegnet seist Du, Ewiger, unser Gott, König der Welt,
der erschuf Jubel und Freude,
Bräutigam und Braut, Frohlocken,
Gesang, Tanz und Vergnügen,
Liebe, Brüderlichkeit, Frieden und Freundschaft.
Bald, Ewiger, unser Gott,
lass erklingen in den Städten Jehudahs
und in den Gassen Jerusalems, den Klang des Jubels,
den Klang der Freude, die Stimme des Bräutigams und die Stimme der Braut,
das Jauchzen der Vermählten unter ihren Baldachinen,
der jungen Menschen beim Festmahl-Gesang.
Gesegnet seist Du, Ewiger, der Du den Bräutigam mit der Braut erfreust.«

Der Platz vor ihrer Synagoge war nun ein einziger Jubel, die ganze Gemeinde klatschte im Takt, gute Wünsche füllten die Luft.

Die vertraute Zeremonie hatte sie alle in der Zuversicht vereint: Die Frucht Israels würde allen Gefahren trotzen. Auch dieses Brautpaar wurde nun Teil des machtvollen Stroms, der ihr Volk von Generation zu Generation fortgetragen hatte und auch in alle Zukunft weitertragen würde, zur Verherrlichung des Einen.

Mainz – nahe der Synagoge

Peter schaute entgeistert auf den braunen Klumpen vor seinen Füßen. Christain zeigte nach oben. Unter dem Überhang des Hauses sah Peter eine Öffnung, aus der etwas gelbliche Flüssigkeit herautröpfelte.

»Nun, wenn ich du wäre, würde ich nicht so nah an der Wand entlanggehen«, sagte Christain und grinste.

»Was ist das?«, fragte Peter.

»Du dummes Landei. Dort oben ist ein Stuhl mit einem Loch. Dort setzt man sich drauf, wenn man muss. Das hab ich in Worms in einem der geplünderten Judenhäuser gesehen.«

»Was, die gehen nicht vor die Tür?«

»Die meisten schon, aber die Reichen, die machen ihr Geschäft in so einem Abtritterker. Ist im Winter sicher sehr praktisch.«

Von da an achtete Peter weniger auf die Knaggen mit den verführerischen Figuren als auf Überhänge der Häuser und ob sich dort irgendwo ein Loch versteckte, vor dem man sich in Acht nehmen musste.

So viele Menschen so dicht beisammen – ob ihm das auf die Dauer gefallen würde? In einem Haus mit so einem Abtritterker wohnen? Ja, wenn es regnete, da gingen sie ab und an zu den Ochsen in den Stall gegenüber der Stube, aber sonst suchten sie sich einfach einen Platz irgendwo in den Büschen. Dann hatte er Zeit, die Spatzen am Himmel und die Würmer und Käfer auf dem Boden zu betrachten.

Rotkutte war schnell vorangeschritten, daher mussten sie rennen, um ihn einzuholen.

Sie kreuzten eine breite Gasse, endlich wurde es wieder etwas heller. Da hörten sie Klatschen und Freudenrufe. Rechts passierten sie ein Steinhaus, durch das ein Bogen zu einem großen Platz führte. Durch den Durchgang sahen sie Männer mit langen Bärten und lustigen Hüten auf dem Kopf, dazwischen Frauen in festlicher Kleidung. Alle riefen wild durcheinander.

»Masel Tov! Masel Tov!«, konnte Peter in dem Stimmengewirr verstehen.

Die beiden Jungen hielten inne und beobachteten die jubelnde Menge durch den Torbogen.

»Kommt weiter«, raunzte Rotkutte sie an. »Denen wird das Feiern noch vergehen.«

Mainz – auf dem Synagogenplatz

Als Chaim den feuervergoldeten Kelch für alle sichtbar in die Höhe hob, verebbte der Jubel.

Es war nun an dem Brautpaar, je einen kleinen Schluck von dem Wein zu trinken, zunächst Doron, dann Sarah.

Schließlich griff Chaim unter den Tisch und holte ein ganz schlichtes, aus unbemaltem Ton gefertigtes Trinkgefäß hervor. Er reichte es dem Bräutigam zusammen mit einem Tuch, in das Doron das Gefäß einwickelte und vor sich auf den Boden legte.

Es wurde ganz still. Auch Jehudith hielt den Atem an.

Mit einem kräftigen Tritt ließ Doron seinen Fuß auf den Becher niedergehen. So wurden sie daran erinnert, bei all der Freude über diese Hochzeit nicht zu vergessen, dass der Tempel immer noch zerstört war und die Juden in aller Welt in Zerstreuung leben mussten.

Die Menge wartete das Knirschen des zerbrechenden Tongefäßes ab, dann entlud sich die Freude erneut in einem vielstimmigen »Masel Tov! Masel Tov!«.

Jehudith schloss die Augen einen Moment und betete leise: »Ewiger, ich bitte Dich, segne Sarah und Doron und schenke ihnen alles Glück der Welt.«

Sogleich fingen die Musiker an zu spielen. Chaim reichte der Braut das Ende eines aufgewickelten Stücks Stoff und begann, es in seiner Hand langsam zu entrollen, indem er tänzelnd, seinen Blick auf die Braut gerichtet, rückwärtsging. Sarah machte zunächst ein paar verlegene Schritte, bewegte sich aber schon bald voller Grazie und so vollführten die beiden unter dem rhythmischen Klatschen der Menge den Mitzwah-Tanz mit den Enden des Stoffes in ihren Händen.

Nach einer Weile führte Chaim die Braut zu ihrem Bräutigam und übergab ihm das Ende des Tuches, das er in der Hand gehalten hatte. Angefeuert vom Jubel des Publikums und nur durch das Band mit Sarah verbunden, umtanzte Doron seine Angetraute immer unbekümmerter. Sarahs Antlitz leuchtete vor Freude.

Nach einer Weile brach die Melodie abrupt ab.

Das Brautpaar begab sich unter tosendem Applaus die wenigen Schritte hin zum Haus der Familie des Bräutigams. Die Tür war umrankt mit einer Vielzahl bunter Blumen und mit leckeren zu Sternen und Monden geformten Milzeküchlein aus Muskat, Zimt, Ingwer und ganz viel Honig, auf die die Kinder bereits begehrlich schielten.

In dem Jichudraum, dem Zimmer, in dem das Brautpaar endlich einige Minuten ganz für sich allein hatte, würden sie das Fasten brechen. Dort war Gelegenheit für die ersten zärtlichen Berührungen und einen nun ganz legalen Kuss. Erst nach dieser Zeit des Alleinseins galt die Ehe als vollzogen.

Eine Unmenge Speisen wurde auf tragbaren Tischen vor der Synagoge aufgefahren. Vom Tanzen noch etwas verschwitzt, aber allem Anschein nach sehr zufrieden mit sich selbst, kämpfte sich Chaim zu Jehudith hindurch.

»Danke, Schatz, dass du alles so gut gemacht hast«, empfing sie ihn und wischte mit der Hand den Schweiß von seiner Stirn.

»Ich danke dir«, erwiderte Chaim lächelnd. »Es war richtig, die Hochzeit trotz all des Ungemachs durchzuführen. Hast du gesehen, wie deine Schwester gestrahlt hat?«

»Erinnerst du dich noch, wie es damals bei uns gewesen ist?«

Chaim nahm Jehudith in den Arm und daran, wie er sie an sich drückte, merkte sie, dass er sich sehr gut erinnerte. In aller Stille betrachteten sie die ausgelassene Freude der Menschen um sich herum.

Nach einer Weile löste sich Chaim von seiner Frau und zeigte auf die Speisen. »Ich werde mich jetzt an dem Fisch und deiner vorzüglichen Senfsoße stärken. Und dann werde ich wohl mit deinem Vater und diesem aufgeblasenen Onkel aus Sevilla plaudern müssen. Für ein Stündchen werde ich mich jedoch vor dem Schlusssegen verdrücken, Raimund wollte ja noch vorbeikommen.«

Jehudith lächelte traurig. »Ach, ihr und eure dicken Bücher.«

»Es wird nicht lang dauern. Lass dir was einfallen, falls jemand nach mir fragen sollte.«

Dieser dumme Kerl, dachte Jehudith. Aber ihr Mann hatte seinen Teil zum Gelingen von Sarahs Hochzeit zweifellos erfüllt, so wollte sie nicht weiter auf ihn eindringen.

Ein Kelch wurde Chaim gereicht. Er löste sich von seiner Frau und eröffnete mit dem Segen über den Wein das Festmahl, sodass sich die Gäste endlich auf all die Köstlichkeiten stürzen durften.

Bald traten Doron und Sarah aus dem Haus. Mit jenem glückseligen Lachen, das Paaren nach ihrem ersten erlaubten Kuss zu eigen ist, winkten die zwei den Menschen zu.

»Masel Tov! Masel Tov!«, erklang es nochmals von allen Seiten.

Jehudith tauchte ein in die Freude der Gemeinde und rief:
»Masel Tov! Masel Tov!«

Mainz – auf der Lorscher Gasse

Peter und Christain wandten ihre Blicke ab von der feiernden
Menge hinter dem Torbogen. Rotkutte war bereits weitergegan-
gen und sie mussten sich beeilen, um aufzuschließen. Wieder
befanden sie sich in einem dichten Häuserwald, immer steiler
ging es bergauf. Irgendwann wurden die Gassen wieder breiter
und sie konnten die Weinstöcke am Berghang über ihnen sehen.

Entlang einer Steinmauer zu ihrer Linken führte der Weg, auf
der anderen Seite, umringt von schmalen Feldern, standen stroh-
bedeckte Hütten, viele noch kleiner als Peters Elternhaus. Eine
Familie pflügte einen Acker, der Mann und die Kinder zogen den
Pflug an Seilen, während die Frau das Gerät in der Furche hielt.

»Warum wird der Pflug nicht von einem Ochsen gezogen?«,
fragte Peter.

»In der Stadt gibt es Menschen, die sind noch ärmer als unsere
Familien«, erwiderte Christain.

Plötzlich blieb Rotkutte stehen und sagte: »Hier ist es.«

Sie traten durch ein Tor auf einen Hof. Rechts war ein Stall,
Peter konnte zwei Pferde und einige Kühe ausmachen. Hühner liefen gackernd herum, während der Hahn vom Misthaufen stolz auf sie hinunterblickte. Hier fühlte sich Peter mehr zu
Hause als in den engen Gassen.

In der Mitte des Hofes stand ein Haus, vor dem zwei Esel
angebunden waren. Es war riesig, fast halb so hoch wie das
Schiff des Domes. Das erste Stockwerk war aus Stein, von da
ab bestand es ganz aus Holz. Viele kleine Erker machten einen
ganz wirr im Kopf. Aus der Mitte des Hauses stieg ein Turm

empor, der von einem Spitzdach gekrönt war. Rechts von dem großen Haus lag ein Anbau, nicht viel höher als die Hütte seiner Eltern, dafür weitaus länger. Viele kleine Türen waren dort gut zwei Klafter nebeneinander in die sorgsam gefertigte Lehmwand eingefügt, an der Wand zwischen den Türen waren Bänke und Tische aufgebaut. Mehr als zwei Handvoll dieser Sitzgelegenheiten standen nebeneinander, nur an einem davon saßen zwei Männer und unterhielten sich.

»Hast du schon einmal in einem Gasthaus geschlafen?«, raunte Christain.

Peter schüttelte den Kopf.

»Hier hinein«, kommandierte Rotkutte und führte sie durch eine der Türen in dem langen Anbau in eine kleine fensterlose Kammer. Er schloss die Tür hinter sich, sodass man zunächst fast gar nichts mehr sehen konnte. Dann wurde Peter einer kleinen Öllampe gewahr, die auf einem Steinsims stand. Rotkutte nahm eine Kerze aus seinem Beutel und entzündete sie an der kleinen Flamme. Ein Eisenteller, aus dem ein daumendicker Ring herausstach, stand auf einem Tischchen. Rotkutte steckte die Kerze darauf.

Langsam wurden die Konturen des Raumes deutlich. Rechts an der Wand stand ein Bett aus Holz, auf dem in Schulterhöhe ein weiteres Bett steckte. Peter hatte zwar ein paarmal nach dem Gottesdienst ins Haus des Pfarrers gelugt, der auch ein Holzbett besaß. Ein Bett mit zwei Stockwerken hatte er jedoch noch nie gesehen.

»Was ist das?«, fragte Peter und zeigte auf dicke Holzkugeln am Boden, die das Bett trugen.

»Das ist, damit die Mäuse und Ratten nicht zu dir hochklettern können und dein Brot auffressen oder, noch schlimmer, an deinen Ohren knabbern, während du schläfst.« Christain grinste über beide Ohren, als er das verblüffte Gesicht seines Freundes sah. »Die rutschen nämlich an der Kugel ab.«

»Ihr beide schlaft unten.« Rotkutte kramte in seinem Beutel. »Hier habt ihr etwas Brot und ein Stück Käse.«

Peter lief das Wasser im Mund zusammen, als Christain die leckeren Speisen entgegennahm.

»Was ist mit euren Trinkbeuteln, sind die leer?«

Die beiden nickten.

»Dann füllt sie an dem Brunnen im Hof auf. Ich möchte jetzt nicht gestört werden. Ihr könnt euch etwas auf dem Hof umschauen.« Der Priester kräuselte die Stirn. »Wenn die Glocke zur Vesper schlägt, möchte ich euch hier im Zimmer sehen. Aber nicht vorher, verstanden? Wir haben heute Nacht Arbeit vor uns, ihr müsst daher früh schlafen gehen.«

Rotkutte holte einen großen Kasten aus seinem Sack, legte ihn auf den Holztisch und machte eine Handbewegung, als wolle er sie hinausfegen. Er öffnete den Kasten, nahm ganz vorsichtig ein großes Buch heraus, schlug es auf und blickte noch einmal zu den beiden Jungen. »Seid ihr immer noch nicht weg?«

Christain stieß Peter an. »Komm mit.«

Das Abenteuer fing an, Spaß zu machen.

Mainz – in Rachels Garten

Nach ihrer Begegnung in der Pfalz mit dem Vogt und dem Mönch, der diesen merkwürdigen Haarkranz trug, hatte Rachel die meiste Zeit des Nachmittags in ihrem Garten verbracht. Aaron konnte sich nun endlich Besitzer eines eigenen Beetes nennen und zeigte seinem Großvater, wie er die Erde mit einer kleinen Schaufel umgrub und dann die kleinen Erbsensamen hineinpresste. Gemeinsam gossen sie einige Eimer mit Wasser über das Beet. Aaron war so stolz, und selbst Isaak lobte seine Arbeit. Natürlich musste sein älterer Bruder auch darauf hinweisen, dass in *seinem* Beet die Möhren bereits reif waren.

Ihr Vater machte sich irgendwann mit Aaron und Isaak zu dem kleinen See am Altmünsterkloster auf. Rachel blieb allein mit Bela und Orli zurück, die beide schliefen. Ein Wölkchen bedeckte die Sonne und ein angenehm frischer Wind strich über Rachels Gesicht. So entschloss sie sich, noch etwas im Garten zu arbeiten. Es hätte eigentlich ein schöner Tag sein können, wenn nur Zachi da gewesen wäre.

Während sie die Pastinaken für die Abendsuppe aus der Erde grub, hörte sie eilige Schritte.

»Mama, Papa ist wieder da!« Isaak kam außer Atem angerannt.

»Wirklich?«

»Ja, wirklich, er wird gerade in einem Wagen durch das Altmünstertor gefahren.«

Rachel schaute ihren Sohn zunächst ungläubig an. Isaak strahlte über beide Wangen.

»Ach, welch Glück!«, jubelte nun auch Rachel. »Nun wird alles wieder gut. Komm zu mir, mein Liebling.«

Ganz weit streckte Rachel ihre Arme aus. Isaak rannte auf sie zu, sprang zu ihr hoch, und dann herzten sich die beiden, dass es eine Freude war.

»Ich muss zu Papa«, sagte Rachel schließlich weinend vor Glück und setzte Isaak ab. »Pass du auf Orli und Bela auf.«

Sie rannte den Weg hin zu der gepflasterten Straße zum Altmünstertor hinauf. Bald sah sie einen überdachten Pferdewagen den Weg hinunterfahren, auf dem Bock saßen neben dem Kutscher zwei Soldaten. Doch bog der Wagen nicht nach rechts zu ihrem Haus ab, sondern fuhr den Weg weiter hinunter.

Warum fuhr er nicht direkt zu ihnen nach Hause? Neben dem Wagen lief ein Mann in einem einfachen langen Hemd, wie es die Bauern in der Umgebung trugen.

Rachel folgte dem Gefährt. Sie sah, dass der Bauer mit den Händen an der Seitenwand angebunden war. Der Wagen war verschlossen.

Rachel überholte ihn.

»Was willst du, Weib?«, rief einer der Soldaten über das Rattern der Räder hinweg.

»Ich bin Rachel. Ist mein Mann da drin?«, schrie sie zurück. »Zacharias.«

Der Soldat zögerte, bevor er sagte: »Ja, aber es geht ihm nicht besonders gut. Wir bringen ihn zu Salomo.«

»Ich muss ihn sehen. Bitte, bitte, lasst mich zu ihm.«

Der Soldat gab dem Kutscher ein Zeichen, dass er halten möge. »So komm hinauf.«

Rachel kletterte auf den Bock. Der Soldat öffnete den Vorhang hinter sich, und sie stieg in den Innenraum des Wagens.

Da lag ihr Mann auf etwas Stroh.

»Mein Liebster!«, rief Rachel.

Mit leeren Augen sah ihr Zachi sie an.

»Mein Schatz, was ist nur mit dir?« Rachel kniete sich neben ihren Mann und umarmte ihn. Sein Körper war ganz schlaff. Verzweifelt nahm sie seinen Kopf in ihre Hände. Zärtlich sprach sie zu ihm: »Zachi, ich bin es. Rachel, deine Frau. So sag doch etwas.«

Einige Zischlaute kamen aus Zacharias' Mund. Speichel rann über sein Kinn. Sanft umfasste Rachel den Hinterkopf ihres Mannes und ließ ihn langsam auf das Stroh zurücksinken.

Ihre Hände fühlten sich seltsam feucht und warm an. Sie schaute darauf und sog scharf den Atem ein. Ihre Finger waren vollgeschmiert mit dunklem Blut.

Mainz – in Jehudiths und Chaims Haus

Raimund hielt den Entwurf für eines der Glasfenster der Johanniskirche, den Chaim am Freitagnachmittag noch vollendet hatte, in den Händen. An einem Acker sprach Jesus mit zwei Rabbis, während seine Jünger Ähren von den Weizenhalmen rissen.

Lange betrachtete Raimund das Pergament. Chaim beobachtete jede Regung seines Freundes. Schließlich sah er eine innere Seligkeit auf dem sonst so ernsten Gesicht aufleuchten.

»*Der Sabbat ist um des Menschen willen gemacht, und nicht der Mensch um des Sabbat willen*, sagte unser Herr nach dem Evangelisten Markus.« Voller Freude fügte Raimund hinzu: »Was für eine schöne Darstellung dieses Gleichniswortes.«

»Ich hätte mir gewünscht, auch wir hätten diesen Satz berücksichtigt. Dann hätten wir schon gestern nach Zacharias suchen können. Nach unseren Gesetzen wäre dies durchaus möglich gewesen, aber Mosche war anderer Meinung«, erwiderte Chaim und fügte schnell hinzu: »Aber natürlich war ich es, der einen schlimmen Fehler begangen hat.«

»Auch wir Christen verkennen zu oft die Bedeutung hinter den Geboten.« Raimund hielt einen Moment inne. »Die Freiheit, die uns Jesus mit diesem Satz gibt, macht mir jedoch auch Angst. Welche Regel hat dann noch Gültigkeit?«

Diese Augenblicke der Zweisamkeit mit seinem Freund gehörten – neben seiner Liebe zu Jehudith und ihren Kindern – zu den Inseln des Glücks in Chaims Leben. Zu Raimund fühlte er eine Verbundenheit, die er mit keinem seiner jüdischen Freunde hatte. Raimunds stille Ernsthaftigkeit bereitete den Boden für einen Ort des Friedens, in dem es für sie möglich war, ganz neue Wahrheiten auszudrücken. In stillen Momenten wie diesen konnten sie sich in Tiefen vorwagen, die ihnen allein verschlossen waren.

Chaim kämmte mit seinen kräftigen Fingern durch den Bart: »Ist es nicht das Gebot Mose, was euer Herr so gut auf den Punkt gebracht hat: ›*Du sollst lieben Gott, deinen Herrn, von ganzem Herzen, von ganzer Seele und von ganzem Gemüte.*‹ *Dies ist das vornehmste und größte Gebot. Das andere aber ist ihm gleich: ›Du sollst deinen Nächsten lieben wie dich selbst.*‹

In diesen zwei Geboten hängt das ganze Gesetz und die Propheten.«

Raimund nickte. »Ja, das erscheint mir als der Kern der Botschaft unseres Heilands.«

»Und da ist noch etwas, was ich an dem, den ihr euren Heiland nennt, wir aber Jeschua, sehr mag«, sprach Chaim in die Stille. »Das Vaterunser, das Gebet des Herrn, wie ihr es nennt.«

Raimund blickte überrascht zu ihm auf.

»Unser Vater im Himmel!
Dein Name werde geheiligt.
Dein Reich komme.
Dein Wille geschehe wie im Himmel so auch auf Erden.
Unser täglich Brot gib uns heute.
Und vergib uns unsere Schuld,
wie auch wir unsern Schuldigern vergeben.
Und führe uns nicht in Versuchung,
sondern erlöse uns von dem Bösen.«

Raimund legte die Hand auf seine Brust, senkte seinen Kopf und strahlte vor Freude.

»Dieses Gebet ist voller Vertrauen auf die Liebe Gottes«, sagte Chaim leise. »Es ist, als ob ein Jude zu mir sprechen würde.«

»Aber war Jesus nicht Jude?«, antwortete Raimund.

»Jeschua wendet sich in dem Gebet an den Einen als seinen liebenden Vater. Wir Juden bestehen allzu häufig auf den Verboten, für alles versuchen wir Regeln zu finden wie die Rabbis in dem Gleichnis Jeschuas. So handeln wir oft mehr aus Angst vor der Strafe unseres Schöpfers, als uns auf seine Güte und Liebe zu verlassen. Aber natürlich gibt es auch in dieser Frage viele unterschiedliche Meinungen unter uns Juden. Rabbi Hillel, der noch vor eurem Herrn gelebt hat, erinnert mich in vielem, was er gesagt hat, an Jeschua.«

»Jesus Christus ist der Sohn Gottes, der sich für uns an seinen Vater wendet«, sagte Raimund mit einem Lächeln auf den Lippen.

»Nein, nein.« Chaim schüttelte den Kopf. »Ich lese es anders. Jeschua war ein Kind des Einen, wie wir alle seine Kinder sind. Jeschua war Mensch.«

»Aber er ist auferstanden von den Toten, alle vier Evangelisten und auch Paulus bezeugen dies.«

»Mein Freund, lass uns an unsere Arbeit über die Psalmen gehen. Das ist fruchtbarer, als über die Berichte der Evangelisten zu disputieren. Sie erscheinen mir, gerade was die Auferstehung angeht, voller Widersprüche.«

»So? Von welchen Widersprüchen sprichst du?«

Chaim blickte Raimund ins Gesicht. »Wenn du so drängst, will ich es dir gerne sagen.«

Raimund nickte.

»Nun gut. Bei Lukas war es Jerusalem, wo seine Jünger den Auferstandenen zu sehen meinten. Bei Markus war es dagegen in Galiläa.« Chaim kratzte sich an seiner Stirn. »Und bei Matthäus sehen die Frauen zunächst ein leeres Grab und einen Engel, der zu ihnen spricht. Aber im Bericht des Johannes war es Jeschua selbst, der sich ihnen anvertraute. Merkwürdigerweise erkannten sie ihn zuerst gar nicht. Auch bei Lukas nicht, als euer Heiland Kleopas und einen zweiten Jünger auf dem Weg nach Emmaus begleitete. Wie kann das sein, dass sie den nicht erkannten, mit dem sie doch so lange zusammengelebt hatten?«

»Auch ich habe mich oft gewundert, was damals wirklich geschehen sein mag. Vielleicht haben Menschen Unterschiedliches erinnert?«, erwiderte Raimund.

Chaim war froh, endlich seine lang gehegten Gedanken aussprechen zu können. »Und zunächst heißt es bei Johannes, Maria dürfe den Auferstandenen nicht berühren. Aber forderte euer Heiland den Jünger Thomas nicht auf, seine Finger in die Wunde zu legen, die ihm von den Henkersknechten zugefügt wurde?«

»Vielleicht war es, weil Maria eine Frau war?«, gab Raimund zu bedenken.

»Nein, nein.« Chaim schüttelte erneut den Kopf. »Als Lebender, da hatte er doch auch keine Scheu, sich von einer Frau berühren zu lassen. Denk an die Geschichte von Maria in Bethanien, wie sie Jeschua die Füße mit ihren Haaren trocknete.«

Raimund schaute zu Boden, wohl weil er keine Antwort fand.

Es polterte unten im Haus und David platzte in die Studierstube hinein: »Zacharias ist gefunden worden!«

»Welch ein Glück!«, rief Chaim erfreut. »Wo ist er?«

»Er wird gerade zu Salomo gefahren«, antwortete David.

»Warum wird er gefahren?«, fragte Raimund, doch da war Chaim bereits die Treppen hinuntergestürmt.

Mainz – im Eselsweck

Auf der Bank vor ihrem Zimmer ließen sich die zwei Jungen das Brot und den Käse schmecken, die Rotkutte ihnen gegeben hatte.

Der Eselsweck war ein großer ummauerter Bereich. Das verwinkelte Haus in der Mitte war flankiert von dem langen Anbau mit den vielen Türen, einigen Ställen und Schuppen sowie einer kleinen Schmiede. Neben Mägden und Knechten in dem üblichen Bauerngrau gingen auch fein gekleidete Gäste ein und aus.

Bauerngrau. Peter war erst hier in Mainz aufgefallen, wie eintönig die Kleidung der Bauern im Vergleich zu den Gewandungen der reichen Städter war. Der Eselsweck musste ein Gasthaus für die Besseren sein: Viele der Gäste kamen auf Pferden oder in Kutschen durch das große Tor hinein, ihre Kleider waren meist bunt gescheckt, und die Frauen trugen ihre Haare zu Türmen aufgesteckt. Peter betrachtete seine nackten, schmutzigen Füße und sein Hemd, das zwar sauber war, aber schon manchen Riss aufwies. Ja, auch sein Hemd war in jenem Bauerngrau, an dem man sie leicht von einem der wohlhabenderen Städter unterscheiden konnte.

Christain hatte zumindest seinen feschen Hut mit der Brosche und der Gänsefeder, der ihm jedoch dauernd in die Stirn rutschte.

»Wo hast du den Hut her?«, fragte Peter.

»Aus Worms. Ist ein Hut von einem Juden.«

»Wie bist du da drangekommen?«

»Der lag auf der Straße neben einem, der totgeschlagen war.«

»Und die Brosche?«

»Eine Frau hielt sie in den Händen, aber auch die war so gut wie tot. Da habe ich ihr die Brosche aus der Hand gerissen. Was sollte sie denn damit noch anfangen?«

»War das nicht Diebstahl?«

Christain zuckte mit den Schultern. »Diebstahl ist, wenn man dafür bestraft wird. Wenn du einen Apfel auf dem Markt klaust, kann es gut sein, dass sie dir die Hand abschlagen. In Worms, da hatte keiner was dagegen, wenn man einem Juden etwas wegnahm, selbst wenn man ihn vorher hatte töten müssen. Auch viele der Städter haben sich bedient.«

Peter schwieg eine Weile. Dann fragte er: »Hast du in Worms gekämpft?«

»Nee, nur mitgelaufen bin ich. Es gab kaum Kampf, und wenn sich einer der Juden wehrte, dann waren es meist die Ritter, die ihn mit ihren Schwertern erledigt haben.«

»Hast du viele Tote gesehen?«, fragte Peter nachdenklich.

»Ja, aber so ist der Krieg eben«, erwiderte Christain. »Und haben die Juden das nicht verdient? Sie haben den Herrn gekreuzigt, das hat Rotkutte uns doch erklärt.«

»Ich weiß nicht«, war alles, was Peter antwortete. Es fühlte sich nicht richtig an, Mutter würde das ganz sicher nicht gutheißen. In diesem Moment vermisste er sie.

»Guck nicht so wehmütig«, sagte Christain.

Sie aßen den Rest der Speisen auf, ohne weiter miteinander zu sprechen. Christain wollte sich noch etwas auf dem Hof umschauen, aber dazu hatte Peter keine Lust mehr. Er blieb sitzen, lehnte sich an die Hauswand und döste ein wenig.

Nach einer Weile wachte er auf. Christain war wieder zurück und lag da auf der anderen Bank, den geklauten Hut mit der Brosche und der Gänsefeder auf dem Gesicht. Nach einiger Zeit öffnete sich die Tür und Rotkutte trat hinaus. »Legt euch jetzt schlafen. Wir haben heute Nacht zu tun.«

Mainz – vor Salomos Haus

»Chaim, komm herein und warte im Sprechzimmer«, sagte Salomos Frau in einem Ton, der nichts Gutes verhieß. »Mein Mann untersucht Zacharias noch.«

Chaim setzte sich auf die Bank, auf der er schon manches Gespräch mit dem Arzt geführt hatte. In den Regalen standen unzählige Töpfe und Töpfchen, Dosen und Döschen, Tonkaraffen und einige Glasbehälter, die in Chaims Werkstatt angefertigt worden waren.

Zunächst duftete es minzig, aber je länger Chaim sich in dem Raum aufhielt, desto mehr Nuancen nahm er wahr: holzige, blumige, aber auch bittere Noten. Es war, als wenn man in den sternklaren Himmel schaute. Zunächst sah man die wenigen hell leuchtenden Sterne, die man immer sah, dann leuchteten mehr und mehr kleine Lichtlein auf, und irgendwann waren es so viele, dass der Himmel ein einziges Leuchten war. So war es auch mit den Gerüchen in Salomos Zimmer.

Der Raum weckte in Chaim gemischte Gefühle, war er doch der Ort, an dem er dem Arzt über Schmerzen und mitunter peinliche Wehwehchen berichten musste. Auf der anderen Seite war es das Zimmer, in dem Salomo in der Regel aus einem der Töpfchen eine Salbe hervorholte oder aus den Kräutern in den Döschen eine Mixtur mischte, die, wenn man sie mit heißem Wasser aufkochte, schnelle Hilfe versprach. Manchmal fand der

Arzt auch nur die richtigen Worte, die es Chaim ermöglichten, bis zum nächsten Sabbat durchzuhalten.

Immer wieder stand Chaim auf, ging im Raum umher und setzte sich wieder. Seine Schuld lastete schwer auf ihm. Selbst um Zacharias' Überleben konnte er den Einen nicht anflehen. Es war sein Fehler gewesen, und er musste die Konsequenzen annehmen und daraus das Beste machen. So setzte er sich und betete nicht für Zacharias, sondern für sich selbst. »Herr, bitte gib mir die Stärke, meine Schuld zu tragen und für die Folgen einzustehen. Herr, hilf mir in meiner Schwäche.«

Die Tür öffnete sich.

»Es sieht nicht gut aus«, sagte Salomo, schon während er in den Raum trat. »Zacharias ist nicht ansprechbar. Er hat wohl drei Tage irgendwo gelegen. Ich weiß nicht, ob sein Geist jemals wieder zurückkommen kann. Ich glaube eher, dass er heute Nacht noch sterben wird.«

Chaim schloss die Augen und nickte.

»Soll ich dir eine Kräutermischung mitgeben?«

»Nein danke«, Chaim schüttelte den Kopf. »Ich fürchte, in diesem Fall hilft dies nicht mehr. Und ich habe es auch nicht verdient, dass meine Schuldgefühle durch deine geheimnisvollen Pflanzen gelindert werden.«

Chaim stand auf und nickte kurz zum Abschied, dann verließ er wortlos den Raum.

Auf dem Flur sah er Rachel durch die offene Tür zum Krankenzimmer. Sie saß weinend an Zacharias' Bett. Auch ihr Vater, Isaak und Aaron waren da. Bela und Orli schliefen in dem Korb, der auf der Bank vor dem Krankenzimmer stand.

Chaim verspürte den Impuls, einzutreten und Rachel zu sagen, wie leid ihm alles tat. Aber es fühlte sich falsch an. Nichts konnte den Schmerz lindern, den Rachel nun zu erleiden hatte. Eine Entschuldigung hätte bestenfalls seine eigenen Schuldgefühle gemindert.

Chaim schlich sich aus Salomos Haus hinaus und traf auf

Mosche und Kalonymos, die sich vor der Tür zu beraten schienen.

Kalonymos blickte auf. Leise, jedoch mit einer Stimme, die wie ein scharfes Messer durch das Fleisch schnitt, sagte er: »Du bist es, der uns nichts von Zacharias berichtet hat. Du trägst Schuld, falls er sterben sollte.«

»Ach, Chaim, mein bester Schüler. So belesen, so klug, aber auch immer wieder so zerstreut.« Mosche schüttelte den Kopf. »Lasst uns beten, dass Zacharias wieder gesund werden wird.«

Mit gesenktem Haupt ging Chaim weiter.

Mainz – in Jehudiths und Chaims Haus

Die Worte seines Freundes hatten Eindruck auf Raimund gemacht. Kann all dies wirklich wahr sein, was die Evangelisten geschrieben haben?, grübelte er. Die von Chaim aufgezählten Widersprüche waren für jeden offensichtlich, der die Texte genau verglich.

Tief in Gedanken versunken verließ Raimund das Haus seines Freundes, um zur Pfalz zurückzugehen. Er schloss die Tür mit dem Eisenknochen, ging zum Seiteneingang, der zu Chaims Werkstatt führte, und legte den schweren Schlüssel unter das rechte Brett der dritten Stufe, wie es die Gesellen taten, wenn sie das Haus verließen und keiner daheim war.

Auf dem Marktplatz traf er auf von Erkenbald. »Ah, der Herr Domdekan. Mir wurde berichtet, dass unser Trupp den jüdischen Händler im Stall eines Bauern nahe Guntzinheim gefunden hat. Es steht wohl schlecht um ihn. Eine Wunde am Kopf, als hätte man ihm eins mit dem Stock übergezogen.«

»Dann wäre es also Mord, wenn Zacharias sterben sollte?«

»So ist es wohl«, erwiderte der Vogt. »Unsere Soldaten haben den Bauern mitgebracht, auf dessen Hof Zacharias gefunden wurde. Utz soll sein Name sein.«

»Sie meinen, Bauer Utz könnte der Übeltäter gewesen sein?«

»Genau, wir werden der Sache nachgehen müssen. Nur Ärger hat man mit diesen verdammten Juden.«

Raimund schwieg, weil Streit jetzt nicht weiterführen würde, und schloss sich dem Vogt an. Bald erreichten sie Salomos Haus nahe dem Flachsmarkt. Von Erkenbald trat zu dem Wagen, auf dessen Bock zwei Soldaten saßen, die Äpfel und ein paar Karotten aßen. Auch ein Fässchen Wein hatten sie dabei, aus dem sie ihre Becher füllten.

»Na, lassen es sich die Herren gut gehen?«, sagte der Vogt.

Die Soldaten wollten den Wein verschwinden lassen, doch von Erkenbald winkte ab. »Ist schon gut, war ja 'ne lange und noch dazu erfolgreiche Suche. Da habt ihr euch die Pause redlich verdient. Erzählt, was ist geschehen?«

»Wir haben Zacharias im Schweinestall vom Bauern Utz gefunden, den haben wir gleich mitgebracht«, antwortete einer der Soldaten und zeigte mit dem Daumen hinter sich. »Der Jude hat noch geatmet, konnte uns aber nichts sagen. Nur merkwürdig gezischt und gebrabbelt hat er, das aber ohne Unterlass.«

Hinter dem Wagen stand der Bauer, mit seinen gefesselten Händen rieb er sich die Hose.

»Musst du pissen?«, fragte von Erkenbald.

Der Bauer nickte.

»Lasst den verlausten Kerl sein Geschäft machen!«, rief der Vogt den Soldaten zu. »Danach sperrt ihn in den Kerker. Morgen sehen wir weiter.«

»Den Bürgern dieser Stadt und den Bauern in den umliegenden Dörfern muss klargemacht werden, dass wir Gewalt gegen Juden nicht dulden«, sagte Raimund.

Von Erkenbald nickte. »Der Bauer soll seine verdiente Strafe bekommen.«

»Vielleicht war es Utz, aber wir müssen uns dessen sicher sein.«

»Eine peinliche Befragung wird es ans Licht bringen.«

»Ich hoffe, es wird anders gehen. Lasst uns morgen Utz vernehmen, und vielleicht auch noch einmal mit Zacharias' Frau sprechen. Wir müssen die Wahrheit herausfinden.«

»Nun gut. Ihr möchtet Eure Sache gründlich machen.« Von Erkenbald zeigte auf die dunklen Wolken am Himmel. »Jetzt sollten wir aber sehen, dass wir nach Hause kommen. Bald wird es zu regnen anfangen.«

Montag, der 26. Mai Anno Domini 1096, 2. Siwan 4856

Mainz – auf einer Gasse in der Nähe des Eselswecks

FEUCHT UND GLITSCHIG war es auf dem gepflasterten Weg, wohl wegen des Gewitters, das am gestrigen Abend niedergeprasselt war, während Peter und Christain in der kleinen Kammer zusammen im Bett gelegen hatten. Soeben waren sie durch das große Tor des Eselswecks geschlichen.

Der Mond zeigte sich ab und an. Dann konnten sie Umrisse von Hausfassaden erahnen. Sonst war um sie herum schwärzestes Schwarz. Peter hielt ein Seil in seiner linken Hand und einen Spaten in der rechten. Vor ihm lief Christain, mit dem er bis vor Kurzem auf der Strohmatte gelegen hatte, in den wenigen Stunden, die Rotkutte sie hatte schlafen lassen.

Auch Christain hielt sich an dem Seil fest, an dem der Priester sie durch die Dunkelheit führte. Ihre Schritte waren auf dem steinigen Boden zu hören und ein leises, stetiges Tappen, das vor ihnen herlief: *tapp, tapp, tapp.* Und manchmal das einsame Heulen eines Hundes oder das Fauchen einer streunenden Katze, der sie zu nahe gekommen waren.

Plötzlich wurde das Seil in Peters Hand schlaff und er lief in Christains Rücken.

»Pass doch auf«, zischte der ihn an.

Der Mond ließ sich hinter den Wolken blicken und warf ein fahles Licht auf die Gasse vor ihnen. Sie mussten zunächst die Mauer, die den Eselsweck umgrenzte, entlanggelaufen sein und dann weiter in Richtung Stadt. Vermutlich hatte Rotkutte, um den Weg zu finden, mit seiner Hand gegen die Mauern geklopft. Daher das Tappen.

Schattenhafte Umrisse eines Tores traten keine fünf Schritte vor ihnen aus der Dunkelheit hervor.

An einem Eisenring in seiner Rechten hielt Rotkutte einen schmalen hohen Kasten, aus dem feiner Rauch zu entsteigen schien. Aber Peter hatte keine Zeit, weiter darüber nachzudenken, was es damit auf sich hatte, denn schon gab der Priester ihnen Anweisungen: Christain sollte neben dem Tor in einer Einbuchtung in der Mauer Wache halten. Rotkutte flüsterte ihm etwas ins Ohr, was Peter jedoch nicht verstehen konnte. Dann wandte sich Rotkutte an ihn: »Du kommst mit.«

Der Mond versteckte sich wieder, und die Nacht verschluckte die Welt um sie herum, während er mit Rotkutte durch das Tor schlich. Peter erinnerte sich. Auf dem Weg zum Eselsweck war ihm der Friedhof aufgefallen, keine fünf Pfeilschüsse von dem Tor zum Gasthaus entfernt. Rotkutte schob ein Brettchen aus einer Seite des rauchenden Kastens heraus und auf einmal trat ein fahles Licht hervor. Die Kerze musste im Inneren bereits vorher gebrannt haben, dachte Peter. Daher der Rauch. Nun waren in dem Licht, das durch die Öffnung des Kastens drang, schmale Pfade neben Steinen und Kreuzen auszumachen.

Rotkutte schritt voran, während Peter in der Dunkelheit alle Mühe hatte, Anschluss zu halten. Seine Beine fühlten sich an wie Mus. Hatte er mehr Angst vor diesem unheimlichen Ort oder davor, allein zu sein? Dämonen und Nattern erwachten in seinem Kopf.

Abrupt blieb Rotkutte stehen und zeigte auf ein Holzkreuz. »Grab hier, Spatenjunge.«

Peters Hände zitterten, als er die Schaufel in den Boden stach. Die Erde war ganz locker, das Begräbnis konnte noch nicht lange her gewesen sein.

Schippe für Schippe warf er die Erde hinter sich, das Loch wurde immer tiefer. Die monotonen Bewegungen beruhigten ihn, wie auch das regelmäßige Klatschen der Erdklumpen, die hinter ihm auf den nassen Boden fielen.

Nach einiger Zeit des Grabens stieß er auf etwas Festes.

»Da ist was«, flüsterte er.

»Wenn es kein Stein ist, ist es sicher das, wonach wir suchen«, antwortete Rotkutte. »Grab weiter, aber vorsichtig.«

Widerwillig folgte Peter Rotkuttes Anweisungen. Sein Spaten ratschte über etwas Flaches. Ab und zu fühlte er einen Widerstand, an dem das Blatt hängen blieb. Dumpfe Schabgeräusche untermalten die hellen Spitzen, wenn der Spaten auf Widerstand traf. Welch teuflischer Abgrund tat sich da vor ihm auf. Jeden Moment würden die Toten ihm wohl an die Kehle springen. War Rotkutte mit dem Satan im Bunde?

»Kannst du etwas ertasten?«

Peter bückte sich in dem Loch, das er ausgehoben hatte. »Fühlt sich an wie Holz.«

»Gut, grab um das Ding herum.«

234

Peters Spaten kratzte den Deckel einer Kiste frei. Bald berührte das Blatt wieder Erde. »Scheint nicht sehr groß zu sein.« Mit zitternder Stimme fügte Peter hinzu: »Ist wohl ein Kindersarg.«

»Grab an den Seiten, aber sei vorsichtig.«

Nach kurzer Zeit hatte Peter eine Vertiefung um den Gegenstand herum ausgehoben. Die Wolken gaben den Mond frei. Ein Kasten, gut drei Ellen lang und zwei Fuß breit, schien aus der Dunkelheit hervor.

»Kannst du ihn herausheben?«

Peter rüttelte an dem Kasten, der sich jedoch kaum bewegen ließ. Peter zog fester, ein Ruck und ein Knarzen, da hatte er einen Deckel in den Händen.

Kleine, nach innen gefallene Augen starrten ihn an. Ein Käfer kroch aus einem Nasenloch und dann über die Maden, die sich auf der Haut des Kindes langsam kräuselten. Ein Schrei entfuhr ihm. Der Deckel entglitt seinen schwitzenden Händen. Mit einem dumpfen Knall fiel er zurück auf den Sarg.

Feuchte Wärme breitete sich in seiner Hose aus.

»Bei allen Heiligen, mach nicht so einen Krach. Willst du die ganze Stadt aufwecken?«, raunzte Rotkutte ihn an. »Bleib hier, ich hole deinen Freund.«

Das Licht entfernte sich rasch. Der Mond verschwand hinter den Wolken und ließ Peter in der Dunkelheit zurück.

Nur weg von diesen Augen! Peters Ellenbogen suchten die Kante des Grabes, auf der er sich abstützen konnte. Nass und lehmig war die Erde, dennoch gelang es ihm, sich aus dem Grab zu hieven.

Er versuchte, sich aufzurichten, aber seine Knie zitterten zu sehr. Der glitschige Boden war ihm zuwider. Er tastete um sich. Doch war da nichts, worauf er sitzen konnte, außer dem verdammten Kreuz. So hockte er sich an den Rand des Grabes.

Langsam beruhigte sich sein Atem. Die Nässe in seinem Schritt wurde rasch kühl. Ein leiser Wind trug das Kläffen eines

Hundes durch die Dunkelheit. Nichts, aber auch gar nichts konnte er sehen. War das die Hölle? Oder nur der Platz, von dem die Diener Luzifers ihn holen würden?

»Lieber Gott, bitte vergib mir all meine Sünden. Heilige Jungfrau Maria, hilf mir, bitte sei meine Fürsprecherin beim Herrn«, betete Peter leise.

Ein schwaches Leuchten erschien in der Ferne. Die Natter, das muss die Natter aus dem Traum am Morgen sein, dachte Peter. Sie wird mich kriegen, sie wird sich um meinen Körper winden. Du hast die Toten geweckt, bei allen Höllenhunden. Die Schlangenaugen kamen näher. Weg, nur weg von diesen Augen. Peter stand auf und machte einen Schritt nach hinten. Unter ihm öffnete sich der Boden. Die Erde verschlang ihn. Peter schrie. Er fiel. Ein harter Schlag. Dann ein dumpfes Pochen an seinem Hinterkopf. Erde regnete auf sein Gesicht. Das Schlangenauge beugte sich direkt über ihn. Gleich würde die Natter zubeißen.

»Was machst du für einen Krach, Spatenjunge? Bist du von Sinnen?« Über ihm erschien Rotkuttes Gesicht im Flackern der Kerze. »Steh auf, du Tölpel, dein Freund wird dir helfen.«

Christain stieg zu ihm ins Grab hinunter und trat dabei auf den Sarg. Das hohle Knarren des Holzes ließ ihn erschauern.

»Bei allen Heiligen, seid vorsichtig! Das ist doch kein Jahrmarkt hier. Wollt ihr morgen etwa am Pranger stehen? Stellt euch beidseits neben die Kiste und schafft sie zu mir nach oben.«

Gemeinsam packten sie das schwere Ding, zu zweit konnten sie es heben. Mit einem Ächzen stellten sie den Sarg zu Rotkuttes Füßen ab.

»Kommt nun raus und schaufelt das Grab zu. Es soll keiner auf den ersten Blick sehen, was ihr hier gemacht habt.«

Peter und Christain schufteten wie die Teufel. Nachdem das Loch aufgefüllt war, schob Rotkutte mit seinen Füßen die Erde glatt und richtete das Kreuz wieder auf.

»Tragt den Sarg hinter mir her, aber seid endlich leise. Und lasst ihn um Gottes willen nicht fallen.«

Vorsichtig hoben Christain und Peter die Kiste an und folgten Rotkutte, der ihnen mit der Kerze den Weg wies.

»Wie weit müssen wir dieses schwere Ding denn tragen?«,
fragte Christain leise.

»Nicht weit. Und jetzt still.«

Sie erreichten das Friedhofstor. Ihr Weg führte zunächst entlang der Mauer, jedoch nicht wie sie gekommen waren, sondern
in die entgegengesetzte Richtung. Sie passierten einige Häuser.
Plötzlich schlug Rotkutte zweimal kurz gegen Holz. Anschließend wiederholte er das Klopfzeichen. Eine Tür öffnete sich direkt
neben ihnen. Ein kantiges Viereck Licht erschien auf der Straße.

»Rein hier«, raunte Rotkutte.

Peter und Christain trugen den Sarg durch einen Hausflur,
eilig verschloss Rotkutte hinter ihnen die Tür.

Sie betraten eine Stube und mussten blinzeln, so viele Kerzen erhellten den Raum.

Zwei Männer standen hinter einem großen Eichentisch. Messer, Zangen und Hämmer in allen Größen lagen fein sortiert
bereit. Rötlicher Dampf quoll aus einer Messingschale, ein säuerlicher Geruch lag in der Luft und machte das Atmen zur Qual.

»Hierhin«, sagte einer der Männer, während er auf den Tisch
zeigte. Zwei Narben zogen sich über seinen Handrücken. Wie
zwei tiefe Furchen im Feld erschienen sie im Flackern des Ker-
zenlichts, noch ganz dunkelrot. Es mussten frische Narben sein.

Vorsichtig stellten Christain und Peter den Sarg auf dem Tisch
ab. Der andere Mann, ein Hüne mit langen schwarzen Haaren,
mehr als zwei Kopf größer als Peter, nahm den Deckel des Sar-
ges ab.

»Ordentlich gemacht«, sagte Rotkutte zu den beiden Jungen. Sein Blick richtete sich zunächst auf den offenen Sarg und
dann auf die zwei Männer: »So, jetzt können wir anfangen. Das
wird ein gehöriges Stück Arbeit. Ich hätte nicht gedacht, dass
die Würmer schon in den Sarg gekrochen sind. Den muss ein
mieser Zimmermann gemacht haben.«

Noch einmal wandte sich Rotkutte an die beiden Jungen.

»Findet ihr den Weg zurück zur Herberge? Ihr könnt mein Bett benutzen, ich brauche es heute Nacht nicht mehr.« Er fasste in seine Kutte. »Kommt her und haltet eure Hände auf.«

Je fünf Sachsenpfennige legte er in ihre feuchten Handflächen. »Ich werde euch vor Emicho loben, vielleicht kriegt ihr dann noch etwas dazu.«

Unvermittelt packte Rotkutte die beiden am Kragen und zog sie ganz nah an sein Gesicht. Peter und Christain stießen mit den Köpfen aneinander, während Rotkuttes warmer Atem ihnen entgegenschlug. In diesem Augenblick leuchteten die hellbraunen Augen des Priesters gelblich wie die eines Habichts. Peter überlief es kalt. Mit stechender Stimme flüsterte Rotkutte: »So, jetzt haut ab, ihr Grabschänder. Und nehmt die Leuchte mit, damit ihr im Dunkeln zurückfindet. Lasst euch aber nicht vom Nachtwächter erwischen.«

Rotkuttes Griff wurde nochmals fester. »Denkt daran, der Teufel wird euch holen, wenn ihr mit irgendjemandem über das sprecht, was heute Nacht geschehen ist. Habt ihr mich verstanden?«

Die beiden nickten. Rotkutte löste seinen Griff. Die beiden Jungen nahmen ihre Beine in die Hände und stolperten nach draußen in die Dunkelheit.

Natürlich hatten sie die Leuchte vergessen. Der Mond war aber gnädig mit ihnen, und so fanden sie irgendwann zurück zur Herberge und den zwei Betten, die sie nun ganz für sich allein hatten. Sie wechselten kein Wort miteinander, als könnten sie das gerade Geschehene durch ihr Schweigen ungeschehen machen.

Peter lag noch lange wach und sah die eingefallenen Augen des toten Kindes vor sich. Erst als der Morgen dämmerte, schlief er ein.

Tue es,
erhebe Dich
ob meiner Dränger Wut,
bringe zum Entsetzen
die Bedrücker und Räuber!

Selichah – Kalonymos ben Jehuda

Teil IV: *Murmelspiele*

Mainz – in Jehudiths und Chaims Haus

Jehudiths Arm streckte sich in Richtung von Chaims Bettseite. Sie seufzte, tastete das Bettlaken neben ihr ab und rollte sich wieder zur anderen Seite. Vor ihrem inneren Auge sah sie Sarah und Doron aus der Tür zum Synagogenplatz winken und musste lächeln. Sie gönnte sich noch ein wenig dieses seligen Halbschlafs, seufzte erneut, diesmal mit einem Hauch von Wonne, und wollte schon wieder tiefer einnicken, da streckte sie nochmals ihre Hand nach Chaim aus. Sie nahm aber nur – nun jedoch in aller Deutlichkeit – das verschwitzte Tuch wahr, dort wo ihr Mann zu liegen pflegte. Jehudith seufzte ein drittes Mal, diesmal weitaus klagender, und öffnete schließlich ihre Augen.

Es war stockdunkel.

»Chaim?«, fragte sie in die Dunkelheit. »Wo bist du?«

Das Zwitschern der Amsel, die es sich fast jeden Morgen auf dem Dach ihres Hauses gemütlich machte, war das Einzige, was sie als Antwort vernahm.

Noch einmal wollte Jehudith die Augen schließen, richtete sich dann aber auf und ließ ihren Rücken gegen die mit einem flachen Kissen bespannte Holzwand am Kopfende ihres Bettes sinken.

Licht, dachte sie. Wie komme ich an Licht?

Sie entschied sich dagegen, nach dem Schwefelholz, dem Feuerstein und dem Zunder in dem Schränkchen neben dem

Bett zu greifen. Ein schwaches erstes Dämmerlicht drang durch das kleine Fenster, das wegen der Hitze die ganze Nacht offen gestanden hatte. Ihre Augen hatten sich inzwischen an die Dunkelheit gewöhnt und so konnte Jehudith nun immerhin Konturen erahnen.

Sie kroch auf Chaims Seite, registrierte erneut die Feuchtigkeit und stellte ihre Füße auf den warmen, glattgeschmirgelten Holzboden. Erst vor drei Wochen waren die Dielen geschliffen worden, erinnerte sie sich. Kurz zuvor hatte sie sich einen Splitter in ihren rechten großen Zeh gerammt. »Chaim, hol eine Pinzette!«, hatte sie gerufen und dann vernehmlich die Luft eingesaugt, da er sich immer tiefer in die Haut hineinbohrte. Ein mittelgroßes Drama war ihr die Sache wert gewesen. Ja, sie mochte es, wenn ihre Füße den Holzboden berührten. Ja, sie müsse barfuß laufen, ganz besonders im Schlafzimmer. Deshalb müssten die Dielen auf jeden Fall geschliffen werden, hatte sie Chaim klargemacht, während er mit dem spitzen Eisen in ihrem Zeh operierte.

Bereits am nächsten Tag waren zwei Gehilfen aus der Werkstatt abgestellt worden, die mit Schachtelhalm unter dicken Lederstücken den Boden abreiben mussten. Nach zwei Tagen waren die Holzdielen glatt wie Benjamins Popöchen und die zwei Gehilfen am Ende ihrer Kräfte gewesen.

Die Treppe hinunter hatten sie nicht schleifen lassen, das ärgerte sie in diesem Augenblick. Sie tastete mit den Füßen nach ihren weichen Lederschuhen, fand aber nur die Pantoffeln ihres Mannes. Sie war jedoch zu träge, sich zur anderen Seite des Bettes zurückzudrehen, wo die ihren vermutlich standen. Ihre Zehen verloren sich in der Weite von Chaims Latschen, der für seine geringe Körpergröße erstaunlich große Füße hatte.

Jehudith stand auf, suchte mit den Händen den Knauf an der Tür zur Treppe, die hinunter zur Stube führte, öffnete die Tür, die leise quietschte, und ertastete vorsichtig die erste Stufe.

Das Knarren des Holzes vermischte sich mit dem Singsang ihres Mannes, der von unten leise zu ihr heraufwehte.

Die Unsicherheit über Zacharias' Zustand war bereits am gestrigen Abend der Gewissheit seines Todes gewichen. Seitdem hatte Chaim sich ein strenges Fasten auferlegt und weder gegessen noch getrunken. Zwar war er spätabends ins Bett gekommen, aber anstatt zu schlafen, hatte er sich hin und her gewälzt. Daher war auch Jehudith das Einschlafen zunächst schwergefallen.

Unten angekommen, sah sie einen schmalen Lichtspalt unter der Tür von Chaims Studierzimmer. Leise öffnete sie die Tür, sodass sie ihren Kopf so eben in das Zimmer strecken konnte.

Die flackernde Kerze auf dem Schreibpult tauchte Chaims Profil in ein unruhiges Licht. Leise singend, die Tefillin um Arm und Stirn gebunden, schaukelte er, eingehüllt in seinen Tallit, langsam vor und zurück.

Vorsichtig schloss Jehudith die Tür.

Mainz – im Eselsweck

Die Grütze schmeckte kräftiger als zu Hause. Geschrumpfte rotbräunliche Trauben tauchten immer wieder aus der klebrigen hellbraunen Masse auf, sobald Peter den Holzlöffel in die Schüssel tauchte. Süß waren die kleinen Perlchen wie auch die getrockneten Pflaumen zu Hause, aber diese Früchte hier hatten einen weitaus feineren Geschmack.

Christain und Peter saßen in der Gaststube des Eselswecks. Nach ihrer Rückkehr in der Nacht war es ihnen zunächst schwergefallen, zur Ruhe zu kommen. Als sie aufgewacht waren, hatte bereits das Tageslicht durch die Ritzen in den Wänden geschienen. Sie hatten noch etwas miteinander geschwätzt, bis irgendwann jemand an die Tür gebumpert hatte. »Beeilt euch, falls ihr noch etwas zu essen abbekommen wollt!«, hatte derjenige gerufen.

Sie hatten sich sputen müssen, ins Gasthaus zu kommen,

wo bereits zwei Schüsseln mit dampfendem Brei auf einem der unbesetzten Tische für sie bereitgestanden hatten.

Ingard, die sich als Wirtstochter des Eselswecks vorstellte, ging vorbei und streute ein braunes Pulver über den Brei. Es schmeckte bittersüß und etwas rauchig.

»Was ist das?«, fragte Christain.

»Zimmet«, erwiderte Ingard mit einem Lachen, das ihre kräftigen, aber etwas verwinkelten Zähne zum Vorschein brachte. »So etwas kennt ihr Langschläfer wohl nicht.«

Dann verschwand sie nach hinten in die Küche. Christain glotzte ihrem voluminösen Hintern hinterher und sagte: »Ich muss mal.«

Und schon dackelte er Ingard nach.

Was Rotkutte mit der Kinderleiche wohl anstellen wollte?, grübelte Peter, während er allein in der Wirtsstube saß.

Die merkwürdigsten Ideen hatte Christain heute Morgen gesponnen. Etwas von Ärzten, die Leichen aufschneiden, hatte sein Freund zunächst vermutet. Zum Leben erwecken wolle Rotkutte das Kind, meinte er dann. Aber so etwas konnte doch nur der Heiland, dachte Peter. Vielleicht auch der Papst. Oder der heilige Eucharius, aber natürlich nur bei Vollmond. Rotkutte, der konnte so etwas ganz sicher nicht.

Peter griff den Beutel an seinem Gürtel, den seine Mutter immer mit getrockneten Pflaumen gefüllt hatte. Er schob die Eisenplättchen langsam durch das dicke Leder hin und her und zählte die Sachsenpfennige an den Fingern der anderen Hand. Ja, immer noch für jeden Finger eine Münze. Er nahm den Beutel, hielt ihn ans Ohr und schüttelte. Welch herrliches Geklimper. Geld, er hatte echtes Geld, freute er sich zunächst. Aber dann musste er wieder an die Würmer denken, die in den Augen des toten Kindes herumgekrabbelt waren, und an die feuchte Hose, die mittlerweile säuerlich nach seiner Pisse roch.

Christain hatte gemeint, dass aus den Knochen des Kindes ein Mittel gegen Gicht gewonnen werden könnte. Was für ein

Fabelhans! Rotkutte hätte dafür dann aber wohl eine frischere Leiche nehmen müssen. Peter versenkte erneut den Löffel in seinem Brei. Christain denkt zu krumm. Dabei lag die Sache klar auf der Hand: Der Teufel ist gestern in Rotkutte gefahren. Nur Luzifer höchstpersönlich könnte etwas mit einem toten Kind anfangen. Peter schluckte ungehalten.

Es war gut, dass er das Zeichen unten an ihrem Bett eingeritzt hatte, nachdem Rotkutte über ihnen in den Schlaf gefallen war, sonst wären *sie* wahrscheinlich dran gewesen. So hatte es eben den Priester erwischt.

Sicherlich war er aufgespießt und brutzelte bereits in der Schattenwelt über irgendeinem Feuer. Oder die stumpfen Backenzähne des Höllenbiestes Acheron zermalmten Rotkutte gerade. Vielleicht hatte Acheron ihn aber auch schon verschluckt, und er kochte in dessen heißem Bauch. Oder Acheron hatte ihn bereits ausgeschissen. Dann lag seine rote Kutte sicherlich auf einem der Misthaufen, in denen die Seelen warten mussten, bis es wieder an ihnen war, verspeist zu werden. Bei dem Gedanken musste Peter schmunzeln. 'ne rote Kutte, die kommt so raus, wie sie reinkommt. Und wen's erwischt, der hat halt Pech. Der Christain sollte mir dankbar sein, dass ich noch dran gedacht habe, an das Zeichen. So dumm, wie alle denken, so dumm ist der Peter nämlich gar nicht.

Kauend und mit einem feisten Grinsen kam Christain aus der Küche zurück. Mit leisem Neid griente Peter zurück und dachte sich seinen Teil, während sein Gefährte die letzten Reste Grütze aus seiner Schale kratzte.

»Komm, jetzt ziehen wir durch die Stadt. Das wird spannend«, sagte sein Freund, nachdem er schmatzend den Löffel abgeleckt hatte.

»Meinst du, Rotkutte würde es erlauben, dass wir das Eselsweck verlassen?«

Christain zuckte mit den Achseln. »Er ist ja nicht da. Außerdem hat er es uns nicht verboten.«

»Erlaubt aber auch nicht.«

»Komm, du Pimpelhans.« Christain zog ihn von der Bank. »Bist du nicht hier, um etwas zu erleben?«

Die beiden Jungen verließen das verwinkelte Gasthaus und füllten ihre Trinkbeutel am Brunnen auf. Dann schritten sie in Richtung des Tores, mussten jedoch zunächst eine Kutsche hindurchlassen. Als sie schließlich auf die Gasse traten, waren sie gezwungen, sich eng an die Mauer zu stellen: Ein Greis zog einen Handkarren mit Kohlköpfen. Er hechelte vor Anstrengung und drehte seinen Kopf nach hinten zu seiner Frau, die mit der einen Hand den Karren schob und mit der anderen einen Korb mit Eiern trug.

»Schieb fester, Weib!«, rief er aus seinem zahnlosen Mund.

»Zieh selbst, Mann!«, antwortete sie, während zwei Hühner gackernd ihre Beine umschwirrten.

»Lass uns heute einen anderen Weg gehen«, raunte Christain. Rasch war er vorgelaufen und Peter musste sich beeilen, seinen Freund einzuholen.

Bald kamen sie zu einer recht breiten Gasse, die voller Menschen war. Sie bogen nach rechts ab.

Wie am Marktplatz standen die Häuser dicht an dicht gereiht. Vor den meisten türmten sich Kisten voller Obst und Gemüse. Händler priesen ihre Waren, die auch in manchen der geöffneten Fenster ausgestellt waren.

»Das sind Geschäfte«, sagte Christain wissend. »Dort kannst du immer etwas kaufen. Nicht so wie auf dem Markt im Dorf, der nur einmal in der Woche ist.«

In einem der Geschäfte wurden Kleider, im Laden daneben Töpfe und Pfannen feilgeboten. Ein süßlich-herber Duft stieg Peter in die Nase und er drehte seinen Kopf. Fein sortiert in vielen Fächern befanden sich auf der anderen Gassenseite verschiedene Sorten Brot in einem großen erhöhten Kasten, der auf Holzbeinen stand. Er ging näher heran. Neben den Brotlaiben stand auf einem Tisch eine Kiste mit gebackenen Teigstückchen in allen möglichen Formen und Brauntönen.

An seinem Namenstag pflegte seine Mutter kleine Brotfetzen mit Haferflocken zu backen, die sie vorher mit dem Honig ihrer Bienen bestrich. Das war das Allerleckerste, was Peter jemals gegessen hatte. Hier gab es unzählige solcher Köstlichkeiten, verziert mit getrockneten Äpfeln, Birnen und Pflaumen. In manche waren sogar Nüsse hineingedrückt. Nicht nur Haselnüsse, wie sie in dem Busch neben ihrem Haus wuchsen, sondern Nüsse, die er zuvor nie gesehen hatte, seltsam geriffelt wie das Fleisch im Kopf eines Eichhörnchens, wenn man dessen Schädel geknackt hatte. Noch einmal befühlte Peter die Münzen in seinem Beutel. All dies konnte er sich nun kaufen.

Neben der Backstube waren Lederlappen ausgestellt, wie Peter sie sich im Winter um die Füße schlug. Auch richtige Schuhe gab es dort, die bis zu den Knien gingen. Bänder, durch Eisenösen gezogen, fixierten die Schuhe an den Unterschenkeln der Holzbeine im Fenster des Geschäfts.

Die beiden Jungen bogen in eine der kleineren Gassen ein und verirrten sich bald ein wenig. Sie wollten nach dem Weg fragen, da kamen sie auf einen großen Platz. Und da war auch der Dom.

Aber wie anders als gestern sah es hier nun aus: Eine Vielzahl von Ständen verteilte sich über die ganze Fläche bis zu der riesigen Kirche. Gewieher und Gegrunze schlugen ihnen entgegen, dazwischen Rufe und Geschimpfe, dumpfes Schlagen von Trommeln und das helle Spiel von Flöten.

Christain packte ihn am Ärmel. »Komm, wir schauen uns an, was es hier zu kaufen gibt.«

»Wir müssen unbedingt zusammenbleiben«, antwortete Peter. »In diesem Wirrwarr finden wir uns nie mehr wieder, wenn wir uns verlieren.«

»Du Angsthase.«

Christain zog ihn in ein Gässchen zwischen zwei Reihen von Ständen. Peter vernahm einen eigentümlichen Duft. Nein, nicht *einen* Duft, ein Meer von Düften. Unzählige bunte Pulver und getrocknete Kräuter waren in Tonschalen auf einem Tisch ausgestellt. Peter wollte näher herangehen, um die Mannigfaltigkeiten der Düfte einzuatmen. Aber schon riss ihn Christain weiter. Im Sauseschritt ging es vorbei an Ochsen und Schweinen, Hühnern und Gänsen. Es war so eng und voll, dass man nur noch die Dächer der Häuser sehen konnte.

Christain hatte mal wieder recht gehabt. Mainz war wunderbar.

Nachdem sie genug von den Ständen hatten, gingen sie hinunter in Richtung Hafen. Sie wollten zunächst durch das Tor in der Stadtmauer, um sich die Schiffe am Hafen anzuschauen, entschieden sich jedoch dagegen, aus Angst, dass man sie nicht wieder hineinlassen würde.

Auch auf der Innenseite war die Stadtmauer gewaltig. Mindestens fünfmal so hoch, wie Peter selbst war, erstreckte sich die braune Steinwand in den Himmel. Und auf den Wehrgängen vor den Zinnen patrouillierten Soldaten in blauen Westen.

Sie entschieden sich, die breite Straße vom Tor zum Hafen in Richtung Dom hinaufzugehen. Christain brüstete sich mit seinem Wissen. »Hier schreitet der Kaiser mit seinem Hof hindurch, wenn er mit seinem großen Schiff nach Mainz kommt.«

Sie passierten die kleine Vorkirche. Wobei selbst die zigmal größer war als das Gotteshaus in Peters Dorf. Er wollte einen Blick hineinwerfen, aber Christain hatte keine Lust, sich Kirchen anzuschauen.

So bummelten sie noch etwas auf dem Platz umher und kamen schließlich zu dem Geschäft, vor dem gestern diese merkwürdig durchsichtigen Becher, Teller und Schalen ausgestellt gewesen waren. Pfeifend kam der Junge mit den schwarzen Locken aus der Tür hinaus, der am vorigen Tag mit der Schiefertafel vor dem Laden gesessen hatte. Er wirbelte in seiner rechten Hand einen kleinen Beutel an einem Bändchen durch die Luft.

Mainz – Bischofspfalz, im Bischofspalast

»Der Herr habe ein Angebot, das er mir unterbreiten möchte, hat mir mein Domdekan ausgerichtet.« Bischof Ruthard saß am Schreibtisch seines Arbeitszimmers und stützte seinen wulstigen Kopf mit der rechten Hand ab, sodass sich seine fleischige Wange über den kleinen Finger stülpte. In den letzten Jahren hatte Raimund, der mit Kalonymos vor dem Schreibtisch des Bischofs stand, mit zunehmender innerer Empörung die wachsende Ausprägung von Ruthards Fettleibigkeit beobachten müssen. Schlimmer noch war sein unangenehmer Schweißgeruch, den der Bischof mit einem süßlichen, aber nicht minder unappetitlichen Parfüm zu überdecken versuchte.

Das Arbeitszimmer des Bischofs war fast so groß wie der daneben liegende Empfangsraum mit dem Bischofsthron. Die beiden Räume waren durch eine zweiflüglige Tür verbunden, die nun jedoch verschlossen war. Auf der Wand hinter Ruthard war sein Bistum aufgemalt, das sich von Miltenberg im Süden bis Einbeck bei Paderborn erstreckte, und von Disibodenberg an der Nahe bis in das thüringische Erfurt. Jedes Kloster und jede größere Kirche waren in dem Fresko eingezeichnet. Die Herrschaft des Erzbischofs von Mainz umfasste ein beträchtliches Reich, und das sollte ein jeder sehen, der sich in diesem Raum aufhielt.

Obwohl mit Stoff bezogene Stühle vor dem Schreibtisch des Bischofs standen, hatte er Raimund und den Parnas nicht aufgefordert, Platz zu nehmen. Kalonymos verbeugte sich. »Die Juden von Mainz wollen dem Herrn Bischof ihren Dank ausdrücken für den Schutz, den er uns so selbstlos zu gewähren bereit ist.«

Ruthard hatte heute darauf verzichtet, im Ornat zu erscheinen, und für das Treffen mit dem Parnas sein Arbeitszimmer gewählt. Die Demütigung einer offiziellen Audienz im Empfangsraum nebenan hatte er Kalonymos wohl ersparen wollen, vermutete Raimund. Auch der Parnas war in einem neutralen dunklen Wams erschienen. Raimunds Bericht über das Angebot der jüdischen Gemeinde hatte der Bischof gestern Abend mit sichtlichem Wohlwollen zur Kenntnis genommen. Nun wollte er der vielversprechenden Sache wahrscheinlich keine Hindernisse in den Weg stellen.

Ruthards Kopf neigte sich interessiert zur Seite, seine Wangenfalte schob sich nun bis über den Ringfinger. »Der Herr spreche weiter.«

»Wir wollen dem ehrwürdigen Bischof Folgendes anbieten: Sechs Pfund Gold, um mit Emicho zu verhandeln. Dazu dreihundert Mark Silber für den Bischof und vierhundert Mark als Unterstützung für die Verteidigung der Stadt.«

»Spricht der Herr vom Speyrer Pfund oder dem Pfund, wie es den Sachsen zu messen geziemt«, erkundigte sich Ruthard mit seiner dünnen Stimme.

»Das Speyrer Pfund, mein edler Gebieter. Zweiunddreißig speyerische Lot soll ein Pfund wiegen.«

Das war eine beträchtliche Zuwendung, sei es das sächsische oder Speyrer Pfund, zu der sich der Parnas gezwungen fühlte, dachte Raimund. Nicht nur aufgrund seiner imposanten Körpergröße strahlte der Führer der jüdischen Gemeinde eine beeindruckende Würde aus. Trotz seiner schwachen Position wusste er seine Worte wohl zu setzen.

Ruthard nickte zufrieden, während der Parnas weitersprach: »Darüber hinaus bitten wir den Herrn Bischof, in seiner Güte von uns weitere zwanzig Pfund Silber in Münzen zur Befriedung Emichos anzunehmen. Wir wollen dadurch den Krieg gegen die Sarazenen unterstützen.«

»Man munkelt, dass sich die Juden Palästinas sehr gut mit den Ungläubigen verstehen«, erwiderte Ruthard mit einem süffisanten Lächeln.

Der Parnas legte seine rechte Hand auf die Brust. »Wir Juden erkennen die Macht an, die über uns herrscht.«

Eine weise Antwort, dachte Raimund. Denn die Sarazenen erlaubten den Juden ein beträchtliches Maß an Freiheit. Zwar mussten die Juden Palästinas eine zusätzliche Kopfsteuer, die sogenannte Dschizya, entrichten, ansonsten wurden sie jedoch weitgehend unbehelligt gelassen. Verständlich, dass die Juden unter sarazenischer Herrschaft nicht gerade begeistert über die Kriegspläne des Papstes waren.

»So hoffe ich, dass ihr unseren Soldaten im Heiligen Land nicht in den Rücken fallen werdet.« Ruthard legte die Hände zusammen. Mit gespielter Freundlichkeit fuhr er fort: »Aber lassen wir das, fokussieren wir uns auf das Hier und Jetzt. In Worms soll es in den Häusern der Juden zu Plünderungen gekommen sein.«

»Hat der Herr Bischof einen Vorschlag, wie wir ein solches Verbrechen in Mainz verhindern könnten?« Kalonymos' Augen wirkten müde.

Ruthard beugte sich vor. »Hört auf meinen Rat und bringt all euer Vermögen in unsere Schatzkammern. Und falls Emicho in die Stadt eindringen sollte, was wir verhindern wollen, so werde ich euren Familien Schutz gewähren in meiner Pfalz, wie es auch Bischof Johann in Speyer getan hat.«

Raimund konnte sich nur zu gut vorstellen, dass nicht jede Münze, die in den Schatzkammern des Bischofs versteckt wurde, auch wieder herausfand.

»Dem edlen Bischof sei Dank für seine großzügige Fürsorge.« Nochmals führte der Parnas seine Hand ans Herz. »Es ist jedoch nicht nur unser Gold und Silber, um das wir besorgt sind. Auch unsere vier Torarollen, die sieben Kopien unserer Mischnah und die zwei großen Ausgaben des Talmuds sind in unser Herz eingebrannt. Daher bitten wir, dass diese überaus wichtigen Dokumente ebenfalls vor Emichos Soldaten in Sicherheit gebracht werden, haben die bewaffneten Pilger doch in Worms mit ihren Stiefeln auf unseren heiligen Schriften herumgetrampelt.«

»Eure Torah ist willkommen, obwohl ihr sie falsch versteht.«
Mit einem Gesicht, als würde er eine in Essig eingelegte Gurke
verspeisen, fügte der Bischof hinzu: »Und wenn es euch so wichtig ist, dann bringt eure gotteslästerlichen Schriften. Wir werden
sie weit weg von unseren Kirchen aufbewahren.«

Zum Zeichen des Dankes nickte Kalonymos kurz und fuhr
fort: »Wie der Herr Bischof sicherlich weiß, ist die Weisheit der
Mainzer Rabbis seit vielen Generationen bei den Juden im ganzen Frankenreich geschätzt. Und selbst aus dem Orient erreichen uns Anfragen von Gemeinden über die rechte Auslegung
der Torah. Die Schriften unseres vor vielen Jahrzehnten verstorbenen Rabbis Gerschom ben Jehuda sind für uns Juden auch
heute noch bindend. Daher bitten wir den Bischof gnädigst,
unsere ganze Bibliothek mit all den Weisheiten Gerschoms und
unserer anderen Rabbiner in seinen großzügigen Schutz mit-
einzubeziehen.«

Nochmals verzog Ruthard das Gesicht. »Was denkt mein
Domdekan darüber?«

»Die Schriften der Juden sind von außergewöhnlicher
Schönheit, ihre Bilder und Initialen stehen unserer Buchkunst
in nichts nach«, beeilte sich Raimund zu sagen. »Dompropst
Manfrieds Zimmer ist frei, da er sich zurzeit in Xanten aufhält.
Sein Raum ist abschließbar und weit entfernt vom Dom und
der Johanniskirche. Dort könnten wir die Schriften der Juden
aufbewahren.«

Ruthard seufzte und schaute kurz zur Decke, als wolle er
den Herrn um Erlaubnis bitten. Schließlich nickte er gequält.
»Auch dies sei ihm gewährt.«

»Wir danken dem Bischof für seine Großzügigkeit«, antwortete Kalonymos mit einer tiefen Verbeugung.

»Wann plant der Herr, die Schätze seiner Gemeinde in die
Pfalz zu bringen?«

»Ich hoffe, heute Abend noch, spätestens jedoch morgen in
der Frühe.«

»Besser zu früh als zu spät, der Herr möge sich beeilen«, antwortete Ruthard bereits im Aufstehen begriffen. »Ich möchte all die Kostbarkeiten gerne selbst in Augenschein nehmen.«

»Was wird mit dem Mörder von Rachels Mann geschehen?«, fragte Raimund.

»Rachel?« Der Bischof plumpste zurück in seinen gepolsterten Stuhl und blickte Raimund irritiert an. »Ist das die Frau des jüdischen Krämers, der gestern Abend in die Stadt gebracht wurde?«

Raimund nickte.

»Das ist Sache des Vogtes.« Ruthard winkte ab. »War nicht ein Bauer der Mörder?«

»Dafür gibt es wohl Indizien, Bauer Utz scheint die Tat jedoch zu leugnen. Man sollte dies näher untersuchen.«

»Der Vogt wird ihn schon zur Vernunft bringen.« Ruthard machte eine Handbewegung, wie um eine Fliege zu verscheuchen. »Die Herren dürfen sich nun zurückziehen.«

Mainz – nahe der Stadtmauer

Idas rechter Daumen spannte sich.

Tschk, schoss er nach vorne gegen die weiße Glasmurmel. Diese zischte über den trockenen Lehmboden und traf Davids blaue Murmel genau an der gewünschten Stelle, sodass diese links zur Seite rollte, während Idas weiße Kugel langsam in das Loch hineinkullerte.

»Treffer!« Ida sprang auf vor Freude.

David hatte mit größter Aufmerksamkeit von der anderen Seite des Loches, das er zuvor mit einem Stock in den Boden gebohrt hatte, die Bahnen der Murmeln verfolgt. Natürlich ärgerte er sich, dass er diesmal der Verlierer war. Aber er empfand auch Stolz auf »seine« Ida, die ihn triumphierend anlächelte. Immerhin hatte er ihr das Spiel beigebracht. »Gut gemacht, Ida.«

Hier, auf dem kleinen Platz in der Nähe der Porta Sankt Quintini im Schatten der großen Buche, hatten sie sich schon oft getroffen. Zu seiner Bar Mitzwah hatte Chaim ihm die vier Murmeln geschenkt. Damit war David der Einzige in der Stadt, der einen solchen Schatz sein Eigen nennen durfte. Alle anderen Kinder murmelten mit rundlichen Steinen oder mit Tonkugeln, die der Wind abtrieb, wie es ihm beliebte. Glasmurmeln zu verkaufen, davon versprach sich David daher ein gutes Geschäft. Er hatte Hans, den Lehrling in der Werkstatt seines Vaters, überreden können, ihm vier weitere dieser glitzernden Kugeln anzufertigen.

Seit Jahren spielten die beiden miteinander. Ida, die Tochter des Bäckers, und David, der Sohn des Rabbis, der etwas älter als seine Freundin war. Doch seit ein paar Wochen hatte sich etwas verändert. Wenn sie beieinandersaßen, nahm David den Geruch von frischem Brot und süßen Plätzchen an Ida wahr. Er musste dann einfach an ihr schnuppern. Manchmal duftete sie nach Zimmet und ein andermal nach dem schweren Kreuzkümmel, mit dem ihr Vater die dunklen Brotlaibe würzte. Und nicht nur zufällig streifte er ab und zu über ihr langes blondes Haar, es war so wohlig weich wie die Wolle eines Schafes. Als sie letzte Woche, bevor die Soldaten vor den Stadtmauern kampiert hatten, auf der Wiese zum Rhein zusammen auf das Wasser schauten, da waren sie sich ganz nah gekommen und ihre Schultern hatten sich berührt. Ida hatte nichts dagegen gehabt, meinte David zu wissen.

Er sammelte die Glasmurmeln ein, füllte das Loch mit Erde, und strich sie mit seinen Händen glatt. »Spielen wir noch einmal? Beim nächsten Mal gewinne ich.«

Just in diesem Moment ertönte die Glocke des Doms zur Sext. Ein kurzer heller Schlag verlor sich in einem Vibrieren, das ganz Mainz einzuhüllen schien. Sechs Mal am Tag erklang dieser Ton, in der Morgendämmerung zur Prim, zur Terz, am

Mittag zur Sext, zur Non, zur Vesper am Abend und zur Komplet, wenn das Sonnenlicht am Verlöschen war.

Erst letztes Jahr war die Glocke im Turm des Domes angebracht worden. Seitdem trafen sich die Mainzer nach dem Vesperläuten und nicht mehr wie früher, wenn die Sonne ungefähr eine Handbreit über dem Horizont stand. Die Glocken prägten den Bürgern einen Rhythmus auf, nach dem sie sich zu richten hatten.

»Moderne Zeiten brauchen moderne Technik«, hatte sein Vater damals gesagt.

Was für ein Schauspiel war das gewesen, als die große Bronzeglocke durch die Stadt gezogen worden war. Zwei Ochsen hatten den Wagen den Weg zur großen Kirche hochgezerrt. Doch als man die Glocke mit dicken Seilen den Turm hinaufziehen wollte, hatten das selbst ihrer vier nicht verrichten können. Die Ochsen stöhnten und brüllten. Alles Peitschen und alles Zerren am Geschirr half nicht. Nur zwei Handbreit konnte das schwere Ungetüm angehoben werden. Die Seile schnitten sich hinein in das Fleisch der armen Tiere, und das Scharren der Hufe vermischte sich mit ihrem Röcheln. Dann sank die Glocke abermals zu Boden und riss die Ochsen zurück, als wären sie leicht wie trockenes Holz.

Erst am Morgen des zweiten Tages war es endlich geglückt. Acht Ochsen zogen die Glocke den Turm hinauf, an drei parallelen Seilen, die mit merkwürdigen Ösen verbunden waren. Und obwohl die Ochsen sich viele Meter vorkämpften, gewann die Glocke nur sehr langsam an Höhe.

»Wie ist das möglich?«, hatte er seinen Vater damals gefragt. Der hatte ihm dann den Flaschenzug und das Archimedische Gesetz erklärt: Man brauchte weniger Kraft, wenn man bereit war, einen längeren Weg zu ziehen. Ein ganzes Schiff hätte Archimedes auf diese Weise mit einem einzigen Mann bewegen können. Und so war es den Mainzern schließlich gelungen, die bronzene Form in den Turm hinaufzuziehen.

Seitdem erschallte ein neuer Klang in der Stadt.

Nachdem der letzte Glockenschlag verklungen war, antwortete Ida. »Glaube nicht, dass du gewinnen wirst, aber versuchen kannst du es ja.«

Dann wurde seine Freundin auf einmal ernst. »Vorher bete ich jedoch. Bei jedem Läuten, das habe ich Mama versprochen.«

David verdrehte die Augen, während Ida sich auf den Boden setzte, die Hände faltete und leise zu sprechen anfing:

»Der Herr ist mein Hirte. Mir wird nichts mangeln.

Er weidet mich auf einer grünen Aue und führet mich zum frischen Wasser.«

Mit dem Rücken lehnte sich David an die große Buche. Idas Augen waren geschlossen, während sich ein klitzekleiner Marienkäfer durch die Härchen auf ihrem rechten Arm kämpfte. Beim Sprechen blitzten ihre strahlend weißen Zähne, und ihre kleine Nase tanzte lustig in ihrem Gesicht.

»Er erquicket meine Seele, er führet mich auf rechter Straße um Seines Namens willen.«

David konnte ungestört ihre Sommersprossen zählen. Beim letzten Mal war er auf vierundachtzig gekommen.

»Und ob ich schon wanderte im finsteren Tal, fürchte ich kein Unglück.

Denn Du bist bei mir, Dein Stecken und Stab trösten mich.«

David wurde des Zählens bald müde, es waren mittlerweile einfach zu viele braune Pünktchen in Idas Gesicht. Stattdessen betrachtete er die zwei Rundungen, die sich nun immer deutlicher unter ihrem Kleid zeigten. Merkwürdig, dass sich dabei etwas in seiner Hose regte.

»Du bereitest für mich einen Tisch gegen meine Feinde.

Du salbest mein Haupt mit Öl und schenkest mir voll ein.«

Wortfetzen von einem Treffen seines Vaters mit Rabbi Mosche gingen ihm durch den Kopf. Ob sich die Freundschaft mit dem Christenmädchen geziemen würde? David sei doch schon Bar Mitzwah, und ab dann würden schließlich andere Regeln gelten, hatte Mosche gesagt. Sein Vater hatte geseufzt, aber nichts darauf erwidert.

»*Gutes und Barmherzigkeit werden mir folgen mein Leben lang. Und ich werde bleiben im Hause meines Herrn immerdar. Amen.*«

Ida öffnete die Augen. Tief war sie versunken gewesen. Nun blickte sie um sich, als gälte es, die Welt neu zu entdecken.

»Das Gebet sprechen wir auch in der Synagoge, jedoch auf Hebräisch und nicht in unserer Alltagssprache«, sagte David schließlich. »Es ist ein schönes Gebet, etwas traurig, aber auch lustig. Grüne Auen, Schafe und frisches Wasser, das find ich gut.« In seiner Hand rollte er die Glaskugeln aneinander, sodass es klickerte. Ein Lächeln umspielte Davids Mund. »Wie du es sprichst, klingt es besonders schön.«

Ida schaute verlegen zu Boden. »Willst du Süßholz raspeln oder beim Murmeln gewinnen?«

Er fühlte die Röte in sein Gesicht steigen, während Idas Hand durch sein Haar strich. »Einmal können wir noch spielen, dann muss ich nach Hause.«

David grinste breit. »Ich bohre ein neues Loch, diesmal aber weiter weg, damit es nicht ganz so leicht für dich ist.«

Mainz – im Gerichtsgebäude

»Du warst's, der den Jud getötet hat.« Von Erkenbald stöhnte mit eingeübter Langeweile. »Utz, gesteh doch endlich. Du würdest sowohl dir als auch uns das Leben leichter machen.«

Während der Vogt den Bauern verhörte, betrachtete Raimund dessen dreckige Füße auf dem kühlen Steinboden des Untersuchungsraumes. Vor einer Stunde war Utz aus seiner Zelle in das Gerichtsgebäude direkt neben dem Haus des Vogts in der Gre-

bengasse geführt worden. Seitdem prasselten von Erkenbalds
Fragen auf den Bauern ein.

Utz' Hände steckten in Eisenringen, die an einer Kette zusammengebunden waren. Zitternd und mit gesenktem Kopf stand er
da in seinem schmutzigen Hemd zwischen zwei Wachen. Raimund musste sich beherrschen, nicht zwei Schritte zurückzu-
treten. Der Bauer stank nach einer unappetitlichen Mischung
aus Urin, Kot, Tier und Dreck. Genauso könnte er selbst hier
stehen, ermahnte Raimund sich, wenn man ihn nicht mit sechs
Jahren ins Kloster auf dem Jakobsberg gebracht hätte.

Scharfrichter Brose, ein bulliger, untersetzter Mann, hatte bisher still in einer Ecke gekauert, nun kratzte er sich mit einem
Messer den Dreck unter den Fingernägeln weg. Der Vogt, der
die meiste Zeit hinter einem Tisch gesessen hatte, stand auf,
schritt auf Utz zu, nahm dessen Kinn in seine rechte Hand
und zwang ihn, in seine Augen zu schauen. »Noch einmal von
vorn.« Von Erkenbalds Stimme war von einer Sanftheit, die
nichts Gutes versprach. »Der Jude wurde auf *deinem* Hof gefunden. Im Schweinestall! Mit einer Wunde am Hinterkopf. Ein Jud,
der geht nicht von allein in einen Schweinestall. Das weiß selbst
ein Schlotterjan wie du. Ein Jud würde so etwas nicht machen.«
Von Erkenbald wiederholte, was er bereits fünfmal gesagt hatte.
»Und die Wunde war keine Bisswunde, der Jud wurde geschlagen. Mit einem stumpfen Gegenstand. Ganz sicher war es deshalb auch keines deiner Schweine. Sag mir, wer sonst hätte ihm
eins überbraten können, wenn nicht du?«

»Der Herr Vogt nimmt ganz falsch an. Hab den Juden doch
gar nicht gesehen, gar nicht gesehen hab ich den Jud«, stammelte Utz.

»Rachel, seine Frau, hat gesagt, er sei am Donnerstagmorgen
aufgebrochen. Wie kann es sein, dass er bis gestern halbtot in deinem Schweinestall gelegen hat, ohne dass du es bemerkt hast?«

»Die ... die Säue kommen zum Fressen heraus. Mein Weib
und ich, wir ... wir gehen nicht oft in den Stall. Nur ab und an

zum Ausmisten. Das muss der Herr Vogt mir glauben, dass es so ist. Glauben muss mir der Herr Vogt das.«

»Du lügst«, platzte von Erkenbald heraus. »Der Jud hat ein bronzenes Kruzifix für dich dabeigehabt. Gib zu, dafür wolltest du nicht bezahlen. Oder habt ihr euch gestritten um den Preis?«

Von Erkenbald wartete eine Weile. Utz schwieg, seine Augenlider bebten, er hatte offensichtlich große Angst.

»Gut, wir werden die Wahrheit schon aus dir herauskitzeln.« Von Erkenbald zeigte auf Brose, der interessiert von seinen Fingernägeln aufsah. »Auch wenn es etwas mehr wehtun wird als Gekitzel.«

»Der Herr Vogt muss mir glauben!«, rief der Bauer laut, dabei scharrte er mit seinen nackten Füßen auf dem Boden wie ein Pferd.

Eine der Wachen gab ihm einen Stoß mit dem Knie in den Hintern. »Sprich ordentlich zu dem Herrn Vogt.«

»Ich war nicht im Stall bei den Schweinen«, fuhr Utz mit weinerlicher Stimme fort. »Erst bei Halbmond hätt ich ausgemistet, hätt ich. Bitte, Herr Vogt, glaubt einem rechtschaffenen Bauern.«

»Ich glaub an den Vater, den Sohn und den Heiligen Geist«, erwiderte der Vogt barsch. »Aber einem verlausten Bauern, der ein Kruzifix von einem Juden kaufen will, dem glaub ich gar nichts.«

Utz' Gesicht verzog sich zu einem einfältigen Grinsen. Gerade wollte er zu einer Erwiderung ansetzen, da fiel der Vogt ihm ins Wort und wies mit einer gespielten Höflichkeit, die Raimund schaudern ließ, auf den Scharfrichter. »Den Herrn Brose kennst du wohl, oder?«

Mainz – auf dem Marktplatz

Bis zum Läuten zur Non würde David hier vor dem Laden sitzen und auf die bunten Becher, Tassen und Schalen aufpassen, die auf drei Kisten ausgestellt waren. Um sich die Zeit zu vertreiben, hatte er seine Schiefertafel mitgebracht, darauf konnte er die Gesichter der Marktbesucher zeichnen.

Schon lang bevor er die Talmudschule besuchte, hatte es David gefallen, die gewundenen Buchstaben in den alten Schriften anzuschauen. Und er mochte es auch, die Schriftzeichen mit dem Griffel in eine Wachstafel einzuritzen oder, besser noch, sie mit Tinte aus einer Gänsefeder auf eines der Pergamentreste zu schreiben, die ihm sein Vater ab und zu gab. Die Feder kratzte so schön auf der dünnen trockenen Haut. Am meisten jedoch liebte er die bunten Bilder in den heiligen Büchern. Das ausufernde Gerank, das sich um die Texte wandte, mit den Äffchen, die lustig von Ast zu Ast hüpften, und den bunt gescheckten Vögeln und wilden Drachen, die Feuer spuckten. Auch die Bilder vom Tempel, wie er einmal ausgesehen haben musste, und von Burgen und Kriegern begeisterten ihn. Oft hatte David seinem Vater über die Schulter geschaut, wenn er die heiligen Texte kopierte oder die Skizzen für Raimunds Glasfenster anfertigte.

So schöne Bilder wie in den Büchern malen zu können, davon träumte er seit langer Zeit. Und wenn keine Kunden bedient werden mussten, zeichnete David alles, was sich auf dem Marktplatz abspielte.

Die zwei Bauernjungen waren ihm schon gestern aufgefallen. Er hatte sie in Mainz nie zuvor gesehen, was jedoch nicht allzu viel heißen musste. Gestern, erinnerte er sich, waren sie mit einem großen Laib Käse und einem Huhn unterwegs gewesen.

Die beiden schienen einfach herumzubummeln. Kreuz und quer waren sie auf dem Marktplatz umhergegangen und hatten sich die Waren und Spielleute angeschaut, als ob sie so etwas zum ersten Mal sehen würden. Besonders der Jüngere der beiden war ihm wegen seiner Stupsnase und den zwei tiefen Wangenfalten aufgefallen, die sich, besonders wenn er lachte, in sein Gesicht eingruben. In diesem Augenblick schien er mit einer Magd zu handeln, die an einem Stand Früchte feilbot.

Das wird wohl länger dauern, freute sich David. Da will ich doch einmal versuchen, sein Gesicht einzufangen.

Mainz – auf dem Marktplatz

»Einen Schilling für zehn Birnen, das ist Wucher.« Der grüne Bauch, dessen oberstes Stockwerk gerade mit dem Obsthändler verhandelte, war Peter im Weg. Mühsam schob er sich an dem dicken Hünen vorbei, während er ihn sagen hörte: »Raffgierig wie ein Jude bist du. Oder bist du gar selbst einer? Wenn ich mir den krummen Zinken genauer ansehe, den du den Mut hast, mitten im Gesicht zu tragen, könnte man es fast glauben.«

»Werd nicht frech, du alter Geizhals«, antwortete der um gut einen Kopf kleinere Händler und zog dem grünen Hünen die Kiste aus den Händen. »Das Obst ist vom letzten Jahr, und trotzdem ist es so knackig und süß, als ob es gerade frisch vom Baum gepflückt worden wäre. Nur völlig unverletzte Früchte können den Winter überdauern, und auch nur, wenn wir sie in den pechumhüllten Fässern in unseren kühlen Kellern lagern. Wenn du im Frühjahr frische Birnen essen möchtest, dann hat das eben seinen Preis.«

Sollen sie doch streiten, dachte Peter, während ihm beim Anblick der Früchte, die vor ihm in den Kisten lagen, das Wasser im Mund zusammenlief. Da waren Äpfel, Birnen und getrocknete Beeren ausgestellt. Was war das? Eine rosa Haut, etwas kleiner als ein Apfel, aber bei Weitem nicht so glatt.

»Was kostet eine davon?«, fragte er das Mädchen hinter dem Tisch. Sie war hübsch anzusehen in ihrem gelben Kleid und mit ihren kecken blauen Augen. Sie musste die Tochter des Händlers sein, dem mittlerweile von dem grünen Bauch mit säuerlicher Miene fünf Münzen in die Hand gedrückt wurden. »Fünf Pfennige sind noch viel zu viel, aber weil ich außerordentlich gutmütig bin, sollst du sie haben, du alter Halsabschneider.«

»Dieses ganz besondere Obst ist gestern erst mit dem Schiff aus dem Süden angekommen«, antwortete das Mädchen. »Himmlisch süß schmeckt diese Frucht. Einen Pfennig kostet ein Stück dieser Köstlichkeit. Du kriegst jedoch vier Äpfel für denselben Preis.«

Peter überlegte. Er war im Besitz von fünf Sachsenpfennigen. Einen halben Laib Brot und ein großes Stück Käse gab es für eine der Münzen an einem der anderen Stände, das hatte er bereits erfragt. Aber dieses rosa Bällchen sah einfach zu verlockend aus. So sagte er zu dem Mädchen: »Du bekommst einen Pfennig, wenn ich dazu noch zwei Äpfel bekomme.«

»Bist ein gewiefter Händler, es sei dir gewährt.« Das Mädchen lachte breit über ihr sonnenbraunes Gesicht und gab ihm die drei Stücke Obst. Zu Peters Gefallen berührten sich dabei ihre Hände für einen kurzen Moment.

Peter strich über die Schale der seltsamen Frucht, die sich wie der Pelz einer Maus anfühlte, dabei aber so rosig wie die Haut eines Ferkelchens war.

Vorsichtig biss er hinein. Der Fruchtsaft, der auf seine Nase spritzte, roch süßlich und ganz frisch. Fast ohne jeden Widerstand drangen seine Zähne in das weiche, köstliche Fleisch. Er biss fester.

»Au!«, schrie er auf. »Wie hinterhältig. Von außen so weich, und innen versteckt sich ein großer Stein.«

Das Mädchen grinste über beide Ohren. »Mit Verstand musst du solch Obst essen, du Dummerjan.«

Mainz – im Gerichtsgebäude

Utz' Blick huschte zwischen von Erkenbald und dem Scharfrichter hin und her. Raimund nahm den Schrecken in den Augen
des Bauern wahr.

»Du hast doch sicher einmal die Arbeit unseres Herrn Brose
bei einer Hinrichtung bewundert.« Von Erkenbalds Stimme
war weiterhin von einer gefährlichen Sanftheit. »So ein Spek-
takel macht dir Spaß, oder nicht? Wobei …« Der Vogt stutzte
einen Moment künstlich und fügte dann lächelnd hinzu: »Das
mag davon abhängen, ob man auf den Bänken *vor* der Tribüne
sitzt oder *auf* der Tribüne mit dem Henker.«

Von Erkenbald winkte Brose zu sich. »Komm mal her und
zeig dem Herrn Utz, was du uns mitgebracht hast.« An den
Bauern gewandt fügte er hinzu, als wolle er ihm eine Heim-
lichkeit anvertrauen: »Unser Herr Brose ist ein Meister seines Faches. Im ganzen Land ist er dafür bekannt, dass er den
Kopf eines Delinquenten mit einem einzigen sauberen Hieb
abschlägt.«

Blitzschnell fuhr von Erkenbalds Handkante in Richtung
Utz' Nacken, stoppte jedoch rechtzeitig, sodass er den Bauern
nur leicht berührte. »Das ist ihm bis jetzt jedes Mal gelungen,
soweit ich mich erinnern kann. Nicht, Brose?«

Die Augenbrauen des Scharfrichters zogen sich in die Höhe.
Mit einem stolzen Lächeln nickte er in Richtung des Vogtes.

Raimund war der heftigen Bewegung wegen zurückgezuckt.
Es war das erste Mal, dass er bei einer Vernehmung im Gerichtsgebäude anwesend war, er hatte jedoch bereits viel Unheim-
liches über von Erkenbalds Verhörpraktiken gehört. Brose
kannte er von einigen eher flüchtigen Treffen, einmal hatte ihn
der Scharfrichter verarztet. Zuvor hatte er sich beim Anspit-
zen eines Griffels tief in den Finger geschnitten. Den Hinrichtungen war Raimund wann immer möglich ferngeblieben, aber
Broses handwerkliches Geschick, sowohl bei der Ausführung

der körperlichen Strafen als auch bei den Exekutionen, war ihm zu Ohren gekommen und auch seine Arbeit als Wundarzt und Knochenrichter stand in einem guten Ruf.

»Der Brose, der werkelt auch gern«, hörte Raimund den Vogt sagen. »Nicht, Brose? Zeig doch mal, was du da hast.«

Der Scharfrichter holte ein Brettchen aus seinem Wams hervor, etwa eine halbe Elle lang und zwei Finger breit. Ein Eisengewinde stach etwa eine Daumenlänge aus der Mitte des Holzstückes heraus. Links und rechts des Metallstäbchens waren je zwei Vertiefungen eingefügt.

»Bauer Utz, was glaubst du, was das ist?« Von Erkenbald zeigte auf die zwei Einbuchtungen. »Sieh hier. Da passen zum Beispiel zwei Walnüsse hinein.«

Utz schien verwirrt und auch Raimund war unklar, worauf der Vogt hinauswollte. Von Erkenbalds Stimme beunruhigte ihn. All dies war Theater, aber warum das Ganze?

»Fühl mal, ist ganz glatt.« Von Erkenbald umfasste mit seinen gepflegten Händen die mit Dreck beschmutzte Hand des Bauern; Utz' Fingernägel waren rabenschwarz. Sanft strich der Vogt mit dessen Daumen über das Holz. »Gute fränkische Eiche. Richtig fein geschliffen. Denn der Brose macht nicht nur exzellente Arbeit beim Kopfabschlagen. Der Brose, der ist in allem, was er in die Hand nimmt, gewissenhaft.« Von Erkenbald nickte anerkennend in Richtung des Scharfrichters. »Der Herr Brose arbeitet sauber, auch wenn er mit Holz werkelt. Da sticht kein Spreißel hervor. Glatt wie einen Säuglingshintern hat der Herr Brose das geschliffen, damit sich keiner *aus Versehen* wehtut. Diese Gründlichkeit, die schätzen wir alle an unserem Brose. Nicht, Brose?«

Der Scharfrichter zeigte ein bedrohliches Lächeln.

»Aber nun sag schon, Utz. Was ist das?« Von Erkenbald wies auf das Holzbrettchen mit dem Eisengewinde und kratzte sich mit der anderen Hand am Kopf. »Eins kann ich dir sagen, ein Nussknacker ist es nicht.«

Der Brustkorb des Bauern hob und senkte sich deutlich, stellte Raimund fest, und auch er spürte, wie er um Atem ringen musste.

»Brose, sag mal, hast du nicht noch etwas dabei?«, fuhr von Erkenbald fort.

Abermals griff Brose in sein Wams. Er reichte dem Vogt ein zweites Brettchen in derselben Größe. »Utz, siehst du das Loch in der Mitte hier? Da passt das Gewinde, das aus dem Gegenstück hervorragt, haargenau hinein. Präzisionsarbeit. Utz, lob unseren Brose doch mal.«

»Ja, ja. Gut gemacht, Herr Brose«, antwortete Utz schnell. Und an den Vogt gewandt fügte er unter eifrigem Nicken hinzu: »Der Herr Brose hat das sehr fein gemacht.«

»Brav, Utz.« Der Vogt lächelte. Plötzlich schien Verwirrung sein Gesicht zu überziehen. »Brose, da fehlt doch noch ein Teil.«

Von Erkenbald kratzte sich an der Stirn. Der Scharfrichter zog eine Flügelmutter hervor.

»Ach, guck mal, was der Brose da hat. Es würde mich gar nicht wundern, wenn diese Mutter ganz genau auf die Schraube passen würde.« Der Vogt gab dem Scharfrichter die zwei Holzstücke zurück. Brose presste die Flügelmutter zwischen die Zähne, um die Hände frei zu haben. »So, Brose, jetzt zeig dem Bauern Utz, wie man dieses kleine Kunstwerk zusammenbaut.«

Der Scharfrichter führte das Gewinde, das aus dem ersten Brettchen mit den zwei Vertiefungen hervorstach, durch das Loch des zweiten Brettes. Raimund betrachtete mit wachsender Unruhe die Hände des Scharfrichters, ohne zu ahnen, was vor seinen Augen gerade im Entstehen war. Immer mehr beschlich Raimund ein Gefühl der Enge, das ihn zu ersticken drohte.

»Und damit das gute Stück keinen Schaden nimmt – wäre wirklich schade um das glattpolierte Holz –, legen wir da einen Eisenring um die Schraube. Nicht, Brose?«

Der Scharfrichter nahm eine Eisenscheibe mit einem Loch aus seinem Wams und ließ sie über das Metallstäbchen gleiten.

Dann nahm er die Flügelmutter aus dem Mund und drehte sie flink in das Gewinde hinein, jedoch so, dass zwischen den Brettern ein etwa zwei Finger breites Spiel möglich war.

Raimund registrierte ein leichtes Nicken des Vogts in Richtung der beiden Wachen. Unvermittelt griff je einer der Männer Utz' Handflächen zwischen Daumen und Zeigefinger. Mit Routine streckten sie die Hände des Bauern nach vorn, sodass dessen Daumen hervorstanden. Utz versuchte, die Daumen zu beugen, aber der feste Griff der Wachen verhinderte dies.

»Dann legen wir das kleine Kunstwerk doch mal an.«

Brose schob mit den Zeigefingern beider Hände die Bretter auseinander und führte das Werkstück so über Utz' hervorstehende Daumen, dass diese in den zwei Vertiefungen lagen. Mit einem Ruck zog er die Schraube an und die Daumen des Bauern waren in der Apparatur fixiert.

Raimund wurde es übel. Nun hatte er begriffen, was hier gespielt wurde. Noch niemals hatte er einer Folter beigewohnt, und das wollte er auch jetzt nicht. Er spürte Zorn in sich aufkommen, am liebsten hätte er Brose das Folterwerkzeug aus der Hand geschlagen.

Utz' Gesicht verzerrte sich zu einer Grimasse, der Atem des Bauers wurde panisch.

»Du Häufchen Elend«, sagte der Vogt scheinbar mitfühlend, dann wurde seine Stimme streng. »Wenn du gestehst, wird dir einiges erspart bleiben.«

Utz schüttelte den Kopf.

»Ich warne dich. Wenn Brose einmal anfängt, hört er nicht mehr auf. Da kenn ich unseren Brose. Also, Utz, überleg es dir gut. Noch hast du die Möglichkeit dazu.«

Von Erkenbald schaute auf den Boden und wartete. Derweil versuchte Utz vergeblich, die zwei Holzbretter mit Armbewegungen von seinen Daumen zu schütteln.

Mit weinerlicher Stimme beteuerte der Bauer: »Hab den Jud nicht erschlagen.«

»Nun gut. Du hast es so gewollt.« Von Erkenbald zuckte mit den Achseln. »Brose, fang an.«

»Haltet ein!«, rief Raimund. »Hat Rachel nicht vom Schuster Wendel gesprochen? Wo liegt der Hof des Bauern?«

Utz blickte auf. »Au… auf dem Weg nach Guntzinheim. Keine Viertelstunde vom Altmünstertor entfernt.«

»Bevor wir hier weitermachen, würde ich dem Schuster gern ein paar Fragen stellen«, sagte Raimund so bestimmt wie möglich.

»Wir vergeuden unsere Zeit«, erwiderte von Erkenbald verärgert. »Ich habe Wendel bereits befragen lassen. Den ganzen Donnerstag hat er auf dem Markt Schuhe feilgeboten. Seine Magd hat dies bestätigt.«

»Es geht hier um Mord, da sollten wir uns ausreichend Zeit nehmen. Wir riskieren sonst, dass ein Mörder weiterhin unter uns in Mainz sein Unwesen treibt?«

»Mit Verlaub, der Herr Domdekan lässt unangebrachte Menschlichkeit über seinen sonst so ausgeprägten Verstand regieren.«

»Das Mittel der Folter gestattet unser Bischof nur dann, wenn bereits genügend Anhaltspunkte gegeben sind.«

»Der Jude ist in Utz' Schweinestall gefunden worden. Ist das etwa kein Anhaltspunkt?« Von Erkenbalds Tonfall wurde schärfer.

Raimund war klar, dass sich der Vogt im Beisein Broses vorgeführt fühlte. Deshalb ließ er es wie einen nachdenklichen Einwurf klingen, als er sagte: »Jemand hätte Zacharias dort ablegen können.«

»Die Folter wird die Wahrheit ans Licht bringen.«

»Zur elften Stunde bin ich zu einer Audienz beim Bischof geladen«, erwiderte Raimund scharf. »Ich hoffe, Ruthard überzeugen zu können, an der Befragung teilzunehmen. Ich werde Wendel und seine Magd rufen lassen. Rachel soll ebenfalls erscheinen, schließlich ist sie die Geschädigte.«

Eine senkrechte Falte zeigte sich auf der Stirn des Vogtes. Langsam, mit zusammengekniffenen Lippen schüttelte er den Kopf, atmete tief ein, schloss die Augen und sagte mit unterdrückter Wut: »So befragt das jüdische Weibsbild. Und wenn Ihr unbedingt darauf bestehen wollt, holt Wendel und meinetwegen auch seine Magd. Bedenkt jedoch, dass wir nicht unbegrenzt Zeit haben.« Leise, aber so, dass es Raimund hören konnte, fügte von Erkenbald hinzu: »Wäre Dompropst Manfried hier gewesen, dann hätten wir den Mörder im Nu überführt.«

Mainz – auf dem Marktplatz

Christain bog sich vor Lachen, während Peter mit den Fingern prüfte, ob ein Zahn wackelte. »Bist und bleibst der dumme Peter, du hast wohl noch nie einen Pfirsich gesehen.«

»Selber blöd«, gab Peter zurück. Irgendwie fing Christain an, ihm auf den Geist zu gehen.

»Weißt du was?«, sagte Peter, nachdem er sich überzeugt hatte, dass alle seine Zähne unversehrt waren, und er den Pfirsich weit vorsichtiger aufgegessen hatte. »Es ist ja helllichter Tag, und wir haben viel Zeit. Ich möchte mir gleich den Dom anschauen.«

»Nee, ich will lieber sehen, was ich mit meinen fünf Sachsenpfennigen anfangen kann. Teures Obst werde *ich* mir jedenfalls nicht davon kaufen.«

»Was willst du denn damit machen?«

»Weißt du, was ein Badehaus ist?«, erwiderte Christain geheimnisvoll.

»Nee. Das will ich auch gar nicht wissen.«

»Na gut, geh du nur in den Dom. Wir treffen uns zum Vesperleuten am Brunnen wieder.«

Bevor Peter etwas erwidern konnte, war Christain schon zwischen den Ständen verschwunden. Nun war Peter sich allerdings gar nicht mehr sicher, ob er froh sein sollte, Christain losgeworden zu sein, oder bange, sich in dieser großen Stadt allein zurechtfinden zu müssen.

Sei's drum, dachte er und wollte sich in Richtung Dom aufmachen, da sah er den schwarzgelockten Jungen vor dem Haus mit den seltsam funkelnden Bechern und Tellern sitzen. Neugierig näherte er sich.

Der Junge sah ihn kommen und wollte rasch die Schiefertafel hinter seinem Rücken verschwinden lassen, da fragte Peter: »Was machst du da?«

»Ich zeichne Gesichter«, antwortete der Junge verlegen.

»Und wen hast du gezeichnet?«

»Öh …« Der Junge schaute zu Boden und schien dabei ein Grinsen zu unterdrücken. Dann richtete er seinen Blick auf und sagte: »Dich.«

»Zeig her.«

Der Junge reichte ihm zögerlich die schwarze Tafel und Peter sah darauf mit weißen Strichen ein Gesicht gezeichnet, das ihm fremd vorkam. Auf den Wangen prangte je eine tiefe Lachfalte. Seine Nase war so groß, wie die saftigen Pflaumen, die ihm seine Mutter im Herbst auftrug zu pflücken. »Das soll ich sein?«

»Ja, so siehst du aus. Findest du dich nicht gut getroffen?«

»Ich weiß nicht, ich habe mich noch nie gesehen«, sagte Peter schroff. Das Bild war ihm irgendwie unangenehm, er interessierte sich auch mehr für die geheimnisvollen Gegenstände auf dem Regal. Schalen, Karaffen und Trinkgefäße standen dort sorgsam aufgereiht. Das Material erschien seltsam glänzend, manche der Gegenstände waren rot, manche grün und manche einfach durchsichtig, ganz ohne Farbe. Nie zuvor hatte Peter Derartiges gesehen, geschweige denn daraus getrunken. Er zeigte auf einen der Becher. »Was kostet der?«

»Du meinst den Glasbecher hier?«

Peter nickte.

»Drei Schillinge, weil du es bist.«

»Was ist das in Pfennigen?«

»Drei Dutzend.« Nachdem er Peters fragendes Gesicht bemerkt hatte, fügte der Lockenkopf hinzu: »Für zwölf Pfennige kriegst du einen Schilling. Also sind drei Schillinge sechsunddreißig Pfennige.«

In Peters Kopf bullerte es. Ein Dutzend, das war schon sehr viel. Vier Männer brauchte es, um eine Kuh zu schlachten. Zehn Gebote hatte Moses von Gott empfangen. Aber sechsunddreißig Pfennige, das konnte er sich wahrlich nicht vorstellen.

»Sechsunddreißig Pfennige«, der Junge mit den Locken formte seine rechte Hand zu einer Schale, »die passen so eben in deine Hand.«

Enttäuscht wandte sich Peter ab. Mit seinen fünf Pfennigen konnte er sich vielleicht ein Stück Wurst und einen halben Laib Brot kaufen. Und vielleicht auch etwas Zeit mit der Jutta. Kostbarkeiten wie diesen funkelnden Becher, die konnte er sich jedoch nicht leisten.

Der Lockenkopf schaute ihn neugierig an. »Weißt du, was Murmeln sind?«

»Nee.«

»Schau her!« Der Junge nahm einen kleinen Ledersack, der an seinem Gürtel hing, schüttete den Inhalt in seine linke Hand und hielt Peter vier etwa daumendicke Kügelchen unter die Nase: zwei Blaue, eine etwas kleiner, und ein Paar rote. »Das sind Murmeln, damit kann man spielen.«

Just in diesem Moment blieb eine Frau mit einem goldglänzenden Kranz auf dem Kopf neben ihnen stehen. Sie war fast zwei Köpfe größer als Peter, und er schätzte, dass ihre blonden Haare offen fast bis zu ihrem prallen Po reichen mussten, der unter dem eng anliegenden Kleid gut zu erahnen war.

»Die grüne Schale hier, was kostet die?«, hörte er die Frau sagen.

»Komm später noch einmal, dann erkläre ich dir, wie man Murmeln spielt«, sagte der Junge zu Peter und wandte sich der großen blonden Schönheit zu.

Mainz – vor dem Westchor des Domes

Raimund war erleichtert, dass er die Folter an Bauer Utz zunächst hatte verhindern können. Seine Freude wurde jedoch sofort durch eine andere Nachricht getrübt, die dem Vogt zugetragen worden war, nachdem man Utz abgeführt hatte: Ein Kindergrab sei in der Nacht geschändet worden. Der Kindesmutter war aufgefallen, dass das Grab eingesunken war, obwohl ihr Kind gerade erst unter die Erde gekommen sei. Sie hatte die Stadtwache benachrichtigt. Die hatte das Grab geöffnet und festgestellt, dass der Sarg mit der Leiche verschwunden war.

Raimund blieb jedoch keine Zeit, der Sache weiter nachzugehen, da er unbedingt zum Gottesdienst erscheinen musste, zu dem Ruthard alle Domherren zur achten Stunde einbestellt hatte und den er aufgrund der besonderen Gefahr sogar persönlich zelebrieren würde. Seine leitenden Beamten sollten mit dem Bischof Gottes Schutz für ihre Stadt erbitten. Raimund war spät dran. So eilte er vom Gerichtshaus direkt zum Dom.

Er schritt auf den Westchor zu und die beiden Küster ließen ihn passieren. Raimund stieg die Treppe zum Chor hinauf. Dort saßen bereits die einundzwanzig Adligen, von denen nur ein halbes Dutzend geweihte Priester waren, und zwei der wohlhabendsten Städter, die sich ihren Sitz für teures Geld erkauft hatten. Zusammen mit Raimund, dem »gelehrten Bauern«, wie er von den anderen Domherren zuweilen gleichermaßen bewundernd und abschätzig genannt wurde, waren sie für die Organisation des Domstifts verantwortlich. Raimund setzte sich auf den mit feinen Schnitzereien verzierten Stuhl, der seit der Einweihung des Domes vor fast hundert Jahren für den Dekan des Stifts vorgesehen war.

Den Rücken zu den Domherren gerichtet sprach Ruthard bereits das Tagesgebet. Die meisten der Domherren unterhielten sich derweil leise mit ihren Sitznachbarn.

Das *Gloria* setzte ein. Der Chor, der heute eigens aus dem Sankt-Alban-Kloster zur Messe heruntergekommen war, erfüllte den Raum mit dem beim Volk so beliebten Gesang. Raimund vergaß allen Ärger und gab sich der himmlischen Musik hin.

»Gloria in excelsis Deo et in terra pax hominibus bonae voluntatis.«

Ehre sei Gott in der Höhe und Friede auf Erden den Menschen seines Wohlgefallens.

Mainz – auf dem Marktplatz

Peter zog es noch einmal in den Dom, das große Wandbild mit dem Propheten Moses war ihm nicht aus dem Kopf gegangen. Die verhexte Sache mit der Kinderleiche, nein, das war nicht sauber gewesen, dieser Gedanke war immer wieder in Peter hochgekrochen. Auch wenn er im Auftrag eines geweihten Priesters gehandelt hatte, wollte er Gott auf jeden Fall um Verzeihung bitten. Bei dieser Gelegenheit würde er auch für das Gelingen des heiligen Feldzugs beten, in dem er bald zu kämpfen gedachte.

Vom Marktplatz aus trat er durch eine große bronzene Tür, durch die er mit Christain am gestrigen Tag auf den Marktplatz getreten war. Erst jetzt hatte er Zeit, sie richtig anzuschauen. Die zwei Flügel der Tür schienen aus je einem Guss zu sein. Selbst der Pfarrer im Dorf hatte von dieser Pforte gesprochen, die Rotkutte gestern am Fluss Willigistür genannt hatte. Peter erinnerte sich. Sie sei benannt nach einem Bischof, der vor langer Zeit in Mainz regiert habe, das hatte der dicke Dorfpfarrer den Kindern erzählt.

Er richtete seinen Blick in den Innenraum des Domes, seine Augen mussten sich zunächst an die Dunkelheit gewöhnen. Fast menschenleer erschien das gewaltige Kirchenschiff, nur eine Handvoll Gläubige verlor sich zwischen den hohen Säulen.

Aus Richtung der Erhöhung auf der Westseite des Domes erschallte der wunderbare Klang von Männerstimmen. Diese Musik war so anders als die fröhlich frechen Lieder, die die Spielleute unter zuweilen wildem Tanz und komischen Grimassen auf dem Marktplatz vorgetragen hatten. Mit offenem Mund lauschte er der vielstimmigen Melodie, die von den hohen Wänden zurückgeworfen wurde. Wahrlich, es war, als ob die Engel im Himmel singen würden.

Ein Gottesdienst schien auf der Erhöhung stattzufinden, auf die Peter nun zuging. Der Aufgang war bewacht von zwei Küstern, und so blieb er neben einer Säule stehen, von wo er das Geschehen auf dem Westchor gut beobachten konnte. Zwar sah er dort mehrere Priester in feinen bunten Messgewändern und auch viele rot berockte Ministranten, die rauchende Fässchen schwangen, jedoch saßen dort nur ein paar Handvoll Männer, die alle – außer einem Mönch in einer schwarzen Kutte – äußerst vornehm gekleidet waren und es sich auf Stühlen unter bunt bemalten Wappen bequem gemacht hatten. Durch den Weihrauchnebel erkannte er einen ganz besonders fülligen Priester in einem grünlich-goldenen Messgewand, der auf seinem steinernen Thron wie ein König saß.

Voller Wonne lauschte Peter der himmlischen Musik. Berauscht von all der Farbenpracht um sich herum atmete er den harzigen Duft des Weihrauchs ein, der sich in dem majestätischen Kirchenraum verteilte.

So musste es auch im Paradies sein, dachte er.

Mainz – im Dom

Die Domherren hatten mittlerweile ihre Gespräche eingestellt. Nun sahen sie dem liturgischen Höhepunkt der Messe entgegen, der *substantialiter transmuta*, wie sie seit der Synode in Rom vor siebzehn Jahren genannt wurde: die Verwandlung des Weines und der Hostien in das Blut und in den Leib Christi. Nur geweihte Priester durften bei der Wandlung in der Nähe des Altars verweilen. Selbst die zwanzig nichtgeweihten Domherren unter ihnen durften die Transsubstantiation lediglich von Weitem bewundern.

Ruthard saß auf seinem in Stein gemeißelten Bischofsthron am Kopf der Apsis.

Die achtundvierzig Ministranten in ihren weißen Chorhemden knieten um den Altar. Jeder zweite von ihnen hatte eine kleine Glocke in der rechten Hand, die anderen schwenkten Weihrauchfässchen. Der Wein stand in drei goldenen Kelchen auf dem Altar bereit, davor befand sich die Patene aus purem Gold mit den Hostien.

Ruthard quälte sich aus seinem Bischofsthron. Mit einer Behäbigkeit, die eher seiner Leibesfülle als dem Versuch, Würde auszustrahlen, geschuldet war, schritt er zum Altar. Auf seinem Messgewand prangte eine Goldstickerei, die seinen breiten Rücken fast ganz ausfüllte: Der römische Centurio Longinus hatte seine Lanze in die Seite des Herrn gestoßen, um dessen Tod festzustellen. Ein Engel kniete unter dem Kreuz und fing das Blut, das aus der Wunde strömte, in einem Kelch auf.

Wie die anderen fünf Geweihten unter den Domherren erhob sich auch Raimund. Sie knieten nieder vor dem Altar und streckten in stiller Demut ihre Hände zum Gebet gefaltet in Ruthards Richtung aus. Die nicht geweihten Teilnehmer der Messe knieten auf den Betbänkchen vor ihren Stühlen. Vier Priester umkreisten den Altar und beweihräucherten ihn.

Ruthards Fistelstimme drang kaum hörbar durch den Nebel, das Hochgebet wurde aus Furcht vor Verunehrung stets ganz leise gesprochen.

»Schenke, o Gott, diesen Gaben Segen in Fülle und nimm sie zu eigen an.

Mache sie uns zum wahren Opfer im Geiste, das dir wohlgefällt,

zum Leib und Blut deines geliebten Sohnes Jesus Christus.«

Eine silberne Schüssel mit Wasser wurde Ruthard gereicht, in der er seine Hände säuberte. Ein Priester übergab ihm ein weißes Tuch, mit dem der Bischof seine voluminösen Finger trocknete. Schließlich griff er mit beiden Händen eine der großen runden Hostien aus der Schale und hob sie langsam in die Höhe, während der Chor zum *Ave verum corpus* ansetzte.

Die Domherren schauten in größter Erwartung auf die Hostie in Ruthards Händen, war doch dieser Moment der Präsenz Christi der beste Zeitpunkt für ihre Fürbitten und Gebete, den es daher genau abzupassen galt. Entsprechend still war es nun.

Vier der Priester erhoben sich, platzierten sich mit den auf vergoldeten Stäben angebrachten Wandlungskerzen neben dem Bischof und illuminierten die Hostie, damit das Wunder für alle gut sichtbar war.

Ruthard sprach:

»Er nahm am Abend vor seinem Leiden Brot in seine heiligen und ehrwürdigen Hände,

erhob die Augen zum Himmel, zu Dir, seinem Vater, dem allmächtigen Gott,

sagte Dir Dank, segnete es, brach es und gab es seinen Jüngern mit den Worten:

Nehmet hin und esset alle davon, das ist mein Leib.«

Präzise beim letzten Wort Ruthards begannen die Ministranten, ihre Glöckchen zu schwenken. Das Schellen hallte von den Wänden des Domes wider, wurde immer lauter und kraftvoller. Der Chorgesang setzte ein mit dem *Laus Dei*, dem *Lob*

Gottes, und vermischte sich mit erstaunten Rufen und betendem Gemurmel.

Ruthard hielt für alle sichtbar den Leib des Herrn in seinen zum Himmel gestreckten Händen.

Mainz – im Dom

Der dicke Priester mit dem goldbestickten Gewand hatte sich soeben die Hände gewaschen, da wurde Peter eines Bauern gewahr, der keine fünf Schritte entfernt durch den Dom hinkte und eine meckernde Ziege quer durch die Kirche zog. Ein Küster rannte wild mit den Armen fuchtelnd auf den Bauern zu und schnauzte: »Während der Messe haben lebende Vierbeiner hier nichts zu suchen.«

»Wo soll ich's denn anbinden?«, maulte der Bauer zurück. »Hinterher wird's mir noch gestohlen. Meine Frau ist schwanger. Zum dritten Mal. Die ersten zwei sind uns gleich weggestorben und meine arme Frau fast mit. Ich möchte den Herrn durch ein Gebet vor der Statue der Heiligen Jungfrau gnädig stimmen.«

»Das ist dein Problem. Raus hier! Oder soll ich die Wache holen?«

Der Bauer zog schmollend ab und Peters Aufmerksamkeit richtete sich wieder auf das Geschehen auf der Erhöhung. Unter dem hellen Klang von mannigfachen Ministrantenglöckchen, beschienen von Kerzen auf goldfarbenen Stäben hielt der Priester die Hostie in seinen Händen für alle sichtbar hoch.

Peter hatte verstanden, dass nun der geeignete Moment für ein Gebet war. Erfüllt von der Musik und seinem göttlichen Auftrag kniete er nieder auf den kühlen Steinboden und murmelte: »Lieber Gott, lass mich reich aus Jerusalem zurückkehren und bitte schenk mir auch eine schöne Frau.« Dabei musste er unwillkürlich an die große Schönheit mit den langen blonden Haaren denken.

Um seinem Gebet einen etwas uneigennützigeren Charakter zu verleihen, fügte er einige Sätze hinzu, an denen er schon seit der Überquerung des Rheins vor zwei Tagen gefeilt hatte: »Bei der Jungfrau Maria und allen Heiligen verspreche ich, Peter aus Gerstendorf, hoch und heilig, dass ich die Hälfte meiner Beute der Kirche schenken werde. Und auch Vater und Mutter sollen etwas abbekommen. Und bitte, bitte, lieber Gott, gib mir den rechten Mut, dass ich möglichst viele der Ungläubigen töten werde, zur Ehre Gottes und der gesamten Christenheit.«

Das Schellen der Ministrantenglöckchen erstarb, und mit einem Gefühl besonderer Erhabenheit richtete sich Peter auf.

Mainz – im Dom

Raimund nutzte den Moment der Ruhe zur Einkehr. Zweifellos spürte er bei der Eucharistie eine große Nähe zum Herrn, die ihm behagte. Er nahm Anteil am letzten Abend des Lebens Jesu, welches die Liebe in das Zentrum der Welt gepflanzt hatte. Er fühlte sich als Glied der Gemeinschaft, die an jenem Tag vor mehr als tausend Jahren vom Herrn selbst gegründet worden war. *Denn gleicherweise als wir in einem Leibe viele Glieder haben, aber alle Glieder nicht einerlei Geschäft haben, also sind wir viele ein Leib in Christus, aber untereinander ist einer des andern Glied, und haben mancherlei Gaben nach der Gnade, die uns gegeben ist,* hatte Paulus an die Römer geschrieben.

Nun feierte Raimund zusammen mit den Mächtigen von Mainz den Gottesdienst auf bequemen Stühlen, getrennt vom

Volk. War dies wirklich die Gemeinschaft, die sein Herr im Sinn gehabt hatte?

Er blickte hinauf zum Altar. Ruthard hielt bereits den feuervergoldeten Kelch in den Händen und streckte ihn langsam in die Höhe. Leise singend intonierte er:

»In gleicher Weise nahm er nach dem Mahl
auch diesen erhabenen Kelch in seine heiligen und ehrwürdigen Hände,
dankte Dir wiederum, segnete ihn und gab ihn seinen Jüngern mit den Worten:
Nehmet und trinket alle daraus, das ist der Kelch meines Blutes,
des neuen und ewigen Bundes, Geheimnis des Glaubens,
das für euch vergossen wird zur Vergebung der Sünden.
Tut dies, sooft ihr es tut, zu meinem Gedächtnis.«

Wiederum erschallten die Ministrantenglöckchen und die Lautstärke der Gebete vervielfachte sich.

»Agnus Dei, qui tollis peccata mundi, miserere nobis«, setzte der Chor ein. Lamm Gottes, du nimmst hinweg die Sünde der Welt, erbarme Dich unser.

Ruthard übergab zunächst die goldene Patene und dann einen der Kelche an zwei Priester, die die konsekrierten Gaben an die Domherren verteilten. Schließlich erreichte Raimund die goldene Schale. Er nahm sich eine Hostie und legte sie auf seine Zunge. Dann nahm er einen Schluck aus dem Kelch, der ihm gereicht wurde. Während er die schwere Süße des Weins auf seiner Zunge schmeckte und mit den Resten des heiligen Brotes seine Kehle hinunterrinnen ließ, dankte er dem Herrn für all das Gute, das ihm in seinem Leben zuteil geworden war.

Ruthard hatte sich inzwischen zu seinem gepolsterten Stuhl geschleppt und dämmerte sichtlich erschöpft vor sich hin. Raimunds Augen schweiften über den weiten Kirchenraum. Ein Bauernjunge stand neben einer Säule und schien der Messe andächtig zu folgen. War dies nicht der Junge, mit dem Bruder

Anselm gestern gesprochen hatte? Und hatte dieser nicht den Namen »Rotkutte« erwähnt und war dann schnell weggelaufen?

Nochmals blickte er zu der Säule. Der Bursche war verschwunden.

Mainz – auf dem Marktplatz

Der Gedanke an die Murmeln hatte Peter nicht losgelassen, daher war er zurückgekehrt zu dem Laden mit den funkelnden Bechern und Schalen, wo noch immer der Junge mit den schwarzen Locken saß. Nun war kein Kunde da, der sie vom Spielen abhalten würde. Er fragte: »Wie spielt man mit Murmeln?«

»Ich erkläre es dir.« Der Junge legte Peter eines der Kügelchen in die Hand. »Man bohrt ein kleines Loch in den Boden und zieht einen Strich, hinter den man sich hockt.«

Peter hielt die Kugel gegen den Himmel. In kleinen Luftblasen innerhalb des durchsichtigen Materials fing sich das Licht. Aber was war das? Wenn man hindurchblickte, während man die Kugel drehte, dann drehten sich die Luftbläschen, aber die Welt dahinter, die drehte sich nicht. Und so klein, wie diese Murmel war, so schien doch der ganze Marktplatz hineinzupassen. Doch der Dom, der stand auf dem Kopf und irgendwie wurden alle geraden Linien krumm.

»Was ist das für eine Zauberkugel?«, fragte Peter.

»Die Murmel ist aus Glas, das in großen Barren auf Schiffen aus dem Süden kommt. Mein Vater stellt daraus in dem großen Ofen in seiner Werkstatt all die Dinge her, die hier stehen. Den kann ich dir bei Gelegenheit einmal zeigen, wenn du magst.«

Peter nickte, war jedoch nun mehr daran interessiert, was man mit diesen Murmeln anstellen konnte. Daher fragte er: »Und was macht man, wenn man den Strich gezogen hat?«

»Man muss die Kugeln mit dem Daumen in die Nähe des Loches schnipsen, oder noch besser, in das Loch hinein«, fuhr der Lockenkopf mit seiner Erklärung fort. »Und wer seine Kugeln zuerst ins Loch bugsiert, der hat gewonnen.«

»Und was kosten diese Zauberkugeln?«

»Eine kleine Kugel gibt es für drei Pfennige, die zwei großen, die kosten je sechs. Aber dir würde ich alle vier für nur einen Schilling geben.«

»Das ist viel Geld«, sagte Peter, um den Preis zu drücken. Insgeheim hatte er jedoch erwartet, dass diese Murmeln mit den Zauberkräften noch viel teurer seien.

»Je eine Kugel zum Murmeln, das geht auch. Aber mehr Spaß macht es mit vieren, dann kann man zweimal schnipsen und die Murmel des anderen wegkitschen. Probier mal.«

Der Lockenkopf zog mit dem Fuß eine Linie auf den Boden und bohrte mit einem Stock ein kleines Loch in die harte Erde, einen guten Klafter entfernt von dem Strich. Dann hockte er sich auf den Boden, legte die Murmel hinter die Linie und schnipste sie mit dem Daumen in Richtung der Vertiefung. Die Murmel rollte über den Boden, trieb etwas nach rechts ab und blieb etwa eine Handbreit neben dem Loch liegen.

»Komm, versuch es auch einmal.«

Mainz – Bischofspfalz, im Bischofspalast

Es hatte Raimund einiges an Überzeugungsarbeit gekostet, den Bischof nach der Messe zu einer Teilnahme an Utz' Befragung zu bewegen. »Warum soll ich mich in so eine Lappalie einmischen, das ist Sache des Vogtes«, hatte Ruthard sich zunächst gesträubt.

Von Erkenbald widersetzte sich der bischöflichen Anordnung zum Gebrauch der Folter, hatte Raimund schließlich zu bedenken gegeben. So war es letztendlich die Aussicht, den Vogt in seine Schranken verweisen zu können, die Ruthards Zustimmung bewirkt hatte.

Nun waren sie alle im Empfangsraum des Bischofs versammelt: Ruthard saß träge auf seinem opulent gepolsterten Steinthron; Bauer Utz stand stumm da in seinen Ketten und machte ein dümmliches Gesicht, links und rechts eingerahmt von den zwei Wachen. Rachel, begleitet von Kalonymos, war ganz in Weiß gekleidet. Sie hatte eine Kriah, den Schnitt über dem Herzen, den sich Juden zum Zeichen der Trauer beim Tod engster Verwandter in ihre Kleidung schneiden. Schuster Wendel vergrub die Hände in seinem Wams und gähnte demonstrativ gelangweilt neben dem Vogt. Seine Magd stand ein paar Schritte abseits und betrachtete den Boden, als suche sie dort nach Flecken. Raimund erwartete jeden Moment, dass sie niederknien würde, um mit dem Lappen, der aus ihrer Schürze hervorlugte, den Boden zu wischen.

Die Blicke aller Anwesenden außer denen der Magd richteten sich auf Raimund.

Was hatte er eigentlich in der Hand? Nicht mehr als eine Ahnung, dass Utz nicht gelogen hatte. Und diese rührte wohl eher von seinem Bedürfnis her, eine Folter mit diesem fürchterlichen Schraubstock abzuwenden, als dass sie auf belastbarer Evidenz gegründet wäre, die er gegen Wendel ins Feld hätte führen können. Das ungute Gefühl, sich mit dem Insistieren auf eine Vernehmung in Anwesenheit des Bischofs viel zu weit aus dem Fenster gelehnt zu haben, beschlich Raimund. Wenn diese Befragung ergebnislos verliefe, dann hätte er sich heillos lächerlich gemacht. Zu spät jetzt, wer A sagt, muss auch B sagen, verdrängte er seine Bedenken und wandte sich an Rachel. »Ich möchte dir zunächst mein Mitgefühl ausdrücken und dir danken, dass du am Todestage deines Mannes zu dieser Befragung gekommen bist.«

Rachel machte die Andeutung eines Knickses.

»Wir müssen wissen, was mit Zacharias geschehen ist. Daher würden wir dir gerne einige Fragen stellen. Erlaubst du das?«

Nochmals knickste Rachel.

»Du sagtest gestern, dass Zacharias seine ›kleine Tour‹ gegangen ist. Was ist Zacharias' ›kleine Tour‹ genau?«

Rachel schielte zum Parnas, der ihr freundlich zunickte.

»Normalerweise geht er donnerstags …«, fing Rachel leise an zu sprechen. Sie zögerte einen Moment und sagte dann mit einer Härte in der Stimme, die Raimund im Herzen wehtat, »normalerweise *ging* er donnerstags zunächst nach Fundene über Guntzinheim, dann über Marienborn nach Hechtsheim und schließlich über Dulcinesheim zurück in die Stadt. Am letzten Donnerstag hatte er jedoch Fundene ausgelassen, da er am Nachmittag endlich das Geld von Schuster Wendel erhalten sollte.«

»Um wie viel Geld handelte es sich?«

»Ganze fünf Silberschillinge.«

»Ich nehme an, dies ist sehr viel Geld für dich.«

»Oh ja«, antwortete Rachel bestimmt. »Das ist viel Geld. Ich habe Zachi noch gewarnt, so viel Leder ohne jede Vorauszahlung. Aber Zachi hat gemeint, man könne Schuster Wendel vertrauen.«

»Der Herr Domdekan verschwendet unsere Zeit mit seiner ziellosen Fragerei«, warf von Erkenbald ein. »Das wissen wir doch schon alles.«

Ruthard schlug mit der flachen Hand auf die Lehne seines Thrones. »Der Vogt möge sich in Geduld üben! Es war *meine* Entscheidung, dass die Jüdin, der Schuster und seine Magd befragt werden. Und der Herr Vogt untersteht *meiner* Autorität. Daher möge er den Dingen nun ihren Lauf lassen.« Dann fügte er mit Blick auf Raimund hinzu: »Ich bin mir sicher, dass der Herr Domdekan bei seiner Befragung bedenken wird, dass wir nicht ewig Zeit haben.«

Der Vogt verneigte sich und zischte mit zusammengepressten Zähnen: »Ich bewundere die Geduld meines verehrten Bischofs mit seinem Domdekan, der offensichtlich bisher noch an keiner Untersuchung in einem Mordfall beteiligt war.«

Raimund wandte sich an Wendel. »Wo hat der Herr sich am Donnerstag aufgehalten?«

Der Schuster ließ ein gekünsteltes Stöhnen vernehmen. »Das habe ich dem Herrn Vogt bereits gesagt. Ich war den ganzen Tag auf dem Markt.«

»Schuldet der Herr dem Juden Zacharias fünf Schillinge?«

»Die hat er bereits am Donnerstagmorgen bekommen. Vermutlich hat das verlauste Krämerlein das Geld gleich versoffen und verhurt.«

»Mein Zachi hurt und säuft nicht«, empörte sich Rachel.

»Sei still, Weib«, fuhr der Bischof sie an. »Sonst wirst du des Raumes verwiesen.«

Rachel zog die Schultern ein und knickste noch einmal.

»Wann am Donnerstag hast du dem Juden Zacharias das Geld gegeben?«, fuhr Raimund fort.

»Das war wohl … Mhh, lasst mich nachdenken … Es muss … Es muss vor dem Läuten zur Terz gewesen sein. Kurz bevor ich zum Markt gegangen bin.«

Raimund wandte sich der Magd zu: »Nun Weib, wie heißt du?«

»Ich heiße Maria.« Die Hände der Magd verkrampften sich in dem Lappen an ihrer Schürze. Unsicher blickte sie zum Schuster.

»Wie lange arbeitest du bereits für Schuster Wendel?«

»Seit dem letzten Sommer, mein Herr.«

Raimund nahm aus den Augenwinkeln wahr, dass Wendel seine Lippen mit den Zähnen bearbeitete.

»War der Jude Zacharias am Donnerstag bei deinem Herrn?« Maria zögerte und blickte nochmals zu Wendel.

»Du musst hier die Wahrheit sagen«, sagte Raimund streng.

»Ich kann mich nicht daran erinnern.«

»Warst du im Hause?«

»Nicht die ganze Zeit. Ich habe Wasser vom Brunnen geholt.

Und dem Karl, das ist der Knecht, der bereits den Marktstand aufgebaut hat, noch ein Stück Brot gebracht.«

»Dann kann der Jude also gekommen sein, ohne dass du dies mitbekommen hättest?«, warf von Erkenbald ein.

»Ja, das kann gut sein«, antwortete Maria schnell.

Von Erkenbalds triumphierender Blick richtete sich auf Ruthard. »Das führt zu nichts, was der Domdekan hier versucht.«

»Gut, du hast Zacharias also am Donnerstag nicht gesehen«, fuhr Raimund unbeirrt fort.

Maria nickte.

»Warst du danach den ganzen Donnerstag auf dem Markt?«

Erneut blickte Maria zu Wendel, der ihr eifrig zunickte.

Ruthard sah auf einmal nachdenklich aus, auch er schien das Verhalten des Schusters bemerkt zu haben. Raimund nutzte seine Chance.

»Ich denke, wir sollten Maria besser ohne ihren Herrn befragen«, flüsterte er dem Bischof zu.

Ruthard nickte. »Wachen, führt Wendel hinaus und passt auf, dass er sich nicht aus dem Staub macht.«

Mainz – auf dem Marktplatz

Eine ganze Weile hatte Peter bereits mit dem Lockenkopf gespielt. Immer besser gelang es ihm, die Bahnen der Murmeln zu kontrollieren. Und schließlich hatte er sogar einmal gewonnen.

Plötzlich erschallten die Glocken vom Turm des Domes.

»Ist das das Läuten zur Non?«, fragte Peter.

»Nein, das ist das Vesperleuten. Die Non, das ist schon zwei Stunden her.«

»Mist!« Peter erschrak. »Ich sollte mich zur Non mit Christain am Brunnen treffen. Ich muss jetzt gehen.«

Wie Männer verabschiedeten sie sich mit einem Handschlag. David hieß der Junge mit den schwarzen Locken, das wusste Peter nun.

Die Sonne stand bereits tief am Horizont. Peter lief zunächst zum Brunnen, aber Christain war natürlich nicht mehr da. Ihm wurde es ein wenig bange. Wie sollte er zum Eselsweck zurückfinden? Am besten, ich nehme den Weg, den wir gekommen sind, sagte er zu sich. Vom Brunnen aus sah er die große Gasse.

Eine Zeit lang ging er zwischen den zwei Häuserreihen einher. Es waren weitaus weniger Menschen unterwegs als noch am Morgen. Ein paar Händler räumten die letzten Auslagen vor den Geschäften ab, Fensterläden wurden geschlossen und Kinder hereingerufen. Eine Gasse ging nach links, die andere geradeaus und die dritte nach rechts. Mit Christain war er irgendwie kreuz und quer gegangen. Peter wusste nicht mehr, welcher Weg der richtige war. Er entschied sich, nach rechts zu gehen. Es dunkelte bereits ein wenig, nicht nur, weil die Häuser über ihm zusammenwuchsen.

In den engen Gassen wurde es Peter immer unheimlicher zumute. Es gab einfach nichts, an dem er sich orientieren konnte, die Häuser sahen alle gleich aus. Endlich wurde es ein wenig lichter, ein großer Platz erschien am Ende der Gasse. Dann sah er den Dom.

Er war im Kreis gelaufen.

Mainz – Bischofspfalz, im Bischofspalast

Nachdem Wendel aus dem Raum geführt worden war, wandte sich Raimund an Maria. »So, nun sprich und sag die Wahrheit. Am Donnerstag, warst du da den ganzen Tag auf dem Markt?«

»Das hat sie mir doch gesagt«, erwiderte von Erkenbald an Marias statt.

»Der Herr mag schweigen!«, fuhr Ruthard den Vogt an.

»Bedenke das achte Gebot«, sagte Raimund streng. »Wie heißt es, Maria?«

Wendels Magd blickte zu Boden und flüsterte: »Du sollst nicht falsch Zeugnis reden.«

»Richtig, Maria, du bist eine kluge Frau. Eine Lüge bei einer gerichtlichen Befragung vor dem Bischof ist eine fürchterliche Sünde, Gott würde dir dies nie verzeihen. Ein Unschuldiger könnte sterben, falls du die Unwahrheit sprechen würdest. Du hättest Schuld an seinem Tod, auch du würdest dann zu einer Mörderin werden.«

Marias Hände krampften sich erneut um das Wischtuch an ihrer Schürze, mit gesenktem Kopf antwortete sie: »Ich … Ich war den ganzen Donnerstag auf dem Markt, vom Läuten zur Terz bis zum Vesperläuten. War nur ab und an kurz weg. Zum Wasserlassen und zum Essenholen.«

»Na also«, warf von Erkenbald ein.

»Sehr gut, ich glaube dir, Maria«, sagte Raimund sanft. »Du bist eine ehrliche Frau und Gott wird dich beschützen.«

Maria nickte erleichtert.

»War auch dein Herr am Donnerstag auf dem Markt?«

»Ja, er hatte doch Schuhe von dem Leder des Juden geschustert. Gut verkauft haben wir an jenem Tag: zwei Dutzend Paar Schuhe und noch zwei dazu.«

»War Schuster Wendel die ganze Zeit mit dir zusammen?«

Maria knetete mit beiden Händen das Wischtuch, während sie erneut den Boden nach Flecken absuchte.

»So sprich. Und denke an das achte Gebot.«

»Er … Er war eine Zeit lang weg.«

Rachel, die der Befragung mit gesenktem Kopf gefolgt war, blickte auf.

»Wann war das?«, fuhr Raimund fort.

»Schon kurz nach dem Läuten zur Terz ist er gegangen und erst zur Sext zurückgekommen.«

»Das sind drei Stunden.«

»Der Herr Domdekan macht das arme Weib ganz irre«, beschwerte sich von Erkenbald.

Bischof Ruthard ignorierte den Einwurf des Vogts und wandte seinen Blick zu Maria. »Die Sache wird langsam interessant.«

»Ist dir an deinem Herrn etwas aufgefallen, als er zurückkam?«, fuhr Raimund fort.

»Er … Er war irgendwie verschwitzt und hatte einen Fleck an seinem Wams. Sonst hält er doch immer viel auf seine vornehmen Kleider, die er trägt, wenn er nicht in der Werkstatt arbeitet, hab ich noch gedacht. Und dann hat er sich in den Schatten gesetzt und ich hab fast alles allein verkauft. Und er hat sich immer wieder den Kopf gehalten.«

»Und warum hast du dem Herrn Vogt etwas anderes erzählt?«

»Der Herr Vogt hat nur gefragt, ob mein Herr mit mir auf dem Markt war, und nicht, wie lange er dort verweilt hat«, antwortete Maria schnell. Dann sprudelte es aus ihr heraus: »Ich habe nicht gelogen, ich habe wirklich nicht gelogen. Das müsst Ihr mir glauben. Das glaubt Ihr mir doch, Herr Domdekan, oder? Und mein Herr, der hat mir gesagt, ich solle niemandem nichts sagen. Ich meine, dass er 'ne Zeit lang weg war, mein Herr.«

In Marias Augen sammelten sich Tränen. Rachel schloss die Augen, sie atmete schwer.

Raimund lächelte der Magd beruhigend zu. »Sicher glauben wir dir, Maria.«

»Komme ich jetzt in die Hölle?«

»Du hast doch nicht gelogen.« Raimund unterdrückte ein Schmunzeln. »Und falls du vorher die Unwahrheit gesprochen haben solltest, so beichte. Gott wird dir sicher verzeihen. Denn jetzt hast du die Wahrheit gesagt.«

»Danke, Herr.« Maria senkte ihren Blick. Sichtlich erleichtert ließ sie von ihrem Wischtuch ab und faltete die Hände vor dem Bauch.

Raimund fiel ein Stein vom Herzen, seine Ahnung hatte ihn nicht getrogen. »Ich denke, dass man Schuster Wendel nun wieder hereinbitten kann.«

Mainz – auf dem Marktplatz

Zum dritten Mal war dieser Peter nun wieder auf dem Marktplatz aufgetaucht, und das Sonnenlicht wurde immer schwächer. David war gerade dabei, die letzten Glaswaren zurück in den Laden zu bringen. Der Bauernjunge schien irgendwie verloren. Er winkte ihn zu sich. »Na, Peter, hast du dich verirrt?«

Der Junge war ganz verschwitzt. »Ja, ich möchte zum Eselsweck.«

»Da bist du hier aber ganz falsch.«

»Egal, wohin ich gehe, ich komme immer zum Dom zurück. Sapperlot, Mainz ist so verdammt groß und die Häuser sehen alle gleich aus.«

»Durch die verwinkelten Gassen ist es schwer, den Weg zu finden, und noch schwerer, ihn zu erklären. Das wäre viel zu viel links und rechts«, sagte David. Er zeigte mit dem Finger in eine breite Gasse. »Aber wenn du die Lange Gasse da vorn nimmst und in Richtung Flachsmarkt gehst, dann liegt das Eselsweck nach etwa vierhundert Schritten in einer Quergasse auf der linken Seite.«

»Wie viel ist vierhundert?«

David stöhnte. Du Dummerjan, wollte ihm erst entschlüpfen, doch hielt er sich rechtzeitig zurück. »Bleib auf der Langen Gasse und schau immer zur rechten Seite. Irgendwann siehst du am Ende einer Gasse einen großen Wohnturm. Eine Gasse weiter gehst du nach links, dann bist du bald da.«

»Was ist ein Wohnturm?«

»Hast du schon einmal eine Burg gesehen?«

»Ja, die Burg Oppenheim«

»Die hat doch einen Turm.«

Peter nickte.

»Ein Wohnturm sieht genauso aus wie der Turm einer Burg. Nur gibt es nichts drum herum, und außerdem wohnen Menschen darin.« David zeigte nochmals in Richtung der Langen Gasse. »Du musst dich nun beeilen. Wenn es einmal dunkel ist, kann dir niemand helfen, außer vielleicht der Nachtwächter, und der würde dir erst einmal die Ohren lang ziehen, weil du dich so spät …«

Da war Peter schon in Richtung Lange Gasse gelaufen, und sein »Danke« wehte zu David herüber.

Mainz – Bischofspfalz, im Bischofspalast

»Schuster Wendel, ich frage noch einmal. War der Herr den ganzen Donnerstag auf dem Markt?«

Wendel räusperte sich und blickte kurz zu von Erkenbald. Der wandte seinen Blick jedoch demonstrativ ab. Seine Verärgerung, wegen Wendels Lügen so vorgeführt worden zu sein, war nicht zu übersehen.

»Ja oder nein?«, insistierte Raimund.

Alle Blicke richteten sich auf den Schuster, auch Rachel starrte Wendel nun unverhohlen an. Der räusperte sich erneut. »Vielleicht nicht den ganzen Morgen.«

»Wie lang war der Herr weg?«

»Das weiß ich nicht mehr.«

»Das macht gar nichts, Maria konnte sich gut daran erinnern«, erwiderte Raimund. »Wo war der Herr? Dies ist die interessantere Frage.«

»Hier und dort.« Wendels Augenlieder zuckten. »Ich musste in den Schatten gehen. Es war einfach zu heiß.«

Raimund wandte sich an die Wache, die neben dem Schuster stand. »Untersuche seinen Kopf.«

»He, was soll das?«, konnte Wendel noch sagen, da riss ihm die Wache seine Gugel vom Kopf, zog das Haar beiseite und drehte sein rechtes Ohr zunächst zu Raimund und dann zum Bischof.«

Eine riesige verkrustete Beule kam zum Vorschein. Rachel heulte kurz auf.

»Na, wo hast du die denn her?«, fragte der Bischof auf einmal hellwach.

Wendel zögerte einen Moment und sagte dann: »Ich bin gegen einen Türrahmen geknallt.«

»Wann war das?«

»Ähh …«

»Ihr wart es, Ihr habt Zacharias getötet!«, fuhr Raimund ihn an.

»Ihr habt keinerlei Beweis.« Schweißperlen zeigten sich auf Wendels Stirn.

»Vielleicht nicht. Aber wir haben genug Anhaltspunkte, die auf jeden Fall weitere Nachforschungen rechtfertigen. Wir werden die Torwachen befragen und auch das ganze Gesinde des Herrn. Jede Person, die er am Donnerstag zwischen Terz und Sext getroffen hat, werden wir aufsuchen, jeden seiner Schritte werden wir beleuchten.« Mit Blick auf den Vogt, dessen Wut seinem Gesicht abzulesen war, fuhr Raimund fort. »Und während dieser Zeit wird der Herr Schuster im Kerker sitzen, damit er die Zeugen nicht bestechen …«

»Das würde viel Zeit kosten«, unterbrach ihn Ruthard. Mit ruhiger, aber umso schneidenderer Stimme wandte der Bischof sich an den Schuster: »Du hast deiner Magd Maria befohlen zu lügen. Du hast selbst gelogen. Du warst weg, als Zacharias mit seinem Karren unterwegs war. Du bist schmutzig und mit einer

289

Beule am Kopf am Donnerstagmittag zurückgekommen. Und du hast keine Erklärung für das Ganze.«

Wendel wollte gerade zu einer Antwort ansetzen, aber Ruthard streckte die Hand aus und gebot ihm zu schweigen. Mit eiserner Miene, sodass man kaum eine Bewegung auf seinen Lippen ausmachen konnte, sagte er: »Ich frage dich nur dieses eine Mal. Hast du den Juden getötet? Falls du gestehst, so werde ich den Herrn Vogt bitten, sowohl auf die Folter als auch auf ein Todesurteil zu verzichten.«

»Nein, ich war es ni…«

Von Erkenbald griff Wendels Arm und sah ihn streng an. »Gestehe, und du wirst leben. Bleib starrsinnig, dann werden wir die ganze Wahrheit herausfinden. Durch weitere Zeugenbefragungen oder durch Meister Brose.«

»Es war ein Kampf, ein Kampf!«, rief der Schuster verzweifelt. »Ich wollte ihn nicht töten. Er hat mich angegriffen, da musste ich mich doch wehren. Da ist er auf einen Stein gefallen.«

»Du lügst«, fauchte Rachel Wendel an, während dicke Tränen ihr über das Gesicht liefen.

Der Vogt hob die Hand zum Zeichen, dass Rachel still sein sollte. Dann richtete er einen bitterbösen Blick in Richtung des Schusters. »Warum hat der Jude dich angegriffen?«

Raimund atmete tief durch. Er ließ von Erkenbald gern die Ehre, das Verhör zu Ende zu bringen.

»Er wollte Geld, das konnte ich ihm aber nicht geben.«

»Er hat doch gut verkauft, von dem Leder meines Mannes!«, rief Rachel dazwischen. »Das hat seine Magd selbst gesagt. Da muss er doch Geld gehabt haben.«

»Sei still, Weib. Dies ist eine gerichtliche Befragung.« Von Erkenbald wandte sich nochmals an den Schuster. »Der Jud wollte doch erst am Nachmittag vorbeikommen. Wieso ist es zu einem Kampf gekommen? Und wie ist die Leiche in Bauer Utz' Stall gelangt?«

»Ich weiß nicht, ich …«

»Das reicht jetzt«, fuhr Ruthard dazwischen. »Du lügst ja an einem Stück. Und selbst, wenn es so gewesen wäre. Du hättest Nachricht geben müssen. Dann wäre der Jude nicht so jämmerlich verreckt. So oder so ist es deine Schuld.« Der Bischof winkte Raimund und den Vogt zu sich und flüsterte ihnen zu: »Was er gestanden hat, das ist genug, ihn zu brandmarken und aus der Stadt zu verbannen. Ich bin mir sicher, dass der Herr Vogt mithilfe des Herrn Domdekans den letzten Rest der Wahrheit ans Licht bringen und ein angemessenes Urteil finden wird. Und die Herren mögen sich nun auch gern Broses Hilfe bedienen, denn die Indizien sind erdrückend.« Ruthard richtete sich auf. »Wache, schafft mir diesen verlausten Bauern aus den Augen. Lasst ihn in Herrgotts Namen frei und gebt ihm vorher meinetwegen etwas zu essen. Und der Schuster, ab ins Gefängnis mit ihm. Morgen soll er verurteilt werden. Jeder soll sehen, dass in meiner Stadt Recht und Ordnung gelten.«

Mainz – in Jehudiths und Chaims Haus

»Wie ein Wurm hat Wendel sich gewunden, aber am Ende hatte selbst der Vogt genug von seinen Lügengeschichten.« Raimund saß, wie schon oft zuvor, auf dem mit Kalbsleder bezogenen Gästestuhl im Studierzimmer seines Freundes.

Chaim lächelte müde. Seit dem Besuch in Salomos Haus am gestrigen Nachmittag hatte er sich ein verschärftes Fasten auferlegt. Neben dem Essen und Trinken hatte er sich auch das Sprechen verboten, nur zum Einen zu beten, das war ihm noch erlaubt gewesen. Gestern am späten Abend war ihm von Jehudith die Nachricht von Zacharias' Tod ausgerichtet worden, er war innerlich bereits darauf eingestellt gewesen. Zum Vesperleuten, kurz bevor Raimund vorbeigekommen war, hatte er zum ersten Mal wieder ein wenig Wasser getrunken und auch ein paar Worte mit Jehudith gewechselt. Nun musste er sich zwingen, Raimunds Bericht die rechte Aufmerksamkeit zu widmen, so sehr bedrückte ihn seine Schuld. Aus Höflichkeit fragte er: »Warum hat der Schuster es getan?«

»Am Ende war dies hinter all seinen Lügen nicht mehr richtig auszumachen. Aber er muss Zacharias hinter dem Altmünstertor abgepasst haben. Vielleicht wollte er den Preis herunterhandeln. Dabei – jedenfalls nach Wendels Darstellung – sei es zu einem Gerangel gekommen und Zacharias wurde verletzt. Von Erkenbald hat ihm dies jedoch nicht abgenommen, da der Schlag Zacharias' Hinterkopf getroffen hat. Der Vogt meinte, Wendel hätte Zacharias aufgelauert, ihm von hinten eins mit dem Stock übergezogen und ihn dann in Utz' Schweinestall geschleppt. Natürlich könnte es auch ein Stein gewesen sein, auf den Zacharias bei einem Kampf gefallen ist. Der Schuster hatte immerhin eine Beule. Der Vogt wollte Brose einschalten, aber ich war dagegen.« Raimund schüttelte sich sichtlich. Er flüsterte: »Ich traue der Folter nicht, selbst wenn Brose seine Mittel in der Regel umsichtig anwendet. Jedes Geständnis kann man so erpressen, manchmal sogar, wenn man dem Angeklagten nur die Instrumente zeigt.«

»Und was ist dann geschehen?«

»Nichts«, antwortete Raimund. »Die endgültige Wahrheit werden wir wahrscheinlich nie erfahren. An der Strafe hätte es allerdings auch nichts mehr geändert.«

Ein wenig hatte der Bericht über Wendels Verhör Chaims Bedrückung lösen können. Raimund fuhr fort: »Morgen wird Scharfrichter Brose dem Schuster Wendel auf dem Richtplatz vor dem Dom die rechte Hand abschlagen, mit der er Zacharias vermutlich ermordet hat. Zudem wird er gebrandmarkt und ein Stadtbann wird über ihn verhängt. Dies wird ein Zeichen setzen, dafür, dass den Mainzer Juden Schutz gebührt.«

»Was wird mit Rachel geschehen?«

»Fünfhundert Silberschillinge wird Wendel ihr bezahlen müssen, und falls er das Geld nicht haben sollte, werden sein Haus und seine Werkstatt verkauft. Rachel ist nun eine reiche Frau.«

Sie schwiegen eine Weile. Dann musste Chaim auf einmal lächeln. »Die beiden waren ein merkwürdiges Paar: die kleine stämmige Rachel, die mitunter äußerst resolut werden kann, und der große schlaksige Zacharias, der immer eine Geschichte auf Lager hatte. Die beiden liebten sich innig, so habe ich es jedenfalls oft empfunden.«

Raimund sagte nichts, er wollte die Gedanken seines Freundes wohl nicht stören. Nach einer Weile fügte Chaim hinzu: »Weiß Rachel schon davon?«

»Ich habe eine Nachricht zu ihrem Haus schicken lassen, aber niemand war dort, hat mir der Bote berichtet. Auch beim Parnas nicht. So dachte ich, dass du ihr die Nachricht überbringen könntest.«

Chaim winkte ab. »Zacharias wird gerade beerdigt. Jehudith und David sind dort, Mosche hält den Hesped, die Trauerrede.«

Unsicher schaute Raimund seinen Freund an.

Chaim schloss die Augen. »Kalonymos hat mir ausrichten lassen, dass meine Anwesenheit unerwünscht sei. Ich kann aber Salomo Bescheid geben, Rachel die Nachricht zu überbringen.« Er fügte hinzu: »Diesmal werde ich das hoffentlich nicht vergessen.«

»Zerfleisch dich nicht selbst«, antwortete Raimund. »Du hast einen Fehler gemacht. Aber du warst es nicht, der mit dem Stock auf Zacharias' Kopf eingeschlagen hat. Du hast einfach etwas vergessen.«

»Wegen mir hat Zacharias drei Tage in einem Schweinestall gelegen. Hätten wir ihn früher gefunden, wäre er jetzt vielleicht noch am Leben.«

Chaim blickte zu Boden, da hörte er Raimund sagen: »Mein Freund, kennst du die Geschichte von Petrus und dem Hahn?«

Chaims Blick richtete sich auf. »Nein.«

»Alle vier Evangelisten berichten davon. Bereits zweimal hatte Petrus unseren Herrn in der Nacht vor seinem Tod verleugnet, obwohl er ihm noch am Tag zuvor unbedingte Treue geschworen hatte. Kurz vor dem Morgengrauen, genau wie es unser Heiland prophezeit hatte, verleugnete er seinen Herrn ein drittes Mal. Auf einmal krähte der Hahn, und dann, so heißt es, weinte Petrus bitterlich.«

Chaim spürte den sanften Druck von Raimunds Hand auf seinen Schultern.

»Und dieser Petrus«, sagte Raimund leise, »war es, den unser Herr als Felsgrund auserkoren hatte, auf dem er seine Kirche bauen würde.«

Mainz – im Eselsweck

Kurz bevor es stockdunkel geworden war, hatte Peter mit Hilfe von Davids Wegbeschreibung das Eselsweck gefunden. Der merkwürdige Turm, auf den David verwiesen hatte, war ein guter Wegweiser gewesen. Danach war es ganz einfach.

Christain wartete bereits ungeduldig draußen auf der Bank vor ihrem Zimmer. Im Mondschein aßen sie noch ein wenig von den Resten des Brotes und des Käses, die sie in ihren Taschen finden konnten, dann zogen sie ihre Hemden aus und legten sich in die Betten. Christain schlief oben, Peter unten.

Die Murmeln, die hätte Peter wirklich gerne gehabt. Mächtig Eindruck hätte er damit bei den Jungs im Dorf machen können. Und während er Christains leises Schnarchen über sich hörte, malte er sich aus, wie er die Glaskugeln mit seinem Daumen ins Loch bugsierte. In diesem Augenblick fiel ihm ein, dass er gar nicht mehr ins Dorf zurückkommen würde. Zuerst erschreckte ihn das. Dann machte er sich selbst Mut. Er würde kämpfen und reiche Beute machen. Er würde eine Frau finden und dann seinen Kindern solche Murmeln kaufen. Über diesen Gedanken schlief er ein.

Mainz – hinter Rachels Haus

Rachels Vater war bereits ins Bett gegangen. In das Bett, das sie mit Zacharias geteilt hatte. Ganz allein saß sie in der milden Frühlingsnacht auf der Bank hinter dem Haus. Sie hatte ihr Kopftuch abgenommen und betrachtete den Sternenhimmel. Ein Windhauch strich über ihre Wangen und ließ das Haar sanft gegen ihren Hals wippen. Die Stadt war zur Ruhe gekommen, eine einsame Wache schritt mit einer Fackel zwischen den Türmen des Wehrganges hin und her und schaute an der Außenseite der Mauer hinunter.

Nur selten entzündeten sie sonst die Fackeln. Vermutlich wollten sie verhindern, dass einer aus dem Heer der Feinde des Ewigen heimlich über die Mauer kletterte. Die Schritte des Soldaten waren das einzige Geräusch, das sie vernehmen konnte. Und ab und an das Bellen eines Hundes.

Schön hatte Mosche über Zacharias gesprochen. Und noch rührender war es gewesen, als die Gemeinde nach dem Hesped die Psalmen am Grab ihres Mannes rezitiert hatte. So war sie ein wenig getröstet worden. Am Abend war Salomo an ihrem Haus vorbeigekommen und hatte ihr berichtet, dass sie Silberschillinge bekommen würde. Wie viele, das hatte sie vergessen.

Eine große Sehnsucht überfiel Rachel. Sie betete:

»Ach, lieber Herr, der Du den Himmel und die Erde geschaffen hast.

Du bist so groß und mächtig,

Du lässt meinen Garten erblühen und segnest meine Kinder.

Hab Gnade mit mir und meinem lieben Vater.

Und nimm Zacharias auf in Dein Reich.

Segne Isaak und Aaron, auch wenn sie manchmal frech sind, und auch Orli und Bela.

Herr, halte Deine mächtige und schützende Hand über uns und beschenke uns mit Deiner Liebe. «

Sie stand auf und erleichterte sich im Stall neben den zwei schlafenden Kühen. Ein letztes Mal betrachtete sie die Fackel der Wache. Dann ging sie ins Haus, zog ihr braunes Überkleid über den Kopf, hängte es, wie sie es immer tat, zum Lüften an den Haken an der Wand. Sie sah zu ihrem Vater, der im Bett bereits leise schnarchte. Sie war so traurig, sie fühlte sich so allein. Sie konnte nun nicht mehr anders. Obwohl es eigentlich verboten war, legte sie sich neben ihren Vater. Durch die Decke spürte sie seinen regelmäßigen Atem.

Nach einer Weile schlief sie ein.

Mainz – in Jehudiths und Chaims Haus

Auch Chaim schlief, es war jedoch ein unruhiger Schlaf, ver-wirbelt von abgerissenen Traumbildern. Rachel stand stumm da und weinte, hinter ihr Mosche, sie seltsam eng umfassend. Warum umfasst Mosche sie, dachte Chaim noch. Sie ist nicht seine Frau und er ist doch Rabbi.

Er träumte von Mauern, durch die Wasser drang. Er versuchte, die Löcher mit den Händen zuzuhalten. Jehudith und David eilten hinzu und drückten ihre Hände gegen die Ritzen in der Wand. Doch alles war vergeblich, es waren einfach zu viele. Sie rannten aus ihrem Haus. Jehudith zog Hannah hinter sich her, er selbst hatte Benjamin im Arm und David stürmte voraus. Das Wasser strömte aus der Tür, riss die Glasfenster und all den

Schmuck mit sich, den Jehudith im Laden zu verkaufen pflegte. Selbst aus der Dachkammer schwappte das Wasser heraus auf den Marktplatz, und schließlich glitt auch Jehudiths Chapeau über den Fenstersims. Das durchsichtige Tuch, das Jehudiths Hut umfing, blähte sich auf. Hin und her segelte der Chapeau im langsamen Niedergehen, wie die Hüfte einer Tänzerin, die er sich ab und an auszumalen gestattete, wenn er Jehudith nach ihrer Monatsblutung noch nicht wieder berühren durfte, da sie die Mikwe nicht besucht hatte.

Wasser, Wasser, überall Wasser. Der Marktplatz war voller Wasser. In Booten kamen Emichos Krieger angesegelt. Normannenboote mit mächtigen roten Segeln! Die Soldaten standen auf der Reling und schlugen die Köpfe der Marktbesucher ab, die sie den blutbekreuzten Kriegern willig entgegenstreckten. Ein Priester in einer roten Kutte, ein Riese, dreimal so hoch wie ein erwachsener Mann, stand in der Mitte des Bootes und hielt das Kreuz des Gehängten in die Höhe.

Auf einmal stand Rachel mit aufgelöstem Haarband vor ihm in der Synagoge. Er gab ihr Geld, aber sie schrie ihn an. »Sag es dem Parnas! Sag es dem Parnas!«

Plötzlich hatte Chaim ein Messer in der Hand. Aaron und Isaak rauften. Rachel entriss ihm das Messer. Immer wieder stach sie auf die beiden Jungen ein, um sie zu trennen.

Chaim wurde wach und tastete nach Jehudith. Er fühlte ihre weiche Hüfte und schlief erneut ein. Schon bald lächelte ihn der Gehängte von seinem Kreuz an. Chaim wollte sich hinter einem großen Dornenbusch verstecken. Doch die Hand des Gehängten reichte durch den Busch. Jeschuas Daumen berührten Chaims Schläfen und strichen zärtlich über seine Stirn. Mit einer Stimme, so laut wie ein Schofar und gleichzeitig so sanft wie eine Gänsefeder, die vom Wind getragen durch die Luft schwebt, sprach der Mann am Kreuz: *Der Sabbat ist um des Menschen willen gemacht, und nicht der Mensch um des Sabbat willen.*

Ein Hahn krähte im Hintergrund.

Man würgt sie, hängt sie und vertilgt sie
auf allerlei Art;
doch umso fester hangen sie Dir an.
Dich, lebendiger Gott! sollten sie verlassen
und dafür den heidnischen Unfug lernen,
deshalb wurden sie geschlagen
ohne Maß und Ziel.

Selichah – Kalonymos ben Jehuda

Teil V: Die Stunde der Wut

Dienstag, der 27. Mai Anno Domini 1096, 3. Siwan 4856

Mainz – im Eselsweck

PETER WAR BESTER STIMMUNG. Gestern Abend hatte er im Mondlicht sein Hemd und seine Bruoch gewaschen und zum Trocknen in ihrer Stube im Eselsweck aufgehängt. Im Zimmer war es so warm gewesen, dass er gut nackt hatte liegen können. Tief und lange hatte er im unteren Bett geschlafen. Am Morgen roch seine Kleidung wieder frisch.

Sie setzten sich mit Bärenhunger an den reich gedeckten Tisch. Heute gab es nicht nur den leckeren Brei mit den getrockneten Trauben, sondern auch dunkles Brot mit Kümmel und dazu festen Käse, der ganz anders schmeckte, als der spröde Ziegenkäse, den Mutter ab und an in dem großen Tontopf anmischte und dann zum Festwerden in die Sonne stellte.

Peter wechselte sogar ein paar Worte mit der Wirtstochter Ingard. Sollte der Christain bloß nicht denken, dass nur er mit den Frauen könnte. Wie der gestern Nacht angegeben hatte mit seinem Badehausbesuch.

Gut gestärkt machten sie sich auf in Richtung Dom. Christain wollte die geheimnisvollen Glaskügelchen sehen, von denen Peter ihm beim Frühstück vorgeschwärmt hatte. Dass Rotkutte gestern nicht aufgetaucht war, störte Peter nicht im Geringsten.

Mit den vier Sachsenpfennigen, die noch in seinem Beutel klimperten, konnte er es sich gut gehen lassen in der großen Stadt, die ihm inzwischen fast so vertraut war wie sein Heimatdorf.

Der Himmel zeigte sich an diesem Morgen in ein dunstiges Hellblau getaucht. Bald würde die Sonne unbarmherzig auf die Stadt hinunterbrennen. Noch war es angenehm. Doch spätestens zum Sextläuten würde es die Mainzer zu den schattigeren Plätzen treiben, sei es unter die Planen, die bereits vor den Wirtshäusern über Bänken und Tischen gespannt waren, oder zu den Treppenstufen der Eingänge der Häuser. So viel wusste Peter bereits über die große Stadt.

Auf dem Marktplatz bereitete man sich auf den Tag vor: Händler bauten ihre Stände auf, Pferdekarren schleppten Kohlköpfe und Tongeschirr, während Schweine, Ziegen und Gänse gleichgültig ihrem Tod entgegensahen, der unweigerlich mit einem Besitzerwechsel zu einem der Schlachter oder Gastwirte verbunden war.

Ein paar Musiker stimmten ihre Instrumente und ein Gaukler scheuchte ein paar junge Mägde mit seinen Grimassen auf. Der Gestank der Stadt war bei Weitem noch nicht so drückend, wie er in ein paar Stunden werden würde, wenn die Sonne ihre volle Kraft entfaltete.

Sie gingen zu dem Geschäft, vor dem der Lockenkopf auch heute Morgen saß. David reichte Christain eine der Glasmurmeln. Der hielt sie gegen den Dom und sagte überrascht: »Da passt ja die ganze Kirche hinein und der halbe Himmel dazu.«

Schmunzelnd tauschte Peter mit David Blicke aus, als Christain fortfuhr: »Aber die Kirche steht ja auf dem Kopf!«

Sein Kamerad drehte an der Murmel und rief aufgeregt: »Der Dom scheint sich nicht mitzudrehen, der bleibt ja so stehen, wie er war.« Kopfschüttelnd ließ er seine Hand sinken. »Das ist Magie. Wie viel kosten diese Zauberkugeln?«

»Die großen sechs, die kleinen drei Pfennig. Alle vier würde ich euch für einen Schilling geben.«

»Hast du auch vier kleine Kugeln?«, fragte Christain.

David nickte.

»Was kosten die?«

David wiegte seinen Kopf hin und her, kratzte sich dann bedächtig an seinem Kinn und sagte: »Acht Pfennige, weil ihr es seid.«

»Wenn wir vier von den Kleinen kaufen, dann könnten wir prächtig spielen«, sagte Christain mit einem Leuchten in den Augen. Er schaute in den Beutel an seinem Gürtel. »Ich habe aber nur noch einen Sachsenpfennig übrig.«

In diesem Moment veränderte sich sein Gesicht.

»Siehst du dort?« Christain zeigte auf einen länglichen, bronzenen Behälter, der etwas schräg am Türpfosten des Ladens angebracht war.

»Was ist das?«, fragte Peter.

»Das ist eine Mesusah«, flüsterte sein Kamerad. »Das haben die …«

Plötzlich hörten sie von hinter ihnen eine Stimme rufen: »Seht, welch eine Schande, welch niederträchtige Schande.«

Niederträchtige Schande. Das rollende R und die süßlich warme Stimme ließen Peter schaudern. Er drehte sich um.

Bei allen Höllenhunden, Acheron hatte Rotkutte nicht verspeist. Quicklebendig und nun wieder in sein leuchtend rotes Gewand gekleidet schritt der Priester an ihnen vorbei, ihm folgte ein Tross von Männern und Frauen. Der Priester hielt eine Holzkiste vor sich ausgestreckt, um die sich eine immer größer werdende Gruppe von Menschen drängte. Wie eine Hühnerschar, die einem Gockel folgt, bewegte sich die Menge über den großen Marktplatz.

»Seht nur, dieses arme Kind!«, rief Rotkutte mit seiner sonoren Stimme, während immer mehr der Städter von allen Seiten heranströmten. »Welch frevelhafte Tat.«

Auch Christain hatte sich umgedreht und wollte in Richtung des Brunnens gehen, da riss David ihm die Glaskugel aus der

Hand. Peter sah seinem Freund hinterher, der sich bereits dem Menschenzug angeschlossen hatte. Ihm war die Prozession nicht geheuer, trotzdem folgte er seinem Kameraden.

Sie drängten sich in die Menge, die mittlerweile einen Kreis um den Priester gezogen hatte.

Für alle sichtbar hielt Rotkutte die Holzkiste vor seine Brust. Eine Magd näherte sich dem Priester, blickte in das Behältnis, nahm die Hand vor den Mund und wandte ihr Gesicht erschrocken ab. Ein grobschlächtiger Kerl drängte sie zur Seite, zuckte aber erschrocken zurück, nachdem auch er in die Kiste geblickt hatte. Dann linste ein Kind hinein und lief schreiend weg.

»Im Traum hat der Herr zu mir gesprochen.« Rotkuttes Stimme war schmiegsam und einnehmend, die Silben rollten gefällig und leicht aus seinem Mund. »Der Erzengel Raphael gab mir den Befehl, mich in das hiesige Beinhaus zu begeben. Dort haben wir den Körper des Kleinen gefunden. Ganz friedlich lag er da, tief unter all den Knochen. Im Dunkeln glühte sein Körper, nur deshalb konnte ich ihn finden.«

»Das Kind ist ja ganz blutig!«, rief eine Stimme. »Seht nur die vielen Wunden, die dem armen Menschenkind zugefügt worden sind.«

»Wer ist dieses Kind?« Ein Mann, dessen Gesicht Peter bekannt vorkam, zeigte auf das Holzbehältnis. »Seht! Sein kleines Gliedchen ist ganz verstümmelt!«

Christain zeigte auf den Mann, der gerade gesprochen hatte, und raunte: »Siehst du die Narben auf dem Rücken seiner rechten Hand?«

Der Mann von Sonntagnacht, schoss es Peter durch den Kopf. Der Mann, der hinter dem Tisch mit den seltsamen Werkzeugen gestanden hatte.

»Seine Händchen und Füßchen sind durchbohrt«, empörte sich eine Frau in einem blauen Kleid. »Man muss das arme Kind gekreuzigt haben. Wer könnte so etwas Schreckliches tun?«

»Das muss der kleine Junge sein, der mit seinen Eltern auf ihrer Wallfahrt bei uns in Mainz Halt gemacht hat«, fügte der Hüne hinzu. »Wollten sie nicht die Reliquien der heiligen drei Könige in Mailand anbeten? Es waren so gute Menschen. Unzählige Almosen haben sie den Armen gegeben, als sie in unserer Stadt angekommen waren.«

»Wisst ihr noch?« Die Frau wandte sich an die Menge. »In ganz Mainz suchte die arme Mutter nach ihrem Kind. Erinnert euch. Doch keiner konnte ihr sagen, wo ihr Junge war.«

»Thomas hieß das Kind, war es nicht so?«, fügte der Mann mit den Narben hinzu. »›Thomas, Thomas‹, haben die Eltern gerufen. An jede Tür haben sie geklopft, jede Gasse durchkämmt. Aber niemand wollte etwas von ihrem kleinen Thomas gewusst haben.«

»Nun ist sonnenklar, warum keiner ihnen Auskunft geben wollte.« Die Frau in dem blauen Kleid riss ihre Arme gen Himmel. »Oh Herrgott, welch Sünde!«

Was geht hier vor, dachte Peter. Er blieb dicht hinter Christain, der versuchte, sich nach vorn zu drängen. Im Beinhaus, hatte Rotkutte gesagt, hätte er den Kleinen gefunden.

»Was ist damals geschehen?«, fragte ein großer Mann neben Rotkutte. Der Hüne mit den langen schwarzen Haaren, erinnerte sich Peter. Dieser Mann war in dem Haus gewesen, in das sie in der vermaledeiten Sonntagnacht den Sarg geschleppt hatten. Peters Knie wurden weich wie Butter.

»War es nicht vor Ostern, als der kleine Thomas verschwunden ist? Wer braucht ein Kinderherz am Karfreitag?« Die Fäuste der Frau verkrampften sich im Stoff des Kleides, ihr Mund erstarrte zu einer Grimasse. »Oder am Passahfest, wie es diese Teufel nennen.«

»Ja, die Juden, es können nur die Juden gewesen sein«, fiel der Mann mit der Doppelnarbe ein. »Sie haben den kleinen Thomas geschlachtet, um sein Blut in den Teig einzukneten, aus dem sie ihre Mazzen backen.«

»Ja, die Juden, die Juden!«, riefen immer mehr der Umstehenden. »Die Juden sind die Mörder!«

»Es müssen die Juden gewesen sein.«

Still und traurig hatte Rotkutte bisher in die Kiste geblickt. Langsam drehte er sich im Kreis, sodass der Leichnam für alle sichtbar war. Peter konnte in dem Gedränge nur einen kurzen Blick auf das Kind werfen. Nackt und friedlich lag es da auf einem roten Stoff. Die Augen des Kleinen schienen zurück an ihrem Platz zu sein, sein Körper war weiß wie der erste Schnee, aber durchsetzt von Dutzenden Wunden, die bis vor Kurzem geblutet haben mussten. Der bleiche Körper war mit Streifen von verkrustetem Blut überzogen, die kleinen Rinnsalen glichen und die Haut des Kindes wie ein Kleidchen zu schmücken schienen.

Es wurde still. Alle Blicke waren auf den Priester gerichtet. Behutsam nahm ihm die Frau mit dem blauen Kleid das Holzbehältnis ab.

»Ihr guten Menschen von Mainz, mich bekümmert euer Wohl.« Rotkuttes Stimme nahm einen väterlichen Ton an. »Ich bin besorgt um eure Sicherheit. Und noch mehr bin ich besorgt um euer Seelenheil. Ihr seht, der Teufel ist gerissen und viel näher, als ihr es in eurer Gutmütigkeit glauben wolltet. Seit Jahrzehnten habt ihr mit ihm Tür an Tür gelebt. So haben sich mehr als tausend seiner Gehilfen unter euch breitgemacht.«

»Recht hat er!«, rief der Mann mit den Narben auf der Hand.

»Die Juden sind überall«, erwiderte die Frau. »Viel zu viele sind es geworden.«

»Ihr nahmt sie freundlich auf.« Rotkutte schüttelte den Kopf. »Und nun seht ihr, wie sie es euch danken.«

»Auch unsere Kinder werden sie abschlachten!«, rief der Hüne.

»Was können wir dagegen tun?«, fragte ein anderer aus der Menge.

»Es gibt nur einen, der euch vor den Juden schützen kann«, erwiderte Rotkutte.

»Und wer ist das?«

»Emicho von Flonheim hat sich selbstlos aufgemacht, um Jerusalem von den Ungläubigen zu befreien.« Rotkuttes Blick durchstreifte die Menge und erreichte Peter, der erstarrte. Erst als der Blick des Priesters weiterglitt, konnte er wieder atmen.

»Für das Heil Christi, für unser aller Heil tut Emicho dies, von Gott und Papst Urban berufen.« Rotkutte zeigte in Richtung des Jakobstores. »Emicho, der mit zweitausend Pilgern vor den Mauern der Stadt lagert, in seiner Hand ist es, euch vor diesen Teufeln zu retten.«

»Aber unser Bischof verschließt die Tore, damit die Gotteskrieger nicht hereinkommen können«, warf der Mann mit der Doppelnarbe ein. »Ruthard steht auf der Seite des Antichristen. Auf Seiten Heinrichs IV., den Papst Gregor nicht ohne Grund aus der Kirche verbannt hat.«

»Was können wir bloß tun?«, rief eine Stimme.

»Wir öffnen das Tor, damit Emicho uns beschützen kann«, antwortete der Hüne.

»Auf zum Tor«, riefen immer mehr. »Zum Tor! Zum Tor!«

»Ja, lasst uns das Tor öffnen und Emichos Männer freudig begrüßen.« Nochmals zeigte Rotkutte in Richtung des Jakobstores, dann schritt er los.

Ehrfürchtig machte die Menge den Weg frei. Peter flüsterte Christain zu: »Sollen wir den Leuten sagen, was wirklich passiert ist?«

»Nein, bist du verrückt?«, antwortete Christain kreidebleich. »Wenn die wissen, was wir sonntagnachts auf dem Friedhof gemacht haben, fallen sie über uns her.«

»Aber all das, was Rotkutte erzählt hat, ist doch gelogen«, erwiderte Peter.

»Sei nicht so doof. Das ist hier Krieg und kein Kinderspiel.«

Mainz – vor Jehudiths und Chaims Haus

Nachdem die zwei Bauernjungen weggelaufen waren, verfolgte David das Geschehen auf dem Marktplatz vom Laden aus. Zahllose Menschen versammelten sich am Brunnen um den merkwürdigen Heidenpriester mit der leuchtend roten Kutte. In dem aufgeregten Gezeter und Geschrei hörte er deutlich, wie das Wort *Jude* immer lauter und häufiger gerufen wurde. Es machte David Angst, wenn Menschen sich auf diese Art erregten.

Sein Vater hatte sich bereits am frühen Morgen zur Bischofspfalz aufgemacht, wo er auf Raimund und Kalonymos treffen wollte. Seine Mutter versorgte oben im Haus seine Schwester Hannah und seinen Bruder Benjamin, das Nesthäkchen der Familie.

Gestern Abend vor dem Einschlafen hatte Mutter noch lange an ihren Betten gesessen und mit ihrer warmen Stimme das Lied von Daniel gesungen, dem Minister des Königs von Babylon. Nur weil er zu dem wahren Gott gebetet hatte, war er hinunter zu den Löwen in die tiefe Grube geworfen worden. Doch die Löwen taten ihm nichts. Zärtlich hatte Mutter während ihres Gesangs seine Wangen und sein Haar gestreichelt. Sanft hatte sie ihn zum Abschied auf die Stirn geküsst und dabei so gut nach Honig geduftet. Auch Benjamin und Hannah hatte sie geküsst. Trotzdem war es ihnen schwergefallen, Schlaf zu finden.

»David, bring unsere Waren in den Laden und schließ ab.« Die eindringliche Stimme seiner Mutter riss ihn aus seinen Erinnerungen. »Dann komm schnell hoch«, rief sie aus dem Fenster über ihm.

Er schleppte die Glasgefäße in den Laden, verstaute sie in der Eichenkiste mit den Hobelspänen und zog die Tür zu. Wie immer musste er das sperrige Riegelschloss durch die Eisenösen an der Tür und dem Rahmen mühselig hindurchschieben. Knirschend drehte sich der große Schlüssel im Schloss. Schließlich wuchtete er den dicken Holzbalken in die Eisenhalterungen links und rechts im Türrahmen.

Seine Mutter kam die Treppe hinuntergeeilt. »David, du musst auch das Fenster von innen mit den Brettern verrammeln. Ich helfe dir.«

Nach getaner Arbeit und nachdem seine Mutter noch einmal kräftig an den Balken am Fenster gerüttelt hatte, stiegen die beiden in der Dunkelheit die schmale Treppe hinauf in die Wohnung.

»Ich weiß nicht, wann Papa zurückkommen wird. Du bist der Älteste«, flüsterte ihm Jehudith zu. »Du musst nun tapfer sein. Achte darauf, was ich dir sage, und mach alles, ohne zu zögern.«

In der Stube im ersten Stock saßen seine zwei jüngeren Geschwister an dem schweren Eichentisch. Auch hier waren die Fenster mit Holzbrettern gesichert worden. Durch die Ritzen der Abdeckungen schien etwas Licht in den Raum, genug, dass David langsam Konturen erkennen konnte. Ein Krug voller Milch, ein halber Laib Brot und eine Schale mit Pflaumenmus standen in der Mitte des Tisches, je ein Holzbrettchen und Becher vor den Plätzen seiner Geschwister. Seine Augen gewöhnten sich langsam an das Dämmerlicht. Benjamin leckte an dem Milchbart, der sich um seinen Mund gebildet hatte. Er strahlte übers ganze Gesicht. »Davdi, komm. Benni will Pflaumenmus.«

Jehudith stellte noch einen Becher und ein Holzbrett an den Platz neben Benjamin. David bemerkte, wie die Hand seiner Mutter zitterte, während sie die Milch aus dem schweren Tonkrug in seinen Becher einfüllte.

»Pflaumenmus, Benni will Pflaumenmus!«, quietschte Benjamin.

David blickte zu Jehudith, die ihm zunickte. Er schnitt eine kleine Scheibe von dem weichen Brot mit der dunklen Rinde ab und nahm einen großen Löffel Mus aus der Schale. Mit leuchtenden Augen verfolgte Benjamin, wie das helle Brot die dunkelblaue Masse in sich aufsaugte. David legte die Scheibe in Benjamins ausgestrecktes Händchen. Sein Bruder fing sofort an, gierig das süße Mus zu lutschen.

Schweigend saßen sie am Tisch, Jehudiths Blicke schweiften rastlos im Raum umher. Nur Benjamin, dessen Milchbart sich bereits in einen tiefblauen Pflaumenbart verwandelt hatte, jauchzte ab und an vor Freude. David strich ihm beruhigend über den Rücken.

Eine Zeit lang war es still, vereinzelte Marktgeräusche drangen gedämpft durch die geschlossenen Fenster.

Mainz – auf dem Marktplatz

In einer Prozession zog der Großteil der Städter, die Rotkutte um sich versammelt hatte, in Richtung des Jakobstores. Die Soutane des Priesters flatterte im Wind. Rotkutte hielt den gestohlenen Leichnam wie ein Reliquiar mit den sterblichen Überresten eines Märtyrers, während ihm ein Haufen Empörter hinterhereilte.

Einige Städter waren zurückgeblieben und erörterten die Situation.

»Ich habe es schon immer gesagt: Die Juden sind unser Unglück.«

»Waren es überhaupt die Juden?«

»Wer sonst?«

»Es war kurz vor Ostern, als der kleine Thomas verschwunden ist. Wer sonst würde ein Christenkind an einem Feiertag stehlen?«

»Und der Leichnam leuchtete, das hat der rote Priester doch gesagt.«

»Und fast unversehrt war der Körper des Kleinen, obwohl er seit fünf Wochen dort gelegen haben muss.«

»Ja, Gott wollte ein Zeichen setzen.«

»Verrecken sollen sie, die Mörder des Herrn.«

Christain zerrte an Peters Ärmel. »Komm, wir verkrümeln uns.«

Sie liefen in eine der engen Gassen, die vom Marktplatz in den dunklen Häuserwald hineinführten. Zunächst war alles, wie sie es kannten: Kinder spielten, in den Hauseingängen verhandelten gelb verschleierte Hübschlerinnen mit ihren Kunden, Frauen lehnten aus den Fenstern und erzählten sich Geschichten über die Häuserschluchten hinweg. Aber bald hörten sie Geschrei und Getrampel, zunächst leise, von weit weg. Die Köpfe zogen sich aus den Fensteröffnungen zurück. Kinder wurden hereingerufen und die Freier beeilten sich wegzukommen. Bald waren Fenster und Türen verrammelt und die beiden Jungen standen allein in der Gasse.

Huftritte kamen näher. Sie hörten bereits Gewieher, Rufe und Schreie, die jedoch meist schnell verstummten.

»Wir verstecken uns hier.« Christain zog Peter in eine Nische zwischen zwei der Häuser.

Mainz – in Jehudiths und Chaims Haus

Plötzlich hörten sie von unten Stiefel- und Hufgetrappel, dann laute Rufe. David wagte nicht zu atmen. Männerstimmen schallten von der Tür zu ihnen hoch, eindringlich und geschäftig.

Bumm!

Etwas war unten im Laden gegen schweres Holz geprallt. War es die Tür oder das Fenster? Auf der Milch in seinem Becher bildeten sich ringförmige Wellen.

Bumm! Bumm! Und noch einmal *bumm!*

Dann war wieder Stille.

David blickte zu seiner Mutter, die ihre Unterlippe mit den Zähnen bearbeitete, während Hannah auf ihrem Stuhl hin und her rutschte. Jehudith griff kurz nach ihrer Hand und drückte sie, anschließend nahm sie auch Davids. Ihre Hände waren feucht.

Benjamin war vollkommen arglos geblieben. Er hatte bereits fast die ganze Scheibe Brot aufgegessen und versuchte nun, an die Schale mit dem Pflaumenmus zu gelangen. Mutter stand auf und zog die Tür zur Treppe zu.

»David, hilf mir. Wir stellen einen Schrank vor die Tür.«

Bumm! Bumm! Zwei weitere Schläge. Holz auf Holz.

Und noch ein Schlag. *Bumm!* Diesmal vermischt mit einem Quietschen.

Seine Mutter blickte sich um. »Wir nehmen lieber die große Kiste mit den Töpfen.«

Bumm! Ein weiterer Schlag. Ein schepperndes Krachen. Etwas Schweres musste auf den Steinboden gefallen sein. Die Tür! Es muss die Tür gewesen sein.

»Endlich. Wurde auch Zeit«, drang eine raue Männerstimme dumpf von unten zu ihnen herauf. Hannah griff nach Davids Arm. Benjamin war mucksmäuschenstill.

Klirren. Das Zerspringen von Glasgefäßen, die auf den Boden fielen. Gefolgt von schweren Schritten, die die Treppe hochkamen. Ein Poltern. Die Tür erzitterte. Erneut Poltern. Die Tür zur Stube sprang auf, mit einem Mal wurde es heller. Langsam schob sich die Spitze eines Schwertes aus dem Türrahmen hervor. Dann ein Kopf. Fettiges, langes Haar, eingefallene Wangenknochen, ein vorstehendes Kinn, über gespannten Lippen ein buschiger Schnäuzer. Der Mann trug ein Kettenhemd. Geduckt schaute er um sich und richtete sich erleichtert auf. »Wo ist dein Mann, Judenweib?«

Mit gezücktem Messer trat ein Kahlkopf in den Raum. Das Brot fiel aus Benjamins Hand, er kreischte los. Hannah suchte hinter Jehudith Schutz.

»Er ist weggegangen«, antwortete Mutter bemüht ruhig über Benjamins Geschrei hinweg.

»So? Was für ein feiges Judenschwein du geheiratet hast. Lässt dich ganz allein.« Der Mann kniff die Augen zusammen, dass der Schnauzbart an den Enden hochzuckte, ein geschäftlicher Ernst durchzog sein Gesicht. »Willst du auf den Namen des Herrn getauft werden, Judenweib?«

Jehudith schwieg. Der Schnauzbart näherte sich ihr bis auf zwei Schritte, hob sein Schwert und hielt es eine Handbreit entfernt vor ihren Hals. »Willst du, dass du und deine Kinder in die Hölle kommen?«

Jehudith blieb zwischen Hannah und den zwei Kriegern stehen und rührte sich nicht. Benjamin saß am Tisch und schrie aus vollem Leibe. David wollte zu seiner Mutter, doch der Kahlkopf sprang dazwischen und David sah die Spitze des Messers auf sich gerichtet.

Der Schnauzbart wandte sich an David. »Kleiner, du nimmst jetzt das schreiende Balg und deine Schwester und gehst mit meinem Gefährten nach unten.«

David nahm Benjamin auf den Arm und blieb stumm stehen.

»Wir werden euch nichts tun«, fügte der Schnauzbart hinzu, während seine begierigen Blicke bereits den Raum durchsuchten und schließlich auf dem Körper seiner Mutter verweilten. »Im Gegenteil, wir retten euch vor dem Teufel.«

Der Schnauzbart wandte sich kurz seinem Gefährten zu. »Nimm die drei mit runter und bring sie zu unserem Priester. Ich kümmere mich derweil um die Judenfrau.«

»Das hast du dir wohl so gedacht. Du bekommst deinen Spaß und ich ärgere mich mit den Blagen herum«, entgegnete der Kahlkopf mürrisch. »Aber so wie in Worms soll es heute nicht werden. *Ich* bin dran.«

Der Schnauzbart überlegte einen Moment, dann sagte er grimmig: »Ich zuerst.«

»Nein, ich zuerst.« Der Glatzkopf stieß den Schnauzbart mit

seiner Schulter zur Seite, sodass dessen Schwert scheppernd zu Boden fiel. Bereits im Fallen begriffen hielt der Schnauzbart sich an seinem Kameraden fest und riss ihn mit.

»Jetzt, David, mir nach! Nimm du Benjamin!« Schnell packte Jehudith Hannah, zog sie an den beiden Männern vorbei, die fluchend auf dem Boden lagen, und rannte zur Tür. David hechtete mit seinem kleinen Bruder auf dem Arm seiner Mutter hinterher.

Sie rannten die Treppe hinunter. Im Laden waren Scherben der Glasschalen und -becher über den ganzen Boden verstreut. Bauernvolk mit blutroten Kreuzen auf schmutzigen Hemden bediente sich bereits an den Waren. Sie waren so mit dem Zusammenraffen der Beute beschäftigt, dass keiner seine Mutter und ihn zu beachten schien. Jehudith und Hannah hatten schon fast die Tür erreicht. Glassplitter knirschten unter Davids Schuhen, während er sich mit seinem Bruder auf dem Arm durch die Plünderer schlängelte. Endlich konnte er über die Tür, die aus den Angeln gerissen worden war, hinter Jehudith und Hannah ins Freie springen.

Mainz – Bischofspfalz, im Bischofspalast

»Wir müssen doch etwas tun.« Raimund hielt es nicht mehr auf seinem Stuhl.

Hadewin, der Befehlshaber der Pfalzwache, saß vor dem Arbeitstisch des Bischofs und blickte Ruthard an. Seine blaue Uniform mit den gelben Streifen an den Schultern saß wie angegossen, sein Gesicht zeigte keine Regung. Der Bischof wirkte zwar etwas angeschlagen, schien seine Nerven jedoch halbwegs im Griff zu haben.

Vom Wehrgang über dem Tor hatte Raimund zusammen mit Hadewin zuvor das Treiben auf dem Marktplatz beobachtet.

Chaim war einer der wenigen Juden, die dort wohnten. Raimund hatte hilflos mit ansehen müssen, wie Emichos Leute in das Haus seines Freundes eingedrungen waren. Jehudith und David waren mit den zwei Kleinsten kurz darauf geflohen.

»Wenn unsere Soldaten einen Ausfall machen, würden wir die Pfalz entblößen«, erklärte Ruthard. »Emichos Heer ist sehr groß. Zwar sind es überwiegend dumme, verlauste Bauern mit schlechten Waffen, aber, so wurde mir berichtet, befinden sich immerhin fünfzig Ritter und fast dreihundert kampferprobte Männer unter ihnen. Im offenen Kampf hätten unsere Soldaten nicht den Hauch einer Chance. Emichos Leute hätten niemals in die Stadt hereinkommen dürfen.«

Hadewin blickte kurz zu Raimund, der inzwischen aufgestanden war. Dann nickte er mit seinem mächtigen Kopf. »Ich stimme unserem Bischof zu. Das große Tor zur Pfalz ist mittlerweile von Emichos Soldaten belagert.« Hadewin sprach leise, aber bestimmt. »Keiner der Juden kann nunmehr in die Pfalz flüchten. Und die, die es noch geschafft haben, müssen Fürchterliches gesehen haben. Sie sprachen von Leichen in den Gassen.«

Raimund rang nach Atem. Er musste sich zwingen, ruhig zu bleiben.

Mainz – auf dem Marktplatz

David schaute sich um. Der Marktplatz war überschwemmt von Menschen. Überall sah er Bauern in grauen Hemden. Die meisten hatten sich ein rotes Kreuz auf die Schultern genäht. Dazwischen bewegten sich Reiter und Schwertkämpfer. Sie trugen vorwiegend orange Waffenröcke über ihren Kettenhemden, aber auch einzelne grüne und blaue waren zu sehen. Groß und herrisch prangte das blutige Kreuz auf ihrer Brust. David las Zorn und Gier in ihren Gesichtern. Ein hektisches Hin und Her überall.

Trotz des Lärms lag Benjamin ruhig vor seiner Brust. Hannah, die neben Jehudith lief, begann zu weinen.

»Wir müssen in die Pfalz zu Papa«, raunte ihm seine Mutter zu. »Aber den direkten Weg über den Marktplatz können wir nicht nehmen. Viel zu gefährlich, zwischen all den Irren umherzulaufen.« Jehudith schubste ihn nach rechts. »In die Drechslergasse.«

Im Laufschritt versuchte David, wegzukommen von dem überfüllten Platz. Seine Mutter folgte mit Hannah dicht hinter ihm. Glücklicherweise schien in dem Chaos niemand Notiz von ihnen zu nehmen. Bald waren sie links und rechts von Häusern umgeben.

Der Lärm ebbte ab, die sonst so betriebsame Gasse zeigte sich menschenleer. Sie verlangsamten ihr Tempo. Fenster und Türen waren verschlossen, doch meinte David Blicke zu spüren.

Benjamin hing nun schwer in seinen Armen, er legte ihn bäuchlings über die rechte Schulter.

Als sie etwa hundert Schritte gegangen waren, erblickte David zwei Bauernjungen, die sich in einer Häusernische versteckten.

»Das ist Peter«, flüsterte David seiner Mutter zu. »Der Junge ist gestern vor unserem Laden aufgetaucht, ich hab mit ihm Murmeln gespielt.«

Der Bauernjunge, dessen Lachfalten er gestern noch gezeichnet hatte, sah zu ihnen herüber. Er wirkte ängstlich und überrascht. Auch er schien David zu erkennen. Unvermittelt hob Peter beide Hände und stieß diese mehrmals nach vorn, als würde er sie zurückschubsen wollen. Im selben Moment sah David zwei Ritter auf Pferden am anderen Ende der Gasse um eine Ecke kommen, dahinter Bauernvolk. Er berührte seine Mutter an der Schulter und zeigte in Richtung der Reiter.

»Mist, hier können wir nicht weiter.« Jehudith packte David am Arm und riss ihn zurück.

David und die Frau waren mit den zwei kleinen Kindern weggerannt und die Ihren kamen von der anderen Seite immer näher. Peter presste sich mit dem Rücken an die Wand und versuchte sich noch tiefer in die Häusernische zu quetschen. Zwei Reiter mit Lanzen passierten ihr unbeholfenes Versteck. Unübersehbar prangte das Kreuz auf ihren weißen Waffenröcken, die sie über den Kettenhemden trugen. Ihnen folgten zwei Esel, geführt von ihren Knappen, dann eine Handvoll Schwertträger, dahinter Volk in bauerngrauen Hemden.

Langsam, als würden sie jederzeit einen Angriff aus den Häusern erwarten, ließen die zwei Ritter ihre Pferde durch die leere Gasse trotten. Das Visier der Helme war hochgeklappt, ihre Blicke strichen über die Hausfassaden.

Das Gebrüll und die Schreie aus der Ferne wurden stärker. Der Zug vor Peters Augen bewegte sich jedoch leise, selbst die Huftritte verloren sich auf dem gestampften Boden. Gier und auch ein wenig Bangigkeit meinte Peter in den Gesichtern der zwei Ritter zu sehen, verbunden mit einer eiskalten Entschlossenheit, die Peter frösteln ließ.

Den zwei Eseln hatte man je ein Paar große Bastkörbe über die Rücken gespannt. Die Bauern hinter den Schwertkämpfern trugen Sensen und Forken, wurden jedoch von berockten Soldaten mit einem langen Stock zurückgehalten.

»Hier.« Mit einem kurzen Scheppern schlug ein Ritter die Spitze seiner Lanze gegen einen länglichen Kasten, der an einem Hauseingang direkt gegenüber der Nische angebracht war, in die sich Christain und Peter hineindrückten. Das Metallgehäuse sah dem ähnlich, das an Davids Laden gehangen und das Christain als Mesusah bezeichnet hatte.

Der Trupp stoppte.

Mainz – in den Gassen

David lief mit seiner Mutter zurück in die Richtung, aus der sie gekommen waren. Jehudith trug Hannah wieder auf den Armen. Es schien ihr zunehmend Schwierigkeiten zu bereiten, ihm zu folgen, seine Schwester war um einiges schwerer als Benjamin. Auch sein Bruder drückte nun unangenehm auf seiner rechten Schulter. Dem Herrn sei Dank, gab er immer noch keinen Mucks von sich. Vielleicht sah er das alles als ein Spiel. David legte ihn auf die linke Seite.

Der Lärm vom Marktplatz wurde lauter, da sahen sie eine Gruppe von Soldaten vor sich, die, ihnen den Rücken zugewandt, in einer Reihe standen.

»Sie haben den Marktplatz abgesperrt«, sagte Jehudith. »Komm, hier, nach rechts.«

David folgte seiner Mutter in die Semmlergasse. Benjamin fing an zu zappeln, daher musste er seinen Bruder wieder vor seinem Bauch tragen, was weitaus mehr Kraft kostete. Davids Atemzüge wurden schneller.

In der Semmlergasse waren die Türen zu den Häusern ebenso verschlossen, die meisten Fenster hatte man mit Brettern versperrt. Kein Mensch war zu sehen. Davids und Jehudiths Schritte verlangsamten sich.

Sie passierten die Mauer zum Hinterhof der Bäckerei von Idas Vater. Wie üblich roch es nach frisch gebackenem Brot. Jedoch war das mit Pech bestrichene zweiflügelige Tor verschlossen, durch das sonst Mehl, Rosinen, Nüsse und all die anderen Zutaten angeliefert wurden. Vorsichtig gingen sie weiter. Gedämpft durch die Häuserreihe zu ihrer Linken schwappte der Lärm vom Marktplatz zu ihnen herüber.

»Was nun?«, fragte David, der Benjamin wieder auf seine Schulter legen konnte, ohne dass dieser herumstrampelte. Mittlerweile fühlte er die Anstrengung, er spürte sein Herz schlagen und in der rechten Seite machte sich ein unangenehmes Stechen breit. Mutter hatte Hannah abgesetzt. Im Gehen schmiegte sich seine Schwester an sie, völlig verstört vor Angst.

»Wir müssen irgendwie zu Chaim in die Pfalz. Dieser Weg führt zur Langen Gasse. Von dort können wir uns vielleicht zum großen Tor durchschlagen. Ich hoffe, es ist noch offen.«

Sie gingen weiter. Da trabten zwei Reiter in orangen Waffenröcken auf die Gasse, keine fünf Steinwürfe vor Ihnen. Mit ihren Blicken tasteten die Soldaten die Wände der Häuser ab, dahinter folgte eine Meute Bauernvolk.

»Wir müssen zurück!«, rief Jehudith.

Sie wandten sich um und machten ein paar Schritte. Auch am anderen Ende der Gasse sah David nun Reiter auf sie zukommen.

Sie waren verloren. Davids Herz pochte so stark, dass er meinte, die Reiter müssten es hören.

»Weg von der Gasse«, flüsterte Jehudith und zog ihn in einen Spalt zwischen zwei Häusern.

Die Reiter schienen sie bislang nicht bemerkt zu haben. Es war nur noch eine Frage von Augenblicken. Verzweifelt sah David in das Gesicht seiner Mutter. Sie wirkte ratlos.

»Kommt schnell in den Hof«, raunte ihnen eine helle Stimme zu.

Mainz – in den Gassen

Die Soldaten schleppten einen Holzstamm heran. Ein wuchtiger Stoß genügte und die Tür zerbarst. Gebannt schaute Peter auf die zersplitterten Balken. Vier Schwertträger in Kettenhemden und mit kesselförmigen Helmen auf dem Kopf, stürmten in das Haus hinein, gefolgt von den zwei Knappen, die jeder eine große Holzschale mit sich trugen.

Bald drangen aus dem Haus Stimmen, dumpfe Schläge und dann Kindergeschrei. Peter meinte, eine gewisse Ungeduld unter den Bauern zu vernehmen, die vor dem Haus warten mussten. Einer der Schwertträger trat aus dem Eingang und zeigte auf vier der Bauern. Daraufhin grinsten die Ausgewählten.

Es dauerte nicht lange, da kamen die Knappen zurück und zeigten ihren Herren auf den stolzen Pferden die gefüllten Schalen. Peter konnte zunächst einige silberne Becher sehen. Die zwei Reiter nickten kurz, und die Knappen leerten die Schalen in die Körbe der Lastesel. Peter sah nun Schmuck und Münzen, die unter lautem Scheppern in die Bastkörbe glitten. Danach setzte sich der Zug wieder in Bewegung. Die beiden Jungen drängten sich, so weit es ging, in die Nische hinein.

Zunächst zogen die zwei Ritter, die Knappen mit den Eseln und einige Schwertträger an ihnen vorbei. Es folgten die Bauern mit Äxten und Mistgabeln, manche trugen große Säcke auf ihren Rücken. Ein grimmiger Ernst lag auf den schmutzigen Gesichtern. Keiner hatte Peter und Christain bemerkt. Die Hausspalte lag im Schatten und all die Aufmerksamkeit der Ihren schien auf das Plündern gerichtet.

Nachdem die Meute außer Sichtweite war, trauten sich die beiden Jungen wieder einen Schritt nach vorn. Die vier Bauern, auf die die Schwertträger gezeigt hatten, folgten dem Trupp nicht, sondern warteten vor der Tür des Hauses mit der Mesusah. Ihre Augen lugten lüstern in das Innere, aus dem laute Stimmen drangen. Peter vernahm nur Wortfetzen.

Plötzlich stolperte ein Greis aus dem Hauseingang, fiel auf den Boden und blieb zusammengekauert liegen. Die Bauern lachten. Eine Frau in einem bräunlichen Kleid und einem weißen Kopftuch erschien, gefolgt von einem Mann im Kettenhemd. Eine dumpfe Verwirrung lag auf dem Gesicht der Frau. Sie kniete sich nieder zu dem Greis, wurde aber von dem Soldaten mit dem Fuß zur Seite gestoßen. Sie stürzte zu Boden, rappelte sich jedoch sofort wieder auf.

Ein Mann trat aus der Tür. Er blutete an der Stirn und hatte einen Jungen, etwa so alt wie Peters Bruder Bernhard, an der

Hand. Ein kleiner Blondschopf hielt sich an dem Hemd des Buben fest, die andere Hand umklammerte ein Holzpferdchen.

Inzwischen hatte sich auch der Greis wieder aufgerichtet. Wackelig stand er auf seinen dünnen Beinen, den Körper vor Schmerz gekrümmt.

»Los, Alter! Folg den anderen. Aber schnell!«, schrie ihm der Soldat ins Ohr.

Der letzte der vier Schwertträger verließ das Haus. Ein kurzes Nicken zu den Bauern, die vor dem Hauseingang gewartet hatten. Sie huschten hinein. Alles ging so schnell, so reibungslos.

Das war kein heroischer Kampf, kein heldenhafter Einzug in die Stadt, wie Peter es sich erträumt hatte. Es war Diebstahl, genauso falsch wie der Leichenklau, in den Rotkutte sie hineingezogen hatte, und die Lügen, die er den Städtern aufgetischt hatte.

»Lass uns weggehen von hier«, sagte Peter zu seinem Freund.

»Wohin?«

»Nicht den Rittern hinterher, in die andere Richtung.«

Sie sahen Menschen, die mit Säcken auf ihren Rücken herumliefen. Eine rege Betriebsamkeit machte sich in den Gassen breit, durchsetzt von Schreien aus der Ferne. Ein anderer Trupp tauchte vor ihnen auf, geführt von einem Paar Rittern mit grünen Überhemden. Christain und Peter machten kehrt und verzogen sich in die nächste Quergasse.

Überall sahen sie dasselbe Bild: Soldaten drangen in die Häuser ein, ausnahmslos in diejenigen mit den Metallkapseln an den Türrahmen. Bald danach wurden die Bewohner aus ihren Häusern gezerrt. Sobald die Schwertträger das Haus verlassen hatten, war es an den Ärmeren unter den Pilgern, in die Häuser einzufallen. Dieselbe Prozedur, immer wieder.

Wie Geister bewegten sich die beiden Jungen durch das verbrecherische Treiben in den Gassen.

Mainz – in den Gassen

Ein Gesicht, umrahmt von langen blonden Haaren, blickte aus dem Tor zum Hinterhof der Bäckerei heraus.

»Ida«, entfuhr es David.

»Psst.« Seine Freundin legte die Finger auf den Mund und winkte die beiden zu sich.

Einen Moment schauten sich Jehudith und David an. Seine Mutter nickte, dann schlüpften sie durch den engen Spalt auf den Hinterhof der Bäckerei.

Fässer, Säcke und eine zerbrochene Steinmühle standen dort. Rechts in einem kleinen Stall blökte eine Ziege. Behutsam zog Ida das Tor hinter ihnen zu.

Vom Hof führte eine kleine Treppe hinauf zum Eingang des Wohnhauses. Die Tür öffnete sich, Idas Mutter Veronika trat hervor und raunte ihnen zu: »Kommt schnell herein.«

Wie an allen Werktagen hing der Duft von warmem Brot und Plätzchen in der Luft. Oft war David hier gewesen und hatte von Idas Vater einen oder zwei der leckeren Kringel zugesteckt bekommen, die so herrlich nach Anis und Honig schmeckten.

Sie passierten die Bäckerei mit dem großen Ofen zu ihrer Rechten und folgten der stämmigen Frau die Treppe hinauf. Es war dunkel, alle Fenster waren mit Holzbalken gesichert. David musste sich an der Wand abstützen, während er die Treppenstufen mit den Füßen ertastete.

Sie erreichten die Stube. Durch die schmalen Ritzen der Bretter fiel ein spärliches Licht in den Raum. David erkannte Idas Vater Gottfried, der neben seinem kleinen Sohn Florian auf der Eckbank saß. Beide hatten einen Becher vor sich auf dem Tisch.

Der wohlbeleibte Mann mit dem grauen Vollbart zeigte auf die Bank links von sich. David staunte jedes Mal über seine riesigen Hände. »Seid willkommen in unserer guten Stube.«

Ida lächelte David zu, sein Herzschlag beruhigte sich langsam. Jehudith ließ Hannah zu Boden und nahm Benjamin, der mit wachen Augen dem Geschehen folgte, aus Davids Armen.

»Ida, Gottfried, Veronika. Ich weiß gar nicht, wie ich euch danken soll. Das war Hilfe im allerletzten Augenblick.« Jehudith stockte einen Moment. »Ich hoffe nicht, dass uns jemand gesehen hat.«

»Setzt euch und trinkt erst einmal etwas«, antwortete der Bäcker mit einer Seelenruhe, die David guttat. »Veronika, hol noch vier Holzbecher aus dem Schrank und den Krug mit der frischen Milch aus dem Keller.«

Mainz – in den Gassen

Sie sahen einen älteren Mann, der von zwei Kriegern flankiert wurde. Er war barfüßig, trug ein weißes Tuch um die Schultern und hatte zwei merkwürdige schwarze Lederkästchen, eines an die Stirn, das andere um den linken Oberarm gebunden.

»Auch in Worms hatten einige Juden solche Dinger an Stirn und Arm«, hörte Peter seinen Freund flüstern. »Das machen sie, wenn sie beten, und ziehen dabei auch so ein Tuch über ihre Schultern.«

»Der sieht nicht so aus, als wolle er getauft werden«, raunzte der eine Soldat im Kettenhemd. »Sollen wir ihn dennoch zum Taufplatz führen?«

»Besser wir fragen ihn jetzt gleich«, antwortete der andere. »Dann können wir uns vielleicht die Mühe sparen.«

»Knie nieder, Jude.« Der Soldat drückte den Mann an den Schultern zu Boden. Im Knien fing der alte Mann zu singen an. Er sang Worte, die Peter nicht verstand. Es klang wie eine heilige Sprache, jedoch viel weicher als die, die in der Messe gesprochen wurde.

»Hör auf, so rumzuflöten in dieser teuflischen Sprache!«, giftete der Soldat den Mann an, doch der sang weiter.

Der andere trat den Alten mit seinen Stiefeln in die Seite. Sofort verstummte der Gesang, nur noch ein leises Röcheln war zu hören.

»Du singender Bastard, willst du getauft werden?« Der Soldat zückte ein Messer und hielt es dem Juden an den Hals.

Der alte Mann blickte kurz auf. Dann schloss er die Augen und hob erneut leise zu singen an.

Ein Glucksen, augenblicklich erstarb die Melodie. Blut schoss seitlich des Adamsapfels aus der Kehle des Alten, er knickte zur Seite und stürzte schwer zu Boden. Der Mann rollte auf dem Pflaster hin und her, ächzend hielt er sich den Hals.

»Na, da hat das Vögelein ausgezwitschert«, sagte der Krieger mit dem Messer grinsend.

»Komm weiter, lass ihn liegen«, sagte der andere. »Wir haben noch zu tun.«

Einige Male zuckte der Mann am Boden. Die Kapsel hatte sich im Fallen von seiner Stirn gelöst und lag nun neben seinem Kopf auf dem weißen Betmantel, der sich schnell mit Blut vollsog. Noch einmal würgte der Jude, bevor er reglos liegen blieb. Die Soldaten waren bereits gegangen.

»Sieh, der Mann hat eine Hose«, flüsterte ihm Christain zu. »Willst du nicht auch eine solche Hose haben?«

»Lass uns weitergehen«, war alles, was Peter antwortete.

Mittlerweile öffneten sich die Verschläge an den Türen und Fenstern. Köpfe streckten sich zunächst vorsichtig, dann immer neugieriger heraus, und bald war das Geschnatter in den Gassen so laut wie sonst. Die Pilger, aber auch immer mehr Menschen, die kein heiliges Zeichen an ihrer Kleidung trugen, liefen durch die Gassen. Es war ein verschlagenes Tun, als ob etwas Unanständiges vor sich ginge, an dem man sich trotzdem insgeheim beteiligen wollte.

Die beiden Jungen irrten umher. Überall lagen Leichen im Straßenstaub. Fußvolk mit dem heiligen Zeichen und Städter zogen den Toten ihre Kleider aus und rafften Hosen, Hemden und Schuhe in große Beutel, die sie über ihren Schultern trugen. Die Toten ließen sie nackt im Schmutz zurück.

Wie in einem Albtraum lief Peter weiter.

Mainz – Bischofspfalz, im Bischofspalast

»Der Domschatz ist in Sicherheit, will ich hoffen.« Bischof Ruthard sah Raimund besorgt an.

Zum Teufel mit all dem Zeug, wollte es Raimund entschlüpfen, er konnte sich gerade noch beherrschen. »Ja, mein Bischof. Er befindet sich in der Pfalz, auch die goldene Patene und die Kelche haben wir nach der gestrigen Messe ins Kaiserhaus zurückgebracht.« Raimund hielt es nicht mehr auf seinem Platz. Er begann, vor dem Schreibtisch des Bischofs hin und her zu schreiten. »Man kann Emicho und diesen teuflischen Priester doch nicht einfach weitermorden lassen.«

»Ich befürchte, wir haben keine andere Wahl.« Hadewin blickte Raimund traurig an. »Zudem würden wir die Juden gefährden, die bei uns Zuflucht gefunden haben. Fast zweihundert sind es, denen wir Schutz bieten können. Unsere Männer in dieser Situation zu opfern, wäre zwecklos. Weitaus besser ist es, sich in der Pfalz zu verschanzen.«

»Zweihundert von mehr als tausend!« Raimund versuchte, seine Empörung in den Griff zu bekommen.

»Immerhin gelang es uns, die bewaffneten Pilger aus dem Dom zu vertreiben, bevor sie noch größeren Schaden anrichten konnten«, warf Hadewin ein. »Wir mussten nicht einmal kämpfen, ihre Führer selbst haben die Eindringlinge herausgerufen. Wir mussten nur noch etwas nachhelfen.«

»Es scheint, dass sie wenigstens die heiligen Stätten verschonen wollen«, sagte Ruthard. »Vielleicht kann man ja mit Emicho reden.«

Vergesst den Dom, dachte Raimund, was ist mit den Menschen? »Können wir nicht wenigstens einige der Juden retten, die in diesen Stunden von Emichos Bastarden niedergemetzelt werden?«

»Wenn sie sich taufen lassen, werden sie nicht getötet«, antwortete der Bischof. »Gottes Wege sind oft unergründlich.«

Raimund hätte vor Wut platzen können. Ruthards Bemerkung war infam, aber es gab nichts, was er gegen Hadewins Standpunkt hätte einwenden können. Im tiefsten Inneren wusste er, dass der Hauptmann recht hatte.

Mainz – im Haus von Idas Eltern

Hannah saß neben ihrer Mutter auf der Eckbank, Jehudith strich ihr mit der Linken sanft über den Rücken. Vor ihrer Tochter stand ein Becher Milch, der ihr von Veronika angeboten worden war. Ihr Sohn hatte auf einem Schemel am Tisch Platz genommen und nippte ab und zu an seinem Holzbecher. Hannah hatte aufgehört zu weinen, blieb aber stumm. Von der Milch hatte sie bisher keinen Schluck genommen.

»Das große Tor zur Pfalz ist verschlossen«, raunte Veronika, die mit Florian auf dem Arm durch die Bretterritzen auf den Marktplatz lugte. Ida presste sich an ihre Mutter und bemühte sich, neben ihr hinauszuspähen.

Benjamin hatten sie in die Schlafkammer gegenüber der Stube gebracht. Dort döste er selig in dem Bettchen, das sich Ida sonst mit Florian teilte. Jehudith hatte versucht, auch Hannah zum Ausruhen zu bewegen, doch sie wollte unbedingt in der Nähe ihrer Mutter bleiben.

Veronika drehte sich so, dass sie in die andere Richtung schauen konnte, während Florian an ihrer Bluse nestelte. »Sie tragen Kisten aus eurem Haus.«

Jehudith fühlte eine Leere in sich. Alles, was gestern noch so wichtig gewesen war, hatte in diesem Augenblick keinerlei Bedeutung mehr. Nun ging es nur noch um ihr nacktes Leben. Und darum, wieder mit Chaim zusammen zu sein. Sie sehnte sich sehr nach seiner Wärme und Ruhe. Und nach seinem Bart, der immer ein wenig an ihrer Wange kitzelte.

»Jetzt werfen sie Schriftrollen auf die Straße und machen sich einen Spaß daraus, auf den Pergamenten herumzutrampeln.«

»Gut, dass Chaim das nicht mit ansehen muss.« Jehudith schüttelte müde den Kopf.

»Vor der Willigistür haben sich Wachen der Eindringlinge positioniert«, fuhr Veronika fort. »Auf dem Wehrgang über dem großen Tor stehen die Soldaten des Bischofs und beobachten das Geschehen, sonst scheinen sie aber nichts zu tun. Ich sehe keine bunt gescheckten Waffenröcke auf dem Marktplatz, nur Reiter mit dem roten Kreuz und eine Menge Bauerntölpel in ihren grauen Hemden.«

»Hier seid ihr erst einmal sicher«, sagte Gottfried mit seiner tiefen, ruhigen Stimme.

Jehudith streichelte mit der Linken über Hannahs Kopf, während sie selbst einen Schluck zu sich nahm. Schal rann die Milch ihre Kehle hinab.

Eine Weile saßen sie still da.

Ein Klopfen drang von unten zu ihnen herauf. Jehudith zuckte zusammen.

»Das kommt von der Ladentür.« Gottfrieds Stirn zog sich in Falten. »Veronika, kannst du sehen, wer das ist?«

»Ich müsste das Fenster ein Stück aufmachen, um nach unten zu schauen.«

»So tu es.«

Es klopfte nochmals, diesmal etwas lauter. Vorsichtig hing

Veronika ein Brett vor dem Fenster ab und streckte ihren Kopf durch den Spalt. »Es ist Ulrich.«

»Uff«, entfuhr es Gottfried. »Unser Nachbar. Ich gehe nach unten und mache ihm auf.«

Jehudiths Blicke huschten suchend durch die Stube. »Er soll nicht wissen, dass wir hier sind.«

»Ihr könnt ihm vertrauen, er ist ein guter Mensch. Ich werde ihn zur Sicherheit jedoch nicht heraufbitten, sondern unten mit ihm sprechen.« Der bärige Mann quetschte sich aus der Sitzbank und bewegte seinen massigen Körper in Richtung Treppe. Nochmals drehte er sich um. »Setzt euch so lange in unsere Schlafkammer und schließt die Tür.«

Mainz – Bischofspfalz, im Bischofspalast

»Keine Chance, diesen sturen Bock zu irgendetwas zu bewegen«, fluchte Raimund vor dem Empfangsraum des Bischofs, wo Kalonymos und Chaim gewartet hatten. »Und Hadewin stimmt ihm auch noch zu. Er war doch immer so ein feiner Kerl.«

»Vielleicht hat der Hauptmann recht«, antwortete der Parnas konsterniert.

»Sollen wir etwa zulassen, dass die Euren von diesen Barbaren einfach abgeschlachtet werden?« Raimund zwang sich, vernünftig zu denken. Die Tore waren verschlossen und zudem von Emichos Leuten belagert. Keinem würde es mehr gelingen hereinzukommen.

Er blickte Chaim an, der stumm neben dem Parnas stand. Jehudith, David, Hannah und Benjamin irrten vermutlich da draußen herum, sein Freund musste gerade durch die Hölle gehen. Der Rabbi sagte nichts, aber sein sonst so gutmütiges Gesicht wirkte völlig verstört. Schweißperlen liefen seine Wangen hinunter und verloren sich in seinem bauschigen Bart.

Verdammt, man muss doch etwas tun können, dachte Raimund.

»Darf ich die Herren stören? Ich habe ihr Gespräch verfolgt.« Eine Frau mit einer schwarzen Schürze über einem weißen Kleid näherte sich, sie reichte Raimund nur bis zur Brust. Dennoch wusste er nur zu gut, dass trotz Irmgards Größe – oder vielmehr des Mangels derselben – eine Frau mit einem außergewöhnlichen Durchsetzungsvermögen vor ihm stand. Irmgard, deren Kopf mit einem feuerroten Tuch bedeckt war, hatte die Verantwortung für die Näherinnen in der Pfalz. Raimund konnte sich an ihre Zähigkeit beim Einsatz für ihre Anvertrauten nur zu deutlich erinnern. *Guter Lohn für gute Arbeit,* hatte sie ihm und Anselm gegenüber eingefordert. Wenn ihr etwas wichtig war, pflegte Irmgard selbst gegenüber dem Bischof kein Blatt vor den Mund zu nehmen.

Mainz – in den Gassen

Ein kleines Mädchen liebkoste den Kopf seiner toten Mutter, als wolle es sie aufwecken. Daneben saß ein älteres Kind auf dem Boden, vermutlich war es ihr Bruder. Ganz starr saß er da, seinen ernsten leeren Blick auf die Hauswand gegenüber gerichtet.

Peter und Christain stolperten vorbei.

Wie Abfall warf man die nackten Leichen übereinander, an fast jeder Kreuzung türmten sich die Toten. Aus den rosafarbenen Fleischhaufen quollen Arme und Beine hervor wie vertrocknete Blumen, die ihre Köpfe hängen ließen.

Ein Zug Juden, der von Schwertträgern durch die Gassen getrieben wurde, kam ihnen entgegen.

»Schneller, schneller!«, rief einer der Soldaten, da fielen die Juden in einen fahrigen Trab. Ein Mädchen aus dem Tross schaute Peter an. Er sah die Angst in ihren großen braunen Augen und blickte weg.

Sie trafen auf eine Frau, die nackt und stumm in einer Pfütze saß, den Rücken an eine Hauswand gelehnt. Als Peter und Christain sich näherten, versuchte die Frau, ihre blutige Scham zu verdecken. Doch ihre Hand hing leblos verdreht an ihrem Arm, der mitten in der Bewegung erschlaffte. Die Hand fiel in eine Pfütze Erbrochenes, drei ihrer Finger ragten senkrecht aus dem schmutzigen Brei heraus.

Peter hatte genug. Nach Hause, er wollte nur noch zurück nach Hause. Christain zog ihn weiter.

Sie trafen auf einen kleinen Trupp der Ihren. Mit Lanzen stießen Soldaten Greise und Kinder vor sich her.

Christain zeigte auf einen der Männer in dem Trupp und flüsterte angsterfüllt: »Da ist Wolf.«

»Der Bärtige von Sonntagmorgen, der mich zu Emichos Zelt geführt hat«, antwortete Peter. »Nichts wie weg.«

Da hatte Wolf sie bereits erkannt.

»Wo sind eure Zeichen?«, raunzte der Bärtige sie an. Und schon hatte er Peter und Christain im Nacken gefasst und schob sie nach vorn. »Kommt mit, ihr sollt sehen, wie wir die Juden zum wahren Glauben bekehren.«

Mainz – Bischofspfalz, im Bischofspalast

»Worum geht es? Du siehst doch, dass wir sehr beschäftigt sind«, blaffte Raimund Irmgard noch voller Wut auf Ruthard an. Schon tat es ihm leid, dass er die zierliche Person vor ihm, unter deren feuerrotem Kopftuch dichte schwarze Locken hervorquollen, so barsch behandelt hatte.

»Nun ja.« Irmgard verzuckerte ihren durchdringenden Blick mit einem Lächeln, dessen Süße durch die Grübchen in ihren Wangen nochmals verstärkt wurde. »Vielleicht gibt es einen Weg, zumindest einen Teil der Juden in die Pfalz zu schmuggeln.«

Auch Chaim und Kalonymos neigten ihren Kopf zu Irmgard hinunter, die mit ihren Händen in die Hüften gestemmt zu den drei Männern heraufsah.

»Emichos Leute sind christliche Pilger.« Irmgard blickte Raimund direkt an. »Haben sie sich nicht aus dem Dom zurückgezogen, wahrscheinlich auf Befehl Emichos oder des roten Teufels?«

Irmgard war außerordentlich gut informiert, dachte Raimund. »Das stimmt, aber was soll uns das helfen?«

»Dann können sich Mönche und Nonnen in der Stadt wahrscheinlich ohne größere Gefahr bewegen.«

Raimund verstand immer noch kein Wort.

»Nun ja«, fügte Irmgard mit einem schelmischen Lächeln hinzu. »Die Kutten für die umliegenden Klöster werden in unserer Schneiderei im Michaelishaus angefertigt, wie der Herr Domdekan sicherlich weiß.«

Das war ihm nicht bekannt, dessen war sich auch Irmgard sicherlich bewusst. Für die logistischen Prozesse, die nichts mit den Schriften der Bibliothek zu tun hatten, interessierte Raimund sich nicht besonders. Das waren Dinge, deren sich Anselm annahm.

»Und wir haben mehr als dreißig Kutten, die auf ihre Auslieferung warten«, fuhr Irmgard fort.

Ratlos blickte Raimund zu Chaim und Kalonymos, die das Gespräch aufmerksam verfolgten.

»Wenn wir unter den Juden, die nun schutzlos in den Gassen herumirren, die Nachricht streuen würden, dass sie zum Wohnturm an der Betzelsgasse kommen sollen«, erklärte Irmgard, »dann könnten wir ihnen dort die Kutten geben.«

Langsam dämmerte es Raimund. »Du meinst, wir könnten sie als Mönche und Nonnen verkleidet durch die Stadt in die Pfalz schleusen?«

Irmgard nickte. »Wir könnten sie zunächst in den Dom führen und von dort, wenn wir die Holzbrücke für einen Moment wieder ausziehen würden, zu uns in die Pfalz in Sicherheit bringen.«

In Raimunds Kopf arbeitete es. Mit Unbehagen stellte er sich vor, wie sich diese zierliche Frau durch all das Grauen in der Stadt bewegen würde. Er zögerte. »Das ist viel zu gefährlich.«

»Das Leben ist gefährlich«, antwortete Irmgard knapp. »Gott wird uns beschützen.«

Raimund blickte zu seinem Freund, dem die Verzweiflung ins Gesicht geschrieben stand. Er atmete tief ein. »Das mag funktionieren. Vielleicht können wir einige der Juden auf diese Weise retten.«

Irmgard lächelte triumphierend.

»Hoffentlich geht das gut«, sagte Raimund zu sich selbst.

Mainz – in den Gassen

Mittlerweile hatte Wolf den fiesen Nackengriff gelöst. Aber an Flucht war nicht zu denken. Neben den zwei Lanzenträgern, die die Juden eingekesselt hatten, schritten fünf Kämpfer mit Schwertern, die Peter und Christain jederzeit hätten einholen können. Die beiden Jungen waren nun ebenso Gefangene, wie die Juden, die mit gesenktem Kopf neben ihnen durch die Gassen liefen.

Auch Peter blickte die meiste Zeit zu Boden. Er wollte von all dem Grauen nichts mehr sehen. Ganz stumpf wollte er sich machen. Doch die Schreie, die dumpfen Tritte in Bäuche, die Hiebe auf Rücken und das helle Klatschen der Schläge in die Gesichter der armen Menschen um ihn herum drangen in seine Seele wie Steine, die im Moor versinken. Aus den Augenwinkeln sah er die Leichenhaufen und dazwischen die Ihren und viele Städter, die hemmungslos Beute machten. Was würde seine liebe Mutter zu so einem unmenschlichen Treiben sagen?

Nach einer Weile erreichten sie den Durchgang in dem Steinhaus, durch das sie am Sonntag das Fest der Juden beobachtet hatten. Jedoch versperrten nun zwei Soldaten mit dem Kreuz auf ihrem Überhemd den Eingang. Als die Wachen Wolf erkannten, hoben sie ihre Lanzen und ließen sie passieren.

Ein Wirrwarr von Menschen hatte sich auf dem Platz versammelt, aber da war keine ausgelassene Freude mehr wie noch am Sonntag. Hektisch und unheimlich ging es zu. Peter sah einige Ritter auf Pferden, nur sehr wenige Bauern, dazu viel Fußvolk mit guten Waffen: Schwerter, Lanzen, Morgensterne. Wolf beachtete die beiden nicht mehr. Peter war jetzt wieder einer der Pilger, auch wenn er kein Abzeichen trug. Aber das wollte er nicht mehr.

Die Juden, die in ihrem Trupp mitgeführt worden waren, wurden zu einer Gruppe ihrer Glaubensgenossen gestoßen. Soldaten hatten ihre Lanzen zu einem Zaun geformt und hielten so die aneinandergepressten Menschen in Schach. Ein Junge in Peters Alter, der hinter der Absperrung die Hand seiner Mutter hielt, blickte ihn kurz an. Pure Angst stand in seinen Augen. Das Schluchzen der Frauen vermischte sich mit dem angsterfüllten Weinen ihrer Kinder.

Überall herrschte Betriebsamkeit. Die Eingänge der Häuser standen offen und waren bewacht von Soldaten. Hausrat wurde hinausgeschleppt.

Da erkannte Peter Rotkutte vor einem Steinhaus in der Mitte des Platzes, aus dem ein rotes Fenster wie ein Auge zu ihm herüberschaute.

»Das ist das Haus, in dem die Juden den Teufel anbeten«, flüsterte Christain ihm zu. »Sie nennen es Synagoge.«

Mainz – im Haus von Idas Eltern

Ida und Florian hatten kein Zimmer für sich wie David und seine Geschwister, sie besaßen noch nicht einmal jeder ein eigenes Bett. Seine Spielkameradin schlief zusammen mit ihrem kleinen Bruder auf einer Strohmatratze in der Schlafkammer der Eltern. Dort war David nie zuvor gewesen.

Er setzte sich auf Idas Bett, in dem Benjamin immer noch friedlich schlief. Jehudith und Hannah nahmen auf der Matratze Platz, auf der sonst Veronika und Gottfried nächtigten. Über den Betten war je ein Holzkreuz mit dem Gehängten an den geweißelten Wänden angebracht. David beschlich ein Befremden beim Anblick dieses Symbols des Todes.

Von unten drangen einzelne Worte herauf. David erkannte Gottfrieds dunkle Bassstimme. »Durchsuchung … Christenfreunde … Leichen …«

Eine weitaus leisere und hellere Stimme, die von Ulrich stammen musste, ließ sich vernehmen. Ein guter Mensch sei dieser Mann, hatte Gottfried gesagt.

Nach einer Weile verstummten die Stimmen. Schwere Schritte, die lauter wurden, näherten sich. Dann einige Sätze, die Veronika und Gottfried in der Stube wechselten. Sie sprachen jedoch so leise, dass David nichts von dem verstand, was sie sagten. Ein paar Augenblicke später öffnete sich die Tür der Schlafkammer und Gottfried streckte seinen breiten Kopf durch den Türspalt. »Ulrich ist wieder weg.«

Der Bäcker wandte sich an Hannah, die neben Jehudith unruhig hin und her rutschte. »Auf dem Tisch in der Stube steht eine Schale Plätzchen. Du musst dich beeilen, sonst isst Florian sie ganz allein.«

Hannah blickte zu Jehudith, die ihre Tochter mit der Hand Richtung Stube schob. Kurz darauf trat Idas Mutter in die Schlafkammer. Sie drehte sich nochmals zur Stube um und winkte Florian und Hannah kurz zu. David sah durch den Türspalt, wie Hannah am Tisch saß und auf die süßen Köstlichkeiten schielte.

»Greif nur zu, Hannah, die sind für euch beide«, sagte die Bäckersfrau, schloss die Tür hinter sich und stellte sich neben ihren Mann.

Gottfrieds sonst so fröhliches Gesicht war todernst. »Ich habe leider keine guten Nachrichten.«

David schloss die Augen, er durfte jetzt nicht weinen.

»Ulrich hat euch in unser Haus gehen sehen«, fuhr Gottfried fort. Er musste Davids bangen Blick bemerkt haben. »Keine Angst, er würde euch nicht verraten. Ulrich ist unser Freund.« Gottfried sog die Luft ein. »Es ist jedoch nicht ausgeschlossen, dass andere, weniger gut gesinnte Menschen euch auf der Straße gesehen haben. Es soll eine Menge Denunzianten unter uns Städtern geben.« Gottfried stockte. »Ulrich berichtete auch, dass die bewaffneten Eindringlinge Häuser von Christen durchsuchen würden, wenn sie den Verdacht haben, man würde Juden dort verstecken.«

David stand auf, setzte sich neben Jehudith auf das große Bett und legte seinen Arm um ihre Hüften.

»Wir werden euch nicht im Stich lassen«, sagte Gottfried bestimmt. »Gebt mir etwas Zeit, eine Lösung zu finden. Ich werde mich draußen umhören. Bis dahin verstecken wir euch im Keller. Wir haben dort eine Abstellkammer, die in einem Winkel verborgen ist. Ein gutes Versteck, zumindest für eine kurze Zeit. Wenn es auch etwas eng ist.«

Gottfried wandte sich um, nahm seine Mütze vom Türhaken und stapfte die Treppe hinunter.

»Ich werde euch unseren Geheimplatz zeigen«, sagte Veronika und nickte mit dem Kopf in Richtung Tür. »Kommt mit.«

Mainz – auf dem Synagogenplatz

Die Kutte des Priesters leuchtete in der Sonne. Vor ihm war ein schwerer Holztisch aufgestellt worden. Darauf stand eine große bronzene Schale, aus der eine silberne Kelle herauslugte. Rotkuttes Blick war gen Himmel gerichtet; wie in einem stillen Gebet versunken schloss er die Augen und wiegte seinen Kopf hin und her. Ein paar Schritte neben Rotkutte stützte sich ein Ritter auf den langen Stiel einer Axt. Sie war von anderer Art als diejenige, die sie zu Hause für das Fällen von Bäumen oder dem Schlachten ihrer Gänse benutzten. Die Schneide war kerzengerade und vollgeschmiert mit frischem Blut. Vor dem Mann stand ein Holzblock, der wie eine Insel aus einer rotbraunen Pfütze ragte. Ein zweiter Soldat stand fünf Schritte daneben. Aus dem großen Bastkorb vor seinen Füßen sickerte es rot hindurch. Peter wurde es flau im Magen.

Die Blicke der Menge richteten sich auf den Priester, in den Gesichtern lag die Erwartung eines Spektakels, gleichermaßen schrecklich und großartig. Über die Schultern der Menschen, die vor ihm standen, beobachtete Peter das Geschehen.

Rotkutte hatte sich aus seiner Versenkung gelöst und gab ein Zeichen, worauf zwei der Ihren einen Mann in einem einfachen grauen Hemd, wie es auch Peter und Christain trugen, aus der Gruppe der eingekreisten Juden zerrten. Eine Frau hielt die linke Hand des Mannes fest, sie wollte ihn offensichtlich nicht gehen lassen. Der Mann wehrte sich zunächst mit seiner Rechten gegen den Soldaten, doch der Bewaffnete schlug ihm mit seinem Eisenhandschuh ins Gesicht. Die Frau schrie kurz auf und ließ los, als der andere Soldat sein Schwert zu ziehen drohte.

Die beiden Krieger zogen den Juden an den Armen in Richtung des Tisches, hinter dem Rotkutte wartete. Der Mann torkelte und fiel, und so schleiften sie ihn schließlich über den staubigen Boden.

Sie zwangen den Juden, sich vor dem Tisch hinzuknien. Der Jude schaute zu Boden, ein leises Stöhnen drang aus seinem Mund.

Rotkutte sah auf ihn herab und hob mit einem rollenden R in seiner Stimme feierlich zu sprechen an: »Willst du deinem Irrglauben abschwören und auf den Namen Jesu Christi getauft werden? So sage: *Ja, ich will.*«

»Wie der aussieht, kann der doch gar nicht mehr sprechen«, raunte Christain.

Noch einmal richtete Rotkutte seinen Blick gen Himmel, als wolle er Gott um Unterstützung bitten. Eine Spur ungeduldiger sprach er nun: »Ein letztes Mal frage ich dich. Willst du deinem Irrglauben abschwören und auf den Namen Jesu Christi getauft werden? So sage: *Ja, ich will.*«

Der Mann schaute auf, sein Gesicht blutete, die Wange war aufgeplatzt von dem Schlag. Er nahm drei tiefe Atemzüge.

Peter flüsterte: »Lieber Gott, lass ihn ›Ja, ich will‹ sagen.«

Etwas veränderte sich in der Miene des Mannes, ein Lächeln umspielte auf einmal seine Lippen. Er warf einen Blick zu seiner Frau, die ihn mit aufgerissenem Mund anstarrte. Dann wandten sich die Augen des Mannes wieder dem Priester zu, seine Nase zog sich nach oben. Unvermittelt spuckte er in Richtung des Priesters, der Speichel traf Rotkutte genau auf den Mund. Nochmals huschte ein Lächeln über das Gesicht des Mannes, bevor er die Augen schloss. Rotkuttes rechte Wange zuckte kurz, mit dem Ärmel wischte er sich die Spucke ab. Peter entdeckte keine Wut in der Miene des Priesters, es war eher, als ob eine Traurigkeit Rotkuttes Gesicht durchziehen würde.

Schließlich wurde der Blick des Priesters kalt. »Du Verlorener, du hast es so gewollt.«

Die zwei Soldaten schleiften den Juden weiter zu dem Mann mit der Axt und rissen ihm das Hemd vom Leib. Nur mit seiner Bruoch bekleidet, die Augen geschlossen, immer noch lächelnd, kniete der Mann da.

Es ging schnell. Die zwei Soldaten rissen die Arme des Mannes hinter seinem Rücken so nach oben, dass sein Kopf auf den Block gepresst wurde. Die Axt des Henkers hob sich gen Himmel. Ein kurzes Zucken durchlief den nackten Körper. Den dumpfen Aufschlag hörte Peter erst, als er den Schädel bereits auf dem Boden rollen sah. Ein einzelner, gellender, nicht enden wollender Schrei aus der Menge der eingekreisten Juden verlor sich auf dem Platz.

Der Kopf des Juden machte zwei Umdrehungen und blieb schräg in der roten Pfütze um den Richtblock liegen. Ein Auge lag in der Blutlache, das andere ragte knapp darüber hinaus, als würde es die kleinen Wellen der Oberfläche bestaunen wollen, die der Kopf gerade erzeugt hatte. Der Mund war nach oben gerichtet, stetig sickerte das Blut aus dem glatt durchtrennten Hals über das Gesicht in die Pfütze, sodass das zweite Auge darin nach und nach versank.

Peter wurde es übel. Doch konnte er seinen Blick nicht abwenden von dem, was eben noch ein Kopf mit einem Körper und einer Stimme gewesen war. Mit dem Fuß stieß der Scharfrichter das Haupt des Mannes aus der Pfütze zu seinem Gehilfen. Der packte den Schopf, zeigte das Gesicht, das selbst noch im Tod triumphierend zu lächeln schien, der Menge. Aus dem Halsstumpf sickerte ein stetiges Rinnsal Blut, während der Henkersknecht den Kopf dreimal hin und her schwenkte, bis er ihn schließlich in den Korb vor seinen Füßen warf.

Die zwei Soldaten, die immer noch die Arme des Mannes hielten, griffen je ein Bein des kopflosen Körpers und schleiften ihn weg.

Peter wurde des Leichenbergs rechts von der Synagoge gewahr, auf den die zwei Männer den Körper des Toten mit einem geübten Wurf platzierten, als wäre es ein Stück totes Vieh.

Mainz – im Haus von Idas Eltern

Im Keller war es zwar angenehm kühl, aber feucht und ein säuerlicher Geruch lag in der Luft. Die blakende Öllampe in Veronikas Hand war die einzige Lichtquelle in dem niedrigen Gewölbe. Überall standen Säcke und Fässer herum, eine Menge kleinerer und größerer Tonkrüge wurde in Regalen an den Wänden aufbewahrt.

Sie hatten Benjamin und Hannah oben in der Stube gelassen, sein kleiner Bruder schlief immer noch selig in Idas Bett. Hannah hatte ihre Scheu abgelegt und vernaschte mit Florian die Plätzchen. Ida passte auf die beiden auf und ließ diese Gelegenheit vermutlich auch nicht ungenutzt.

»Seht ihr die Säcke dort? Die müssen weg.« Veronika zeigte in eine Ecke und machte sich direkt an die Arbeit. Jehudith stupste David an und die beiden kamen der Bäckersfrau zu Hilfe. Er griff einen der Säcke, der so schwer war, als würden sich Steine darin befinden. David konnte ihn nicht allein anheben, zusammen mit Jehudith ging es jedoch einigermaßen. Die untersetzte Bäckersfrau schien weitaus mehr Kraft zu haben als er und seine Mutter zusammen. Sie war es wohl gewohnt, Gottfried bei der schweren Arbeit in der Bäckerei zu helfen.

Nachdem sie einige Säcke weggeschafft hatten, kam eine armspannenbreite, etwa hüfthohe grob gezimmerte Holzplatte zum Vorschein, die an der Wand lehnte.

»Kommt, nur noch die hier.« Veronika zog den größten der drei übrigen Säcke weg. Die anderen zwei konnten Jehudith und

David allein tragen. Das große Brett war nun frei und Veronika klappte es nach vorn. Hinter der Öffnung erschienen Treppenstufen, die hinunter in eine kleine Kammer führten. Sonst war nichts zu erkennen.

»Der Platz ist sehr beengt. Nur ein paar Tonkrüge und etwas Werkzeug, das mein Mann nicht mehr braucht, befinden sich darin. Tastet euch vorsichtig nach unten. Ich werde die Holzplatte wieder vor die Öffnung stellen und die Säcke zurückschieben. Das Versteck ist nicht sehr bequem, aber für eine gewisse Zeit sollte es gehen.«

»Was machen wir mit Benjamin und Hannah?«, fragte Jehudith. »Meine Tochter hält es nicht aus in engen Räumen.«

»Benjamin schläft und Hannah scheint über die Plätzchen ihre Angst ein wenig vergessen zu haben. Falls jemand kommt, werde ich sagen, dass die beiden unsere Kinder sind.«

Jehudith zögerte, sagte dann aber: »So machen wir es.«

Mit Unbehagen betrachtete David die dunkle Öffnung. Jehudith gab ihm einen ermunternden Stoß in Richtung Treppe.

Vorsichtig tastete David sich hinunter, dabei musste er sich ducken. Seine Mutter folgte ihm.

Die Luft in der Kammer roch modrig. Der niedrige Raum war vielleicht einen Klafter breit und eineinhalb Klafter lang. Er war gefüllt mit Gegenständen, deren Formen in der Dunkelheit nicht auszumachen waren. Sie konnten sich kaum bewegen, ohne irgendwo anzuecken.

Jehudith hockte sich auf die unterste Stufe der Treppe. David setzte sich eine Stufe höher neben seine Mutter.

Nach einer Weile merkte David, dass er seine Notdurft hätte verrichten sollen. Es half nichts, er musste nun aushalten. Jehudith legte beruhigend eine Hand auf sein Knie.

Die beiden warteten und schwiegen. Ihr Atem und ein Rascheln, das vermutlich von einer Maus herrührte, waren die einzigen Geräusche, die sie hörten.

Mainz – auf dem Synagogenplatz

Die Frau des Hingerichteten hatte aufgehört zu schreien und kniete nun weinend auf dem Boden. Sie schien irgendetwas vor sich hin zu brabbeln. Dazu das stetige Jammern der eingekreisten Juden, all das stach in Peters Seele.

Die zwei Soldaten, die den Kopf des Mannes auf den Holzblock gedrückt hatten, führten nun eine Frau aus der Gruppe heraus. Sie trug einen Säugling auf dem Arm, der seinen Kopf leise wimmernd an ihre Schulter lehnte. Schützend legte sie ihre Arme um den Kleinen. Das Gesicht der Frau war voller Anmut. Ihre Haut war glatt und sonnenbraun, ihre schlanke Nase thronte über vollen Lippen, hinter denen sich strahlend weiße, völlig gleichmäßige Zähne zeigten, während sie ihrem Kind beruhigend zusprach. Barfuß, in einem zerrissenen Kleid, aber scheinbar unverletzt, ließ sie sich von den Soldaten in Richtung des Tisches führen, hinter dem Rotkutte bereits wartete.

Einer der Soldaten entriss ihr das Kind.

Augenblicklich fing der Säugling aus vollem Hals zu schreien an, drehte seinen Kopf zu seiner Mutter und streckte seine Ärmchen nach ihr aus. Ungeschickt hielt der Soldat das kleine Menschenkind, das wild zu zappeln begann. Die Mutter wollte sich zu ihrer Kleinen stürzen, aber der andere Soldat fasste sie am Arm und riss sie zurück. Noch einmal versuchte sich die Jüdin loszumachen, doch der Mann schlug ihr ins Gesicht, sodass sie stürzte. Das Schreien des Säuglings überschlug sich zu einem schrillen Kreischen.

»Steh auf, Weib«, fauchte der Soldat sie an. Die Frau rappelte sich auf und folgte dem Mann gehorsam, ihre Augen immer noch auf ihr Kind gerichtet, als wolle sie es durch ihre Blicke trösten. Ein paar Schritte vor dem Tisch blieb sie stehen.

»Knie nieder, Weib«, raunzte der Soldat.

Rotkutte richtete seinen Blick gen Himmel. Dann schaute er auf die Frau hinunter. »Willst du deinem Irrglauben abschwören und auf den Namen Jesu Christi getauft werden? So sage: *Ja, ich will.*«

Die Frau schloss die Augen. Sie presste ihre Lippen fest zusammen, ganz steif kniete sie da. Mit einem Mal wurde ihr Körper schlaff. Sie sank zusammen und der Soldat musste sie festhalten, damit sie nicht zur Seite kippte.

Schließlich nickte die Frau, und für einen kurzen Moment umspielte ein Lächeln Rotkuttes Mund.

»Mein Kind, du musst klar und deutlich ›Ja, ich will‹ sagen, wenn du in die heilige Kirche aufgenommen werden willst!«, rief der Priester über das Schreien des Kindes hinweg. »Ich frage dich daher noch einmal. Willst du deinem Irrglauben abschwören und auf den Namen Christi getauft werden? So sage: *Ja, ich will.*«

Die Frau blickte zu Boden.

»Sag es. Bitte, sag es«, betete Peter.

Schließlich schienen ihre Lippen zu flüstern: »Ja, ich will.«

Mit der Kelle schöpfte Rotkutte etwas Wasser aus dem Bronzebottich und goss es vorsichtig über den Kopf der Frau. Langsam floss das Wasser über ihr langes schwarzes Haar, rann in ihre braunen Augen, entlang der vollkommen ebenen Nasenflügel, über die schönen vollen Lippen, die von der Ohrfeige des Soldaten am rechten Mundwinkel aufgesprungen waren, und tropfte von ihrem Kinn in den von dem geweihten Wasser matschigen Boden.

»Ich taufe dich im Namen des Vaters, des Sohnes und des Heiligen Geistes«, sprach Rotkutte und bedeutete ihr, sich zu erheben.

Die Frau versuchte aufzustehen, wankte jedoch.

Der Soldat riss sie hoch. Als sie schließlich in gekrümmter Haltung vor ihm stand, fügte Rotkutte hinzu: »Glücklich seiest du, dein Weg ins Paradies steht nun weit offen.«

Der Frau wurde ihr schreiender Säugling gereicht, der Soldat war offensichtlich froh, das Kind endlich los zu sein. »Halte es so, dass unser Priester auch deinen Knirps in Gottes Kirche aufnehmen kann.«

Sie nahm den Kleinen und drückte ihn zärtlich an ihre Brust. Sofort umklammerte das Kind den Hals seiner Mutter, und sein Schreien ging über in ein heftiges Schluchzen.

»Schwester im Glauben, du musst dein Kind näher halten«, sagte Rotkutte, »damit auch ihm die Erlösung geschenkt wird.«

Der Soldat schubste die Frau nach vorn, sie drohte zu stolpern, doch schaffte sie es, ihr Gleichgewicht wiederzuerlangen. Ein Schwall Wasser ergoss sich aus der Kelle über den Kopf des Kindes und spülte dessen Tränen fort.

»Ich taufe dich im Namen des Vaters, des Sohnes und des Heiligen Geistes.«

Peter hielt es nicht mehr aus und setzte sich etwas abseits auf den Boden, er sah nur noch bestiefelte Soldatenbeine. Bruchstückhaft erlebte er das weitere Geschehen, hörte die Schreie, die mit sonorer Stimme vorgetragene Taufformel, das dumpfe Geräusch des Richtbeils und das Raunen der Menge direkt danach.

Nach einer Weile versuchte Christain, ihn hochzuziehen, aber Peter wollte einfach nicht mehr.

»Was haben wir denn da für einen Flennbalzer?«, hörte er eine Stimme von oben sagen.

Mainz – in dem Haus von Idas Eltern

Nach einer gefühlten Ewigkeit vernahm Jehudith ein Scharren, danach eine dumpfe Stimme, dann wieder ein Scharren. Irgendjemand musste Säcke über den Boden ziehen.

Die Holzplatte wurde weggeklappt, und ein fahles Licht fiel zu ihnen hinein. Jehudith traute sich kaum, ihren Blick nach oben zu wenden. Aber diesmal war es kein Schwert, das ihnen entgegengestreckt wurde. Stattdessen schaute sie in das breite Gesicht des Bäckers, dessen Bart im Schein der Öllampe silbrig-grau glänzte.

»Kommt mit nach oben und seht, was ich euch mitgebracht habe.« Gottfrieds brummiger Bass erfüllte Jehudith mit Seligkeit. Sie mühte sich aus der engen, muffigen Kammer und musste zunächst Arme und Beine strecken, um ihr Körpergefühl wiederzuerlangen.

Veronika wandte sich an David. »Komm, ich helf dir raus.«

»Was ist mit Hannah und Benjamin?«, fragte Jehudith.

»Keine Sorge, sie sind beide oben in der Stube.« Gottfried wirkte angespannt. »Ich glaube, wir haben eine Möglichkeit gefunden, euch in die Pfalz zu bringen.«

Die vier stiegen die enge Kellertreppe hinauf. Gottfried führte Jehudith und David in die Bäckerei, in der scheinbar alles stehen und liegen gelassen worden war, als die bewaffneten Pilger am Morgen in die Stadt gestürmt waren. Unter dem großen Backofen in der Ecke glühten die Reste eines Feuers, aber keiner der Gehilfen war zu sehen.

Ida kam aus der Stube herunter und gesellte sich zu David.

»Den beiden da oben geht es gut«, sagte sie mit Krümeln in den Mundwinkeln.

Gottfried zeigte auf mehrere Lagen genähten Stoffs, die auf dem Tisch unter dem Fenster zum Hinterhof hinaus lagen. Das Tuch war schwarz, nur ein Stück helles Leinen schien zwischen dem dunklen Stoff hindurch. Zwei Perlenschnüre mit einem Holzkreuz ruhten auf dem Stapel wie auf einem Kissen.

»Was ist das?«, fragte Jehudith.

»Das ist die Kleidung der Benediktiner. Für dich ein Habit und ein Skapulier, dazu der weiße Velan als Kopfbedeckung. Für David die Kutte eines Novizen.« Mit einem müden Lächeln fügte Gottfried hinzu: »Allerbeste Ausfertigung, direkt aus der Schneiderei der Pfalz.«

»Und was sollen wir damit?«

»Was da draußen gerade passiert, ist fürchterlich. Viele der Euren werden abgeführt. Die Irren scheinen darauf zu bestehen, dass ihr euch taufen lasst. Wer sich weigert, wird hingerichtet.« Gottfried warf Ida einen besorgten Blick zu. »Ich habe Leichen auf den Straßen gesehen.«

Ida hielt die Hand vor den Mund und wandte sich ihrer Mutter zu.

»Daran dürft ihr jetzt nicht denken. Nun geht es ausschließlich um euch und euer Leben.« Entschlossen richtete Gottfried den Blick auf die beiden. »Ich habe mich umgehört. Ulrich hatte recht. Die bewaffneten Irren durchkämmen die Häuser von Judenfreunden unter uns. Deshalb könnt ihr hier nicht bleiben.«

Jehudith wurde es klamm ums Herz. Draußen der Mob und auch hier waren sie nicht sicher.

»Die Stadttore werden von den Eindringlingen kontrolliert«, fuhr Gottfried fort. »Keiner wird hinausgelassen, an Flucht aus Mainz ist nicht zu denken. Der einzig sichere Platz für euch ist die Pfalz. Aber auch deren Tor ist verschlossen, und davor stehen Emichos Männer mit ihren Schwertern.«

»Und wie sollen wir dann hineinkommen?«, fragte Jehudith.

»Die Soldaten des Bischofs trauen sich nicht, die Pfalz zu verlassen. Manche der Euren werden versteckt, wohl weiter oben an der Stadtmauer, wo einzelne Hütten zwischen Äckern und Wäldchen stehen. Aber wie wollt ihr dahinkommen? Ihr müsstet durch die ganze Stadt, die sich gerade in ein Schlachthaus verwandelt.« Gottfrieds massiger Körper wankte, dann schien er sich jedoch wieder zu fassen. »Ich habe erfahren, dass Juden als Benediktiner verkleidet in die Pfalz oder eines der Klöster in der Stadt geschleust werden. Vor Repräsentanten der Kirche scheinen die Eindringlinge einen gewissen Respekt zu haben.«

Jehudith fühlte eine tiefe Abscheu vor dem Plan, den der Bäcker gerade vor ihr ausbreitete.

»Die Euren werden an einem zentralen Platz gesammelt und von dort in kleinen Kolonnen in Sicherheit gebracht.« Gottfried stockte einen Moment. »Besser, ich sage nicht, wo und wohin. Je weniger ihr wisst, desto besser. Ich habe mich jedenfalls dorthin aufgemacht«, Gottfried zeigte auf den Stoffstapel, »und habe dies hier erhalten. Mir wurde gesagt, dass bald eine Gruppe Nonnen und Novizen über den Platz kommen wird. Denen schließt ihr euch an.«

Mit Befremden sah Jehudith auf die Kleider, die auf dem Tisch lagen. »Aber was machen wir mit Hannah und Benjamin? Habt ihr auch Kleider für sie?«

»Sie sind zu klein, das würde auffallen.«

»Eure zwei Jüngsten bleiben hier. Ich werde auf sie aufpassen«, ergriff Veronika das Wort. Mit einem Lächeln fügte sie hinzu. »Hannah ist tapfer.«

Jehudith war den Tränen nah. Aber sie sah ein, dass dies der einzige Weg war. Was der Bäcker und seine Frau für sie zu tun bereit waren, beschämte sie. Jehudith sehnte sich nach Chaim, der in der Pfalz im Moment sicher vor Sorge umkam.

Aber nun galt es, ihr Unbehagen zu überwinden. Kurz blickte sie zu David. Schließlich sagte Jehudith: »So machen wir es. Wir sind euch zu großem Dank verpflichtet.«

»Ich schäme mich für meine Glaubensbrüder.« Mit diesen Worten zog sich Gottfried zurück in die Stube.

Jehudith und David zogen ihre Kleider aus. Veronika half Jehudith, und Ida reichte David die schwarze Kutte. Sie musste ein wenig grinsen, als sich ihr Spielkamerad endlich in das enge Mönchsgewand gequetscht hatte. »Du siehst richtig putzig aus.«

»Man könnte lachen, wenn es nicht zum Weinen wäre«, antwortete er.

Veronika reichte David und Jehudith je ein Kettchen mit dem Holzkreuz. Mit Befremden sah Jehudith auf die grob geschnitzte Figur des Gehängten.

»Es hilft nichts, ihr müsst das tragen«, sagte Veronika streng.

»Ich gehe jetzt hoch in die Stube und beobachte den Marktplatz, um zu sehen, wann der Zug mit den Nonnen und Novizen erscheint.«

Jehudith setzte an, mit in die Stube zu kommen. Doch Veronika winkte ab. »Bleibt besser hier, sonst könnte Hannah beim
Abschied Schwierigkeiten machen. Ich werde sie mit Plätzchen
versorgen, auch wenn es uns die ganzen Vorräte kosten sollte.
Ida wird euch Brot, Käse und etwas zu trinken geben.«

Mainz – auf dem Synagogenplatz

Peter öffnete die Augen. Er blickte auf ein Paar eisenbekappte
Lederstiefel und blaue Hosenbeine, an deren linker Seite eine
Schwertscheide festgemacht war. Sein Blick glitt nach oben
und er gewahrte den Ansatz eines Kettenhemdes, den Griff
des Schwertes über dem Gürtel, einen orangen Umhang mit
dem roten Kreuz und schließlich ein grimmiges Gesicht, das
auf ihn herunterstarrte. »Warum wimmerst du? Hoch mit dir,
du Schlotterjan.«

Schlagartig verwandelte sich Peters Dumpfheit in Panik.
Langsam, mit gesenktem Blick, richtete er sich auf.

»Wenn du hier rumflennst, dann kannst du auch nützliche
Arbeit verrichten.« Der Mann wandte sich an einen Soldaten
hinter ihm: »Ergreift diesen Wimmerling. Und seinen Freund,
den nehmt auch gleich mit.«

Der Soldat schubste Peter nach vorn, fast wäre er gestolpert.

»Du Idiot«, raunte Christain ihm zu. »Warum musstest du
so auffallen? Das ist Veit, die rechte Hand Emichos. Ein verdammt harter Hund, haben einige der Alten gesagt.«

Sie wurden von Veits Leuten zu einer Gruppe Pilger geführt.
Peter kannte keinen der Männer, die meisten waren Bauern wie

sie. Peter und Christain waren die Jüngsten unter ihnen. In einigen Gesichtern sah er Angst, in anderen dumpfe Gleichgültigkeit.

Er selbst fühlte gar nichts mehr. All dies war ein Fehler, das wurde ihm mehr und mehr klar. Dass er Vater und Mutter verlassen und für Rotkutte die Kinderleiche ausgegraben hatte. Und all das Morden und Rauben um ihn herum.

Er zwang sich, nicht zu weinen, diese Blöße wollte er sich nicht geben. Er musste an David denken. Gerne hätte er noch einmal mit dem schwarzgelockten Jungen die geheimnisvollen Glasmurmeln in das Loch geschnipst.

Er stand allein da, nahm auch Christain kaum noch wahr, der bereits mit einem der Bauern sprach.

»Los jetzt«, sagte irgendwann eine Stimme. Der Tross, begleitet von einigen Schwertträgern, setzte sich langsam in Bewegung.

Sie schritten vorbei an dem großen Leichenhaufen, passierten Rotkutte, der gerade eine weitere Taufe durchführte, durchquerten den Torbogen, durch den sie hineingekommen waren, bogen zweimal links ab und erreichten schließlich die große Gasse mit den vielen Geschäften, deren Fensterläden und Türen nun jedoch verschlossen waren.

Immer wieder begegneten sie Grüppchen von Juden, die in Richtung des Taufplatzes geführt wurden.

Mainz – auf dem Marktplatz

Jehudith war doch nach oben zu Hannah und Benjamin gegangen und hatte kurz mit ihrer Tochter gesprochen. Sie musste die beiden einfach noch einmal sehen. Hannah reagierte zunächst verängstigt, als sie hörte, dass sie bei Idas Eltern bleiben sollte.

Dann ließ sie sich jedoch überzeugen. Benjamin dagegen war ganz unbekümmert. Ein letztes Mal streichelte Jehudith über sein dünnes Haar und gab ihm einen Kuss auf die Stirn, dann kehrte sie zurück zu David in die Bäckerei.

Sie setzte sich zu ihrem Sohn, der neben Ida saß, und zwang sich, ein wenig von dem Brot und Käse zu essen, die vor ihr auf dem Tisch standen.

Aus dem Ladenbereich drang hektische Betriebsamkeit zu ihnen hinüber. Doch war es nicht der Klang des fröhlichen Treibens, den sie auch vor ihrem Haus üblicherweise hörten. Nun vernahmen sie Zorn, Angstgeschrei und Hufgeklapper, und nicht wie sonst die Rufe der Marktschreier, die ihre Waren feilboten.

Nach einer Weile kündigten knarzende Stufen an, dass Veronika und Gottfried die Treppe hinuntereilten. »Sie kommen!«

Jehudith und David standen von ihren Schemeln auf und traten in den Verkaufsraum, der an den Marktplatz angrenzte. Schummriges Licht drang durch die Ritzen der Fenster.

Vorsichtig öffnete der Bäcker die Tür. Lärm wogte ihnen entgegen, der Jehudith zurückzucken ließ.

Jetzt nicht schwach werden, beschwor sie sich selbst. »Komm, David.«

Die beiden schlüpften durch die Türöffnung. Menschenmassen verteilten sich auf dem Marktplatz, aber es war nicht das übliche Stadtvolk. Die meisten hatten das Zeichen an ihrer Kleidung, das Jehudith und David nun ebenso vor ihrer Brust trugen.

Sie blickte ein letztes Mal zurück, die Tür zur Bäckerei war bereits geschlossen.

Die beiden schlängelten sich durch die Menge Richtung Dom. Keiner beachtete sie. Wo war nur die Gruppe verkleideter Juden, von der Veronika gesprochen hatte?

»Dort, dort sind sie!«, rief David über das Geschrei.

»Schau zu Boden. Mönche machen das so, glaube ich«, sagte Jehudith.

Sie gingen schneller und erreichten den kleinen Trupp, der sich in Zweierreihen gemessen durch die Menge bewegte. Bald schlossen sie zu der zierlichen Frau auf, die den Zug anführte.

»Ich bin die Frau des Glasmachers Chaim und das ist mein Sohn David«, raunte Jehudith.

»Willkommen, ich bin Irmgard«, flüsterte die Frau. »Die Nonnentracht steht euch gut, aber ihr müsst den Velan noch ein wenig mehr über das Kinn ziehen.«

Jehudith befolgte Irmgards Anweisung, während die Frau in der Nonnentracht weitersprach: »Die Novizen gehen am Ende. Ihr beide müsst euch also trennen, sonst fallt ihr auf.«

David ließ sich nach hinten fallen. Jehudith fühlte einen Stich in ihrem Herzen. Sie ging langsamer und ordnete sich neben Deborah ein, die allein ging. Sie kannte die Frau des Drechslers flüchtig.

Der Zug bestand aus etwa zwanzig der Ihren, vielleicht ein Dutzend getarnt als Novizen, der Rest Frauen. Sie blickte zurück, konnte David aber nicht mehr ausmachen.

»Schalom«, sagte Jehudith und ärgerte sich sofort über ihre Dummheit.

»Sei gegrüßt«, antwortete Deborah. »Bedenke, dass wir Nonnen sind. Am besten, wir reden gar nicht.«

Schweigend näherten sie sich der Willigispforte, vor der sich vier Soldaten auf ihre Schwerter stützten. Eine große orange Fahne mit einem Löwenwappen lehnte an der Wand des Domes.

Mainz – auf dem Flachsmarkt

Peter war froh, den Ort des Grauens verlassen zu haben. Aber all das, was er in den letzten Stunden gesehen hatte, arbeitete weiter in ihm, während er mit Christain und den anderen Männern, es waren zwei Handvoll, die große Gasse entlangschritt. Dieser abgetrennte Kopf, der immer noch zu lächeln schien, war am schlimmsten.

Warum musste man diese Menschen bloß so strafen? Es waren doch nicht sie, die den Herrn getötet hatten. Wie könnte sie eine Schuld treffen? Und wie lange Zeit war es her, dass der Heiland auf Erden gewandelt war. Vor tausend Jahren, hatte der Pfarrer einmal gesagt, meinte sich Peter zu erinnern. Tausend Jahre! Da war der Großvater, der vor ein paar Sommern gestorben war, noch nicht einmal geboren. Peter zog die Augenbrauen zusammen. Tausend Sterne leuchteten vielleicht am Himmel in einer klaren Sommernacht. Oder waren es tausend Ähren, die auf einem Acker wuchsen? Vor tausend Jahren. Nein, auf keinen Fall war der Großvater da schon geboren. Eine unermesslich lange Zeit musste dies her sein.

Was war richtig und was war falsch? Mit Sehnsucht dachte Peter an Lenes lustiges Wiehern und an die kleine Mathilde, die beim Essen immer auf seinen Schoß gekrabbelt war. Auch Bernhard vermisste er sehr. Eine Ewigkeit musste vergangen sein, seit er mit seinem kleinen Bruder das Heer der Pilger von dem Platz bei der Linde beobachtet hatte und der freche Kerl über seine Pflaumen hergefallen war.

Ein wehmütiges Lächeln glitt über Peters Gesicht. Ach, wenn Mutter jetzt bei ihm wäre. So gerne würde er ihr erzählen, was er alles erlebt hatte. Sie wusste doch immer Rat.

Plötzlich rempelte ihn der Mann an, der hinter ihm her schritt. »Du Schlafmütze, geh schneller. Sonst kriegen wir Ärger mit Hauptmann Veit.«

Peter beschleunigte seinen Gang und blickte nach vorn. Sie befanden sich auf einem Platz, den er nicht kannte, etwa halb so groß wie der Marktplatz am Dom. Der Hauptmann bahnte für den Trupp einen Weg in Richtung des Portals einer Kapelle.

Zwei Fuhrwerke standen vor der kleinen Kirche in der Sonne. Im Schatten an der Westseite des Gebäudes hatte es sich eine

Bauernfamilie bequem gemacht. Der Hauptmann schaute sie an und tippte kurz an sein Schwert, da standen die Eltern schnell auf und zogen ihre drei Kinder weg.

Veit bedeutete Peter und den anderen Männern, sich zu setzen. »Ihr bekommt eine Aufgabe. Sogar Lorbeeren könnt ihr euch dabei verdienen.«

Der Hauptmann winkte einem älteren Mann zu, der in seinem grünen Wams an einem Holzkarren lehnte, der voller Bretter war. Gemütlich schlenderte er zu ihnen hinüber.

»Das ist Meister Wernhart«, erklärte Veit. »Wernhart ist Zimmermann und wird euch bei einer wichtigen Arbeit anleiten. Macht genau das, was der Meister sagt, es soll zu eurem eigenen Nutzen sein.«

Der Zimmermann tippte sich mit dem Zeigefinger an die Stirn, ob zum Gruß oder als würde er einen Befehl entgegennehmen, das ließ sich nicht genau sagen. Ein breites Grinsen legte sich über sein zerknautschtes Gesicht. »Nun, ihr Kämpfer vor dem Herrn. Unser Hauptmann sagt, dass Emicho noch heute die Pfalz erstürmen will, in der sich ein Gutteil dieser gottverdammten Juden versteckt hat.«

Peter war vollkommen verwirrt, er hatte keine Ahnung, worauf Wernhart hinauswollte.

»Darum geht es also«, flüsterte Christain ihm zu. »Die Juden, die wir bisher nicht gekriegt haben, sind in die Bischofspfalz geflüchtet. Genauso war es auch in Worms.«

Meister Wernhart blickte in die Runde, ganz offensichtlich genoss der kräftige, etwas untersetzte Mann die Aufmerksamkeit, die ihm gerade zuteilwurde. Mit einer seltsam gebrochenen Stimme fuhr er fort: »Die Pfalz, die ist durch ein Tor geschützt. Es ist zwar aus Holz, aber trotzdem sehr stabil.« Meister Wernharts Mundwinkel streckten sich bis zu beiden Ohren. »Ich muss es ja wissen, hab die Bretter schließlich selbst gesägt und auch das Tor zusammengezimmert.«

Dann wurde sein Ton mit einem Mal ernst. »Über dem Tor verläuft ein Wehrgang, hinter den Zinnen stehen die Soldaten des Bischofs und werden mit Armbrüsten auf euch zielen. Habt ihr die Schlitze in den zwei Türmen rechts und links des Tores gesehen? Dahinter stehen Schützen, die können eure Schädel aus dreißig Klaftern Entfernung zerfetzen.«

Peter wurde es mulmig, aber er mochte die handfeste Art des Zimmermanns gut leiden. Sie hatte etwas Vertrautes an sich.

»Und euer großer Feldherr Emicho hat es sich in den Kopf gesetzt, eben dieses Tor zu stürmen.« Mit einem Seitenblick auf den Hauptmann, der sich etwas entfernt in den Schatten begeben hatte, fügte er hinzu: »Und was die hohen Herren sich einmal in den Kopf gesetzt haben, das kriegt man nicht mehr heraus. Sind halt hohe Herren, die Herren.« Jetzt schaute Wernhart in die Runde. »Und was kann man als kleiner Mann tun, wenn sich die Herren etwas in den Kopf gesetzt haben?«

Der Zimmermann starrte Peter direkt ins Gesicht. Plötzlich riss er seine Augen auf, sodass Peter unwillkürlich ein Stück nach hinten rückte. Wernhart legte die Hand an den Mund und flüsterte, als würde er ihnen ein Geheimnis anvertrauen: »Man muss tun, was sie sagen.«

Die Männer um Peter nickten verhalten, einige lachten gar.

»Ja, die da oben, die machen Pläne, und wir müssen unsere Haut dafür hinhalten«, sagte ein kahl Geschorener, der neben Christain saß.

Peter raunte seinem Freund zu: »Mir ist die Sache nicht geheuer, aber der Zimmermann scheint ein anständiger Mensch zu sein.«

»Immerhin schenkt er uns reinen Wein ein«, erwiderte Christain.

»Kunst kommt von können.« Wernhart wirbelte mit seinen Händen. »Wollen, das können die hohen Herren gut. Aber können, das wollen sie nicht. Daher muss unsereins den hohen Herren etwas auf die Sprünge helfen.« Der Zimmermann sah sie ernst an. »Wir werden ihnen zeigen, wie man den Jud kriegt, ohne sich dabei sein Lebenslichtlein auspusten zu lassen.«

Wernharts Bemerkungen hatten ihnen wieder etwas Zuversicht gegeben. Und ihre vollständige Gunst gewann er schließlich, als er auf eine Kiste im Schatten der Kapelle zeigte: »Da drüben sind einige Lederbeutel mit frischem Wasser und etwas Wein. Brot, Wurst, Käse und fette Butter gibt es auch.«

Veit, der bessere Ohren haben musste, als Wernhart gedacht hatte, ermahnte ihn von seinem Schattenplatz aus. »Verwöhn unsere Kämpfer nicht allzu sehr. Emicho hat befohlen, dass der Widder zur achten Stunde fertig sein muss.« Und den Männern zugewandt fügte der Hauptmann hinzu: »Tut genau das, was euch der Meister sagt. Und denkt daran, wir sind im Krieg. Jeder, der zu fliehen versucht, wird ausgepeitscht und von mir persönlich auf dem Marktplatz aufgeknüpft. Dort bleibt er baumeln, bis die Vögel sich an ihm satt gepickt haben.«

Peter musste an die Hand denken, die an den Balken über dem Pranger genagelt gewesen war.

Veits Augenbrauen zogen sich zusammen. »Und denkt daran, die Stadttore sind von den Unseren bewacht. Es gäbe kein Entkommen für euch.«

Mainz – vor der Willigispforte

»Stehen bleiben, schofort«, hörte sie eine Stimme rufen, die von seltsamen Zischlauten durchdrungen war. Jehudith blickte kurz auf. Wie die drei anderen Soldaten trug der Mann einen orangen Überwurf mit einem großen Kreuz über seinem Kettenhemd, darunter, etwas kleiner, ein Wappen mit einem Löwen. »Wer scheid ihr und wasch wollt ihr?«

»Ich bin Schwester Irmgard, Ordensfrau des Altmünsterklosters«, antwortete eine feste Frauenstimme von vorn. »Wir müssen in den Dom, um den heiligen Maurus anzubeten. Er ist der Schutzheilige unseres Klosters. Jeden Dienstag verrichten wir diesen Dienst, zu dem wir uns bei dem Eintritt in unseren Orden verpflichtet haben.«

»Ischt das Altmünschter nicht ein Frauenkloschter? Ich schehe einige Jungen in euren Reihen«, erwiderte der Soldat.

»Die jungen Novizen aus Xanten befinden sich auf der Durchreise nach Rom und sind in unserem Kloster untergekommen«, antwortete Irmgard unbeeindruckt. »Sie wurden von unserer Äbtissin Clara angehalten, sich unserem Gebet anzuschließen.«

»Wollt ihr mir vielleicht einen Bären aufbinden?«

Der Mann schritt an Jehudith vorbei, gefolgt von einem Soldaten, der fast einen Kopf größer war als er. Sie schaute kurz zu Deborah neben ihr, deren Blick starr zu Boden gerichtet war.

»Du, mit den schwarzen Locken, wie heischt du?«, hörte Jehudith den Mann hinter sich sagen.

Für einen Moment setzte ihr Herz aus.

»Mein Name ist Michael«, hörte sie Davids Stimme.

Gut gemacht, mein Sohn. Jehudith musste kurz lächeln.

»Und du da, mit den krummen Beinen?«

»Friedrich.«

»Fähnrich Roland, ich meine, das könnten Juden sein«, hörte Jehudith den anderen Soldaten sagen. Für seinen mächtigen Körperbau hatte der Mann eine eigentümlich hohe Stimme.

Der Lärm um sie herum wurde unerträglich, Jehudith hatte das Gefühl, ihre Seele würde sich darin auflösen. »Herr, lass uns nun nicht im Stich«, betete sie.

»Hebt eure Kutten hoch und runter mit der Bruoch.«

Nun war alles vorbei. Jehudith erwog, sich umzudrehen und mit David wegzurennen.

Mainz – auf dem Flachsmarkt

In Gedanken versunken war Peter sitzen geblieben, während sich die anderen bereits zu der Kiste mit den Speisen begeben hatten.

Nun sollte also der Kampf endlich beginnen. Lorbeeren könnten sie sich verdienen, hatte Veit gesagt. Aber der Zimmermann hatte auch von Schießscharten gesprochen und von Pfeilen, die selbst auf große Entfernung ihr Ziel sicher finden würden.

Unvermittelt spürte er einen Stoß an der Schulter. Christain stand vor ihm und reichte ihm einen Lederbeutel mit Wasser, zwei dicke Scheiben Brot und ein Stück festen Käse. Peter nickte dankend. Er biss in das mit Kümmelkörnern gespickte Brot hinein und genoss dazu den harzig riechenden Käse.

Wie merkwürdig die Welt doch war. Gerade noch wurde gestorben, jetzt wurde gespeist, getrunken und gelacht. Kraft kehrte zurück in seine Arme und Beine, und eine neue Zuversicht erfüllte sein Herz. Vielleicht war ja doch alles richtig gewesen. Musste der Krieg nicht schmutzig und schrecklich sein? War er deshalb nicht auch nur etwas für Männer und nicht für Weibsleute? Hatte er das nicht vorher gewusst? Nur im Krieg konnte man ein Held wie der heilige Georg werden. Und er selbst hatte sich wie ein Waschlappen aufgeführt.

Sicher war das gelogen mit dem Kind, das sie ausgegraben hatten. Aber waren die Juden nicht auch von Natur aus Lügner? Ein jedes Kind wusste das. Meister Wernhart hatte das auch gemeint. Und der schien ziemlich schlau zu sein.

War nicht auch David Jude? An dem Türpfosten seines Hauses befand sich doch auch so eine Bronzekapsel. Es war schön gewesen, mit ihm die Zauberkügelchen in das Loch zu kitschen. Und er hatte ihm gestern noch aus der Patsche geholfen, als er den Weg ins Eselsweck zunächst nicht gefunden hatte.

Erneut riss Peter ein großes Stück des Brotes ab, biss in den würzigen Käse und stopfte sich schließlich den Rest der herzhaften Rinde in den Mund. Ach, was grübelte er über solch schwere

Themen. Krieg war eben Krieg. Und letztendlich musste man ja sowieso das machen, was die hohen Herren einem befahlen. Das hatte Meister Wernhart schließlich auch gesagt, und der musste es wissen.

Mainz – auf dem Marktplatz

»An eurer Stelle würde ich mir dies gut überlegen!«, rief Irmgard. Die kleine Frau eilte an Jehudith vorbei in Richtung der zwei Männer. »Für diese Demütigung unseres Ordens würdet ihr in die Hölle kommen.«

Unwillkürlich griff Jehudith nach Deborahs Hand. Trotz der Hitze war diese eiskalt.

»Du trägst doch das orange Tuch der Flonheimer mit dem Löwenwappen«, fuhr Irmgard fort. »Wenn ihr uns behelligen solltet, würde unsere Äbtissin Clara höchstpersönlich nach Rom berichten lassen, dass Fähnrich Roland aus dem Heer der Flonheimer unseren Orden entwürdigt hat.«

Deborah drückte Jehudiths Hand mit voller Kraft. Die Zeit verstrich, als müsste man sie durch Watte pressen.

»Emicho hat befohlen, Pfaffen und das Klostervolk in Ruhe zu lassen«, sagte die hohe Männerstimme.

»Bitte, bitte, Herr. Beschütze uns in dieser Stunde«, flüsterte Jehudith. Da sah sie Irmgard an sich vorbei in Richtung der Spitze des Zuges schreiten. Ein paar Augenblicke später setzte sich die Gruppe wieder in Bewegung. Zwei der Soldaten öffneten ihnen sogar die zwei Flügel der mächtigen Bronzetür. Der Griff von Deborahs Hand lockerte sich.

Auf der anderen Seite der Willigistür standen Soldaten der Bischofswache. Ohne ein Wort zu sagen, gingen die Getarnten an den bunt gescheckten Männern vorbei in den Dom.

Noch nie zuvor hatte Jehudith diesen heidnischen Ort betreten. Der Raum war hundertmal größer als der Betsaal ihrer Synagoge. Jehudith blickte kurz auf. Menschen mit Blutkreuzen auf der Kleidung konnte sie nicht ausmachen, stellte sie erleichtert fest.

Sie fand den Mut, sich genauer umzusehen. An den Wänden hingen Bilder, die auf große Teppiche gestickt waren. An den Säulen standen Statuen aus Holz und Stein, über deren Köpfen seltsame Kreise schwebten. Und überall Bildnisse des Gehängten am Kreuz. Fürchterlich.

Einige der riesigen Wandbilder hingen schief oder waren zu Boden gefallen. Ein Bild mit einer zerbrochenen Tafel erregte ihre Aufmerksamkeit. Moses, schoss es ihr durch den Kopf. Ihr größter Prophet, der Verfasser ihrer Torah. Wie groß war dieses Bild, wie schön die Farben! Was für eine herrliche Pracht.

Jehudiths Herz beruhigte sich langsam.

»Nun ist es gut«, verkündete Irmgard. »Ihr seid in Sicherheit.«

Die strenge Ordnung der Gruppe, die sich bisher immer noch in Zweierreihen bewegt hatte, löste sich langsam auf. David gesellte sich neben sie. Jehudith legte den Arm um die Schultern ihres Sohnes, doch wagten sie es nicht, miteinander zu sprechen.

Irmgard führte sie ein paar Stufen hinauf auf eine große Plattform. Ein riesiges Holzkreuz mit einem fast nackten Mann hing über ihnen in der Luft, ins Holz geschnitzte Sonnenstrahlen umgaben den mageren Körper. Sie schritten durch eine enge Tür, erstiegen eine Treppe und erreichten einen breiten Gang.

Endlich sah sie Chaim zwischen Soldaten des Bischofs. Er winkte ihnen zu.

Jedoch war da eine Kluft, sicher drei Klafter tief und fünf breit, die sie von ihrem Mann trennte. Wachen des Bischofs bewachten den Abgrund von beiden Seiten.

»Fahrt die Holzbrücke aus!«, rief Irmgard den Bewaffneten zu.

Ein langer Balken wurde zu ihrer Seite herübergereicht. Zwei Soldaten fassten dessen Ende und führten es in eine Aushöhlung, die in den Stein gehauen war. Genauso wurde auf der gegenüberliegenden Seite verfahren. Eine zweite Bohle folgte. Eine Holzkonstruktion, eine breite Fläche mit einer Art Holzzaun links und rechts, wurde über die zwei dicken Holzbalken geschoben.

Die Wachen gaben den Weg frei und schließlich konnten sie zur anderen Seite hinüberlaufen.

Als Chaim sie endlich in die Arme nahm, löste sich mit einem Mal all die Angst. Ihre Tränen brachen sich Bahn. Jehudith schluchzte ungehemmt.

»Meine Rose von Scharon«, hörte sie Chaim flüstern. Sie spürte seinen struppigen Bart in ihrem Gesicht und roch den süßlich-herben Duft seiner Haut. David kam hinzu und sie nahmen ihn zwischen sich. Endlich, endlich waren sie wieder zusammen.

Für einen Moment war sie glücklich.

Mainz – auf dem Flachsmarkt

Nach kurzer Zeit kam der Zimmermann mit zwei Gesellen herbei, die ein Wägelchen hinter sich herzogen. Ein paar Hämmer, Sägen in verschiedenen Größen und ein Hobel befanden sich darauf. Und einige Werkzeuge, die Peter noch nie gesehen hatte. Vier Fässchen baumelten an der Seite, in jedem befanden sich Eisennägel in einer anderen Größe.

»Genug gefaulenzt!« Meister Wernhart zeigte auf einige Männer, die neben ihnen im Schatten saßen, und dann auf die zwei Fuhrwerke, die vor dem Portal der Kapelle standen. »Ihr da! Nehmt die Oberteile von den Wagen ab. Mein Geselle Michael wird euch helfen. Wir brauchen erst einmal nur die Fahrgestelle.«

Der Zimmermann positionierte mit dem anderen Gesellen vier Paare solider Holzbalken auf den Boden, jeweils parallel zueinander, in etwa vier Schritten Abstand. Danach sagte er: »Ihr da, legt die Bretter auf die dicken Balken. Thomas wird euch zur Hand gehen.« Er deutete auf den anderen Gesellen.

Schließlich wandte sich Wernhart Peter und Christain zu. »Wie heißt ihr zwei?«

Die beiden Jungen standen auf.

»Peter aus Gerstenberg.«

»Christain aus Mühlsteyn.«

»Habt ihr schon mal einen Hammer in der Hand gehalten?«

Die beiden nickten.

Der Zimmermann führte sie zu einer Werkzeugkiste, die auf dem Boden lag, griff zwei stattliche Hämmer heraus und überreichte sie ihnen. »Dann werdet ihr jetzt zeigen, was ihr könnt. Kommt mit.«

Wernhart ging zu den Balken, über die bereits von den anderen Männern lange Holzbretter dicht nebeneinander angeordnet worden waren. Der Zimmermann schob die Bretter etwas zurecht, dabei brummte er vor sich hin: »Muss zwar kein Meisterwerk werden, aber halten sollte es, damit die Armen überhaupt eine Chance haben, mit heiler Haut davonzukommen.«

Er legte dort, wo sich die Balken unter den Brettern befanden, je einen flachen Balken über die aneinandergereihten Holzbretter, holte drei Handvoll der größten Nägel aus einem der Fässer und legte sie in eine Holzschachtel.

»So, ihr zwei. Schaut mir genau zu.« Mit sicherer Hand nahm der Zimmermann einen Nagel, setzte ihn auf den flachen Balken an, holte mit dem Hammer aus und trieb den Eisenstift mit einem Hieb eine Daumendicke in den Balken hinein. Mit gezielten Schlägen hämmerte er den Nagel bis zum Kopf in das Holz.

Wernhart wandte sich den beiden Jungen zu. »So müsst ihr es auch machen. Und gebt acht dabei, dass ihr ganz gerade trefft, damit sich die teuren Dinger nicht verbiegen. Verstanden?«

Die beiden nickten.

Wernhart kroch über die Bretter und schlug dabei die Nägel je einen Fingerbreit ins Holz. Nach kurzer Zeit stachen sie in zwei Reihen aus den Balken hervor, und die beiden Jungen konnten sich daranmachen, die Eisenstifte in das Holz hineinzuschlagen. Peter und Christain brauchten dazu dreimal so viele Schläge wie Meister Wernhart, doch immerhin schafften sie es, die Eisenstifte ganz gerade im Holz zu versenken.

»Nicht von schlechten Eltern, wie ihr das macht.« Wernhart lachte die beiden Jungen an. »Ich sag jetzt den anderen, was sie tun sollen. Kommt zu mir, wenn ihr fertig seid, dann sehen wir, wo ihr noch helfen könnt.«

Mainz – Bischofspfalz, im Martinshaus

Man hatte die Geretteten zunächst im Martinshaus untergebracht. Den Familien wurden Zimmer zugewiesen, damit sie unter sich sein konnten. Dort hatte Jehudith ein paar Worte mit Chaim gesprochen. Sie hatte ihm von den zwei Männern mit den Schwertern erzählt, die in ihre Stube eingedrungen waren, und von der Plünderung ihres Hauses. Was die Eindringlinge mit den Schriftrollen gemacht hatten, hatte sie verschwiegen. Sie hatte von ihrer Flucht berichtet und wie es Ida und ihren Eltern gelungen war, sie zu beschützen, und dass Hannah und Benjamin immer noch bei Idas Eltern waren.

Jehudith war vorsichtig mit dem gewesen, was sie sagte, weil David anwesend war. Daher erzählte sie ihrem Mann nichts von ihrer Befürchtung, dass die Wohnung von Gottfried und Veronika durchsucht werden könnte. Sie konnte nur hoffen, dass die beiden nicht gefunden würden. Diese Ohnmacht war kaum auszuhalten.

Schließlich war Chaim zu Raimund gerufen worden.

Eine Magd brachte ein weißes Kleid und einen grünen Überwurf für Jehudith. Das Nonnenkleid werde gebraucht, um noch mehr der Ihren in die Pfalz zu schleusen. Das Kleid, das sie nun von sich streifte, war eigentlich sehr bequem gewesen, nur etwas zu warm. Das Kreuz, das man ihr um den Hals gehängt hatte, hatte sie jedoch sofort abgenommen, als sie in das Zimmer gekommen waren.

Der Stoff des neuen Kleides war schlicht und etwas rau, aber es war sauber. Auch ein einfaches weißes Tuch wurde ihr gegeben, mit dem sie ihre Haare bedeckte.

Eine Schüssel mit frischem Wasser stand auf einem Tischchen bereit, mit dem Jehudith und David sich etwas säubern konnten. Erst jetzt bemerkte Jehudith, wie verschwitzt sie war, und es tat gut, sich mit einem Lappen über Gesicht, Brust und Achseln zu streichen.

Ihr Haar war ziemlich zerzaust, aber sie hatte keinen Kamm, mit dem sie es hätte ordnen können, und danach fragen wollte sie nicht. Sie nahm den Lappen und tränkte damit ihre langen Haare.

David bekam ein sauberes weißes Hemd, das ihm bis zu den Knien reichte. Die Novizensandalen wollte er gern behalten.

Sie wurden in den Speiseraum direkt neben der Küche gebracht, wo ihnen eine Suppe und etwas Brot gereicht wurde. Zusammen mit den Ihren saßen sie an einem langen Tisch unter Kreuzen mit dem Gehängten. Jehudith bekam keinen Bissen hinunter, zu sehr drängten sich ihr die Bilder des Schreckens auf, der ihren wohlgeordneten Alltag jäh unterbrochen hatte.

Daher war sie froh, als sie mit David in ihr Zimmer zurückkehren konnte. Ihr Sohn setzte sich auf das Bett. Jehudith entging jedoch nicht, wie unruhig er hin und her rutschte.

Es klopfte.

Mainz – auf dem Flachsmarkt

Vier gezimmerte Holzflächen waren nun auf dem Boden aufgereiht, daneben lagen vier hölzerne Dreiecke, jedes etwa einen Klafter hoch. Von den Wagen waren nur noch die Fahrwerke übrig. Der größte Teil des Oberbaus war für den Bau der Holzplatten benutzt worden. Meister Wernhart schien zufrieden zu sein.

»So, Männer, nun kommt der schönste Teil.« Der Zimmermann zeigte mit dem Finger zunächst auf die Holzkonstruktionen auf dem Boden und dann auf einige der Ihren. »Ihr zwei, ihr nehmt das Dreieck dort. Ihr zwei das andere. Peter und Christain, ihr tragt die Holzplatte. Und jetzt kommt mit alledem zu mir.«

Nicht nur die Soldaten beobachteten das Geschehen neugierig, ein Kreis von Zuschauern hatte sich mittlerweile um die Arbeiter gebildet. Wernhart hielt die Menge auf Abstand, indem er so tat, als würde er sie mit den Handflächen wegschieben, dabei rief er: »Leute, Leute. Ihr müsst jetzt einmal Platz machen.«

Die Menschen traten zurück, jeder wollte sehen, wie die Teile, die auf dem Boden lagen, zusammengefügt wurden.

»Ihr da, ihr richtet das Holzdreieck auf.« Die beiden Männer setzten das Dreieck an einem Schenkel am Boden ab, fassten die zwei anderen Schenkel und zogen sie nach oben, sodass das Gebilde senkrecht zum Boden stand. Der Zimmermann stellte sich rückwärts an den unteren Balken des Holzdreiecks, dessen Scheitel ihn um gut eine Armlänge überragte. Vier große Schritte machte er und zeigte auf die Spitze seines rechten Stiefels. »Ihr zwei, ihr stellt das Dreieck hierhin, genauso ausgerichtet wie das erste.«

Nach einigem Justieren schien alles zu Wernharts Zufriedenheit zu sein. »Peter und Christain, ihr nehmt jetzt die große Platte und legt sie so an die Schräge, dass die dicken Balken, an denen die Bretter festgemacht sind, genau an den Schenkeln anliegen.«

Die beiden legten mit Hilfe zweier anderer Arbeiter ihre Holzplatte an die Dreiecke an wie eine Dachfläche an zwei Giebel.

»Gut so, noch etwas in diese Richtung.« Wernhart dirigierte mit den Händen ihre Bewegungen. »Langsamer.«

Die Gebilde wurden noch etwas verschoben, dann lagen die Balken perfekt aneinander und Wernhart nickte. »Haltet das jetzt so fest.«

Auf beiden Seiten der Dachfläche hämmerte Wernhart je vier Nägel und pfiff dabei eine lustige Melodie. Seine Fröhlichkeit sprang über auf Peter und alle anderen, die dem Meister bei der Arbeit zuschauten.

»Jetzt die nächste.«

Die zweite Holzplatte wurde auf der anderen Seite des Dreiecks angelegt und kurz darauf war der Meister mit einem Kästchen Nägel in einer Art Spitzdach verschwunden, nur sein Pfeifen und Hämmern konnte man noch hören.

Mainz – Bischofspfalz, hinter dem großen Tor

»Ich denke, sie werden vom Marktplatz her angreifen«, sagte Hadewin an Kalonymos gewandt. Der Parnas, der Hauptmann der Pfalzwache sowie Raimund und Chaim standen im Schatten des Turmes rechts neben dem großen Tor. Raimund folgte dem Gespräch, hatte jedoch nicht das Gefühl, einen wesentlichen Beitrag zu den strategischen Fragen leisten zu können. So schien es auch Chaim zu ergehen.

»Zwar gibt es einen Weg durch die Kirche in die Bischofspfalz«, fuhr Hadewin fort. »Ich glaube jedoch nicht, dass sie den Dom entweihen werden. Emichos Leute haben sich, nachdem einige von ihnen am Morgen Wandteppiche gestohlen haben, wieder aus dem Dom zurückgezogen. Ihre Leute bewachen nun die Eingänge von außen, unsere von innen.«

»Also ist der Dom doppelt bewacht«, sagte Raimund, um sich irgendwie in das Gespräch einzuschalten. Er lächelte traurig und fragte: »Wo befindet sich unser Bischof im Moment?«

»Ruthard bittet sich absolute Ruhe aus. Er hat sich zum Gebet in seine Gemächer zurückgezogen«, antwortete Hadewin mit einem für Raimund schwer zu durchschauenden Blick. Eigentlich hatte er ein gutes Verhältnis zum Hauptmann der Pfalzwache, mit dem er sich durchaus die eine oder andere Spitze zu den Marotten des Bischofs erlauben konnte. Im Beisein von Chaim und Kalonymos jedoch fand Hadewin es wohl angeraten, sich vorsichtiger auszudrücken.

Der Hauptmann wandte sich erneut dem Parnas zu. »Der Zugang zur Pfalz vom Dom her ist leicht zu verteidigen, seitdem Ruthard die alte Steinbrücke durch die Schubbrücke ersetzt hat.«

Kalonymos nickte anerkennend, doch Raimund hörte nur mit einem Ohr zu.

Mit Befremden beobachtete er die Geschäftigkeit an dem geschlossenen Tor. Unablässig stiegen Soldaten die Treppe zum Wehrgang auf und ab. Von den Türmchen blickten andere mit sichtbarer Anspannung auf den großen Platz. Über dieses große pechbestrichene Tor hatte Raimund bisher nicht viel nachgedacht. Immer hatte es offen gestanden, selbst bei Nacht wurde es nur von einem Soldaten bewacht, der in der Regel vor sich hin döste. Nun wurde dieses dunkle Tor zum Zentrum aller Aufmerksamkeit.

Er überließ Hadewin das Reden und wandte sich an Chaim, der ungewöhnlich in sich gekehrt, ja fast abwesend wirkte. »Ich bin so froh, dass Jehudith und David es in die Pfalz geschafft haben.«

»Wir wissen nicht, wo Jehudiths Eltern sind«, antwortete Chaim mit zittriger Stimme. »Hannah und Benjamin wurden von Freunden aufgenommen, von christlichen Freunden. Wir können nur hoffen, dass unseren Jüngsten nichts geschehen wird.«

Raimund war unsicher, was er antworten sollte. In ihrer langen Freundschaft hatte er Chaim, der knapp zehn Jahre älter war als er selbst, stets als einen Ruhepol erlebt. Wie oft hatte der Rabbi ein weises oder tröstendes Wort gefunden, das eine schwierige Situation oder ein persönliches Problem, mit dem Raimund gerade zu kämpfen hatte, in einem anderen, oft freundlicheren Licht erscheinen ließ. In der Regel war er dann erleichtert gewesen oder hatte zumindest eine Idee, wie es hatte weitergehen können. Heute war es Chaim selbst, der hilfsbedürftig war. Und gerade jetzt hätte er den Rat seines jüdischen Freundes so sehr gebraucht.

Schlachtpläne, die Wachen, die sich in der Hitze mit ihren Waffen an ihnen vorbeidrängten, die Anspannung vor einem scheinbar unausweichlichen Kampf, all das war ihm so fremd. Sein Mund war staubtrocken, er musste unbedingt etwas trinken.

»Auf dem Wehrgang ist nicht viel Platz, höchstens zwanzig Soldaten können dort stehen«, hörte er Hadewin zu Kalonymos sagen. »Habt Ihr Männer mit Kampferfahrung?«

»Nur wenige«, antwortete der Parnas mit einem Kopfschütteln. »Aber wir haben einige sehr starke Männer unter uns.«

»Unsere wirksamste Waffe sind die Armbrüste. Habt Ihr eine solche schon einmal benutzt?«

»Nein, aber ich werde unsere Männer fragen, wer Erfahrung damit hat. Ich glaube jedoch nicht, dass es sehr viele sein werden. Die meisten von uns sind Handwerker oder Händler.«

Hadewin nickte, schien allerdings nicht allzu betrübt zu sein. »Eik, zeig doch einmal die Armbrust, die du in den Händen hast!«, rief er einem der Soldaten zu.

Scheu näherte sich der kleingewachsene Soldat der Gruppe. War es ihm zuwider, einem Juden seine Waffe zu zeigen? Er reichte Hadewin die wie ein Kreuz aufgebaute Schusswaffe, aus der am oberen Ende ein etwa fußbreiter Metallring ragte.

»Um die Armbrust zu laden, braucht man eine Spannhilfe.«
Hadewin wandte sich an Eik. »Gib sie mir.« Er richtete seinen
Blick auf Kalonymos. »Die Biegung des Eibenholzes erfordert
sehr viel Kraft, daher benutzen wir ein besonderes Werkzeug.«

Eik reichte dem Hauptmann ein Seil mit je zwei lose angekno-
teten Haken in der Mitte und zwei handgroßen Metallösen an
den Enden. »Seht her.« Hadewin trat in den Ring an der Spitze
des Bogens. Dann legte er das Seil um das Ende des Schafts,
befestigte die zwei Haken an der Sehne und zog an den zwei
Griffen an den Enden des Seils.

Aufmerksam verfolgte Kalonymos Hadewins routinierte
Bewegungen. Auch Raimund schaute fasziniert zu, wie sich
die Sehne langsam über den Lauf nach hinten bewegte und die
Biegung des Wurfarms immer stärker wurde. Mit einem metal-
lischen Klicken rastete die Sehne ein und Hadewin lockerte seinen Griff. »Jetzt ist die Waffe gesichert und man kann in Ruhe
zielen.«

Welche Art Geräte baute man in dieser modernen Zeit, dachte
Raimund. Gestern erst hatte er eine Daumenschraube kennen-
lernen müssen, und nun dieses Werkzeug des Todes.

»Wollt Ihr die Wirkung der Waffe sehen?«, fragte Hadewin
nicht ohne Stolz.

Kalonymos nickte. Der Hauptmann ließ sich einen kurzen
Pfeil von dem kleinen Soldaten geben und legte ihn in den Lauf
der Waffe.

»Seht Ihr den Holzblock, der dort an der Wand unter der
Balustrade lehnt?« Der Hauptmann zeigte auf eine dicke Scheibe,
die aus dem Stamm eines Baumes herausgeschnitten worden war,
etwa zehn Klafter entfernt. »Eik, du gibst acht, dass niemand
die Schussbahn kreuzt.«

Langsam hob der Hauptmann die Armbrust und zielte.

Ein kurzes Zischen, das mit einem trockenen Knacken abrupt
endete.

Der Bolzen steckte in der Mitte des Blocks, nur eine Handbreit des Endes war zu sehen. Der Pfeil musste zu mehr als der Hälfte seiner Länge in den Block eingedrungen sein. Raimund graute es.

»Einige Eurer Männer könnten helfen, die Bogen zu spannen, sodass wir genug schussbereite Armbrüste auf dem Wehrgang und den Türmen zur Verfügung haben«, sagte der Hauptmann zum Parnas. »Wir haben an die tausend Pfeile und ganze dreißig Armbrüste, es kann sein, dass wir sehr schnell sehr viele Pfeile abschießen müssen. Zudem müssen Brandpfeile hergestellt werden.«

Raimund meinte Hadewins Absicht zu erkennen. Auf diplomatische Art wollte er deutlich machen, dass Juden nicht zusammen mit den Bischofswachen oben auf dem Wehrgang kämpfen sollten. Vermutlich hatte er sogar recht, die Abläufe unter ihren Soldaten waren eingespielt und ihr Misstrauen gegenüber den Juden in der Pfalz war nahezu greifbar.

»Das hört sich vernünftig an.« Raimund entging nicht, wie mürrisch die Antwort des Parnas klang.

»Wenn das Tor von Emichos Leuten gestürmt werden sollte, wird es sehr schwer werden, die Pfalz zu verteidigen«, fuhr der Hauptmann fort. »Sein Heer umfasst nun an die zweitausend Mann. Auch wenn die meisten einfache Bauern mit schlechten Waffen sind, reicht es, um uns zu überrollen.«

Kalonymos sagte nichts, also fuhr Hadewin fort. »Gut für uns ist, dass die Gasse zwischen Martinshaus und Viktorhaus sehr eng ist. Dort könnten wir Emichos Leute, falls das Tor brechen sollte, immer noch von oben aus den Fenstern beschießen. Dann wäre es gut, wenn auch die Euren direkt in den Kampf eingreifen würden.«

»Wir werden unser Leben teuer verkaufen«, antwortete der Parnas. »Der Eine wird uns beistehen.«

»Falls Emichos Leute auf den Bischofsplatz gelangen, gäbe es noch die allerletzte Möglichkeit, in den Kaiserhof zu fliehen. Das würde Emichos Soldaten jedoch nur für eine kurze Zeit aufhalten. Der Zugang zum Kaiserhof ist viel schlechter geschützt als das große Tor zum Marktplatz. Hier, an diesem Tor, wird sich also alles entscheiden.«

Raimund suchte nach Chaims Blick, doch der Rabbi war vollkommen in sich gekehrt. Gestern hatte er mit seinem Freund noch die Glasbilder für die Johanniskirche bewundert, heute betrachteten sie durchschossene Holzblöcke und diskutierten Schlachtszenarien.

Mainz – Bischofspfalz, im Martinshaus

Ein alter Mönch mit einer Holzkiste in den Händen trat herein. »Ich bin Bruder Anselm.«

Jehudith stand auf und beugte den Kopf zum Gruß, auch David erhob sich vom Bett.

Anselm wandte sich zunächst an ihren Sohn. »Wie heißt du, mein Kind?«

»David.«

»Wie der König, der so schön singen konnte«, schwärmte Anselm und ließ David in die Kiste schauen. »Ich habe etwas zum Zeitvertreib.«

David zog eine Schiefertafel zwischen Würfeln, Knochen, einem Mühlebrett und einer aufgeblasenen Schweinsblase hervor. Zum ersten Mal lächelte er wieder.

»Du kannst die Tafel gern behalten, solange du in der Pfalz bist«, sagte der Mönch. »Was möchtest du damit machen?«

»Ich zeichne gern.«

»Aha!« Anselm kratzte sich am Kinn und überlegte eine Weile. »Hast du den Ahorn in dem Hof des Kreuzgangs neben der Johanniskirche gesehen? Er steht noch in voller Blüte.«

David nickte. »Ich war mit meinem Vater schon öfter in der

Pfalz, ab und an habe ich auf der Bank unter dem Baum auf ihn gewartet.«

»Die Blüten des Ahorns haben eine ganz besondere Form: zehn Blättchen, die aus einem Ring wachsen. Aber die Blüte hat nur acht Staubblätter, die stechen heraus mit ihrer besonderen Symmetrie.« Anselm lächelte. »Wäre dies kein schönes Motiv? Und du könntest es mir zeigen, wenn du es fertig gemalt hast.«

Jehudith erblickte ein Strahlen in den Augen ihres Sohnes. Anselm fügte hinzu: »Auf dem Hof sind einige andere Kinder und junge Kerle, mit denen du spielen könntest.«

David schaute Jehudith an.

»Geh nur«, sagte sie leise und David rannte mit der Schiefertafel hinaus.

Bruder Anselm schloss die Tür. »Wie heißt du, meine Tochter?«

»Jehudith.«

»Bist du die Frau Chaims, des Glasmachers?«

Jehudith nickte.

»Ist David dein einziges Kind?«

»Nein, ich habe einen weiteren Sohn und eine Tochter. Benjamin und Hannah heißen sie.«

»Wie alt sind die beiden?«

»Hannah ist fünf Jahre alt, Benjamin zwei. Ich musste sie bei Freunden zurücklassen. Weiß man, was mit ihnen geschehen ist?«, fragte sie bangen Herzens.

»Ich weiß es nicht, mein Kind«, antwortete Anselm. »Aber wenn ich etwas Neues erfahre, so werde ich dich benachrichtigen.«

Jehudith nickte traurig.

»Ich muss nun leider gehen«, sagte Anselm leise. »Wir richten im Kaiserhaus gerade einen Raum für euch her.«

»Kann ich helfen?«, fragte Jehudith.

»Mein Kind, wir werden bald Arbeit für dich finden«, antwortete der Mönch mit einem Lächeln. »Magst du so lange zu David hinuntergehen?«

»Ich glaube, ich möchte lieber noch einen Moment allein sein.«
Der alte Mönch wandte sich zur Tür. »Gottes Segen sei mit
dir.«

Mainz – Bischofspfalz, hinter dem großen Tor

Chaim saß mit einigen Männern in einem Kreis um einen Topf, in
dem eine schwarze Masse köchelte. Das Feuer, das unter dem Topf
züngelte, machte die Hitze noch unerträglicher. Aber immerhin
war die Schattenlinie, die das Viktorhaus auf den Boden warf,
mittlerweile über sie hinweggekrochen. Bald würde der kleine
Platz, auf dem Chaim zusammen mit dem alten Soldaten Bertram und fünf der Ihren saß, ganz im kühlenden Schatten liegen.

Chaim hatte sich zur Herstellung der Brandpfeile einteilen
lassen. Er musste einfach etwas mit seinen Händen tun, um
sich abzulenken.

Er hielt einen Pfeil, dessen eiserne Spitze ihm dickbauchig und
gleichermaßen fragil erschien: Der mächtige Schaft des Pfeiles
ging über in vier schlanke auseinanderstrebende Metallstränge,
die sich schließlich in der Spitze wieder zusammenfügten. So
entstand ein etwa faustgroßer luftiger Hohlraum. Chaim musste
an die Säulen der Bimah in ihrer Synagoge denken, die vermutlich gerade von Emichos Horden geschändet wurde. Welch
unpassender Vergleich zwischen dem Ort der Stimme Gottes
und diesem Instrument des Todes.

Warme Augen wachten über dem vollen Mund des alten Bertram, der sichtlich Spaß daran hatte, den mit Waffen unerfahre-
nen Juden als Lehrer gegenüberzutreten. Rechts neben Bertram
lag ein Stapel grober Läppchen, Stoff, wie man ihn für Zwie-
bel- oder Kohlsäcke benutzte, daneben stand ein Fässchen mit
einem schwarzgrauen Pulver. Bertram nahm einen der Lappen

vom Stapel und hielt ihn in die Höhe. »Jeder von euch bekommt einen von diesen und legt ihn flach vor sich hin.«

Bertram ließ die Lappen herumgehen, rau und ölig fühlte sich der braune Fetzen an, den Chaim vor sich auf dem Boden glatt strich.

»Gut so«, sagte Bertram, während er nach dem kleinen Fass neben sich griff. »Nun nehmt zwei Löffel Pulver aus diesem Fass und häufelt sie in die Mitte des Tuches. Vermeidet es, das Zeug mit den Fingern zu berühren. Es könnte eure Haut verätzen, denn es enthält Salpeter.«

Das Fässchen wurde herumgereicht. Ein scharfer, ätzender Geruch entstieg ihm. Chaim nahm einen Löffel des grauen, körnigen Pulvers, schüttete es auf das Läppchen vor sich und reichte das Fässchen weiter an seinen Nebenmann.

»Jetzt schlagt den Lappen über dem schwarzen Zeug zusammen, sodass nichts verloren geht. Und dann gleich noch einmal«, erklärte Bertram. »Anschließend zerknäult ihr den Stoff zu einer Kugel.«

Ein wenig von der Masse rieselte über Chaims Hände. Es brannte auf seiner Haut, sonst ging es gut.

»Seht her!« Bertram dozierte weiter: »Nun stopft ihr das Kügelchen in die Öffnung zwischen den Metallstäben an der Spitze.«

Die robusten Hände des Soldaten pressten den rundgeformten Lappen in den Hohlraum an der Pfeilspitze. Geflissentlich folgten die Juden Bertrams Anweisungen. Das Feuer unter dem Topf knisterte. Ab und an sprang ein Funke zu Chaim hinüber und verursachte einen kurzen Schmerz auf seiner Haut.

»Gut gemacht«, lobte Bernhard seine Schützlinge und fuhr fort: »Jetzt nehmt ihr diese Holzplättchen, taucht sie in den Topf mit dem flüssigen Pech und schmiert es von außen über den Lappen. Ich mache es euch vor.«

Der alte Soldat griff sich einen der Spachtel, entnahm damit etwas von der stinkenden Masse und verklebte das Pulversäckchen in der Spitze des Pfeils. Teerig triefend, jedoch am

Abschluss der dickbauchigen Wölbung gefährlich spitz, lag der Pfeil in Bertrams Händen. Mit sichtlicher Zufriedenheit zeigte er den Juden das Produkt seines Schaffens.

»Dieses Geschoss, in eine Armbrust eingesetzt und angezündet, ist eine wirksame Waffe«, dozierte er. »Das Pulver und der Teer übertragen ein zähes, kaum zu löschendes Feuer. Gerade bei dieser Hitze wird es sich durch jedes Holz fressen und kann es dann sogar von innen entflammen.«

Es war Chaim nicht allzu schwergefallen, dieses Brandgeschoss nachzubauen. Nach getaner Arbeit reichte er Bertram seinen Pfeil. Der nickte ihm anerkennend zu. »Gut gemacht, man könnte meinen, du wärest geübt in diesen Dingen.«

»Ich arbeite sonst mit Glas.« Chaim lächelte müde.

War es nicht eine Sünde, diese Werkzeuge des Todes herzustellen?, dachte er bei sich. *Wer das Schwert nimmt, wird durch das Schwert umkommen*, soll der Nazarener zu dem Jünger gesagt haben, der das Ohr des römischen Soldaten bei der Festnahme abgeschlagen hatte. Und dann soll er das Ohr des Mannes berührt und ihn geheilt haben, so stand es in der Heiligen Schrift der Christen.

Warum war aus der friedliebenden Botschaft dieses Mannes so viel Hass entsprungen? Und nun wurde er, Chaim, selbst Teil der Zerstörung. Wie sollte er dies seinem Schöpfer erklären, wenn er vermutlich noch heute vor ihn treten würde?

Mainz – auf dem Flachsmarkt

Wie Zelte standen die zwei Spitzdächer neben den Fahrgestellen auf dem Platz. Eine große, mit Fellen gefüllte Kiste wurde von Wernharts Gesellen herangeschleppt.

»Wofür sind die?«, fragte Peter.

Christain zuckte nur mit den Achseln.

In diesem Augenblick kam ein Knappe mit dem Löwen der Flonheimer auf dem orangen Brustwappen angerannt. Der Junge schaute sich um, erkannte Veit und lief auf ihn zu. Der Hauptmann nickte gelegentlich, während er zuhörte, was der Knappe ihm zu sagen hatte. Schließlich ging er zu Wernhart. »Seid ihr bald fertig? Emicho will das Gerät so schnell wie möglich auf dem Marktplatz sehen.«

»Gut Ding muss Weile haben«, erwiderte der Zimmermann. »Die Tierfelle müssen noch über das Holz gespannt werden.«

»Es muss ohne Felle gehen, wir haben keine Zeit mehr. Kommt zum Ende.«

»Warum lasst ihr einen Mann seine Arbeit nicht in Ruhe machen?« Eine senkrechte Falte bildete sich auf Wernharts bulligem Gesicht direkt oberhalb der Nase. »Ohne die Felle nutzt das Dach nur halb so viel, gerade bei dieser Hitze. Ihr bringt eure eigenen Leute in Gefahr.«

»Emicho will es, also wird es so geschehen«, erwiderte Veit. »Hättest du den Leuten kein Essen gegeben, hättet ihr genug Zeit für die Felle gehabt.«

»Ein leerer Bauch will nicht gut arbeiten«, erwiderte Wernhart verärgert.

»Schluss jetzt mit deinen lästigen Einwänden. Oder willst du bei dem Einsatz selbst mit dabei sein?«

Veits Drohung schien ihre Wirkung nicht zu verfehlen. Wernhart winkte die Männer zu sich, murmelte dabei jedoch vor sich hin: »Welch ein Leichtsinn, die armen Kerle.«

Peter wurde es angst und bange.

»Je zwei Leute packen unten an den Balken an und zwei an den Seiten«, kommandierte Wernhart. »Und dann das Ganze über den ersten Wagen führen.«

Unter heftigem Ächzen trugen die Männer die schwere Holzkonstruktion über das Fahrgestell. Peters Arme taten weh, lange würde er es nicht mehr aushalten.

»Langsam ablassen!«, hörte Peter den Zimmermann rufen. Mit einem dumpfen Knirschen legte sich das Dach auf das Fahrgestell.

Wernhart nickte zufrieden. Er kletterte mit einem Hammer und einigen Nägeln ausgerüstet in das Innere, und gleich darauf war ein dumpfes Hämmern zu hören.

Nach kurzer Zeit kam der Zimmermann aus dem Gefährt. Mit seinen Gesellen rüttelte er an dem Wagen und dem Dach. »Scheint stabil genug zu sein. Genauso machen wir es mit dem anderen Dach. Dann kann es losgehen.«

Veit bedeutete Wernhart mit einem Wink, sich zu beeilen. Bald war auch das zweite Dach angebracht.

»Kippt Wasser über das Holz!«, ordnete der Zimmermann an.

Veit rief dazwischen: »Keine Zeit!«

»Das kann nicht gut gehen«, murmelte der Zimmermann. »Das Holz ist knochentrocken.«

Rasch wurden zwei Pferde vor die überdachten Fahrgestelle gespannt und die Kampfgeräte setzten sich in Bewegung.

Mainz – Bischofspfalz, auf dem Kaiserhof

Jehudith hatte David auf dem Hof gefunden. Stolz zeigte er ihr die Zeichnung mit der Ahornblüte, die er auf die Schiefertafel gemalt hatte. Gemeinsam gingen sie in den Speiseraum des Kaiserhauses. Was für ein prachtvoller Saal, sicher fünfmal so groß wie ihre Synagoge. Der Kaiser und sein Hof speisten hier, hatte man Jehudith gesagt.

An den Wänden hingen Tücher, man hatte damit die Kreuze überdeckt.

David blieb zunächst auf dem Flur, um noch ein wenig mit den Jüngeren zusammen zu sein, und Jehudith suchte sich einen freien Platz. Bald hatte man eine Kiste Möhren vor ihr auf dem Tisch hingestellt. Eine Magd reichte ihr eine Schale Wasser, ein Messer, eine Bürste und eine leere Holzschale.

Jehudith schrubbte mit der Bürste den Dreck von den Möhren, wusch sie in der Schale mit dem Wasser, schnitt die roten Wurzeln in Scheibchen und warf sie schließlich in die zweite Schale, die sich langsam füllte. Die Arbeit entspannte sie. Jetzt erst dachte sie an Mutter, Vater, Sarah und ihre Brüder Ethan, Erez und Jona, die nicht mit ihnen in der Pfalz waren. Als die Angst sie zu überwältigen drohte, versuchte Jehudith, sich auf die Möhren vor ihr zu konzentrieren.

Nach einiger Zeit kam David, setzte sich neben seine Mutter und zeichnete die Gesichter der Menschen um sie herum.

Langsam tröpfelten die Nachrichten in den großen Saal. Menschen gingen ein und aus und flüsterten sich Neuigkeiten zu, die von Nachbar zu Nachbar weitergeleitet wurden. Ihre Synagoge sei geschändet worden. Man habe viele ermordet und auch Taufen durchgeführt, einige von ihnen seien schwach geworden.

Waren Vater und Mutter schwach geworden? Jehudith hoffte es, und sogleich schämte sie sich dafür.

Mainz – auf dem Marktplatz

Sie sahen bereits den Turm in der Mitte des Domes. Die Menschen auf der Langen Gasse pressten sich an die Hauswände, während die zwei Wagen an ihnen vorbeifuhren.

Die meisten, die sich auf dem gut gefüllten Platz versammelt hatten, trugen ein Kreuz auf der Brust oder hatten es sich an die Ärmel oder Schultern genäht. Peter war froh, dass er das Zeichen nicht mehr trug.

Er schaute in Richtung des Hauses, vor dem er gestern noch

mit David gespielt hatte. Aber der Platz war so voller Menschen, dass er nur dessen Dachgeschoss sehen konnte. Wie es David wohl ging?

Um das große Tor zur Pfalz war der Platz frei. Peter zeigte auf den leeren Halbkreis, der dort entstanden war. »Verstehst du das?«

»Schau auf den Wehrgang und auf die Türme links und rechts«, antwortete Christain.

Dort sah Peter die Armbrustschützen hinter den Zinnen über dem Tor. Er erinnerte sich, was Meister Wernhart über diese faszinierende Schusswaffe gesagt hatte. Wahrscheinlich konnte man damit von der einen Seite eines Ackers zur anderen schießen und dabei immer noch ein Ferkel treffen.

Eine Stimme lenkte sie ab.

»Ihr Krieger Gottes, groß ist unser Sieg!« Umringt von orangen Fahnen mit dem Löwen der Flonheimer, die von seinen Knappen gehalten wurden, sprach Emicho von der Balustrade eines großen Steinhauses gegenüber dem Dom. »Mehr als hundert von ihnen konnten wir taufen. Auch die Kinder, wenn sich ihre verstockten Eltern widersetzt haben. Sie sind nun gerettet und bei den Nonnen im Altmünsterkloster. Mehr als zweihundert der armen Kleinen werden nicht mehr auf ewig in der Hölle leiden müssen, weil ihr sie zum rechten Glauben geführt habt. Der Herr wird euch dies danken.«

Zwar ertönten einzelne Jubelrufe, aber Peter bemerkte kaum Begeisterung bei den Umstehenden. Ein alter Bauer, der neben ihm auf einem vollen Beutel saß, murrte: »Was haben wir schon von der Schlachterei gehabt? Uns sind nur ein paar zerrissene Kleider geblieben. Die wirklich kostbaren Dinge haben sich die Ritter unter den Nagel gerissen.«

»Unsere Aufgabe in Mainz ist noch nicht vollendet!«, fuhr Emicho fort. »Dort in der Bischofspfalz haben sich viele dieser Teufelsbrut verkrochen. Und dorthin haben sie ihre wertvollsten Schätze mitgenommen.«

Die Rufe der Menge wurden lauter.

»Erst nachdem wir auch diesen Juden die Möglichkeit zur Taufe gegeben haben, können wir unbeschwerten Herzens weiter nach Jerusalem ziehen.«

»Ich bin doch nicht verrückt.« Der alte Mann machte es sich auf seinem Beutel bequem und streckte seine schwarz behaarten Beine aus. »Wenn ich ausreichend Beute habe, dann werde *ich* mich vom Acker machen.«

»Wir werden die Pfalz einnehmen«, sprach Emicho weiter, »wie wir auch die Stadt eingenommen haben. Wir stürmen die Pfalz!«

Einzelne Äußerungen der Zustimmung ließen sich vernehmen. Es war jedoch ein recht mauer Jubel, verglichen mit der Begeisterung bei Rotkuttes Rede in dem verfallenen Theater vor drei Tagen.

Peter bemerkte vier Kettenhemdträger, die sich einen Weg durch die Menge bahnten. Hinter ihnen sah er einen Widderkopf, der an der Spitze eines langen Baumstamms angebracht war. Er wurde von zwei Handvoll Bauern an Querbalken getragen, die aus dem Stamm hervorstachen, jeweils etwa zwei Armlängen voneinander entfernt.

»An den Querbalken stößt man den Rammbock nach vorn«, erklärte Christain, der Peters Blick gefolgt sein musste. »Auch in Worms haben wir so einen Widder benutzt, um die Pfalz zu erstürmen.«

Die zwei Wagen wurden von Wernharts Gesellen mit Brettern miteinander verbunden, sodass sie ein Gefährt mit doppelter Länge bildeten. Die Männer trugen den Baumstamm langsam unter das Dach. Mit Seilen und Haken ausgestattet, krabbelten der Zimmermann und seine zwei Gesellen in das Gefährt.

Peter hörte Hammerschläge und Wernharts Kommandos. Nach einer Weile ließen die Bauern ab und der Widderkopf schaute – nun frei hängend – aus dem Fahrgestell mit seinem trotzig sturen Bocksgesicht heraus.

Weitere Soldaten zeigten sich auf dem Wehrgang. Die Menschen vor dem Tor wichen noch ein Stück weiter zurück.

Veit lief umher und rief: »Jeder, der bei der Erstürmung des Tores mitwirkt, wird neben dem Ruhm und der Ehre im Himmel von unserem Feldherrn Emicho einen Goldtaler zum Lohn erhalten.«

»Ein Goldtaler«, raunte Christain Peter zu. »Noch nie habe ich Gold in meinen Händen halten dürfen.«

»Das ist viel zu gefähr…«, sagte Peter, aber da hatte sein Freund schon laut gerufen: »Ich bin dabei!«

Veit schaute in ihre Richtung. Peter hielt Christain am Ärmel und flüsterte ihm zu: »Denk an die Worte des Zimmermanns: Die Armbrüste könnten deinen Kopf aus dreißig Klaftern Entfernung zerfetzen. Willst du das?«

Doch da hatte sich Christain schon losgerissen und war zu Veit gelaufen.

Mainz – Bischofspfalz, im Kaiserhaus

Die Kiste mit Karotten war fast leer und Jehudiths Finger schmerzten ein wenig. Eine Bedienstete hatte die klein geschnittenen Möhren mitgenommen und frisches Wasser in die Schale gefüllt. David zeichnete auf der Rückseite der Schiefertafel drei Roggenähren aus dem Kopf.

Plötzlich erschien Jakob, der Drechsler, in der Tür. Atemlos rief er: »Sie haben ein hölzernes Tier mit einem Bocksgesicht auf den Marktplatz gebracht!«

Ein Raunen ging durch den Raum und einige der Alten stimmten Gebete an.

»Der Kampf beginnt!«, hörte sie eine Stimme rufen.

Die ersten Männer verließen den Raum, auch David zog es

hinaus. Jehudith wollte ihn festhalten, doch er war schon zur Tür gelaufen. Dort traf ihr Sohn auf Salomo.

»David, gut, dass du da bist. Ich brauche deine Hilfe«, hörte sie ihren Arzt sagen. Oder las sie dies von seinen Lippen ab?

Jehudith nickte Salomo dankbar zu. Kurz darauf verschwand der Arzt mit David durch die Tür.

Mainz – auf dem Marktplatz

Langsam setzte sich der Widder in Bewegung. Christain hatte Peter noch einmal zugewunken, dann war er unter dem Dach verschwunden. Wie eine Schildkröte kroch das Kampfgefährt in Richtung des großen dunklen Tores.

Erst jetzt sah Peter zwei riesige Holzschilde, die links und rechts ein paar Klafter entfernt vom Widder nach vorn geschoben wurden, während Bogenschützen geduckt hinter den schützenden Wänden folgten. Eine gespannte Stille erfasste die Menschenmenge.

Zerrissen zwischen Neugier und Bangigkeit hatten sich die Leute noch etwas weiter von dem Tor zurückgezogen, sodass der leere Platz davor nun größer war als zwei Äcker. Bewundernd und gleichzeitig voller Furcht betrachtete Peter den Widder, der sich weiter nach vorne schob.

Ein Armbrustschütze zeigte sich hinter den Zinnen und zielte.

Tssschk. Im nächsten Moment steckte der Pfeil in dem ausgetrockneten Boden zwischen dem Widder und dem linken Holzschild. Hinter dem rechten Wall richtete sich einer der Ihren kurz auf und schoss mit seinem Bogen einen Pfeil auf das Tor ab. Er flog jedoch weit über den Wehrgang und verlor sich hinter den Dächern der großen Steinhäuser in der Pfalz.

378

Tssschk. Ein weiterer Pfeil flog in Richtung der anrückenden Soldaten und traf das Dach des Widders. Ein dumpfer Einschlag war alles, was man hören konnte.

Vier Armbrustschützen zeigten sich kurz auf dem Wehrgang. Kurz darauf prasselte ein Schwarm Pfeile hinab auf die Vorrückenden. *Tssschk. Tssschk, tssschk.* Sausen und Auftreffen, Sausen und Auftreffen. Beängstigend und faszinierend zugleich.

Einige der Geschosse steckten im Boden, die meisten trafen den Widder, der flankiert von den zwei Holzschilden unbeeindruckt weiter in Richtung Tor kroch.

Ein Bogenschütze hinter dem linken Wall richtete sich auf, zielte einen Moment und schoss seinen Pfeil in Richtung des Tores. Ein gellender Schrei ertönte vom Wehrgang und der getroffene Soldat sackte hinter den Zinnen zusammen.

Ein kurzes Raunen fegte über den Platz.

»Treffer! Treffer!«, rief jemand.

Peter entfuhr ein Jubelschrei. Dies war also der heilige Krieg, auf den er sich so gefreut hatte. Sein Herz machte Sprünge vor Aufregung.

Die zwei Holzschilde stoppten einen Moment. Je eine Handvoll Schützen hinter den beiden Plankenwänden richteten ihre Bögen nach oben. Ein Schwarm von Pfeilen stieg auf in den Himmel, senkte sich wieder und schlug über dem Tor ein.

Die Schilde rückten weiter vor und schlossen bald zum Widder auf, der sich weiter in Richtung Tor schleppte.

Mainz – Bischofspfalz, am Sankt-Viktor-Haus

Ein Schrei. David hockte unter dem Vordach des Viktorhauses. Zunächst hatte er sich nahe am Tor aufgehalten. Doch als der erste Pfeil abgeschossen worden war, hatte er unter dem Holzbalkon, unter dem Salomo seine Utensilien auf einem Tischchen drapiert hatte, Schutz gesucht. So hatte er den Pfeilregen, der über dem Tor und zwischen den zwei großen Steinhäusern niedergegangen war, aus einer sicheren Position verfolgen können. Fast senkrecht waren die Pfeile heruntergeprasselt. Und dann hatte David den Schrei gehört.

Zwei der Ihren trugen Jakob, den Drechsler, zu ihnen. Ein Pfeil ragte aus seinem rechten Arm. Jakob stöhnte laut, sein Brustkorb bewegte sich heftig auf und ab.

Man ließ ihn zu Boden, sodass er seinen Rücken an die Wand des Viktorhauses lehnen konnte.

Salomo begann, den Arm zu untersuchen. Zunächst betastete er den Pfeil, danach das Fleisch um die Wunde herum. Ein Zischlaut entfuhr Jakob.

»Der Knochen ist verletzt«, sagte Salomo leise. »Die Schmerzen müssen sehr stark sein.«

Mit seiner linken Hand rieb sich der Arzt den Schweiß von der Stirn. »Den Pfeil zu entfernen, wird nicht einfach werden. Außerdem werden sie sicher weitere Verwundete zu uns bringen.«

»Meinst du, es ist besser zu warten?« David zwang sich, auf die Wunde zu schauen, aus der der Pfeilschaft ragte. Er wollte keine Schwäche zeigen.

Salomo nickte. »Wir machen einen Krautverband. Nimm den Topf mit heißem Wasser.«

Der Arzt schöpfte eine halbe Handvoll weißlicher Blütenblätter aus einem der drei großen Tonbecher auf dem Tischchen. Er zerkrümelte sie über einer Mörserschale, die auf einem Stein platziert war, der aus der Mauer des Viktorhauses hervortrat.

»Mädesüß dient der Schmerzlinderung.« Salomo wies auf eine leere Schale. »Schütte etwas heißes Wasser dort hinein.« Ein weiterer Verletzter kam zu ihnen, aber es schien, als hätte der Pfeil ihn nur gestreift.

Der Arzt blickte kurz auf und hieß den Mann, sich zu setzen, dann konzentrierte er sich wieder auf Jakob. Salomo nahm eine Pinzette aus einem Holzkästchen, das auf dem Tischchen stand, und tauchte die Spitze in das heiße Wasser. Er befreite die Wunde von Holzsplittern und Schmutzpartikeln und zog nochmals vorsichtig an dem Pfeil, da stöhnte Jakob laut auf.

»Ich habe mich nicht getäuscht, der Pfeil sitzt im Knochen. Er hat ihn vermutlich sogar durchbohrt.« Salomo schüttelte den Kopf. »Wenn ich versuchen würde, ihn herauszuziehen, bräuchten wir eine beträchtliche Zeit, um die Blutung zu stillen.«

Immer mehr Pfeile schlugen zwischen Viktor- und Martinshaus ein. Die Wachen auf dem Wehrgang duckten sich hinter den Zinnen, die Pfeile kamen jedoch von oben hinuntergeflogen. Glücklicherweise verteilten sich die Geschosse über die nun menschenleere Gasse zwischen den zwei Steinhäusern, unter dessen Vordächern sowohl die Ihren als auch die Soldaten des Bischofs Schutz gesucht hatten. David entdeckte Raimund, der vom Eingang des Martinshauses aus das Kampfgeschehen beobachtete.

Nachdem der Pfeilregen versiegt war, wurden den Soldaten auf dem Wehrgang Schilde gereicht. So können sie sich vor den Pfeilen schützen, wenn sie von oben auf den Wehrgang prasseln, dachte David.

Salomo streute etwas Thymian in den Mörserbecher, forderte David auf, noch ein wenig Wasser hinzuzufügen, und zerrieb die Kräuter mit dem Pistill zu einer dickflüssigen Masse. Schließlich verschmierte er die Paste mit einem Spachtel auf der Wunde. »Das ist, um einer Entzündung vorzubeugen. Um den Pfeil kümmern wir uns später«, erklärte Salomo dem verwundeten Drechsler. »Falls es ein Später für uns geben sollte«, meinte David ihn leise murmeln zu hören. Der Arzt schüttelte kurz den Kopf, als wolle er diesen Gedanken vertreiben. »David, du musst mir mit dem Verband helfen.«

David reichte dem Arzt ein sauberes Stück Leinen. Salomo

sah müde aus, während er den weißen Streifen um den Arm des Verletzten wickelte. Waren es die Erinnerungen an all die anderen Kämpfe, bei denen er Wunden versorgt hatte?

Mainz – auf dem Marktplatz

Nur noch ein Dutzend Schritte war der Widder von dem großen Tor entfernt. Peter hatte hinter dem Brunnen Schutz gesucht, der nun ein paar Klafter aus dem menschenleeren Halbkreis herausstach. Unzählige Pfeile prasselten auf das Kampfgefährt und seine zwei hölzernen Begleiter links und rechts. Die Ihren trauten sich nicht mehr, hinter den Holzwällen hervorzukommen, um gezielt eigene Schüsse zu setzen. Einige Pfeile der Bogenschützen, die sich hinter den zwei Schilden duckten, flogen blind in den Himmel und verstreuten sich über der Pfalz.

Christain, was bist du bloß für ein Dummerjan, dachte Peter. Aber auch ein wenig Neid mischte sich in die Sorge um seinen Freund. Immerhin würde Christain große Ehre einheimsen und dazu noch das Goldstück, das er ihm nach dem Kampf sicher stolz unter die Nase halten würde.

Falls der Angriff gelingen sollte.

Was war das? Auf einmal waren es ganz andere Pfeile, die vom Wehrgang aus abgeschossen wurden. Pfeile mit Flammen an den Spitzen. Ein Dutzend der brennenden Geschosse traf das Kampfgefährt.

Knochentrocken sei das Holz, hatte Meister Wernhart gesagt. Nun wurde Peter klar, was der Grund für die Sorge des Zimmermanns gewesen war.

Schritt für Schritt rollte der Widder vorwärts.

Rauchfahnen entstiegen seinem Dach, Rufe aus dem Gefährt wurden laut. Noch ein paar Schritte schob sich der Rammbock nach vorn, dann blieb er stehen, gut vier Manneslängen vom Tor entfernt. Die bunt gescheckten Soldaten auf dem Wehrgang schossen ihre Feuerpfeile nun auch auf die zwei Schilde, die links und rechts neben dem Widder zum Stehen gekommen waren. Aus der kurzen Entfernung waren sie ein leichtes Ziel.

Einzelne Schreie drangen aus dem Kampfwagen. Die Bogenschützen pressten sich dicht hinter die zwei schützenden Plankenwände. Sie saßen in der Falle, dachte Peter entsetzt. Würden die Schilde weiter vorrücken, wären die Ihren ein leichtes Ziel der Schützen auf dem Wehrgang und in den zwei Türmen, die sie von oben oder von der Seite anvisieren könnten. Wenn sie ihren Schutz verließen, wären sie auf der freien Fläche vor dem Tor ebenso leichte Beute für die Schützen des Bischofs.

Dichter Rauch quoll nun aus dem Widder. Peter hörte Veit rufen: »Rettet den Widder, schafft den Widder zurück.«

Da begann das Kampfgefährt langsam rückwärtszurollen. Auch die Männer hinter den Schutzschilden zogen sich mit den schweren Holzplanken Schritt für Schritt zurück.

Da! Ein Bauer in einem pechschwarzen Hemd verließ das schützende Dach des Kampfwagens.

Tssschk. Ein Pfeil verfehlte ihn um ein Haar, während der Widder rückwärtskroch. Der Mann hatte fast die halbe Strecke zum Rand des rettenden Halbkreises zurückgelegt. Die Zuschauenden verzogen sich weiter zum rückwärtigen Rand des Platzes, wohl aus Angst, selbst ein Opfer der Pfeile zu werden. Peter kletterte auf den Brunnen, um besser sehen zu können, versteckte sich jedoch hinter dem dicken Pfosten, an dem die Winde mit dem Eimer angebracht war.

Der Bauer rannte nun wie der Teufel, sein pausbäckiges Gesicht war krebsrot. Wie ein Hase versuchte er beim Laufen nach links und rechts zu springen.

Tssschk. Ein Pfeil traf ihn ins Bein. Der Mann schrie auf und fiel zu Boden.

Der Getroffene hob seinen Kopf, sein Gesicht zu einer schmerzverzerrten Grimasse verzogen, seine Hände pressten sich in den Boden.

Er versuchte aufzustehen.

Tssschk. Ein Pfeil traf den Mann in den Rücken und er sackte zusammen.

Tssschk, tssschk. Zwei weitere Geschosse durchbohrten den Leib des Mannes. Er würgte. Blut floss aus seinem Mund. Wie ein Wurm krümmte er sich zusammen, während mehr und mehr Pfeile in seinen Körper drangen.

Mainz – Bischofspfalz, hinter dem großen Tor

Vom Eingang des Martinshauses beobachtete Raimund das Kampfgeschehen. Viele der Juden und christlichen Kämpfer hatten unter einer der Balustraden Schutz gesucht. Doch nun gingen die Pfeile, die die bewaffneten Pilger aussandten, immer spärlicher und ungezielter auf die Pfalz nieder. Die meisten der Geschosse steckten im Boden in der schmalen Gasse zwischen Viktor- und Martinshaus, oder sie waren von den Hauswänden abgeprallt und lagen herum. Es schien einige der Juden getroffen zu haben und auch ein paar Soldaten der Bischofswache waren auf dem Wehrgang verwundet worden. Weitere Pfeile verteilten sich auf dem Michaelishof rund um den verlassenen Wohnturm.

Raimund blickte zu Hadewin, der auf dem Wehrgang die Schützen mit Handzeichen anwies, die Raimund nicht recht verstand. Die Autorität, die der Hauptmann bei seinen Leuten genoss, war jedoch für jeden leicht auszumachen. Hadewin blickte nach unten in die leere Gasse. Er erkannte Raimund und gab ihm ein Zeichen, dass er hochkommen könne.

Raimund verließ seinen geschützten Platz und lief die paar Schritte zum Tor. Der linke Turm war voller Soldaten, gespannte Armbrüste wurden hochgereicht. Raimund presste sich dicht an den Holzplanken entlang, bis er den Eingang des rechten Turmes erreichte. Er kämpfte sich die enge Wendeltreppe hinauf und trat schließlich auf den Wehrgang. Vorsichtig, jegliche Berührung vermeidend, ging er an den Armbrustschützen vorbei, die nun völlig ungestört zielen konnten.

Er sah den rauchenden Widder, der wie die zwei Holzschilde langsam zurückwich. Ein Mann, von Pfeilschüssen durchbohrt, lag leblos am Boden. Er hatte seine Beine eng an den Körper gezogen. Die Arme waren um den Kopf geschlungen, als wolle er die Welt nicht sehen und ganz in sich gekehrt Frieden finden.

Hadewin nickte Raimund kurz zu. »Emicho ist ein Idiot. Wie kann man nur so dumm sein, bei dieser Hitze mit einem trockenen Widder das Tor stürmen zu wollen.«

Ein kaltes Grinsen huschte über Hadewins Gesicht, das Raimund an dem sonst so zurückhaltenden Hauptmann noch nie zuvor gesehen hatte. »Mit unseren Brandpfeilen haben wir absichtlich gewartet, damit ihr Kampfwagen erst kurz vor dem Tor Feuer fängt.«

Raimund nickte stumm und blickte auf den Toten, aus dessen gekrümmtem Leib ein gutes Dutzend Pfeile herausragten. Ein Igel, dem man einen Großteil seiner Stacheln herausgerissen hatte, dachte Raimund.

Mainz – auf dem Marktplatz

Mittlerweile war der Kampfwagen in dichten Rauch gehüllt.

Plötzlich sah Peter drei der Ihren, die aus dem Rauch in seine Richtung rannten.

»Kommt zum Brunnen! Kommt zum Brunnen!«, rief er ihnen zu.

Die drei Männer liefen um ihr Leben. *Tssschk.* Ein Pfeil streckte den ersten nieder. Ein kurzer Schrei. Wie ein nasser Sack fiel der Mann auf den Boden. Ein erbarmungswürdiges Quieken entwich seinem Mund, wie der Todesschrei einer Maus, die man auf ein Stöckchen gespießt hatte.

Die Männer hinter den Holzschilden waren derweil am Brunnen angekommen, eines der Schilde war in Brand geraten.

Veit rief: »Wasser. Schüttet Wasser auf das Feuer!«

Peter stieß gegen den Eimer, der auf der Brunnenmauer stand. Die Winde setzte sich in Bewegung, wirbelte immer schneller, dann war ein Platschen zu hören.

»Los, los!«, rief Veit.

Geduckt hinter dem Brunnenrand drehte ein Mann den Eimer an der Kurbel hoch.

Die zwei anderen Fliehenden hatten den Brunnen unverletzt erreicht und warfen sich hustend dahinter auf den Boden.

Mittlerweile war der Eimer hinaufgezogen und einem Soldaten gereicht worden, die erste Wasserladung wurde gegen das brennende Schild geschleudert. Doch das Feuer loderte weiter.

Der Widder war immer noch ein gutes Stück vom Brunnen entfernt, kaum zu sehen in der Rauchwolke, die ihn umgab.

»Weiter, weiter!«, schrie Veit. »Schiebt den Widder zurück zum Brunnen.«

Plötzlich sah Peter seinen Freund, der dem rauchenden Kampfwagen entfloh.

»Christain! Christain!«, rief Peter. »Zum Brunnen! Komm her zum Brunnen.«

Er sah die Angst im Gesicht seines Freundes, der verzweifelt auf ihn zurannte, seinen Hut mit der Brosche und der Feder tief ins Gesicht gezogen.

Tssschk. Die Spitze eines Pfeiles stieß aus Christains Stirn hervor. Sein Freund fiel. Mit weit aufgerissenem Mund schaute

Christain ihn an. Der Hut des Wormser Juden, auf den sein Freund so stolz gewesen war, schien durch den Pfeil an Christains Kopf genagelt.

Langsam bildete sich eine Blutlache um das Gesicht seines Freundes.

Der Marktplatz begann, sich zu drehen. Peter hörte Veit schreien: »Schöpft Wasser! Löscht das Feuer! Wir brauchen den Widder.«

Peters Beine gehorchten ihm nicht mehr. Er fiel auf die Knie und wimmerte. »Christain. Christain.«

Dann wurde alles schwarz um ihn.

Darum hefteten sie in ihrer Arglist
das Zeichen ihres Gräuels an ihre Kleider,
damit wir beim Anblick dieser Nichtigkeit
zum Abfall von Deiner Religion bewegt werden
sollten;
darum eröffneten sie Streitreden
gegen Deinen Glauben.
Doch wir,
bewaffnet mit Deinen Pfeilen, erwiderten:
»Wir bleiben unserem Gotte getreu bis in den Tod!«

Selichah – Kalonymos ben Jehuda

Teil VI: Verhandlungen und gutes Handwerk

Mainz – auf dem Marktplatz

Stumm sass Peter auf dem Boden, zusammen mit einigen Männern, die bei dem Angriff halbwegs unversehrt geblieben waren. Die meisten hatten sich der Kleidung entledigt, ihre Haut war an vielen Stellen rötlich. Gierig tranken sie aus den Kellen, die ihnen von ihren Kameraden gereicht wurden. Ein rauchiger Schweißgeruch ging von ihnen aus, der Peter an die Abende vor dem Ofen vor ihrem Haus erinnerte. Jeden Freitag pflegte Vater dort den Fisch zu räuchern, den sein Sohn am Tage gefangen hatte.

Peter lehnte sich an den Brunnen und schloss die Augen. Sein Atem war inzwischen ruhiger geworden. Aber die weit aufgerissenen Augen seines Freundes blickten ihn immer noch an. Er versuchte, an einen der friedvollen Tage vor ihrem Haus zu denken, an dem er mit Bernhard und Mathilde gespielt hatte, während der Duft von Mutters mit Honig gesüßtem Brei bereits in seine Nase drang. Doch der Anblick seines sterbenden Freundes, aus dessen Stirn die Pfeilspitze hervorstach, verdrängte jedes Bild der Erleichterung.

Nach einer Weile öffnete Peter die Augen. Vier von Emichos Soldaten mit dem Löwenwappen waren abgestellt worden, wohl um sie zu bewachen. War es, um sie beim nächsten

Angriff einzusetzen? Auf Freiwillige dürfte Veit nach diesem famosen Fehlschlag wohl kaum hoffen.

Mit unbewegten Mienen standen Emichos Leute auf ihre Schwerter gestützt in der Sonne und schauten über Peter und seine Kameraden hinweg. Auf ihren Köpfen trugen sie einfache Helme, die die Gesichter frei ließen. Nur der Helm des Anführers hatte einen Nasenschutz.

Christain und die anderen Getöteten lagen noch immer vor dem verfluchten Tor zur Pfalz. Peter schaute ein letztes Mal hin. Dann setzte er sich so, dass er seinen toten Freund nicht sehen musste. Lieber blickte er auf die prächtigen Häuserreihen, durch deren Lücken die Stadtmauer hervorlugte. Durch eines der Tore konnte er sogar ein kleines Stück vom Rhein sehen. Wie viele Tote und Verletzte es gegeben hatte und wo diese geblieben sein könnten, wusste Peter nicht. Der vermaledeite Wagen, oder besser das, was von ihm übrig geblieben war, stand jedoch keine zehn Schritte von ihnen entfernt. Man hatte ihn gelöscht. Nur noch einige dampfende Schwaden krochen aus dem Dach hervor.

Mainz – Bischofspfalz, im Kaiserhaus

Die Tische waren gedeckt. Holzschüsseln und Löffel lagen bereit, Wein und Wasser standen in Tonkrügen neben einfachen Holzbechern, die zu kleinen Türmen aufgestapelt waren. Neben Jehudith weinte Deborah leise vor sich hin. Die Menschen suchten ihre Plätze unter den abgedeckten Kreuzen an den Wänden. Die Euphorie über den Sieg, den sie am Tor errungen hatten, war schnell verflogen, zu sehr lastete die Ungewissheit über die Schicksale der Ihren außerhalb der schützenden Mauern der Pfalz auf den Gemütern.

Deborah war die Einzige ihrer Familie, die es in die Pfalz geschafft hatte. Bewaffnete Männer waren in ihr Haus gestürmt, während sie im Keller gewesen war. Sie hatte sich gescheut, nach oben in die Wohnung zu gehen, von wo Schreie und Stiefelgetrampel zu hören waren. Stattdessen hatte sie sich hinter ein paar Säcken versteckt. Als sie sich wieder nach oben getraut hatte, waren ihre Eltern verschwunden. Ihr Mann war mit den Kindern bei seinen Eltern gewesen, was mit ihren Lieben geschehen war, wusste sie daher nicht. Irgendwann war eine Bekannte gekommen und hatte ihr gesagt, dass sie in den Wohnturm in der Betzelsgasse kommen soll.

Bereits dreimal hatte Deborah diese Geschichte erzählt. Geduldig hatte Jehudith ihren Fragen zugehört. Ob ihr Mann und ihre Kinder sich haben taufen lassen? Oder ob sie sich versteckt haben könnten? Oder ob sie wohl mutig in den Tod gegangen waren?

Jehudith konnte keine Antworten geben. Sie kannte Deborahs Mann vom Sehen, aber sie konnte ihr beim besten Willen nichts sagen über ihn und auch nichts über ihre drei Kleinen.

Gespräche wollte Jehudith nun keine mehr führen, sie wollte nicht mehr darüber spekulieren, was geschehen würde. Sie freute sich auf Mosches Gesang. Seine vertraute Stimme würde bald den Raum ausfüllen. Mit dem Rest der Gemeinde einige Psalmen beten, das würde ihr Herz leichter machen. Sprechen wollte sie nur noch mit David und Chaim.

Vielleicht würde sie schon heute mit den beiden ins Paradies eintreten.

Mainz – auf dem Marktplatz

Unbarmherzig brannte die Sonne auf den Platz. Die Wachen hatten inzwischen ihre Kopfbedeckungen abgenommen. Unter ihren

Helmen hatten sie geschwitzt wie blöde, aber auch jetzt noch litten sie sichtbar unter ihren schweren Kettenhemden. So toll sind die Dinger wohl auch nicht, dachte Peter.

Meister Wernhart stand neben seinem Karren mit dem Werkzeug und vier Kisten voller Felle. Ihm war die Genugtuung darüber, dass er mit seiner Warnung recht behalten hatte, ins Gesicht geschrieben, aber er war bemüht, sich seinen Triumph nicht allzu sehr ansehen zu lassen. Veits Drohung, dass auch er Teil des Himmelfahrtskommandos werden könnte, ließ ihn offenbar vorsichtig sein.

Gleichermaßen wütend und zerknirscht schritt Veit auf den Zimmermann zu, schaute ihm schräg ins Gesicht und sagte: »Die Mannschaft war nicht schnell genug, sonst hätten wir es schaffen können.«

»Sind ja unerfahrene Bauernburschen«, erwiderte Meister Wernhart verständnisvoll nickend. Mit einer Kopfbewegung hin zu Peter und den Männern am Brunnen fügte er hinzu: »Ist nicht einfach, mit solch Bauernvolk eine Schlacht zu gewinnen.«

Veits Gesicht hellte sich der tröstenden Worte wegen ein bisschen auf.

Der Zimmermann zeigte auf die Kiste mit den Fellen: »Nun ja, bei dieser leidigen Hitze geht es eben nur mit den Tierhäuten. Und die sollten vor Wasser triefen.«

Gemeinsam begaben sie sich zum Wagen mit dem Widder. Wernhart umkreiste das Gefährt und inspizierte den Schaden. Dann wandte er sich an Veit. »Das Prachtstück ist ziemlich in Mitleidenschaft gezogen. Einige Balken werden wir wohl austauschen müssen. Und auch das Rad vorne rechts hat ganz schön was abgekriegt.«

Der Zimmermann kratzte sich am Hinterkopf. »Ich hoffe, dass wenigstens die Achse unversehrt geblieben ist.«

Veits Blick verdüsterte sich, aber Meister Wernhart schlug dem Hauptmann auf die Schulter. »Lass dich nicht verdrießen, du Kämpfer vor dem Herrn. Wir kriegen das schon wieder hin. Nur gib mir diesmal ausreichend Zeit.«

Veit nickte. »Bitte beeil dich. Emicho will die Pfalz unbedingt vor Sonnenuntergang erstürmen.«

»Na, bis zum Vesperläuten werden wir schon brauchen.«

»Das sollte reichen. Ich werde versuchen, unseren Feldherrn zur Geduld zu bewegen.«

»Mach das. Wir werden den verdammten Juden zeigen, wer hier in Mainz das Sagen hat. Ist ein hinterhältiges Volk, das unseren Herrn ans Kreuz genagelt hat.«

Die Männer am Brunnen schauten sich an. Peter merkte, dass keiner von ihnen Lust auf einen weiteren Versuch hatte. Aber es fuchste ihn doch ein wenig, dass ihr erster Angriff nicht erfolgreich gewesen war. Viel hatte nicht gefehlt.

Mainz – Bischofspfalz, im Kaiserhaus

In einem dampfenden Kessel trugen zwei Mönche die Suppe herein, Mägde verteilten kleine Körbchen mit geschnittenem Brot und einen Aufstrich aus Oliven und Kräutern. Der Raum war inzwischen gut gefüllt. Stühle kratzten auf dem Boden und die Menschen sprachen laut, um den Lärmpegel zu übertönen.

David kam durch die Tür, Jehudith winkte ihn zu sich. Bald folgte ihr Mann. Chaim schaute umher, fand Jehudith und David schließlich unter den vielen Menschen in dem großen Saal und gesellte sich zu ihnen.

Sofort hatte Jehudith an Chaims Gesicht abgelesen, dass es schlecht stand. Er hatte diesen ernsten Blick, unter dem sie eine Trauer und Angst spürte, die ihr Mann vor anderen gut verstecken konnte. Aber sie bemerkte noch etwas anderes in seiner Miene, und das machte ihr Mut. Ihr Mann hatte einen Entschluss gefasst. Er war bereit, einen Kampf aufzunehmen. Gegen wen und für was, das wusste sie jedoch nicht. Sie vertraute Chaim,

der je eine Hand auf Davids und ihre Schulter legte. Die alltäg-
liche Berührung seiner warmen Hand tat Jehudith gut.

Nach einem Augenblick des Innehaltens begab sich Chaim
zum Kopf der Tischreihen, die in einem Rechteck aufgebaut
waren. Dort setzte er sich zwei Plätze neben Mosche. Nun
betraten Kalonymos ben Meschullam und die anderen, die am
Tor zum Kampf bereitgestanden hatten, den Raum. Zwischen
Mosche und Chaim nahm der Parnas Platz. Auch Jakob kam,
der Pfeil steckte immer noch in seinem Arm, der notdürftig verbunden war. Salomo und einige Verwundete traten als Letzte
in den großen Saal.

Langsam erstarb das Scharren der Stühle, die Mahlzeit konnte
beginnen. Allen war klar, dass dies das letzte gemeinsame Mahl
ihrer Gemeinde sein könnte. Eine ernste Stille erfüllte den Raum,
ab und an durchbrochen von dem Wimmern eines Säuglings.

Mainz – auf dem Marktplatz

Mit einem Lächeln auf dem Gesicht wandte sich Veit an Peter
und seine Kameraden. »Auf, ihr Stümper. Ihr bekommt neue
Arbeit. Ihr könnt sogar auf eine zweite Chance hoffen, euch zu
bewähren. Stellt euch diesmal aber nicht wieder so blöde an.«

Widerwillig standen Peter und die Männer auf.

»Los, los!«, ranzte der Anführer der Wachen sie an.

Schleppend setzte sich der Trupp in Bewegung in Richtung
Flachsmarkt.

Die Häuser in der Langen Gasse warfen wohltuende Schatten. Alle Fenster waren verrammelt. Die Städter verschanzen
sich, dachte Peter. Also sind wir nicht willkommen, dabei dienen wir doch der heiligen Sache. Die Mainzer sahen dies wohl
anders.

Kurz vor dem Flachsmarkt wandte sich der Trupp nach links. Sie schritten unter dem Torbogen hindurch und erreichten den großen Platz, auf dem Rotkutte vor ein paar Stunden die Taufen vollzogen hatte und die Widerspenstigen unter den Juden hingerichtet worden waren.

Wie ein Blitz zuckte die Erinnerung durch seinen Kopf: der blutige Holzblock, das scharfe Zischen der Axt, die durch die Luft schnitt, und dann das dumpfe Geräusch des abgetrennten Kopfes, der auf den Boden traf und in die blutige Pfütze rollte.

Der Mann hatte gelächelt. War er in diesem Moment schon tot gewesen? Vielleicht war es nur sein Körper, und der Kopf lebte noch, fühlte noch, sah noch? Wann ist jemand überhaupt tot?

Auf einmal wurde es Peter übel. Ein fürchterlicher Gestank drang aus dem Steinbau mit dem roten Rosenfenster. Diejenigen, die dort hineingingen, öffneten ihre Kleider bereits, die, die heraustraten, rückten sie wieder zurecht.

»Los, Leute. Ihr habt jetzt Zeit, euch zu erleichtern!«, forderte sie der Anführer der Wachen auf.

Man hatte aus dem Haus der Juden einen Abort gemacht.

Mainz – Bischofspfalz, im Kaiserhaus

Die Mönche, die die Suppe und das Brot gebracht hatten, verließen den großen Speisesaal. Nun war der Rest der jüdischen Gemeinde unter sich. Kalonymos sprach zunächst das Kiddusch, dann erhob sich Mosche. Mit leiser zarter Stimme beginnend sang er einen Psalm.

»Du hast mich erforscht und Du kennst mich.
Du weißt's, wenn ich lieg oder aufsteh,
verstehst mein Wollen von ferne.
Mein Wandern, mein Liegen – Du kannst es ermessen,

mein ganzes Leben ist Dir nicht fremd,
noch nicht mal ein Wörtchen auf meiner Zunge.«
Mosche singen zu hören, tat Jehudith gut. Wie ein Prophet stand er da mit seinem wallenden Bart und tröstete sie mit der Weisheit des Herrn.

»Und wenn ich sagte, ach, Dunkel soll mich bedecken,
die Nacht sei das Licht für mich,
so wäre das Dunkel für Dich nicht dunkel,
die Nacht ist für Dich so hell wie der Tag,
so wie das Dunkel für Dich das Licht.«
Jehudith blickte um sich und sah, dass Mosche ihnen allen aus dem Herzen gesprochen hatte. Gott war für sie da, all dies hatte einen Sinn, auch wenn dieser vor ihnen zuweilen verborgen blieb.

Die ganze Gemeinde erhob sich und rezitierte das Achtzehngebet.

»Gelobt seist Du, Ewiger, unser Gott und Gott unserer Väter ... «

Es war ein kraftvolles Beten. Gott war in diesem Raum mit ihnen, trotz der Bedrohung.

Mosches hingebungsvolle Stimme schwebte über dem Gesang der Menschen, trug die Gemeinde in die Nähe Gottes, auf den kraftvollen Flügeln seines Atems.

»Verzeihe uns, unser Vater, denn wir haben gesündigt,
vergib uns, unser König, denn wir haben gefrevelt,
denn Du vergibst und verzeihst.«

Bei der zwölften Bitte machte sich eine zweite Stimme bemerkbar, eine weniger melodiöse, geradezu gebrochene, den Fluss des Gebets störende Stimme. Sie übertönte Mosche, der Chaim irritiert anblickte. Mit all seiner Kraft sang Jehudiths Mann, doch die beiden Rabbis trugen unterschiedliche Worte vor.

Chaim sang: *»Den Verleumdern sei keine Hoffnung, und alle Ruchlosen mögen im Augenblick untergehen, alle mögen sie rasch ausgerottet werden.«*

Mosche setzte dagegen: *»Den Abtrünnigen sei keine Hoff-*

nung, und die freche Regierung mögest Du eilends ausrotten in unseren Tagen.«

Chaim intonierte lauter: »Und die Trotzigen schnell entwurzle, zerschmettre, wirf nieder und demütige sie schnell in unseren Tagen. Gelobt seist Du, Ewiger, der Du die Feinde zerbrichst und die Trotzigen demütigst!«

Mosche sang: »Und die Nazarener und Ketzer mögen umkommen in einem Augenblick, ausgelöscht werden aus dem Buch des Lebens und mit den Gerechten nicht aufgeschrieben werden. Gepriesen seist Du, Ewiger, der Freche beugt.«

Einige in der Gemeinde sangen mit Mosche die scharfe Version des Gebets, andere mit Chaim die gemäßigte. Die meisten jedoch blieben stumm oder summten die Melodie ohne Worte. Die Kraft des Gebets drohte zu versiegen. Bei der dreizehnten Bitte wurde Chaims Gesang leiser, und Mosches liebliche, volle Stimme trug das Gebet der Gemeinde allein.

Vergessen war der Moment der Irritation. Die Einigkeit mit Gott und dem Haus Israel war wiederhergestellt, und so beendeten die Juden das Gebet in Eintracht.

»Segne uns, unser Vater, uns alle vereint durch das Licht deines Angesichts,

denn im Lichte Deines Angesichtes gabst Du uns, Ewiger, unser Gott,

die Lehre des Lebens und die Liebe zum Guten,

Heil und Segen, Barmherzigkeit, Leben und Frieden,

und gut ist es in Deinen Augen,

Dein Volk Israel zu jeder Zeit und jeder Stunde mit Deinem Frieden zu segnen.

Gelobt seist Du, Ewiger, der Du Dein Volk mit Frieden segnest!«

Die Gemeinde setzte sich. Jehudith hatte neue Kraft geschöpft.

Kalonymos ben Meschullam richtete sich auf. Die Menschen wollten von ihrem Parnas wissen, wie es um sie stand.

Ernst und schwer atmend schaute Kalonymos in die Reihen

und hob zu sprechen an: »Liebe Gemeinde, es sind keine guten Nachrichten, die ich euch bringe.«

Die Luft im Raum war schwül. Jehudith fühlte sich auf einmal wie gefangen zwischen all den Menschen, während der Parnas weitersprach: »Das Heer der Unbeschnittenen hat die Stadt erobert. Es sind viele und es werden stündlich mehr. Nicht einmal dreihundert von uns konnten in die Pfalz des Bischofs fliehen. Die Tore der Stadt werden von Emichos Soldaten kontrolliert, an Flucht ist nicht mehr zu denken.«

Manche seufzten, dazu gesellten sich die Klagen Einzelner.

»Wir sind verloren.«

»Gott straft uns.«

Der Parnas wartete, bis es wieder ruhig wurde. Dann sagte er: »Und unsere Synagoge haben sie zu einem Abort gemacht.«

Eine Welle der Empörung ging durch die Reihen. Jehudith sah, wie sich manche Faust um einen der Suppenlöffel ballte, die vor ihnen auf den Tischen lagen.

Ihr Blick schweifte zu David, der stumm dasaß und der Rede des Parnas aufmerksam folgte. Er war ganz in sich selbst verschlossen, wie sie es in solchen Momenten von seinem Vater kannte.

»Die Gehilfen des Bösen durchkämmen die Wohnungen.« Die Stimme des Parnas zitterte. »Unsere Brüder und Schwestern, die sich bisher verstecken konnten oder bei guten Christen Unterschlupf gefunden haben, werden von den Gottlosen vor die Wahl gestellt, entweder zu sterben oder ihr Schmutzwasser über sich ergießen zu lassen.«

»Niemals, niemals werden wir uns von ihnen taufen lassen!«, rief eine Frau.

Jehudith verschloss die Augen, suchte die Hand ihres Sohnes und spürte, wie Davids feuchte Finger sich in ihre Handflächen drückten. Wie geht es wohl Hannah und Benjamin?, dachte sie. Und was ist mit Sarah, was ist mit Vater und Mutter geschehen?

Der Parnas schaute auf den Boden, ließ die Schultern hängen und stützte sich auf den Tisch. Dann erhob er den Kopf und blickte in die Runde. »Wir konnten jedoch drei der vier Torahrollen retten. Sie sind zusammen mit unseren wichtigsten Büchern und Schriftstücken in der Pfalz.«

Jehudith war versteinert. Ja, die Schriftrollen waren gerettet, aber all die Menschen waren niedergemetzelt. Wo bist du, Herr?

»In der Pfalz des Bischofs sind wir im Augenblick sicher«, fuhr Kalonymos fort. »Aber wie lange noch, das kann ich euch nicht sagen. Wir haben Ruthard gebeten, für uns mit Emicho zu verhandeln. Ganze sechs Pfund Gold und zwanzig Pfund Silber haben wir ihm dafür gegeben. Dazu dreihundert Mark Silber für den Bischof selbst und vierhundert Mark Silber für seine Domherren und die Städter. Noch gibt es Hoffnung.«

Stille.

»Nun esst, wir müssen stark sein, falls es erneut zu einem Kampf kommen sollte«, waren die letzten Worte des Parnas.

Jehudith spürte eine Träne ihre Wange hinabrollen. David wischte sie mit seinem kleinen Finger weg.

Mainz – auf dem Flachsmarkt

Peter war froh, dass sie den Platz mit dem stinkenden Haus in der Mitte verlassen hatten. Auf dem Flachsmarkt erwartete sie bereits Meister Wernhart. »Ihr Helden, setzt euch erst einmal in den Schatten.«

Peter fühlte sich sofort wohler, als er den gut gelaunten Zimmermann erblickte.

»Seht, was der große Feldherr erreicht hat.« Meister Wernhart zeigte auf den ramponierten Wagen, der vom Marktplatz vor der Pfalz auf den Flachsmarkt gezogen worden war. »Der hohe Herr war ungeduldig und wollte mit dem Kopf durch die Wand.«

Peter und seine Kameraden nickten.

»Und wer ist der Leidtragende, wenn die hohen Herren einen Fehler machen?« Der Zimmermann zog die Stirn in Falten und schaute die Männer erwartungsvoll an. Schließlich gab er sich die Antwort selbst. »Die Kleinen natürlich!«

Wernhart war ganz in seinem Element. Peter musste grinsen, wie der Zimmermann über Emicho herzog. »Und wer muss dafür sorgen, dass die Sache richtig angepackt wird?«

Wieder schaute Wernhart in die Runde. »Wir natürlich!«

Verdutzte Blicke richteten sich auf ihn.

»Jetzt zeigen wir den hohen Herren, wie man seinen Kopf benutzt, um im Kriegshandwerk Erfolg zu haben.« Das breite Lachen des Zimmermanns war ansteckend. »Trinkt etwas, dann hole ich mit meinen Gehilfen neues Holz aus der Werkstatt.«

Peters Stimmung hellte sich auf. Er trank mit den anderen den mit viel Wasser verdünnten Wein. Auch etwas Brot und Käse wurden ihnen von Wernharts Gehilfen gereicht, bevor sich die drei zur Werkstatt des Zimmermanns aufmachten.

Peter und seine Kameraden ließen es sich schmecken.

Mainz – Bischofspfalz, im Kaiserhaus

Die Suppe dampfte in den zwei großen Töpfen, die immer noch in der Mitte des Speisesaales standen. Freudlos reichten die Menschen ihre Teller an, die ihnen ein paar Frauen schweigend füllten. Leises Getuschel und das Geklacker von Löffeln schwirrten durch den Raum. Jehudith streichelte David sanft über den Rücken. »Komm, iss ein wenig.«

Der Parnas hatte ihnen reinen Wein eingeschenkt. Sie wussten nun um ihre Lage. Der Geruch von Schweiß lag in der Luft. Schweiß der Angst. Todesangst.

Jakob stand auf. Er hielt mit der Linken seinen verletzten Arm. »Was sollen wir tun?«

Kalonymos wollte zu einer Antwort ansetzen, doch Mosche kam ihm zuvor. »Der Herr will uns prüfen. Er will uns stark machen. Er will, dass wir den Unbeschnittenen die Kraft unseres Glaubens beweisen zur Verherrlichung Seines Namens.«

»Und was sollen wir tun, wenn der rote Teufel uns fragt: ›Willst du getauft werden im Namen des Gehängten?‹«, fragte Jakob weiter.

Mosche stand auf. »Wenn du Ja sagst, wirst du gelöst sein vom Bund. Du wirst kein Teil Israels mehr sein. Verloren bist du dann in alle Ewigkeit.«

»Aber was ist, wenn sie mir drohen«, insistierte Jakob. »Was, wenn sie meine Frau und meine Kinder quälen? Was, wenn ich den Schmerz nicht mehr ertragen kann, wenn ich schwach werde?«

»So ist es besser, jetzt zu sterben«, gab Mosche zur Antwort.

Nun war es David, der Jehudiths Nähe suchte. Sie nahm seine Hand und drückte sie fest.

»David, du wirst nicht sterben«, flüsterte sie mehr zu sich als zu ihm.

Mosche wandte sich an die ganze Gemeinde, seine Augen glühten. »*Jeder, der ein Schlachtmesser besitzt, untersuche es, dass es nicht schartig sei, und komme und schlachte uns zur Heiligung des Einzigen, des Ewiglebenden, nachher schlachte er sich selbst an eigenem Halse oder steche sich das Messer in den Leib.*«

Beim Wort *Schlachten* ertönte ein Raunen des Entsetzens. Blanke Verzweiflung schien viele zu ergreifen, aber auch Trotz und Zustimmung konnte Jehudith in einigen Gesichtern lesen. Männer flüsterten mit ihren Frauen. Einige nickten, andere schüttelten die Köpfe. Die meisten jedoch blickten zu Boden.

Maleachi war ein schlaksiger, groß gewachsener Mann. In seiner Werkstatt stellte er aus Ziegenfellen Pergamente her, auf die auch ihre Torah geschrieben war. Er stand auf und fragte:

»*Mein Herr! Wenn ich mich zur Verherrlichung des einzigen großen Namens hinschlachte, wie wird es mir dann ergehen?*«

Einen Moment schaute Mosche zur Decke, als wolle er die Antwort von dem Einen selbst erfahren. Totenstill wurde es im Raum. Mit erregter Freude fuhr der alte Rabbi fort: »*Du wirst in der Gesellschaft der übrigen frommen Gottesbekenner wohnen bei unserem Vater Abraham, der der erste der Gottesbekenner gewesen ist.*«

An die gesamte Gemeinde gerichtet, die Arme ausgestreckt, als würde er den himmlischen Segen an die Menschen im Raum weiterleiten, fügte Mosche hinzu: »Wir dürfen uns nicht beschmutzen lassen. *Es ist das Beste, unser Leben zum Opfer zu bringen.* Gelobt sei Er, gelobt sei Sein Name.«

Jehudith wurde schwindelig. Alles in ihr hatte sich bisher dem Tod widersetzt. Ihre ganze Kraft hatte sie auf das Überleben gerichtet. Darauf, mit Chaim, David, Hannah und Benjamin all dies durchzustehen. Und mit der Frucht in ihrem Leibe, die sie schon erahnte.

Sich selbst schlachten oder gar von Chaim getötet zu werden. Jehudiths Körper begann zu zittern. Die zärtlichen Hände ihres Mannes sollten dies tun? Sie sollten David ein Messer an den Hals setzen? Jehudith schlug die Hände vors Gesicht. Herr, wo bist Du in dieser Welt des Schattens?

Sie zwang sich aufzublicken und wandte sich David zu. Ihr Sohn hatte sich wieder in sich zurückgezogen. Zärtlich legte Jehudith ihre Hand auf seinen Nacken, sie spürte das Blut in seinen Adern pochen.

Wie in einem Rausch redete Mosche zu ihnen. »*Wir werden fortleben, unsere Seelen werden fortdauern im Paradiese in strahlender Seligkeit, immer und ewig. Selig der, der ein solches Opfer bringt. Es wechselt ihm eine Welt der Finsternis mit einer Welt des Lichtes, eine Welt der Not mit einer Welt der Freude, eine Welt der Vergänglichkeit mit einer Welt von Bestand und ewiger Fortdauer.*«

Die melodiöse Stimme des Rabbis füllte den Raum und zog die Menschen in ihren Bann. Selbst Jehudith fühlte den Sog, der von seiner Rede ausging.

»*Möge uns das Blut seiner Frommen zum Verdienst und zur Versöhnung gereichen, uns, unseren Nachkommen und Kindeskindern auf ewig, gleich der Opferung unseres Vaters Isaak, als unser Vater Abraham ihn auf dem Altar gebunden hatte.*«

Chaims Gesichtsausdruck zeigte Entsetzen, während er stumm der Rede Mosches zuhörte, der die Härte seiner Worte mit der Sanftheit seiner Stimme ummantelte. »*Lasset uns unser Blut wie Wasser auf die Erde vergießen, dass es vor dem Heiligen, gelobt sei er, wie das Blut von Hirschen und Rehen geachtet werde. Niemand schone sich oder seinen Nächsten, und der letzte Übrigbleibende schneide mit seinem Messer sich selbst die Kehle ab oder stoße sich sein Schwert in den Leib, damit die unreinen Frevlerhände uns nicht verunreinigen mit ihren Gräueln.*«

Jehudith war bestürzt. War es wirklich das, was Gott von ihnen verlangte? Es war immerhin ihr Rabbi, der zu ihnen sprach. Hilfe suchend sah sie ihren Mann an. Sie schickte ihm ihre Gedanken: Chaim, tu etwas! Ich bin deine Frau, ich habe dir und unseren Kindern meine ganze Liebe geschenkt. Willst du wirklich zulassen, dass wir getötet werden?

Chaim wurde seiner Frau gewahr und nickte ihr kurz zu. Jehudith spürte, dass ihr Mann bereit war, den Kampf mit Mosche aufzunehmen. All ihre Hingabe legte sie in ihren Blick, um ihm Kraft zu geben.

Die Worte sprudelten weiter aus Mosche heraus, seine Stimme wurde zu einem betörenden Singsang. »*Wir wollen uns selbst als Opfer dem Ewigen darbringen, wie Ganzopfer dem Höchsten geweiht auf dem Gottesaltar, damit wir zu jener Welt, die ganz Tag ist, kommen, ins Paradies zum hell glänzenden Lichte und den Herrn deutlich schauen in seiner Herrlichkeit und Größe. Eines jeden Haupt wird dann mit einer goldenen Krone, besetzt mit Edelsteinen und Perlen, geschmückt, wir sitzen dort zwischen den Stützen der Welt und ergötzen uns im Vereine der Gerechten im Paradiese.«*

Auf den Flügeln von Mosches Worten flog die Gemeinde dahin. Nochmals blickte Jehudith zu ihrem Mann.

Chaim stand auf.

Mainz – Bischofspfalz, am großen Tor

Raimund blickte von dem Wehrgang über dem Tor auf den großen Platz. Die Wallfahrer, die bei dem ersten Angriff den Tod gefunden hatten, lagen da wie Säcke, die von einem Wagen gefallen waren. Der Anblick der Leichen tat Raimund weh. So fühlte es sich also an, über Leben und Tod zu entscheiden.

Aber was hatte er damit zu tun? Er war doch nur Befehlsempfänger. Jedoch einer, der auch selbst Befehle geben konnte.

Der Tote mit dem Pfeil im Hinterkopf war ein Junge, vielleicht sechzehn Jahre alt. Traf ihn, Raimund, Schuld an seinem frühen Tod? Der Junge wusste vermutlich nun mehr über Gottes großen Plan als er selbst in all seiner Gelehrsamkeit. Würde Gott den jungen Mann in sein Reich aufnehmen? Und ihn, Raimund, für den viel zu frühen Tod des Jungen verantwortlich machen?

Ein roter Strich, der sich in der flimmernden Hitze einen Weg durch die Menschenmasse bahnte, lenkte Raimunds Gedanken zurück in die Gegenwart. Seine Brust wurde eng um sein Herz: Der Priester, dessen merkwürdiger Beiname mittlerweile allen in der Stadt ein Begriff war, näherte sich dem Tor.

Rotkuttes Blick war starr nach vorn gerichtet. In einer seltsamen Mischung aus Verehrung, Respekt und Unbehagen wichen die Menschen vor ihm zurück. Er erreichte den Platz vor dem

Tor mit den toten Körpern, den die Menschen aus Scheu frei gelassen hatten.

Fünf Armbrüste richteten sich auf den Priester, der seinen Weg ungeachtet der Bedrohung fortsetzte. Im Vorbeigehen schlug er mit den Händen ein Kreuz über den Toten, ohne jedoch seine Schritte merklich zu verlangsamen.

Hadewin war mittlerweile zu Raimund auf die Mauer gestiegen und rief: »Bleibt stehen! Was ist Euer Begehr?«

Zehn Schritte vor dem Tor machte Rotkutte Halt. Er zeigte mit den Händen auf die Toten und sagte laut: »Ich möchte weiteres Blutvergießen verhindern. Darum hoffe ich, dass wir eine friedliche Lösung finden können!«

»So zieht von dannen, dann haben wir wieder Frieden in der Stadt!«, erwiderte Raimund.

»Es zerreißt mein Herz, all dieses Grauen mit anzusehen. Christen töten Christen, welch eine Schande«, überging Rotkutte die Aufforderung des Domdekans. Er schaute mit ernster Miene auf die Toten und sagte im Brustton der Überzeugung: »Die Unseren werden in den Himmel kommen, da sie für den Sieg des Herrn ihr Leben gegeben haben. Den Euren aber gnade Gott, da sie die Gottesmörder schützen.«

Das Gesicht des Priesters wurde weich, fast traurig, als er hinzufügte: »Ich habe für Euch und Eure Soldaten gebetet, aber Gott wollte meine Bitten nicht hören. Welch schwere Sünde legt ihr Euren Untertanen auf.«

Die Soldaten auf der Mauer tuschelten untereinander, Rotkuttes Worte hatten ihre Wirkung nicht verfehlt.

Raimund nahm eine Wut gegen diesen Mann in sich wahr, die ihm fremd war. Ein Verlangen überkam ihn, den Befehl zu geben, diesen roten Teufel zu erschießen. Ein Nicken zu den Armbrustschützen würde genügen, und der Priester in der roten Kutte würde sterbend neben den andern Toten liegen.

Doch wenn es eine Lösung dafür geben sollte, das Morden zu beenden, dann nur über diesen Mann, der ihn mit einem festen, fast überheblichen Blick anschaute. Raimund musste Rotkutte wider Willen Respekt zollen. Er erkannte einen Gegenspieler, vor dem er sich in Acht nehmen musste.

Raimund unterdrückte den Impuls, seinen Kopf in Richtung der Soldaten zu wenden, um das tödliche Signal zu geben. Kühl antwortete er stattdessen: »Hast du sie nicht aufgehetzt, all die Menschen zu töten?«

Rotkutte blickte zu Boden. Dann hob er den Kopf, langsam, Zoll für Zoll. Seine Miene wurde sanft, als hätte ihn Raimunds Anschuldigung getroffen. »Nichts liegt mir ferner. Niemand soll getötet werden. In Frieden und Liebe sollen die Menschen leben, wie es Christus, unser Herr, und unser Vater im Himmel verlangen. Dies ist mein, dies ist unser Wille.«

Eine bleierne Schwere umfing Raimund. Wie durch eine schwammige Masse musste er seine Antwort hinauspressen. »Was willst du?«

Die Andeutung eines Siegerlächelns strich über Rotkuttes Gesicht. Raimund fühlte, wie ihn die scharfen Augen des Priesters taxierten, als der antwortete: »Mit dem Bischof reden und beraten, wie das Töten beendet werden kann.«

»Das ist ganz einfach. Zieht weiter nach Jerusalem.«

Raimund musste dem Blick des Priesters ausweichen, der süßen Stimme widerstehen. Er beschloss, auf die rote Kutte zu schauen, um seine Gedanken vom Mienenspiel dieses Mannes nicht in Unordnung bringen zu lassen.

Rotkuttes Stimme wurde lauter, sodass die Menschen auf dem Platz seine Worte hören konnten. »Wir, die Kämpfer für den Herrn, können Mainz erst verlassen, wenn auch hier Friede ist im Namen Christi.«

Der strahlend rote Stoff der Kutte irritierte Raimund. So nahm er Rotkuttes Worte nur undeutlich wahr. Er musste einen Punkt finden, den seine Augen fixieren konnten, ohne dass er der suggestiven Kraft dieses Mannes verfallen würde. Er entschied sich, seine Augen einen Moment zu schließen.

»… nur eine Frage der Zeit, bis dieses Tor von unseren Soldaten erstürmt wird«, hörte er Rotkutte sagen.

Er musste diesem Blick standhalten, er durfte jetzt keine Schwäche zeigen, redete Raimund sich zu. Er öffnete die Augen, während der Priester weitersprach. »Lasst uns das sinnlose Blutvergießen beenden. Ich habe einen Vorschlag, den ich dem Bischof unterbreiten möchte. Gebt dem Frieden eine Chance, mein Bruder in Christus.«

In Raimunds Kopf rumorte es. Der Mann hatte recht, es war nur eine Frage der Zeit, bis die Pfalz eingenommen werden würde. Und selbst in dem unwahrscheinlichen Fall, dass sie das Tor verteidigen konnten, hätten sie schon in ein paar Tagen keine Nahrung mehr. Emicho hingegen hatte alle Mittel der Stadt und des Umlands zur Verfügung. Und all die Kostbarkeiten, die seine Leute den Juden inzwischen gestohlen hatten.

Auf die Loyalität von Hadewin konnte er sich verlassen, inwieweit dies auch für die Wachen galt, dessen war er sich nicht so sicher. Seine Verhandlungsposition konnte schlechter kaum sein. Raimund antwortete schließlich: »Du kannst hereinkommen, falls Bischof Ruthard überhaupt mit dir sprechen möchte. Aber auch Rabbi Chaim wird an einem Gespräch mit dem Bischof teilnehmen.«

»Ich habe nichts gegen Juden, die sich taufen lassen wollen.« Rotkutte lächelte zufrieden. »Auch sie sind, trotz ihrer großen Sünden, in der Gnade Christi mit aufgenommen. Die Barmherzigkeit des Herrn ist grenzenlos.« Und mit Blick auf Hadewin fügte er hinzu: »Lasst auch den Führer der Wache, der neben Euch steht, an den Verhandlungen teilnehmen. Heißt er nicht Hadewin? Steht Hadewin nicht gleichzeitig für Kampf und Freund? Was für ein trefflicher Name für einen Soldaten. Er wurde mir von allen Menschen in der Stadt als treuer Christ geschildert.«

Endlich hatte Raimund sich wieder im Griff, er konnte Rotkuttes Blick aushalten. »Du stellst Forderungen?«

Demütig senkte Rotkutte sein Haupt. »Ich bin nur ein unbedeutender Bote Gottes, der all dieses schreckliche Töten beendet sehen will.«

»Ich werde Bischof Ruthard fragen, ob er dich empfängt. Falls dem so ist, garantiere ich dir Schutz, solange du dich in der Pfalz aufhältst.«

»Euer Wort als Domdekan und Mönch des Benediktinerordens genügt mir«, antwortete Rotkutte mit einer Verbeugung und fügte hinzu: »Erlaubt Ihr, dass unsere Männer die Toten wegtragen, damit sie würdig bestattet werden können?«

Hadewin schaute Raimund an. Nach einem kurzen Zögern nickte der Domdekan.

»Zwei eurer Männer dürfen sich vor dem Tor aufhalten, nicht mehr. Selbstverständlich ohne Waffen!«, rief Hadewin von der Mauer, während Raimund bereits die Leiter hinunterstieg, um Bischof Ruthard von Rotkuttes Bitte zu unterrichten.

Mainz – Bischofspfalz, im Kaiserhaus

Chaim war aufgestanden. Jehudith schöpfte neue Hoffnung, als ihr Mann sich an die Gemeinde wandte. »Sich selbst zu töten, ist eine Sünde, denn das Leben ist heilig. Es steht geschrieben: *Darum sollt ihr meine Satzungen halten und meine Rechte. Denn welcher Mensch dieselben tut, der wird dadurch leben.* Nicht heißt es, durch sie wird er sterben.«

Mit Zornesfalten auf der Stirn blickte Mosche auf Chaim und dann zu Kalonymos. Der Parnas machte jedoch mit der Hand ein Zeichen, dass Mosche sich setzen möge. Nun war es an Chaim, zur Gemeinde zu sprechen. Der Parnas wollte offensichtlich hören, wie seine beiden Rabbis in ihrer schweren Situation Gottes Wort auslegten. Jehudith atmete durch.

Chaim begann: »Der Tod gehört nicht uns, er gehört Gott. Und wenn schon der Selbstmord eine Sünde ist, wie groß ist erst die Schuld, wenn ihr eure Frau, euren Bruder, eure Schwester, euren Vater, eure Mutter, ja eure Kinder tötet.«

Mosche stand auf und erwiderte: »Falsch redest du daher: Die Schriften kennen drei Ausnahmen, unter denen das Selbstopfer geboten ist. Und zwar, um sich nicht beflecken zu lassen von Götzendienst, Inzest oder der Ermordung eines anderen. Ist die Taufe im Namen des Gehängten etwa kein Götzendienst. Willst du das leugnen?«

»Nichts steht dort über das Töten eines anderen«, entgegnete Chaim und wandte sich an die Gemeinde. »Wenn einer Hand an sich legt, so darf kein Kaddisch mehr über ihn gesprochen werden. Kein ehrenhaftes Grab steht ihm mehr zu. Und als Mörder wird derjenige, der einen anderen Menschen tötet, vor dem Herrn stehen müssen. Wollt ihr das?«

»Was ist das Leben wert ohne den Bund?«, warf Mosche bissig ein.

Chaim antwortete ruhig, aber bestimmt: »Männer, selbst wenn wir nicht mehr den Tallit mit den Schaufäden offen tragen dürfen, selbst wenn wir den Gebetsriemen im Geheimen anlegen müssen, selbst dann noch sind wir ausgezeichnet: *Wie David im Badehaus, als er sich völlig nackt sah, ohne seinen Tallit, ohne den Zizijot, ohne Tefillin, als er zunächst erschrak und zu sich sagte, wehe mir, alle Gebote des Herrn wurden mir genommen. Doch da, als er auf seine Beschneidung sah, da wurde er wieder froh.*«

Erneut wollte Mosche ihn unterbrechen, aber Chaim erwiderte scharf: »Ich habe noch mehr zu sagen.«

Kalonymos legte die Hand auf Mosches Schulter.

Chaim fuhr fort: »Frauen, auch ihr tragt ein Zeichen, es ist in eure Herzen eingebrannt, die Liebe des Einen. Gott will, dass das Haus Israel lebt, dass es zu neuer Kraft finden kann.«

Zwar hatte Chaims Stimme nicht die Süße und Fülle, mit der Mosche die Gemeinde zum Herrn erheben konnte. Doch er sprach mit der Autorität des Textkundigen.«Ihr seid es, die aus dem Haus einen Tempel machen, ihr bereitet dem Volk Israel koscheres Fleisch, ihr zündet die Sabbatkerze an. Es wurde bestimmt von den Weisen: Ein Jude ist, wer aus dem Schoß einer Jüdin geboren wird. So seid ihr der Quell des Bundes. Ihr tragt Gottes Volk in eurem Leib. Ihr seid das Gefäß, aus dem das Volk Israel gewachsen ist und immer weiterwächst. Selbst wenn sie euch taufen, können sie doch nicht euer Herz berühren.« Und nochmals erzwang Chaim Mosches Schweigen, der kopfschüttelnd die Rede seines Kontrahenten verfolgte.»Männer, Frauen. Dies ist eine Zeit, in der es gilt abzuwägen. Im Talmud heißt es: *Besser, wenn ein Buchstabe der Torah entwurzelt wird, als dass die Heilige Schrift zur Gänze vergessen wird. Indem man gegen die Torah verstößt, mag es möglich sein, die Situation wieder in Ordnung zu bringen.* Wir müssen ausharren. Sobald Kaiser Heinrich aus Italien zurückgekehrt ist, wird er uns erlauben, zum wahren Glauben zurückzukehren.«

Mosche hielt es nicht mehr auf seinem Platz. Er stand auf und rief:»Lasst euch nicht verführen. Chaims Rede ist wie honigsüßes Gift. Niemand weiß, ob der Kaiser jemals zurückkommen wird. Der Bischof hat versprochen, uns zu schützen, und doch sind Hunderte der Unseren ermordet worden und viele sind mit ihrem Schmutzwasser besudelt worden.«

Ein Gemurmel füllte den Raum. Mosche stand neben Chaim und hob seine Hand, damit die Ihren sich wieder beruhigten. Mit von Ernst getragener Stimme und keinen Zweifel lassend an der Aufrichtigkeit seiner Überzeugung, richtete Mosche nochmals das Wort an die Gemeinde:»Gott will euch prüfen, hier und jetzt. Besteht diese Prüfung und das Himmelreich wird euer sein.«

Jehudith sah, wie sich Kalonymos ben Meschullams Blick verfinsterte. Er stand auf und kippte seinen Stuhl mit einer unwirschen Bewegung um.»Ihr elenden Zankhähne, seid alle beide still. Gerade jetzt hilft uns kein Streit. Was wir brauchen, ist

Geschlossenheit. Wir werden uns weder abschlachten noch taufen lassen. Habt Mut, vertraut auf Gott, dann wird er uns helfen. Wir werden kämpfen.« Der Parnas richtete sich an die Gemeinde. »Heiligt den ehrwürdigen Namen von ganzem Herzen. Und sollten wir sterben müssen, so werden wir das mit Freude tun. Die Feinde trachten nach unserem Leben. Wir aber werden unsere Seelen im Paradies wissen, für alle Ewigkeit im Lichte des Einen.«

Langsam ließ Kalonymos seine Blicke über die versammelte Gemeinde schweifen. In die Stille nickte er, als wolle er sich in einem inneren Beschluss bestätigen, und sagte laut: »Lasst uns bekunden: *Der Ewige ist unser Gott, der Ewige ist einzig.*«

»Der Ewige ist unser Gott, der Ewige ist einzig«, antworteten die Männer und Frauen im Saal. Doch ihre Einigkeit war brüchig geworden, das konnte Jehudith spüren.

Mainz – Bischofspfalz, am großen Tor

Es hatte eine Weile gedauert, bis Ruthard sich endlich entscheiden konnte. Letztlich musste auch der Bischof einsehen, dass nur Rotkutte der Schlüssel zu einer Lösung sein konnte.

Raimund ließ die enge Tür öffnen, die innerhalb des großen Tores der Pfalz eingefügt war, und trat hinaus. Die Sonne stach ihm in die Augen und er musste die Hände wie einen Schirm über die Stirn halten, um überhaupt etwas sehen zu können. Das fremde Volk, das auf dem Marktplatz vor der Pfalz versammelt war, schaute ihn verdrießlich an.

Sie hatten bereits einige der Toten weggetragen. Rotkutte kniete neben dem Jungen mit dem Pfeil im Hinterkopf. Der Priester bemerkte Raimund nicht. Oder wollte er ihn nicht bemerken? So wartete der Domdekan.

Rotkutte berührte den Toten an der Stirn und sprach: »*Es segne und behüte dich der allmächtige und barmherzige Gott. Der Vater, der Sohn und der Heilige Geist.*«

Schließlich gab er das Zeichen, dass der Tote weggetragen werden konnte.

Raimund rief ihm zu: »Bischof Ruthard ist bereit, dich zu empfangen. Folge mir.«

Langsam drehte sich Rotkutte zu ihm um, lächelte und sagte mit sanfter Stimme: »Es beglückt mein Herz, dass wir nun gemeinsam weiteres Blutvergießen vermeiden wollen. Euer Bischof ist sehr weise.«

Raimund ignorierte die Beleidigung, die in dieser Bemerkung lag, zum ersten Mal konnte er Rotkutte aus nächster Nähe betrachten. Das Gesicht des Priesters war glatt. Die großen kräftigen Hände mussten körperliche Arbeit gewohnt sein. Bauernhände, aber sehr gepflegt.

Sodass all die Umstehenden es hören konnten, rief Rotkutte Raimund in einem fehlerhaften Latein entgegen: »Salus tibi, honestus Canonicus.« Dann setzte er ein untertäniges Lächeln auf.

»Salve et tu«, erwiderte Raimund, ohne mit der Wimper zu zucken. »Komm herein.«

Geschmeidig schlüpfte Rotkutte durch die enge Tür. Noch einmal ließ Raimund seinen Blick über den Platz schweifen. Grimmiger Hass, Unruhe und Bangigkeit sah er in den Gesichtern der Menschen. Ein seltsamer Schmelztiegel von Stimmungen, der hier in der brütenden Sonne vor sich hin kochte. Dies war nicht mehr seine Stadt, dachte Raimund, als er sich bückte und dem Priester in die enge Türöffnung folgte.

Rotkutte sprach bereits in einem ländlichen Fränkisch zu den Soldaten, als wäre er in der Pfalz zu Hause: »Seid gegrüßt, ihr ehrlichen Männer.«

Und zu einer Gruppe Juden gewandt, sagte er: »Ihr Brüder im Geiste, die ihr irrt in der Auslegung der Schrift. Auch ihr seid willkommen in der Gnade des Herrn, wenn ihr nur sehen wolltet, dass Christus der Messias ist.«

Ein Jude wollte auf ihn zugehen, doch stellte sich ihm eine Wache in den Weg.

»Sei still und geh weiter, sonst können wir für deine Sicherheit nicht garantieren«, sagte Raimund scharf, und so schritt Rotkutte mit Raimund und Hadewin zunächst durch die Residenzgasse und anschließend durch die bronzene Pforte zum Kaiserhof, neben der ein Wachturm in die Mauer eingelassen war. Schließlich drehten sie nach links zum Eingang des Bischofspalastes, stiegen die breite Treppe zu dem reich verzierten Steinportal hinauf und traten ein in eine prächtige Halle.

Die zweiundsiebzig eingerahmten Amtsvorgänger Ruthards an den Wänden schwiegen sich an, als müssten sie sich gegenseitig ihrer Bedeutsamkeit versichern. Die drei Männer gelangten zu einer breiten Treppe, die links und rechts in zwei Wendeltreppen überging und in deren Mitte das Bildnis Heinrichs IV. auf sie herabsah. Die Treppen mündeten in den Balkon, von dem aus Ruthard zu seinen Untertanen über weltliche Belange zu sprechen pflegte.

Während sie die Marmorstufen emporstiegen und sich nach rechts in Richtung des Empfangsraumes des Bischofs wandten, bemerkte Raimund die neugierigen Blicke des Priesters, die beständig die für ihn neue Umgebung abtasteten. Die Flure im ersten Stock waren geschmückt mit Monstranzen. Ein kunstvoll verarbeitetes Reliquiar mit dem Kopf des heiligen Blasius von Sebaste, des Schutzheiligen der Schuhmacher, Wollhändler und Schneider, schien Rotkuttes besonderes Interesse zu erwecken. Der Priester war sichtlich beeindruckt von der Pracht der Pfalz.

Vor dem Eingang des Empfangsraumes standen zwei Wachen, die Rotkutte wie selbstverständlich grüßte. In einem kurzen Moment der Verwirrung sahen sich die Soldaten an. Dann fielen ihre Gesichter in die gewohnte Starrheit zurück, ohne dass sie den Gruß des Priesters erwidert hätten.

Chaim wartete vor der Pforte zum Empfangsraum. Rotkutte würdigte ihn keines Blickes.

Mainz – auf dem Flachsmarkt

Mit einem Handkarren, auf dem ein Rad und eine Menge Bretter lagen, kamen die zwei Gehilfen aus der Werkstatt zurück. Meister Wernhart trottete gemütlich hinter ihnen her.

»Ruht euch ruhig aus, ich schaffe das mit meinen Gesellen alleine«, rief er Peter und seinen Kameraden zu. »So eine Reparatur braucht Männer vom Fach.«

Die Gehilfen hoben den ramponierten Wagen mit dem Widder an. Der Zimmermann zog das halb verbrannte Rad ab und überprüfte die Achse.

»'ne Reise nach Worms würde das gute Ding wohl nicht mehr aushalten, bis zur Bischofspfalz sollte es jedoch reichen«, verkündete Wernhart fröhlich.

Der Zimmermann schob das neue Rad auf die Achse und während er es annagelte, rissen seine Gesellen die verbrannten Bretter des Daches ab und ersetzten sie durch neue, die sie von dem Karren hievten. Ruhig und schnell arbeitete das Trio. Sie sprachen nicht viel, aber jeder Handgriff saß.

Mainz – Bischofspfalz, im Bischofspalast

In vollem Ornat thronte Bischof Ruthard auf dem erhöhten Stuhl, der aus demselben Stein wie der Boden geformt war. Raimund, Chaim und Hadewin schritten mit Rotkutte auf den

414

Mann zu, der heute seine Macht über den größten Teil der Stadt verloren hatte.

Ruthard wollte offensichtlich Eindruck auf den Priester machen. Sein aufwendig bestickter grüner Umhang betonte die Leibesfülle des Herrschers über das mächtige Bistum mehr, als dass er sie bedeckte. Die weiße Mitra auf seinem Haupt lief spitz nach oben zu. Eine rote bestickte Borte umkränzte den unteren Abschluss der Kopfbedeckung, die sich so tief in Ruthards Stirn eindrückte, dass es Chaim unwillkürlich schmerzte. Der Bischof hatte in den letzten Jahren offensichtlich auch im Gesicht zugenommen.

Eine weitere Borte führte zur Spitze der Mitra. Links und rechts davon war je eine große blaue Perle angenäht, umkränzt von gestickten Ornamenten. Die viel zu enge Mitra über dem verquollenen Gesicht, verbunden mit seiner Aufgedunsenheit, gab der Erscheinung des Bischofs etwas Gestampftes.

Raimund stellte sich neben dem Bischofsthron zur Rechten Ruthards. Chaim und der Hauptmann gesellten sich dazu, rechts neben Raimund zunächst Hadewin, dann der Rabbi.

Wie selbstverständlich trat Rotkutte auf Ruthard zu, ging in die Knie und küsste den Siegelring des Bischofs. »Wohlweiser Ruthard. Euer ergebener Diener dankt für die große Gnade, von Hochwürden empfangen zu werden.«

Aus dem Augenwinkel bemerkte Chaim den wachen Blick, mit dem der Bischof den Priester in der roten Kutte betrachtete und der in einem verwirrenden Kontrast zu der behäbigen Gestalt Ruthards stand. Mit dünner Stimme erwiderte der Bischof: »Du hast den Frieden in dieser Stadt gestört. Mir wurde kundgetan, selbst in den Kirchen hätten deine Männer geplündert.« Ruthard streckte sein Kinn bedrohlich nach vorn. »Ein Schlachtfeld hast du aus meinem Mainz gemacht. Ist das der heilige Krieg, den du zu führen gedenkst?«

Betroffen schaute Rotkutte zunächst zu Boden und richtete seinen Blick danach auf den Bischof. »Unsere Frauen und Männer folgen dem Aufruf Papst Urbans, dem Stellvertreter Gottes auf Erden. Sie sind ergebene Diener des Herrn.«

Demonstrativ zog Ruthard die Augenbrauen nach oben. »Dieses Pack verlauster Bauern und Huren?«

»Arm zu sein, ist keine Schande. Auch Petrus war nur Fischer«, antwortete Rotkutte ruhig.

»Der erste Apostel plünderte keine Gotteshäuser. Eine Reliquie meines Amtsvorgängers Erzbischof Willigis ist in der Gosse gefunden worden. Die Diebe waren offensichtlich nur an dem Goldgeschmeide interessiert, das den rechten Daumen des Heiligen eingesäumt hat.«

»Ein unverzeihlicher Frevel, in der Tat. Das Verhalten einiger Weniger. Gesindel, das sich in unser heiliges Heer eingeschlichen hat, nur der Beute wegen. Gott wird diese Übeltäter strafen.«

Ruthard verschränkte die Arme vor seinem dicken Bauch. Anscheinend zog er es vor, seine Verachtung durch Schweigen auszudrücken.

So fuhr Rotkutte fort: »Wir sind bereit zu sterben, um die Ungläubigen zum wahren Glauben zu zwingen.«

»Die Aufgabe deines Heeres liegt im Heiligen Land, nicht in meiner Stadt.«

»Wir müssen vorsorgen auf unserem Weg zur Befreiung Jerusalems.«

»Und was ist mit dem Sudarium Domini, dem Schweißtuch Jesu, das im Altmünster aufbewahrt wurde? Die Nonnen mussten es an eine Horde eurer Soldaten herausgeben, um nicht von ihnen geschändet zu werden!« Ruthards Temperament schien zu erwachen. »Welch infame Tat.«

»Diese Herrenreliquie ist nun in unserem Besitz. Wir werden gut auf das Tuch Christi achtgeben.«

»Wollt ihr diese kostbare Reliquie den Gefahren eures Kriegszugs aussetzen? Was, wenn das wertvolle Tuch Schaden nimmt? Oder, noch schlimmer, von den Sarazenen erbeutet würde?«

»Das Tuch des Herrn wird uns auf unserer Pilgerfahrt schützen.«

»Diebe seid ihr.« Ruthard schlug mit der Faust auf die Lehne seines Thrones. »Die Reliquie untersteht meinem Schutz.«

»Wir wollen den Bischof gerne für sein großes Opfer entschädigen.« Mit gedämpfter Stimme fügte Rotkutte hinzu: »Vielleicht findet sich ja sogar ein Weg, dem Bischof das Heiligtum zurückzugeben, an dem ihm so viel liegt.«

Ruthard beugte sich vor. »Das wäre in der Tat wünschenswert.«

»Ich werde sehen, was ich tun kann.« Rotkutte deutete eine Verbeugung an, doch der Bischof schien noch nicht besänftigt.

»Und was ist mit dem Tabernakel im Dom?« Ruthard schüttelte seinen dicken Kopf mit einer Heftigkeit, die den Perlen der Mitra ein Klimpern entlockte. »Der im ganzen Reich bekannte Schnitzer Gunter hat das Kunstwerk hergestellt. Die Euren haben sich um die Hostien gerissen und dabei den Schrein umgestoßen.«

»Es mag sein, dass einige zu weit gegangen sind in ihrer Freude über unseren Sieg.« Schuldbewusst schaute Rotkutte zu Boden. »Sie sollen von unserem Führer Emicho von Flonheim zur Rechenschaft gezogen werden. Der Dom ist sehr schnell wieder von uns freigegeben worden. Wir werden keine Kirche verunehren und Euer Schaden wird erstattet werden, das hat mir Emicho versichert.«

Ruthard strich sich über das Kinn, sein Blick hellte sich ein wenig auf: »Das ist rechtschaffen von Emicho. Nun komm zur Sache, was ist dein Begehr?«

Mainz – auf dem Flachsmarkt

»Hätten's ja fast geschafft«, sagte ein Mann, der im Rammbock dabei gewesen war, in die Runde. Sein Gesicht war mit Pockennarben überzogen. Der alte Haudegen kratzte sich an seiner Wange. »Natürlich ist es schade um Christain – so hieß er doch, dein Freund, oder?«

Peter nickte.

»Aber so ist der Krieg eben«, fuhr der Mann fort. »Dafür ist er jetzt sicher im Paradies.«

Wohl weil Peter nicht überzeugt schien, fuhr der Mann fort: »Ganz sicher ist er das. Denjenigen, die für die heilige Sache sterben, werden alle Sünden vergeben werden. So hat es unser Papst gesagt. Oder willst du etwa infrage stellen, was der Stellvertreter Gottes auf Erden uns versprochen hat?« Er schlug Peter auf die Schulter. »Sei nicht so verdrießlich, dem Christain geht es jetzt sicherlich gut.«

Peter dachte nach. Ja, der Mann hat recht, erkannte er schließlich. Auch Rotkutte hatte zu Hause bei Vater und Mutter von der Vergebung der Sünden gesprochen. Zwar spürte Peter immer noch Angst, aber ein neues Gefühl gesellte sich zu seiner Bangigkeit: Kampfgeist. Etwas in Peter wollte es nun schaffen, dieses Tor zu knacken. Er hatte jetzt bald vielleicht schon die Möglichkeit, ein heiliger Georg zu werden. Seine Lanze könnte der Widder sein und der Drache das Tor. Meister Wernhart, der wusste schon, was er tat. Beim nächsten Mal könnte es gelingen.

Auch die anderen Männer schauten entschlossener drein.

Mainz – Bischofspfalz, im Bischofspalast

»Wir wollen Euch helfen«, sagte Rotkutte mit einem untertänigen Lächeln.

Der Bischof zog die Augenbrauen nach oben. »Wobei?«

»Wir wollen den letzten Rest der Teufelsbrut aus Eurer Stadt entfernen.«

»Sprichst du von euch selbst, so ist dies eine gute Nachricht«, warf Raimund ein. Chaim konnte die Wut seines Freundes deutlich spüren. Aber wäre es nicht besser, sich jetzt kühl und überlegt zu verhalten?

Rotkutte ignorierte die Bemerkung und sprach ruhig, mit gesenktem Blick zum Bischof gewandt weiter. »Tod oder Taufe, das ist die Wahl, vor die wir die Juden stellen wollen.«

»Mit welchem Recht?«, fragte Raimund scharf.

»Warum sollen wir uns die Mühe machen, nach Jerusalem gegen die Sarazenen zu ziehen, wenn die größten Feinde Christi es sich in unserem Reich gemütlich machen?« Rotkutte hatte bisher ausschließlich zu Ruthard gesprochen. Nun blickte er zu Chaim. »Bittet ihr den Herrn nicht dreimal täglich um unseren Tod? Heißt es nicht in eurem Achtzehn-Bitten-Gebet: *Die Christen und die Ketzer mögen umkommen in einem Augenblick, ausgelöscht werden aus dem Buch des Lebens?*«

Chaim blieb stumm, verwirrt von der Behändigkeit, mit der Rotkutte von einem Thema zum anderen sprang.

»Spricht nicht jeder Jude dieses Gebet jeden Morgen, jeden Mittag und jeden Abend? Betet ihr nicht dreimal täglich für der Christen Tod? Gestehe es, Gehilfe des Satans.«

Chaim spürte Raimunds besorgten Blick auf sich und sah, dass der Freund für ihn Partei ergreifen wollte. Doch er antwortete selbst: »Die zwölfte Bitte der Amidah sprechen die Juden von Mainz nicht in dieser Form. Wir wollen den Christen nichts Übles.«

Rotkutte erwiderte unwirsch: »Wie können wir wissen, was ihr in euren Synagogen treibt? Man hört so manches über eure verruchten Rituale.«

»Ihr seid herzlich eingeladen, an unserem Gottesdienst teilzunehmen. Dann werdet Ihr sehen, dass all dies böse Verleumdungen sind«, erwiderte Chaim.

»Erzürne mich nicht, Abgesandter des Satans. Willst du, dass ich mich beschmutze in euren Teufelshäusern?«

»Wie könnt Ihr Euch beschmutzen, wenn wir aus derselben Schrift lesen, wenn wir uns an denselben Gott wenden?«

»Du verlogener Gelehrter, du gelehrter Lügner. Während ihr unseren Tod plant, lullt ihr uns ein mit euren Falschheiten.«

»Ist nicht unser Glaube die Mutter des Euren? Welche Mutter würde ihr Kind verstoßen, nur weil es eigensinnig ist?«

»Eine Mutter tötet ihr Kind nicht.« Rotkuttes Angesicht wurde kalt wie Stein. »Aber ihr, ihr habt etwas viel Schlimmeres begangen!«

Mit einer Stimme, die den ganzen Raum zum Frieren brachte, zischte er: »Nicht nur habt ihr Gott nicht erkannt, als Er sich euch in Seinem Sohn offenbarte.« Rotkutte rang nach Luft. »Nicht nur habt ihr das Kind der Gottesmutter, welches der Schöpfer in ihren Schoß gelegt hat, getötet … Nicht nur habt ihr Gott ermordet.«

Chaim musste sich zur Ruhe zwingen. Kurz schaute er zum Bischofsthron. Die hasserfüllte Rede des Priesters schien selbst dem Bischof unter die Haut zu gehen.

Als hätte er die Welt um sich herum vergessen, brach es aus Rotkutte heraus: »Ganz bewusst habt ihr euch bekannt zu eurer Schuld. *Sein Blut komme über uns und unsere Kinder,* habt ihr gerufen. Damals vor Pontius Pilatus, als er, der Heide, den Heiland verschonen wollte, weil er, der Heide, keine Schuld an ihm sehen konnte.«

Der Priester schien dem Wahnsinn nahe. Wie ein Vulkan, der heiße Asche herausschleuderte, hatte er die Worte ausgespien. Langsam kehrte er zurück zu seiner gewohnten Klarheit. Bedächtig und leise, jedes Wort betonend fuhr er fort: »Während ihr unseren Tod plant, redet ihr unterwürfig und süß zu uns. Während ihr die Brunnen in den Städten vergiftet, redet ihr von Frieden. Während ihr euer Haupt beugt, tötet ihr Christenkinder, um sie in euren teuflischen Ritualen zu verspeisen.«

Rotkuttes Hass lähmte Chaim. Nun war er dankbar, dass Raimund für ihn sprach. »All dies sind Lügen. Hast du Beweise dafür, dass die Juden Brunnen vergiftet haben?«

»Lest in den Evangelien. Alles was ich sage, ist wahr.« Und mit einem drohenden Unterton fügte Rotkutte hinzu: »Oder wollt Ihr an der Schrift zweifeln?«

»In der Heiligen Schrift steht nichts davon, dass Juden Brunnen vergiften, und auch nichts davon, dass sie Christenkinder ermorden.«

»Wer war es, der den Sohn Gottes getötet hat?«

»Es waren die Römer, die Jesus getötet haben. Die Kreuzigung war eine Strafe der Römer.«

»Aber wer überredete Pilatus?«

Raimund blieb stumm. Er konnte nicht leugnen, was der erste Evangelist über die Juden bei dem Prozess gegen Jesus von Nazareth geschrieben hatte, das wusste Chaim.

Triumphierend fuhr Rotkutte fort: »So sind die Juden eben, sie handeln hinterrücks und sind zu allem fähig.« Er hob den Zeigefinger in Chaims Richtung. »In eurer Verstocktheit, in eurer Bosheit und Uneinsichtigkeit weigert ihr euch immer noch, den wahren Messias anzuerkennen. Darum hat Gott euch verstoßen. Uns Christen hat er den neuen Bund aufgetragen. Wir sind seit dem schrecklichen Mord, den ihr begangen habt, seine Kinder. Ihr aber seid des Teufels.« Leise, mit einer Schärfe, die es Chaim kalt über den Rücken laufen ließ, fügte Rotkutte hinzu: »Das Judentum wird vernichtet werden. Sei es durch die Taufe, was ich für euch hoffe, wenn ihr zur Einsicht kommen solltet. Oder, falls ihr in eurem Starrsinn verharren wollt, durch den

Tod. Ihr Juden habt es so gewollt. Wir sind nur das Werkzeug des Herrn.«

Der Bischof erhob die Stimme: »Ihr habt Bürger von Mainz getötet.«

Mit einer Plötzlichkeit, die Chaim verwirrte, wurde Rotkuttes Stimme weich wie Samt, als er Ruthard ansah: »Nur diejenigen, die sich hartnäckig weigerten, den Herrn anzuerkennen. Alle hatten die Wahl, sich zum wahren Glauben zu bekennen. Sie sind aufgenommen im Schoß der heiligen Kirche, trotz der großen Schuld, die auf ihnen lastet. An denjenigen jedoch, die stur geblieben sind, wurde die gerechte Rache vollzogen für den Mord an unserem Herrn.« Gerade als der Bischof zu einer Entgegnung ausholte, fügte der Priester mit sichtlichem Stolz hinzu: »Viele konnten wir jedoch vor dem Höllenfeuer retten.«

»Rache ist nicht das Wort des Herrn. Hat Jesus uns nicht gepredigt: *Liebet eure Feinde*«, entgegnete Raimund. »Außerdem, auf der vierten Synode von Toledo wurde beschlossen, dass keinem Juden Zwang angetan werden darf, um ihn zur Taufe zu bewegen. So heißt es auch im Decretum Burchardi.«

Rotkutte blickte den Bischof an, bevor er Raimund antwortete. »Im Decretum Burchardi heißt es jedoch auch, dass man die Kinder der Juden in Klöstern oder bei christlichen Familien unterbringen soll. Ich denke, das ist deutlich genug, und genauso sind wir verfahren.«

Ruthard saß still auf seinem Thron, als würde ihn die Sache nichts angehen. Er kannte die Rechtslage! Warum um Himmels Willen unterstützt er Raimund nicht, wunderte sich Chaim.

Der Domdekan antwortete unverdrossen: »Außer, dass du ein kleines Wörtchen vergessen hast. Es heißt, dass nur die Kinder, *die bereits getauft sind*, unter Christen aufwachsen sollen. Und ihre Kinder taufen lassen, das wollten sie ja wohl nicht. Das hast du selbst gesehen.«

Rotkutte wischte die Bemerkung mit einer Handbewegung weg. »Getauft, nicht getauft, man zitiert das Decretum mal so und manchmal so. Können wir zulassen, dass die unschuldigen Kleinen in der Hölle enden?«

Raimund verlor die Beherrschung:»Wer wo endet, das wird Gott entscheiden und nicht du! Wobei ich denke, dass du auf bestem Wege in die Hölle bist. Deine Zunge ist reines Gift. Lies im Jakobusbrief, was der Herrenbruder über böses Reden schreibt: *Die Zunge ist ein Feuer, sie befleckt den ganzen Leib und zündet an allen unsern Wandel, wenn sie von der Hölle entzündet ist.*«

»Dies ist wohl nicht der geeignete Zeitpunkt für ein Lehrgespräch«, unterbrach Bischof Ruthard seinen Domdekan und streckte seinen Arm zu Rotkutte hin aus.»Ich frage dich noch einmal: Was willst du?«

Geschäftsmäßig, als würde er ein Stück Brot gegen einen Apfel tauschen wollen, erwiderte Rotkutte:»Die erwachsenen Juden werden gefragt. Sagen sie Nein, wird ihnen gedroht. Sagen sie immer noch Nein, werden sie getötet. So will es der Herr.«

Ruthard schwieg und Rotkutte fügte hinzu:»Und falls sie ihre Kleinen nicht taufen lassen wollen, werden sie ihnen weggenommen. Dies ist die einzige Möglichkeit, ihre armen Seelen zu retten.«

Steif wie eine Statue saß Ruthard da. Chaim konnte seine Wut über den trägen Landesherrn kaum noch unterdrücken. Raimund kämpfte ungerührt weiter:»Du kennst die Vorschrift, die unser Kaiser Heinrich IV. vor sechs Jahren in Speyer erlassen hat: *Niemand soll es wagen, ihre Söhne und Töchter gegen ihren Willen zu taufen.*« Raimund blickte auffordernd zum Bischof, der jedoch keine Miene verzog, und sprach weiter:»Außerdem: Bevor ein Jude getauft wird, muss drei Tage gewartet werden, damit jeder Zweifel ausgeräumt werden kann, ob er seinen Glauben wirklich freiwillig aufzugeben bereit ist.«

Mit einem Ton, als spräche er zu einem Novizen, erwiderte Rotkutte:»Der Kaiser ist exkommuniziert. In kirchlichen Fragen haben seine Vorschriften keinerlei Bedeutung mehr.« Ein Lächeln umspielte die Lippen des Priesters.

Chaim spürte, dass Raimund um Fassung kämpfte. Viel zu laut antwortete sein Freund: »Du stellst dich gegen den Kaiser?«

»Und Ihr, stellt Ihr Euch auf die Seite des falschen Papstes Clemens III., dem Diener des Antichristen?«, hielt Rotkutte ungerührt dagegen.

Der Bischof warf einen pikierten Seitenblick auf Chaim. Möglicherweise war es ihm peinlich, dass dieser Kirchenstreit vor einem Juden thematisiert worden war. Endlich ergriff er das Wort. »Wir wollen alle hoffen, dass die Einigkeit unserer Kirche bald wiederhergestellt sein wird. Lasst uns diesen Wunsch in unsere Gebete einschließen.«

»Welchen Nutzen hat eine Taufe unter Zwang?«, insistierte Raimund.

Rotkutte antwortete prompt. »Was schreibt Tertullian über das geweihte Taufwasser? *Denn es kommt sofort der Geist vom Himmel darüber herab, ist über den Wassern, indem er sie aus sich selbst heiligt, und so geheiligt, saugen sie die Kraft des Heiligmachens ein.* Und weiter sagt der Gelehrte aus Karthago: *›Also wird, nachdem die Gewässer durch Dazwischenkunft des Engels gewissermaßen mit Heilkräften versehen sind, auch der Geist im Wasser leiblich abgewaschen und das Fleisch ebendaselbst geistig gereinigt.‹* Wenn es also nur geweihtes Wasser ist, so kommt der Heilige Geist herab auf den Täufling, ob er dies will oder nicht.«

»Tertullian schreibt nicht, dass man Menschen zur Taufe zwingen soll. Hat Johannes der Täufer die Menschen etwa gezwungen? Haben die Jünger des Herrn Menschen gegen ihren Willen getauft? Wie kann ein aufgezwungener Glaube von Nutzen sein?«

»Im geweihten Taufwasser wirkt der lebendige Herr. Das Taufwasser, das wir benutzen, wurde von Papst Urban persönlich geweiht.«

Raimund hielt es offensichtlich nicht mehr aus, er schrie: »Ihr tauft mit Blut!«

Rotkutte lächelte. Chaim hätte am liebsten die Hand seines Freundes ergriffen, das wäre in dieser Situation jedoch nur mehr Zündstoff gewesen. Also räusperte er sich dezent.

»Ihr leugnet die Wirkung des Sakraments der Taufe?«, erwiderte Rotkutte ruhig. Er sah zu Ruthard hinüber. »Euer Bischof kann Euch dies sicherlich erklären.«

»Zwang ist bei der Taufe nicht vorgesehen. Das widerspricht dem Geist Gottes«, sagte Ruthard, während er bedächtig seinen Kopf hin und her wiegte. »Wenn jedoch die Taufe mit geweihtem Wasser vollzogen wurde, so mag Gottes Kraft auf geheimnisvolle Art wirken.«

Rotkutte legte die Hand auf sein Herz, verneigte sich und lächelte.

Der Bischof fuhr fort: »Für euren Kreuzzug braucht ihr viele Mittel: Die Menschen wollen zu essen haben, das hat mein Domdekan euch bereits angeboten, wie er mir berichtet hat. Ihr braucht aber auch Waffen und Pferde. Die Juden von Mainz haben mir versichert, euch eine großzügige Unterstützung für euren Feldzug zu gewähren.«

»Wir lassen uns nicht durch Bestechung von unserer Mission abhalten«, antwortete Rotkutte in einem gleichgültigen Tonfall.

»Ihr plündert die Häuser der Unseren, die Ihr vorher ermordet habt. Anstatt unser Angebot anzunehmen, nehmt Ihr Euch einfach, was Ihr braucht«, bemerkte Chaim bitter.

»Unsere Ziele sind heilig und rein.«

Voller Verachtung erwiderte Raimund: »Sie sind getränkt mit Bosheit.«

Bischof Ruthard überhörte den Einwand seines Domdekans und sagte leise, aber mit einer Schärfe, die Chaim aufhorchen ließ. »Nun. Hat euch das, was ihr an Beute gefunden habt, zufriedengestellt?«

Rotkutte zögerte einen Moment, bevor er erwiderte: »Es war in der Tat weniger, als wir uns erhofft hatten.«

»Dies wundert mich nicht.« Ruthard ließ seine Worte eine kurze Weile wirken. Dann wies er mit der Hand auf Chaim und fügte hinzu. »Die Mainzer Juden haben mir ein beträchtliches Schutzgeld überlassen, um es für ihre Sicherheit einzusetzen.«

Einen Moment schien Rotkutte irritiert zu sein. Er senkte das Haupt.

Ruthard strich über sein Kinn. Höflich lächelnd fuhr er fort: »Vielleicht ist eine friedliche Lösung doch noch möglich?«

Chaim hielt den Atem an. Konnte dies die Rettung sein? Gespannt erwartete er Rotkuttes Reaktion.

»Um welche Summe handelt es sich, wenn ich fragen darf?«, erkundigte sich der Priester.

»Ein stattlicher Betrag in Gold und Silber.« Chaim fing Ruthards Blick auf, als dieser fortfuhr: »Viele der Mainzer Juden sind gute Handwerker und erfolgreiche Geschäftsleute.«

»Halsabschneider und Wucherer ist wohl passender«, antwortete Rotkutte.

»Nun, wie dem auch sei. Emicho könnte dieses Schutzgeld bekommen, ohne dass seine Männer dafür sterben müssten. Wäre es nicht sinnvoller, die Kräfte für die Schlachten im Heiligen Land zu bewahren? Die Sarazenen sind bekanntlich gute Krieger.«

Rotkutte zögerte erneut, bevor er sagte: »Ich werde Emicho Euer Angebot unterbreiten.«

Hoffnung keimte in Chaim auf. Bischof Ruthard hatte einen kühlen Kopf bewahrt und seinen größten Trumpf zuletzt ausgespielt. Er verstand, wie klug es vom Bischof gewesen war, sich nicht in die Debatte zwischen Raimund und dem Priester einzumischen. Doch Ruthards Angebot war nur ein Trumpf, wenn der Preis, den die Kreuzfahrer für die Einnahme der Pfalz zu bezahlen hatten, hoch sein würde. Raimund schien dasselbe zu denken. Nach einem kurzen Blickwechsel mit dem Bischof sagte er: »Wir erwarten deine Antwort. Aber wir sind auch bereit zu kämpfen.«

Mitleidig schaute Rotkutte den Domdekan an. »Es tut mir in der Seele weh, dass du Christenmenschen für die Mörder unseres Heilands opfern willst. Mir erscheint dies als eine große Sünde vor dem Herrn.«

»Der Schutz Wehrloser ist keine Sünde. Es sind eure Blutbäder, die sündhaft sind. Sünde gegen den Geist der Botschaft Jesu«, erwiderte Raimund.

»Darüber werden wir uns heute wohl nicht mehr einig werden«, unterband Ruthard den neu aufkeimenden Streit. »Lasset uns die Hoffnung auf Frieden nicht durch theologische Dispute belasten.«

Direkt an Rotkutte gewandt fügte er hinzu: »So geh in der Weisheit des Herrn, wir erwarten deine Antwort.«

Rotkutte nickte demütig. Schon war er dabei, sich umzudrehen. Da verharrte er einen Moment und wandte sich nochmals an den Landesherrn: »Bevor ich gehe, würde ich gern noch um ein Gespräch mit dem Bischof bitten. Unter vier Augen.«

Chaim sah erschrocken zu Raimund hinüber, der genauso überrascht wie er selbst zu sein schien.

Ruthard beugte sich vor. »Worum handelt es sich?«

»Es geht um eine rein seelsorgerische Frage.«

»Eine seelsorgerische Frage?« Ruthard lächelte süffisant. »Möchtest du beichten?«

»Das würde eine lange Unterredung werden«, warf Raimund bissig ein.

»Ein unbedeutender Diener des Herrn möchte den ehrwürdigen Bischof um einen persönlichen Rat bitten.«

»So soll es ihm gewährt werden«, antwortete Ruthard.

Raimund und Chaim schauten sich an. Was wurde hier gespielt? Es blieb ihnen nichts anderes übrig, als mit Hadewin den Raum zu verlassen.

Mainz – Bischofspfalz, im Kaiserhaus

Eine Tonschale mit fünf großen Hechten stand vor Jehudith auf dem Tisch, daneben eine Schüssel mit Wasser. Fischeintopf war es, so wurde ihnen mitgeteilt, worauf sich der Rat mit dem Koch der Pfalz geeinigt hatte. Und dass man die Zutaten und die Zubereitung genau kontrollieren würde, sodass auf keinen Fall Fleisch im Topf landete, und schon gar kein Schweineschmalz. Denn ihr Mahl musste koscher sein, und nichts Fleischliches war koscher in der Pfalz.

Über Sarah und ihre Eltern konnte ihr keiner Auskunft geben. Entweder waren sie ermordet oder getauft worden, oder sie hatten sich irgendwo verstecken können. Ihre Eltern hatten jedoch keine Freunde unter den Christen. Immer wieder hatten sie Chaim und ihr vorgeworfen, dass sie einen zu innigen Kontakt zu den Ungläubigen pflegen würden.

Benjamin und Hannah seien im Altmünsterkloster in Sicherheit, das war ihr von Bruder Anselm berichtet worden. Die Eindringlinge hatten also wohl das Haus von Gottfried und Veronika durchsucht. Hoffentlich war den beiden und Ida nichts passiert. Ob Jehudiths zwei Jüngste bereits getauft waren, darüber hatte der alte Mann nichts sagen können. Oder hatte er es vorgezogen zu schweigen?

Und wenn ja, wie hatten sie es über sich ergehen lassen? Hatten sie geweint oder sich gar gewehrt? Nein, dafür waren beide viel zu klein. Benjamin würde es vielleicht sogar als ein Spiel auffassen. Und welche Bedeutung hatte all dies überhaupt noch? Ach, wie gern würde sie die beiden nun in ihren Armen halten und ihnen das Wiegenlied vom Vögelein vorsingen.

Um sich selbst zu trösten, sang Jehudith es leise vor sich hin.

»Schlaf, mein Vögelchen, mach deine Augen zu, ai-lu-lu-lu, schlaf schön, mein Kind, schlaf und sei gesund, ai-lu-lu-lu, schlaf und träume süß von all dem Schönen in der Welt, ai-lu-lu-lu.

Solange du jung bist, kannst du leicht schlafen
und sollst dich an allem freuen, ai-lu-lu-lu.«
Deborah lächelte sie an. »Wie schön du singst.«
Jehudith erwiderte Deborahs Lächeln. Trotz all der Menschen
fühlte sie sich allein in dem großen Saal. Raimund hatte Chaim
rufen lassen. Sie wusste nicht, worum es ging. David war mit
Salomo bei den Verletzten. Um sie herum war es laut, es roch
nach Fisch und Ausdünstungen.

Wo war der Eine? Er hatte sie doch immer beschützt! Wo
konnte sie Ihn jetzt nur finden? Und wie würde sich das Wasser der Taufe wohl anfühlen? Würde es brennen auf der Haut?
Würde der Ewige sie verachten? Würde er sie verstoßen? Nein,
Er würde Verständnis haben. Es war doch nicht ihre Schuld.
Doch Jehudith wurde unsicher. Vielleicht wollte Er sie prüfen, wie Er Abraham geprüft hatte. Vielleicht hatte Mosche ja
doch recht.

Ach, David. Würde der Ewige wirklich verlangen, dass Chaim
ihren Sohn schlachtete? Und, falls ihr Mann bei den Kämpfen
sein Leben verlieren würde, wäre es der Wunsch des Einen, dass
sie David tötete? Jehudith betrachtete das Messer in ihrer Hand.
Stumpf und schartig war es. Wo sollte sie ein Messer ohne Schar-
ten herbekommen? Wie sollte sie den Schnitt an Davids Hals
ansetzen? Es fiel ihr schon schwer, ein Huhn zu schlachten. Ihr
wurde übel, und sie musste sich zwingen, tief durchzuatmen.

Sie schnitt den Bauch des Fisches auf und schalt sich: Hör auf
mit diesen Gedanken. Der Herr wird mich führen, das hat Er
stets getan. Auch als Hannah vor Fieber fast im Sterben lag, da
hat das Gebet mir Kraft und Ruhe gegeben. Er wird mir sagen,
was richtig ist, wenn es an der Zeit ist.

Die Geräusche um sie herum, das geschäftige Hin und Her,
Deborah, die sie ständig mit Fragen bedrängte, all das war ihr
nun zu viel. Jehudith hatte das Bedürfnis nach Davids Nähe. So
verließ sie den großen Saal und begab sich zum Krankenzimmer.

Mainz – Bischofspfalz, im Bischofspalast

Zerknirscht warteten Raimund und Chaim mit dem Hauptmann vor der Tür des bischöflichen Empfangsraumes. Raimunds Wut über den roten Teufel war nicht geringer geworden, im Gegenteil.

Chaims Gesicht zeigte blankes Entsetzen. »Der Hass dieses Mannes ist unfassbar.«

Raimund nickte still. Betroffenes Schweigen breitete sich wie dicker Nebel zwischen ihnen aus. Nach einiger Zeit empfahl sich der Rabbi. »Ich wüsste nicht, was ich hier tun könnte. Und ich möchte diesem Bluthund nicht noch einmal unter die Augen treten. Vielleicht kann ich mich anderweitig nützlich machen.« Zum Abschied legte er Raimund die Hand auf den Arm. »Danke, dass du mich zu dem Gespräch hinzugenommen hast. Ich weiß nun, mit wem wir es zu tun haben.«

Nach geraumer Zeit öffnete sich die Tür und Rotkutte trat hinaus. Seine Miene zeigte keinerlei Regung, kein Wort kam über seine Lippen. Auch Raimund war die Lust auf ein Gespräch vergangen. So gingen sie mit Hadewin schweigend hinunter in die Vorhalle. Am Ausgang des Bischofspalastes befahl der Hauptmann den Wachen, zwei Reihen zu bilden, die Rotkutte zu beiden Seiten eskortieren sollten. So schritten sie zunächst durch das bronzene Tor auf den Michaelishof und anschließend in Richtung der Residenzgasse zwischen Viktor- und Martinshaus.

Sie passierten die Gruppen christlicher und jüdischer Kämpfer. Wie unterschiedlich waren doch deren Reaktionen. Unter den Soldaten des Bischofs nahm Raimund Blicke der Bewunderung gegenüber dem Mann wahr, der unnahbar und stolz wie ein Herrscher zwischen seiner Eskorte einherschritt. Die meisten der Juden schauten scheu zu Boden, nur einer drohte mit der Faust. Eine Wache stellte sich vorsorglich neben ihn, da ließ der Mann die Faust sinken.

Die Torwache öffnete die kleine Tür in der großen Pforte. Beim Hinausgehen klopfte Rotkutte an den Querbalken an der Innenseite des Tores eine Elle über seinem Kopf und sagte beiläufig:»Sollte man diese Stelle nicht ausbessern? Das Holz erscheint mir etwas morsch.«

Dann war der hagere Priester durch die Türöffnung verschwunden.

Nimm Dich schonend Deiner Erkorenen an,
dass sie Schutz unter Deinen Fittigen finden;
all ihre Frevel
bedecke Deine Liebe!

Selichah – Kalonymos ben Jehuda

Teil VII: Die Leuchte des Exils

Mainz – Bischofspfalz, im Kaiserhaus

SALOMO WAR GERADE DABEI, einen Verband um das Bein eines Verletzten zu wickeln, David saß neben dem Bett eines anderen Verwundeten im Krankenzimmer des Kaiserhauses. Die Schiefertafel, die ihm Bruder Anselm gegeben hatte, lag auf einem Tischchen am Kopfende. Vom Gang aus beobachtete Jehudith ihren Sohn. Konzentriert hielt er den Becher an den Mund des Mannes und sprach ihm ruhig zu.

Nein, der Eine konnte nicht wollen, dass sie David tötete.

Aber wie würde er wohl auf Rotkuttes Aufforderung zur Taufe antworten? Ihr ältester Sohn war gutmütig, aber störrisch. Was er nicht wollte, das tat er nicht. Chaim hatte Freude an Davids vielen Fragen. Warum der Tempel denn zerstört worden sei? Hatte etwa Rabbi Awahu recht, wenn er schrieb, dass die Juden das Singen des *Höre Israel* unterlassen hatten? Oder stimmte die Vermutung eines anderen Rabbis, dass das große Unglück über die Juden kam, weil sie ihre Kinder vom Unterricht abhielten? Mit unendlicher Geduld konnte ihr Mann auf Davids Fragen antworten. Natürlich hatte Chaim die zweite Meinung bevorzugt, aber er hatte auch noch drei weitere Ansichten aufzählen können.

All diese gelehrten Gespräche waren Jehudith fremd. Der Ewige begleitete sie auf ihren Wegen, so einfach war das. Sie liebte den Gesang der Psalmen und die Schönheit der Worte in der Schrift. Sie war mit den Geschichten über Abraham, Jakob, Rachel, Leah und Ruth aufgewachsen. Nicht alle verstand sie, aber das störte Jehudith nicht. Das Bedürfnis, Fragen zu stellen, so wie es David tat, kannte sie nicht. Doch war sie stolz auf ihren Sohn, der sicherlich auch einmal Rabbi werden würde.

Falls sie morgen noch am Leben sein sollten.

Würde ihr Sohn sich bei dem roten Dämon, von dem unter den Ihren mit so viel Schrecken gesprochen wurde, nach dem Sinn der Taufe erkundigen wollen? Würde er fragen: Kannst du mir das mit dem Heiligen Geist erklären? Wie kann der Ewige ein Mensch werden? Wie kann der Eine ein Kind mit einer Frau zeugen? Und wieso hat Seine starke Hand das Kreuz, an das Sein einziger Sohn genagelt war, nicht gepackt und in den Himmel gehoben? Und überhaupt, warum hatte der Schöpfer aller Wesen nur einen einzigen Sohn? Sind wir nicht alle die Kinder des Einen? Jehudith stellte sich vor, wie der rote Priester in Bedrängnis käme so wie auch manchmal Chaim. Bei den Gedanken musste sie schmunzeln.

Ja, wahrscheinlich würde David vor der Taufe ein Streitgespräch führen wollen. Der grausame Priester würde jedoch nicht geduldig Fragen beantworten wie ihr Mann. Er würde ihren Sohn töten lassen. David kannte diese Art von Bosheit nicht, die Menschen eigen sein konnte. Vielleicht hatte sie David auf diese Welt nicht gut genug vorbereitet.

Eine Träne suchte sich ihren Weg über Jehudiths Wange und tropfte auf ihren Arm.

Aber war es nicht das Reich des Ewigen, das nun schon auf Erden zu finden war? Wie in dem Gleichnis vom Sauerteig, von dem ihr Raimund erzählt hatte. Hätte sie David auf ein Leben mit solcher Schlechtigkeit, so viel Ruchlosigkeit vorbereiten sollen? Ach, mein Sohn, seufzte sie im Stillen, ich habe dich so lieb.

Sie trat ein in das Zimmer und strich David über den Rücken. Er sah zu ihr auf und lächelte. Sanft legte sie ihren Kopf an den seinen und fragte leise: »Kommst du mit? Ich möchte gerne mit dir sprechen.«

Ihr Sohn blickte zu Salomo. Der sagte: »Geht ihr nur.«

David nahm die Schiefertafel, die auf dem Tischchen lag, und folgte seiner Mutter. Gemeinsam machten sie sich auf den Weg hinunter in den Hof.

Mainz – Bischofspfalz, im Kaiserhaus

Nach dem entmutigenden Gespräch beim Bischof sehnte sich Chaim nach seiner Frau. So kehrte er zurück in den Speisesaal im Kaiserhaus. Aber weder David noch Jehudith waren dort, und keiner wusste, wo sie sich gerade aufhielten.

Chaim informierte Kalonymos, der mit einigen Männern über die Verteidigung der Pfalz beriet. Der Parnas nahm seinen Bericht zunächst wortlos zur Kenntnis. Auch Chaims Schilderung von Rotkuttes Erstaunen, als der Bischof das Gold und Silber erwähnte, schien Kalonymos nicht viel Beachtung zu schenken. Der Parnas bemerkte nur kurz, dass Ruthard sich rarmache und dass er nach der Übergabe des Schatzes nicht mehr mit ihm hatte reden dürfen. Hinter der Maske der Entschlossenheit schien eine Bitterkeit aus Kalonymos' Gesicht, die Chaim von seinem Parnas nicht kannte. War er vielleicht verärgert, dass nicht er zu dem Gespräch mit Rotkutte und dem Bischof eingeladen gewesen war?

Auf der Suche nach Jehudith und David streifte Chaim durch die Flure. Müde Betriebsamkeit erfüllte das Haus. Gemüse, Brot und Wasser wurden hin und her getragen, eine Gruppe Knirpse spielte mit einem Kreisel auf dem Gang. Doch es war ein lustloses, verzagtes Spiel. Selbst die Kinder konnten die Welt draußen nicht vergessen.

Keine Spur war von seiner Frau und seinem Ältesten zu finden. So begab er sich auf den Kaiserhof, doch auch da waren sie nicht. Ohne allzu viel Hoffnung schaute er in die Johanniskirche hinein und da entdeckte er die beiden in einer Nische unter dem Bild des Sämanns, über das er mit Raimund so oft gesprochen hatte. Links und rechts neben dem Bild in kleinen Aushöhlungen in der Wand brannten zwei Kerzen, die ein warmes Licht auf Mutter und Sohn warfen. Die beiden saßen sich gegenüber auf zwei Hockern, Jehudith hielt Davids Hände. Aufmerksam blickte sein Sohn in das Gesicht seiner Mutter, die langsam und leise sprach. Eine kleine Schiefertafel lehnte an Davids Stuhl.

Chaim wurde es warm ums Herz. David, so ernst, und Jehudith, voller Liebe. Eine Liebe, für die er seinem Schöpfer viel zu selten gedankt hatte.

Er wollte die beiden nicht stören, denn er konnte sich denken, worüber sie gerade sprachen.

So ging er zum Tor der Pfalz. Zwei tote Christen lagen aufgebahrt an der Seitenwand des Viktorhauses. Christen, die ihr Leben für Juden gegeben hatten, die sie vermutlich nicht einmal gekannt hatten. Die Verwundeten saßen geschützt im Schatten unter einer Balustrade des Michaelishauses. Die meisten hatten nur leichtere Verletzungen. Scharfrichter Brose versorgte die Wunden und machte Verbände, in die er vorher eine Kräutermasse schmierte.

Der alte Soldat Bertram saß wie am Mittag mit den anderen um das Feuer herum, der Pechtopf verbreitete den gewohnt beißenden Geruch. An die hundert Brandpfeile lagen inzwischen ordentlich aufgeschichtet bereit. Bertram freute sich anscheinend, den geschickten Glasmacher wieder dabeizuhaben. Mit einer Geste lud er ihn ein, Platz zu nehmen. Chaim setzte sich zu den anderen in den Kreis und wie am Vormittag machte er sich daran, einen der Lappen mit Pulver zu füllen.

Als der Widder am Mittag in die Flucht geschlagen worden war, hatte sich ihre Todesangst in einem kurzen Jubel aufgelöst.

436

Aber bald nach diesem befreiten Ausbruch aus ihrer Erstarrung war die bittere Wirklichkeit zu ihnen durchgedrungen. Schon zahlreiche Tote und noch mehr Verletzte gab es zu beklagen. Chaim presste den Lappen zusammen, etwas Pulver rieselte auf seine Hand. Den Schmerz, den das ätzende Pulver verursachte, registrierte er kaum. Er stopfte das Stoffbündel in die Öffnung an der Spitze des Pfeils. Die monotone Arbeit tat ihm gut.

Derweil schiente Brose das Bein eines Soldaten. Er sei vom Wehrgang über dem Tor gefallen, wurde gesagt. Der Scharfrichter war geschickt und schnell, dabei sprach er dem Soldaten beruhigend zu. Man konnte seinen Handlungen die Erfahrung ansehen, mit der er auch die Gefolterten versorgte, nachdem er ihnen ein Geständnis abgepresst hatte. Denn nichts sollte sichtbar bleiben von dem Grauen, mit dem es erzwungen worden war.

Ein einfühlsamer Folterer. Bereits ohne Krieg war diese Welt voller Erbarmungslosigkeit. Chaim bestrich den zusammengeknäulten Lappen in der Pfeilspitze mit dem Pech. Dann legte er den fertiggestellten Pfeil zu den anderen auf den Stapel. Mit Wehmut und Befremden betrachtete er die Waffen, womit hoffentlich auch der nächste Angriff von Emichos Heer zurückgeschlagen würde.

Mainz – Bischofspfalz, im Michaelishaus

Raimund war zunächst zum Bischof gegangen, doch dieser hatte sich zum Gebet in seine Privatgemächer zurückgezogen und jede Störung untersagt.

Hadewin würde alles veranlassen, was für die Verteidigung der Pfalz notwendig war. Das Einzige, was Raimund tun konnte, war abzuwarten, ob Emicho das Gold und Silber annehmen würde oder nicht. Er suchte nach Bruder Anselm, um über den weiteren Tagesplan zu sprechen, in der Hoffnung, dass Emicho zumindest für heute von einem Angriff absehen würde.

Der alte Mönch war damit beschäftigt, die Speisekammer neben der Küche im Michaelishaus zu inspizieren. Aufmerksam verglich er die vorhandenen Waren mit den Eintragungen auf einer Schiefertafel, die er in der Hand hielt. Der Holzgriffel, den er hinter seinem Ohr platziert hatte, wackelte bedenklich.

»Gut, dass ich dich treffe, Bruder Anselm!«, rief Raimund dem um einen Kopf kleineren Mönch zu. Er musste fast brüllen, um das Geklapper und Geschrei aus der Küche zu übertönen. Und er wusste um Anselms Schwerhörigkeit, die er jedoch in der Regel durch Lippenlesen zu kompensieren vermochte.

Anselm legte die Schiefertafel zwischen einem Rinderrücken und einem großen Laib Käse ab. Dann wandte er sich Raimund zu.

»Haben wir genug Schlafplätze in der Pfalz?«, fragte Raimund laut.

»Gott sei Dank sind gerade die meisten Zimmer im Martinshaus frei, die Gesandtschaft des Tholeyer Klosters hat ihre Zimmer zurzeit im Kaiserhaus«, antwortete Anselm.

Eine Bedienstete trug einen großen Topf mit Zwiebelschmalz in die Speisekammer.

»Das ist gut.« Raimund wich der fülligen Frau aus. »Weißt du, wie viele Juden sich in diesem Augenblick in der Pfalz befinden?«

»Ich konnte sie nicht genau zählen.« Während Anselm sprach, dirigierte er die Frau mit dem Finger zu dem richtigen Abstellplatz für den Topf. »Aber ich schätze, an die dreihundert, etwa siebzig Männer, genauso viele Frauen und der Rest Kinder.«

»Hmm, dann müssten genug Betten verfügbar sein?«

»Das wird schon gehen.« Anselm kratzte sich am Kinn. »Jedoch haben die verirrten Pilger inzwischen einen Haufen nackter Judenleichen auf dem Marktplatz aufgeschichtet. Sie sind leider vom Martinshaus, in dem sich viele der freien Zimmer befinden, zu sehen.«

»Dann quartiere die Brüder aus Tholey dort ein, sie sollen ihre Räume im Kaiserhaus für die Juden freimachen.« Das laute Sprechen begann, Raimund anzustrengen.

»Das wird ihnen nicht gefallen. Manche beschweren sich bereits über die Anwesenheit von Ungläubigen in der Pfalz«, antwortete Anselm, der versuchte, mit der rechten Hand seine Ohrmuschel zu vergrößern. Dabei fiel der Griffel zu Boden.

Raimund bückte sich und legte den Holzstift neben die Schiefertafel ins Regal. »Wir glauben an denselben Gott, wir haben das Buch von ihnen geerbt. Lies heute Nacht zur Mette aus dem Johannesevangelium die Geschichte von der Samariterin am Brunnen. Dort heißt es: *Das Heil kommt von den Juden.*«

»Das werde ich machen.« Die Zweifel an der Wirkung der Worte des vierten Evangelisten waren Anselm anzusehen.

»Was ist mit ihren Söhnen und Töchtern?«

»Viele der Kinder wurden ihnen entrissen.« Anselm schüttelte traurig den Kopf. »Die Eltern sind verzweifelt.«

»Wurde den Kleinen etwas angetan?«

»Den meisten wohl nicht. Sie wurden, wenn man sie gefasst hat, von Rotkutte getauft. Danach sind die meisten zu unseren Schwestern ins Altmünster gebracht worden.«

»Haben wir Verbindung zu dem Kloster?«

»Schwester Mathilde hat sich zu uns herübergewagt. Sie hatte eine Liste mit Namen der Kinder dabei, die in ihre Obhut gegeben wurden. Ich habe bereits die Familien informiert«, sagte Anselm, während die Frau, die eben den Topf gebracht hatte, sich mit zwei gerupften Hühnern an Raimund vorbeizwängte. »Ich hab es nicht über das Herz gebracht, den Eltern von der Taufe zu berichten.« Der alte Mönch stockte einen Moment. Traurig schüttelte er den Kopf. »Und von vielen der Säuglinge kennen wir die Namen nicht.«

»Haben wir genug Verpflegung?«

»Genug für etwa zwei Tage.« Anselm konnte sich ein Grinsen nicht verkneifen. »Und nur vom Besten. Der Bischof hat ja die Delegation aus Straßburg erwartet, um den Kauf eines neuen Taufbeckens zu erörtern. Aber der Unruhen wegen haben die Straßburger vorerst auf einen Besuch verzichtet.«

»Nun ja, so haben die Juden jedenfalls gut zu essen.« Zum ersten Mal lächelte Raimund. »Und denk daran: Kein Schwein und nichts Milchiges mit Fleisch.«

»Mein Gott, die haben Sorgen.« Anselm rollte mit den Augen und zeigte mit dem Daumen hinter sich. »Schon die ganze Zeit rennen zwei Juden in der Küche herum. Die beschnüffeln jeden Topf und beschauen jedes Messer. Der Koch ist schon ganz fahrig. Fleisch haben die Juden sich ganz verbeten. Es sei nicht koscher, da es nicht nach Sitte der Juden geschlachtet wurde.«

»Bitte tu dein Bestes«, antwortete Raimund. »Das Ganze ist hoffentlich bald vorbei.«

»Ich hoffe, mit einem guten Ausgang für uns alle.«

Froh, die Speisekammer neben der lauten Küche endlich verlassen zu können, schenkte Raimund Bruder Anselm einen Blick des Dankes. In der Hoffnung darauf, dass Ruthard sein Gebet inzwischen beendet hatte, begab sich Raimund zu den Gemächern des Bischofs. Am Eingang stand wie immer eine Wache.

»Ich bitte um Zutritt, ich muss mit dem Bischof die Lage besprechen.«

Der Mann nickte beflissen und verschwand in den Privaträumen Ruthards. Raimund wartete vor der Tür. Eine Weile später kam der Soldat zurück und stotterte: »Ich … Ich kann ihn nicht finden.«

»Ist er vielleicht weggegangen?«

Die Wache schüttelte den Kopf. »Das kann nicht sein. Er hat sich nach der Unterredung mit dem roten Priester zurückgezogen. Ich habe ihn seitdem nicht mehr gesehen, dabei habe ich die ganze Zeit hier gestanden. Und das ist der einzige Ausgang, soviel ich weiß.«

»Lass uns zusammen schauen.«

Die Wache zögerte einen Moment, trat dann aber zur Seite.

Der Empfangsraum, in dem sie die unsägliche Verhandlung mit Rotkutte geführt hatten, war menschenleer, verlassen stand der Bischofsthron da. An der linken Seite befand sich der Eingang zum Arbeitsraum und den privaten Räumlichkeiten Ruthards.

Zunächst betraten sie das große Arbeitszimmer des Bischofs. Raimund blickte kurz auf die Karte des Bistums mit all den Kirchen und Klöstern auf der Wand hinter Ruthards Sekretär und dann auf die kleinere Karte des Frankenreiches auf der Seitenwand. Prachtvoll und leicht erhöht stand der Stuhl des Kirchenfürsten hinter dem Tisch, davor die mit rotem Stoff bezogenen Besucherstühle. Silbergeschirr und einige Sätze Gläser mit dazugehörigen Karaffen aus Chaims Werkstatt schmückten die Regale an den Wänden, beäugt von Statuen von Kaisern und Heiligen, die sich im Raum verteilten.

Eine weitere Tür führte in einen kleineren Raum, das Schlafgemach des Bischofs. Noch nie hatte Raimund dieses Zimmer betreten dürfen, um das sich manches Gerücht rankte. So war Raimund auch nicht sehr überrascht von den nackten Männern und Frauen, deren marmorne und bronzene Körper eine unheilige Atmosphäre verbreiteten, die von weichen Teppichen und samtbezogenen Kissen auf dem großen Bett nochmals verstärkt wurde. Teile seines Ornats lagen auf der Schlafstätte.

Von dem Bischof war jedoch keine Spur zu finden.

Raimund fiel eine Unebenheit im Boden auf. Einer der Teppiche war an einer Stelle merkwürdig zusammengeschoben. Er blickte auf den Soldaten, der nur mit den Schultern zuckte. Raimund schlug den schweren Stoff beiseite und sah auf eine quadratisch geschnittene Holzplatte im Boden mit einem eingelassenen Griff.

»Was ist das?«, fragte er den Soldaten.

Die Wache schaute fragend drein.

Raimund beugte sich hinunter und zog an dem Griff. Die Platte öffnete sich wie eine Klappe, und er sah hinunter auf eine Wendeltreppe, die im Dunkeln verschwand. »Wohin führt dieser Gang?«

»Das weiß ich nicht«, antwortete der Soldat und fügte nach einer kurzen Pause hinzu: »Aber … Aber es gab Gerede unter den Wachen.«

»Gerede über was?«

Der Soldat schaute zu Boden.

»Los, los. Wir haben keine Zeit.«

»Nun ja«, druckste die Wache herum. »Diese Art Frauen, die nicht gesehen werden sollten.«

»Käufliche Frauen meinst du?« Mit einem ungeduldigen Wink forderte Raimund den Soldaten auf, ihm mitzuteilen, was er wusste.

»Ja, Hübschlerinnen.« Der Soldat zuckte mit den Schultern. »Ich habe jedoch nie eine in Ruthards Gemächern gesehen.«

»Der Gang führt also aus der Bischofspfalz in die Stadt«, stellte Raimund fest.

»Könnte sein. Wenn man glaubt, was so erzählt wird.«

»Dann könnten die bewaffneten Pilger durch diesen Gang in die Pfalz gelangen?«

Der Soldat schwieg.

»Hol Hadewin. Sofort!«

Mainz – Bischofspfalz, hinter dem großen Tor

Ätzender Dampf stieg aus dem Pechtopf. Eine plötzliche Bö verteilte den Gestank zwischen den Männern, die mit Chaim um das Feuer saßen. Sie redeten nicht viel.

Chaim dachte an Jehudith und David, wie sie beide so ernst zusammengesessen hatten. Sicher würde sein ältester Sohn viele Fragen stellen. In solchen Situationen war es in der Regel Jehudith, die die richtigen Worte fand. Die wirklich schweren Dinge hatte er schon immer seiner Frau überlassen.

Unter der Palisade am Martinshaus lag einer der Soldaten des Bischofs namens Alfons. Chaim kannte den Mann von seinen Besuchen in der Pfalz. Oft hatte er am Tor Wache gehalten. Ein Pfeilende ragte aus seinem Auge heraus, die Spitze des Geschosses war tief in den Kopf eingedrungen. Sichtlich verwirrt wimmerte er leise vor sich hin. Ab und an griff er nach dem Ende des Pfeils, als ob er ihn herausziehen wollte, doch nach jeder Berührung stieß er ein Heulen aus, das Chaim durch Mark und Bein ging.

Die anderen der Seinen, die die Brandpfeile herstellten, schwiegen. Ihre Furcht war in den Gesichtern abzulesen. Irgendwann versuchte Alfons aufzustehen. Es wollte ihm nicht gelingen, seine Bewegungen zu koordinieren. Hilflos fiel der junge Soldat wieder zu Boden.

Scharfrichter Brose trat hinzu und rief nach Bruder Michael. Salomo hatte oft voller Achtung von dem medizinkundigsten Mönch in ganz Mainz gesprochen, der schon seit Jahren in der Pfalz seinen Dienst verrichtete. Beim Anblick Alfons' schüttelte Michael jedoch nur traurig den Kopf.

So entschieden sich die beiden für den Einsatz eines Schlafschwamms. Salomo hatte dieses Wundermittel schon einmal bei Chaim angewandt, als er vor einigen Jahren in der Werkstatt bei der Reparatur des Ofens auf den Boden gestürzt war und sich dabei den Arm gebrochen hatte. Der Kräuterextrakt aus Alraune, Bilsenkraut und Liebstöckel hatte ihm damals nach kurzer Zeit einen gnädigen Schlummer geschenkt. Michael tunkte ein Tuch in eine Schale mit einer vermutlich ähnlichen Mixtur, und Alfons lutschte daran wie ein Säugling an einem Honigbreisäckchen, was Chaim fast herzzerreißender fand als sein Heulen.

Halb liegend lehnte Alfons an der Mauer. Sein Kopf war zur Seite geknickt und wurde von einem Balken der Balustrade gestützt. Nur noch ab und an gab er ein leises Wimmern von sich.

Ein schlaksiger Priester kam mit einer kleinen Holzkiste aus dem Viktorhaus herbei. Brose begrüßte ihn mit einem Nicken und zeigte auf den Schwerverletzten. »Vater Andreas, gut, dass Ihr gekommen seid. Mit Alfons wird es wohl bald zu Ende gehen.«

Vorsichtig legte Andreas das Holzkistchen neben dem Sterbenden ab und kniete sich neben ihn. Das Versehbesteck, dachte Chaim, die Gerätschaften zur Letzten Ölung, wie es die Christen nannten.

Ernste Stille erfasste die Menschen am Tor, erfasste auch Chaim und die Juden um ihn herum. Nochmals wehte ihnen eine Bö den widerlichen Pechgeruch ins Gesicht wie eine Strafe.

Grob kannte Chaim die vorgesehenen Schritte der Begleitung eines Sterbenden. Aber noch nie hatte er selbst beobachten können, wie Christen die Mission durchführten, deren Vollzug auch oft seine Aufgabe als Rabbi gewesen war. Das Sterben geschah in der Regel im eigenen Heim, wo Christen und Juden unter sich waren.

Sanft sprach Andreas zu Alfons: »*Gott, der barmherzige Vater, hat durch den Tod und die Auferstehung seines Sohnes die Welt mit sich versöhnt und den Heiligen Geist gesandt zur Vergebung der Sünden.*«

War die Welt mit sich versöhnt? Chaim nahm einen tiefen Atemzug. Heute hatte sich das friedliche Mainz in einen Platz des Grauens verwandelt. Missachtete ein solcher Satz nicht völlig die Wirklichkeit?

Es schien, als verzichte Andreas auf die Beichte, wohl weil er sah, dass Alfons kaum noch bei Besinnung war. Die christlichen Soldaten beäugten ihren sterbenden Kameraden, der vor Kurzem noch mit ihnen das Tor verteidigt hatte. Chaim entgingen die düsteren Blicke nicht, die sie ihm und seinen Glaubensbrüdern zuwarfen. Pflichtbewusst, doch mit hängenden Köpfen machten die Ihren weiter mit der Arbeit.

Der Priester erteilte Alfons die Absolution. »*Durch den Dienst der Kirche schenke Er dir Verzeihung und Frieden. So spreche ich dich los von deinen Sünden im Namen des Vaters und des Sohnes und des Heiligen Geistes.*«

Welch ein Versprechen konnten die Christen ihren Sterbenden auf dem letzten Weg doch mitgeben. Das durfte ein Rabbi nicht. Gott prüfte jeden Einzelnen, niemand konnte für die Sünden eines anderen einstehen. Eine solche Gewissheit der Aufgehobenheit konnte kein Rabbi einem Hinscheidenden vermitteln. Er konnte nur sagen: *Gepriesen sei Sein Name, Sein Reich und Seine Herrlichkeit in Ewigkeit.* Es war der Ewige, vor den der Sterbende bald treten musste. Und der Eine entschied.

Die Soldaten des Bischofs versammelten sich in einem Halbkreis um Alfons, einige knieten nieder. Der Priester öffnete die Kiste mit dem Versehbesteck und holte ein weißes Tuch hervor, das er auf dem sandigen Boden neben dem Sterbenden ausbreitete. Dann nahm er das hölzerne Kreuz und legte es vorsichtig in die Hand des Sterbenden, der es trotz seiner Verletzung fest umgriff.

Ein Kreuz aus Messing mit dem Gehängten stellte Andreas auf das Tuch sowie einen bronzenen Kelch, eine größere Glaskaraffe mit einer roten und eine kleinere mit einer transparenten Flüssigkeit, dazu einen großen silbrigen Teller, zwei kleine und eine große Holzschale. Einen der Soldaten bat er, ihm seinen Trinkbeutel zu reichen. Er schüttete etwas Wasser in die Holzschale, nahm die kleinere Glaskaraffe und tröpfelte ein wenig des geweihten Salböls in eine der kleineren Schalen. Schließlich gab er etwas Salz in die andere. Ehrfürchtige Ruhe ergriff die Soldaten. Hier ging ein Kamerad in den Tod, der seine Pflicht getan hatte.

Ein Christ, der für uns Juden sterben wird, dachte Chaim.

Mainz – Bischofspfalz, im Bischofspalast

Hadewin zog die Augenbrauen nach oben. »Also stimmen die Gerüchte.«

»Das ist jetzt nicht so wichtig«, erwiderte Raimund. »Aber könnten Emichos Soldaten nicht durch diese Bodenklappe in die Pfalz eindringen?«

»Falls der Bischof den Kreuzfahrern von dem Gang erzählt hat, gewiss. Aber vier Mann sollten reichen, diese Luke gegen Angriffe von draußen zu verteidigen. Jeder Kämpfer, der die enge Wendeltreppe hochkäme, wäre ein leichtes Ziel für unsere Pfeile. Und wir können kochendes Wasser oder heißen Sand über sie ausschütten.« Hadewin schaute in das dunkle Loch im Boden. »Mich überrascht, dass sich der füllige Herr hier durchgequetscht haben soll.«

»Jedenfalls trug er weder seinen Talar noch hatte er die Mitra auf dem Kopf«, fügte Raimund mit Blick auf die kreuz und quer auf dem Bett liegenden Kleidungsstücke hinzu. »Er wollte wohl nicht auffallen bei seiner Flucht.«

Hadewin nickte. »Wir sollten auf jeden Fall herausfinden, wohin dieser Gang führt und ob er noch Öffnungen zu weiteren Räumen der Pfalz bietet. Ich vermute, er endet hinter den Mauern der Pfalz. Bis hinter die Stadtmauern wird er nicht reichen, das wäre ein zu langer Weg.«

»Wie könnte Ruthard dann aus der Stadt entkommen? Ich nehme an, dass die Tore von Emichos Soldaten bewacht werden.«

»Er hat vielleicht seine eigenen Wege, die Stadt zu verlassen. Er war ein sehr vorausschauender Bischof. Oder er hat mit Rotkutte gerade darüber verhandelt.«

»Mmh, wie dem auch sei, wir können dies nun nicht mehr ändern. Aber etwas anderes interessiert mich.« Raimund wandte sich an die Wache. »Wo ist der Schatz der Juden?«

»Der Judenbischof hat bereits ganz früh am Morgen mit zwei

Gehilfen eine Kiste hier in den Empfangsraum getragen.« Der
Soldat sah sich um und zeigte auf eine eisenbeschlagene Holz-
truhe. »Da war wohl etwas Schweres drin, so wie die sich abge-
quält haben.«

Raimund klappte den abgerundeten Deckel auf. Die Kiste
war leer.

Hadewin schnalzte mit der Zunge. »Ruthard muss Helfer
gehabt haben. Er hat ja schon gekeucht, wenn er die hundert
Schritte zum Dom gehen musste. Wie hätte er dann allein all
das Gold und Silber tragen können?«

»Lasst uns zunächst herausfinden, welche Gefahr von diesem Gang ausgehen mag.«

Hadewin nickte und sprach zu dem Soldaten: »Du nimmst
eine Fackel und gehst hinunter. Falls du Geräusche hörst, kehrst
du augenblicklich um. Achte auf dem Weg auf Nebengänge und
Türen. Ich erwarte Meldung von dir.«

Die Wache schien alles andere als glücklich über die Aussicht,
sich hinunter in den finsteren Gang zu wagen.

»Warte, bis ich zusätzliche Männer mit Waffen geschickt habe.
Und ausreichend Steine, heißes Wasser und Sand.« An Raimund
gewandt fügte der Hauptmann hinzu: »Das wird der Feinheit
der Gemächer leider einen gewissen Abbruch tun.«

»Unser Bischof legte anscheinend großen Wert auf Feinheit«,
erwiderte Raimund mit Blick auf all den Prunk im Raum. Dann
sagte er leichthin: »Er dachte wohl, es wäre schade um das ganze
Gold, wenn es Emicho in die Hände fallen sollte.«

»Ja, er hat einmal mehr sehr weitsichtig gehandelt.«

Der Hauptmann und Raimund schauten sich in die Augen.
Raimund war nun vollends überzeugt, dass er Hadewin vertrauen konnte.

»Meinen Glückwunsch übrigens.« Hadewin grinste ihn an.

Langsam dämmerte es Raimund. Als Domdekan trug er nun
die alleinige Verantwortung in der Bischofspfalz. Raimund
seufzte, sein Kopf fiel auf die Brust.

Er bemerkte jedoch den prüfenden Blick der Wache. Sofort richtete er sich wieder auf, sein Gesicht wurde hart und er sprach zu Hadewin: »Bestimme du alles, was für die Verteidigung der Pfalz notwendig ist. Ich verlasse mich auf dich.« Mit diesen Worten verließ Raimund den Raum.

Mainz – Bischofspfalz, hinter dem großen Tor

Chaim blickte auf den in sich zusammengesunkenen Alfons, während er einen weiteren mit Pulver gefüllten Lappen in eine Pfeilspitze presste. Der Soldat war nicht mehr ansprechbar, sein Kopf hing nach unten. Dunkles Blut rann aus seinem rechten Auge und vermischte sich mit dem Speichel, der ihm aus dem Mundwinkel lief. Das schleimig rötliche Rinnsal tropfte auf seinen Arm und hinterließ einen stetig größer werdenden Fleck auf dem Ärmel der Uniform. Fliegen umschwirrten den Sterbenden.

Andreas legte Alfons vorsichtig ein Stück geweihtes Brot an die Lippen, doch der reagierte nicht. Da griff der Priester behutsam zwischen Alfons' Kiefer, öffnete den Mund des Soldaten und sprach: »*Das Sakrament des Leibes Christi schenke dir ewiges Leben.*«

Dabei hielt er den silbernen Teller unter das Kinn des Sterbenden, damit nichts von dem Leib Jesu verloren ging. Benommen kaute Alfons an dem Brot, die Wegzehrung für seine letzte Reise. Er konnte es nicht richtig schlucken, und einige Brotstückchen fielen auf den Silberteller.

Wie auch sonst, als er die heilige Kommunion der Christen erlebt hatte, verspürte Chaim eine innere Empörung. Als ob man Gott verspeisen könnte! Welche Anmaßung lag darin.

Andreas nahm die größere Glaskaraffe, entkorkte sie und goss den Inhalt in den bronzenen Kelch. Dabei wartete er, bis auch das allerletzte Tröpfchen seinen Weg in den Kelch gefunden hatte. Dann öffnete er nochmals sanft den Mund des Soldaten und führte den Wein an Alfons' Lippen. Dabei sprach er: »*Das Sakrament des Blutes Christi schenke dir ewiges Leben.*«

Es gelang dem Soldaten zu schlucken, etwas Wein lief an seinem Mund hinunter und tropfte auf den Teller. Auf Alfons' Gesicht vernahm Chaim Erleichterung. Andreas schüttete die Brotreste und den aus dem Mund getropften Wein von dem Silberteller in den Kelch. Anschließend trank er ihn aus. Kein Teil des Leibes ihres Heilands durfte für die Christen verloren gehen.

Chaim schauderte es bei diesem Akt der Unreinheit.

Andreas schüttete das Salz aus dem silbernen Schälchen auf seine Hände, rieb sie gegeneinander, ließ Wasser aus der großen Holzschale über seine Hände laufen und wischte sie mit einem Tuch ab, das er aus dem Kistchen mit dem Versehbesteck genommen hatte.

Der Priester führte seinen Zeigefinger in die Schale mit dem geweihten Öl, berührte sanft Alfons' Mund, dann seine Nase und Ohren und das linke Auge. Dabei sprach er: »*Durch diese heilige Salbung und Seine reiche Barmherzigkeit vergebe dir der Herr, was du gesündigt hast.*«

Schließlich berührte er vorsichtig das, was vom rechten Auge des Soldaten übrig geblieben war. Ein leises Zittern ging durch Alfons' Körper, während Andreas begann, das *Proficiscere, anima christiana* zu singen.

»*Brich auf, christliche Seele, von dieser Welt,*
    im Namen Gottes, des allmächtigen Vaters, der dich erschaffen hat.«

Wie oft hatten die Soldaten, die sich um ihren sterbenden Kameraden versammelt hatten, dieses Gebet wohl schon hören müssen?, dachte Chaim. Nur einige von ihnen kannten den lateinischen Text, aber alle kannten die Melodie. So sangen oder summten sie zusammen das letzte Gebet vor dem Tod ihres sterbenden Kameraden.

»Heute noch sei dir in Frieden deine Stätte bereitet,
deine Wohnung bei Gott im heiligen Zion,
mit der Heiligen Jungfrau und Gottesmutter Maria,
mit dem heiligen Josef und mit allen Engeln und Heiligen
Gottes.
Du kehrst zurück zu deinem Schöpfer,
der dich aus dem Lehm der Erde gebildet hat.
Amen.«

»Amen«, wiederholten die Soldaten.

Alfons' Gesichtszüge wurden schlaff. Es wurde Zeit für das *Subveniti sancti Dei.* Zunächst bat Andreas die Engel und Heiligen, sich der Seele des Sterbenden anzunehmen. Danach wandte er sich an den, den die Christen ihren Heiland nannten.

»Christus nehme dich auf, der dich berufen hat,
und in Abrahams Schoß sollen Engel dich geleiten.
Herr, gib ihm die ewige Ruhe,
und das ewige Licht leuchte ihm.«

Alfons war tot und Andreas verschloss sein unverletztes Auge. Auch Chaim hatte dies oft getan, wenn niemand der Angehörigen anwesend war, der diese heilige Pflicht wahrnehmen konnte.

Die Soldaten wünschten Alfons' Seele Frieden, jeder auf seine Art: ein stummer Blick des Abschieds, eine Bekreuzigung oder eine letzte Berührung. So blieben sie noch eine Weile bei ihrem toten Gefährten.

Keiner von ihnen wollte so sterben wie Alfons, das spürte Chaim deutlich. Und ganz sicher nicht für uns Juden. Chaim überkam eine große Traurigkeit.

Plötzlich fühlte er den Druck einer Hand auf seiner Schulter.

Mainz – Bischofspfalz, in der Johanniskirche

David weinte und weinte. Schließlich weinten sie zusammen. Jehudith hielt ihn in ihren Armen, und er sie. Mit jedem Atemzug sog sie seinen Duft ein, hielt ihn ganz fest, eine lange, lange Zeit. Nichts war mehr wichtig, außer diesem Duft, diesen Tränen und dieser Berührung.

Und irgendwann war es genug. Langsam löste David sich von seiner Mutter. Sie hätte ihn tausend Stunden halten können. Er lächelte und sagte: »Ich muss zurück zu Salomo, die Verletzten brauchen mich.«

»Geh nur«, sagte Jehudith und strich ihm ein letztes Mal über den Kopf.

Sie blieb eine Weile, wo sie war, und betrachtete das Bild des Sämanns, der, ganz im Vertrauen auf die Kraft des Herrn, den Samen seines Reiches auf das Feld streute.

Und nachdem die beiden Kerzen neben dem Bild des Sämanns erloschen waren, fühlte Jehudith sich erlöst.

Mainz – Bischofspfalz, hinter dem großen Tor

»Chaim, ich brauche dich«, flüsterte Raimund ihm ins Ohr.

Chaim drehte den Kopf und erkannte seinen Freund, dann blickte er auf Bertram. Raimund nickte dem alten Soldaten freundlich zu.

»Schade, der Jude hat Talent fürs Waffenbauen«, war alles, was der alte Soldat sagte.

Chaim versuchte aufzustehen. Doch seine Beine waren im Sitzen auf dem Boden eingeschlafen und er brauchte einen Moment, bis er sie wieder fühlen konnte. Vorsichtig rappelte er sich auf. Auf halbem Wege musste er ausharren, bis das Kribbeln in seinen Beinen verschwand. So kniete er und stützte sich mit den Händen am Boden ab. Raimund wartete geduldig, er kannte diese Schwäche seines Freundes.

»Lass uns in die kleine Kapelle neben der Bibliothek gehen. Wir werden Gottes Hilfe brauchen«, forderte er Chaim auf, als dieser endlich bereit war.

Schweigend begaben sich die zwei Gelehrten in den zweiten Stock des Michaelishauses. Raimund führte Chaim zu der Kapelle und öffnete die klobige Tür. Sie traten ein in einen kargen Raum mit einem einfachen Altar aus derber Eiche. Auf der grau geriffelten Marmorplatte stand nichts weiter als ein Holzkreuz. Die Wände des Raumes waren mit Kalkmalereien ausgeschmückt. Die Episoden aus dem Leben des Stammvaters Abraham und des Propheten Moses schilderten etwas, das er mit Chaim teilen konnte. Wohl deshalb hatte Raimund diesen Platz gewählt.

In einer Seitennische kniete ein junger Mönch unter einem Bildnis von Abraham mit Isaak, der gefesselt auf dem Opfertisch lag. Der Stammvater der Juden hatte das Messer schon zum tödlichen Stoß ausgeholt, ein Engel griff in seinen Arm und rettete den Erstgeborenen vor dem Tod.

Raimund tippte dem Novizen auf die Schulter. »Bruder Gerhard, bitte warte vor der Tür und sorge dafür, dass niemand uns stören wird.«

Verwundert schaute der junge Mönch erst Chaim und dann Raimund an, sagte aber nichts und verließ die Kapelle. Als sie allein waren, fragte Raimund ernst: »Wie ist die Situation bei euch Juden?«

Chaim seufzte. »Ich fürchte, in Mainz wird es bald keine Juden mehr geben. Von den fast Tausend, die wir einmal waren, hat es nur knapp ein Drittel in die Pfalz geschafft. Einige von unseren Männern sind beim Kampf am Tor getötet worden, noch mehr verwundet. Und ich sehe Zweifel in den Gesichtern der Euren. Ich glaube nicht, dass viele ihr Leben für uns Juden riskieren wollen. Rotkutte hat es geschickt angestellt.«

»Der rote Fuchs hat uns geradezu vorgeführt«, empörte sich Raimund. Die Schmach vor dem Bischof kochte offensichtlich in ihm hoch. »Er ist gerissen und verdreht die Wahrheit, dass man selbst daran irrewerden kann.« Raimund biss sich auf die Lippen. Dann schüttelte er den Kopf, als könne er seine Niederlage verjagen. »Aber sag mir, was ist mit den Frauen?«

»Die Frauen und Kinder sind zusammen mit den Alten im Speiseraum des Kaiserhauses.« Chaim stockte einen Moment, bevor er weitersprach. »Jehudith spricht gerade mit David über das wohl Unausweichliche.« Chaim sah den Schrecken in den Augen seines Freundes. »Einige von uns bereiten bereits das Opfer zu Ehren des Einen, das Kiddusch ha-Schem, vor. Sie appellieren an unseren Mut und malen das Paradies, das uns nach der Schlachtung erwartet, in goldenen Farben aus.«

»So weit darf es nicht kommen«, erwiderte Raimund.

Chaims Stimme wurde leise. »Rabbi Mosche hat die Schlachtmesser schon überprüft, dass sie nicht schartig sind. Alles wird bereitet für das große Opfer.« Chaim zögerte, die bittere Wahrheit auszusprechen, tat es dann aber doch. »Ich denke, die meisten von uns, wenn sie nicht vorher im Kampf sterben sollten, werden sich für diesen Weg entscheiden.«

»Was wird mit den Frauen und Kindern geschehen?«

»Die meisten Frauen werden denselben Weg nehmen. Viele von ihnen sind noch fester in ihrem Entschluss als die Männer. Frag mich bitte nicht nach den Kindern, ich mag es nicht aussprechen.«

Raimund blickte seinen Freund irritiert an.

Chaim wandte den Kopf in Richtung des Bildnisses von Abraham mit Isaak auf dem Opfertisch. »Es wird wohl keinen Engel geben, der das Unheil abwenden wird.«

Raimunds Augen weiteten sich.

Chaim sah, wie seinen Freund das Entsetzen überkam. Raimund schaute ihn noch einmal an, offenbar in einer allerletzten Hoffnung, dass die Bilder, die sich gerade in seinem Kopf formten, böses Traumwerk waren. Chaim nickte und blickte zu Boden.

Kreidebleich stammelte Raimund: »Wo ist Gott?«

Chaim schwieg, während sein Freund um Fassung rang. Schließlich antwortete er: »Wie sollen wir Menschen die Gedanken des Schöpfers kennen? *Denn meine Gedanken sind nicht eure Gedanken, und eure Wege sind nicht meine Wege, spricht der Herr.*«

»Aber wenn Gott uns Menschen liebt, wie kann er wollen, dass unschuldige Kinder sterben?«, fragte Raimund.

Langsam, mit traurigem Ernst in der Stimme, antwortete Chaim: »Zwar sind wir Gottes Geschöpfe, doch können wir seine Wahrheit nicht vollends erfassen. Sein großer Plan bleibt ein Geheimnis für uns Sterbliche.«

»Nein, dies darf nicht geschehen!«, rief Raimund entsetzt aus. »Ein solch sinnloses Schlachten muss verhindert werden.« Raimund fasste sich mit den Händen an den Kopf. »Bitte bete mit mir.«

Verwundert sah Chaim seinen Freund an. Bei all der Nähe, die sich in ihrer langen und zunehmend tieferen Freundschaft gebildet hatte, war ein gemeinsames Gebet stets jenseits des Möglichen gewesen.

Chaim schwankte.

Raimund nahm das Holzkreuz vom Altar, öffnete eine Schublade unter der marmornen Platte und legte es hinein. Nachdem er die Schublade verschlossen hatte, kniete er nieder vor einem Bildnis des Propheten Moses, der vor dem brennenden Dornbusch dem Ewigen gegenübertrat. Zögernd stellte sich Chaim neben den Domdekan.

Raimund sprach:

»Vater im Himmel, wir sind ratlos.
Männer, Frauen und Kinder sterben.
Wir bitten Dich um Deine Hilfe, jetzt.
Bitte sei bei uns in unserer großen Not.

Bitte offenbare Dich vor uns,
wie Du Dich Moses offenbart hast.«
Chaim fiel in das Gebet ein.
»Gedenke des Bundes mit Abraham
und der Fesselung Isaaks.
Wende das Geschick der Zelte Jakobs.«
Der Rabbi und der Domdekan wandten sich gemeinsam an
den einen Gott. Chaim in einem melodischen Hebräisch und
Raimund im klaren Latein.

Mainz – Bischofspfalz, im Kaiserhaus

Rachel hielt es im Speiseraum des Kaiserhauses nicht mehr aus.
Am Morgen war sie in die Pfalz einbestellt worden, um Geld
von einem Mönch namens Anselm zu empfangen. Mit ihren vier
Kindern hatte sie sich widerwillig in die Heidenfestung begeben, und auf einmal war alles in Chaos versunken. Das große
Tor wurde verschlossen und es gab keinen Weg mehr hinaus. Sie
war herumgeirrt zwischen all den hohen Steinhäusern, keiner
hatte sich um sie und ihre Kinder gekümmert. Irgendwann war
ihr ein Zimmer zugewiesen worden. Erst am Nachmittag hatte
man sie zu den Ihren gelassen und sie konnte endlich mit ihrer
Freundin Elischewa sprechen, die es auch in die Pfalz geschafft
hatte. Das Allerschlimmste war, dass niemand ihr etwas von
ihrem Vater berichten konnte.

Das Gedränge der Menschen im überfüllten Saal machte sie
krank, und auch Isaak und Aaron mussten hinaus an die Luft.
Man kann doch Jungen nicht so lange in einen Raum einsperren,
dachte sie. Die Gänge waren vollgehangen mit ihren Götzen-
bildern, überall in den Fluren prangten Abbilder des Gehängten. Und die Nonnen und Mönche zeichneten Kreuze mit den

Händen auf ihre Körper, als wollten sie durch ihre Zauberei die Dämonen heraufbeschwören.

Isaak und Aaron liefen durch die Flure vor. Rachel hatte Mühe, den beiden zu folgen, der Bastkorb, in dem Bela und Orli schliefen, wog schwer. Ihre Jungen liefen die Treppe hinunter und würden bald außer Sichtweite sein.

»Langsam, ihr zwei!«, rief sie ihnen hinterher.

Die beiden waren bereits aus dem Haus auf den Hof gerannt. Rachel musste sich beeilen, um ihre Söhne nicht aus den Augen zu verlieren.

An dem Ausgang angekommen, setzte sie sich auf die Treppe und beobachtete Aaron und Isaak eine Weile. Aber auch hier fand sie keinen Frieden. Die Erinnerungen an ihren Mann, wie er in ihren Armen gestorben war, und die Sorge um ihren Vater quälten sie. Elischewa hatte ihr von Haufen nackter Gliedmaßen berichtet, die sich in den Straßen auftürmten. Ihr geliebter Vater in einem Berg Leichen, dieses Bild brannte sich in Rachels Gedanken ein.

Bela fing zu schreien an, sie brauchte dringend ihre Milch. Wo kann ich nur hin?, fragte sich Rachel.

Da erinnerte sie sich an die Ställe neben dem Steinhaus mit dem großen Balkon.

»Die Tiere verschonen sie wohl mit ihren grässlichen Kreuzen«, sagte sie sich und rief: »Isaak, Aaron, wollt ihr euch Pferde und Rinder anschauen?«

Die beiden blickten sich an und nickten.

»Dann kommt.« Die drei gingen mit Bela und Orli in dem Korb durch das Bischofstor zu den Ställen neben dem Gebäude, das einer der Bediensteten Michaelishaus genannt hatte.

Auf ihrem Weg sah Rachel die Verwundeten und das Tor, an dem Männer um ein Feuer saßen. In der Mitte des Platzes erkannte sie Mosche und zwei der Ihren. Die drei Männer schleppten große Kisten die Treppen zur erhöhten Tür des unbewohnten Turmes hinauf, der wie ein viereckiger Fels aus dem Boden emporgewachsen schien. Rasch waren sie durch den Eingang verschwunden.

Zuerst kamen Rachel und ihre Kinder zum Hühnerstall, aber das Gegacker der Tiere war so laut, dass Rachel dort nicht stillen wollte. Bei den Ochsen saßen ein paar Knechte und sahen sie merkwürdig an, auch dort wollte sie nicht sein. Als Rachel an dem Schweinestall vorbeikam, dachte sie voller Abscheu, welch hässliche und schmutzige Tiere diese Unreinen doch aßen.

Sie ging weiter und fand schließlich den Stall mit den Pferden, die, durch Balken getrennt, an Eisenringen an den Wänden angebunden waren. Aaron und Isaak rannten sofort zu einem großen Wallach, bei dem ein Knecht stand. Der Mann lächelte und schien froh, dass Kinder um ihn waren.

Der Korb wurde immer schwerer, und Bela schrie lauter. Konnte sie hier ihre Brüste entblößen? Der Knecht schien freundlich und war mit dem Pferd und ihren zwei Jungen beschäftigt.

»Isaak, Aaron. Ich bin mit Bela und Orli dahinten!«, rief sie den beiden zu, während sie in den rückseitigen Teil des Stalles zeigte.

Die zwei nickten kurz. Sie waren offenbar fasziniert von den Pferden, eines stolzer als das andere. Rachel fand einen leeren Pferdestand mit etwas sauberem Stroh. Dort ließ sie sich nieder, streifte ihr Oberkleid ab und führte Bela und Orli an ihre Brüste.

Mainz – Bischofspfalz, im Michaelishaus

Raimund kniete unter dem Bildnis, das Moses vor dem brennenden Dornbusch zeigte. Neben ihm stand Chaim. Die harten lateinischen Konsonanten aus dem Mund des Domdekans schienen den Takt zu Chaims hebräischem Singsang vorzugeben, sie trugen die weiche Melodie seines Gebets. Die Gebete der Gelehrten umrankten sich, beide versunken in Zwiesprache mit demselben Gott.

Raimund hatte seine Hände vor der Brust gefaltet.

»Herr, ich weiß nicht weiter,
Ich will nicht zulassen, dass Dein Volk getötet wird,
Auch wenn es Jesus den Herrn nicht erkennen will,
So ist es doch Dein Volk.«

Während Raimunds Kopf auf die Hände sank, sprach Chaim weiter.

»Lang her ist jede Prophetie,
In Israel gibt es keine Bewohner mehr.
In seine Fülle kam die Magerkeit gesandt.
Kehre um in Erbarmen zum Rest Israels
Und errette uns um Deines Namens willen.«

Raimund hatte den Kopf wieder gehoben und sprach:

»Herr, gib mir Rat.
Was kann ich tun,
ich verstehe doch nichts von all den Machtränken.
Herr, sieh auf die Alten, Frauen und Kinder, die vom Tode bedroht sind.
Hilf uns, sie zu retten.«

Chaim hatte seine Augen geschlossen. Seinen Oberkörper langsam vor und zurück wiegend tastete er sich hinein in die Nähe Gottes:

»Herr, gedenke der Erschlagenen und kahl Geschorenen
Und derer, die deinetwegen Tag für Tag dahingeschlachtet werden.«

Er hörte Raimund beten:

»Herr, gib uns Rat, wie wir die Männer, Frauen und Kinder deines Volkes retten können,
Gib uns die Kraft und Weisheit, die wir nun brauchen.«

Plötzlich überkam Chaim eine zärtliche Wärme, und seine Miene hellte sich auf, während er sprach: *»Wende das Geschick der Zelte Jakobs, und errette uns um Deines Namens willen.«*

Chaim sagte laut und bestimmt: »Danke, Herr.« Dann beendete er seinen Singsang. »Gerschoms Auslegung der Takkanah, das könnte in der Tat die Lösung sein«, murmelte er vor sich hin.

Er öffnete die Augen, sah auf seinen Freund und legte die Hand auf Raimunds Schulter. »Beschließe das Gebet. Ich brauche deine Hilfe.«

Raimund sagte »Amen« und erhob sich.

Mainz – Bischofspfalz, im Kaiserhaus

Jehudith hatte sich zurück in den Speisesaal begeben. Sie sah auf dieselbe Schale mit Hechten, die dort vor dem Gespräch mit David auf dem Tisch vor ihrem Platz gestanden hatte. David war bei Salomo und kümmerte sich wieder um die Verletzten. Sie nahm das schartige Messer, mit dem sie bereits die Möhren geschnitten hatte, und fuhr fort, den Fisch auszunehmen.

Sie konnte nicht sagen, wie sie sich fühlte. Da war nur eine große Leere. Eine Leere, die nicht mehr wehzutun schien.

Mainz – Bischofspfalz, im Michaelishaus

Unschlüssig schaute Raimund seinen Freund an, der neuen Mut gefasst zu haben schien. »Was hast du vor?«

»Ich muss etwas überprüfen«, antwortete Chaim. »Wo sind die Schriften, die wir vor dem Heer der Verblendeten gerettet haben?«

Raimund war verwirrt. »Im Arbeitszimmer des Propstes. Manfried ist auf Pilgerfahrt nach Xanten, und sein Zimmer ist eines der wenigen, die man abschließen kann. Daher lag es nahe, eure Schriften dort aufzubewahren.«

»Führe mich dorthin, schnell. Wir haben keine Zeit zu verlieren.«

»Meinst du wirklich, dies sei ein geeigneter Zeitpunkt, um eure alten Manuskripte zu studieren?«

»Der Zeitpunkt könnte nicht besser sein«, antwortete Chaim lächelnd. »Vielleicht hat der Ewige unser Gebet erhört und uns einen Wink gegeben.«

Chaim packte Raimund an seinem Ärmel, zog ihn Richtung Tür und riss sie auf. Aus dem Augenwinkel sah Raimund den verdutzten Blick des jungen Mönchs. Sie mussten für ihn ein merkwürdiges Bild abgeben: Ein Rabbi mit Schläfenlocken schleifte ungeduldig seinen um einen Kopf größeren Domdekan in der Soutane der Benediktiner hinter sich her.

»Wo ist die Zelle des Propstes?«, fragte Chaim.

»Sie ist im Erdgeschoss des Martinshauses in der Nähe des Eingangs zum großen Tor.«

»Was ist der kürzeste Weg?«

Raimund zeigte auf die Treppe am Ende des Ganges. »Dort hinunter.«

Chaim stürmte voran. Die beiden Gelehrten eilten die Stufen hinunter, hinaus auf den Michaelishof und dann zum Eingang des Martinshauses am großen Tor. Während Raimund sich bemühte, Chaim zu folgen, sah er das überraschte Gesicht Hadewins, der mit einem Soldaten sprach. Chaim war bereits im Eingang verschwunden. Keuchend erreichte Raimund die Tür zum Martinshaus.

»Die drittletzte Tür rechts, dort ist Manfrieds Zelle!«, rief Raimund Chaim zu, der sich irritiert auf dem langen Gang umschaute.

Chaim drückte die schwere Klinke hinunter, doch die Tür war verschlossen. Unbeholfen presste er sich mit seinem ganzen Gewicht dagegen.

»Mit dem geht es leichter«, bemerkte Raimund und zog einen mächtigen Metallknochen aus seiner Kutte, steckte den Schlüssel in das Schloss und drehte ihn mit einem Knirschen um.

Sie betraten den großen Raum mit dem Pult in der Mitte. Die Reiterfigur Karls des Großen stand eingepfercht zwischen fünf Stapeln sorgfältig geschichteter loser Blätter. Andere Schriften der Juden verteilten sich neben dem Pult auf einer Sitzgruppe. Auf der Holzbank und den drei Stühlen, die um den dunklen Eichentisch standen, waren vor allem die gebundenen Bücher aufgestapelt, auf dem Tisch lagen einige kleinere Schriftrollen.

Hinter einer Holzwand lagen die vier großen in blauen Samt eingeschlagenen Torahrollen kreuz und quer auf dem Ruhelager des Dompropstes, aus dessen Matratze an manchen Stellen das Stroh herauslugte. Die silbernen Kronen waren von den Rollstäben abgefallen und lagen auf der Bettstatt verstreut.

Chaim verschloss die Augen, wohl wegen des respektlosen Aufbewahrens der Bücher Mose.

»Immerhin sind die heiligen Rollen nicht mit Füßen in den Dreck getreten worden, wie es in Worms geschehen ist«, hörte Raimund Chaim murmeln.

Der Rabbi wandte sich dem Schreibpult zu. Halb schmunzelnd, halb verärgert frotzelte er: »Der Mensch, der all dies hierhergebracht hat, hat es sicher gut gemeint. Aber ich glaube nicht, dass diese Blätterstapel irgendeine sinnvolle Ordnung aufweisen.«

»Keiner von uns ist des Hebräischen mächtig, wie hätten wir es ordnen können?«, erwiderte Raimund, der fühlte, wie ihm die Schamesröte ins Gesicht stieg. »Nun sag schon, wonach suchst du?«

»Ich suche nach den Schriften unseres Meisters Gerschom ben Jehuda, der Leuchte des Exils, wie er schon zu Lebzeiten genannt wurde.«

»Von Gerschom habe ich gehört. Ist er nicht einer der Mainzer Rabbis, der vor vielen Jahrzehnten in unserer Stadt gelehrt hat?«

»Es ist fast siebzig Jahre her, dass er von uns gegangen ist.«

Mainz – Bischofspfalz, im Pferdestall

Bela und Orli schliefen inzwischen satt und zufrieden. Rachel hatte sie gerade in den Bastkorb zurückgelegt, als sie Schritte hörte. Sie wollte rasch ihr Hemd über ihre Brüste ziehen, da erkannte sie Elischewas Stimme. »Ach, hier bist du, ich habe schon überall nach dir gesucht. Was machst du in diesem dunklen Stall?«

»Bei den Tieren fühle ich mich wohler. Ich will all die Götzenbilder in dem großen Steinhaus nicht mehr sehen.«

Ihre Freundin hockte sich neben Rachel auf das Stroh.

»Rabbi Mosche hat uns aufgetragen, was wir tun sollen«, sagte Elischewa nach einer Weile.

»So?«

»Mein Mann hat es gestern noch geschliffen und Mosche hat es bereits geprüft.«

Rachel nickte bedächtig.

»Hier ist es.« Elischewa zog ein kleines Holzkästchen hervor, aber Rachel schüttelte den Kopf.

»Behalt du es. Ich will es nicht haben.«

»Gut, ich verwahre es. Ich hoffe, wir werden diese Schatulle heute nicht öffnen müssen.«

Da hörten sie die hellen Stimmen von Isaak und Aaron, die beiden Jungen kamen angerannt. Schnell schob Elischewa das Kästchen unter ihr Kleid.

»Was versteckst du da?«, fragte Isaak.

»Ach, nur etwas für die Küche«, antwortete Elischewa.

»Ich hab es gesehen!«, krähte Aaron mit seiner hellen Knabenstimme. »Es ist das Kästchen für das Messer, mit dem Mama die Hühner tot macht.«

Mainz – Bischofspfalz, im Sankt-Viktor-Haus

Zunehmend verärgert über das merkwürdige Betragen seines Freundes fragte Raimund: »Was sollen uns jetzt Gerschoms alte Schriften helfen?«

»Er war *die* Autorität unter den jüdischen Gelehrten«, antwortete Chaim. »Seine Weisungen haben immer noch Gültigkeit für alle Juden in Aschkenas. Ich nehme an, er hat das, was ich suche, auf lose Blätter geschrieben.«

»*Was* hat er auf lose Blätter geschrieben?«

Flink nahm Chaim ein Blatt nach dem anderen von dem ersten Stapel, warf einen kurzen Blick darauf und legte es dann auf einen neuen, langsam wachsenden Stapel daneben ab. Ein leises Seufzen entfuhr ihm. »Wir müssen uns wohl jedes Schriftstück einzeln anschauen.«

»Darf ich dich freundlich daran erinnern, dass da draußen gerade Krieg ist?«

Chaim reagierte nicht auf den Einwand seines Freundes und ging weiter Blatt für Blatt den Stapel durch. Er überflog kurz den Text und legte ein Schriftstück nach dem anderen ab. Plötzlich erhellte sich sein Gesicht. »Wir haben Glück! Hier haben wir eine der Schriften Gerschoms. Es ist eines seiner Gedichte, das *Zechor Berit Avraham*, was so viel bedeutet wie ›Gedenke des Bundes mit Abraham‹. In ihm betrauern wir zu Yom Kippur die Zerstörung Jerusalems. Aber es drückt auch unsere Freude darüber aus, dass dem Volk Israel die Torah erhalten geblieben ist.«

»Sehr gut, dann kannst du ja den bewaffneten Irren da draußen hebräische Gedichte vorlesen, wenn sie das Tor gestürmt haben. Das wird sie sicherlich erbauen, bevor sie euch abschlachten.«

»Wir sind nun einmal ein poetisches Volk«, antwortete Chaim ungerührt. »Aber das ist nicht, wonach ich suche.«

Chaim hatte inzwischen fast die Hälfte des ersten Stapels mit Schriftstücken abgearbeitet, da sagte er: »Hier ist eine seiner exegetischen Schriften. Sie behandelt das vierte Gebot, die Heiligung des Sabbats.«

»Bei uns ist das Sabbatgebot das dritte Gebot.«

»Nun ja, ihr Christen zählt eben falsch.«

»Wieso zählen *wir* falsch? Ihr könntet es doch auch einmal sein, die einen Fehler machen, du alter Besserwi…« Mitten im Satz stockte Raimund und schlug mit der Faust auf das Pult, sodass zwei der Blätter auf den Boden fielen. »Was diskutieren wir hier eigentlich? Bibelexegese können wir machen, wenn der Wahnsinn hier vorbei ist. Falls wir dann noch leben.«

Chaim bückte sich, nahm die Blätter vorsichtig auf und pustete den Staub weg, der sich vom Boden auf das Blatt gelegt hatte. »Du hast recht. Ich suche nach einer Takkanah oder besser, nach deren Auslegung.«

»Eine Takkanah, was ist das?«

»Eine Verordnung über eine religiöse oder moralische Frage. Auch bezüglich sozialer Fragen wie Steuern und Erziehung gibt es Takkanoth.«

»Willst du Emichos Soldaten etwa eine jüdische Verordnung vorlesen? Liebe Ritter des Kreuzes, unser Rabbi Gerschom hat es euch verboten, uns irgendetwas Böses anzutun. Daher seid nun bitte so nett und reitet weiter nach Jerusalem?«

Chaim, der inzwischen angefangen hatte, den zweiten Stapel durchzugehen, antwortete: »Ich glaube nicht, dass wir damit das Heer der Unbeschnittenen beeindrucken könnten. Aber wir kommen der Sache näher. Hier ist Gerschoms Takkanah über das Verbot der Vielehe.«

»Ich glaube, deine Juden haben gerade andere Sorgen.«

»Hm, hier die Takkanah über die Scheidung. Einige unserer Männer hatten einen Abschnitt im Devarim missverstanden. Sie meinten, dass sie ihre Ehefrau ohne jegliche Begründung wegschicken dürften, wenn sie ihrer überdrüssig geworden waren. Es reiche schon aus, etwas *Hässliches* an ihr zu finden, um sich scheiden zu lassen. Gerschom hat jedoch darauf bestanden, dass die Frau der Scheidung zustimmen muss. Damit stärkte er die Stellung unserer Töchter und schützte sie sowohl vor Armut als auch dem Leben als Ausgestoßene.«

Plötzlich platzte der Novize, den sie vor der Kapelle hatten stehen lassen, in den Raum hinein und rief: »Hadewin lässt Euch ausrichten, dass ein neuer Angriff bevorsteht. Kundschafter haben erfahren, dass die Pilger den Widder auf den Flachsmarkt geschoben haben und ihn dort wieder instand setzen.«

»Zum Teufel noch mal, draußen wird bald eine Katastrophe geschehen!«, fuhr Raimund seinen Freund an.

Chaim blickte auf, wandte sich dann aber wieder dem Stapel mit den Pergamenten zu, den er nun deutlich schneller durcharbeitete.

Raimund trat zur Tür. »Chaim, ich muss zurück zu Hadewin. Ich muss sehen, was an dem Tor geschieht. Komm zu mir, wenn …«

»Hier ist sie endlich!«, unterbrach ihn Chaim. Stolz hielt er ein Pergament in die Höhe. »Gerschoms Takkanah über die Zwangstaufe.«

Raimund blieb an der Tür stehen, drehte sich um und fragte: »Was sagt diese?«

Konzentriert schaute Chaim auf das Dokument. »Sie ist natürlich in Hebräisch verfasst. Ich übersetze es dir.«

Zögernd kehrte Raimund zurück in das Zimmer und sah Chaim gespannt an. »Mach aber schnell.«

»Die Takkanah ist bekannt«, sagte Chaim. »*Eine Rechtssatzung unter Androhung des schweren Bannes: Man darf reuige Sünder wegen ihrer früheren Missetaten vor ihren Angesichtern nicht beschämen.*«

»Nun, das ist sehr allgemein gehalten. Wie soll uns das um Gottes willen weiterhelfen?«, fragte Raimund.

»Es ist sehr spezifisch gemeint.«

»Woher weißt du das?«

»Hier ist es, wonach ich eigentlich gesucht habe.« Triumphierend hielt Chaim ein Pergament in die Höhe. »Der Brief Gerschoms im Zusammenhang mit den Zwangstaufen vor knapp neunzig Jahren. Das ist seine Schrift. Es besteht gar kein Zweifel.« Chaim hielt das Pergament ans Licht. »Ich bin vor einigen Monaten auf den Brief gestoßen, habe ihn aber damals nur überflogen. Gerschom legt darin die Takkanah über die Zwangstaufe für die Gemeinden im Rheinland aus.«

»Was schreibt er?«

Wort für Wort übersetzte Chaim den hebräischen Text. »*Wer unter Drohung des Todes der Taufe widersteht ... ist ein leuchtendes Beispiel für die Gemeinde.*« Chaims Stirnfalten kräuselten sich, systematisch tastete er mit den Zähnen seine Lippen ab. »*Jedoch darf die Heiligung Seines Namens nur ... freiwillig erbracht werden.*«

»*Das Schlachten der Kinder ist verboten, ausgenommen ... dass ihnen Schändung oder Sklaverei droht.*« Chaim nickte zufrieden, er konnte ein Lächeln nicht unterdrücken. »*Oder wenn die Möglichkeit der Umkehr zum Bekenntnis an den Einen zu einem späteren Zeitpunkt völlig ausgeschlossen erscheint.*«

»Ich befürchte, ich verstehe nicht ganz, wie wir das jetzt brauchen können.«

»Diese Takkanah und die zugehörige Auslegung hat rechtsbindenden Charakter, wie alle Takkanoth Gerschoms. Das Schlachten der Kinder hält Gerschom nur dann für zulässig, ich zitiere, *wenn ihnen Schändung oder Sklaverei droht oder wenn die Möglichkeit der Umkehr zum Bekenntnis des Einen zu einem späteren Zeitpunkt völlig ausgeschlossen erscheint.*«

»Was bedeutet dies?«

»Die Verblendeten handeln außerhalb der kaiserlichen und kirchlichen Rechtsprechung. Keiner weiß, wie mit uns Juden verfahren wird, wenn sie endlich weitergezogen sind. Jedoch erscheint weder Sklaverei noch Schändung unserer Kinder wahrscheinlich. Sie werden schlimmstenfalls getauft und ins Kloster gebracht. Die Möglichkeit der Rückkehr zu unserem Glauben ist nicht unwahrscheinlich, wenn der Kaiser wieder zurückkommt. Die Kinder dürfen also nach den Anweisungen Gerschoms nicht getötet werden!«

Mainz – auf dem Flachsmarkt

Peter und seine Kameraden waren satt und ruhten sich im Schatten der Ottilienkirche aus. Die verkohlten Bretter des Daches hatten die Gesellen inzwischen vom Widder gerissen. Sie begannen nun, neue Bretter anzunageln.

Der Geruch des brennenden Holzes, die Schreie, die Toten, all dies kam immer wieder in ihm hoch. Das Schlimmste war Christain mit dem Pfeil in seinem Kopf. Dieses Bild summte um Peter herum wie eine lästige Mücke. Er versuchte, die Gedanken wegzuwischen. Aber es dauerte keine fünf Augenblicke, da kamen die schrecklichen Erinnerungen an seinen Freund zurück und setzten sich fest in seinem Kopf.

Er sah sich selbst dort liegen. Angst kroch in ihm hoch und er sehnte sich nach Hause zurück. Ach, wie schön war es doch gewesen, als sie zusammen um das Feuer in ihrer wohligen Stube gesessen und Mutters leckeren Brei genossen hatten?

Mainz – Bischofspfalz, im Sankt-Viktor-Haus

»Ist damit das Leben der Kinder gerettet?«, fragte Raimund.

Chaim nickte. Er sah, wie sich die Gesichtszüge seines Freundes ein wenig entspannten. Auch für Raimund war die Vorstellung von Kinderleichen in der Pfalz sicherlich das schlimmste Bild des Grauens. »Ich glaube, Gerschoms Auslegung der Takkanah könnte die Unseren davon überzeugen, von Kindstötungen abzusehen.«

»Du musst den Juden die Takkanah sofort vermitteln!«, rief Raimund aufgeregt. Dann jedoch brach er ab. »Was ist mit den Männern und Frauen?«

»Gerschoms Auslegung ist noch nicht zu Ende. Lass mich dir den letzten Teil übersetzen.« Chaims Blick richtete sich wieder auf das Pergament in seinen Händen. »*Doch auch der, der das Schmutzwasser unter der Todesdrohung über sich ergehen lässt ...*«

»Schmutzwasser, was meint Gerschom mit Schmutzwasser?«

»Wir Juden meinen damit das Wasser der Taufe.«

Ein Anflug von Zorn funkelte aus Raimunds Augen. »Ihr habt ja wirklich sehr viel Respekt vor unseren Gebräuchen.«

»Entschuldige bitte«, antwortete Chaim. »Bedenk jedoch, dass es sich um eine Taufe gegen unseren Willen handelt. Warum sollte Gerschom sich wohlwollend darüber äußern?«

Raimund winkte ab und erwiderte unwirsch: »Übersetz weiter.«

»*... ist frei von Sünde, wenn er seinen Glauben im Herzen bewahrt, insbesondere wenn er ... bei der Beschmutzung seinen Unwillen deutlich erkennen lässt. Denn diese armen Zwangsgetauften ... bewahren das Bekenntnis zum Einen in widrigen Zeiten.*«

»Was besagt das? Wie sollt ihr handeln?«

»Hmmm«, Chaim kämmte sich mit den Fingern durch den Bart. Er durfte jetzt nichts beschönigen. »Gerschom lässt uns die Wahl. Rabbi Mosches Weg des Opfers wird am Anfang von Gerschoms Auslegung ausdrücklich gelobt.«

Chaim schaute noch einmal auf das Blatt. »Ich würde jedoch sagen, seine Aufforderung, sich gegenseitig zu töten, ist von zweifelhafter Gültigkeit. Das Opfer muss in jedem Falle freiwillig erbracht werden.«

»Was wird also mit euch? Was wird mit dir, Jehudith und David?« Raimund schloss die Augen, als wolle er die Antwort nicht hören.

»David gilt als Erwachsener, er ist bereits Bar Mitzwa. Er muss selbst bestimmen. Das gilt selbstverständlich auch für Jehudith.«

Eine schwere Stille legte sich zwischen die beiden Gelehrten. Leise fragte Raimund: »Was wirst du tun?«

Einen Moment schwieg Chaim, er fühlte die Angst, die sowohl er als auch sein Freund vor der Antwort hatten. Dann wandte er den Blick von Raimund ab und senkte den Kopf. »Ich hoffe darauf, dass ich stark genug sein werde, dem Einen in Reinheit gegenüberzutreten.«

Chaim spürte in sich hinein. Wie hatte er mit Raimund gerungen, neugierig, fasziniert und gleichzeitig befremdet von dem, den sein Freund den Heiland nannte. Was er nun sagte, würde Raimund verletzen. Aber er musste es sagen, gerade jetzt, da er wohl bald seinem Schöpfer gegenübertreten würde: »Du weißt, wie sehr ich den Rabbi Jeschua schätze, aber für mich ist er nicht Christus, er war nicht der Messias, er ist nicht Gott. Jesus war Mensch, auch wenn er ein ganz besonderer Mensch war.«

Ernst blickte ihn Raimund an. Der Domdekan brachte nur ein Flüstern hervor: »Du würdest nicht sagen, ›Ja, ich will‹.«

Chaim verharrte einen Moment.

Dann nickte er.

»Auch Jehudith nicht. Und David auch nicht?«

Chaim schloss die Augen, langsam schüttelte er den Kopf. »Wohl die meisten von uns nicht.«

Nochmals schaute er auf das Blatt in seiner Hand. »Die Takkanah fordert uns ausdrücklich dazu auf, unseren Unwillen beim Taufakt deutlich zu machen.«

Mainz – Bischofspfalz, im Pferdestall

»Wir haben Hunger«, drängte Isaak. »In dem großen Steinhaus gibt es bestimmt was zu essen.«

Aaron nickte. »Ich auch, ganz großen Hunger.«

Was soll ich nur tun, dachte Rachel. Sie fühlte sich so leer, so stumpf. Sie hatte einfach keine Kraft mehr. Immerhin, Bela und Orli würden nun sicherlich eine Stunde schlafen.

Aaron und Isaak zerrten an ihren Händen und versuchten, ihre Mutter hochzuziehen.

Elischewa flüsterte ihr ins Ohr: »Komm zurück. Wenn wir schon sterben sollen, dann zusammen mit den Unseren.«

Rachel streifte das Kleid über die Schultern und zog das Band über ihren Brüsten zu. Sie versuchte, sich aufzurichten, doch ihr Rücken und ihre Beine schmerzten. Sie ließ sich zurückfallen in das Stroh.

Elischewa reichte ihr die Hand. »Komm, ich helfe dir. Wir tragen den Korb mit Bela und Orli gemeinsam.«

»Das ist lieb.«

Rachel gab sich einen Ruck und stand auf. Die beiden Freundinnen fassten den großen Henkel des Korbes an beiden Seiten. Isaak und Aaron waren schon an den Pferden vorbeigeeilt, die beiden Frauen hatten Mühe, ihnen zu folgen.

Am Ausgang des Stalles empfing sie warmes Abendlicht.

Mainz – Bischofspfalz, im Sankt-Viktor-Haus

Mit leiser, stockender Stimme sagte Raimund: »Mosches Aufforderung zur Kindestötung ist also gegen euer Gesetz. Und eine Zwangstaufe ist für euch keine Sünde, wenn der Täufling dabei seinen Unwillen bekundet.« Er blickte in Chaims Augen.

»Jedoch wird Rotkutte beim Taufakt die Frage stellen: ›Willst du deinem Irrglauben abschwören und auf den Namen Christi getauft werden?‹ Und er wird die Menschen töten lassen, die nicht mit ›Ja, ich will‹ antworten.«

Chaim nickte.

»Die meisten von euch werden also sterben?«

»So wird es wohl kommen.«

Raimund schnaubte, sein Innerstes zog sich zusammen. Es war ihm, als würde sich eine große, kalte Hand um seinen Hals legen und langsam zudrücken, ohne Eile, mit der Sicherheit der Macht und Geübtheit im Töten.

»Ja, es sei denn …« Chaim schaute auf die Miniatur des ersten Kaisers des Frankenreiches, die zwischen den Pergamentstapeln unterzugehen schien.

Irritiert blickte auch Raimund auf das Reiterbildnis Karls des Großen. Langsam dämmerte ihm, worauf Chaim hinauswollte.

Aber die Hand um seinen Hals löste sich nicht. Sie wuchs in ihn hinein, griff durch seinen Hals, durch seine Brust und umfasste sein Herz mit grimmig eisigem Griff. Raimund sah seinen Freund unwillig, fast mit Abscheu an. Mit gepresster Stimme krochen die Worte aus ihm heraus: »Bist du von Sinnen?«

Chaim blieb stumm. Wie erstarrt stand er da.

Langsam erkämpfte sich Raimund die Kontrolle über sich zurück, die Hand um sein Herz lockerte gnädig ihren Griff. Klar und ruhig kamen die Worte über seine Lippen: »Ich soll euch Juden taufen, obwohl ihr widersprechen werdet, wie es Karl der Große mit den Sachsen getan hat. Und dies, obwohl ihr im Geiste die Gnade des Herrn ablehnt und weiter euren jüdischen Glauben im Herzen praktizieren werdet?«

Chaim schwieg.

»Welch teuflische Tat verlangst du von mir?« Raimunds Stimme klang hohl. »Ich werde keine Taufe durchführen, wenn der Täufling meine Frage, ob er im Namen Christi getauft werden will, verneint. Dies wäre ein Vergehen gegen alles, was ich für richtig halte. Und es wäre eine Sünde gegen das Sakrament der Taufe.«

Chaim senkte die Augen.

»Für so eine Tat würde ich in die Hölle kommen«, flüsterte Raimund. Langsam schüttelte er den Kopf. »Das kannst du nicht von mir verlangen.«

Mehr zu sich selbst als zu seinem Freund antwortete Chaim: »Also werden wir sterben.«

Raimund starrte stumm die Wand an.

»Ich muss nun gehen. Ich möchte zurück zu meinem Volk.« Chaim verbeugte sich. »Ich werde versuchen, mithilfe von Gerschoms Takkanah zumindest die Kinder zu retten. Gottes Segen sei mit dir.«

Den Hals streckten
wir dem großen Schlachtmesser entgegen.
Edle Frauen eilten
und brachten ihre Kleinen her,
dass sie als Opfer Dir bluten mögen,
willig reichten sie dieselben
als angenehme Gabe Dir.

Selichah – Kalonymos ben Jehuda

Teil VIII: Rachels Opfer

Mainz – Bischofspfalz, im Sankt-Viktor-Haus

GANZ ALLEIN SASS RAIMUND ZWISCHEN DEN SCHRIFTEN DER JUDEN. Er nahm das Blatt mit Rabbi Gerschoms Takkanah in seine Hände und die dazugehörige Auslegung, die Chaim für ihn übersetzt hatte. Lauter Zeichen, die er nicht verstand. Mit Abscheu legte Raimund die zwei Blätter zurück und betrachtete die Ausflüsse jüdischer Gelehrsamkeit, die sich auf dem Sekretär des Propstes stapelten und Karl den Großen auf seinem Pferd zu ummauern schienen.

»Warum um Gottes willen ist Manfried nicht da?«, beklagte sich Raimund brummend. Ich bin doch nur Domdekan. Die Abläufe innerhalb des Domstifts, das ist meine Aufgabe: die Einhaltung der vorgeschriebenen Betzeiten, die Sicherstellung der Qualität der Bibelabschriften, die Erweiterung der Bibliothek, die Bereitstellung der Mittel für Bruder Anselms Kräutergarten. Was weiß ich schon über Politik? Das ist Sache des Bischofs und des Propstes.

Raimund schüttelte den Kopf. Und nun wollte ihn Chaim seines Seelenheils berauben. Hatte Rotkutte am Ende doch recht? Waren sie nicht ein durchtriebenes Volk, diese Juden? All sein Streben war es gewesen, rein zu bleiben und den Geboten des Herrn zu folgen. Er schaute zu Karl dem Großen auf seinem Ross und rief: »Habe ich nicht dafür gesorgt, dass im Stift alles seine Ordnung hatte? Warum sollte ich meine Erlösung für dieses störrische und unbelehrbare Volk opfern?«

Raimund stand auf. Wie ein Tiger in einem Käfig ging er im Raum auf und ab. Endlich verstand er die ganze Weisheit des Bischofs. *Sich nicht beschmutzen vor Gott*, darum ging es in diesem Leben. Und wie auch immer Ruthard gehandelt hätte, er hätte sich beschmutzt. Deshalb hat er sich aus dem Staub gemacht mit den wertvollsten Schätzen des Domes, die er auf diese Weise beschützen konnte vor dem aufgewühlten Pack. Die meisten dieser irren Pilger können ja nicht einmal das Vaterunser aufsagen, geschweige denn einen lateinischen Text lesen. Raimund schüttelte den Kopf und sagte leise: »Die Welt ist schmutzig, und das Beste ist, sich von diesem Schmutz fernzuhalten.«

So redete Raimund innerlich auf sich ein, als wolle er sich selbst von seinen Argumenten überzeugen. Er wusste nun, was zu tun war: Er würde einfach in seine geliebte Johanniskirche gehen, vor dem Altar knien und beten. Sollten ihm Emichos Soldaten den Kopf abschlagen. Im Gebet würde er sterben, ganz nah bei seinem Herrn wie der heilige Viktor. Oder Emichos Soldaten ließen ihn leben. Gott würde dies für ihn entscheiden, nur Er konnte diese Dinge richten. Durch eigenes Tun eingreifen zu wollen in Gottes großen Plan, das war vermessen. Allein der Gedanke daran erschien ihm bereits als Sünde.

Raimund trat aus dem Arbeitszimmer des Dompropstes. Er ließ all die hebräischen Schriften, ließ auch Karl den Großen hinter sich. Er eilte die Treppen hinunter und trat hinaus in die Residenzgasse.

Von dort sah er das Treiben am Tor. Brandpfeile wurden in Armbrüste eingespannt. Soldaten liefen am Wehrgang über dem Tor auf und ab. Befehle wurden gebrüllt, Anordnungen befolgt.

All das berührte ihn nicht mehr, all dies war nur weltlicher Schein.

Hadewin kam auf ihn zu. »Wo wart Ihr?«

Raimund winkte ab.

Mainz – auf dem Flachsmarkt

Das Kampfgefährt sah nun fast wieder genauso aus wie vor dem missglückten Angriff. Zufrieden schaute Meister Wernhart auf sein Werk. Peter und die Männer ruhten sich derweil im Schatten der Ottilienkirche aus und beobachteten die Arbeit der drei Handwerker.

Fast wäre es ihm lieber gewesen, dem Meister und seinen Gesellen zur Hand zu gehen. Vielleicht könnte er so die lästige Mücke loswerden, den Pfeil im Kopf seines Freundes vergessen.

»So. Und nun sorgen wir dafür, dass es euch diesmal nicht zu heiß wird!«, rief der Zimmermann ihnen zu. Dabei zeigte er auf die drei Körbe mit den Fellen. Flink nagelten Meister Wernhart und seine Gesellen die dicht behaarten Tierhäute an das Dach.

Nach und nach verwandelte sich der Kampfwagen in ein pelziges Tier, aus dem ein Kopf herauslugte, der im Vergleich zum massigen Leib viel zu klein schien. Ein Kopf, der sich stur bereit machte, seine gekrümmten Hörner in das Tor zu schlagen, welches dem ersten Angriff standgehalten hatte.

Bei dem Anblick des Tieres verspürte Peter etwas Neues: Ungeduld.

Er wollte es nun hinter sich bringen. Entweder daliegen wie Christain oder eben dieses Tor durchstoßen. Eine Lust schmiegte sich um seine Angst wie eine zweite Haut, durch die der Stachel der Erinnerung an seinen toten Freund nicht hindurchdringen konnte: Die Lust zu stoßen, zusammen mit den Männern, und das schwarze Tor endlich brechen zu sehen.

Mainz – Bischofspfalz, auf dem Michaelishof

Schnellen Schrittes ging Raimund über den Michaelishof. Dunkle Wolken brauten sich über den Mauern der Pfalz zusammen, seltsam durchglüht von dem schon tief im Westen stehenden Sonnenball. Rechts warf der seit Langem unbewohnte Wohnturm seine Schatten. Links von ihm sah er die hohe Mauer mit dem prächtigen bronzenen Tor zum Kaiserhof, in dem seine geliebte Johanniskirche lag.

Seine Schritte wurden langsamer, als er sich dem Tor näherte. Der rechte Flügel des Tores war geöffnet. Die aufwendigen Bronzereliefs, die zwischen den robusten Holzbalken der Tür eingearbeitet waren, überspielten geschickt die Robustheit dieses Übergangs zum Bereich des Kaisers. Dort logierte der Herrscher, wenn er Hof hielt, gemeinsam mit den Bischöfen und seinen Fürsten, mit denen er sich beriet. Bei einem Sturm der Pfalz war der Kaiserhof der allerletzte Rückzugsort, eine Festung in der Festung.

Raimund trat durch das Tor. Er zögerte.

Auf dem großen Platz vor ihm war nichts mehr zu sehen von den Kindern, die noch am Nachmittag dort Verstecken gespielt hatten, hinter den zwei alten Linden, dem großen Brunnen in der Mitte des Platzes und den prächtigen Säulen am Eingang zum Kaiserhaus. Die Mütter hatten sie vermutlich hereingerufen.

Kein Windhauch war zu spüren, nicht ein einziges Blatt regte sich, selbst die Vögel hatten ihr Gezwitscher eingestellt. Trügerische Ruhe lag träge in der Luft.

Er blieb stehen und richtete seinen Blick nach vorn zur Johanniskirche. Zum Schutz vor dem Regenguss, der sich ankündigte, ließen einige Mönche dicke braune Leinentücher über den schmalen Lichtöffnungen hinunter. Gut so, dachte Raimund. Die Flammen der Kerzen, die er vor dem Bild des Sämanns anzünden wollte, würden ihm Ruhe und Seelenfrieden schenken. Dort konnte er knien, sich in stiller Demut an den Herrn wenden und sein Schicksal vertrauensvoll in Gottes Hand legen.

Doch etwas verfinsterte die Reinheit seiner Gedanken. So wie die schwarzen Wolken am Himmel das reine Licht der Sonne beschmutzten, die ein erbittertes Leuchten über den Platz ausgoss, das alles Lebende lähmte.

Mit Macht stießen Erinnerungen aus der Tiefe seiner Seele hervor: Die Glasfenster, die Chaim so ausdrucksstark skizziert hatte, würden seine geliebte Kirche niemals schmücken. Mit welcher Verzauberung hatte er die kleinen leuchtenden Bilder in der Kirche der Abtei Saint-Remi bewundert, eines der wenigen Gotteshäuser im Reich, in der vibrierende Farben das Schiff mit Licht ausfüllten. Von den drei kleinen runden Fenstern im Chor der machtvollen Kirche auf dem Weg nach Paris hatte er den Blick kaum lösen können. Mit jedem kleinen Schritt, den er gemacht hatte, veränderte sich das Spiel ihrer Farben: Zur Linken der Täufer mit dem Herrn, umrahmt vom tiefdunklen Blau des Jordanflusses. Daneben der lichtdurchdrungene Leib des Gekreuzigten. Ganz rechts schließlich Christus aus dem Grab emporsteigend mit der Fahne des Sieges in der Hand. Taufe, Kreuzigung und Auferstehung. Dies waren die Grundpfeiler des wahren Glaubens.

Eine Windbö, wie aus dem Nichts, wehte Raimund ein Ästchen an die Stirn. Er wischte über sein Gesicht, verließ die zugige Öffnung und lehnte sich stattdessen mit dem Rücken an die geschlossene Seite des Tores mit den Bronzereliefs.

Sätze aus dem Johannesevangelium kamen ihm in den Sinn: *Und als er das gesagt hatte, zeigte er ihnen die Hände und seine Seite. Da wurden die Jünger froh, dass sie den Herrn sahen.*

Er hauchte sie an und sprach zu ihnen: Nehmet hin den Heiligen Geist! Welchen ihr die Sünden erlasset, denen sind sie erlassen; und welchen ihr sie behaltet, denen sind sie behalten.

Dies war der Anfang seiner Kirche gewesen, die allmächtige Manifestation Gottes, die die himmlische Ordnung nun auch auf

Erden zu errichten hatte. All das musste wahr sein, sonst hätte Gott seine Kirche nicht so stark, nicht so prächtig werden lassen.

Auch Chaim hatte dem nicht widersprechen können, auch wenn es ihn verdross. Selbst der Rabbi musste den göttlichen Willen anerkennen.

Chaim wusste jedoch auch um Sätze, die die Kirche oft vergaß in ihrem Stolz über all ihre Siege. Obwohl er Jude war, kannte er Lukas' Warnung: *Die weltlichen Könige herrschen, und die Gewaltigen heißt man gnädige Herren. Bei euch sei es jedoch nicht so! Sondern der Größte unter euch soll sein wie der Jüngste, und der Vornehmste wie ein Diener.*

Raimund schloss die Augen, er spürte das ausladende Relief des Tores an seinem Rücken.

Nicht dienend, herrisch gebärdete sich seine Kirche. Geblendet von ihren Triumphen. Und war nicht die Fahne des Auferstandenen dieselbe Fahne, unter der sich nun die Mordbanden Emichos versammelt hatten?

Geduckt und kampfbereit stand der braune Steinbau der Johanniskirche da. Der erste Dom von Mainz, mehr als zweihundert Jahre alt, die Krönungsstätte Heinrichs II., Taufstätte seiner Kinder und Kindeskinder. Der Bau, der einst die Macht der Stadt Mainz für alle sichtbar gemacht hatte, bevor dem weitaus größeren Martinsdom diese Rolle zugekommen war.

Raimund verspürte einen Schauer auf seinem Körper. Worte des Evangelisten Matthäus kamen ihm in den Sinn. *Nicht alle, die zu mir sagen: Herr, Herr! werden ins Himmelreich kommen, sondern nur die, die den Willen meines Vaters im Himmel tun.*

Was aber war der Wille des Vaters im Himmel? *Du sollst lieben Gott, deinen Herrn, von ganzem Herzen, von ganzer Seele und von ganzem Gemüte. Dies ist das vornehmste und größte Gebot. Das andere aber ist ihm gleich: Du sollst deinen Nächsten lieben wie dich selbst.*

Schon der Prophet Moses hatte dies gewusst. All dies war jüdische Weisheit. Weisheit, in der Raimund sich geeint sah mit seinem Freund, dem Rabbi. Raimund musste sich stützen, seine Hände suchten Halt an den Reliefs des Tores.

Einer der fünf Mönche, die mit hektischen Bewegungen die Fenster der Johanniskirche abdeckten, wies mit Sorge auf die dunklen Wolken. Raimunds Blick folgte seinem Finger. Wie in der Luft schwebende Himmelsgebirge türmten sie sich am Horizont, drohten, sich zu entladen auf die Domstadt.

Also ist das Reich Gottes, wie wenn ein Mensch den Samen auf das Land wirft und schläft und aufsteht, Nacht und Tag, und der Same sprießt hervor und wächst, er weiß selbst nicht, wie. Das letzte Fenster der Johanniskirche wurde nun mit dicken Leinen abgedeckt. Raimund seufzte. Auch ein Bildnis dieses Gleichniswortes Jesu hätte diese Öffnungen schmücken können. Chaims Glasfenster sollten Gottes Licht zum Leben erwecken und dessen heilenden Glanz über die Gläubigen ausgießen. Wie hatte er es doch geliebt, wenn er mit seinem Freund dem Sinn dieser rätselhaften Worte des Heilands nachgespürt hatte.

Der Duft frischer Erde kam ihm in den Sinn. *Ganz von selbst bringt der Boden Frucht.* Vielfalt. Freiheit. Fülle. Wärme. Der Geschmack von Rosmarin und dunklen Trauben, eine herbe Süße schwebte darin.

Ach, was hatten sie nicht alles ersonnen und erträumt. Ein gemeinsames Streben, dem Herrn zu dienen, ein freundschaftlicher Wettstreit: Christentum und Judentum, Ecclesia und Synagoga. Nicht als Gegner, sondern als Geschwister.

Er schüttelte den Kopf, versuchte, diese bittersüßen Geistesregungen abzuschütteln.

Raimunds Rücken erspürte die Erhebungen in dem machtvollen Tor, er ertastete das Bronzerelief: die Beine des Heilands am Kreuz, seinen schmächtigen, nackten Körper, der noch ganz warm war vom Sonnenschein, den Speer des Hauptmanns Longinus, den Becher Marias, in dem sie das Blut des Herrn auffing.

Seine Miene wurde hart.

Alles Verführung, Blendwerk. Hoffnungslos verirrt hatte er

sich. Chaims einnehmende Art, all sein gefälliges Gerede über den Rabbi Jeschua hatten ihn um den Verstand gebracht. Die Besudelung des Sakraments der Taufe, das war es, wozu Chaim ihn verleiten wollte. Ewige Verdammnis drohte ihn zu treffen.

Zweifellos eine verdiente Strafe für die Entheiligung des Gnadenmittels der Neugeburt, des Bades der Erneuerung im Heiligen Geist, Eingangstor zum Leben im Geiste – *vitae spiritualis ianua* –, das erste Sakrament und Voraussetzung für alle folgenden. Eucharistie, Firmung, Eheschließung, Beichte, Salbung und für die Geistlichen die Priesterweihe.

Welcher Hochmut läge darin, die Taufe zu missbrauchen, welche Sünde. Und welche Verdammnis würde daraus folgen?

Raimund betastete seine Stirn, er schwitzte.

Wie das eigenwillige Schaf hatte er sich unter dem Einfluss Chaims in das Unbekannte vorgewagt. Wie dumm, wie blind, wie vermessen war er gewesen? Wer war er, dass er meinte, solche Wege gehen zu dürfen? Welch Leichtsinn hatte ihn gepackt, genarrt, verführt. Nun konnte er nur hoffen, dass der Herr ihm verzeihen würde. Seine Lippen flüsterten: »Herr, finde mich. Herr, rette mich. Dein verirrtes Schaf braucht Dich.«

Nein, nie würde er das Sakrament der Taufe entheiligen. Beten, in tiefster Demut beten, in vollem Gehorsam gegenüber den Geboten seiner Kirche um Vergebung bitten für seinen Hochmut. Das war es, was er jetzt tun wollte.

Raimund befreite sich aus seiner Starre. Doch wandte er seine Schritte nicht geradeaus zur Kirche des Täufers, seine Beine trugen ihn nach rechts, zum Kaiserhaus. Er sah sich vorbeieilen an dem Brunnen mitten auf dem Kaiserhof, durch den mit prachtvollen Säulen umrahmten Eingang, hinauf die Treppe in den ersten Stock, vorbei an den Zimmern mit den verwundeten Juden.

Salomo sprach ihn an: »Raimund, gut, dass du kommst. Hast du Neuigkeiten?«

Raimund nahm den Arzt kaum wahr und stürmte weiter durch die langen Gänge.

Entschlossen trat er in den Speiseraum.

Die Menschen an der Tür wichen vor ihm zurück. Sie machten den Blick frei auf das hektische Treiben in dem überfüllten Saal, in dem die Stimmen der Menschen durcheinanderwirbelten. Raimunds Blicke wanderten durch den Raum. Frauen beruhigten Kinder, Männer steckten ihre Köpfe zusammen. Todesangst war ruchbar. Er sah auf die mit Tuch verhängten Kreuze an den Wänden. Schon diese Rücksicht war Sünde gewesen. Auch dafür würde er Gott um Vergebung bitten müssen.

Endlich entdeckte er das Gesicht, nach dem er gesucht, nach dem er sich gesehnt, vor dem er sich gefürchtet hatte. Da stand der Rabbi, im vertrauten Gespräch mit Jehudith und David, seine Hand behutsam auf die Schultern seines Sohnes gelegt.

Raimund schritt auf Chaim zu und sagte laut: »Du wirst mein Seelenheil nicht zerstören!«

Er riss das Tuch von einem der Kreuze an der Wand. Eine Welle der Empörung flutete durch den Raum, Raimunds Wangen glühten. Er zeigte auf den Gekreuzigten, der nun für alle sichtbar war. Sollten die Juden ihn mit zornigen Augen anstarren. »Lasst euch taufen, ihr verstocktes Volk, wie es der Herr euch geboten hat. Dann seid ihr gerettet. Nicht nur in dieser Welt, sondern auch in der, die folgen wird. Ich werde nun beten für euer Seelenheil. Das ist das Einzige, was ich für euch tun kann.«

Mainz – auf dem Flachsmarkt

Schließlich war auch das letzte Dachbrett des Kampfgefährts mit Fell überzogen. Meister Wernhart zeigte auf fünf Eimer: »Kommt jetzt und helft uns. Schöpft Wasser aus dem Brunnen in die Kübel und macht die Felle nass. Triefen sollen sie vor

Wasser, dann wird es beim nächsten Versuch klappen. Dem Jud werden wir es zeigen.«

Peters Tatendrang war erwacht. Die Männer bildeten eine Reihe und ließen die Eimer vom Brunnen zum Widder und wieder zurück wandern. Eine Wasserladung nach der anderen ging auf das Fell des Widders nieder. Bald war das Gefährt getränkt und das Wasser tropfte selbst durch das Dach.

Mainz – Bischofspfalz, im Kaiserhaus

Völlig überrascht von der Rage seines Freundes hörte Chaim stumm zu. Raimund entging es wohl, dass er sich des Lateinischen bedient hatte, der Sprache der kirchlichen Dispute und des Kultes. Keiner der Juden außer Chaim verstand seine lautstark vorgebrachte Forderung. Und wohl nur deshalb stürzte sich keiner der Männer ob seiner scharfen Rede auf ihn.

Die Worte sprudelten geradezu aus Raimund hinaus: »Hier geht es um *meine* Seele, *meinen* Platz beim Herrn, *meine* Verdammnis. Ich würde dir gerne helfen, Chaim, aber ich kann nicht tun, was du von mir verlangst. Ich werde mich nicht auf so frevelhafte Weise gegen den Herrn versündigen. Ich werde nicht für euch in der Hölle enden. Du siehst doch selbst: Gottes Wille ist, dass auch ihr Christus als euren Herrn anerkennt. Dies ist der Moment, in dem *ihr* euch entscheiden müsst. Gott stellt *euch* vor die Wahl. Entscheide *du* nun richtig. Alles ist Gottes Wille, was hier geschieht. Handle klug, Chaim. Auch für dich werde ich beten. Aber für dich in die Hölle gehen, das werde ich nicht.«

Chaim spürte Wut in sich hochkochen. Er erwiderte: »Der Weg zur Hölle ist mit guten Absichten gepflastert!« So viel Selbstkontrolle bewahrte sich Chaim doch, dass er ebenso in

Latein sprach. Seinen Freund vor all den Menschen bloßstellen, das wollte und konnte er selbst jetzt nicht. Aber eine angemessene Antwort, die musste er Raimund geben. Er fügte hinzu: »Dein eigenes Seelenheil ist dir also wichtiger als das Überleben anderer Menschen?«

Verwundert schauten die Juden auf ihren sonst so beherrschten Rabbi, der den Domdekan in einer von scharfen Lauten durchzogenen Geheimsprache anherrschte. »Beten willst du jetzt? Was für eine famose Idee!«

Chaim hielt inne für einen Moment. Müde und erschöpft schaute er auf seinen Freund. »Raimund, versuch doch zu verstehen. Was soll ein Gebet nutzen, wenn um dich herum die Welt in Flammen steht?«

∽҈∾

Stumm stand Raimund da. Er fand keine Antwort, seine Wut war mit einem Mal verpufft. Ausgebrannt, mürbe, sich selbst fremd stand er da.

Er könnte jetzt mit Augustinus, dem großen Kirchenlehrer, erwidern, Gott habe die Juden in alle Welt zerstreut, da sie nicht an Christus glauben. Aber tief im Innern wusste Raimund, dass Augustinus' Sätze bestenfalls die halbe Wahrheit umfassten. Da war ein Schatz, den nicht nur Augustinus, den seine ganze große Kirche übersehen hatte, ja übersehen wollte. Ein Schatz, der doch so klar aus den Evangelien hervorschien, wenn man nur genau nachspüren wollte, sich die Mühe machte, hinzuhören. Die Lehre des Herrn war nicht nur Taufe, Tod und Auferstehung. Sie war auch Nächstenliebe und vertrauensvolles Wachstum. Frei, facettenreich, voller Vielfalt, das Versprechen einer besseren Welt. All dies hatte er als Sinn des Gleichnisses des Sämanns erkannt. Und erst durch Chaim hatte er diese Seite des Heilands begriffen.

Daher konnte er sich nun nicht hinter Worthülsen verstecken. Er wusste, Augustinus' Antwort griff zu kurz. Zu tief war Raimund bereits eingedrungen in diesen verwunderlich einfachen und doch so klar denkenden, Gott spürenden, den zutiefst jüdisch denkenden Jesus von Nazareth, den nur Chaim ihm zeigen konnte.

So verharrte Raimund stumm.

~☙~

Chaim, der die Unsicherheit seines Freundes bemerkte, wurde ruhiger. Leiser, aber eindringlich, fuhr er fort: »Was nützt dir dein Glaube, wenn du ihn im Verborgenen deiner Seele behältst? Aus deinen Taten muss er sprechen.« Und noch leiser, in diesem Augenblick mehr um seinen Freund als um sich, seine Familie und den kargen Rest seiner Gemeinde besorgt, sprach er weiter. »Worum geht es dir, Raimund? Geht es dir um deine persönliche Rettung oder um die Erlösung der ganzen Welt? Und ist das eine ohne das andere möglich? Wäre eine solche Erlösung nicht schal und wertlos? Hat Gott dich nicht in diese Situation geworfen, damit *du* Ihm nun zeigen kannst, welchen Dienst *du* zu tun bereit bist?«

Es war still im Saal. Chaim spürte, wie die Gemeinde seinen Freund anstarrte. Manche misstrauisch, manche mit geballten Fäusten. Warum redete ihr Rabbi auf einmal so sanft zu dem Domdekan, fragten sie sich wohl. Warum blieb der Mann mit der Tonsur so ruhig, wo er doch vor einem Moment noch so voll der Entrüstung war? Welches Geheimnis wirkte da zwischen den beiden?

Chaims Blick richtete sich auf den Gekreuzigten, von dem Raimund soeben die Verdeckung abgerissen hatte. Voller Demut auf Jesus zeigend, die Handflächen aufeinandergelegt wie zum Gebet, mehr singend als sprechend, fuhr er fort: »Eine Freiheit wurde euch von eurem Herrn geschenkt, die sich viele von uns nicht zu nehmen wagen. Erinnere dich doch, was dein Herr, Jeschua, über den Sabbat gesagt hat. Schreibt nicht Markus:

Der Sabbat ist um des Menschen willen gemacht, und nicht der Mensch um des Sabbat willen?«

~⊙~

Die Worte Chaims trafen Raimund ins Mark, seine Seele geriet ins Taumeln. Und das Zeugnis des Jesus von Nazareth über den Sabbat stieß in die Mitte seines Herzens. Unter seinen Füßen schwankte der Boden.

Chaims allerletzten Satz hörte er schon nicht mehr, er sprach ihn bereits selbst: »Und was für den Sabbat gilt, das gilt für jedes Gesetz, für jeden Ritus und somit auch für die Taufe.«

Alles, was es zu sagen gab, war gesagt. Stumm und erschöpft sah Raimund seinen Freund an.

Auch Chaim schien am Ende seiner Kräfte angelangt, niedergerungen von seinen eigenen Worten, von der Ohnmacht, in der er und seine Gemeinde am heutigen Tag dem Tod ins Auge sehen mussten. So fand Raimund kein Zeichen des Triumphs im Blick des Rabbis. Es war ein Kampf zwischen Vater und Sohn gewesen, zwischen dem alten Meister und dem geliebten Novizen, zwischen dem alten Judentum und seinem ältesten Kind. Dem Kind, durch das die Weisheit des Judentums in die ganze Welt getragen worden war, das diese Weisheit dabei jedoch verwandelt und zuweilen unkenntlich gemacht, aber in vielerlei Hinsicht auch erneuert hatte. Es war ein Kampf ohne Sieger und Besiegten.

Bekümmert stand Chaim da, besorgt um den Sohn, hoffend, dass der Novize diesen nächsten Schritt gehen würde. Den Schritt, den der Vater, der Meister, das alte Judentum in diesem Moment selbst nicht zu gehen vermochte.

Mainz – auf dem Marktplatz

Emichos Soldaten hatten den Rammbock durch die Lange Gasse gezogen. Peter und seine Kameraden folgten dem Wagen, bewacht von Soldaten, angeführt von Veit schritten sie links und rechts neben ihnen her. Sie erreichten den Marktplatz, der voller Menschen war.

Emicho zeigte sich auf dem Balkon des Hauses gegenüber dem Dom und machte ein zufriedenes Gesicht. Auch die zwei Schutzwälle waren inzwischen repariert. Die Bogenschützen hatten sich bereits dahinter aufgestellt.

»Ihr Kämpfer für Gottes Ehre«, setzte Veit zu einer Rede an. »Jetzt seid ihr gut geschützt gegen die Brandpfeile der Judenfreunde. Diesmal schafft ihr es, das Tor aufzubrechen.« Veit zeigte auf zwei Einheiten gut gerüsteter Ritter, einige mit großen Schilden, andere mit Pfeil und Bogen bewaffnet. »Diese Soldaten werden vor dem Widder hergehen und euch zusätzlichen Schutz geben.«

Peter spürte sein Herz klopfen. Endlich ging es los.

»Nun ab mit euch unter das Kampfgefährt!«, hörte er Veit sagen.

Sie krochen unter das enge Dach, unter dem der dicke Stamm des Widders an zwei Seilen hing.

Die vorderen Plätze schienen Peter recht ungeschützt zu sein, falls die Deckung durch die Ritter versagen sollte. Daher bemühte er sich, einen Platz in der Mitte zu finden, und drängte sich hinter einen stämmigen Alten.

Er spürte das Wasser, das vom Dach in seinen Nacken tropfte. Es tat ihm gut.

Ein Aufschrei ging durch den Raum. Raimund zuckte zusammen. Chaims Blick wandte sich von ihm ab. War der Rabbi soeben noch voll väterlicher Sorge gewesen, überkam ihn nun pures Entsetzen.

»Rachel, Elischewa!«, rief Chaim mit scharfer Stimme. »Lasst das sein!«

Die beiden Frauen beachteten ihn nicht. Stumm saß Elischewa auf einem Hocker, in stiller Betrachtung einer silbrig glänzenden Metallplatte mit einem hölzernen Griff, die sie in den Händen hielt. Neben ihr kniete Rachel. Weinend, mit zerzausten Haaren, den kleinen Isaak auf ihrem Schoß, hielt sie ihren ältesten Sohn mit dem rechten Arm fest im Griff. Aaron, Isaaks jüngerer Bruder, schluchzte neben seiner Mutter. Seine Arme umschlangen Rachels Schultern, sein Köpfchen war an ihren Hals geschmiegt. Rachels linke Hand wiegte den Bastkorb, der neben ihr auf dem Boden stand. Zärtlich streichelte sie über das weiße Laken, unter dem ihre zwei Kleinsten, Bela und Orli, friedlich schliefen.

Chaim hatte sich gefangen. »Elischewa, leg das Messer weg. Und du, Rachel, lass nicht zu, dass dein Sohn Isaak getötet wird. Das ist eine Sünde, Gott würde dich dafür strafen.«

Rachels Blick war auf Isaak gerichtet, der in dem festen Griff seiner Mutter wie eine Puppe hing. Mehr zu sich selbst als zu Chaim sprach Rachel: »Rabbi Mosche hat gesagt, nur so kann Isaak in den Himmel kommen.«

»Mosche irrt. Ich habe euch die Takkanah des Rabbi Gerschom vorgelesen und auch wie unser großer Rabbi, als Leuchte des Exils in der ganzen Welt bekannt, diese für uns ausgelegt hat. Er sagte ganz deutlich: *Es ist eine Sünde, Kinder zu schlachten.* Weder Missbrauch noch Sklaverei erwarten eure Kinder. Sie werden leben. Es ist das Leben, das Gott nach seinem Willen geschaffen hat. Das Leben, das aus deinem Leib gewachsen ist. Das Leben, welches dem Ewigen heilig ist und über das du nicht bestimmen darfst.«

Die Juden und Raimund verharrten stumm. Keiner wagte es, sich zu rühren, war es wegen der Heiligkeit von Rachels Opfer oder ob der Gefahr, die ein Eingreifen für Isaak bedeutet hätte.

Nach einem Moment der Stille fügte Chaim deutlich sanfter hinzu: »Rachel, wenn das Heer der Unbeschnittenen fortgezogen ist, wird bald das Recht wieder regieren. So war es auch in Speyer.«

Mainz – auf dem Marktplatz

Sie ergriffen die Querstreben und pressten den Stamm nach vorn. Federleicht schwebte der Widder zunächst vorwärts. Je mehr sie den Stamm jedoch nach vorn drückten, umso mehr er sich in die Höhe bewegte, desto schwerer wurde er. Schließlich wurde sein Gewicht so groß, dass sie ihn zurückschwingen lassen mussten. Nach einigen Versuchen fanden sie in einen Rhythmus, in dem sie das Schwingen des mächtigen Balkens ausnutzen konnten, um die Kraft der Schläge zu erhöhen. Peter verspürte eine erregende Einheit mit dem Widder und den Bewegungen der anderen Männer, mit jedem Stoß ein wenig mehr.

Nach einiger Zeit ließen sie den Stamm langsam ausschwingen.

»Denkt daran, unser Kampfgefährt darf unter keinen Umständen verloren gehen!«, hörte er Veit von draußen rufen. Der Hauptmann stand direkt vor dem Wagen, Peter konnte die Spitze seines Helmes sehen. »Falls ein Befehl zum Rückzug kommen sollte, müsst ihr den Widder zurückrollen. Dann seid ihr auch weiterhin geschützt und bekommt keinen Pfeil

in den Rücken, wie es einigen beim letzten Mal ergangen ist.«
Mit leiser, schneidender Stimme fügte er hinzu:»Und falls ihr
ohne den Widder hier heil ankommen würdet, wäre dies trotzdem schlecht für euch. Dafür würde ich persönlich sorgen. Los
jetzt!«
»Halt! Einen Moment noch«, hörte Peter Rotkuttes Stimme.

Mainz – Bischofspfalz, im Kaiserhaus

»Bischof Ruthard ist geflohen«, hörte Chaim den Schmied Alon
aus einer Ecke des Raumes dazwischenrufen. Der bullige Mann
richtete sich auf.»Wer sonst, wenn nicht der Bischof, könnte
uns hier in Mainz etwas versprechen?«
Alon blickte kurz zu Raimund, der in seiner schwarzen Bene-
diktinerkutte reglos dastand.»Warum sollen wir einem Unbeschnittenen trauen? Weil er ein Kahlgeschorener ist?« Er machte
eine wegwischende Bewegung mit der Hand.
In der Stille im Saal war das Atmen des Schmieds zu hören.
Alon richtete seinen Zeigefinger auf den Domdekan. Mit dem
verzweifelten Zorn eines verwundeten Tieres spie er ihm direkt
ins Gesicht:»Ob ihr nun eine rote oder schwarze Kutte tragt,
ihr seid doch alle gleich.«
Einzelne Rufe der Zustimmung waren zu hören, drohende
Blicke richteten sich auf Raimund.
»Der Kaiser wird für Recht und Ordnung sorgen«, antwor-
tete Chaim an seiner statt.
»Der Kaiser ist in Italien. Wer weiß, ob er jemals zurückkeh-
ren wird«, erwiderte ein älterer Mann.
Dann schrien alle durcheinander.
»Wir sind verloren!«
»Mosche hat recht, wir müssen an unser Heil denken!«

»Willst du einfach aufgeben, du Feigling? Kämpfen müssen wir, bis zum Letzten!«

»Gott straft uns, unserer Sünden wegen!«

Mainz – auf dem Marktplatz

Neugierig war Peter unter dem Dach hervorgeklettert und saß neben dem Widderkopf auf dem Fahrgestell. Mit einem Stock zeichnete Rotkutte einen Halbkreis in den Sand. An den zwei Enden fügte er je einen senkrechten Strich hinzu und dann einen weiteren Strich von der Mitte des Halbkreises hinunter.

»Das ist das Tor«, erklärte der Priester einigen Männern, die sich um ihn geschart hatten, Veit befand sich unter ihnen. Innerhalb der rechten Hälfte des Tores zeichnete Rotkutte ein kleines Rechteck.

»Die kleine Tür im Tor«, murmelte Peter. Dann fügte Rotkutte zwei Querstriche hinzu, einen ein kleines Stück über dem Boden, den anderen knapp unterhalb des Halbkreises. »Das sind die Querbalken, die das Tor von innen zusammenhalten.«

Rotkutte zeichnete ein Kreuz auf den oberen Querbalken. »Genau hier ist der Balken beschädigt, das habe ich gesehen und sogar mit der Hand gespürt, als ich die Pfalz nach dem Gespräch mit dem Bischof verlassen habe. Wenn dieser Balken bricht, ist das Tor nicht mehr zu halten.«

»Unser Priester hat eine Beobachtung gemacht, die uns helfen könnte.« Veit grinste breit. »Meister Wernhart, komm mal her.«

Mainz – Bischofspfalz, im Kaiserhaus

Rachel wurde es ganz wirr im Kopf. So viele Meinungen, so viele Wenns und Obs. Ach, wäre doch nur ihr lieber Vater da oder ihr Zacharias. Bilder drängten sich vor ihr inneres Auge: Zacharias mit blutverkrusteter Stirn, röchelnd, stammelnd, mit wahnverzerrtem Blick in ihren Armen sterbend.

Dann legte sich ein Lächeln über ihre Lippen. Mosches lieblicher Gesang hatte sie trösten können, als sie ihren Zachi zu Grabe getragen hatten.

Jäh erstarb das Lächeln, alles in ihr wurde stumpf und leer. Sie sah ihren geliebten Vater, nackt und tot, auf einem Haufen mit Dutzenden Hingeschlachteter wie aufgetürmtes totes Vieh. Der entstellte Blick seines abgetrennten Hauptes, zwischen fremden Gliedern, Brüsten, Kot und Blut, so wie die anderen Toten, von denen ihr Elischewa berichtet hatte

Womit hatte sie sich bloß versündigt, dass der Ewige sie so strafen musste? Wenn sie heute sterben würde, so war es recht. Aber der Herr musste ihr gnädig sein. Sie sah auf Isaak hinab, den sie mit dem rechten Arm in ihren Schoss drückte. Seine Wärme gab ihr Trost.

»Herr, sieh mich doch, mich kleine Rachel«, flüsterte sie tonlos. »Ich habe versucht, Dir zu gehorchen. Habe meine Küche nach Deinem Willen geführt! Habe meine Kinder nach Deinen Gesetzen aufgezogen. Habe selbst wegen Zachis Bart den Rat befragt. Herr, es waren bloß Haare. Und es hat ihn doch so gekratzt. Und Rabbi Chaim sagte, es sei recht. Du würdest schon verstehen. Herr, bitte verzeih mir meine Sünden. Herr, der Du so groß bist, wie kann ich Dir beweisen, dass ich Deinen Namen ehre? Welches Opfer kann Deinen Zorn besänftigen?«

Sie rief Elischewa zu: »*Ich habe vier Kinder; auch diese schont nicht, damit nicht die Christen kommen und sie lebend ergreifen und in ihrem Glauben taufen. Heiligt auch an Ihnen den Namen des heiligen Gottes!*«

Mit diesen Worten hielt Rachel ihren Sohn Isaak der Freundin zur Schlachtung hin.

Der Junge zappelte mit seinen Beinchen, hatte verstanden, dass all dies blutiger Ernst war. Isaak wand sich, seine Arme wollten den Griff der Mutter lösen. Doch Rachel hielt ihn fest, sie spürte Isaaks Tritte kaum. Ihre rechte Hand, die soeben noch das Laken gestreichelt hatte, unter dem ihre zwei Jüngsten schliefen, ließ ab von dem Korb. Sie zog Isaaks Kopf nach hinten, sodass sein Hals entblößt war. Die helle Haut schimmerte, und Elischewa setzte die kalte Klinge am Hals des Jungen an, der verzweifelt schrie: »Nein, nein. Mama, hab mich doch bitte wieder lieb!«

Rachel zog Isaak zu sich zurück und schrie auf. Dann sprach sie leise zu dem Kleinen, liebkoste ihn, benetzte das kreischende und strampelnde Kind mit ihren Tränen. Sie schlug sich mit der rechten Hand ins Gesicht und brüllte: »*Wo ist Deine frühere Gnade, Herr?* Willst Du wirklich, dass ich ihn töten lasse, um ihn vor Deinem Gericht zu bewahren?« Rachel hörte, wie sich ihre Stimme überschlug, und das machte ihr noch mehr Angst. Sie sprang auf.

Isaak, von der abrupten Bewegung der Mutter mitgerissen, fiel mit dem Kopf auf den Boden und blieb dort benommen liegen. Aaron, der sich noch immer an dem Hals seiner Mutter festhielt, wurde hochgerissen. Rachel schrie ihre Freundin an: »*Schlachte nicht Isaak vor Aaron, damit er nicht den Tod seines Bruders sieht.*«

Der kleine Aaron löste seinen Griff, glitt zu Boden und jammerte: »*Mutter, schlachte mich nicht!*« Dabei krabbelte er auf allen vieren weg.

Schützend stellte sich Chaim zwischen Rachel und ihren jüngsten Sohn. »Rachel, nun ist es genug. Vergieße kein Blut.«

Rachel hörte Chaim nicht mehr. In ihrer Not sah sie nur den einen Weg, das eine Opfer, ihr Schicksal zu etwas Gutem, etwas Heiligem, zu formen. Noch heute wollte sie mit Zachi, ihrem

Papa, ihrer Mama und ihren Kindern im Himmel vereint sein. Gemeinsam mit ihrer Familie, Abraham und Jakob würde sie am großen Festmahl teilnehmen. So hatte es Rabbi Mosche ihr versprochen.

Rachel riss das Messer aus Elischewas Hand. Sie griff in den Korb neben sich, zog Bela, ihr Neugeborenes, hervor. Bevor die Kleine einen Schrei ausstoßen konnte, fuhr sie mit der Messerschneide über den kleinen zarten Hals. Ein heißer Schwall ergoss sich über Rachels Hände, in kleinen Stößen floss das Blut aus Belas Kehle.

Rachel spürte die Wärme auf ihrer Haut. Es war ihr fremd. Es war nicht mehr wichtig.

Sie wandte sich Orli zu, die in dem Korb all der Wirrnis wegen schläfrig ihre Ärmchen ausstreckte. Vorsichtig, um die kleinen Hände nicht zu verletzen, langte Rachel um die Ärmchen herum. Noch ein Schnitt.

Es ging so schnell. So leicht.

Sie legte das Messer weg und nahm die Kleine aus dem Korb, drückte sie mit dem linken Arm an ihre Brust. Blut lief auf Rachels Kleid, benetzte ihre Wangen und tropfte zu Boden.

Sie sah sich um. Alle waren zurückgewichen. Warum, schoss es ihr durch den Kopf, beten sie nicht? Mit ihren beiden hilflos zuckenden Töchtern im Arm rief Rachel: »Ewiger, ist Dir diese Tat genug? Herr, bitte, bitte nimm mein Opfer an. Ewiger, lass mich und meine Kinder bei Dir, lass uns wieder bei Zacharias und meinem Vater sein.«

Rachel sah auf ihre zwei sterbenden Säuglinge in ihren Armen. Sie kniete nieder, ließ Bela und Orli auf den Boden gleiten, verblieb stumm für einen kurzen Moment.

Sie sah auf ihre blutigen Hände und heulte auf.

Da sah sie Aaron, der sich mittlerweile hinter einer Truhe versteckt hatte.

»*Aaron, wo bist du?*« Sie erkannte ihre Stimme kaum noch. Das musste das Ende sein, das Ende der Welt. Sie raffte das Messer neben dem Korb und richtete sich auf. »*Auch dich kann ich nicht schonen, kann mich deiner nicht erbarmen.*«

Mit dem Messer in der Hand trat sie auf Chaim zu, der schützend zwischen Rachel und ihrem jüngsten Sohn stand. Mit ihrer ganzen Kraft stieß sie den Rabbi zur Seite.

Mainz – auf dem Marktplatz

Rotkutte, Veit und Wernhart betrachteten die Zeichnung auf dem Boden. Schließlich nickte der Zimmermann und kletterte flink an Peter vorbei unter das Dach zu dem vordersten Haken, an dem der Widder aufgehängt war. Rotkutte drängte sich zu ihm unter das Dach.

»Hebt den Widder an«, forderte Wernhart und winkte die stärksten Männer herbei. »Es soll euch zum Vorteil gereichen.«

Rotkutte stellte sich vor den Widder, streckte den rechten Arm nach oben und deutete mit dem linken auf eine Stelle zwei Daumenlängen unterhalb seines Handgelenkes. Während die Männer den Baumstamm anhoben, justierte Meister Wernhart die Aufhängungen neu, sodass der Widder genau auf der Höhe zum Hängen kam, die Rotkutte mit seinem hochgestreckten Arm anzeigte.

Veit wandte sich an die Männer, die den Widder vorn lenkten: »Schaut genau auf das Tor. Seht ihr darin die kleine Tür?«

Die Männer nickten.

»Rechts über der kleinen Tür, dort sollt ihr den Rammbock ansetzen, dort schlagt ihr zu.«

Inzwischen hatte Wernhart die Seile justiert.

»Wir haben alles getan, was wir konnten. Jetzt seid ihr dran«, kommandierte Veit. Dem Trupp mit den Schilden und Bogen, der sich vor dem Widder bereit gemacht hatte, befahl er: »Ihr schreitet voran. Die Schützen zielen neben die Zinnen. Verstanden?«

»Ja, Hauptmann!«
Peter huschte flink unter das Dach und sah zu, dass er wieder auf seinen alten Platz kam.

Veit stellte sich vor die vordere Öffnung des Widders und rief ihnen zu: »Die Schildträger werden euch zusätzlich zu den zwei Schutzwällen Deckung geben. Jetzt viel Glück. Gott steh euch bei.«

Mainz – Bischofspfalz, im Kaiserhaus

Chaim spürte einen scharfen Schmerz in seinem rechten Arm und sank zu Boden, während Rachel zu Aaron hinter die Truhe eilte und den Jungen an den Beinen hervorzog. Reglos hatte der Rabbi das Unfassbare verfolgt und betrachtete nun benommen die klaffende Wunde an seinem Oberarm. Mühsam versuchte er, sich aufzurichten. Er taumelte und sank zu Boden.

Zwei Männer stürzten auf Rachel zu. Einer umklammerte sie von hinten. Der andere riss Aaron weg, der hilflos wimmerte.

Niemand sonst gab einen Laut von sich. Elischewa hockte am Boden und starrte auf die rote Pfütze vor sich, die größer und größer wurde. Es war, als ob ihr Blick die Aufmerksamkeit aller anderen auf die Lache lenkte, das Blut war das Einzige, was sich regte. Wie tote Lämmchen lagen die zwei Kinder darin.

Es wurde still. Gespenstisch still. Bis das Messer endlich mit einem scharfen Scheppern zu Boden fiel und den Bann brach.

Eine der Frauen wandte sich Aaron zu. Zwei andere begaben sich zu Isaak, der immer noch benommen auf dem Boden lag.

Chaim entdeckte Raimund, der sich an die Wand lehnte. Gekrümmt stand er da. Seine Brust hob und senkte sich wie nach größter körperlicher Anstrengung.

Dann richtete der Domdekan sich auf. Er wich Chaims Blick aus und verließ schnellen Schrittes den Speisesaal.

Mainz – auf dem Marktplatz

Langsam brachten Peter und seine Mitstreiter das schwere Ungetüm in Bewegung. Stickig war es unter dem Dach des Widders. Durch die Köpfe der Männer vor ihm hindurch sah er die Schildträger und Bogenschützen. Die Mauer mit dem schwarzen Tor war knapp drei Steinwürfe entfernt. Mit jedem Schritt erschien das Tor ein bisschen größer.

Nur das Keuchen der Männer und das Knirschen der Räder im Sand waren zu hören. Sein Nebenmann war etwa so alt wie sein Vater. Er hatte zwar kaum Haare auf dem Kopf, dafür wuchsen ihm dichte Büschel aus Ohren und Nase. Der Mann war zweifellos stark, mit verbissenem Gesicht drückte er gegen einen der Balken, an dem die Bretter des Daches befestigt waren.

Plötzlich ein kurzes Zischen und dann ein dumpfes Klacken. *Zsss-klack.* Noch einmal. *Zsss-klack.*

Peter sah durch die Öffnung, wie Dutzende von Pfeilen auf den Widder abgeschossen wurden, an manchen loderte eine Flamme an der Spitze.

Die Felle trieften vor Wasser, das von dem Dach auf die Köpfe der Männer tropfte. Meister Wernhart hatte wahrlich gute Arbeit geleistet.

Zsss-klack.

Selbst die Vordermänner waren durch die Balken im Giebel des Daches gut geschützt. Die Soldaten, die vor dem Widder herliefen, hatten es wohl schwerer. Sie konnten dem Pfeilregen nur mit ihren Schilden trotzen.

Ein kurzer Schmerzensschrei und ein dumpfes Poltern.

Unbarmherzig rollte das Rad des schweren Wagens über das Bein eines getroffenen Soldaten, der draußen vor dem Widder gekämpft hatte. Der Knochen brach mit einem dumpfen Knacken, ein zweiter Schrei des Mannes drang undeutlich von außen herein. Peter drehte seinen Kopf nach hinten. »Weiter, weiter, der ist sowieso bald tot. Schieb weiter!«, brüllte ihm sein Nebenmann zu.

Zischen. Klacken. *Zsss-klack. Zsss-klack.*

»Etwas nach links!«, rief jemand von vorn. Das Tor, das Peter zwischen den Köpfen der Männer und den Soldaten draußen sah, füllte nun fast die ganze Breite der Öffnung vor ihm aus. Auf einmal machten die Bogenschützen und Schildträger vor ihnen den Weg frei, der Widder überholte sie. Das Zischen und Klacken verschwamm zu einem dröhnenden Geprassel. Nur noch die schwarzen Bretter konnte Peter durch die Öffnung vor sich sehen, sie mussten das Tor jeden Moment erreicht haben.

»Langsamer, uuund stopp!«, rief es von vorn. »Bremsklötze und dann auf die Barren!«

Vier Männer setzten flugs Keile unter die Räder und richteten sich wieder auf. Alle Angst war vergessen, es galt nun, den entscheidenden Stoß zu setzen. Peters Füße suchten Halt auf dem Fahrgestell, während seine Hände die Holzgriffe des Balkens in ihrer Mitte mit aller Kraft umfassten.

»Los!«

Langsam setzten sie den Balken mit dem Widderkopf in Bewegung.

Mainz – Bischofspfalz, im Kaiserhaus

»Der Wagen mit dem Rammbock ist wieder da, aber diesmal hat er ein Fell!«, rief ein Junge, etwa in Davids Alter, ganz außer

498

Atem von der Tür des Speiseraumes aus. »Unser Parnas befiehlt alle, die kämpfen können, zum Tor.«

Ein Aufschrei ging durch den Raum. Männer eilten zur Tür. Ein Wimmern und Klagen der Frauen und Alten hob an. Fast wollte Jehudith mit einstimmen, aber sie bezwang sich.

Auch David zog es nach draußen. Jehudith wollte ihn festhalten, doch es war zu spät. Zu ihrer Erleichterung lief ihr Sohn zu Salomo, gemeinsam verließen die beiden den Raum. Jehudith eilte zum Fenster und erkämpfte sich einen Platz, von dem aus sie hinausschauen konnte.

Kurz darauf sah sie die Männer über den Michaelishof rennen. Ihr Sohn schleppte gemeinsam mit Salomo einen großen Korb mit Lappen und Töpfchen. »Für die Verwundeten«, murmelte Jehudith und schloss die Augen. Sie wandte sich vom Fenster ab.

Chaim hatte sich auf einen Stuhl gesetzt und betrachtete seinen blutenden Arm. »Sieht schlimmer aus, als es ist. Aber besser wäre es schon, wenn du die Wunde verbindest.«

Jehudith huschte durch das Gewirr der Menschen zur Tür und ging in das Krankenzimmer. Sie griff sich einen Schwamm und ein sauberes Leinentuch. Dann kämpfte sie sich gegen den Menschenstrom zurück in den Speisesaal und machte sich daran, Chaims Wunde zu versorgen.

»Wo ist David?«, fragte ihr Mann.

»Beim Tor, nehme ich an.« Jehudith goss etwas Wasser aus einem Krug auf den Schwamm.

»Wird er kämpfen?« Chaim hielt seiner Frau den Arm hin.

»Ich glaube nicht. Er hilft wohl Salomo bei der Versorgung der Verletzten.« Vorsichtig setzte Jehudith den Schwamm auf die Wunde.

Chaim sog zischend die Luft ein.

»Halt still. Ich muss die Wunde sauber machen.« Entschlossen griff Jehudith nach dem Arm ihres Mannes und wusch noch einmal mit dem Schwamm über die blutende Haut.

Chaim hielt still, und als sie sich ans Verbinden machte, fragte er leise: »Worüber hast du mit David in der Johanniskirche gesprochen?«

Mainz – auf dem Marktplatz

Alles lief wie am Schnürchen.

Die Geräusche der Pfeile, die auf das Dach prasselten, machten Peter kaum noch Angst. Wasser tropfte in seinen Nacken. Aber da er in der dumpfen Hitze vor Anstrengung schwitzte, tat ihm der Regen gut.

Wumm! Der erste Schlag an das Tor war gesetzt.

Das Pfeilgeprassel wurde nochmals lauter. Wie viele Pfeile haben die denn, verdammt?

»Und noch einmal!«, rief es von vorn. Dumpf krachte der Widder gegen das Tor.

Peters Bewegungen verschmolzen mit denen der anderen Männer. Immer kraftvoller schwang der Widder. Sie drückten ihn mit aller Kraft nach vorn und ließen sich zurückgleiten. Mit jedem Schwung bewegte sich der Balken in ihrer Mitte ein Stück höher. Es zischte, klackte und wummerte. *Zsss-klack. Wumm. Zsss-klack. Zssss-klack. Wumm.*

Sie waren nun ein Fließen, wurden zu einer Faust, die mit eiserner Macht an das Tor schlug.

Mainz – Bischofspfalz, im Kaiserhaus

»Glaubst du, dass David Mosches Weg gehen möchte?«, fragte Chaim.

»Ich weiß es nicht. Er ist empört.« Jehudith lachte traurig, während sie Chaims Wunde mit dem Leinentuch umwickelte. »Er ist nicht mehr der kleine Zwölfjährige, der macht, was man ihm sagt.«

»Schon damals hat er immer nach dem Warum gefragt«, antwortete Chaim leise.

»Das hast du immer an ihm gemocht.«

Chaim schaute seine Frau an und nickte langsam. »Das mag ich immer noch an ihm.«

»Was machen wir nun?«, fragte Jehudith.

»Er ist bereits ein Bar Mitzwa. Nach dem Gesetz muss er selbst entscheiden.«

»Aber er ist doch noch ein Kind.«

Mainz – auf dem Marktplatz

»Weiter, weiter! Das Tor gibt nach!«, rief es von vorn.

Zwar prasselten die Pfeile weiterhin auf das Dach, doch drang kein Rauch zu ihnen hinab.

Geschmeidig drückten sich Peters Füße an die Balken des Fahrgestells. Er schwitzte, alle schwitzten. Sie ließen sich von dem zurückschwingenden Widder zwei Schritte nach hinten fallen, dann drückte er mit aller Kraft nach vorn. Und erneut fuhr der Kopf des Widders gegen das Tor.

Holz knackte.

Es war nicht das Tor. Im Dach hatten sich Risse gebildet. Das Licht, das durch die Spalten drang, warf Kanten in die stickig-feuchte Luft. Dicke Wassertropfen hingen unter dem Dach. Peter sah, dass direkt über seinem Kopf eine Öffnung entstanden war, durch die ein Pfeil es hindurchschaffen konnte. Aber schon wieder holten die anderen aus, und er mit ihnen.

Bei jedem neuen Stoß ergoss sich ein Wasserschwall über die Köpfe der Männer. Verbissen rief es von vorne: »Weiter, weiter!«

Und auch Peter schrie: »Weiter! Weiter!«

»Bald haben wir es geschafft!«, knurrte sein Nebenmann.

Und endlich war ein Ächzen im Gebälk des Tores zu hören.

»Das Tor gibt nach!«, rief Peter und erkannte seine Stimme kaum.

»Noch einmal, mit aller Kraft!«, kam es von vorn.

In das Wummern mischte sich ein helles Krachen. Der obere Teil des Tores war aufgesprungen.

»Nochmal ein Stück zurück. Und dann wieder mit aller Kraft nach vorne! Los jetzt!«

Während sie ausholten, spürte Peter etwas Heißes seinen Rücken entlangratschen. Er stolperte, aber sein Nebenmann erwischte seinen Arm. »Hoch mit dir!«, brüllte er.

Irgendwie gelang es Peter, sein Gleichgewicht wiederzuerlangen. Er sah, dass zwischen seinen Füßen ein rauchender Pfeil lag. Es war wirklich einer durch den Spalt gekommen. Brüllend drückten die Männer den Widder nach vorn. Peter schrie vor Angst und legte dabei seine ganze Kraft in den Stoß.

Mit einem Bersten sprang das Tor auf.

»Geschafft! Gott will es! Gott will es! Wir haben es geschafft!«

In diesem Moment rannten Soldaten in voller Rüstung an ihnen vorbei und drangen mit lautem Kampfgeheul durch das offene Tor in die Bischofspfalz.

Mainz – Bischofspfalz, auf dem Michaelishof

David hörte die Stöße des Widders an das große Tor, aber er hatte keine Zeit, darüber nachzudenken. In aller Eile hatten Salomo und er unter der Balustrade des Martinshauses ein Lager für die Verletzten aufgebaut. Ein Korb mit sauberen Tüchern, zwei große Krüge mit Wasser und drei Töpfe mit Salben standen bereit. Einige Decken lagen auf dem Boden, Liegeplätze für die Schwerverletzten. David kam gerade mit einer Schale voller Schlafschwämme durch das Bronzetor zum Michaelishof. Jubel- und Entsetzensrufe brandeten auf.

David schaute Salomo fragend an, der ein paar Schritte vor ihm einen Korb mit Verbandszeug trug. Er sah Angst in den Augen des langjährigen Freundes der Familie, der sonst bei jedem Problem Rat wusste.

Der Arzt schrie über das wütende Kampfgeschrei: »Komm, leg die Schale auf die Tücher im Korb. Geh sofort zur Residenzgasse und hilf dabei, die Verletzten herzubringen. Ich werde inzwischen die letzten Vorbereitungen am Martinshaus treffen.«

David nickte. Er ging die paar Schritte zum Viktorhaus und lugte vorsichtig in die Gasse zum Tor. Er blickte auf die Soldaten des Bischofs, die sich langsam rückwärts zusammen mit den Ihren auf ihn zubewegten. Von dem eigentlichen Kampf konnte er nichts sehen außer ein paar Lanzen, die über den Köpfen der Verteidiger schwebten. Die Schmerzensschreie, der Jubel und das Gebrüll ließen ihn erschaudern.

Ein Verletzter wurde von zwei Kameraden aus der Menge der Kämpfenden getragen. Es war Jaron, der Sohn des Gerbers in ihrer Gemeinde. David winkte den dreien zu und schrie: »Kommt hinter das Martinshaus!«

Mainz – Bischofspfalz, Residenzgasse

Die Männer unter dem Dach des Widders sahen sich an. Stolz leuchtete aus ihren Augen, sie lachten. Völlig außer Atem setzten sie sich auf das Fahrgestell unter dem Dach. Peter war glücklich. Ja, auch er würde Teil der Heldensagen sein, die man dereinst in den dicken Büchern lesen konnte. Und ein Platz im Himmel war ihm nun ganz bestimmt gegeben.

Inzwischen hatte sich sein Atem etwas beruhigt. Das Tor schien genommen, es wurden keine Pfeile mehr auf sie abgeschossen. Auf seinem Rücken prickelte es, jedoch nur leicht. Viel konnte der Pfeil, der ihn gestreift hatte, nicht angerichtet haben.

Vorsichtig traten die ersten Männer durch die hintere Öffnung des Wagens ins Freie. Peter, schweißgebadet und völlig nass von dem Wasser, das vom Dach auf ihn getropft war, lugte aus dem Fahrzeug heraus, das sie beschützt hatte.

Nur langsam gewöhnten sich seine Augen an das Licht. Immer mehr ihrer Kämpfer liefen an dem Widder vorbei. Und jetzt sah er die Seinen auf den Mauern über dem Tor die weißen Fahnen mit dem roten Kreuz schwenken.

Sieg, Sieg!

Ein Strom des Glücks rauschte durch Peters Körper. Wir haben es geschafft, wir haben gesiegt!

Mainz – Bischofspfalz, im Kaiserhaus

Jehudith beobachtete das Geschehen vom Speisesaal aus. Vom dritten Stock des Kaiserhofs konnte sie auf den Michaelishof mit dem Wohnturm in der Mitte sehen. Der Kampf tobte zwischen dem Viktor- und dem Martinshaus. Die Reihen der Verteidiger lichteten sich. Immer mehr der kämpfenden Christen flohen oder warfen ihre Waffen fort. Ohne jeden Widerstand ließen sie sich von den Angreifern gefangen nehmen.

Hadewin und die treuen Soldaten versuchten zusammen mit den Ihren, den endgültigen Durchbruch zu verhindern. Langsam wichen sie in der engen Gasse zurück.

Jehudith erkannte David, der zwei Männern half, einen Verletzten zu tragen.

»Ach, mein Sohn«, murmelte sie traurig. Da fühlte sie eine Hand an ihrer Schulter. Chaim war zu Jehudith ans Fenster gekommen.

Jetzt flohen auch die Ihren. Die Wenigsten hatten jemals an einem Kampf teilgenommen. Und sich den Angreifern zu ergeben, diese Option stand nur den Christen offen. Viele Juden rannten aus der engen Gasse hinaus. So waren es bald nur noch Kalonymos ben Meschullam und ein gutes Dutzend ihrer Glaubensbrüder, die Hadewins Truppe unterstützten.

Aber was war das? Auf dem Dach des Wohnturmes neben dem Martinshaus stand Mosche und gestikulierte mit seinen Armen, als wolle er die Flüchtenden in den Turm winken.

Einige wenige Juden rannten zu der kleinen Treppe, die hinauf zum Wohnturm führte. Die Tür war so eng, dass sich ein Knäuel um den Eingang bildete. Die Mehrzahl der Juden lief nach links am Viktorhaus vorbei durch das Tor zum Kaiserhof.

Die Ersten strömten bereits in den Speisesaal hinein und suchten nach ihren Frauen und Kindern.

Jehudith wandte sich vom Fenster ab und lief hinaus zur Tür.

Mainz – Bischofspfalz, Residenzgasse

Männer und Frauen in grauen Hemden kamen mit Sicheln und Forken ans Tor. Dort wachten nun Ritter. Sie hielten die Bauern davon ab, die Bischofspfalz zu betreten. Warum taten sie das?, fragte sich Peter.

»Natürlich, wir sollen nichts abbekommen von den Reichtümern des Bischofs«, hörte er einen der Graubehemdeten murmeln.

Peters Nebenmann mit den Haarbüscheln in Nase und Ohren beschwerte sich. »Wir dürfen unser Leben riskieren, aber die vornehmen Ritter schöpfen mal wieder den Rahm ab.«

»Ja, ja. So ist es immer. Wir machen die Knochenarbeit, und die da oben kriegen den Speck«, erwiderte ein anderer.

Rotkutte erreichte das Tor. Anerkennend rief er Peter zu. »Gut gemacht! Der Herr wird es dir lohnen!«

Peter lächelte selig.

»Komm mit mir in die Pfalz. Du sollst erleben, wie uns der Herr den endgültigen Sieg schenken wird.«

Zusammen mit dem Priester ließen ihn die Wachen am Tor passieren.

Viele der Soldaten des Bischofs hatten sich ergeben. Bewacht von Kriegern des Kreuzes standen sie in ihren bunten Uniformen unter einer Balustrade an einem großen Steinhaus, ihre Waffen hatten sie zu einem Haufen getürmt. Die Erleichterung stand den meisten von ihnen ins Gesicht geschrieben.

Der Kampf war allerdings noch nicht ganz vorbei. Peter sah die Rücken der Soldaten, die sich langsam nach vorn kämpften. Sterbende schrien und wimmerten auf dem Boden, Menschen traten auf sie. Verletzte lehnten an den Wänden der Häuser links und rechts der Gasse.

Rotkutte stieg die Leiter hoch auf den Wehrgang, er wollte wohl den Kampf von oben betrachten. Peter wurde von einem Soldaten Emichos der Weg verstellt. »Das hier ist nichts für Kinder. Bleib unten.«

Mainz – Bischofspfalz, auf dem Michaelishof

Jaron schrie wie am Spieß, als Salomo sein Wams öffnete. Die zwei Männer mussten den Jungen festhalten, der kaum zwei Jahre älter als David war. Blut floss aus der Brust des jungen Mannes. Blut, überall Blut.

Ohne David anzusehen, seine Aufmerksamkeit ganz auf den Verletzten fokussiert, rief Salomo über das Getöse hinweg: »Zurück mit dir zur Residenzgasse. Da kommen sicher noch mehr!«

Auf seinem Weg am Martinshaus vorbei sah David einige der Ihren, die vom Kampfgeschehen weg auf den offenen Platz liefen.

»Fliehen die etwa?«, murmelte David.

Er lugte um die Ecke in die Gasse zum Tor. Immer mehr Verteidiger machten sich davon. Panik sprach aus ihren Gesichtern. Erst gingen sie langsam, schauten unsicher zurück auf die Kämpfenden. Dann rannten sie, so schnell sie konnten, weg vom Kampfgeschehen auf den Michaelishof.

Das Schlachtengebrüll ließ Davids Beine schwach werden. Schritt für Schritt wichen die Verteidiger in der engen Gasse zurück. Nur noch einen halben Steinwurf waren die Rücken ihrer Kämpfer von ihm entfernt.

Mit einem Mal hörte er eine Stimme, die vom Wohnturm hinter ihm kam. David drehte sich um. Mosche stand auf dem Turm. Mit seinem wallenden Bart und würdevoll behäbigen Bewegungen sang ihr alter Rabbi: »*Sein großer Name sei gepriesen in Ewigkeit.*«

Flüchtende liefen an David vorbei, einige rannten direkt durch das Tor zum Kaiserhof, wohl um zusammen mit ihren Familien dem Unvermeidlichen entgegenzuharren. Einige blieben auf dem Platz stehen und sahen hinauf zu Mosche. Der Rabbi hörte auf zu singen und rief mit seiner warmen und durchdringenden Stimme zu den Menschen auf dem Platz. »*Lasset uns das Dankgebet über die Speise sprechen vor dem ewigen*

Gott, unserm Vater im Himmel; denn statt des früheren Altars ist uns jetzt der Tisch zur Versöhnung bereitet.«

Einige der Ihren begaben sich in den Wohnturm. Mehr und mehr der gerade noch Kämpfenden rannten über den Michaelishof. Er hörte Salomo hinter sich rufen. Der Arzt kam auf ihn zu. David blickte noch einmal in die Gasse hinein. Die kämpfenden Männer waren nur noch wenige Schritte entfernt.

»Komm, David, wir müssen zurück zum Kaiserhof, es hat keinen Sinn mehr!«, überschrie der Arzt das Gebrüll und eilte davon. David blieb stehen. Noch einmal drehte sich Salomo um und winkte ihn zu sich. »Komm, David, komm«, schienen seine Lippen zu formen.

Davids Blick schweifte über den großen Platz. Wo sollte er hin? Nach rechts zu Mosche in den Wohnturm oder nach links mit Salomo ins Kaiserhaus? Ein Rennen und Schreien um ihn herum. Er musste sich entscheiden, sonst würden ihn die Soldaten Emichos fassen.

Auf einmal sah er seine Mutter aus dem Tor zum Kaiserhof zu ihm laufen. »Komm, David«, rief sie ihm zu. »Wir müssen zusammenbleiben. Wir müssen Gott vertrauen, dass er einen Ausweg für uns finden wird.«

Jehudith nahm ihn an die Hand. Gemeinsam rannten sie am Viktorhaus vorbei durch das offene Bronzetor. Zwei Mönche deckten den Brunnen ab. Warum machen sie das?, fragte sich David. Aber da zog ihn seine Mutter bereits hinein in den Eingang des Kaiserhauses.

Keuchend setzten sie sich in eine Ecke auf den Boden. Noch immer hörten sie Kampfgeräusche, jedoch wurden diese nun gedämpft durch die dicken Mauern.

»Wir müssen zu Vater.« Jehudith stand auf und zog David hoch. Gemeinsam stiegen sie die Treppen hinauf.

Auf einmal tauchten von allen Seiten Mönche und Soldaten des Bischofs in den Gängen auf. Kurz bevor sie den Speisesaal erreicht hatten, fühlte David einen festen Griff an seinen Armen. Er wollte sich losreißen, aber die Hände drückten ihn zu Boden.

Mainz – Bischofspfalz, im Kaiserhaus

Von dem Fenster aus hatte Chaim das Geschehen in der Pfalz beobachtet. Mit Erleichterung hatte er zugesehen, wie David mit Jehudith in das Kaiserhaus fliehen konnte. Chaims Arm schmerzte noch immer, aber mit dem sauberen Verband fühlte er sich besser. Viele drängten sich an das Fenster. Die Enge behagte ihm nicht.

Eigentlich sollten Jehudith und David längst hier im Speisesaal sein, dachte er kurz darauf. Nervös ging sein Blick vom Fenster zur Tür und wieder zurück.

Er sah die letzten Juden in den Wohnturm flüchten, dessen Tür sodann geschlossen wurde. Als der Trupp um Hadewin fast bis zum Ende der Gasse zurückgewichen war und die Soldaten nur noch den offenen Michaelishof in ihrem Rücken hatten, gab der Hauptmann den Befehl zum Rückzug. Die Wachen und einige der Ihren liefen am Viktorhaus vorbei zum Tor des Kaiserhofs. Wie eine gestaute Wassermasse, die sich in ein Becken stürzte, strömten die vorrückenden Soldaten aus der engen Gasse. Die Krieger mit dem Kreuz des Gehängten eroberten den großen Platz, in dessen Mitte der Wohnturm trutzig emporragte.

Hadewin ließ das Tor zum Kaiserhof schließen.

Einige der Ihren hatten es nicht mehr geschafft, in dem Wohnturm oder auf dem Kaiserhof Zuflucht zu finden. Hilflos standen sie in der Mitte des Michaelishofes, umringt von Emichos Kämpfern. Unter ihnen befand sich auch der Parnas, der sein Schwert schützend vor sich hielt. Ein Reiter in voller Rüstung hob seine Lanze, gab seinem Pferd die Sporen und stieß die Waffe in Kalonymos' Bauch. Der Parnas stürzte und wand sich auf dem Boden. Die Lanze hatte seinen Körper durchbohrt.

Chaim schloss die Augen, ein Schluchzen entwand sich seiner Kehle. Als er die Augen wieder öffnete, hatten sich die anderen Juden bereits ergeben. Die Eindringlinge hatten nun den ganzen Michaelishof in ihrer Hand. Chaim blickte ein letztes Mal auf den sich hilflos am Boden krümmenden Parnas, dann wandte er sich vom Fenster ab. Wie durch eine Nebelwand hörte er den frenetischen Jubel von Emichos Soldaten.

Noch einmal richtete er seinen Blick zur Tür in der Hoffnung, Jehudith und David dort zu sehen.

Vergebens.

Das musste das Ende sein.

O siehe, siehe die vielen Opferungen dieser,
die im Leben Dich liebten
und in ihrem Tode sich nicht von Dir trennten,
die bereit waren,
Deinen einzigen Namen zu verherrlichen!
Gedenke ihrer frommen, fest an Dir haltenden
Liebe!

Selichah – Kalonymos ben Jehuda

Teil IX: Kiddusch ha-Schem

Mainz – Bischofspfalz, Residenzgasse

PETER HOCKTE HINTER EINER KISTE NAHE DER LEITER HIN-
AUF ZUM WEHRGANG, dessen Zugang ihm verwehrt worden
war. Immer weiter nach vorn schob sich die Mauer der Ritter
und hinterließ einen Teppich schreiender Körper und Leichen
unter sich, die in merkwürdigen Verrenkungen liegen blieben
oder wie Käfer auf dem Boden herumkrochen. Das Jammern
und Keuchen der Verwundeten hallte in seinen Ohren wider.
Der Geruch von Schweiß und Blut verursachte ihm Brechreiz.
Hoffentlich würde Rotkutte bald herunterkommen, um ihn zu
beschützen, dachte Peter.

Mehr und mehr von Emichos Soldaten waren vom Marktplatz durch das Tor gekommen und johlend über die Toten und
Verletzten getrampelt, um sich den Kämpfenden anzuschließen.

Auf einmal übertönte Jubelgeschrei das Wimmern der Sterbenden. Zwischen den zwei Steinhäusern wurde der Blick frei
auf einen großen Platz.

Der Kampf schien vorbei zu sein.

Rotkutte stieg sichtlich zufrieden die Leiter hinunter. »Komm
mit, du stolzer Krieger, zum Michaelishof.«

Mit erstaunlicher Behändigkeit überstieg der Priester die Leichen in der Gasse. Peter hatte Mühe, ihm zu folgen. Jammernde

Menschen lagen auf dem Boden und schauten ihn mit flehenden Augen an. Peter musste seine Füße vorsichtig setzen, um nicht auf Hände, Bäuche, Rücken oder Köpfe zu treten, die zwischen zerborstenen Schilden, Lanzen und Schwertern, Blutlachen und Pferdekot auf dem Boden verstreut lagen.

Jubel und Freudengesänge ertönten von dem großen Platz vor ihnen, auf der rechten Seite stand ein Wohnturm, wie ihn Peter auch gestern in der Stadt gesehen hatte. Der Michaelishof war in ihrer Hand, die Blicke der Kämpfer waren auf ein großes Haus am Ende des Platzes gerichtet. Auf dessen Balkon stand Emicho.

Nachdem der Jubel langsam verebbt war, sprach der Feldherr zu seinen Soldaten. »Gott ist auf unserer Seite. Darum haben wir gesiegt!«

Rufe schallten über den Platz. »Sieg! Sieg!«

Eine Welle des Wohlbehagens durchströmte Peter. So fühlte es sich also an, eine Schlacht zu gewinnen. Er stimmte ein: »Sieg! Sieg!«

»Das haben die Soldaten des Bischofs nun endlich eingesehen. Viele von ihnen haben sich ergeben.« Der Feldherr zeigte auf eine Gruppe bewachter Männer, die im Schatten an einer Mauer lehnten. Sie schienen nicht allzu bekümmert und unterhielten sich mit ihren Bewachern.

»Hadewin und der Rest seiner Männer«, Emicho deutete auf den kleinen Wachturm neben einem metallisch glänzenden Tor, auf dem zwei der Wachen des Bischofs standen, »waren so nett und haben uns die Juden überlassen.«

Emicho wartete, bis sich das höhnische Gelächter auf dem Platz gelegt hatte, und wies mit seinem Arm nach links auf den befestigten Turm. »Ihr habt gesehen, wie sich die Ungläubigen feige in dem Wohnturm dort versteckt haben. In Gottes Namen werden wir die Diener des Teufels nun aus dem alten Gemäuer vertreiben und wie die anderen vor die Wahl stellen: Tod oder Taufe!«

»Wir metzeln sie nieder!«, rief einer der Ritter und erntete Rufe der Zustimmung.

In diesem Moment erkannte Emicho Rotkutte auf dem großen Platz und zeigte auf ihn. »Seid gepriesen, Diener des Herrn. Ihr werdet wieder Arbeit bekommen. Macht das Taufbecken bereit und wir, wir werden den Henkersplatz herrichten. Tod oder Taufe. Dafür sind wir hierhergekommen. Dafür wird Gott uns belohnen. Tod oder Taufe!«

»Tod oder Taufe!«, schrie die Menge begeistert zurück.

Freude lag auf dem Gesicht des Priesters. Peter staunte. Nie zuvor hatte er den Priester so selig gesehen.

»Wir wollen kein unnötiges Blut vergießen«, fuhr Emicho fort. »Aber Gottes Auftrag ist es, Mainz von den Juden zu befreien. Wie wir es auch in Worms getan haben. Und wie wir es in den anderen Städten tun werden auf unserem Weg ins Heilige Land. Tod oder Taufe!«

»Tod oder Taufe!«

Nochmals wartete Emicho, bis das Gebrüll verklungen war. Dann rief er: »Nun lasst uns essen und trinken. Die Speisekammern der Pfalz sind gut gefüllt. Danach werden wir das Judengeschwür aus dem Turm jagen.«

Die Menschen auf dem Platz jubelten. Emichos Worte gefielen Peter, der in diesem Moment großen Hunger verspürte. Zwei große Feuer wurden entfacht, darüber brachte man Eisenroste an.

Bald schon war die Sonne hinter den Häusern verschwunden. Die Verletzten wurden von Mönchen versorgt, und die meisten Toten waren weggetragen worden. Rotkutte hatte sich in das Haus begeben, von dessen Balkon Emicho seine Siegesrede gehalten hatte. Die hohen Herren wollten wohl unter sich sein. Peter war dies recht, so konnten sie ihren Sieg ungestört feiern.

Allerlei Leckereien wurden auf Tischen aufgetragen. Jeder durfte sich so viel nehmen, wie er wollte. Peter ergatterte einen ganzen Laib Brot, ein großes Stück saftigen Schinken und eine

Karaffe Wein. Damit setzte er sich in den Schatten bei den Ställen und beobachtete das Treiben auf dem großen Platz. In diesem Moment genoss Peter das Gefühl, gesiegt zu haben, ganz für sich allein.

Nach einer Weile setzte sich der Mann mit den Nasen- und Ohrenbüscheln, der im Widder neben ihm gekämpft hatte, zu ihm. »Na, Peter, ist das nicht herrlich, wie wir das geschafft haben?«

Der Mann hatte Bier und Käse und auch ein Stück warmes Fleisch. Sie teilten sich, was sie an Speisen hatten, und ließen es sich schmecken.

Auf dem großen Platz wurde getanzt und gesungen. Auch Jutta feierte kräftig mit, sie hatte sich bei einem Ritter untergehakt. Die beiden drehten sich wild im Kreis. Juttas Rocksaum flog in die Höhe, sodass ihre kräftigen Beine sichtbar wurden.

Peter betrachtete die glänzende Pforte, die zu einem separaten Bereich in der Pfalz zu führen schien. Von dem kleinen Wachturm, der neben dem Tor in der Mauer eingelassen war, beobachteten Soldaten in bunten Uniformen weiterhin den Michaelishof.

Peter zeigte auf das Tor und fragte seinen Kameraden: »Was ist dahinter?«

»Dort ist der Kaiserhof. Der Kaiser feiert mit seinem Hof dort seine Feste, wenn er in Mainz verweilt.«

»Die könnten uns doch von dort beschießen! Warum gucken die nur zu?«

Sein Mitkämpfer biss kräftig in das gegrillte Fleisch, sodass ihm das Fett übers Kinn lief. »Die wollen ihren Arsch nicht für die Gottlosen riskieren, das hat Emicho doch gesagt. Die wollen bloß zuschauen, wie wir das Judenpack erledigen.«

Peter wurde es mulmig. Er ließ sein Stück Braten sinken. Soviel Peter wusste, war David auch ein Jude und trotzdem ein ganz freundlicher Kerl. Wie es ihm wohl gerade erging? Er schaute zu seinem Nachbarn, der genüsslich grunzte und ihn mit Blick auf das Fleisch, das Peter in der Hand hielt, anstieß. »Schmeckt es dir etwa nicht?«

Ach was, verwarf Peter seine Gedanken. Warum soll ich mir meine Laune durch Gefühlsduseleien verderben? Krieg ist Krieg. Ich lass es mir schmecken, sagte er sich und biss mit Genuss in den saftigen Braten hinein.

Am Himmel zogen immer mehr dunkle Wolken auf. Eine Bö fegte einem Mann den Hut von seinem Kopf, Frauen pressten mit den Händen ihre Kleider an den Körper. Er sah Jutta und den Ritter im Schatten einer Mauer. Dicht saßen sie beieinander, der Mann hatte seine Hand um Juttas Hüften gelegt. Sein Kamerad mit den Büscheln verabschiedete sich wortlos.

Nach einiger Zeit war er zwar satt, aber immer noch voller Tatendrang. Es war so viel passiert, das er erst einmal in seinem Kopf sortieren musste. So schlenderte er herum auf dem großen Platz mit dem verwunschenen Wohnturm in der Mitte.

Er sah Veit, der das alte Gemäuer inspizierte. Zusammen mit Rotkutte und Meister Wernhart schien der Hauptmann die Lage zu besprechen. Peter suchte sich einen Platz an der Mauer des Turmes und lauschte neugierig, tat jedoch so, als ob er vor sich hindösen würde.

»Wir müssen vorsichtig sein. Unsere Männer wären ein leichtes Ziel für Bogenschützen«, hörte Peter Veit sagen.

»Das Gemäuer steht doch völlig still da, kein einziger Jude lässt sich auf den Zinnen blicken«, warf Rotkutte ein.

»Das ist in der Tat merkwürdig«, erwiderte Meister Wernhart und betrachtete das wuchtige Steingebäude »Der Turm hat dicke Mauern. Die einzige Möglichkeit hineinzukommen ist wohl, die Tür aufzubrechen.«

»Wir holen den Widder«, schlug Veit vor.

»Das wird nichts nutzen, wegen der schmalen Treppe, die hinauf zur Tür führt, können wir den großen Rammbock nicht auf beiden Seiten halten«, gab der Zimmermann zu bedenken. »Es ist ein vorbildlicher Wehrturm.«

»Wir könnten die Tür aufbrechen«, schlug Rotkutte vor. »Was meinst du, Meister Wernhart?«

»Wir brauchen zwei Stemmeisen. Falls sie uns von oben beschießen, können wir nichts machen. Wir sollten daher ein Schutzdach benutzen.«

»Wir nehmen das Dach von dem Widder«, schlug Veit vor.

»Hmm, keine schlechte Idee, das könnte gehen«, erwiderte Wernhart. Er drehte sich um und rief seinen Gesellen zu, dass der Widder auf den Hof zu schieben sei. Veit instruierte ein paar Soldaten, den zwei Gehilfen zur Hand zu gehen. Bald stand das Kampfgefährt auf dem Platz und sie machten sich daran, das Dach abzulösen.

»Los, macht schon, wir wollen sie noch heute taufen oder dem Teufel übergeben!«, rief Rotkutte den Handwerkern zu.

Der Henker, der am Morgen die Hinrichtungen vollzogen hatte, schleppte den blutigen Hackklotz auf den Platz. Sein Gehilfe holte zunächst den großen Korb, in den am Morgen die Köpfe geworfen worden waren. Dann brachte er einen Tisch, auf den er eine Schale und den Krug mit dem Taufwasser stellte. Rotkutte nickte zufrieden.

Es dauerte eine ganze Weile, bis Meister Wernhart und seine zwei Gesellen das Dach vom Widder gelöst und auf vier Lanzen gehievt hatten. Geschützt von Schildträgern hielten vier Soldaten das improvisierte Dach hoch, und die drei Handwerker versammelten sich darunter. Wie in einer Prozession näherten sie sich langsam den fünf Stufen zur Tür des Wohnturmes. Der Himmel war inzwischen vollständig bedeckt.

Schließlich konnte Meister Wernhart das Brecheisen ansetzen. Er mühte sich sichtlich. Einer der Gehilfen setzte ein zweites Eisen weiter unten an, aber auch damit rührte sich die Tür keinen Deut. Ein Dritter kam ihnen zu Hilfe, mit einem Vorschlaghammer stieß er gegen das Holz neben der oberen Türangel. Gespannt betrachtete Peter mit den Umstehenden das Geschehen an der Tür.

Nach einiger Zeit knackte es, die Verbindung an der oberen Türangel war gebrochen. Der Vorschlaghammer kam unten an der Tür zum Einsatz. Nach einigen Schlägen war auch dort die Angel herausgebrochen. Nun hing die Tür zwar etwas schief in der Öffnung, aber sie schien noch von innen durch Balken gehalten zu werden. Meister Wernhart fluchte, während seine Gehilfen auf die Tür einschlugen.

Nach vielen weiteren Hieben hingen die zersplitterten Bretter des Türblatts schließlich kreuz und quer in der Öffnung. Unter dem improvisierten Holzdach, das man gar nicht gebraucht hatte, wurden ein paar letzte gut gezielte Axthiebe gesetzt. Dann war der Weg frei.

Der Jubel der Umstehenden war erstaunlich verhalten. Die Männer, die von Veit zum Wohnturm beordert worden waren, blickten in das Dunkel, das sich über den fünf Stufen hinauf zur Pforte vor ihnen auftat. Peter hatte sich mittlerweile neben den Aufgang zum Turm geschlichen. Wie der Rachen eines verwundeten Riesen schaute ihn die finstere Öffnung an. Erst mit der Zeit erkannte er die Umrisse einer engen Wendeltreppe, die in das Innere des wuchtigen Steinturms hinaufführte. Eine Falle. Das dachte wohl nicht nur er. Auch Emichos Soldaten standen stumm da.

Die grauen Wolken sahen aus, als warteten sie nur darauf, hinunterzustürzen und die Menschen in der Pfalz unter sich zu begraben. Bisher hatten die Juden, die sich in den Steinkoloss geflüchtet hatten, keinen Mucks von sich gegeben. Weder vom Dach noch aus den schmalen Fensternischen waren Geschosse abgefeuert worden.

»Du und du, ihr geht da jetzt rein.« Hauptmann Veit schritt umher und zeigte auf einige seiner Soldaten, die mürrisch zur Seite blickten. »Auch ihr zwei und du.« Er wandte sich an einige Männer, die Schilde bei sich hatten. »Ihr geht voran, um die anderen zu schützen.«

Widerstrebend fand sich der Trupp zusammen.

»Das Geisterhaus ist mir nicht geheuer«, hörte Peter einen der Soldaten murmeln. Sein Gesicht war mit Brandnarben überzogen, die nachgewachsene Haut krebsrot. Auch seine Arme wiesen schartiges Narbengewebe auf, das Peter an Baumrinde erinnerte.

»Bei einem Feind, der sich zeigt, wäre mir wohler als bei einem, der sich feige verbirgt«, antwortete einer der Schildträger ebenso leise.

Veit unterband das Getuschel. »Los jetzt. Findet heraus, was uns dieses stille Haus zu sagen hat.«

Peter war heilfroh, dass er diesmal nicht zu den Auserwählten gehörte. Bei all seinem Stolz über die Erstürmung des großen Tores wollte er sein Glück nicht noch einmal herausfordern. Christain vor dem Tor mit dem Pfeil in der Stirn, das hatte er bei allem Siegestaumel nicht vergessen.

Die Schildträger erstiegen die kleine Vortreppe und zwängten sich durch die enge Öffnung. Nach einigen Augenblicken tönte der Ruf: »Die Wendeltreppe ist zu eng!«

Kleine, runde Schilde wurden den Soldaten gereicht. Die großen wurden krachend auf den trockenen Boden geworfen. Peter wich den schweren Holzplatten aus und trat ein Stück zurück. Missmut stand den Männern ins Gesicht geschrieben.

Bald hatte das Dunkel die Soldaten verschluckt, nichts mehr war von ihnen zu sehen oder zu hören. Neugierig und gleichermaßen angstvoll wartete Peter mit den anderen auf das Zeichen eines Kampfes.

Nichts geschah.

Rotkutte stand bei Veit. Gespannt schaute er durch die eingeschlagene Pforte zum Turm. Er sprach ein paar Sätze mit dem Hauptmann, die Peter jedoch nicht verstand. Veit antwortete kurz, und der Priester schüttelte ungeduldig den Kopf.

Rotkutte kam auf ihn zu. »Peter, komm mit.«

So ein Mist, jetzt hat er mich wieder am Wickel. Peter blickte zu dem Priester auf, dessen Augen jedoch keinen Widerspruch zu dulden schienen.

»Los, sei kein Feigling. Wir müssen sehen, was mit dem Judengesindel los ist.« Rotkutte packte ihn an den Schultern und schubste ihn in Richtung der Treppe. Die beiden erklommen die wenigen Stufen zur Tür und traten ein. Ganz still war es, nicht einmal Schritte der Soldaten waren von oben zu hören. Feucht und finster wartete die enge Wendeltreppe auf ihn. Peter erschauerte.

»Die Juden scheinen keine Probleme zu machen, sonst würden wir Kampfgeräusche hören«, flüsterte Rotkutte.

Peters Freude über den Sieg am Tor war nun vollends der Angst gewichen. Noch einmal schaute er Rotkutte mit flehendem Gesicht an. Doch der zeigte mit dem Finger auf ihn:»Los, du zuerst.«

Verflucht, genauso wie in der vermaledeiten Nacht auf dem Friedhof ritt Rotkutte ihn in Schwierigkeiten hinein. Aber was sollte er dagegen tun?

Der Priester ließ ihn vorgehen.

Vorsichtig schlich Peter die dunkle Treppe hinauf, die mit jeder Stufe finsterer wurde. Er hörte Rotkuttes Atem hinter sich, der Priester schien einen gewissen Abstand zu ihm zu halten.

»Natürlich, ich bin der, den es zuerst treffen würde«, murmelte Peter vor sich hin, während er die enge Treppe hochkletterte. Eine klamme Kühle hing in dem Gemäuer. Mit den Händen musste er die kalten Steinstufen erfühlen, die schief und krumm nach oben führten. Jederzeit konnte ihn jemand mit einem Pfeil niederstrecken oder einen schweren Stein hinunterrollen lassen. Oder schlimmer, ihn mit siedendem Öl oder Wasser übergießen.

Ach, wäre er zu Hause geblieben. Gegen diese Treppe kam ihm sogar der Acker, auf dem er sich sonst abzuplagen hatte, lieblich vor.

Rotkuttes Hand berührte seinen Fuß. Peter erschrak, als hätte ihn ein Geist gepackt.

»Weiter«, blaffte Rotkutte von unten. »Stell dich nicht so an.«

Geh du doch vor, wollte Peter erwidern, traute sich jedoch nicht.

Die enge Wendeltreppe war so gebaut, dass der Verteidiger im Vorteil war, so viel hatte Peter mittlerweile vom Kriegshandwerk verstanden. Nicht einmal zum Ausholen für einen Schwerthieb gab es Platz, den er zudem mit der linken Hand hätte ausführen müssen. Falls er denn ein Schwert gehabt hätte. Mit zittrigen Fingern ertastete er die Stufen und kletterte vorsichtig weiter.

Die Pfeile blieben weiterhin aus, kein Stein kam herniedergerollt und auch heißes Öl blieb ihm erspart. Nach einiger Zeit drang ein fahles Licht zu ihm herab.

Auf einmal erfühlten seine Hände eine breitere Fläche. Vorsichtig lugte er aus dem Treppenschacht heraus.

Ein hoher Raum ließ sich erahnen. Er erkannte die Umrisse der Soldaten und die blutroten Kreuze auf ihren Rücken. Wie eine Wand versperrten sie ihm die Sicht. Seltsam still standen sie da.

Vorsichtig kletterte Peter ganz aus der Treppenöffnung. Ein Saal, der sich über die ganze Grundfläche des Turmes auszubreiten schien, getragen von mächtigen Säulen, tat sich vor ihm auf. Eine Fackel hoch oben an einer Wand verbreitete ein funzeliges Licht in dem Gewölbe. Ein Windstoß pfiff durch die kleinen Maueröffnungen und entlockte der Flamme ein widerspenstiges Flackern. Ein weitaus helleres Leuchten schien jedoch von dem Bereich vor den Soldaten zu kommen, aber er sah nur die breiten Umrisse der Männer.

Ein leises Platschen, unterbrochen von langen Pausen war zu hören.

Rotkutte entstieg dem engen Treppenschacht hinter ihm, in seiner Miene lag grimmige Entschlossenheit. Einige Soldaten drehten sich zu ihnen um. Als sie den Priester erkannten, wichen sie langsam zur Seite und machten ihnen Platz.

»Bleib vor mir«, raunte Rotkutte Peter zu.

Langsam schritten sie durch die Lücke, die die Soldaten ihnen bereiteten. Peter erblickte, was die Männer zum Verstummen gebracht hatte.

Vor ihnen stand ein großer ovaler Tisch. Die Kerzen von drei siebenarmigen Bronzeleuchtern warfen ein feierliches Licht auf eine purpurfarbene Samtdecke, die die ganze Tischplatte bedeckte. Ein Augenpaar starrte ihn an. Das Gesicht lag auf einem ausgestreckten Arm halb in einem Teller, auf dem sich ein angebissenes Stück Brot mit einer roten Tunke vollgesogen hatte. Der Mann hatte sich auf seinem Stuhl seltsam zur Seite gedreht, als würde er schlafen.

Jetzt erst sah Peter die Lache, die sich um den Teller gebildet hatte. In quälender Ruhe tropfte das Blut vom Tisch. Dann sah er den Dolch, der auf dem Boden lag, und die tiefe Wunde im Hals, an der das Blut bereits geronnen war.

Das Kerzenlicht spiegelte sich auf silbernen Schalen mit frischem Brot und einer großen goldenen Weinkaraffe. Kostbare Teller und Kelche verteilten sich um die Sitze. Eine Festtafel, wie Peter zuvor noch nie eine gesehen hatte. Das ist ja schöner als in der Kirche, dachte er für einen Moment, der nicht länger währte als ein Blitzschlag.

Im Schatten des Tisches bemerkte er einen weiteren Körper, der gekrümmt auf dem Boden lag. Und dann noch einen und einen weiteren. Wie geschlachtete Schafe lagen sie da, vier Handvoll oder mehr.

Peter zwang sich, ruhig zu bleiben. Das bedächtige Tropfen des Bluts und das heftige Pochen seines Herzens waren die einzigen Geräusche, die er zu hören meinte. War es der Teufel, der hier zum Festgelage eingeladen hatte? Peter fröstelte, und selbst Rotkutte schien der grausig-feierliche Anblick die Sprache zu verschlagen. Stumm wie die anderen Männer standen sie beide da.

»Höre, Israel, der Ewige ist unser Gott, der Ewige ist einzig!«
Die Stimme glich einem Donnergrollen.

Peter blickte auf die hohe Rückenlehne eines Stuhles, der ihm in der unbeleuchteten Ecke des Raumes bisher nicht aufgefallen war. Fast wie ein Thron erschien er ihm.

»Deinetwegen werden wir täglich gewürgt, dem Schlachtvieh gleich geachtet.«

Peter wagte nicht zu atmen.

Ein Berg von einem Mann in einem leuchtend blauen Umhang erhob sich von dem Thron. Ein bauschiger Bart und lange Schläfenlocken umrahmten ein faltiges Gesicht, gebieterischer Glanz strahlte aus seinen Augen auf sie nieder. War es der Erzengel Gabriel, der vor ihm stand? Nein, es war Moses, den er am Sonntag auf dem Wandteppich im Dom gesehen hatte. Der Prophet, der die schweren Marmortafeln auf den Boden geschmettert hatte.

Mit der Ruhe eines Herrschers blickte Moses ihn an. Langsam ließ der Prophet seine Hand über die Toten schweben, als wolle er zärtlich über ihre Körper streicheln. *»Sie wurden getötet und geschlachtet um der Einheit des herrlichen und furchtbaren göttlichen Namens willen. Wer nur solches hört, dem werden die Ohren gellen. Denn wer hätte solches schon gehört, wer hätte dergleichen schon gesehen.«*

Der alte Mann sang mehr, als dass er sprach. Und wie er sang, das war so schön, dass es Peter ganz verzauberte. *»Ihr Verdienst und das Verdienst aller andern, die geschlachtet, erstochen, erdrosselt, verbrannt, ertränkt, gesteinigt und lebendig begraben wurden, die besagten sieben Todesarten – gleich den sieben Tagen der Woche – aus Liebe und Anhänglichkeit zu ihrem heiligen und reinen Glauben über sich ergehen ließen. Ihr Verdienst möge uns als rechte Fürsprache beistehen vor dem höchsten Gott.«*

Bitter lächelte dieser Moses. *»Dass er uns bald in unseren Tagen wieder einsammle, die Zerstreuten Judas und Israels, die wie mit einer Schaufel durch alle Tore der Welt zerstreut sind, den übrigen Rest, der zur Gefangenschaft und Beute, Not und*

Bedrängnis geblieben ist, um seines großen, mächtigen und furchtbaren Namens willen, der über uns genannt ist.« Eine Milde mischte sich in die Bitterkeit des alten Mannes. Mit seinem Arm die blutüberströmten Körper preisend fuhr er fort: *»Ihr Opfer und ihre Rechtschaffenheit sollen den Juden in jedem Winkel Beispiel sein bis zur Stunde des Gerichts.«*

Sein Lächeln erstarrte. Mit einem verächtlichen, zornerfüllten Blick, der, obwohl auf Rotkutte gerichtet, auch Peter frösteln ließ, spie er – nun nicht mehr in herrlichem Gesang, sondern in harter Rede – die Worte hervor: *»Der Herr der Vergeltung räche in unseren Tagen vor unseren Augen das vergossene Blut seiner Diener; ihre Unschuld und Gerechtigkeit stehe uns zum Verdienste bei und schütze uns am Tage des Unglücks!«*

Wie ein König hob der alte Mann den rechten Arm, zeigte mit seiner Handfläche auf die Soldaten, als wolle er sie noch für einen Moment zum Schweigen zwingen.

Peter schielte aus den Augenwinkeln zu Rotkutte hinüber, der dastand wie angewurzelt.

»Wie klein ihr doch seid.« Mit seinem Zeigefinger wies Moses auf sie. Jedem Einzelnen schaute er ins Gesicht. »Feige Mordbrenner. Seht her, wie sich die Frommen geopfert haben, mehr bleibt euch nicht.«

Die Brust des kräftigen Mannes schwoll an vor Stolz, seine Augen brannten vor Erfüllung, ganz langsam sprach er weiter: »Zerschmettern wird euch der Ewige durch Seinen gerechten Schlag.«

Mit einem schnellen Griff, den Peter dem Alten nicht zugetraut hätte, fuhr er mit der rechten Hand in sein Gewand, zog ein blutiges Messer hervor und rief: »Ihr seid verloren bis in alle Ewigkeit. Amen.«

Mit diesen Worten rammte er sich das Messer mit einem kurzen, entschlossenen Stoß in seinen massigen Leib.

Die Seligkeit im Gesicht des Mannes verwandelte sich in Entsetzen. Die Lippen des Propheten wollten Worte formen, doch er brachte nur ein kurzes Stöhnen hervor. Moses sank nieder und fiel mit einem dumpfen Klatschen auf den Steinboden. Letzte Zuckungen gingen durch den Körper des alten Mannes. Dann kehrte Stille ein.

Der schwere Atem der Männer hinter ihm war das Einzige, was Peter vernahm. Das Tropfen des Bluts war verstummt. Keiner regte sich.

»Männer, lasst euch nicht bange machen von diesem Boten des Satans.« Rotkutte war der Erste, der seine Sprache wiederfand. Er trat vor und lachte gezwungen auf. »Das sind doch nur ein paar Dutzend der Judenteufel, die sich hier ihren Weg zur Hölle selbst bereitet haben. Das können längst nicht alle sein. Wo sind die Weiber, wo sind die Kinder dieser Teufelsbrut?«

Langsam löste sich der Bann, der die Soldaten gefangen gehalten hatte.

Da erscholl ein Männerchor, jedoch nicht aus dem Turm, sondern von jenseits der Mauer zum Kaiserhof.

»Deus, Deus meus, respice in me: quare me dereliquisti?«

Diese lateinischen Worte kannte sogar Peter. *Gott, mein Gott, warum hast du mich verlassen?*

Stärke und erhebe
den Rest Deiner Geretteten,
die Nachkommen Deiner Frommen,
die Deiner Gnade harren;
vernimm ihr Flehen
vom Sitze Deiner Majestät aus,
gedenke an Abraham, Isaak und Israel,
Deine Diener!

Selichah – Kalonymos ben Jehuda

Teil X: Der Befehl des Domdekans

Mainz – Bischofspfalz, in der Johanniskirche

DER LAPPEN IN SEINEM MUND SCHMECKTE FISCHIG. Mit Mühe konnte er dem Würgereiz widerstehen, den der Knebel in ihm auslöste. Der Strick schnitt sich tief in seine Handgelenke, die man ihm hinter dem Rücken zusammengebunden hatte. Seine Finger waren inzwischen taub.

Chaim stand in einer langen Reihe vor dem Altarkreuz. Diejenigen, die es in die Bischofspfalz geschafft und am heutigen Tag nicht den Tod gefunden hatten, warteten auf das nun Unvermeidliche.

Er wandte sich um. Dies war also der Rest seiner einst so blühenden Gemeinde. Die meisten der Seinen senkten die Köpfe voller Scham, vereinzelt gewahrte Chaim Blicke des Vorwurfs. Rachel, ihr blitzte der Zorn aus den Augen. Sie war bereit gewesen zum Kiddusch ha-Schem, dem höchsten Opfer zur Heiligung Seines Namens.

Es war Chaim nur recht, dass auch ihr der Mund verschlossen war. Er wollte Rachels Beschimpfungen jetzt nicht hören, dafür war später Zeit genug. Aber viele in seiner Gemeinde empfanden Erleichterung. Das hatte er gespürt, selbst wenn die Wenigsten dies zugeben würden. Darauf ließe sich aufbauen. Darauf setzte Chaim all seine Hoffnung.

Er rieb seine gebundenen Hände gegeneinander, damit er sie wieder spüren konnte. Sie blieben jedoch taub. Chaim drehte seinen Kopf nach rechts. Jehudith hockte mit ein paar der Ihren gefesselt an der Wand unter dem Kreuz mit dem Gehängten. Ihr sonst so schönes lockiges Haar war strähnig und zerzaust. Aber in ihrem Blick fühlte er auch jetzt die Wärme, die ihm in den letzten Tagen Kraft gegeben hatte.

Ach, Jehudith, meine geliebte Rose von Scharon. Du hast den schweren Gang schon hinter dir.

Chaim schloss die Augen. Nun war es an ihm.

Zwei Wachen zerrten ihn nach vorn. Die Beine drohten ihm zu versagen, aber die beiden Hünen, die ihn fest unter den Armen packten, gaben Chaim Halt. Er spürte eine weite, schwammige Leere. Wie aus großer Ferne vernahm er die sanfte Stimme seines Freundes. »Glaubst du an Gott, den allmächtigen Vater?«

Chaim wollte den Kopf schütteln, mit dem bisschen Kraft, das noch in ihm war. Doch zwei Hände pressten sich gegen seine Ohren und Wangen. Dann wollte er sein Haupt eben gar nicht bewegen. Schließlich musste er sich dem Druck fügen, der seinen Kopf einmal nach oben und nach unten führte.

Warum auch nicht? Er glaubte an den allmächtigen Vater. Alle Juden glaubten daran.

»Glaubst du an Christus, Gottes Sohn?« Raimunds Frage erscholl in der Weite des Raumes in ungewohnter Fülle. Doch war da dieses schwache Zittern, das sich immer dann in die Rede seines Freundes einschlich, wenn dieser seinen Worten selbst nicht trauen mochte.

❦

Nochmals beugten die zwei Wachen Chaims Kopf und zwangen seinen Freund zu einem Nicken. In Raimund schrie eine Stimme: *All dies ist so grundverkehrt, so sündhaft!* Doch er musste diese Zweifel zum Verstummen bringen.

»Glaubst du an den Heiligen Geist?«, hörte er sich sagen. *Weiter, weiter, jetzt nicht nachlassen. Gott wird dich strafen – Gewissen, sei still.* Wie der Hammer des Schmiedes, der auf das glühende Eisen einhieb, würde er fortfahren. Nein, es war keine Zeit mehr gewesen abzuwägen. Und nun war es zu spät. *Raimund, mach dich taub.*

Kurz sah er auf das Gesicht dieses lieben, weisen Menschen vor ihm. Chaim wirkte völlig teilnahmslos. Als wäre er nur noch ein Körper, dessen Seele zu einem anderen Ort geflohen war, um nicht beschmutzt zu werden.

Raimunds Blicke suchten das Bild des Sämanns. Halb verdeckt hing es in einer Nische auf der linken Seite des Kirchenschiffes. »So taufe ich dich im Namen des Vaters.«

Die zwei Hünen pressten Chaims Kopf in das Becken, Raimund zuckte beim Platschen des Wassers.

Dort, unter diesem Bild, hatte Raimund nach dem Disput mit Chaim und nach Rachels entsetzlicher Tat gekniet und gebetet. Die Schlachtengeräusche vom Michaelishof waren dumpf durch die festen Mauern zu hören gewesen. Wieder und wieder hatte er das Wort an den Herrn gerichtet. Doch Gott war fern geblieben, Gott hatte nicht mit ihm sprechen wollen.

Chaims Kopf wurde hochgerissen. Das Wasser rann aus seinem vollen dunklen Haar und dem dichten Bart. Ein Knebel in dem Mund, der so viel Weises, so viel Herzliches zu ihm gesprochen hatte. Wie furchtbar. *Weiter, weiter. Jetzt nicht schwach werden.*

»Im Namen des Sohnes!«, rief Raimund hinein in den großen Saal.

Das Schlachtengebrüll war irgendwann verstummt. Trotzdem hatten sie ihn nicht geholt, ihm nicht den Kopf abgeschlagen.

Und dann hatte dort diese Schiefertafel gelegen, unter einem der zwei Stühle in der Nische. Zunächst waren es nur weiße Striche gewesen, die Raimund auf dem schwarzen Stein ausgemacht hatte. Als er die Tafel schließlich in den Händen hielt, hatte er eine fein gezeichnete Ahornblüte auf der einen Seite und drei Roggenähren auf der anderen erkannt.

Chaims Kopf wurde ein zweites Mal in das Wasser des Taufbeckens gepresst. Raimund nahm einen tiefen Atemzug.

Sofort hatte er gewusst, welchen Händen diese Zeichnung entsprungen war. Die Hand des Vaters hatte sich in den Linien des Sohnes gespiegelt.

David, Chaim, ihr dürft nicht sterben, das war ihm in diesem Moment klar geworden. All die Kinder, all die Frauen, all die Menschen, für die er, Raimund, nun die Verantwortung tragen musste. Chaim, nein, nicht Chaim, der Herr selbst hatte recht gesprochen. Das Leben, das Gott uns schenkt, zählt mehr als jedes Sakrament. Und ja, Raimund wollte auch, dass Chaims Glasfenster diese Kirche schmückten. Eines davon würde das Sabbatgleichnis darstellen.

Sie richteten seinen Freund wieder auf.

Die Ähren. Raimund hörte Chaims Stimme, wie sie in dem großen Saal mit all den Juden zu ihm gesprochen hatte. »War es nicht euer Herr, der gesagt hat: *Der Sabbat ist um des Menschen willen gemacht, und nicht der Mensch um des Sabbat willen.*« Und danach der Anblick von Rachel mit ihren zwei Kleinen, die Blutlache auf dem Boden, die unaufhaltsam größer wurde.

Raimund hatte einfach nicht mehr anders gekonnt. Er war aufgestanden und zu Hadewin geeilt. Er hörte sich den Befehl zur Taufe geben, die Schiefertafel noch in der Hand: »Fesselt und knebelt alle Juden in der Pfalz und führt sie in die Johanniskirche.«

Hadewins fassungsloses Gesicht. »Seid Ihr sicher, dass das richtig ist?«

»Nein«, hatte Raimund kurz erwidert. »Ich weiß nur, es nicht zu tun, wäre falsch.«

Seltsam kalt und klar war er da gewesen, als wäre es nicht er, der gesprochen hatte.

Anschließend hatte er sich zu dem Brunnen aufgemacht und Wasser geschöpft. Als er fertig gewesen war, hatte er angeordnet, den Brunnen zu verschließen, damit keiner der Juden darin zu Tode komme.

»Und im Namen des Heiligen Geistes.« Seine Stimme zitterte. *Weiter, weiter.* Es gab kein Zurück mehr.

Ein drittes Mal drückten die Wachen den Kopf seines Freundes in das Becken. Luftblasen sprudelten an die Oberfläche. Chaim schien in das Wasser hineinzuprusten.

War dies die Art des Rabbis, seine Verachtung vor diesem Ritual auszudrücken? Man konnte es ihm nicht verdenken. Aber hatte sein Freund ihn nicht selbst darum gebeten? Nein, nur eine Andeutung war es gewesen. Und vielleicht war er, Raimund, es selbst, der es so verstehen wollte.

Endlich richteten die Wachen Chaim auf. Sein Freund hustete hilflos durch den Knebel.

Raimund konnte den Anblick kaum ertragen. »Herr, verzeih mir, Chaim, verzeih mir«, flüsterte er und senkte seinen Blick zu Boden.

Mainz – Bischofspfalz, im Wohnturm

Rotkutte stürmte zu einem der kleinen Fensterschlitze des Wohnturms. »Verflucht, der Gesang muss aus der Johanniskirche kommen.« Er drehte sich zu Peter um. »Komm mit.«

Rotkutte rannte zur Bodenöffnung, in die die Wendeltreppe hinunterführte, und eilte die Stufen hinunter. Peter hatte Mühe, ihm zu folgen. Draußen angekommen, blickte der Priester von der obersten Stufe über den Michaelishof, als suche er etwas. Emichos Soldaten standen verdutzt unten im Hof. Sie wollten wohl wissen, was im Turm geschehen war. Aber der Gesang aus der Johanniskirche verwirrte auch sie. Sie zeigten auf Rotkutte, der gefunden zu haben schien, wonach er gesucht hatte.

Der Priester eilte die fünf Stufen der Treppe hinunter direkt auf Emicho zu, der neben Veit in der Mitte des Platzes stand. Mit hochrotem Gesicht platzte Rotkutte heraus: »Du vermaledeiter Trottel. Die meisten der Juden sind gar nicht im Wohnturm. Hadewin hat uns die Juden nicht überlassen, wie du uns hast glauben machen wollen. Nur ein paar Dutzend Dummköpfe, die sich selbst abgeschlachtet haben, waren in dem verfluchten Turm!«

Rotkutte zeigte in Richtung des bronzenen Tors, von dem der Chor erklang. »Die meisten gottverdammten Juden sitzen vermutlich ganz bequem dort drüben im Kaiserhof und halten sich deiner Blödheit wegen den Bauch vor Lachen.«

Wie ein Kind, das ausgescholten wurde, stand Emicho da. Er druckste einen Moment herum, dann schrie er: »Soldaten, stürmt das Tor zum Kaiserhof!«

»Halt!«, rief jemand über den Platz. »Wartet einen Moment. Die Mühe müsst Ihr Euch gar nicht machen.«

Ein älterer Soldat in einer blauen Uniform mit ockerfarbenen Streifen stand allein auf dem Turm neben dem Tor. »Hier spricht Hadewin, der Hauptmann der Bischofswache. Unser Domdekan lässt Euch etwas ausrichten: Ihr seid herzlich eingeladen, an unserem Gottesdienst teilzunehmen. Hört Ihr nicht die herrliche Musik?«

Hadewin winkte die Ritter zu sich, während sich das schwere Tor mit den Bronzereliefs langsam öffnete. »Kommt und tretet ein.«

Verdutzt schauten sich die Männer auf dem Platz an.

»Los, Peter.« Rotkutte spurtete fast zum Tor.

Peter, der unterhalb der Treppe stand, zögerte. Dann griff er nach einer Mistgabel, die an einer Wand lehnte, und folgte dem Priester. Noch einmal drehte er sich um. Gemächlich schritten die anderen Männer hinter ihnen in Richtung Tor. Rotkutte jedoch schien jede Vorsicht fahren gelassen zu haben.

Peter erreichte das Bronzetor, ein Blick über einen weiteren Platz eröffnete sich. Der Gesang kam aus einer Kirche, auf die Rotkutte schnellen Schrittes zustrebte. Der Himmel war mittlerweile pechschwarz, aber unter den Verdeckungen der Kirchenfenster schimmerte ein warmes Licht. Peter rannte Rotkutte hinterher, und als sie nur noch ein paar Dutzend Schritte von dem großen Eingangsportal entfernt waren, erhellte ein Blitz die Bischofspfalz. Ein gewaltiges Donnern folgte. Beißender Schwefelgeruch ließ Peters Atem stocken.

Mit einem Mal setzte ein Regenguss ein, der Peter, Rotkutte und jeden, der draußen stand, innerhalb eines Augenblicks durchnässte.

Mainz – Bischofspfalz, in der Johanniskirche

Das Poltern der Eindringlinge übertönte das Prasseln des Regens auf das Holzdach der Johanniskirche. Wut und Inbrunst mischten sich in Raimunds tragende Stimme, der die Taufformel sprach, während zwei Soldaten den klatschnassen Kopf eines Juden aufrichteten: »*Ego te baptizo in nomine Patris, et Filii, et Spiritus Sancti.*«

Während die zwei Wachen den Juden wegführten, wandte sich Raimund an Rotkutte und die bewaffneten Ritter, die nach und nach in die Kirche eintraten. »Kniet nieder! Nehmt teil an dieser heiligen Zeremonie, in der wir die neuen Mitglieder unserer Gemeinde begrüßen.«

In diesem Moment kam Emicho in die Kirche hineingestürmt. Wutschnaubend zog er sein Schwert und marschierte geradewegs auf das Taufbecken zu, vor das David soeben gefesselt und geknebelt als nächster Täufling gestoßen wurde.

»Nein!«, riefen gleichzeitig Rotkutte und ein Junge mit einer Mistgabel in den Händen.

Rotkutte hielt den Feldherrn am Arm zurück. »Emicho! Willst du, dass der Teufel dich holt, weil du einen Bruder in Christo getötet hast?«

Der Heerführer riss sich los und drängte vorwärts. Wenn der Junge ihm nicht seine Forke in den Weg gestellt hätte, so wäre Emicho mitsamt seines Schwertes direkt in David hineingerannt.

Mit einem lauten Gerumpel fiel Emicho zu Boden und riss den Jungen mit sich.

»Du kannst von Glück sprechen, dass Peter dich vor der Hölle bewahrt hat«, zischte Rotkutte seinen Heerführer an. Emicho rappelte sich mühsam auf und setzte sich mürrisch auf eine der Kirchenbänke, während Bruder Anselm sich dem am Boden liegenden Jungen zuwandte.

Auf ein Nicken von Raimund hielten die zwei Wachen Davids Kopf über das steinerne Taufbecken.

Feierlich sprach Raimund: »Glaubst du, David, Sohn des Chaim, an Gott, den allmächtigen Vater?«

Die zwei Hünen pressten ihre Hände an Davids Kopf, drückten ihn nach unten und zogen ihn wieder hoch.

Raimund taufte, wie ein Mühlrad sich drehte. Stetig und ohne anzuhalten. Den ganzen Abend trommelte der Regen auf das Holzdach der Johanniskirche.

War es Gott, der vor Trauer weinte? Oder tauchte der Weltenlenker gerade auf aus dem großen Meer, das er selbst geschaffen hatte, und schüttelte sein nasses Haupt voller Verwunderung über das Treiben seiner Geschöpfe?

Raimund blickte kurz zu Chaim hinüber.

Im Gesicht seines Freundes sah er die gleiche Verwirrung, die auch ihn erfüllte.

Herr verzeihe!
Verzeihe, dass wir nicht als Verstoßene ausgehen;
lass unsere Frevel wie Nebel verschwinden
und leite uns im Lichte des Lebens,
denn bei Dir ist des Lebens Quelle.

Selichah – Kalonymos ben Jehuda

Teil XI: Die Tage danach

Mittwoch, der 28. Mai Anno Domini 1096 / 4. Siwan 4856

Mainz – Bischofspfalz, im Martinshaus

IN PETERS KOPF DRÖHNTE ES NOCH IMMER, als ob darin die Domglocken läuten würden. Außerdem verspürte er einen dumpfen Schmerz in seiner Schulter. Schweißgebadet erwachte er aus einem verstörenden Traum: Rotkutte tanzte auf dem großen Tor zur Pfalz und jonglierte mit abgeschlagenen Köpfen wie die Spielleute auf der Bühne, denen er mit Christain zugeschaut hatte. Waren es Stunden, Tage oder Wochen, die seit dem vermaledeiten Kampf am Tor vergangen waren?

Immerhin konnte er wieder halbwegs klar sehen.

Peter erinnerte sich. Emicho war mit seinem schweren Kettenhemd auf seinen Kopf geprallt, als er über die Mistgabel stolperte. Das Schwert des Heerführers hatte dabei seine Schulter gestreift.

Nun lag er in einem Bett mit einem sauberen Laken und einem Kissen, das mit flaumigen Daunen gefüllt war. Er hatte den Raum ganz für sich allein. Und sogar eine kleine Nische mit einem Abtritterker.

So mussten Könige leben.

Der nette schwerhörige Mönch, der ihm das Bild mit dem Propheten erklärt hatte, war ab und zu mit einem anderen Mann hineingekommen, der sich seine Schulter angeschaut und den

Verband gewechselt hatte. Sie hatten ihm Fragen gestellt, aber in seinem Kopf war es zu torkelig zugegangen, als dass er sie hätte beantworten können.

Mein Gott, was waren das für Geschichten, die er erzählen konnte, wenn er nach Hause kommen würde. Nach Hause? Wollte er nach Hause? Jerusalem, das war doch das große Ziel. *Jerusalem, Jerusalem, wir befreien Jerusalem.* Ach was. Geschissen auf Jerusalem. Schon Mainz war dreckig und erdrückend. Viel zu viele Menschen auf viel zu kleinem Platz. Auf einmal fühlte Peter ein heftiges Verlangen, seinen Kopf an Lenes struppigem Hals zu reiben, ihren warmen Pferdeduft einzuatmen und gemeinsam mit seiner treuen Gefährtin über die weite, saftig grüne Rheinebene zu schauen. Nein, Jerusalem konnte ihm gestohlen bleiben.

Mainz – auf dem Marktplatz

»Weniger als fünf Dutzend der erwachsenen Juden haben sich freiwillig taufen lassen.« Von Erkenbald schien die Frische selbst zu sein. »Die meisten haben sich dem Tod gefügt. Was für ein Massaker. Ich habe es mit eigenen Augen gesehen. Meine Soldaten konnten nichts machen, ein Kampf wäre aussichtslos gewesen. Immerhin haben wir die Kirchen und das Gerichtsgebäude schützen können.«

Wo nimmt der Vogt nur diese Energie her?, fragte sich Raimund, der in der Nacht kein Auge zugetan hatte. Zu sehr waren die Bilder der Leichen auf ihn eingestürmt, als er am frühen Morgen endlich zu Bett gegangen war. Und die Erinnerungen, wie er selbst am Taufbecken gestanden hatte.

Die heiße Mittagssonne hatte inzwischen den Platzregen vom gestrigen Abend vergessen gemacht. Der gestampfte Boden des

Marktplatzes war staubtrocken wie zuvor. Raimund fühlte sich erschöpft.

»Wie viele Juden sind in der Pfalz?«, fragte der Vogt.

»Weniger als dreihundert.«

»Frisch getaufte Christen. Herzlichen Glückwunsch zu der erfolgreichen Bekehrung«, frotzelte von Erkenbald. »Mir scheint jedoch, dass der Herr Domdekan die Taufe nicht nach den Gesetzen des Kaisers vollzogen hat. Heißt es nicht, dass man drei Tage ...«

»Dazu war keine Zeit«, unterbrach Raimund den Vogt barsch. »Was ist mit den Kindern geschehen?«

»Die meisten sind immer noch im Altmünster. Gott sei Dank gibt es kaum Kinder unter den Leichen in der Stadt.«

»Das ist eine gute Nachricht.« Raimund lächelte müde. »Konnten sich einige der Juden verstecken?«

»Ja, aber wie viele genau, das kann ich nicht sagen.« Ein Grinsen formte sich auf dem Gesicht des Vogtes. »Und noch eine gute Nachricht habe ich für Euch: Emicho hat es wohl eilig wegzukommen. Es scheint, als sei sein Heer schon im Aufbruch begriffen.«

Raimund nickte.

»Was machen wir mit Rachel?«, fragte der Vogt. »Schließlich hat sie zwei ihrer Kinder getötet.«

»Sie ist in einem Zimmer in der Pfalz und wird bewacht«, erwiderte Raimund. Er zögerte einen Moment, in all den Wirren hatte er über Rachels zukünftiges Schicksal nicht weiter nachgedacht. »Sie war verzweifelt. Wir sollten sie nicht vor Gericht stellen.«

»Wie Ihr meint. Aber hatte sie nicht vier Kinder? Was ist mit den anderen zweien?«

Raimund überlegte. Der Vogt hatte recht, Isaak und Aaron waren bei Rachel nicht sicher. »Wir werden ihr die Kinder wohl wegnehmen müssen. Zunächst soll sich Bruder Anselm ihrer annehmen. Er soll eine Lösung finden, ich werde mit ihm reden. Wo ist Schuster Wendel?«

»Mir wurde berichtet, er hätte sich Emicho angeschlossen.«

»Rachel hat ihren Vater und ihren Mann verloren. Wir werden Schuster Wendels Haus und Gut verkaufen müssen, damit sie die Summe bekommt, die ihr bei Gericht zugesprochen wurde.« Leise fügte Raimund hinzu: »Aus der Domkasse soll sie bereits jetzt fünfzig Schillinge bekommen, bis Wendels Besitz veräußert ist.«

»Ihr seid äußerst großzügig zu den Juden«, erwiderte von Erkenbald in gewohnter Süffisanz.

»Sie sind getauft.«

»Glauben sie an den Herrn?«

Raimund verabschiedete sich wortlos.

Donnerstag, der 29. Mai Anno Domini 1096 / 5. Siwan 4856

Mainz, auf dem Marktplatz

RACHEL TRAT AUF den Marktplatz. Vorgestern Nacht war sie allein in einem Raum untergebracht worden, den sie seitdem nur für die Notdurft hatte verlassen dürfen. Jeden Morgen war ihr ein warmer Brei gereicht worden und heiße Suppe mit Brot am Mittag und am Abend.

Sie hatte nichts geschmeckt.

Ab und an war ein Kahlgeschorener vorbeigekommen und hatte versucht, ein Gespräch mit ihr anzufangen. Doch sie war still geblieben.

Man hatte sie schließlich entlassen. Der Mann mit dem Haarkranz hatte ihr einen Beutel Silberschillinge in die Hand gedrückt, mehr würde sie bald bekommen, hatte er ihr gesagt. Isaak und Aaron dürfe sie jedoch nicht sehen. Sie hatte nur nicken können. Silberschillinge. Kinder.

Nun irrte sie durch die Stadt.

»Wo ist das Grab meines Vaters?«, fragte Rachel jeden, den sie traf. »Wo ist das Grab von Bela und Orli?«

Man habe die Juden auf einem Feld außerhalb der Stadt nahe der Dulcinesheimer Pforte begraben, erzählte ihr schließlich ein Mann.

Sie ging dorthin und sah die zugescharrte Grube. Kein Grabstein, eine einzige große Fläche frischer Erde.

Rachel stand da und konnte nicht mehr weinen.

Mainz – Bischofspfalz, im Martinshaus

»Nun, werden wir ihn hängen oder gehen lassen?«, hörte Peter eine schnarrende Stimme auf dem Gang fragen.

»Brose, du kennst dein Handwerk, sowohl das des Knochenrichters als auch das des Henkers. Aber du bist und bleibst ein Zyniker.« Peter erkannte Bruder Anselms Stimme. »Unser Domdekan ist ein sanfter Mensch, er wird doch ein Kind nicht an den Galgen bringen. Außerdem hat sich Peter Verdienste erworben. Er hat den Sohn des Glasmachers vor dem Tod gerettet.«

»Hab's gehört, merkwürdige Geschichte«, sagte die andere Stimme.

»Sei still, er wird langsam klarer im Kopf.«

Bruder Anselm und ein untersetzter Mann traten ein.

»Nun, Peter, wie geht es dir heute?«, fragte Anselm freundlich.

»Ich fühle mich besser. Bin ich schon lange hier?«

»Heute ist der zweite Tag, seit du dich mit Emicho angelegt hast. Du hast fast nur geschlafen. Gestern warst du ab und zu wach, hast aber viel wirres Zeug gebrabbelt. Dein Kopf hat ganz schön was abbekommen, als der große Feldherr in dich hineingerasselt ist.«

Der andere Mann bat ihn, sich aufzurichten. Peter sah ihn angstvoll an. Wenn er das eben richtig verstanden hatte, stand gerade der Henker vor ihm.

»Mach schon«, sagte der Mann.

So kräftig, wie der Kerl aussah, war Gegenwehr ohnehin zwecklos. Also setzte Peter sich auf. Der Scharfrichter nahm den Verband ab und untersuchte die Wunde.

»Sieht nicht allzu schlecht aus«, sagte er abschätzig.

»Wo sind die Pilger?« Vielleicht konnte Rotkutte ihn schützen, dachte Peter für einen Moment und verwarf den Gedanken sofort.

»Heute Morgen haben sie sich aufgemacht«, antwortete Bruder Anselm. »Möchtest du ihnen nacheilen?«

Peter verzog das Gesicht.

Das brachte den alten Mönch zum Lachen. »Willst nach Hause, nicht?«

Peter nickte. Nach Hause. Hoffentlich.

Mainz – in Rachels Haus

»Ein Münzhaus wollen sie aus unserer Synagoge machen.« Elischewa schnitt einen weiteren Apfel und legte die Schnitze auf einen Teller. Es war heiß. Von der Bank im Schatten schauten sie auf Rachels Garten, in dem sich die Pflanzen nach Wasser sehnten. Auf der Stadtmauer schritt ein Soldat einsam zwischen zwei Wehrtürmen einher.

Neben den Äpfeln lag der Beutel mit den Silberschillingen. Er machte Rachel Angst.

»Was soll mein Leben jetzt noch für einen Sinn haben? Ich bin beschmutzt. Der Eine hat mein Opfer nicht gewollt, es war ihm nicht genug.« Rachel betrachtete den Beutel mit dem Geld und sagte leise: »Was habe ich von diesem Geld? Weder Gold noch Silber begleiten einen Menschen in sein Grab. Nur der Gehorsam gegenüber dem Einen wird am Ende zählen.«

Elischewa schwieg. Eine sanfte Brise verscheuchte die Hitze für einen Moment. Der Soldat hatte den Turm erreicht und blickte über die Rheinebene.

»Ach, wie gerne würde ich mit Zachi und meinem lieben Vater am Tisch des Einen sitzen.« Rachel atmete tief, leise sprach sie weiter: »*In Seine Hand will ich fallen, zu dem großen Licht.* Vielleicht wird Er mir dann gnädig sein.«

Freitag, der 30. Mai Anno Domini 1096 / 6. Siwan 4856

Mainz – Bischofspfalz, im Martinshaus

EIN GROSSER SCHLANKER Mönch trat in sein Zimmer ein. Peter hatte ihn zuvor schon einmal gesehen, konnte sich aber nicht erinnern, wo. Peters Schulter schmerzte nur noch ein bisschen, und sein Kopf war wieder klar. Aufrecht saß er im Bett und es drängte ihn nach draußen.

»Ich habe gehört, dass du uns verlassen willst.« Der Mönch setzte sich auf den Stuhl neben dem Bett.

»Hab Sehnsucht nach zu Hause.«

»Brose sagt, dass deine Schulter bald in Ordnung sein wird. Du sollst sie aber noch schonen.«

Peter meinte, den Mann zu erkennen. »Seid Ihr nicht derjenige, der David getauft hat?«

»Ja, der bin ich«, antwortete der Mann. »Du kannst mich Raimund nennen.«

Peter wollte zu einer Frage ansetzen, stockte jedoch.

»Was beschäftigt dich?«, fragte der Mönch.

»Mmhh … War es nicht gemein, die Juden zu fesseln und zu knebeln?«

Leise antwortete Raimund: »Ja, das war es.« Der Mönch schloss die Augen, als würde er einem inneren Schmerz nachfühlen, und fügte dann hinzu: »Aber die Getauften haben überlebt.«

Peter nickte.

»Mir wurde gesagt, du wärst dabei gewesen, als Emichos Widder das Tor aufbrach.«

Peter bekam es mit der Angst zu tun. »Werde ich nun dafür bestraft?«

»Vielleicht«, antwortete Raimund. »Wir werden unser Tun vor Gott rechtfertigen müssen. Werde ich bestraft werden für die Taufe, die ich den Juden aufgezwungen habe?«

Peter sah den Mönch an. Ein seltsamer Ernst schien dessen ganzes Wesen zu durchdringen. Er sprach von Gott, als ob er viel über ihn wüsste. Aber seine Art war nicht so schillernd, wie er es von Rotkutte kannte. Leise war dieser Mann und im tiefsten Innern sehr traurig, das spürte Peter.

»Ich weiß es nicht«, sagte der Mönch schließlich. »Ich hoffe darauf, dass Gott milde mit mir sein wird. Es ist manchmal schwer, im Leben ohne Schuld zu bleiben.«

Eine Weile schwiegen die beiden.

»Du hast David gerettet«, sprach der Mönch in die Stille. »Warum eigentlich?«

»Er ist nett zu mir gewesen.«

»Obwohl er Jude ist?«

»Wie wichtig ist das für Gott?«

»Das ist einfach zu fragen, aber schwer zu beantworten.« Raimund zögerte. »Ich muss zugeben, ich weiß es nicht.«

»Hatte Rotkutte unrecht?«

»Ja, Rotkutte hatte unrecht. Da bin ich mir ganz sicher.«

»Aber er wirkte so überzeugend.«

»Ja, leider war das so«, antwortete Raimund. »Aber am Ende hast du dein Herz entscheiden lassen. Und das war richtig. Kennst du den Propheten Hesekiel?«

Peter schüttelte den Kopf.

»Er war ein Jude, der zu den Menschen im Auftrag Gottes sprach. Er hat einmal gesagt: ›*Ich nehme das Herz aus Stein aus eurer Brust und gebe euch ein Herz aus Fleisch.*‹« Sanft strich Raimund Peter über den Kopf und lächelte. »Ich glaube, du hattest in dem Moment ein Herz aus Fleisch, wie es sich dieser alte Jude gewünscht hätte.« Nach einer kurzen Pause fügte er hinzu:

»Und für die Schuld, die wir beide auf uns geladen haben, werden wir wohl den lieben Gott um Verzeihung bitten müssen.«
Er räusperte sich. »Meister Brose wird gleich kommen. Er wird dir einen frischen Verband anlegen, außerdem wirst du saubere Tücher und eine Salbe mitbekommen.«
Der Mönch stand auf. »Bevor du aufbrichst, schau in der Küche vorbei. Dort wartet bereits Bruder Anselm. Er hat dir etwas Wegzehrung gepackt.«
Peter lächelte.
»Der Herr sei mit dir«, sagte Bruder Raimund. Dann verließ er den Raum.

Mainz – in der Synagoge

Obwohl man den großen Gebetssaal gesäubert hatte, roch es in der Synagoge immer noch nach Urin und Kot. Rachel nahm dies jedoch kaum wahr. Elischewa hatte ihr geholfen, Stroh und Reisig hineinzuschleppen.

Rachel legte das Brennzeug in die Mitte des Raumes. Sorgfältig legte sie zunächst die kleinen Ästchen auf den Boden, darauf die großen. Schön luftig sollten sie liegen, damit sie schneller Feuer fingen. Wegen der seit Wochen anhaltenden Hitze war das Holz knochentrocken. Obendrauf warf sie das Stroh. Mit ihrer Hand grub sie ein kleines Loch in den Haufen, das bis zu dem feinen Reisig am Boden reichte. Aus ihrem Bastkorb legte sie Zunder und ein paar Kienäpfel in das Loch. Sie hatte die Zapfen von den Fichten nahe der Grube gepflückt, in der ihr Vater, Bela und Orli zusammen mit anderen der Ihren verscharrt waren. Um den Haufen drapierte sie ein paar Stühle in zwei Schichten.

An die drei Ausgänge würde sie die Strohballen legen. Zuerst wandte sie sich zum großen Portal gegenüber dem Torahschrein.

Halb abgerissen war der Vorhang vor dem Schrein, der Aron ha-Kodesch war leer. Sie legte das Reisig auf den Boden, dann darauf das Stroh. Schließlich grub sie ein kleines Loch, in das sie den brennenden Zunder legen würde. Vor der Tür zum Lehrraum errichtete sie einen weiteren Brennhaufen und auch vor den Durchgang zur Küche, in der sie früher häufig Gemüse geputzt und Fisch ausgenommen hatte, wenn es eine Feier in der Gemeinde gab.

Rachel musste tief durchatmen, als sie mit einem großen Bündel Stroh unter ihrem linken Arm und dem Bastkorb in der rechten Hand die Leiter hinauf zum Speicher stieg. »Herr, sieh nur, welch Opfer ich Dir bereite.«

Schließlich legte sie noch etwas Reisig und Stroh um den Balken, der zur Spitze des Daches führte. Als sie fertig war, nahm sie das Feuereisen, das sie um den Hals trug. Wie sie es oft getan hatte, um es zu Hause warm zu machen, holte sie aus einem Beutel an ihrem Gürtel ein kleines Zunderläppchen und einen schwarzen Stein mit scharfen Kanten hervor. Sie umwickelte den Stein mit dem Läppchen und schlug das Eisen daran. Dreimal musste sie zuschlagen, dreimal klackte es, dann begann der Zunder zu glühen. Die Glut vergrößerte sich rasch.

Sie ließ das Zunderläppchen in das feine Reisig fallen, legte drei Kienäpfel hinzu, kniete nieder und pustete, bis die ersten Flammen züngelten.

Rachel wusste, dass sie sich beeilen musste.

»Herr, hilf mir bei meinem Gnadengang«, flüsterte sie.

Sie nahm einen weiteren Fichtenzapfen aus dem Korb und entzündete ihn an dem bereits handgroßen Brandherd. Es knackte, herrlich harzig roch der Qualm. Sie öffnete die zwei Dachluken. Der Zug setzte sofort ein und ließ die Flammen hochschnellen.

Mit dem brennenden Kienspan und ihrem Korb eilte Rachel die schmale Holztreppe hinunter zum Portal. Sie hielt den Zapfen in das Loch mit dem Zunder und dem feinen Reisig. Sofort zeigten sich erste Flämmchen. Gott ist mir gewogen, freute sie sich, sonst ginge es nicht so leicht.

Von draußen hörte sie Stimmen: »Rachel, komm heraus, es ist noch nicht zu spät! Nimm die Stange, daran können wir dich herausziehen!«

Ein dicker, langer Stab schob sich durch eines der Fenster. Rachel ging mit dem Kienspan von Haufen zu Haufen und hielt ihn in die Vertiefungen, die sie mit der Hand geformt hatte. Dazu warf sie noch einige Zapfen in die Flammen. Es fühlte sich richtig an. Auf den letzten Haufen warf sie den Bastkorb, in dem vor drei Tagen noch Bela und Orli geschlafen hatten.

An den Türen brannte es bereits lichterloh und auch aus dem Haufen in der Mitte des Raumes entstieg Qualm.

»Herr, nimm mich auf in Deiner Gnade!«, rief sie laut. Rauch verteilte sich im Raum. Immer lauter wurde das Knistern. Welch ein schönes, reinigendes Geräusch, dachte Rachel und streckte ihre Hände gen Himmel. »Herr, ich preise Dich. Dies Werk ist für Deine Ehre und meine Rettung.«

Die Stange kreiste über ihrem Kopf. Von draußen riefen Stimmen: »Rachel, komm heraus!«

Rachel riss an der Stange und warf sie in die lodernden Flammen, die sich bereits um die aufgeschichteten Stühle schmiegten. Sie keuchte. »Herr, Herr. Nimm mich auf in Deiner Gnade.«

Schwindel überkam sie. Sie setzte sich auf den Boden. Ein Hustenanfall schüttelte sie, sie rang nach Luft. Ihre Haut glühte. Alles war mit einem Mal so hell.

Sie versuchte aufzustehen, doch sie konnte nichts mehr sehen, der Rauch war überall. »Herr, Herr! Nimm mein Opfer an. Bitte, bitte, nimm mich auf in Deine Welt!«

Ein stechender Schmerz in ihrer Lunge. Es roch nach angebrannten Haaren. Ihr Atem stockte. Ihre Brust brannte. Da war nur noch ein zerstörender, allumfassender Schmerz.

Plötzlich setzten Dutzende von Schofars ein. Ihr Klang übertönte das Knistern des Feuers. Und ein Licht erschien, tausendmal heller als die Flammen um sie herum. Ein Licht, das sie im Inneren kühlte. Ein Engel erschien in den Flammen. Die Haut perlweiß, sein Kleid so rein wie der erste Schnee an einem kalten Wintertag.

»Komm, Rachel, komm«, sprach der Engel mit einer Stimme, sanft wie die Bäckchen ihrer Kleinen, wenn sie genug getrunken hatten. Sie sah Zachi und ihren Vater über sich, die durch die Flammen die Treppe vom Dachboden hinunterstiegen. Zachi hatte Orli und ihr Vater ihre allerliebste Bela auf dem Arm.

Sie winkten ihr zu. »Komm, Rachel. Komm zu uns.«

Mit einem Mal wurde ihr leicht. Ihre Füße lösten sich vom Boden. Schwerelos glitt sie durch den brennenden Raum. Schon erreichte sie die Decke. Erhaben schwebte sie durch die zerberstenden Balken, durch das einstürzende Dachgestühl hindurch. Zachi und ihr Vater flogen neben ihr. Sie waren bereits hoch über der Synagoge, aus der die Flammen loderten. Unten in der Stadt liefen die Menschen wie Ameisen hin und her.

Bela und Orli streckten ihre Ärmchen nach ihr aus. Endlich, endlich konnte Rachel sie wieder berühren. Sie nahm ihre zwei Kleinen in die Arme, küsste und liebkoste sie. Zu dritt jauchzten sie vor Freude.

Rachel war geborgen bei den Ihren im Paradies.

Mainz – Bischofspfalz, auf dem Michaelishof

Peter hatte sich den Beutel mit den Leckereien, den er von Bruder Anselm mit auf den Weg bekommen hatte, an einen Stock gebunden. Vorsichtig legte er ihn sich über seine gesunde Schulter. Er trat hinaus auf den Michaelishof, warf einen Blick auf den Wohnturm und schritt durch die Residenzgasse zum zerstörten Tor.

Meister Wernhart und seine Gesellen waren bereits dabei, die demolierten Bretter abzustemmen. Sie waren so mit ihrer Arbeit beschäftigt, dass sie Peter nicht bemerkten. Oder wollten sie ihn nicht erkennen? Peter war es recht. Am liebsten wäre es ihm, der Einfall durch dieses Tor wäre nur ein Traum gewesen.

Er schlenderte über den Marktplatz, der wie am Sonntag voller Menschen war. Nichts außer dem zerstörten Tor erinnerte an den Kampf, der sich vor drei Tagen hier abgespielt hatte. Er passierte den Dom zu seiner Rechten und erkannte David, der mit seiner Mutter zerbrochene Schalen und Kelche aus dem Haus trug. Peter wollte schnell weitergehen, doch der Junge mit den schwarzen Locken hatte ihn gesehen und grüßte ihn.

Er winkte kurz zurück, schritt jedoch schnell weiter in Richtung des runden Turms, der zum Hafen führte. Als er David und andere Juden inmitten der Stadt sah, kam er sich noch mehr vor wie ein Räuber und Brandschatzer.

Durch den Bogen des Stadttores konnte er bereits die Schiffe am Kai sehen, da hörte er David rufen: »Peter, warte einen Moment!«

Er drehte sich um.

»Wie geht es dir? Tut die Schulter noch weh?«, fragte David.

»Es geht.«

Der Junge reichte ihm einen Lederbeutel. »Nimm dies als Dank.«

Mit diesen Worten verschwand der Lockenkopf in der Menge.

Sonntag, der 1. Juni Anno Domini 1096 / 8. Siwan 4856

Auf dem Treidelweg unterhalb der Burg Oppenheim

DIE UMRISSE DES Turms der Burg Oppenheim drangen durch den milchigen Dunst. Ein leiser Nieselregen hing in der Luft, der Nebel spie Treidelschiffe aus und verschluckte sie bald wieder. Vor zwei Tagen hatte Peter Mainz verlassen. Er wollte sich Zeit nehmen. Die getrocknete Rindswurst und der harte Käse mit den dunklen Kanten, die ihm Bruder Anselm mitgegeben hatte, schmeckten vortrefflich, genauso das Brot mit den grob geriebenen Kümmelstücken, der geräucherte Wels und die Karotten. Und ein paar getrocknete Pflaumen hatte ihm der alte Mann zum Abschied auch noch in die Hand gedrückt, weil es Peters Wunsch gewesen war.

Die erste Nacht hatte er auf einem Schiff geschlafen. Er half, den schweren Kahn den Rhein hinaufzutreideln, mehr aus Neugierde als des Lohnes wegen. Es war anstrengende Arbeit, die ihm nicht gefiel, das Seil drückte sich tief in seine gesunde Schulter hinein. Das Pflügen mit Lene hatte er in angenehmerer Erinnerung. Es war besser, mit einem guten Pferd zu arbeiten, als mit einem Bootsmann, der auf jede Frage, wenn überhaupt, nur eine mürrische Antwort gab.

Am zweiten Abend hatte er Nierstein fast erreicht und beim Müller in der Scheune genächtigt. Ein paar Geschichten aus Mainz waren dem freundlichen Mann Lohn genug gewesen.

Peter setzte sich auf einen umgefallenen Baum, nahm den Rest Brot und die Wurst und wartete.

Es dauerte nicht lange, da kroch die Fähre aus dem Nebel

über dem Wasser. Der Fährmann grüßte ihn. Peter zeigte ihm die Wurst, und so wurden sie sich handelseinig.

Bald folgte er dem gewohnten Weg den Berg hinauf. Er erfreute sich an jeder Biegung und jedem Baum, den er wiedererkannte.

Die Sonne stand bereits tief, als er auf die Wiese neben dem Bach trat. Und tatsächlich. Lene graste friedlich in der Abendsonne, wie sie es gewohnt war.

»Lene, ich bin wieder da!«, rief er ihr zu und war glücklich, als er ihr vertrautes Wiehern vernahm.

Sie kam auf ihn zugetrabt, und als sie ihn erreicht hatte, schmiegte Peter sein Gesicht an den mächtigen Pferdekopf mit den großen, treuen Augen. Tief atmete er ihren herben Fellgeruch ein, während seine Hände ihren Hals zärtlich kraulten.

Schließlich ging er weiter und erkannte ihr kleines Haus mit dem Dach aus Stroh.

Doch niemand war zu sehen. Eine Spur schneller schlug Peters Herz, als er in die Stube eintrat.

Dort saß sein kleiner Bruder Bernhard zusammen mit Vater und Mutter, die Mathilda auf ihrem Schoß hatte. Auf dem Tisch stand wie immer der dreibeinige Topf, dem der süßliche Duft von Mutters Grütze entstieg.

Bernhard bemerkte ihn als Erster.

»Peter ist aus Jerusalem zurückgekommen!«, rief er.

Alle drehten sich zu Peter um und starrten ihn an.

Flink krabbelte seine Schwester von Mutters Schoß. Mit ausgestreckten Armen lief sie auf ihren Bruder zu.

»Mathilda, wie schön ist es, dich wiederzusehen.« Peter ging in die Knie, nahm seine Schwester auf, hob sie hoch und schwang sie im Kreis, dass ihre kleinen Füßchen durch die Luft flogen und fast die Dachbalken berührten.

Auch seine Eltern waren aufgestanden. Tränen liefen aus den Augen seiner Mutter, und nachdem er Mathilda abgesetzt hatte, nahm er sie in die Arme.

»Peter, setz dich zu uns«, sagte sein Vater, der mit dem schmutzigen Hemdsärmel über seine Augen wischte. »Wir trinken Met zur Feier deiner Rückkehr.«

Die Mutter stellte eine weitere Schüssel auf den Tisch und legte seinen Holzlöffel mit der eingeschnitzten Haselnuss am Ende des Griffes daneben, ging tief mit der Kelle in den dampfenden Kessel und gab ihm einen großen Schlag der honigfarbenen Grütze in seine Schüssel. Dann holte sie ein Lederbeutelchen, nahm einige getrocknete Pflaumen heraus, schnitt sie auf und rührte sie in den Brei. Und schließlich brachte sie den Met. Diesmal schüttete Vater kein Wasser in das goldfarbene Gebräu, sondern sie tranken es in seiner vollen Stärke.

Als sie sich alle etwas beruhigt hatten, sagte der Vater: »Erzähl, Junge. Wie ist es dir ergangen?«

Da berichtete Peter von Rotkutte, seinem Freund Christain und dessen schrecklichem Tod, dem Widder und wie dieser gebrannt hatte, und wie sie am Ende doch das Tor stürmen konnten. Er erzählte von dem Propheten Moses im Wohnturm, dem Feldherrn Emicho, der auf ihn gestürzt war, und von David, dem Judenjungen.

Alle hörten gebannt zu und staunten.

»Dann warst du gar nicht in Jerusalem«, sagte Bernhard schließlich mit einer Spur Enttäuschung in der Stimme.

»Ach, weißt du«, antwortete Peter, »ich glaube, hier bei euch ist es viel schöner.«

Da fing seine Mutter nochmals zu weinen an. Peter nahm den Rest Käse aus dem Tuch, das immer noch an seinem Stock hing, und schob es ihr zu. Sie schluchzte auf und griff fest nach seiner Hand.

Schließlich holte Peter das Beutelchen hervor, das David ihm mitgegeben hatte. Er öffnete die Schleife, die um das Säckchen gezogen war, und ließ sechs Glasmurmeln auf den Tisch rollen, zwei grüne, zwei blaue und zwei weitere, ganz in Rot.

Vater war der Erste, der sich eine der Kugeln nahm. Er hielt sie gegen die Flamme und bewunderte das zauberhafte Material mit den kleinen Bläschen und den vielen Spiegelungen.

»Was ist das?«, fragte Bernhard.

Peter antwortete: »Das sind Murmeln, die David mir geschenkt hat. Sein Vater ist ein Rabbi. In seiner Werkstatt wurden diese Glaskugeln angefertigt.«

»Und wofür braucht man diese Murmeln?«, fragte Bernhard.

»Kommt mit hinaus, ich zeige es euch.«

Mittwoch, der 4. Juni Anno Domini 1096 / 11. Siwan 4856

Speyer – auf dem Platz zwischen Mikwe und Synagoge

ZUM ERSTEN MAL seit Tagen sah Jehudith den Anflug eines Lächelns über Chaims Gesicht huschen. Gerade war er die lange Treppe der Mikwe heraufgestiegen und auf den Platz vor der Synagoge getreten, beäugt von den führenden Juden der Speyerer Gemeinde. Er blickte kurz zu ihr, bevor er sich, in ein weißes Leinentuch gewickelt, zu Schmuel Hendlein gesellte.

Die Nacht war lau. Am Abend hatte es ein wenig geregnet, nun war der Himmel sternenklar. Das zarte Mondlicht hüllte die Grüppchen Männer und Frauen, die zwischen Synagoge und Mikwe standen, in einen silbrigen Glanz. Die meisten von ihnen waren wie Chaim in helle Laken gehüllt, ihre Alltags-kleider trugen sie zu Bündeln gewickelt bei sich. In dem Bade-haus, keinen Steinwurf von der Mikwe entfernt, hatten sie sich zuvor für das rituelle Bad gereinigt. Kein Schmutz durfte vor dem Eintauchen in die Mikwe auf der Haut haften, nichts durfte den Körper von Gottes lebendem Wasser trennen.

Vom Badehaus kamen ein paar Frauen und gesellten sich zu Jehudith und Schmuels Frau, aber keine sprach ein Wort. Sie mussten warten, noch war es an den Männern, die rituelle Rei-nigung zu vollziehen.

Die Erinnerungen an das Grauen, das am Tage der Wut über ihre Gemeinde und ihre Familie gekommen war, überwältig-ten Jehudith in diesem Moment. Mutter und Vater hatten sich der Taufe verweigert, sie waren zwei der vielen Märtyrer, deren Leben auf dem Holzblock von Rotkuttes Henker geendet hat-ten. Sarah und ihr Mann hatten sich dagegen Rotkuttes Drohung gefügt und lebten nun im Haus von Dorons Eltern, die Mainz baldmöglichst in Richtung Osten verlassen wollten.

Jehudith hatte nur kurz mit Sarah reden können. Aber der Gedanke, dass das Leben ihrer Schwester weiterblühen würde, war für sie ein schwaches Leuchten in einem Meer der Finster-nis. David war bei Sarah, wie auch Hannah und Benjamin, die sie am Mittwoch wieder in ihre Arme hatte schließen können. Beide waren von Rotkutte getauft worden.

Denunzianten, die sie auf ihrer Flucht in die Bäckerei gesehen hatten, mussten sie verraten haben. Mit einem dicken Kratzer im Gesicht hatte Gottfried ihr berichtet, wie die Eindringlinge Benjamin und Hannah mitgenommen hatten. Mit der Ohrfeige eines der Soldaten wäre er vermutlich noch gut weggekommen, war sein einziger Kommentar dazu gewesen. Bei ihrem Wieder-sehen hatte Benjamin vor Freude gejauchzt, während Hannah seltsam unnahbar geblieben war. Sie schien tief verstört, und Jehudith konnte nicht absehen, wie bleibend der Schaden war, den die Seele ihrer Tochter genommen hatte.

Aber all das Leid war zunächst rasch notwendigen Entscheidungen untergeordnet worden. Die Toten und das demütigende Ritual der Taufe waren ohnehin Wunden, für deren Heilung es langer, langer Zeit bedurfte. Es waren Wunden, die nicht einfach genäht werden konnten und dann irgendwann verblassten. Nein, es waren Wunden, die blutig und eitrig sichtbar bleiben mussten. Es waren Wunden, die offen getragen den Generationen nach ihnen ein Beispiel sein würden, dem Einen zur Ehre.

So hatte ihr Mann gesprochen, zu ihr, aber auch vor den Juden, mit denen er sich seit der Beschmutzung mit dem vermaledeiten Taufwasser nur in kleinen Gruppen für offene Gespräche hatte treffen können.

Ruhig und entschlossen hatte Chaim mit ihr die Herausforderungen besprochen. Das erste große Problem war der Gottesdienst der Abgefallenen am ersten Sonntag nach der Katastrophe. Jeder der Überlebenden würde auf Chaim schauen, den einzigen verbliebenen Rabbi ihrer Gemeinde. Würde ihr Rabbi die Oblate, die die Christen in das Fleisch des Gehängten zu verzaubern meinten, in den Mund nehmen? Würde er beim Gottesdienst niederknien und den blutigen Wein aus dem vergoldeten Kelch trinken?

Ein offenes Verweigern hätte unüberschaubare Konsequenzen gehabt, das musste Jehudith einsehen. Es waren ja nicht nur die verblendeten Pilger, die eine Bedrohung für die Ihren dargestellt hatten. Auch in der Stadt wurden sie von vielen gehasst. Von weitaus mehr Menschen und weitaus erbitterter, als Jehudith dies je für möglich gehalten hätte.

War eine Verweigerung unratsam, so hätte eine Teilnahme ihres Mannes am sonntäglichen Götzendienst das Ende des Bekenntnisses zum Einen bedeuten können.

Also hatten sie sich unter dem Mantel einer geschäftlichen Reise, an der zunächst nur Schmuel teilnehmen sollte, schon am späten Donnerstagnachmittag nach Speyer aufgemacht. Es war ihr und Chaim jedoch wichtig, dass Frauen bei der Reise dabei waren. So wurde beschlossen, dass auch sie und Ruth, Schmuels Frau, mitkommen durften.

Die Juden in Speyer hatten sie zunächst außerordentlich reserviert empfangen. Es hatte langer Beratungen bedurft, bis sich schließlich eine knappe Mehrheit des Rates dafür ausgesprochen hatte, eine Teilnahme einzelner Mainzer Glaubensgenossen an den religiösen Zeremonien in der speyerischen Gemeinde in Aussicht zu stellen. Dieses Angebot sollte jedoch zunächst auf die von Raimund getauften Juden, die der Taufformel nicht zugestimmt hatten, beschränkt werden. Man hatte ihnen am Ende der Gespräche sogar das Bad in der Mikwe angeboten, ja geradezu aufgedrängt.

Ihre Speyerer Brüder und Schwestern hatten zwar inzwischen die vollen Rechte wiedererlangt, eine offene Kooperation würde jedoch nicht nur die Mainzer Juden, sondern auch die gerade wiedergewonnene Freiheit der hiesigen Gemeinde in Gefahr bringen. Die praktischen Regelungen sollten daher in den nächsten Wochen verhandelt werden. Man müsse die aktuelle Situation in Speyer, Worms und Mainz im Auge behalten, wurde ihnen vermittelt.

Diese vorläufige Einigung war mehr, als sie zu hoffen gewagt hatten. Chaim hatte wahrlich keinen Grund zur Unzufriedenheit.

Raimund hatte ihm vor seiner Abreise eine Nachricht zukommen lassen. Chaim hatte sich einem Treffen jedoch verweigert und stattdessen zunächst Salomo und Schmuel aufgesucht. Die Überlebenden des Rates hatten den Nachmittag mit Besuchen bei den Ihren verbracht. Ein koordiniertes Handeln war unmöglich, alles lag im Ermessen des Einzelnen. So viel Passivität wie möglich gegenüber dem Götzendienst war die Empfehlung, die unter die Mainzer Juden in heimlichen Treffen gestreut wurde.

Ihr Mann hatte eine Willensstärke gezeigt, die sie überraschte. In der Situation war er über sich hinausgewachsen. Jehudith war stolz auf Chaim und fühlte sich sicherer denn je in ihrer Liebe zu ihm.

Schmuels Frau berührte ihren Arm und zeigte auf den Wächter, der die Mikwe gerade verließ. »Es ist Zeit.«

Jehudith tauchte auf aus ihren Erinnerungen. »So lass uns gehen, Ruth.«

Sie grüßte die Balanit, die Aufseherin, die ihren Platz über dem Bassin einnehmen würde, um sowohl die Sauberkeit des Körpers vor dem Eintreten in das Wasser als auch den korrekten Vollzug des Eintauchens zu überprüfen.

»Wartet, bis ich das Zeichen mit der Fackel gebe, dann könnt ihr hineinkommen«, sagte die Balanit zu ihr und Schmuels Frau. »Aber steht nicht getrennt, sondern reiht euch ein in die Gruppe der anderen Frauen aus unserer Gemeinde. Ihr sollt nicht auffallen.«

Die beiden gesellten sich zu der Handvoll Frauen, die bereits am Eingang der Mikwe warteten. Wie sehr hatte sich Jehudith auf der Reise nach diesem Bad gesehnt!

Ihre Gedanken schweiften zurück auf die Ereignisse der letzten Tage. Die bewaffneten Irren hatten sich recht schnell nach Raimunds Taufe aus der Pfalz zurückgezogen und in der Stadt ihr Unwesen getrieben. Das betrunkene Gejohle war bis zum frühen Mittwochmorgen zu hören gewesen.

Um Mitternacht waren ihnen die Fesseln abgenommen worden, und man hatte ihnen Lagerstätten im Kaiserhaus zugeordnet. Weder Chaim noch sie hatten geschlafen, zunächst konnten sie auch nicht miteinander sprechen. Und als David endlich eingeschlafen war, waren es nur ein paar flüchtige Worte, die sie gewechselt hatten. Sie waren sich beide fremd gewesen in diesem Moment und hatten jede Berührung vermieden. Es war, als hätte Chaim mit einer anderen Frau geschlafen, so verletzt war sie. Dies war ein ungerechter Vorwurf. Jehudith glaubte jedoch, dass ihr Mann Ähnliches empfunden hatte.

Am Morgen des Donnerstags nach dem vollständigen Abzug des Heeres fühlten sie sich sicher genug, um die Pfalz zu verlassen. Der Laden glich einem Schlachtfeld, nur der Wohnbereich war weitgehend verschont geblieben, außer ein paar Schubladen, die herausgerissen waren. Ihr Schmuck war weg, aber der Chapeau lag unangetastet auf dem Regal in ihrer Dachkammer. Beim Anblick des Hutes mit dem durchsichtigen Stoff an den Zipfeln hatte sie ein erstes Mal wieder lächeln können.

Ihr Mann hatte sich den ganzen Vormittag in sein Arbeitszimmer zurückgezogen und Nachrichten auf Schiefertafeln geschrieben, die David zu Salomo, Schmuel, dem Schmied Alon und Maleachi, dem Pergamentmacher, brachte. Alon und Maleachi sollten Mosche und Kalonymos als neue Mitglieder des Rates ersetzen, bis eine ordentliche Wahl abgehalten werden konnte.

Die Balanit winkte mit der Fackel aus der Tiefe der Mikwe und lenkte Jehudiths Gedanken zurück in die Gegenwart. Die ersten zwei Frauen stiegen hinab, zwei an Wänden befestigte Kerzen erfüllten den Gang mit einem unruhigen Flackern.

Jehudith schloss die Augen. Sie wollte sich einstimmen auf die Begegnung mit ihrem Schöpfer, der ihr im lebendigen Wasser des Tauchbades bald gegenübertreten würde.

Sie zog sich in sich zurück und betete: »Herr, ich stehe hier vor Dir und erbitte Deine Nähe.«

So war sie es gewohnt, sich beim Besuch der Mikwe langsam dem inneren Punkt des Friedens, wie sie es nannte, zu nähern. Ihre Verbindung zum Einen war anders als Chaims mit seinem Gelehrtentum. Und sie wollte sich diese Nähe nicht verwirren lassen durch die vielen Regeln, um die ihr Mann besorgt war. Daher hatte sie selbst mit Chaim nie darüber reden wollen.

Meist war es ihr leichtgefallen, die Ereignisse des letzten Monats an sich vorbeiziehen zu lassen, die Dinge abzulegen, mit denen sie gehadert hatte, und auch die Fehler, die sie gemacht hatte, gemeinsam mit den unreinen Gedanken dem Herrn offen darzulegen. Es war ein Prozess, hundertfach eingeübt.

Doch alles war anders heute. Wie ein Schlag ins Gesicht traf sie die Erinnerung: Sie sah sich mit David die Treppe zum Kaiserhaus hinauflaufen, roch ihren eigenen bitteren Schweiß, dann der Moment, in dem sie von hinten umfasst und auf den Boden gedrückt wurde, der Druck eines Knies auf ihrem Rückgrat, ein Paar Hände griffen ihre Handgelenke, so fest, dass ihre Gegenwehr im Keim erstickt wurde, und pressten sie hinter ihrem Rücken zusammen.

Der Strick zog sich fest, sie wurde hochgerissen. Ein Stück Stoff wurde ihr in den Mund gestopft und ihre Augen verbunden. Stöße von groben Händen. Blind taumelte sie nach vorn, man schubste sie nach links und rechts. Schließlich packte man sie und hob sie hoch. Ein fremder Geruch, ihr Gesicht drückte sich an die Ösen eines Kettenhemdes, während man sie die Treppe hinunterschleppte.

Irgendwann hatte sie wieder gehen dürfen. David, David, wo bist du?, hatte sie schreien wollen. Aber der Knebel hatte es unmöglich gemacht. Dunkelheit und der ekelige Geschmack des Tuches in ihrem Mund. Jehudith begann zu zittern.

Sie öffnete die Augen, sah kurz zu Chaim, der im Gespräch mit Schmuel und einem der hiesigen Rabbis vertieft war.

Sie konnte den Punkt des inneren Friedens heute nicht finden. Der Eingang zur Mikwe hieß sie nicht willkommen. Jehudith zog das Leinentuch um ihren Körper fest.

»Herr, Herr, verlass mich nicht«, flüsterte sie und atmete, so tief sie konnte.

Langsam wurde Jehudith ruhiger. Sie sah die Umrisse der zwei Frauen die Treppe hinaufsteigen. Oben angekommen sagte eine: »Nun ist es an euch.«

Jehudith war barfuß. Sie legte ihre zusammengebundenen Kleider in die dafür vorgesehene Kiste neben dem Eingang und begann, zusammen mit Schmuels Frau die kalte feuchte Treppe hinabzusteigen. Wieder überfielen sie die Bilder: Ihr Kopf unter das Wasser gedrückt, der Knebel nass, es fiel ihr schwer zu atmen. Wasser war in ihre Nase gelaufen.

»Des Vaters, des Sohnes, und des Heiligen Geistes«, hörte sie Raimunds Stimme sagen. Sie musste stehen bleiben und sich an der feuchten Wand festhalten, während Schmuels Frau an ihr vorbeiging.

War es überhaupt richtig, sich in die Mikwe zu begeben? Würde das lebende Wasser diese Befleckung von ihr abwaschen können?

Jehudith versuchte, sich zu fassen. Stufe für Stufe tastete sie sich hinunter. Vor dem kleinen Zimmer der Balanit, in dem die Körper der Frauen vor dem Bad überprüft wurden, wartete sie. Die Tür öffnete sich. Ruth schritt nackt die wenigen Stufen hinunter zum Bassin.

Jehudith trat ein. Die Balanit hielt die Fackel in der Hand, das einzige Licht in dem kleinen feuchtklammen Raum. Jehudith nahm das Leinentuch von ihrem Körper, faltete es zusammen und legte es neben das Tuch von Schmuels Frau, das bereits auf dem vorgesehenen Regal lag.

Die Balanit wies Jehudith an, sich in die Mitte des Raumes zu stellen. Jehudith streckte, so wie es Sitte war, die Arme aus und spreizte ihre Beine. Sie schloss die Augen und spürte die Wärme des brennenden Holzspans an ihrem Körper entlanggleiten. Von dem linken Arm über die Schulter zum rechten. Dann entlang des Rückens, die Beine hinunter und hinauf über ihre Scham, ihren Bauch, Busen und ihr Gesicht.

»Es ist gut«, sagte die Mikwenfrau. »Du kannst hinuntergehen.«

Ein leises Licht schien vom Himmel durch die kleine Öffnung ein Dutzend Klafter über dem Bassin. Sie konnte nur Umrisse ausmachen, gerade genug, um die Stufen zu erahnen, die sie bald hinunterschreiten würde.

Sie schloss die Augen und betete, wie es vorgeschrieben war:

»*Baruch ata adonaj, eloheynu, melech ha-olam, ascher kidschanu be-mitswotaw we-tsiwanu al ha-tevillah.*«

Gelobt seist Du, Ewiger, unser Herr, König der Welt, der uns durch Seine Gebote geheiligt hat und der uns das Untertauchen befohlen hat.

Sie hörte, wie die Balanit den Segensspruch sprach und dann das Platschen des Wassers. Schmuels Frau war zum ersten Mal untergetaucht.

»Kascher«, sagte die Balanit, um das der Regel entsprechende Eintauchen zu bestätigen.

Und nochmals ein Platschen und wieder der Ruf: »Kascher.«

Und nochmals ein Platschen. »Kascher.«

Jehudith hörte Ruth dem Bad entsteigen und öffnete die Augen.

Sie schaute zur Mikwenfrau hinüber, die nickte. Jehudith trat auf die erste der sieben Stufen hinunter in das Becken. Auf der zweiten Stufe berührten ihre Zehen bereits das eisig kalte Wasser. Trotz der Kälte verblieb sie in ihrer Bewegung, bis sie den Boden erreichte. Bis zu ihrem Busen stand sie im Wasser. Die Balanit sprach den Segensspruch und Jehudith nahm die Füße vom Boden, zog die Knie an ihre Brüste und sank hinunter.

Sie war ganz umschlossen von dem lebendigen Wasser. Sie verlor ein wenig ihre Angst, verblieb einen Moment in dieser Stellung, tastete mit ihren Füßen nach dem Boden und stand auf.

»Kascher.«

Ihr Herz klopfte schneller. Nochmals tauchte sie unter und erfreute sich an dem klaren frischen Nass, das ihren Körper umfing. Endlich hatte sie ihren inneren Punkt des Friedens wiedergefunden. Sie war nun wieder Teil des Stromes der Schöpfung. Und mit einem inneren Glück spürte sie die Frucht, die bereits in ihrem Bauch heranwuchs.

»Kascher.«

Nochmals tauchte sie unter. Und da öffneten sich die Tore des Himmels. Gott hatte Jehudith nicht verstoßen.

Epilog

Montag, der 27. September Anno Domini 1097 / 19. Tischri im Jahre 4858

Mainz – Bischofspfalz, im Schlafraum des Domdekans

ES WAR EINE hohe Kunst, sich die schwarze Soutane der Benediktiner anzulegen. Raimund stand nackt in seiner Zelle, nur seine Blöße war mit einer weißen Bruoch bedeckt. Die Kutte lag vor ihm auf der Pritsche: An das schmal geschnittene lange Kleid waren die Ärmel horizontal angesetzt, darüber thronte die angenähte Gugel wie das niedergesunkene Haupt des Gekreuzigten. Raimund beugte sich nach vorn. Seine Hände glitten in die Kutte, suchten tastend die Ärmelöffnungen, stießen vor in die zwei Höhlungen. Dabei streckte Raimund seinen Körper bereits aufwärts und ließ den rauen Stoff in einem Fluss über sich gleiten. Dabei spürte er das übliche Kribbeln auf seiner Haut.

Er liebte den frühen Morgen, an dem selbst die Vögel in ihrer Scheu, die Stadt zu wecken, nur ab und an ein leises Zwitschern zu wagen schienen. In aller Ruhe konnte er sich ein paar Stunden im Studienraum des Bischofs auf seine Zusammenkunft mit Chaim vorbereiten.

Raimund öffnete die schwere Holztür, trat aus seiner Zelle und schritt an den verschlossenen Räumen der Mitbrüder vorbei. Seine Sandalen klapperten im Takt zu dem verhaltenen Gesang einer Meise, die sich selbst zu trösten schien.

Der Herbst hatte bereits seine feuchten Fühler ausgestreckt. Der Wind blies die Wärme aus den Ritzen der Gemäuer und ließ die Blätter des Ahorns in der Mitte des Kreuzgangs erzittern. Schamvoll musste sich der alte Baum den ersten rötlichen Schimmer eingestehen.

Wie fast jeden Morgen machte Raimund einen kurzen Gang, um Geist und Körper zu erfrischen. Zunächst begab er sich in die Johanniskirche und betete ein Vaterunser unter dem Glasfenster mit dem Sabbatgleichnis, welches Anfang August, am Gedenktag des Nikodemus, von Chaim eingefügt worden war. Die Gläubigen bestaunten seither das farbige Licht, das einen ganz neuen Glanz über die Menschen ausschüttete. Auch Chaim war zufrieden gewesen. Die technischen Probleme, von denen Raimund nicht viel verstand, hatte sein Freund lösen können. Die Eisenrahmen waren bereits in die fünf anderen Fenster eingebaut. Zur Weihnachtsmesse sollte das Werk fertig sein.

Die üppige Bezahlung, die er Chaim hatte zuschanzen können, war direkt an seine Gemeinde weitergeleitet worden. So ermöglichte ein Teil des Domschatzes den Wiederaufbau der Synagoge, auch wenn Raimund dies natürlich nicht öffentlich sagen konnte. Aber Chaim hatte schon verstanden. Und es war nur recht und billig, dass die Juden für Ruthards Unterschlagung ihres Schatzes, der nicht mehr aufzufinden war, entschädigt wurden. Dompropst Manfried hatte erst protestieren wollen, ließ sich dann jedoch recht leicht überzeugen. Gutes Handwerk hätte nun einmal seinen Preis, hatte Raimunds älterer Kollege mit einem Schmunzeln im Gesicht gesagt. Auch Manfried hatte verstanden.

Raimund schritt weiter über den Kaiserhof zum Tor mit den Bronzereliefs, das wie immer offen stand. Der Wohnturm streckte sich stumm in die Höhe, Gerüchte über Geister in den alten Gemäuern hatten sich breitgemacht. Seitdem wurde der Turm von den Bewohnern und Bediensteten der Pfalz gemieden. Raimund wandte sich nach rechts in die Residenzgasse.

Das große Tor zum Marktplatz stand ebenfalls weit offen. Ein einzelner Wachmann saß schläfrig auf einem Stein. Sein Kopf, locker an die Wand gelehnt, drohte, zur Seite zu kippen. Gleichermaßen schlaftrunken wie überrascht öffnete er die Augen und erkannte den Domdekan. Der Mann stand allzu hurtig auf, stolperte fast dabei und schenkte Raimund einen verlegenen Gruß, nachdem er sich die Balance zurückerkämpft hatte. Raimund bedeutete ihm, dass er sich wieder setzen möge, und bog links ab in Richtung Michaelishaus.

Die Balustrade, die beim Kampf im letzten Jahr verwüstet worden war, präsentierte sich in alter Pracht. Überhaupt hatte man versucht, möglichst schnell zur Tagesordnung überzugehen. Zu schnell, hatte Raimund angemahnt. Doch die kleinen Sorgen und Nöte des Lebens in der Pfalz hatten sich schon bald wie ein wohliger Mantel um die Erinnerungen an *jene Ereignisse im Mai* gelegt, wie der Einfall von Emichos Soldaten in die Stadt unter den Geistlichen und Bediensteten bald genannt wurde. Bei den Mainzer Juden hieß er dagegen schlicht *die Katastrophe*.

Die meisten von Raimunds Glaubensbrüdern und -schwestern empfanden die ganze Angelegenheit jedoch bald als so unwirklich in dem geordneten Leben der Pfalz, dass ihnen die Gräuel nur noch wie ein düsterer Traum erschienen. Einen Traum, den sie ruhigen Gewissens aus ihren Erinnerungen tilgen konnten. Die meisten Städter schienen bemüht, die schrecklichen Taten mit dem Mantel des Vergessens zu verdecken. Schließlich hatten viele von den Verbrechen profitiert. Scham darüber hatte er bei seinen Glaubensgenossen nur in seltenen Fällen ausmachen können.

Raimund schritt über den Marktplatz. Die Stadt befand sich in jenem seligen Schwebezustand zwischen Schlafen und Wachen. Nur beim Bäcker herrschte bereits geschäftiges Treiben, und Raimund meinte, den Geruch von frischem Kümmelbrot zu vernehmen. Die Bäckerstochter legte Backwaren auf einem Tisch vor dem Laden aus und nutzte dabei die Gunst der Stunde.

Immer wenn ihr Vater neue Brote und Gebäck holte, schob sie sich genüsslich eines der runden Plätzchen in den Mund. Er kannte das kecke Mädchen aus dem Unterricht, den er vor Kurzem in der Domgemeinde eingeführt hatte. »Ist der Gott der Sarazenen und Juden derselbe Gott wie der unsere?«, hatte sie gefragt und ihn damit in Verlegenheit gebracht. Er hatte dies für die Juden bejahen, für die Muslime jedoch verneinen wollen. Bei der darauffolgenden Frage des Blondschopfs, warum dies so sei, war er jedoch ins Stocken geraten und hatte sich hinter lateinischen Formeln verstecken müssen.

In Chaims Haus konnte er keine Bewegung ausmachen, der alte Langschläfer nutzte gewöhnlich die Nächte für die geistige Arbeit. Ab und an kam es vor, dass dort die Kerzen ausgeblasen wurden, wenn Raimund sich am frühen Morgen gerade auf seinen angestammten Platz am Fenster setzte. Der Rabbi streckte dann zuweilen das übernächtigte Gesicht aus dem Fenster und sie winkten sich zu. Meist legte Chaim in diesen Momenten seinen Kopf an die zusammengepressten Hände, zum Zeichen, dass es für ihn nun ins Bett ginge. Heute schlief er anscheinend schon.

Raimunds Freund hatte es nach der Katastrophe im Mai des letzten Jahres dazu gedrängt, rasch zu einer zwar äußerst brüchigen, aber irgendwie lebbaren Normalität zurückzufinden. Die Glaswerkstatt des Rabbis war schon im Sommer letzten Jahres wieder in Betrieb genommen worden. Die Eindringlinge hatten zwar die Becher, Schalen und Schüsseln entwendet, die sie nicht bereits zerschlagen hatten, aber die Öfen der Werkstatt waren verschont geblieben. Selbst die wertvollen Glasbarren hatten sie verschmäht, war ihm von Chaim mit einem weinenden und einem lachenden Auge berichtet worden, wohl weil sie deren wahren Wert nicht erkannt hatten. Und seit dem Frühjahr war auch der Laden wieder geöffnet.

Fast könnte man meinen, es wäre gar nichts geschehen.

Doch der Schein trog. Für Raimund und für die Juden der Stadt war nichts mehr, wie es vorher gewesen war.

Raimund wandte sich nach rechts zur Willigispforte. Zwei Küster, die den Eingang zum Dom fegten, öffneten ihm die schwere Bronzetür, die vom Marktplatz in den Dom führte. Das Kirchenschiff war zu dieser Zeit wie üblich menschenleer. Er ging den Ostchor hinauf und schritt unter dem mächtigen Kreuz des Herrn, das über der Mitte des Altarraumes hoch oben aufgespannt war, zur Tür, die zum Bischofspalast führte. Er überquerte die Holzbrücke, die man wieder ausgefahren hatte, nachdem die bewaffneten Pilger abgezogen waren, und erreichte den Gang zu den bischöflichen Gemächern. Die große Reliquienmonstranz war wiederhergestellt, jedoch beherbergte sie nicht mehr das Kopfreliquiar des heiligen Blasius, das Emicho und seinem Heer hatte Glück bringen sollen. Nun wurden dort Schalen für die geweihten Hostien aufbewahrt sowie einige Kelche. Die Wache vor den Gemächern des Bischofs war vor geraumer Zeit abgezogen worden.

Raimund trat ein in den großen Saal. Der ehemalige Empfangsraum war nicht mehr wiederzuerkennen. An den Wänden standen große Schränke, einige waren geöffnet und zeigten stolz die kostbar eingebundenen Bücher, die sie beherbergten. Drei Tischreihen mit schlichten Stühlen boten Platz für das Studium. Den steinernen Thronsitz des Bischofs hatte man zwar an seiner alten Stelle belassen, aber er stand nun, eingeengt von den schmucklosen Möbeln, recht profan da. Raimund und Bruder Ewald, der die Bücher über Nacht bewachen musste, waren neben der Katze, die es sich wie üblich auf dem Fenstersims gemütlich gemacht hatte, die einzigen lebenden Wesen in der neuen Liberey.

Der Novize reichte ihm wortlos ein in Messing gefasstes Buch, bestückt mit bunten Perlen und Steinen sowie einem Elfenbeinrelief in der Mitte. Dankend nahm Raimund das Buch entgegen und ging nach links in den Arbeitsraum des Bischofs, wie er immer noch offiziell hieß.

Bischof Ruthard hatte sich seit den Ereignissen im Mai des letzten Jahres nicht mehr blicken lassen. So hatte Raimund entschieden, in dessen Räumlichkeiten eine zweite Bibliothek einzurichten, mit einem angeschlossenen Schreib- und Leseraum. Die kostbaren Teppiche, Silberteller und die wenigen lustvollen Marmorskulpturen, die den Sturm der bewaffneten Pilger überstanden hatten, fristeten zusammen mit den spärlichen Resten von Ruthards persönlichen Reichtümern in dessen kleinem Privatraum ein dumpfes und eingeengtes Dasein. Die Tür blieb für alle verschlossen. Den Geheimgang hatte man mit Sand zugeschüttet und anschließend zugemauert, um Diebesvolk abzuhalten.

Raimund ließ sich an einem Tisch am Fenster nieder und richtete seinen Blick auf das Buch vor sich. Seine schlanken Finger glitten über die verspielten Reliefs der Bronzeumhüllung, er ertastete die eingefassten Steine und kostbaren Perlen. Schließlich berührte er den Elfenbeinleib des Herrn am Kreuz im Zentrum des Buchdeckels.

Unwillkürlich zog er seine Hand zurück, und sein Gesicht zuckte, als würde er von einem inneren Schmerz geplagt.

Raimund schloss die Augen. Erinnerungen an Rotkutte und das unselige Gespräch mit Chaim und dem Bischof drängten sich in sein Bewusstsein. *Sein Blut komme über uns und unsere Kinder*, das hätten die Juden gerufen bei der Verurteilung des Herrn. Der Evangelist Matthäus bezeuge dies, hatte Rotkutte damals insistiert. Mit diesem Satz hatte er zu den Morden an den Juden aufgehetzt. Schlimmer für Raimund war, dass er damals nicht hatte widersprechen, den roten Teufel nicht hatte widerlegen können. Diese Niederlage vor den Augen des Bischofs erfüllte ihn bis heute mit einem ohnmächtigen Zorn.

Er schlug den Psalter auf, dort wo sein hölzernes Lesezeichen steckte. Die kostbare Handschrift war in Mainz erschaffen worden, wo die Kunst der Buchmalerei schon seit langer Zeit zur höchsten Blüte gereift war. Kunstvoll geschwungene Ranken umschlangen einander und umgarnten den sorgsam geschriebenen Text des Psalms. Die Pracht der Pflanzen beherbergte eine

Vielzahl bunter Vögel. Eine junge Frau trug einen Kübel Wasser durch die Ranken, kleine Äffchen schwangen lustig von Ast zu Ast. Raimund erfreute sich an der Tier- und Blütenpracht. Ja, das war Gottes Reich. Friede, Vielfalt und Freude.

Er griff in seine Soutane, holte ein kleines Büchlein aus zusammengebundenen Wachstäfelchen hervor und klappte es auf. Auf der linken Seite schrieb er den lateinischen Text des Psalms ab.

Invocabo et exaudies me dilatabis animae meae fortitudinem.

Dann übersetzte Raimund auf der rechten Seite:

Wenn ich dich anrufe, so erhörst du mich und gibst meiner Seele große Kraft.

Viele Stunden schrieb Raimund. Erst als er das Läuten der Domglocke zur Terz vernahm, schlug er das Buch mit den Psalmen zu.

Die Stadt und der Marktplatz, auf den er zwischen Dom und Viktorhaus schauen konnte, waren endgültig erwacht. Das Vogelgezwitscher hatte schon lange den Rufen der Marktschreier Platz machen müssen, Stände standen dicht an dicht. Es war ein Geschiebe und Gedränge, über dem ein Schallteppich aus Flötentönen, Rufen, Weinen, Holzgeklapper, Schweinsgegrunze und Schafsblöken schwebte und aus dem nun das letzte Krähen eines Hahnes hervorstach, just bevor das Beil dessen Hals durchtrennte.

Raimund war zufrieden mit seinem Morgenwerk und wollte am Gebet mit den Brüdern teilnehmen, bevor er sich mit Chaim in der Synagoge treffen würde. Er stand auf, nahm den in Messing gebundenen Psalter und reichte ihn Bruder Ewald zurück.

Auf dem Weg zur Domkapelle winkte Dompropst Manfried ihn zu sich. »Ich habe Nachrichten erhalten, die dich interessieren dürften. Lass uns ein wenig gehen, es muss nicht jeder davon wissen.« Der Dompropst legte seine Hand auf Raimunds Rücken und schob ihn sanft in Richtung des Kreuzgangs neben der Johanniskirche.

»Hast du Neuigkeiten vom Bischof?«, fragte Raimund leise.
»Man sagt, er halte sich immer noch im thüringischen Teil seines Erzstiftes auf, bei Fürsten, die dem Kaiser feindlich gesonnen sind. Papst Clemens hat ja, wie du weißt, den Umgang mit Ruthard verboten, gar unter der Drohung des Kirchenbanns. Aber Papst Urban hat das Verbot wieder aufgehoben.« Der Dompropst seufzte und streckte seine Arme gen Himmel, als erbitte er von dort eine Eingebung, jedoch ohne jegliche Hoffnung, dass ihm die ersehnte Hilfe gewährt würde. »Was soll ich machen? Ist er noch unser Bischof? Auf welchen der zwei Päpste soll ich hören?«

»Ich muss gestehen, dass ich in dieser Sache vollkommen ratlos bin. Ich bin so froh, dass du es wieder bist, der sich mit den Dingen der weltlichen Herrschaft auseinandersetzen muss. Du wirst die richtige Entscheidung treffen.«

Und da seufzte der alte Mann ein zweites Mal und fügte mit seiner tiefen, zerbrechlich gewordenen Stimme hinzu: »Ab und an erhalte ich eine Anweisung von Ruthard.«

»Ich höre so gut wie nichts mehr von ihm«, antwortete Raimund. »Er scheint sich für das Leben seiner Untertanen in der Pfalz nicht mehr allzu sehr zu interessieren.«

»Darüber scheinst du nicht unglücklich zu sein.«

Beredtes Schweigen war Raimunds Antwort. Nach einigen Momenten der Stille fragte er: »Aber was machst du mit den Anweisungen unseres Bischofs?«

»Die Position des Kaisers ist nach seiner Rückkehr aus Italien überraschend schnell wieder erstarkt, daher halte ich mich eher an Papst Clemens. Niemand rechnet damit, dass Ruthard bald zurückkehren wird. Nicht nach den Ereignissen auf dem Hoftag zu Worms, von dem ich gestern zurückgekommen bin.«

»Der Kaiser war unzufrieden mit unserem Bischof?«

»Er war empört über Ruthards Feigheit und darüber, dass er die Juden nicht geschützt hat.« Manfried schüttelte den Kopf.

»Zudem hat unser Ordinarius bisher keinerlei Einsicht gezeigt. Er weigert sich beharrlich, dem Kaiser die Treue zu schwören. Er steht nun ganz aufseiten Papst Urbans.«

»Es ist eine Zeit der Ungewissheit, in der wir leben.«

»Man munkelte gar von einem Verfahren gegen Ruthard, auf Initiative des Kaisers.«

»So?«, Raimund legte die Stirn in Falten und drehte seinen Kopf erstaunt zu seinem älteren Kollegen.

»Es scheint noch immer ungeklärt, wo das Gold und Silber der Juden verblieben sind. Und die Gerüchte wollen nicht verstummen, dass es unser allseits geschätzter Bischof war, der es an sich genommen hat.« Manfried kratzte sich am Kopf. »Die Gerüchte könnten natürlich auch bewusst gestreut worden sein. Die Sache mit dem Judenschatz ist in jedem Fall für Heinrich ein willkommener Anlass, um an Ruthard ein Exempel zu statuieren. Und ich kann es unserem Kaiser nicht verdenken.«

»Ich beneide dich nicht um deine Aufgabe.«

Da seufzte Manfried ein drittes Mal. »Man dient, wo einen der Herr hinstellt.«

Raimund lächelte kurz, dann wurde er ernst. »Bruder Manfried, darf ich dich etwas fragen, im Vertrauen?«

»Gern. Nach dem Gebet?«

»Am liebsten jetzt, da ich in einer Stunde mit Rabbi Chaim verabredet bin.«

»Habt ihr eure Studien etwa wieder aufgenommen?«

»Nach seiner Taufe war unser Verhältnis sehr angespannt, aber seit dem Dekret des Kaisers geht es wieder besser. Jetzt kann ich wieder frei mit ihm von Christ zu Jude sprechen.«

Manfrieds Mundwinkel zogen sich nach unten. Trotz dieses Ausdrucks seiner Missbilligung antwortete er freundlich: »Nun gut, so lasst uns auf der Bank hinter dem wunderschönen Ahorn verweilen. Dort sind wir vor Blicken geschützt. Die anderen sollen nicht sehen, dass wir auf das Gebet zur Terz verzichten, um uns zu unterhalten.«

Die beiden Stiftskollegen setzten sich auf die Steinbank und schwiegen. Raimund zögerte zunächst, und so hörten sie dem leisen Rascheln der Blätter über ihnen zu, das von Vogelgezwitscher und dem eiligen Sandalenklappern einiger spät kommender Geistlicher untermalt wurde. Dann gab sich Raimund einen Ruck. »Du hast dich nie über meine Tat geäußert, jedenfalls nicht mir gegenüber.«

»Ich habe so wenig wie möglich Aufsehen darum gemacht. Auch nicht auf dem ersten größeren Hoftag, zu dem unser Kaiser gerufen hatte und wo ich ihm Bericht erstatten musste.«

»Der Kaiser und sein Hof wissen also gar nichts davon?«

»Das glaube ich nicht. Es fiel Heinrich wohl schwer, die Taufe des roten Priesters von der deinen zu unterscheiden.« Ein schelmenhaftes Grinsen verlor sich in dem faltigen Gesicht des Propstes. »Meine Schilderung der Ereignisse war daran wohl nicht ganz schuldlos. Ein scharfsichtiger Beobachter hätte meinen können, dass mein Bericht in diesem Punkt absichtlich vage geblieben ist. Ich habe ganz wahrheitstreu erklärt, dass einige der Juden gegen ihren Willen getauft wurden und daher das Massaker überlebt haben.«

»Mein Name ist nicht gefallen?«, fragte Raimund mit angehaltenem Atem.

»Nein.« Bruder Manfried legte die Hand auf Raimunds Schulter. »Andere Dinge waren wichtiger. Die Restaurierung der Machtstellung des Kaisers stand im Zentrum der Verhandlungen.«

»Also wird das Ganze wahrscheinlich keine Konsequenzen für mich haben?«

»Wohl kaum, jedenfalls wenn du nicht damit auf den Jahrmarkt gehst.«

Raimund machte einen tiefen Atemzug. »Danke, Manfried.«

»Manchmal ist Schweigen Gold.«

Ein Ahornsamen sank zur Erde und drehte sich dabei wie ein Kreisel um sich selbst. Hinter einem Stein lugte ein Eichhörnchen hervor und beobachtete, wie sich der Samen sanft zwei Schritte vor ihren Füßen niederlegte.

Da war noch etwas, was Raimund auf der Seele brannte. »Was denkst du? Habe ich recht gehandelt?«

»Meinst du die Taufe, die du durchgeführt hast?«, fragte Manfried und fügte mürrisch hinzu: »Oder meinst du die Zeit danach, in der du den Juden fast alles hast durchgehen lassen?« Raimund schaute zu Boden, während Bruder Manfried fortfuhr: »Ich habe jedenfalls kaum einen von ihnen in der Kirche gesehen, als sie sich noch Christen schimpften.«

Raimunds Blicke bohrten sich in die Fläche vor seinen Füßen, als hoffe er, in den zufälligen Mustern der kleinen Kiesel auf dem Boden eine Antwort auf Manfrieds Schelte zu finden. Das Eichhörnchen hüpfte ein paar Schritte näher. Raimund suchte bei dem Tierchen nach einem verständnisvollen Blick, doch dessen Interesse galt ausschließlich den grünen Samenkörnchen, die sich in den zwei Flügelblättern versteckten.

Dem Propst entfuhr ein viertes Seufzen. »Oder meinst du die Studien, die du nun anscheinend mit Chaim wieder aufgenommen hast?«

Raimund schwieg.

Das fünfte Seufzen des alten Propstes hätte einen Stein erweichen können. Er sah Raimund ernst ins Gesicht. »Ich war nur drei Wochen weg und komme dann in ein solches Chaos. Ich musste danach alles wieder neu aufbauen. Aufräumen musste ich. Ich war so wütend. Auch auf dich.« Nach einer Pause fügte der alte Mann milde hinzu: »Aber natürlich kam da einiges zusammen, es war nicht deine Schuld.«

»Hättest du die Juden an meiner Stelle getauft?«

»Nicht gegen ihren Willen.«

»Du hättest die Juden sich also gegenseitig töten lassen?«

Die dunklen Schatten der schicksalsschweren Tage legten sich auf Raimunds Seele. Kopfschüttelnd fügte er hinzu: »Die Pfalz wäre voller Leichen gewesen, viele Kinder darunter. Hättest du damit leben können?«

Nun war es Manfried, der still blieb.

Raimund fuhr fort:»Ich habe viel über das Sabbatgebot unseres Herrn nachgedacht. Chaim hatte mich daran erinnert, als ich vor meiner schweren Entscheidung stand.«

»Warum interessiert sich der Rabbi für Christus?«

»Er mag viele Dinge an unserem Herrn oder Jeschua, den Nazarener, wie er ihn zuweilen nennt. Andere Dinge verabscheut er an ihm. Er ist auf eine seltsam rührende Art fasziniert von unserem Erlöser.« Raimund schloss die Augen.»Ich habe es einfach nicht über mein Herz gebracht, ihn zur Einnahme der Hostie in der heiligen Kommunion zu zwingen. Für Chaim ist unser Heiland nicht Gott. Für ihn ist Gott durch Jesus nicht Mensch geworden, man kann ihn nicht essen. Mir erscheint, Gott ist den Juden in gewisser Weise ferner als uns Christen.«

Plötzlich überfiel Raimund eine große Traurigkeit.»Chaim mag die Gleichnisse und das Vaterunser. Und aus der Predigt unseres Herrn am Berg zitiert er oft und gern. Aber unser Heiland war in seinen Augen ein Mensch und nicht Gottes eingeborener Sohn.«

Manfried griff in die Tasche seiner Kutte und holte eine Brotrinde hervor, die er aufgrund seiner schlechten Zähne nicht mehr gut essen konnte. Er zerteilte die Rinde und warf einzelne Stücke vor seine Füße. Das Eichhörnchen nahm die Bröckchen in den Blick, kam näher, griff sich die harte braune Rinde und sah die beiden mit seinen murmelhaften Augen an.

»Auch die Kirche hat lange mit diesem Punkt gehadert. Wie du weißt, wurde über die Göttlichkeit Jesu erst auf dem Konzil von Nicäa dreihundertfünfundzwanzig Jahre nach der Geburt unseres Herrn befunden. Und selbst danach ging der Streit weiter.«

»Wie sicher können wir denn sein, dass die Entscheidung damals richtig war?«

Als wolle es kein Wort der beiden Gelehrten verpassen, drehte das Eichhörnchen, während es genüsslich an der Rinde nagte, sein Köpfchen jeweils demjenigen zu, der gerade sprach.

»Die Entscheidung des Konzils war vermutlich politisch bestimmt. Kaiser Konstantin wollte diese Frage geklärt wissen, die damals unter christlichen Gelehrten mit großer Leidenschaft erörtert wurde. Man hätte sie auch offenlassen können.« Die Augen des alten Mannes wirkten ganz müde, als laste die Geschichte wie ein Mühlstein auf seiner Seele. »Aber der Kaiser wollte keine zerstrittene Kirche, er brauchte Einigkeit, um sein Reich zu befrieden.«

»Diese theologische Festlegung war also eigentlich eine politische?«

»So könnte man es jedenfalls sehen. Papst Clemens' Kirchenbann über Bischof Ruthard ist ja auch eine politische Entscheidung.«

»Davon verstehst du mehr als ich«, erwiderte Raimund leise.

Der Dompropst brach ein weiteres Stück von der Rinde ab und warf es dem Tierchen zu, das es ohne jede Scheu in seine Pfoten nahm und verspeiste. »Politik und Religion bedingen sich zuweilen auf seltsame Art und Weise.«

»Wenn ich lese, was die Evangelisten über den Herrn geschrieben haben, erscheint es mir, dass Jesus sich aus den Machtkämpfen seiner Zeit heraushalten wollte. Er folgte einfach seiner inneren Überzeugung über das Reich Gottes, egal, was die Mächtigen seiner Zeit darüber dachten.«

»Überzeugung, sagst du«, erwiderte Manfried kopfschüttelnd. »Du sprichst von unserem Heiland, als wäre er ein Mensch. Er hatte einen Auftrag, er ist Gottes Sohn! Oder willst du etwa daran zweifeln?«

Raimund blieb eine Antwort schuldig.

»Mir scheint, dass der Rabbi deine Gedanken schon verwirrt hat«, tadelte der Dompropst in die Stille hinein.

Raimund ging nicht auf diese Bemerkung ein, er wollte seine

zunehmenden Zweifel – bei all seiner Wertschätzung für Manfried – nicht teilen. »Jedenfalls habe ich die Juden getauft, gegen ihren Willen und mit dem Wissen, dass sie unseren Glauben in ihrem Herzen nicht annehmen würden. Wird der Herr mir vergeben?«

»Du wirst wohl abwarten müssen, bis du das erfährst«, antwortete Manfried.

Sie saßen eine Weile still nebeneinander, dann hob Raimund mit einem leisen Zittern in der Stimme zu sprechen an: »Tertullian schrieb, dass das Taufwasser die Kraft des Heiligen Geistes in sich birgt.«

»Nun, falls dies so wäre, so scheint der Heilige Geist keine große Wirkung auf die Juden ausgeübt zu haben. Nicht mehr als fünf von ihnen sind Christen geblieben, nachdem der Kaiser ihnen die Rückkehr zu ihrem Glauben erlaubt hat. Vier von ihnen waren Frauen, die sich mit einem Christen vermählt hatten. Was blieb den Armen anderes übrig, sie hätten als Ausgestoßene unter ihresgleichen leben müssen.«

»Dies geschah vielleicht aufgrund meiner größten Sünde«, murmelte Raimund.

Manfried schaute verwundert auf und fragte dann leise. »Was meinst du? Möchtest du mir davon erzählen?«

Raimund nickte.

»So sprich.«

»Das Wasser, das ich zur Taufe benutzt habe, war kein geweihtes Wasser. Es war Wasser aus dem Brunnen des Kaiserhauses, ich habe es heimlich in das Aspersorium gegossen, mit dem ich das Taufbecken gefüllt habe. Ich habe also nicht das vom Bischof geweihte Wasser benutzt.«

»Pfffffff«, entfuhr es Bruder Manfried zunächst. Dann verzog er das Gesicht zu einem Lächeln. »Du durchtriebener Bengel, das hätte ich dir gar nicht zugetraut. Daher hatte das Taufwasser also keine Wirkung.«

»Ich habe mehr und mehr Zweifel an der Wirkung all der Rituale und Reliquien, mit denen wir uns umgeben.«

Bruder Manfried drehte das Gesicht zur Seite, als wolle er von Raimunds Worten nicht beschmutzt werden.

»Mir erscheint es wichtiger«, fuhr Raimund fort, »welche Wandlung im Herzen der Menschen geschieht.« Er holte Atem. »Ist es nicht des Menschen Herz, auf das wir zielen sollten?«

»Domdekan Raimund. Deine Gedanken machen mir Angst. Um dich, aber auch um unsere Kirche. Deine Gespinste dienen nicht dazu, die Ordnung zu bewahren.«

»Ich weiß, und das macht auch mir Angst«, erwiderte Raimund leise.

Manfried warf dem Eichhörnchen das letzte Stück der Rinde zu und schwieg.

»Würdest du mir die Absolution erteilen?«, fragte Raimund in die Stille.

Der alte Dompropst schloss die Augen. Nach einem Moment der Überlegung antwortete er ernst: »Ich sehe es so: Die ganze Taufe war eine Farce, und du hast die Sache mit dem ungeweihten Taufwasser auf die Spitze getrieben. Ich denke jedoch nicht, dass die Sünde, die du zweifellos begangen hast, unentschuldbar ist. Du musstest dich zwischen verschiedenen Missetaten entscheiden. So ist es oft in der Politik.«

Die Anspannung in Raimunds Schultern löste sich ein wenig.

Manfried hatte mehr zu sagen. »Was aber deine Gespräche mit Chaim angeht, so bin ich mir nicht sicher, ob sie deinem Glauben guttun.« Gleichwohl fügte er milde hinzu: »Auf der anderen Seite, es macht ein gutes Gespräch aus, dass man nicht weiß, wie es am Ende ausgehen wird. Ich rate dir jedoch, auf der Hut zu sein.«

»Danke für deinen Rat und den Schutz, den du mir auf dem Hoftag gewährt hast. Ich kann nicht oft genug sagen, wie froh ich bin, dass du die Geschäfte wieder übernommen hast.«

Das Tierchen hatte die Brotrinde ganz aufgegessen, es richtete seine Aufmerksamkeit wieder dem Ahornsamen zu.

»Ich hörte, dass auch du nicht untätig warst. Man erzählte mir, dass die Kinder inzwischen fränkische Übersetzungen der Psalmen lernen.« Und mit einem Kopfschütteln fügte er hinzu: »Sogar die Mädchen!«

»Ich finde, die Kinder sollten verstehen, was sie beten.« Mittlerweile knabberte das Eichhörnchen an dem Samenstand, um die Körner aus ihrer blättrigen Umhüllung zu befreien.

»Wenn du daran denken solltest, die Worte der Evangelisten in die Sprache des Volkes zu übersetzen, wirst du dir mächtige Feinde machen.«

Raimund erbleichte. Hastiger als beabsichtigt erwiderte er: »Bruder Manfried, ich danke dir für deinen Rat.«

Er war im Aufstehen begriffen, da hielt ihn der Dompropst zurück. »Ich habe noch eine weitere Neuigkeit. Von dem anderen Zwangstäufer von Mainz.« Raimund erschrak zunächst, dass er mit dem Mörder der Juden in einem Atemzug genannt wurde. Erleichtert nahm er jedoch das Wohlwollen im Gesicht des Propstes wahr, der hinzufügte: »Rotkutte hattest du ihn genannt, soweit ich mich erinnere.«

Raimund beugte sich interessiert zu Manfried hin. Zunächst ließ ein Schmerz ihn die Augen verschließen, doch dann glitt ein Lächeln über sein Gesicht.

Das Eichhörnchen streckte sein Näschen in die Luft, als wittere es etwas. Dann hüpfte es flink zum Stamm des Ahornbaumes und verschwand in dem rötlichen Blättergewirr.

Mainz – auf dem Marktplatz

Raimund schlängelte sich an den Tischen und Ständen vorbei, an denen Wolle, Gewürze und Tausende andererlei Dinge feilgeboten wurden. Das Pfeifen der Flötenschnitzer vermischte sich mit dem Rufen der Marktschreier, geräuchertes Fleisch und alle möglichen Sorten Obst und Gemüse verlockten zum Kauf. Händler schöpften Weizen, Hirse und Roggen aus großen Säcken und schütteten das Getreide in die Kisten und Säckchen, die ihnen von Kunden dargeboten wurden. Der Duft von Thymian und Rosmarin vermischte sich mit den Ausdünstungen der Menschen und Tiere zu dem gewohnten fauligen Marktgeruch, während Gänse, Schweine und Kühe geduldig auf ihren letzten Besitzer warteten.

Mit angehaltenem Atem, die Arme zuweilen in die Luft gestreckt, um besser durch die engen Menschenlücken schlüpfen zu können, kämpfte sich Raimund durch das Marktgewusel und grüßte dabei das eine oder andere bekannte Gesicht. Schließlich erreichte er die Lange Gasse, musste dort einem Ochsenwagen ausweichen und wäre dabei fast von einer Waschfrau aus dem obersten Stock mit Wasser übergossen worden.

Als er links in die Lorscher Gasse einbog, wurde es etwas ruhiger. Er schritt unter dem Torbogen zum Synagogenplatz hindurch und betrachtete das Giebelhaus mit dem Rosenfenster in der Mitte des Platzes. Ein Gefühl der Wärme erfüllte ihn. Die dicken Steinmauern der Synagoge waren bei dem Brand weitgehend unversehrt geblieben, sodass es nach einer gründlichen Säuberung genügt hatte, das Dach zu ersetzen. Sogar von Chaims Rosenfenster hatte man nur den Ruß entfernen müssen.

Da kam Aaron und wäre fast in Raimund hineingerannt, dicht gefolgt von Isaak, der fast mit seinem Bruder zusammengestoßen wäre.

»Langsam, langsam, ihr zwei«, konnte Raimund noch sagen, bevor die beiden hinter dem Torbogen verschwanden.

Wie immer war Raimund in dem kleinen Anbau zur Linken der Synagoge mit Chaim verabredet. Dort traf er auf Jehudith, die einen Stößel kraftvoll in eine dickbauchige Steinschale hineintrieb. Ein von einzelnen Knacklauten durchsetztes Knirschen vermischte sich mit dem Ächzen des eisernen Stampfers, der gegen die Wand der Schale rieb. Jehudiths Jüngstes, das vor knapp sechs Monaten zur Welt gekommen war, schlief derweil in dem Tuch vor ihrer Brust.

»Sei gegrüßt, Jehudith. Wie schön es ist, dich wiederzusehen.« Jehudith blickte auf von ihrer Arbeit. »Sei auch du gegrüßt, mein Mann wartet bereits auf dich.«

Raimund verlor sich in der Betrachtung des Säuglings, der gerade ein Ärmchen aus dem Tuch streckte. Das kleine Menschenkind gähnte lange und versuchte unter größten Mühen, die Augenlider zu öffnen.

»Wie groß eure Kleine geworden ist«, sagte Raimund.

»Ja, fast ein halbes Jahr ist Rachel nun alt«, antwortete Jehudith mit dem stolzen Lächeln einer Mutter. »Nach der Geburt war es nicht leicht, neben all dem anderen, was uns seit der großen Katastrophe belastet hat. Aber aus dem Gröbsten sind wir nun heraus. Chaim und ich können sogar die Nächte wieder durchschlafen.«

Raimund konnte den Blick nicht von den großen leuchtenden Augen lassen, die ihn nun ganz schamlos anschauten. Zärtlich streichelte Jehudith Rachel über das dünne Haar und wandte sich wieder ihrer Arbeit zu. Der Säugling hatte die Händchen auf den Rand des Tuchs gelegt, um sich daran hochzuziehen. Was das winzige Geschöpf wohl dachte beim Anblick des kahlgeschorenen Domdekans?, fragte sich Raimund, der von Rachel aufmerksam beobachtet wurde. Er wackelte langsam mit dem Kopf und erfreute sich an dem Hin und Her von Rachels Augen.

Irgendwann war die Kleine des Spiels müde und Raimund fragte: »Draußen bin ich auf Isaak und Aaron gestoßen. Wer kümmert sich eigentlich um die beiden?«

»Seit ein paar Tagen sind sie Teil unserer Familie, nachdem ihre Großmutter in Speyer gestorben ist. Viele der Erwachsenen sind von dem Heer der Unbeschnittenen getötet worden, aber die meisten Kinder haben überlebt«, sagte Jehudith traurig. »So mussten die Mädchen und Jungen auf diejenigen verteilt werden, die die Katastrophe überlebt haben. Aaron lebt nun bei uns und Isaak bei meiner Schwester.«

Raimund senkte den Blick vor Scham. Leise fragte er: »Warum habt ihr euer Kleines eigentlich Rachel genannt?«

»Es war Chaims Wunsch. Er wollte ihr auf diese Weise einen neuen Anfang ermöglichen. Von all dem Leid, das wir erfahren mussten, war der Tod Rachels und ihrer zwei kleinen Töchter das Allerschlimmste für meinen Mann.«

Der Säugling in dem Tuch hatte sich inzwischen vollends ausgeguckt an Raimund und ließ sich langsam in das Tuch zurückfallen, hinein in die Wärme ihrer Mutter. Nach einigen Augenblicken vermischte sich Rachels leises Schnarchen mit dem Knirschen des Stößels, den Jehudith in den Mörser presste.

Raimunds Blick begann, die kleine Stube zu durchkämmen. Hebräische Schriftzeichen prangten auf den frisch gekalkten Wänden. Auf der großen Holzplatte, an der Jehudith stand, befanden sich neben Tellerstapeln, Bechertürmchen und einigen Kistchen mit Holzlöffeln und Eierbechern einige große Messer und Schüsseln. Ganz am Ende des Raumes stand der Ofen, der unbefeuert war. Unvermittelt ergoss sich ein Lichtstrahl aus einer der kleinen Fensteröffnungen über das flinke Spiel von Jehudiths Händen, die kleine Körner in den Mörser schüttete.

»Was machst du gerade, Jehudith?«

»Ich zerstoße Senfkörner. Morgen wird der Frauenraum der Synagoge eingeweiht. Im Anschluss daran wird es ein großes Fest geben.« Jehudith zeigte auf einen großen Bottich unter dem Tisch, in dem drei große Fische schwammen. »Und dafür bereite ich die Karpfen vor, die ich heute auf dem Markt gekauft habe. Zu Chaims Vergnügen wird es dazu eine Senfsauce geben.«

Raimund spürte, dass seine Augen zu glänzen begannen. »Kennst du das Gleichnis vom Senfkorn?«

»Nein, das kenne ich nicht.«

Da erscholl eine warme Stimme aus der Tür zur Synagoge. »*Das Himmelreich ist gleich einem Senfkorn, das ein Mensch*

nahm und säte es auf seinen Acker; welches ist das kleinste unter
allen Samen; wenn er erwächst, so ist es das größte unter dem
Kohl und wird ein Baum, dass die Vögel unter dem Himmel
kommen und wohnen unter seinen Zweigen.«

Mit offenen Armen schritt Chaim auf den Domdekan zu.

»Mein Freund, wie schön, dass du gekommen bist.«

Raimund genoss die herzliche Umarmung seines Freundes,
der ihn schließlich freundlich in Richtung Tür zur Synagoge
schob. Der Saal wirkte deutlich geschrumpft. Die steinerne
Bimah war renoviert und in Richtung des Schreins verschoben worden, sodass sie trotz der Verkleinerung des Raumes
immer noch in dessen Mitte stand. Eine neue Wand war hochgezogen worden, gegenüber dem Torahschrein und der Bimah.
Auf Bauchhöhe waren horizontale Schlitze in das Mauerwerk
eingefügt, etwa eine Elle lang und eine Handbreit hoch. Zwei
Handwerker bemalten die Wand mit einer weißen Tünche, die
sie zwei hölzernen Eimern entnahmen. Fast überall war die
Wand strahlend weiß, nur an einigen Stellen konnte man noch
den rötlichen Stein darunter erahnen.

Raimund zeigte auf die seltsamen Spalten in der Wand, die
wie Augenpaare in den Raum hineinlugten. »Wozu dienen diese
merkwürdigen Öffnungen in der Wand?«

»Die Übriggebliebenen der Gemeinde haben sich entschlossen, einen kleinen Raum für die Frauen einzurichten, damit sie
nicht draußen bei Wind und Regen sitzen müssen, wenn sie am
Gottesdienst teilnehmen wollen. Durch diese Spalten werden
sie die Liturgie hören können«, antwortete Chaim und fügte
leise hinzu: »Die Synagoge war ja auch viel zu groß für unsere
geschrumpfte Gemeinde.«

Raimund schüttelte traurig den Kopf und schwieg.

»Ich habe für eine Empore für die Frauen plädiert, damit sie
auf den Vorsänger in der Bimah und den Torahschrein schauen
können. Doch wurde dies von der Mehrheit in unserem Rat
abgelehnt.« Chaim fasste sich mit beiden Händen an den Kopf,

als würde er angesichts all des Unsinns, mit dem er sich abzugeben hatte, sein Haupt vor dem Platzen schützen müssen. »Es würde die Männer zu sehr ablenken, hieß es.«

»Mir erscheint es, als würden wir im Kleinen ähnliche Schlachten führen«, erwiderte Raimund.

Chaim nickte seufzend. Dann sah er seinen Freund verwundert an. »Du bist heute in deiner Soutane gekommen?«

»Ja, ich denke, es ist Zeit, dass ich dazu stehe, was ich tue.«

Schweigend schritten sie Seite an Seite in den Lehrraum, in dem ein nagelneues Pult, Bänke und Tische standen; alle alte Einrichtung war den Flammen zum Opfer gefallen.

»Wie ist es um deine Gemeinde bestellt?«, fragte Raimund.

»Du weißt, wie tief die Wunden sind. Ich kann mir nicht vorstellen, dass sie jemals ganz heilen werden. Jehudith hat ihre Eltern verloren, Aaron und Isaak ihre Mutter und Geschwister. Sarahs Schwiegereltern haben Mainz aus Angst verlassen. So ist es fast in jeder Familie. So viel Leid, so viel Trauer, so viel Wut. Besonders schlimm für mich ist, dass uns von einigen unserer Glaubensbrüder Feigheit vorgeworfen wird. So kommt zu all dem Elend noch die Scham.« Er sah Raimund in die Augen und fügte hinzu: »Bei denjenigen, die du getauft hast, etwas weniger als bei denen, die sich öffentlich zu eurem Heiland bekennen mussten.«

Erinnerungen stiegen in Raimund hoch. Er sah sich selbst am Taufbecken stehen. Chaim gefesselt und geknebelt, neben ihm die zwei Hünen, deren Hände seinen Freund in das Wasser pressten. »Wie viele Seelen seid ihr nun?«

»An die vierhundert«, antwortete Chaim verhalten. »Vor den Massakern waren wir mehr als tausend. Du weißt, dass mehr als die Hälfte der Erwachsenen ermordet worden ist. Einige konnten sich verstecken. Fast hundert haben uns verlassen, die meisten in Richtung Osten. Dort wollen sie sich eine neue Zukunft aufbauen. Neue Gemeinden entstehen dort. Uns erreichen Briefe aus Breslau und sogar aus Krakau.«

Raimund suchte nach Worten, fand jedoch keine. Stattdessen legte er seine Hand auf die Schulter seines Freundes.

Chaim lächelte traurig. »Die Wege des Herrn sind unergründlich.«

Raimund setzte zu sprechen an, zögerte aber.

»Was liegt dir auf dem Herzen, mein Freund?«, fragte Chaim.

Raimund nahm einen tiefen Atemzug. »Ich habe viel darüber nachgedacht. Es fällt mir von Tag zu Tag schwerer, daran zu glauben, dass Gott selbst in den Lauf unserer Welt eingreift.«

Chaim schaute ihn überrascht an. »Haben wir nicht zusammen gebetet an dem Tag des Schreckens, und hat uns der Herr nicht einen Hinweis geschickt, wie wir zumindest das Leben eines Teils der Menschen retten können?«

»Ja. Durch unsere Hände kann Gott eingreifen. Vielleicht war dies schon immer sein Plan.« Raimund stockte einen Augenblick. »Aber auch Rotkutte hat gemeint, von Gott beauftragt zu sein. Feige war er nicht. War nicht auch er sich des Zuspruchs Gottes sicher, und hat nicht auch er daraus Kraft für seine Untaten geschöpft?«

Chaim nickte. »Da muss ich dir leider recht geben.«

Raimund fühlte den Drang, Gedanken zu formulieren, die ihn seit den Ereignissen im Mai des letzten Jahres bedrängten. Selbst Chaim gegenüber hatte er es sich bisher verwehrt, darüber zu sprechen. Mit einem leichten Zittern in der Stimme hob er an: »Man könnte zwar sagen, es war der Teufel, der Rotkuttes Hand führte. Aber wer könnte sich anmaßen zu bestimmen, wann es der Satan ist, der einem einen Gedanken aufdrängt, und wann Gott?«

Chaim überlegte einen Moment und antwortete: »Ich möchte auf eine letzte Gerechtigkeit, eine letzte Klarheit und eine endgültige Einsicht hoffen. Wenn wir einmal vor dem Herrn stehen, so glaube ich, werden alle Schleier weggenommen sein.«

»Darauf hoffe ich auch«, antwortete Raimund. »Aber bis dahin müssen wir die Botschaft des Herrn so verkünden, dass sie gute Frucht bringen kann.«

Die Stimmen der zwei Anstreicher drangen undeutlich durch die Tür und vermischten sich mit Schabgeräuschen, vermutlich wurde gerade einer der Eimer mit Tünche über den Steinboden geschoben.

»Rotkutte jedenfalls scheint Gerechtigkeit bereits auf Erden erfahren zu haben, sein Ende war nicht gesegnet«, sagte Raimund in die Stille.

»Hast du Neuigkeiten?«

»Ja, Dompropst Manfried hat es mir heute erzählt.«

»Da bin ich gespannt.«

»Emichos Heer hat das Heilige Land wohl nie erreicht. Lange Zeit wusste man nicht, was mit den Pilgern geschehen ist. Aber es sieht so aus, dass sie auf ihrem Weg nach Jerusalem durch Ungarn gezogen sind und auch dort gewütet haben. König Koloman war wohl nicht gewillt, dies zu akzeptieren. Nach einigen Warnungen wurde Emichos Heer von den Soldaten des Königs vernichtet. Emicho selbst und einige wenige Ritter konnten entkommen. Der Rest wurde getötet.«

»Und was geschah mit Rotkutte?«

»Er wurde – so ist es mir von Manfried berichtet worden – bei lebendigem Leibe gepfählt.«

Chaim verzog zunächst das Gesicht, als würde er einen inneren Schmerz verspüren, dann sagte er ernst: »Es fällt mir schwer, Mitgefühl mit dem roten Fuchs zu haben. Er hat diese Strafe zweifellos verdient. Viele der Unseren werden Genugtuung bei der Vorstellung empfinden, wie sich der Spieß langsam in seinen Körper gebohrt hat.«

»Es hätte meiner Ansicht nach genügt, ihm den Kopf abzuschlagen«, erwiderte Raimund.

»Er hat uns sehr großes Leid zugefügt.«

»*Du sollst deine Feinde lieben*, hat uns Jesus beibringen wollen.«

»Warum sind so viele Anhänger eures Herrn dann so skrupellose Mörder?«

»Ich schäme mich oft dafür«, antwortete Raimund. Ihm war, als ob ein Kloß in seinem Hals stecken würde. All die Leichenberge, das Jahr des gezwungenen Christendaseins der Juden, die Versuche eines Miteinanders, das voller Unehrlichkeiten war, bis endlich das Dekret des Kaisers eingegangen war, dass dieser Irrsinn ein Ende finden konnte, all das hatte lange zwischen ihnen gestanden wie eine hohe Mauer. Insbesondere war es die Demütigung des Taufaktes gewesen, den er an Chaim vollzogen hatte, an dem ihre Freundschaft fast zerbrochen wäre. Und das, obwohl ihn Chaim – wenn auch ohne Worte – selbst darum gebeten hatte.

»Nach den Evangelisten waren unsere Vorväter es, die Jesus von Nazareth getötet haben. So kann man es in jedem Fall lesen, obwohl doch die Kreuzigung eine Strafe der Römer war.« Chaim wirkte sehr müde. »Und da ihr den Nazarener zu Gottes Sohn, ja, zu Gott selbst gemacht habt, werft ihr uns vor, sogar Gott getötet zu haben.«

»Wissen wir, was damals wirklich geschehen ist?« Raimund kratzte sich an seiner Tonsur. »Die Berichte der Evangelisten sind widersprüchlich. Ich habe genau studiert, was Matthäus, Markus, Lukas und Johannes über die Passion des Herrn geschrieben haben, wieder und immer wieder.« Der Kloß in seinem Hals musste heraus. »Bei Johannes fand das letzte Mahl einen Tag vor dem Pessach statt, bei den drei anderen Evangelisten am Pessach selbst. Und Johannes schreibt kein Wort von Jesu Leib und Jesu Blut am letzten Abend mit den Jüngern, welches wir jeden Sonntag in uns aufnehmen. Stattdessen erniedrigte sich unser Herr und wusch den Jüngern die Füße. *Ein Beispiel habe ich euch gegeben, dass ihr tut, wie ich euch getan habe*, sagte er zu ihnen.«

»Was für eine schöne Geste.«

Chaim bemerkte wohl, dass eine ganz neue Idee in Raimund erwacht war. Mit jenem amüsierten Lächeln eines Lehrers, der die Frucht im Geiste seines Schülers aufblühen sieht, schaute er seinen Freund an.

»Und es kommt noch ungeheuerlicher.« Es sprudelte aus Raimund heraus. »Wir haben zweiundzwanzig Abschriften des Neuen Testaments in unserer Bibliothek. Kein Paar davon ist identisch. Und die älteste Abschrift, die wir haben – an vielen Stellen kann man schon nicht mehr lesen, was dort einmal geschrieben stand – da gab es am Schluss des Markusevangeliums kein Zusammentreffen mit dem Auferstandenen. Die Frauen sahen das leere Grab und flohen aus Angst, das ist alles, was dort steht.«

»Du hast dich in diese Sache wirklich hineingebissen«, bemerkte Chaim anerkennend.

»Wurde den Evangelien etwas hinzugefügt?« Raimund schüttelte den Kopf. »Mir fällt es zunehmend schwer, die vier Berichte als bare Münze zu nehmen.«

»Wie ich euch Christen kenne, ist dies ein gefährlicher Gedanke, den du da aussprichst.« Chaims Blick war nun voll der Sorge. »Du meinst, die Worte eurer Heiligen Schrift infrage stellen zu dürfen.«

»Ich sage dies nur zu dir und vertraue auf dein Schweigen«, antwortete Raimund leise.

»Das sichere ich dir natürlich zu«, antwortete Chaim ernst. »*Heilige Schriften sind gefährliche Bücher,* denke ich oft. Unser Heiliges Wort enthält sehr viel Wunderschönes, aber auch Giftiges und Zweifelhaftes.«

»Das ist wohl wahr«, warf Chaim ein.

Raimund nickte ernst. »Unsere Gespräche würden mich in meinem Glauben verwirren, hat Manfried heute angemahnt.«

Chaims gutmütiges Lächeln rührte Raimund. »Wir Juden lassen durchaus unterschiedliche Ansichten zu. Unser ganzer Talmud ist eine einzige Diskussion«, antwortete Chaim schließlich. Raimund nahm die Falten im Antlitz seines älteren Freundes wahr. Wohl all die Auseinandersetzungen unter den Seinen im Sinn, fügte sein Freund hinzu: »Mir wird manchmal wirr von all den Meinungen.« Das Gesicht des Rabbis wurde ernst. »Du musst achtgeben. Die Deinen sind vielleicht noch nicht reif für die Gedanken, die du äußerst.«

»Wir Christen müssen den richtigen Umgang mit unserer Heiligen Schrift erlernen, sonst wird sie uns immer wieder zu neuen Untaten verleiten.« Ein tiefer Zorn stieg in Raimund auf. »Mich quält es bis heute, dass ich Rotkutte bei dem Gespräch mit Ruthard nicht widerlegen konnte. Der rote Fuchs bezog sich auf die Schrift, um seine bösen Taten zu rechtfertigen.«

»Was gedenkst du zu tun?«

»Ich glaube, wir müssen über die Schrift hinauswachsen. Wir müssen über die Berichte der Evangelisten nachdenken, die Widersprüche identifizieren, sie offenlegen, verschiedene Hypothesen wagen. Und wir müssen erforschen, was damals wirklich geschehen ist. Mehr noch, wir müssen verstehen, was Jesus wirklich gemeint hat.«

»Dir ist es sehr ernst, scheint es mir.«

»Die Evangelien geben uns vier Perspektiven, vier Sichtweisen auf unseren Herrn. Und wir wissen aus der Schrift von Kirchenvater Irenäus *Adversus haereses,* was so viel heißen soll wie ›Gegen die Häresien‹, dass es noch sehr viel mehr Schriften über unseren Herrn gab, die von unserer Kirche zum Teil verboten worden sind. Daher denke ich, dass wir viel tiefer graben müssen. Auch zusammen mit euch Juden, schließlich war Jesus einer von euch.«

Die Geräusche der Maler waren mittlerweile verstummt, die Wand zur Frauensynagoge war wohl vollständig getüncht. Mit den Fingern kämmte Chaim durch seinen Bart. »Dies erscheint mir eine Aufgabe, die weitaus schwerer ist, als dass wir zwei sie tragen könnten.«

»Du hast recht, aber wir können einen Anfang machen. Die Katastrophe im Mai des vergangenen Jahres hat mir die Augen geöffnet. Ich lese das Heilige Wort nun anders, vorsichtiger. Wir müssen die Menschen lehren, das Wort mit Bedacht zu lesen.«

»Dazu müssten sie es zunächst einmal verstehen.«

Raimund nickte und zog ein Wachsbuch aus seiner Soutane.
»Dann lass uns sogleich damit anfangen. Wir waren beim sie-
benundzwanzigsten Psalm. In der Vulgata heißt es:
Dominus illuminatio mea et salus mea, quem timebo?
Dominus protector vitæ meæ: a quo trepidabo?
Ich habe es folgendermaßen übersetzt:
Der Herr ist mein Licht und mein Heil; vor wem sollte ich
mich fürchten? Der Herr ist meines Lebens Kraft; vor wem
sollte mir grauen?
»Mhm, das klingt sehr gut«, Chaim nickte anerkennend.
»Lass uns sehen, ob wir es noch etwas besser übersetzen kön-
nen. Im Hebräischen heißt es:
Le-Dawíd. Adonáj orí we-jisch'í, – mi-mí irá? Adonáj ma'ós
chajáj, – mi-mí efchád?«

Glossar

Zur Schreibweise: Die Schreibweise weicht bei einzelnen Wörtern vom Duden ab, wo ich dem Rat von Experten gefolgt bin.

Adonaj: hebräisch für »Mein Herr«, eine der Ersatzbezeichnungen für den Namen Gottes.

Amidah (Achtzehngebet, auch Achtzehn-Bitten-Gebet): Die Amidah wird dreimal täglich gesprochen, jedoch am Abend ohne Gebetsriemen. Am Sabbat wird es viermal gebetet, jedoch nur als Sieben-Bitten-Gebet. Um die zwölfte Bitte des Achtzehngebetes wurde im Judentum gerungen, verschiedene Versionen waren im Umlauf, teilweise mit und teilweise ohne Nennung der Christen (beziehungsweise Nazarener).

Aron ha-Kodesch: Ein Schrein in der Synagoge, in dem die Torahrollen aufbewahrt werden.

Aschkenas: mittelalterliche Bezeichnung der von Juden besiedelten Gebiete Mittel-, Nord- und Osteuropas.

Ba'al Kidduschin: Leiter der jüdischen Hochzeitszeremonie.

Balanit: Die Balanit (oder auch Mikwenfrau) überprüft die Sauberkeit des Körpers vor dem Bad in der Mikwe und das korrekte Untertauchen.

Bimah: ein erhöhter, oft mit Säulen umgebener Raum, auf dem der Vorbeter die heiligen Texte vorträgt.

Bruoch: eine Art Unterhose für Männer im Mittelalter, ähnlich den heutigen Boxershorts, meist aus Leinen.

Vogt: Der Vogt von Mainz hatte exekutive Macht innerhalb der Stadt, war aber dem Bischof unterstellt. Es gab oft Machtkämpfe zwischen Vogt und Bischof, bei dem Ersterer eine größere Autonomie anstrebte.

Devarim: jüdische Bezeichnung für das fünfte Buch Mose.

Decretum Burchardi: Das Decretum Burchardi war eine in der Zeit des ersten Kreuzuges häufig zitierte Gesetzessammlung, die auf den Bischof Burchard von Worms (*um 965, †20. August 1025) zurückgeht.

Domdekan/Dompropst: Der Domdekan vertritt das Domkapitel nach innen, der Dompropst nach außen. Der Domdekan vertritt den Dompropst in Abwesenheit, beide sind dem Bischof unterstellt.

Domherren: Die Domherren (oder Stiftsherren) leiteten die Abläufe und Geschäfte, die den Dom betreffen. Domherren waren meist Adelige. Sie konnten Geistliche sein, mussten es aber nicht.

Ecclesia und Synagoga: zwei Frauenfiguren, die Christentum und Judentum darstellen und oft gemeinsam auf Kirchenportalen erscheinen. Meist wurde Synagoga negativ dargestellt, zum Beispiel durch eine Augenbinde oder einen gebrochenen Stab als Zeichen des Verlustes von Autorität.

Ferge: altertümlicher Ausdruck für Fährmann.

Frankenreich: Das Frankenreich meint das heute in der Forschung als Heiliges Römisches Reich bezeichnete Reich, das sich aus dem ehemals karolingischen Ostfrankenreich gebildet hat. Die Bezeichnung »Heiliges Römisches Reich« ist jedoch erst nach 1250 urkundlich belegt.

Gleve: Eine Gleve ist eine lanzenartige Waffe, die sowohl zum Schlagen, Stechen und Ziehen beziehungsweise Umreißen benutzt werden konnte. Sie ist ein Vorläufer der Hellebarde, die hauptsächlich ab dem dreizehnten Jahrhundert benutzt wurde.

Gugel: mittelalterliche Kopfbedeckung.

Heiliger Viktor: Der heilige Viktor war ein damals im Rheinland stark verehrter christlicher Märtyrer. Der Legende nach war er ein römischer Soldat im dritten Jahrhundert, der sich weigerte, den römischen Göttern zu opfern, und deshalb hingerichtet wurde.

Jichudraum: der Raum in dem das Brautpaar nach der Hochzeit eine Weile allein ist.

Jüdischer Kalender: Die vollständige Reihenfolge der Monate ist: Tischri, Marcheschwan, Kislew, Tewet, Schewat, Adar, Nisan, Ijjar, Siwan, Tammus, Aw, Elul.

Kaddisch: eine Verherrlichung des Ewigen – ein wichtiges jüdisches Gebet, welches zu verschiedenen Anlässen in unterschiedlichen Formen gesprochen wird: das »halbe Kaddisch« zur Trennung von Gottesdienstteilen, das »ganze Kaddisch« am Ende eines Gottesdienstes, das »Kaddisch der Waisen«, das die Hinterbliebenen in Stellvertretung eines oder einer Verstorbenen sprechen, das »große Kaddisch« bei einer Beerdigung, das »Kaddisch für die Lehrer«, wenn ein Text aus der mündlichen Torah gelesen wurde.

Ketuba: der Brautvertrag, in dem die Rechte und Pflichten der Braut und des Bräutigams bestimmt sind. Die Ketuba beinhaltet insbesondere finanzielle Sicherheiten für die Braut im Falle des Todes des Bräutigams.

Kiddusch ha-Schem: Damit wird im Judentum das Märtyrertum für den Glauben bezeichnet (deutsch »Heiligung des Namens [Gottes]«).

Kidduschin: die Verlobung, erster Teil der Hochzeitszeremonie.

Klafter: Längenmaß, das dem Abstand zwischen zwei ausgestreckten Armen entspricht. Dies war lokal unterschiedlich bemessen (von ungefähr eineinhalb bis zu drei Metern).

Knagge: ein dreieckiges Stützholz, das eine Verbreiterung eines erhöhten Stockwerks erlaubt.

Kumt: ein Geschirr für Tiere, um einen Wagen, Pflug oder Ähnliches zu ziehen.

Maariw: Bezeichnung des Abendgottesdienstes, der im Wesentlichen aus dem Schma Jisrael und der Amidah besteht.

Mesusah: Eine Mesusah (wörtlich »Türpfosten«) ist eine Schriftkapsel, in der ein Text aus dem fünften Buch Mose eingefasst ist, das das Bekenntnis zum einen, einzigen Gott enthält. Sie ist an den Türpfosten jüdischer Häuser angebracht, um beim Verlassen und Betreten des Hauses an Gottes Worte zu erinnern.

Nischmat: Eine Lobeshymne auf Gott, die als Meisterstück der jüdischen Liturgie gilt und mit der am Sabbat die Einstimmungsphase vor dem Morgengottesdienst beendet wird.

Parnas: Der Parnas ist der Vorsteher einer jüdischen Gemeinde.

Proselyt: »Hinzugekommener«, ein zum Judentum Konvertierter, der nicht aufgrund seiner Herkunft Jude war. Ein männlicher Proselyt muss nicht notwendigerweise beschnitten sein.

Rose von Scharon: ein Ausdruck für die Geliebte aus dem Hohelied im Alten Testament.

Sarazenen: Eine im Mittelalter gebräuchliche Bezeichnung für die muslimischen Völker im Mittelmeerraum.

Schammes: der Synagogendiener, das jüdische Pendant zum Küster.

Schma Jisrael: das jüdische Glaubensbekenntnis (deutsch »Höre, Israel!«). Es beginnt mit den Anfangsworten eines Abschnitts der Torah (fünftes Buch Mose 6,4–9).

Sefer Tehillim: das Buch der Psalmen.

Speyrer Judenprivileg: In dem Speyrer Judenprivileg von 1090 bestätigte Heinrich IV. die Rechte der Juden und erweiterte diese.

Synode von Toledo: Auf der vierten Synode von Toledo im Jahre 633 wurden Zwangstaufen missbilligt. Zwangsgetaufte Juden durften jedoch nicht zu ihrem Glauben zurückkehren, da durchgeführten Taufen Gültigkeit zugesprochen wurde.

Tageseinteilung im Mittelalter: Laudes (Tagesanbruch), Prim, erste Stunde (circa sechs Uhr), Terz, dritte Stunde (circa neun Uhr), Sext, sechste Stunde (circa zwölf Uhr); Non, neunte Stunde (circa fünfzehn Uhr); Vesper (siebzehn Uhr); Komplet (die Stunde vor dem Sonnenuntergang).

Tallit: Gebetsmantel im Judentum.

Tefillin: Gebetsriemen aus Leder mit Kapseln, die Torahtexte auf Pergament enthalten.

Takkanah: Eine Takkanah ist eine Verordnung im Judentum bezüglich einer moralischen, sozialen oder religiösen Frage. Takkanoth konnten auch mit Strafen verbunden sein, da den Juden oft ihre eigene Jurisdiktion zugebilligt wurde.

Vulgata: eine im Mittelalter sehr verbreitete lateinische Fassung der Bibel, die um 400 nach Christus entstand.

Willigistür: eine zweiflügelige Bronzetür, geschaffen im Jahre 1009 für den Mainzer Dom, ist heute Eingang aus Richtung des Marktplatzes. Sie stand früher wahrscheinlich an anderer Stelle.

Zizijot: Fäden am Gebetsmantel (Tallit) mit Bezug auf das vierte Buch Mose 15,37–41. Die Fäden sollen daran erinnern, Gottes Gebote zu befolgen.

Nachbemerkungen des Autors

Die Pogrome im Jahre 1096: eine Urkatastrophe des europäischen Judentums

Die Morde und Zwangstaufen im Jahr 1096 n. Chr. werden als die ersten organisierten Pogrome gegen Juden in Europa betrachtet, unzählige Verfolgungen im Mittelalter und darüber hinaus sollten folgen. Sie stellen eine Art Urkatastrophe des europäischen Judentums dar, welche die jüdische Erinnerung geprägt hat und heute noch im jüdischen Gottesdienst einen festen Platz einnimmt. Auch bei der Aufarbeitung des Holocausts spielen die Ereignisse eine wichtige Rolle.[*]

Aus dem 14. Jahrhundert sind heute insbesondere die Pestpogrome bekannt. Juden wurde damals unter anderem vorgeworfen, sie hätten Brunnen vergiftet und so diese fürchterliche Krankheit ausgelöst – und das, obwohl sie genauso zu den Opfern der schrecklichen Seuche gehörten wie Christen. Während die jüdischen Gemeinden nach den Verfolgungen im Jahre 1096 verhältnismäßig rasch wiedererstarkt sind, war das Resultat der Pestpogrome in vielen Fällen deren vollkommene Auslöschung.

---

[*] Vgl. David Nirenberg (2001), »The Rhineland Massacres of Jews in the First Crusade: Memories Medieval and Modern«. In: Gerd Althoff et al. (Hgg.), »Medieval Concepts of the Past – Ritual, Memory, Historiography.« Cambridge. Cambridge University Press, S. 279–310. S. 279.

Nach den Pogromen 1096 wurden Juden ein schnell gefundener Sündenbock für beinahe jedes denkbare Unheil. Besonderen Schaden richtete in diesem Kontext die Ritualmordlegende beziehungsweise die Ritualmordlüge an: Juden würden Christenkinder quälen, da sie ihr Blut zum Backen von Mazzen (ungesäuertem Brot) beim Pessachfest benutzten. Dies war ein vollkommen absurder Vorwurf, da Juden der Genuss von Blut verboten ist.[*] Ebenso wurde ihnen vorgeworfen, »Hostienfrevel« zu begehen: Sie würden den beim Abendmahl verwandelten Leib Christi aus den Kirchen stehlen, um diesen erneut zu martern und so die Kreuzigung des Heilands zu wiederholen. Der Vorwurf des Ritualmordes wurde bald mit dem des Hostienfrevels verbunden: Angeblich würden Juden Christenkinder töten, um sich der Heilkraft ihres Blutes zu bemächtigen. Der ritualisierte Fokus der Kirche auf das Blut Christi führte so in der von Magie durchtränkten Welt des Mittelalters zu einer Generalanklage, Juden mussten seitdem in stetiger Angst vor einem »Volkszorn« leben, der sich jeder Rationalität enthielt.

Die Grundlage für den Judenhass des Mittelalters bildeten antijüdische Passagen im Neuen Testament, derer sich auch Rotkutte in seiner Rede in Teil II des Romans bedient. Der Hauptvorwurf war, dass »die Juden« Christus getötet hätten. Da die Kirche Jesus spätestens seit dem vierten Jahrhundert einen gottgleichen Status zusprach, entwickelte sich daraus der Vorwurf, »die Juden« hätten Gott selbst ermordet. Jedes Jahr wiederholten Karfreitagsgottesdienste und die Passionsspiele des Mittelalters das Motiv »des Juden« als Gottesmörder, welches auf diese Art zu einem festen Bestandteil der mittelalterlichen Vorstellungswelt wurde. Im Roman finden wir dementsprechend »ganz normale« – und teilweise sogar sympathische – Personen wie Meister Wernhart, die den Antijudaismus verinnerlicht haben. Dieser christliche Antijudaismus blieb ein gesellschaftlicher Konsens,

---

[*] Dies ist schon im ersten und dritten Buch Mose ausgeführt (1 Mose 9, 4–6, 3 Mose 17,10–14).

der bis zur Mitte des 20. Jahrhunderts sein grausames Gift ausstreuen sollte und es heute – trotz eines sicherlich gewachsenen Bewusstseins um diese Problematik – in Teilen der christlich geprägten Gesellschaften immer noch tut.

Die vielen antijüdischen Passagen im Neuen Testament sind Ausdruck eines Konfliktes, der erst beim Schreiben der Evangelien ein halbes Jahrhundert nach dem Tod Jesu in aller Deutlichkeit entbrannt war. Damals vollzog sich ein spannungsgeladener Trennungsprozess zwischen Judentum und Christentum. Aus dieser Zeit stammt aller Wahrscheinlichkeit nach auch die besonders scharfe Formulierung der zwölften Bitte des Achtzehngebets, in der Gott um den Tod der Nazarener (der Christen) angerufen wird, wie sie in Teil VI Mosche im Kaisersaal der Gemeinde vorträgt. Auch Rotkutte führt diese scharfe Formulierung in dem Streitgespräch mit Raimund vor dem Bischof gegen die Juden an. Dabei ist zu betonen, dass in der Regel sehr viel moderatere Formulierungen in den mittelalterlichen Gemeinden in Gebrauch waren, wie sie ja auch von Chaim propagiert werden.* Heute findet man diese scharfe Formulierung der zwölften Bitte so gut wie gar nicht mehr. Man beachte auch, dass es selbst in ihrer schärfsten Form immer noch Gott ist, der gebeten wird einzugreifen, zu Gewalt an Menschen durch den Menschen wird nicht aufgefordert.

Im Holocaust hat sich die antijüdische Aggression unter Hitlers Führung auf eine Weise entladen, die auch heute noch sprachlos macht. Im Gegensatz zur kirchlichen Anschauung basierte Hitlers Antisemitismus auf einem »modernen Rassenkonzept«. Ausschlaggebend war nicht mehr der jüdische Glaube, sondern die genetische Abstammung, sodass eine Taufe im Dritten Reich das Leben der Juden nicht mehr retten konnte. Selbst »christliche Juden« – also Juden, die zum Christentum konvertiert waren,

---

* Vgl. Günter Reim (2005), »Birkat ha-Minim – ein jüdisches Gebet wird entfeindet«. In: Korrespondenzblatt, hrsg. vom Pfarrer- und Pfarrerinnenverein in der evang.-luth. Kirche Bayern 6/2005, S. 89–92. Siehe auch: http://www.evangelium-johannes.de/je7/de/node/207.

inklusive der Priester in den deutschen Kirchen mit jüdischer Abstammung – wurden ermordet, ohne dass die offizielle Kirche dagegen eingeschritten wäre. Die Nazis hätten nach ihrer rassistischen Definition des Judeseins auch den Juden Jesus vergast! Es war der in Mittelalter und Neuzeit verbreitete christliche Antijudaismus, der den Nährboden für Hitlers »modernen Antisemitismus« bildete. Von den Nazis wurde dasselbe Bild vom »blutsaugenden Juden« benutzt, wie es auch im Mittelalter in der Ritualmordlegende und dem Vorwurf des Hostienfrevels zum Ausdruck kommt.

Der Antisemitismus hat sich nur sehr langsam, insbesondere durch die Bewusstmachung der Schrecken und der Ursachen des Holocausts, in der deutschen Gesellschaft abgeschwächt. Auch in den großen Kirchen kam es zu einem Umdenken. So wurde beim Zweiten Vatikanischen Konzil (1962–1965) sowohl eine Verurteilung des Antisemitismus als auch ein Schuldbekenntnis gegenüber dem Judentum formuliert. An die Stelle der Mission trat der Dialog mit jenem »Volk, mit dem Gott aus unsagbarem Erbarmen den Alten Bund geschlossen hat« und von dem es »die Offenbarung des Alten Testamentes empfing«.*

Der Antisemitismus taucht leider gerade in letzter Zeit in Europa und in vielfältiger Weise in der ganzen Welt wieder auf. Umso wichtiger ist es, an dessen Mechanismen und Geschichte zu erinnern.

Die Pogrome im Jahre 1096 n. Chr.

Im Mai 1096 zogen verschiedene Kreuzfahrerhaufen durch das Rheinland, die sich vor dem Hintergrund des Aufrufs von

---

* Aus der »Erklärung über die Haltung der Kirche zu den nichtchristlichen Religionen« (Nostra aetate) vom 26. Oktober 1965.

Papst Urban II., die christlichen Wallfahrtsstätten in Palästina zu erobern, gebildet hatten. Die relativ unorganisierten Gruppen setzten sich zusammen aus einigen Rittern und deren Gefolge, Priestern, Mönchen und in erster Linie sehr vielen Bauern und Vertretern gesellschaftlicher Randgruppen. Man spricht in dem Zusammenhang auch vom Volkskreuzzug, der dem Ersten Kreuzzug unmittelbar vorausging.

Aufgestachelt durch den Antijudaismus im Neuen Testament, auf der Suche nach materieller Versorgung des Heeres und vielfach auch getrieben von blanker Gier fanden die Kreuzfahrer in den Juden Europas ein Feindbild. Bevor die »Ungläubigen« in Palästina bekämpft würden, sollten die – nach volkstümlicher Meinung – Mörder des Gottessohns beseitigt werden, sei es durch die erzwungene Konversion oder durch Mord. Dementsprechend war »Tod oder Taufe« der Schlachtruf der Kreuzritter, mit dem auch Rotkutte die Menge in seiner Rede in Teil II aufpeitscht.

Die jüdischen Gemeinden in Speyer, Worms und Mainz waren damals in einem Städteverbund organisiert, den sogenannten SchUM-Städten (gebildet aus den hebräischen Anfangsbuchstaben dieser drei Städte: Schin (Sch), Schpira für Speyer; Waw (U), Warmaisa für Worms; Mem (M), Magenza für Mainz). Dieser Städteverbund zeichnete sich durch eine große Gelehrsamkeit aus und kann als Wiege des aschkenasischen (also des mittel-, nord- und osteuropäischen) Judentums bezeichnet werden. Während am 3. Mai 1096 die Juden in Speyer vom Bischof und anderen Stadtverantwortlichen noch weitgehend vor den Kreuzfahrern beschützt werden konnten (dennoch kamen in Speyer etwa ein Dutzend Juden zu Tode), wurden am 18. Mai in Worms zwischen vierhundert und achthundert[*] Juden ermordet oder zwangsgetauft. Am 27. Mai wurden in Mainz die meis-

---

[*] Vgl. Friedrich Lotter (1999), »›Tod oder Taufe‹ – Das Problem der Zwangstaufen während des Ersten Kreuzzugs«. In: »Vorträge und Forschungen: Juden und Christen zur Zeit der Kreuzzüge. , Bd. 47«. Sigmaringen. Jan Thorbeke Verlag. S. 107–152, S. 114.

ten der über tausend Juden getötet oder zu einer »bedingten
Zwangstaufe«* gepresst. Der von dem Historiker Friedrich Lotter benutzte Ausdruck »bedingter Taufzwang« weist darauf hin,
dass die Juden bei dem eigentlichen Taufritual ihre Zustimmung
geben mussten, wie es auch in den Taufen Rotkuttes in Teil V
des Romans der Fall ist. Viele Juden nahmen jedoch willig den
Tod in Kauf oder begingen Selbstmord, beziehungsweise töteten sich gegenseitig, bevor sie in die Hände der Kreuzritter fallen konnten. In der jüdischen Literatur der Zeit nach den Pogromen wurde dies als »Kiddusch ha-Schem« (»Heiligung des
Namens Gottes durch eine heilige Tat«) bezeichnet.

Unter dem Eindruck der Morde der Kreuzfahrer und der
Opferbereitschaft in den jüdischen Gemeinden entschieden sich
die christlichen Autoritäten in Trier und anderen Städten des
Rheinlands zur Taufe der Juden unter – wie Friedrich Lotter
es ausgedrückt hat – »absolutem Zwang«**, bei der den Juden
keine Widerspruchsmöglichkeit vor dem eigentlichen Taufritual gegeben wurde. So barbarisch diese Taufen unter absolutem
Zwang, wie sie auch Raimund in Teil X durchführt, gewesen
sein mussten, so sicherten sie doch das Überleben des deutschen Judentums: Ein Jahr später, nach der Rückkehr des Kaisers Heinrich IV. aus Italien, durften die Zwangsgetauften zu
ihrem ursprünglichen Glauben zurückkehren. Fast alle Juden
taten dies, wie Propst Manfried es dem Domdekan Raimund
im Epilog berichtet.***

---

* Ebd., S. 129.
** Ebd., S. 143.
*** Vgl. hierzu ebd., S. 150: »Doch war es im 1. Kreuzzug letztlich die
    christliche Obrigkeit, welche die Mehrheit der Juden rettete. Während
    es den meist bischöflichen Stadtherren bei ihren Maßnahmen zunächst
    durchweg darum gegangen war, die Juden gegen den Taufzwang zu
    schützen, konnten sie zuletzt nicht mehr tun als ihnen das Leben
    zu retten. Dies war nur durch die gegen den Willen der Betroffenen
    erzwungene Taufe möglich, weil die Kreuzfahrer sich letztlich mit der
    formalen Bekehrung zufrieden gaben. Mit der Zwangstaufe retteten sie
    jedoch nicht nur das Leben der Juden, sondern sicherten ihnen letztlich
    für die Zukunft auch die Bewahrung ihrer Identität im Väterglauben.«

Inwieweit sind die im Roman geschilderten Ereignisse historisch verbrieft?

Die Geschehnisse im Mai 1096 sind sowohl in jüdischen als auch christlichen Quellen dokumentiert, diese wurden in den letzten Jahrzehnten Gegenstand intensiver Forschung. Dabei spielen drei jüdische Chroniken, die in den Jahrzehnten nach den Ereignissen verfasst worden sind, eine besondere Rolle. Übersetzungen dieser hebräischen Quellen liegen in zwei Fassungen vor: zum einen in der Übersetzung von Seligmann Baer aus dem Jahre 1892* und zum anderen in der Übersetzung von Eva Haverkamp**. Neue Erkenntnisse zu diesen jüdischen Chroniken spiegeln sich in der Handlung des Romans wider. Hier ist insbesondere ein Buch von Jeremy Cohen aus dem Jahre 2004 zu erwähnen.***

Der Plot des Romans folgt im Wesentlichen der Arbeit des Historikers Friedrich Lotter. Lotter sieht die Zwangstaufe durch Vertreter der Kirche als letzten Schritt eines Vier-Stufen-Modells der Eskalation, die durch den Terror der Kreuzritter angetrieben wurde. In der ersten Phase konnten die Autoritäten die Juden zunächst noch schützen (wie in Speyer). Dies gelang schließlich nicht mehr, und so kam es in einer zweiten Phase, beispielsweise in Worms, zum Mord an den Juden beziehungsweise zu den bedingten Zwangstaufen. Daraufhin haben die jüdischen Gemeinden in einer dritten Phase mit Glaubensstärke

---

* »Hebräische Berichte über die Judenverfolgungen während der Kreuzzüge. Im Auftrage der Historischen Commission für Geschichte der Juden in Deutschland«, hrsg. von Adolf Neubauer und Moritz Stern, ins Deutsche übers. von S. Baer. Berlin. Verlag Leonhard Simion (1892). Im Folgenden: Baer (1892).

** Eva Haverkamp (Hg.) (2005), »Hebräische Berichte über die Judenverfolgungen während des Ersten Kreuzzugs. Monumenta Germaniae Historica – Hebräische Texte aus dem mittelalterlichen Deutschland, Band 1«. Hannover. Hahnsche Buchhandlung.

*** Jeremy Cohen (2004), »Sanctifying the Name of God – Jewish Martyrs and Jewish Memories of the First Crusade«. Philadelphia, Pennsylvania. University of Pennsylvania Press.

und Opferbereitschaft reagiert, indem sie den Kiddusch ha-Schem ausgeführt haben. Die städtischen Autoritäten begegneten dieser Opferbereitschaft in einer vierten Phase durch die Taufen unter »absolutem Zwang«.[*]

Während bei Lotter die vier Stufen seines Modells Ereignissen in verschiedenen Städten zugeordnet sind, spielen sich im Roman alle Stufen in einer verdichteten Erzählung in der Stadt Mainz ab. Das generelle Stadtbild von Mainz und die wesentlichen historisch dokumentierten Ereignisse zwischen dem 22. und dem 27. Mai im Jahre 1096 sind das Gerüst der Romanhandlung. Weiterhin werden konkrete historische Ereignisse, die im Zuge der Pogrome in anderen Städten des Rheinlands stattgefunden haben, in den Roman eingebunden.

Eingeflochten ist auch der Vorwurf des Ritualmordes, dessen sich Rotkutte im Teil V bedient, als er den von Peter und Christain ausgegrabenen Kinderleichnam benutzt, um die Städter gegen die Juden aufzubringen und so die Öffnung der Stadttore zu erzwingen. In dem Roman wird der Vorwurf des Ritualmordes an eine historische Begebenheit gekoppelt, die sich nach einer der jüdischen Chroniken in Worms abgespielt hat – die Ausgrabung des Leichnams eines angeblich von Juden ermordeten Christen, der durch die Stadt geschleift wurde.[**]

Die Rechtssatzung (»Takkanah«) von Gerschom ben Jehuda, die Chaim in Teil VII unter den vor der Barbarei der Kreuzfahrer geretteten Schriften findet, hat es wirklich gegeben. Wie im Roman lautet sie: »*[Eine Rechtsetzung] unter Androhung des schweren Bannes: Man darf reuige Sünder wegen ihrer [früheren] Missetaten vor ihren Angesichtern nicht beschämen.*«[***] Die Takkanah ist interpretationsbedürftig, aber man nimmt an, dass

---

[*] Vgl. Lotter (1999) in Gänze.
[**] Baer (1892), S. 172.
[***] Rainer Josef Barzen (2019), »Taqqanot Qehillot Šum. Die Rechtssatzungen der jüdischen Gemeinden Mainz, Worms und Speyer im hohen und späten Mittelalter. Monumenta Germaniae Historica – Hebräische Texte aus dem mittelalterlichen Deutschland, Band 2«. Wiesbaden. Harrassowitz, S. 604.

sie sich auf Juden bezieht, die bereits bei einer früheren Verfolgung im Jahre 1012 zur Taufe gezwungen wurden. Der Brief Gerschoms, in dem die Takkanah interpretiert wird, ist jedoch meine eigene Erfindung (die ich mit Wissenschaftlern in Bezug auf ihre Plausibilität diskutiert habe), sie entspricht dem Abwägen zweier grundlegender Werte im Judentum: dem »Leben« und der »jüdischen Identität«. Die Diskussion zwischen Chaim und Mosche in Teil VI spiegelt diese Abwägung wider. Die Argumente beider Rabbis sind jüdischen Schriften entnommen und entsprechen – im Kontrast zu dem dogmatischen Denken der mittelalterlichen Kirche – einer meiner Ansicht nach sehr erfrischenden Bereitschaft des Judentums zur Diskussion. Im Talmud, einem der bedeutendsten Schriftwerke des Judentums, finden wir häufig verschiedene Meinungen zu einem Thema, die gleichberechtigt nebeneinanderstehen.

Bischof Ruthard hat im Zuge der Verfolgungen Mainz verlassen – vermutlich jedoch erst nach der Rückkehr Kaiser Heinrichs IV. aus Italien und nicht schon während der Ereignisse im Mai 1096, wie es in Teil VII dargestellt ist. Er konnte erst im Jahre 1105 wieder nach Mainz zurückkehren.[*] Heinrich IV. machte ihm – wie es Raimund auch von Bruder Manfried im Epilog erfährt – den Vorwurf, die Juden nicht beschützt und ihr Geld Blutsverwandten zugeschanzt zu haben.

Dass Rachel ihre Kinder tötet, ist in den Chroniken im Detail beschrieben. Dort kommen jedoch alle vier ihrer Kinder am 27. Mai zu Tode, und Rachel – anders, als es im Roman dargestellt wird – stirbt noch am selben Tag. Auch über die in Teil XI geschilderte Brandlegung der Synagoge, die in ein Münzhaus umgewandelt werden sollte, berichten die Chronisten, jedoch waren es dort zwei jüdische Männer, die den Brand verursacht haben.[**]

Emichos Heer wurde, wie Dompropst Manfried Raimund im

---

[*] Ludwig Falck (1972), »Mainz im frühen und hohen Mittelalter«. Düsseldorf. Walter Rau Verlag. S. 127.
[**] Vgl. Baer (1892), S. 106 f.

Epilog anvertraut, in Ungarn aufgerieben. Emicho konnte sich als einer der wenigen Überlebenden retten, spielte allerdings im weiteren Verlauf der Kreuzzüge keine Rolle mehr.

Die Figur Rotkutte ist meine Schöpfung, sie hat jedoch ihr Vorbild in einem der bekanntesten Priester unter den Kreuzfahrern mit Namen Peter der Einsiedler.

Der Roman weist einige weitere historische Ungenauigkeiten auf, die jedoch für die eigentliche Handlung nicht von Bedeutung sind. So war zum Beispiel der Martinsdom, der im Jahre 1081 bei einem Brand stark beschädigt wurde, zur Zeit der Pogrome noch im Bau. Der Parnas Kalonymos ist den jüdischen Chroniken zufolge erst einige Tage nach dem 27. Mai zu Tode gekommen.

Das Lied, das Peter auf seinem Weg nach Mainz hört, stammt von Walther von der Vogelweide (1170–1230) und wurde erst im Zusammenhang eines späteren Kreuzzuges populär.

Es könnte auch durchaus sein, dass die Mainzer Juden weniger überrascht von der Ankunft des Kreuzfahrerheers waren, als es im Roman der Fall ist, und daher Fluchtgedanken eine größere Rolle gespielt haben. Letzteres ist vermutlich nicht mehr rekonstruierbar.

Die Aufarbeitung der Pogrome in den jüdischen Quellen

Der Roman behandelt ein für das Judentum und die europäische Geschichte prägendes Ereignis, welches auch tiefe Spuren in der jüdischen Gottesdienstkultur hinterlassen hat.[*] Sowohl am Rosch ha-Schanah (dem Tag des Gerichts) als auch dem zehn Tage später stattfindenden Versöhnungstag (Jom Kippur) wird in den Synagogen eine Fassung der Dichtung *Unetaneh Tokef* rezitiert. Der Legende nach wurde sie Kalonymos ben Meschullam, dem

---

[*] Vgl. Nirenberg (2001).

Parnas von Mainz, in einem Traum offenbart. Leonard Cohens *Who by Fire* ist von dieser Dichtung inspiriert. Die zehn Tage zwischen dem Tag des Gerichts und dem Tag der Versöhnung dienen der Umkehr, denn erst an Jom Kippur erlangt das zuvor gefällte Urteil Gültigkeit, falls es nicht revidiert wird.

Viele der Juden, die die Pogrome im Jahre 1096 überlebt hatten, mussten mit der Scham kämpfen, schwach gewesen zu sein. Sie hatten sich der Taufe unterzogen, sei es – in Friedrich Lotters Sinn – unter bedingtem oder absolutem Zwang. In der geschichtlichen Reflexion haben die jüdischen Chronisten das Verhalten der getöteten Juden aller Wahrscheinlichkeit nach idealisiert: Ihr mutiges Standhalten gegenüber der Erpressung durch die Kreuzfahrer wurde in allen Details beschrieben, die Menschen haben sich nach den Schilderungen in den Chroniken meist freudig töten lassen und die Taufe wurde zur Ausnahme erklärt.[*] Unter dem Schock der Morde, der Scham über die eigene Ohnmacht und der Bedrohung der eigenen Identität ist dies nachvollziehbar.

In den drei jüdischen Chroniken findet man eine mitunter sehr aggressive Sprache. Jesus wird dort als »der gehängte Bastard« oder die Kirche als »Haus der Unreinheit«[**] bezeichnet, Worte, die denen ähneln, die auch Mosche des Öfteren in den Mund nimmt. Das Leid, das den Juden angetan wurde, fand auf diese Weise ein Ventil.

Ein besonderes Interesse der Forschung der letzten Jahre richtet sich auf das Märtyrerverständnis in den jüdischen Chroni-

---

[*] In Lotter (1999) heißt es auf S. 142: »Die unübersehbare Tendenz der Stilisierung des Geschehens im Sinne eines von allen oder nahezu allen freudig auf sich genommenen Martyriums zur Heiligung des Gottesnamens mußte natürlich auch dazu führen, dem entgegenstehende Überlieferungen wie die möglicherweise zahlreichen gleichzeitig erfolgten Taufen abzuschwächen, einzuschränken oder ganz zu unterdrücken. [...] Gerade diese Tendenz bestärkt noch die Vermutung, daß auch in den rheinischen Städten letztlich doch eine größere Zahl von Juden, insbesondere auch von Kindern, die Massaker überlebt haben dürften. Dies würde auch den Umstand besser erklären, daß jüdisches Leben selbst in den am meisten heimgesuchten rheinischen Städten sehr bald wieder aufblühte.«

[**] S. Baer (1892), S. XXVII.

ken. Im Judentum war dies bis zu den Ereignissen im Mai des Jahres 1096 – und auch danach – ein weitgehend anderes als im Christentum. Die Kirche hat seit ihren Anfängen Märtyrer verehrt, die für ihren Glauben den Tod auf sich genommen haben. Die Überreste der Märtyrer, die Reliquien, wurden verehrt und als wirksames Heilmittel angesehen.

Das Judentum hat traditionell ein anderes Märtyrerverständnis.[*] Immer stand auch die Vermutung im Raum, dass derjenige, der mit dem Martyrium gestraft wurde, vielleicht doch etwas Nicht-Gottgefälliges getan hatte, was die Strafe des Martyriums rechtfertigt. Auch hat das Leben traditionell einen sehr hohen Stellenwert im Judentum, welches überhaupt – im Vergleich zum (mittelalterlichen) Christentum – auf angenehme Weise mehr auf das Diesseits als auf das Jenseits ausgerichtet ist. Die Frage, ob man sein Leben, das Leben eines anderen oder gar der Kinder in einer Situation wie der, der die Juden im Mai 1096 ausgesetzt waren, opfern durfte, war aus den jüdischen Schriften heraus nicht klar beantwortbar.[**] Es gilt nämlich abzuwägen zwischen dem hohen Wert des Lebens und der religiösen Identität. Nur bei den drei Kardinalsünden im Judentum (Götzendienst, Mord oder Unzucht) könnte eine Selbsttötung in Betracht gezogen werden. Ob eine Taufe, bei der im Herzen der eigene Glaube bewahrt wird, als Götzendienst angesehen werden muss, der eine Selbsttötung rechtfertigen würde, ist im Judentum umstritten.

In ihrer Aufarbeitung der Ereignisse haben sich die jüdischen Chronisten in einer für das Judentum außergewöhnlichen Weise christlicher Märtyrermotive bedient. Selbst Bezüge zum christlichen Abendmahl wurden von den Wissenschaftlern in den letzten 20 Jahren aufgedeckt.[***] Die Darstellung des

---

[*] Vgl. Wenzel Maximilian Widenka (2021), »Seinen Namen heiligen, um das Volk zu retten«. In: Bruns, Peter; Kremer, Thomas; Weckwerth, Andreas (Hgg.): »Sterben & Töten für Gott? Das Martyrium in Spätantike und frühem Mittelalter (Koinonia – Oriens)«. Münster.

[**] Vgl. Cohen (2004), S. 16 ff.

[***] Vgl. Cohen (2004). Insbesondere das vierte Kapitel mit dem Titel »Last Supper at Xanten«.

Kiddusch ha-Schem im Wohnturm der Pfalz in Teil IX und Mosches anschließende Rede, in der er gegenüber Rotkutte einen theologischen Sieg erringt, spiegeln dies wider. Mosches Monolog und auch das Setting eines feierlichen Mahls mit Wein und Brot wurde weitgehend aus einer der drei jüdischen Chroniken übernommen, die die Begebenheiten in Xanten am 27. Juni 1096 beschreiben. Allerdings wurden die Schilderungen der Akte des Kiddusch ha-Schem von den Chronisten im Nachhinein mit einer religiösen Bedeutung aufgeladen, die vermutlich unhistorisch ist. Die Schilderungen der rituellen Selbsttötungen im Wohnturm in Teil IX geben also eher die religiöse Reflexion der Generation der überlebenden Juden wieder, als dass sie die wirklich geschehenen Ereignisse beschreiben.[*]

Die Übernahme christlicher Märtyrermotive ist zumindest aus drei Gründen verständlich: Zum einen ging es den Chronisten darum, einen positiven Sinn hinter all dem Grauen zu finden, welches ihre Gemeinden erleiden mussten. Zum Zweiten stand die Existenz des europäischen Judentums seitdem unter ständiger Bedrohung. Deshalb waren Beispiele des standhaften Aushaltens dieser Bedrohung existentiell wichtig für die Bewahrung der jüdischen Identität. Zum Dritten wurden die Chroniken in einer Zeit ausgesprochener Konkurrenz zwischen Judentum und Christentum verfasst, in der christliche Vorbilder durchaus attraktiv auf Teile der Juden gewirkt haben könnten.[**]

Das für das Judentum untypische Märtyrerverständnis und die damit verbundenen Vergeltungsvorstellungen im Zuge der Ereignisse im Mai 1096 stehen möglicherweise in einem noch tieferen Zusammenhang mit dem Vorwurf des Ritualmordes. Der jüdische Wissenschaftler Israel Yuval[***] weist auf Vorstellungen hin, die für die Überlebenden der Verfolgungen im Mai

---

[*] Vgl. ebd. S. 75.
[**] Vgl. ebd. S. 29.
[***] Siehe Israel Yuval (2007), »Zwei Völker in deinem Leib – Gegenseitige Wahrnehmung von Juden und Christen«. Göttingen. Vandenhoeck & Ruprecht.

1096 und die nachfolgenden Generationen eine Rolle gespielt haben könnten: Durch die Selbstopferung der Juden, so eine Interpretation, die auch Aussprüchen Mosches im Wohnturm in Teil XI nahekommt, sollte das Eingreifen Gottes beschleunigt werden, um das Leiden der Juden zu vergelten. Diese Vergeltungsfantasien, die sich als Reaktion auf die Verfolgungen in den zutiefst verletzten jüdischen Gemeinden ausgeprägt haben, sind vermutlich auch von Christen wahrgenommen worden und haben – wie die in den Chroniken beschriebenen Kindstötungen – zu negativen Reaktionen geführt.[*] Nach Yuval könnten insbesondere die Kindstötungen bei der Entstehung und Verbreitung der Ritualmordlegende mit eine Rolle gespielt haben.[**] Indem Christen völlig ausblendeten, *warum* die Juden ihre Kinder – ihr Liebstes! – töteten, könnte folgende Auffassung Nahrung erhalten haben: Wer bereit ist, seine eigenen Kinder zu

---

[*] Ebd., S. 145: »Die jüdischen Rachewünsche hatten erhebliche Auswirkungen auf die jüdisch-christlichen Beziehungen; dies trifft insbesondere auf die Ritualmordbeschuldigung zu ...«

[**] Ebd., S. 192 f.: »Die Handlungsweise der jüdischen Märtyrer von 1096 und besonders die propagandistische Verbreitung dieser Taten waren dazu angetan, die angebliche jüdische Vorliebe für die Opferung von Kindern zu erhärten. In der mittelalterlichen Welt von Interpretation und Gegen-Interpretation konnte so der Eindruck entstehen, dass Juden speziell gegenüber Kindern brutal seien. Diese Brutalität richtete sich zwar nur gegen ihre eigenen Kinder und das unter extremen Umständen, aber der christlichen Umwelt diente diese Beobachtung zum Beweis dafür, dass durch jüdische Mordgier vor allem Kinder gefährdet seien. Demnach wäre die Ritualmordbeschuldigung sozusagen das Spiegelbild von Taten, die Juden zur Vermeidung von Zwangstaufe während des Ersten Kreuzzugs begangen haben sollen.«

töten, der ist auch bereit, christliche Kinder zu töten. Yuvals Thesen sind jedoch immer noch umstritten.*

Auch unabhängig von Yuvals Thesen zur Ritualmordlüge kann man festhalten, dass die Pogrome im Jahre 1096 Entwicklungen einleiteten, die zu immer häufigeren und schlimmeren Verfolgungen gegen Juden geführt haben. War das Zusammenleben zwischen Juden und Christen vor den Ereignissen weitestgehend von »Unbefangenheit«** charakterisiert, so hatte sich nach den Morden der Kreuzfahrer an den Juden, den Zwangstaufen und Selbsttötungen die Lage grundlegend zum Negativen verändert. So prägten die Pogrome die weitere Entwicklung maßgeblich.*** Die Ereignisse im Mai des Jahres 1096 können daher mit gutem Recht als eine Urkatastrophe des europäischen Judentums bezeichnet werden.

---

* So gibt es alternative Erklärungen zur Entstehung der Ritualmordlüge, die nicht auf die Kindstötungen verweisen (siehe zum Beispiel die Arbeit von Gerd Mentgen mit dem Titel »Über den Ursprung der Ritualmordfabel«. In: Aschkenas – Zeitschrift für Geschichte und Kultur der Juden 4/1994, H. 2).
»On Being Implicated: Israel Yuval and the New History of Medieval Jewish-Christian Relations« ist der Titel des dritten Kapitels des Buches »Blood Libel: The Ritual Murder Accusation at the Limit of Jewish History«, University of Michigan Press, 2012, von Hannah Johnson. Darin findet man eine Reihe von Gegenargumenten zu Yuvals These zur Ritualmordlüge und auch Bemerkungen über kritische politische Implikationen.
** Lotter (1998), S. 151.
*** Bei Lotter (1998), S. 151 heißt es: »Zweifellos haben die grauenvollen Erlebnisse des ersten Kreuzzugs bei den Juden ganz allgemein Abscheu und Haß gegen die christliche Religion und deren Verfechter erzeugt, und die historische Erinnerung in den hebräischen Chroniken, Martyrologien und Selichot ließ diese Erfahrungen nicht in Vergessenheit geraten. Die zahlreichen Gebete um Rache an den Schuldigen dürften wiederum den Christen nicht ganz verborgen geblieben sein und dazu beigetragen haben, auch auf dieser Seite Mißtrauen und Haß weiterhin zu schüren. So stellen wir fest, daß bei unaufgeklärten Mordtaten immer öfter Juden allgemein verdächtigt wurden. Das Bild des Juden, der sein Kind lieber tötet als es der Religion des christlichen Erlösers auszuliefern, das zugleich in entsprechenden schon älteren Legenden zunehmend verbreitet wurde, förderte die Entstehung und Verfestigung der Vorstellung vom jüdischen Ritualmord an christlichen Kindern.«

Der »jüdische Jesus«: ökumenischer Dialog und christliche Erneuerung

Die Märtyrerverehrung des Christentums ist uns zunehmend fremd geworden, der jüdische Fokus auf das Diesseits entspricht heutiger Lebensauffassung weitaus mehr. So erscheint uns die damalige Annäherung zwischen Judentum und Christentum in Bezug auf Märtyrervorstellungen heute eher als eine interessante Randnotiz.

Eine andere Art Annäherung dagegen ist von vermutlich dringenderem Interesse. Von jüdischer Seite gab es bereits vor dem Holocaust Versuche, Brücken zum Christentum zu schlagen. Der jüdische Gelehrte Martin Buber schrieb einmal: »Jesus habe ich von Jugend an als meinen großen Bruder empfunden.«[*] Eine solche Sichtweise ist jedoch auch in jüdischen Kreisen nicht unumstritten.

Jesus als Gott oder gottgleich aufzufassen, wie es die christliche Kirche in der Trinitätslehre verkündet, kann von Juden nicht akzeptiert werden. Eine Gottgleichheit hat Jesus aller Wahrscheinlichkeit nach nie für sich selbst in Anspruch genommen. Dies war ein Konzept der nachfolgenden Generationen, das sich erst im vierten Jahrhundert unter dem politischen Druck Konstantins des Großen weitgehend durchgesetzt hat, so wie es auch Dompropst Manfried im Epilog erklärt. Die Aussagen, die dem historischen Jesus weitaus näher sind, finden wir in der Bergpredigt, seinen vielen Gleichnissen und besonders dem Vaterunser. Vieles von dem kann auch von Juden akzeptiert werden, da es doch der Jude Jesus war, der dies ausgesprochen hat. In einem kürzlich erschienenen Buch von Walter Homolka, in dem er von einer »Heimholung« Jesu in das Judentum spricht, kann man mehr darüber lesen.[**]

Vieles, was Menschen heute als belastend und fremd im Christentum erscheint, verliert an Bedeutung, wenn man auf den »jüdischen Jesus« schaut. Für die mittelalterliche Kirche standen in

---

[*] Martin Buber (1994), »Zwei Glaubensweisen«. Gerlingen, S. 15.
[**] Walter Homolka (2020), »Der Jude Jesus – Eine Heimholung«. Freiburg im Breisgau. Verlag Herder.

erster Linie die Geburt, der Tod und die Auferstehung Jesu im Fokus. Die ethische Botschaft der Bergpredigt und die vielen Gleichnisse, in denen Jesus seine Vorstellungen vermittelte, wie Menschen zusammenleben können, sind dagegen in den Hintergrund geraten. Besonders diese Teile der Evangelien eröffnen heute jedoch meiner Ansicht nach Perspektiven für eine neue Sicht auf die lebensnahe und befruchtende Botschaft Jesu. Befreit von dem christologischen Ballast kann sich eine Kraft entfalten, in der sowohl Juden als auch Christen Gemeinsamkeiten finden können. Nicht nur kann so dem für die europäische Geschichte so zerstörerisch wirkenden Hass des Christentums auf seine Mutterreligion entgegengewirkt werden, sogar eine gegenseitige Befruchtung von Christentum und Judentum könnte gelingen, wie sie Martin Buber im Sinn hatte.

Für mich persönlich war die Entdeckung des jüdischen Jesus eine große Erleichterung. Schon als 15-Jähriger – ohne jedes theologische Wissen – habe ich beim Lesen der Evangelien sowohl ein Unbehagen als auch Faszination empfunden. Unbehagen, was den christologischen Anspruch Jesu angeht, der ihm von den Evangelisten in den Mund gelegt wurde. Unbehagen auch bezüglich der Auffassung, dass Jesus für unsere Sünden gestorben sein soll, wie es im Zusammenhang mit dem kirchlichen Abendmahl oft verstanden wird. Fasziniert haben mich seine ethische Botschaft und seine Vorstellungen, wie Menschen ein gottgefälliges Leben führen können. Erst viele Jahrzehnte später – nachdem ich mich mehr mit theologischer Forschung befasst habe – habe ich verstanden, dass meine Faszination und mein Unbehagen sehr viel mit der Trennung zwischen dem jüdischen und einem christologisch verherrlichten Jesus zu tun hatte. Ich sehe in dem jüdischen Jesus eine interessante Glaubensperspektive für die Zukunft.

So meine ich, dass auch damals zwei außergewöhnliche Gelehrte wie Chaim und Raimund beim Lesen der Evangelien gegenseitig Befruchtendes hätten finden können: Raimund hätte – vermittelt von Chaims Sicht – in dem jüdischen Jesus einen gesunden Widerpart zur oft korrupten Kirche erkennen können, die den ethischen Maßstäben der Botschaft Jesu nur selten gerecht wurde. Und auch Chaim hätte – wie Martin Buber es ausdrückte – in Jesus einen Bruder sehen können, der einiges sagte, was auch ihm aus dem Herzen gesprochen hat, zum Beispiel in Bezug auf eine sehr strikte Sabbatauslegung, die die Suche nach Rachels Mann Zacharias beträchtlich erschwert hat. So sind Chaim und Raimund in meinem Roman einige Schritte auf einem Weg gegangen, der im 20. Jahrhundert von jüdischen Gelehrten wie Martin Buber, Abraham Heschel, Franz Rosenzweig, Schalom Ben-Chorin und Pinchas Lapide beschritten wurde und zunehmend auch im jüdisch-christlichen Dialog Ausdruck findet.

Literarisierung eines sensiblen Themas

Man mag einwenden, dass eine Literarisierung eines solch sensiblen Themas problematisch ist.

Ein Roman kann die Bedeutung der Ereignisse im Mai 1096 für einen größeren Kreis Personen deutlich machen als eine rein wissenschaftliche Auseinandersetzung. Ich habe versucht, dies in dem vorliegenden Roman mit Behutsamkeit und Respekt vor dem jüdischen Glauben zu tun und dabei auch Bezüge zu Fragen der Gegenwart anklingen zu lassen. Ob dies gelungen ist, wird die Rezeption des Buches zeigen. Die Bedeutung der Ereignisse für die europäische Geschichte schien mir den Versuch auf jeden Fall wert zu sein.

Raimund und Chaim sind fiktive Gestalten, die in vielen Aspekten »modern« anmuten. Falls es Menschen wie sie gegeben haben sollte, so wären beide wohl Außenseiter in ihren

Glaubensgemeinschaften gewesen. Beide hätten nahe am Ketzertum operiert, und viele der Gespräche, die diese zwei weisen Männer geführt hätten, wären nur in einem besonderen Vertrauensverhältnis unter dem Siegel absoluter Verschwiegenheit möglich gewesen.

Dass man solch modern anmutenden Gedanken mit Menschen des Mittelalters in Verbindung bringt, wie es in diesem Roman gemacht wird, kann man vermutlich als einen Anachronismus bezeichnen. Mein Buch ist geschrieben für die Leser dieses Jahrhunderts, und die Lehren, die wir heute aus den fürchterlichen Folgen des christlichen Antijudaismus ziehen mussten, haben während des Schreibprozesses sicherlich mitgewirkt.

Ein Roman über ein so komplexes Thema kann trotz intensiver Recherche nicht fehlerfrei sein. Dies gilt um so mehr, da ich kein ausgebildeter Historiker oder Theologe bin. Falls Fehler vom Leser bemerkt werden sollten, bitte ich darum, den Verlag darüber zu unterrichten. Diese Fehler werden in Nachauflagen korrigiert. Dafür bereits im Vorhinein mein Dank.

Wie viele der Mainzer Juden den 27. Mai des Jahres 1096 n. Chr. überlebt haben, wird man vermutlich niemals wissen können. Womöglich gab es damals einen Rabbi, der wie Chaim für das Überleben seiner Mitbrüder und -schwestern gekämpft hat, und auch einen Domdekan, dem das Überleben der Menschen wichtiger als rituelle Vorschriften war.

So hätte ich es mir auf jeden Fall gewünscht.

Zitate, Geschichten und Vermischtes

(S. 8) **Präambel:** Der Text »Warum verdunkelte sich nicht auch da der Himmel …« stammt, wie auch viele andere Zitate, die in den Roman eingeflossen sind, aus der Übersetzung der jüdischen Chroniken von Seligmann Baer aus dem Jahre 1892: »Hebräische Berichte über die Judenverfolgungen während der Kreuzzüge. Im Auftrage der Historischen Commission für Geschichte der Juden in Deutschland«, hrsg. von Adolf Neubauer und Moritz Stern, ins Deutsche übers. von S. Baer. Berlin. Verlag Leonhard Simion (1892), im Folgenden referiert als (Baer [1892]). Der zitierte Text findet sich dort auf S. 98.

Prolog

(S. 13) **Johanniskirche:** Die Johanniskirche steht immer noch in Mainz. Keine fünfhundert Meter entfernt liegt die Sankt-Stephans-Kirche, deren Glasfenster von einem Juden entworfen wurden: Im Jahre 1978 wurde das erste Fenster von Marc Chagall dem Bistum Mainz übergeben, es hatte den Titel »Vision vom Gott der Väter«. Heute schmücken neun Fenster dieses großen jüdischen Künstlers des 20. Jahrhunderts die Sankt-Stephans-Kirche.

Teil I: Schatten aus dem Süden

(S. 17) **Selichah:** Eine Selichah ist ein liturgisches Gebet oder Gedicht, das zur Buße oder Reue bei jüdischen Gottesdiensten an wichtigen Feiertagen vorgetragen wird. Im Zusammenhang mit den Ereignissen aus dem Jahre 1096 sind viele Selichoth entstanden. Die Selichah, die den Teilen I–X vorgeschaltet ist, beginnt mit den Worten »Die Stimme, die so wimmert« und wurde von Kalonymos ben Jehuda verfasst, einem Zeugen der in dem Roman beschriebenen Verfolgungen. Die im Roman benutzte Version stammt aus einem jüdischen Gebetsbuch von W. Heidenheim aus dem Jahre 1888, S. 573 f.

(S. 20) **Das Problem des Kratzens von Zacharias' Bart:** Zu dem in der Eingangsszene genannten Problem des Bartwuchses von Rachels Mann hat mich die mittelalterliche Geschichte »Von einem Reichen, der in Speyer für das Scheren seines Bartes im Jenseits bestraft und durch Jehuda Hasid aus dem Ghinnom (Fegefeuer) gerettet wurde« bewegt. Siehe Karl E. Grözinger, »Jerusalem am Rhein – Jüdische Geschichten aus Speyer, Worms und Mainz«. Worms. Worms Verlag 2018, S. 98.

(S. 37 und S. 75) **Psalm 104:** Der Psalm, an dem Chaim und Raimund zusammen arbeiten, basiert auf einer Übersetzung von Peter Fahr, die er mir freundlicherweise zur Verfügung gestellt hat. Peter Fahr arbeitet an einer Bibelausgabe, die »zum Schmökern« einlädt. Vier Bücher sind bereits im Turmhut-Verlag erschienen, darunter die Torah und die Erzählungen aus dem Neuen Testament.

(S. 47 ff.) **Der Brief der speyerischen Gemeinde:** In den Brief an die Mainzer Glaubensbrüder und -schwestern sind einzelne Worte, zum Beispiel Schmähworte, und auch ganze Zitate aus den Chroniken eingeflochten, in denen die Verfolgungen in Speyer

beschrieben werden (siehe Baer [1892] S. 82 f. und S. 171 f.). Die Zitate sind: »Sie hefteten das verwerfliche Zeichen ... Fläche des Erdbodens« (Baer [1892] S. 82), »seine Gebeine mögen in einer eisernen Mühle zermalmt werden« (Baer [1892] S. 82) und »Als sie nun auf ihrem Zuge ...« (Baer [1892] S. 82 f.).

(u. a. S. 48, S. 54) **Jüdische Schmähworte:** Die Schmähwörter, die einige Juden für christliche Begriffe im Roman benutzen (zum Beispiel »der gehängte Bastard« *[S. 48 im Roman]* für Jesus, »Haus der Unreinheit« *[S. 54]* für eine Kirche, »Haus der Schande« *[S. 48]* für das Heilige Grab oder »beschmutzen« für taufen beziehungsweise »übel riechendes Wasser« für das Taufwasser *[S. 54]*), sind der Übersetzung von Baer entnommen (siehe insbesondere Baer [1892], S. XXVII f.). Der Übersetzer scheute sich davor, diese Schmähwörter in der Chronik selbst zu benutzen, und ersetzte sie im Text durch neutralere Begriffe, machte jedoch in Fußnoten und im Vorwort auf die ursprünglichen, sehr viel negativeren Formulierungen aufmerksam.

(S. 69 f. und S. 396 f.) **Achtzehngebet:** Das Achtzehngebet, das Chaim in Teil I betet (S. 69 f.), stammt aus dem Sidur Sefat Emet, das bei der Goldschmidt Basel AG erscheint. Es gibt eine Vielzahl verschiedener Fassungen dieses Gebets. Auch die in Teil VI von Mosche vorgetragene Version stammt aus dem Sidur Sefat Emet, abgesehen jedoch in den Passagen, in denen Chaim von Mosche abweicht. Dort trägt Chaim die Version aus dem Sidur Sefat Emet vor und Mosche eine andere sehr scharfe Version. Siehe dazu auch den Artikel von Günter Reim (2005), »Birkat ha-Minim – ein jüdisches Gebet wird entfeindet« (www.evangelium-johannes.de/je7/de/node/207).

Teil II: Schlimme Botschaften

(S. 94) **Fürbitte des heiligen Viktor:** Die Fürbitte »Allmächtiger, ewiger Gott, Du hast dem heiligen Viktor …«, die über dem Bett von Dompropst Manfried angebracht ist, stammt aus dem katholischen Gebets- und Gesangsbuch aus dem Jahre 1975 (Gotteslob Nr. 809 im Diözesanhang des Bistums Münster).

(S. 110 f.) **Kreuzfahrerlied:** Das Lied, das die Mönche auf dem Weg nach Mainz singen, stammt von Walther von der Vogelweide, der erst 70 Jahre nach dem Ersten Kreuzzug geboren wurde. In der Strophe »Christen, Juden und Heiden behaupten, dass dies ihr Erbe …« formuliert von der Vogelweide den Anspruch, dass das Heilige Land für das Christentum erobert werden soll, ganz im Sinne der Propaganda der Kreuzfahrer. Der Text ist eine leichte Abwandlung der Übersetzung von Prof. Hermann Reichert.

(S. 152 f.) **Rotkuttes Rede:** In seiner Rede im römischen Theater benutzt Rotkutte Zitate aus einer Osterpredigt von Melito von Sardes, ein Bischof, der im zweiten Jahrhundert in Smyrna (nun Izmir, Türkei) gewirkt hat. »Welch schlimmes Unrecht …«, »Den, der dich verherrlichte …«, »Was hast du getan, o Israel«, »Getötet hast du den Herrn inmitten Jerusalems!«, »Unerhörter Mord …«, »Der, der die Erde aufhing …«, »Der Herr – ist geschmäht worden«, »Der Gott – ist getötet …«, »Oh, des unerhörten Mordes! …«.

In Melitos Predigt ist zum ersten Mal der Vorwurf des Gottesmords belegt. Die Predigt ist in einer Zeit starker Konflikte zwischen den lokalen jüdischen und christlichen Gemeinden entstanden, in denen vermutlich auch um heidnische Konvertiten konkurriert wurde.

Rotkuttes Zitate aus Melitos Predigt stammen aus: H. Schreckenberg, »Die christlichen Adversus-Judeaos-Texte und ihr literarisches und historisches Umfeld (1.-11. Jh.)«. Frankfurt a. M. u. a. Peter Lang GmbH, Internationaler Verlag der Wissenschaften, 1982.

Teil III: Die Schlingenleger

(S. 172) **Gottbescheißerle:** »Herrgottsbscheißerle« ist eine Bezeichnung für die schwäbischen Maultaschen. Ein Laienbruder aus dem Kloster Maulbronn soll während der Fastenzeit das Fleisch vor dem Herrgott in einem Teigmantel versteckt haben wollen (siehe Elke Knittel: »Wie Jakob die Maultasche erfand«. Mamaverlag 1986).

(S. 183) **Willigistür:** Die zwei Flügel dieser Tür, die vom Dom zum Marktplatz führt, wurden Anfang des 11. Jahrhunderts vollständig aus Bronze gegossen, eine enorme Leistung für die damalige Zeit. Im Roman und auch heute befindet sich diese Tür am Ausgang zum Marktplatz. Zur Zeit, in der der Roman spielt, war dies jedoch aller Wahrscheinlichkeit nach nicht der Fall, man hätte einen solchen »Nebeneingang« nicht mit so einer kostbaren Tür ausgestattet. Ich hoffe, der Leser wird mir diesen bewussten Anachronismus (und auch die anderen Anachronismen) nachsehen.

(S. 195) **Anzahl der Kelche auf dem Altar:** Der Missionar Winfried-Bonifatius (672–754) erkundigte sich beim damaligen Papst, »ob bei einer Messe zwei oder drei Kelche auf dem Altar stehen dürfen, wo genau die Kreuzzeichen beim Eucharistiegebet gemacht werden müssen und ob eine Taufe bei grammatikalisch verunglückter Formel gültig sei«. Siehe Jürgen Bärsch, »Kleine Geschichte des christlichen Gottesdienstes«. Verlag Friedrich Pustet 2017. S. 68.

Teil IV: Murmelspiele

(S. 274) **Wirksamkeit der Gebete bei der Wandlung:** Der Moment der Wandlung des Brotes und Weines in den Leib und das Blut Christi im Gottesdienst wurde, wie es auch Peter und die Domherren annehmen, von den Gläubigen des Mittelalters als besonders wirksam für ihre Gebete angesehen (siehe Jürgen Bärschs Buch »Kleine Geschichte des christlichen Gottesdienstes« auf S. 79).

(S. 274 und S. 277) **Wandlungsworte:** Die Worte, die Bischof Ruthard vor der Transsubstantiation im Gottesdienst spricht, wurden mir freundlicherweise von Prof. Jürgen Bärsch zur Verfügung gestellt.

Teil V: Die Stunde der Wut

(S. 301 ff.) **Der Kinderleichnam:** Nach einer der Chroniken wurden die Städter mit Hilfe eines Leichnams gegen die Juden aufgehetzt. Auf S. 172 in Baer (1892) heißt es: »Sie holten einen schon vor 30 Tagen begrabenen Leichnam herbei, trugen ihn in der Stadt herum und riefen: ›Sehet, was die Juden an unseren Nachbaren verübt haben! Sie haben einen Christen im Wasser gebrüht und das Wasser dann in unsere Brunnen geschüttet, um dadurch uns zu töten.‹«

Ob eine Verbindung zur Ritualmordlüge, wie es im Roman in der Präparierung des Kinderleichnams angedeutet ist und auch in den Aussagen einiger Städter anklingt, bereits in dem im obigen Zitat beschriebenen Ereignis besteht, ist jedoch unklar. Israel Yuval deutet in seinem Buch »Zwei Völker in deinem Leib« (S. 190) die Möglichkeit an, dass eine frühe Version der

Ritualmordlüge bereits vorliegen könnte, die später in ausgeprägter Form in Norwich und Würzburg nachgewiesen wurde. Ein Kind als Opfer des Ritualmords, die Verletzung des Penis (als eine Art Zwangsbeschneidung) und die Stiche im Körper des Kindes stellen jedoch sehr viel spätere Auskleidungen der Ritualmordlüge dar, wie zum Beispiel im Falle des Simon von Trient aus dem Jahre 1475 (siehe auch die entsprechende Diskussion im Nachwort).

Teil VI: Verhandlungen und gutes Handwerk

(S. 395 f.) **Psalm 139:** Die Übersetzung des Psalms 139 (»Du hast mich erforscht ...« und »Und wenn ich sagte, ach ...«), den Mosche für die Gemeinde singt, stammt – wie die Übersetzung von Psalm 104 in Teil I – von Peter Fahr.

(S. 401 ff.) **Zitate in Bezug auf die Selbstopferung:** In den Dialog von Mosche mit seiner Gemeinde, in der Chaims älterer Kollege unter der gegebenen Bedrohung für die Selbst- und gegenseitigen Tötungen plädiert, sind Zitate aus dem Bericht des Salomo bar Simeon, einem der jüdischen Chronisten, eingearbeitet: »Jeder, der ein Schlachtmesser besitzt ...« (Baer [1892], S. 96), »Mein Herr! Wenn ich mich ...« (ebd., S. 126), »Du wirst in der Gesellschaft der übrigen frommen ...« (ebd., S. 126), »Es ist das Beste, unser Leben zum Opfer zu bringen.« (ebd., S. 97), »Wir werden fortleben, unsere Seelen ...«, »Es wechselt ihm ...« (ebd., S. 96), »Möge uns das Blut seiner Frommen ...« (ebd., S. 115), »Lasset uns unser Blut wie Wasser auf die Erde ...« (ebd., S. 116), »Niemand schone sich oder seinen Nächsten ...« (ebd., S. 125), »Wir wollen uns selbst als Opfer des Ewigen darbringen ...« (ebd., S. 125).

(S. 408 ff.) **Debatte zwischen Chaim und Mosche:** Mosches Aufrufe zu den Selbsttötungen sind nicht unumstritten im Judentum. Die Auseinandersetzung zwischen Chaim und Mosche spiegelt die Spannung zwischen dem hohen Gut des Lebens und dem Gut der jüdischen Identität wieder. Die Argumente der Debatte sind weitgehend dem ersten Kapitel von Jeremy Cohens Buch »Sanctifying the Name of God – Jewish Martyrs and Jewish Memories of the First Crusade« entnommen.

Unter anderem mit Bezug auf 3. Mose 18,5 macht Chaim seine Gemeinde zunächst auf den hohen Wert des Lebens in den jüdischen Schriften aufmerksam. Selbstmord ist eine Sünde im Judentum, führt er aus, umso mehr noch die Tötung eines anderen.

Mosche argumentiert dagegen mit Hinweis auf einen babylonischen nach-talmudischen Kommentar (She'iltot 42, 3:40–48), dass in drei Fällen der Tod auf sich genommen werden soll, und zwar bei: Götzendienst, Inzest und Mord (siehe oben genanntes Buch von Cohen, S. 20 f.).

Chaim weist daraufhin auf die Beschneidung als Zeichen des Judeseins hin, das selbst nach einer Taufe noch sichtbar bleibt. »Wie David im Badehaus …« Dabei bezieht er sich auf einen Kommentar über den Psalm 119, Vers 162 des bekannten Rabbis Raschi, der zwischen 1055 und 1065 in Mainz und Worms gewirkt hat (siehe Cohens Buch, S. 85).

Chaim zitiert weiterhin den Talmud (Temurah 14b), als er sagt: »Besser, wenn ein Buchstabe der Torah entwurzelt wird, als dass die Heilige Schrift zur Gänze vergessen wird. Indem man gegen die Torah verstößt, mag es möglich sein, die Situation wieder in Ordnung zu bringen.« (siehe Cohens Buch, S. 84)

(S. 411) **Kalonymos' Aufruf:** Der Parnas beendet die Debatte zwischen Chaim und Mosche und fordert seine Gemeinde mit dem Aufruf »Der Ewige ist unser Gott, der Ewige ist einzig« zur Einheit auf. Er verkündet also ein Bekenntnis zum Monotheismus im Gegensatz zu der kirchlichen Spaltung Gottes in

Vater, Sohn und Heiligen Geist. Diese oder ähnliche Formulierungen tauchen mehrfach in den Chroniken auf, siehe zum Beispiel (Baer [1892], S. 100).

(S. 422 f.) **Das Decretum Burchardi und das Speyrer Judenprivileg:** In der Debatte zwischen Rotkutte, Raimund, Chaim und dem Bischof wird auf das Decretum Burchardi verwiesen, eine Rechtssammlung von unter anderem Konzilsbeschlüssen, die unter dem Wormser Bischof Burchard (um 965–1025) erstellt wurde. Diese wurde von Rotkutte und Raimund jedoch unterschiedlich zitiert.

Das Decretum Burchardi untersagt zunächst die Zwangstaufe an Juden. Jedoch bestimmt es, dass diejenigen Juden, die bereits getauft sind – auch wenn dies mit Gewalt geschah – Christen bleiben müssen. Auch für die *getauften* Kinder galt, dass Sie ihren jüdischen Eltern entzogen und zum Beispiel in Klöstern untergebracht werden sollten. Es gab jedoch auch Formulierungen, in denen auf den Zusatz »getauften« verzichtet wurde. So wurde eine Rechtsgrundlage für die Entziehung der jüdischen Kinder von ihren Eltern geschaffen, auf die sich die Kreuzfahrer beziehen konnten, wie es auch Rotkutte tut (zur näheren Diskussion siehe Lotter 1992, S. 115 f.).

Die Juden hatten also berechtigte Angst, von ihren Kindern mit Gewalt getrennt zu werden. Das Speyerische Judenprivileg von Heinrich IV. aus dem Jahre 1090 bestimmt, dass Juden nicht zwangsgetauft werden durften. Weiterhin wurde für den Fall, dass ein Jude sich taufen lassen wollte, eine Frist von drei Tagen zwischen der Willensbekundung und der Taufe festgelegt, damit eine Nötigung ausgeschlossen werden konnte.

(S. 424) **Tertullian über das Taufwasser:** Die beiden Tertullianzitate »Denn es kommt sofort der Geist vom Himmel ...« und »Also wird, nachdem die Gewässer ...« drücken ein für die Zeit des römischen Reiches und des Mittelalters typisches

magisches Denken in Verbindung mit dem Taufwasser aus. Der persönlichen Einstellung zur Taufe kam nur noch eine untergeordnete Bedeutung zu, der richtige Taufspruch und die korrekte Handhabung des Taufwassers waren dagegen von entscheidender Wichtigkeit. Die Tertullianzitate stammen aus:»Tertulllians sämtliche Schriften. Aus dem Lateinischen übersetzt von Dr. Karl Heinrich Ad. Kellner. Erster Band: Die apologetischen und praktischen Schriften.« Verlag der DuMont-Schauberg'schen Buchhandlung. Köln 1882. S. 44.

(S. 428 f.) **Wiegenlied:** Das Lied »Schlaf, mein Vögelchen …« ist ein jiddisches Wiegenlied aus dem 19. Jahrhundert, im Original »Shlof main fegele«. Die Übersetzung der letzten Zeile des Liedes wurde mir von Herrn Rosenkranz freundlicherweise zur Verfügung gestellt.

Teil VII: Die Leuchte des Exils

(S. 433) **Zerstörung des Tempels im Talmud:** Die Frage, warum der Tempel von den Römern zerstört wurde, die David mit seinem Vater diskutiert hatte, wird im Talmud im Traktat Schabbat 119b behandelt.

(S. 449) **Begleitworte:** Die Begleitworte zur Salbung wurden mir von Prof. Jürgen Bärsch zur Verfügung gestellt.

(S. 455 und S. 459) **Chaims Gebet:** Das Gebet, welches Chaim zusammen mit Raimund spricht (»Gedenke des Bundes mit Abraham …«, »Lang her ist jede Prophetie …«, »Herr, gedenke der Erschlagenen …«, »Wende das Geschick der Zelte Jakobs …«), stammt von Rabbi Gerschom bar Jehuda, von dem

auch die Takkanoth stammen, die Chaim unter den geretteten Dokumenten findet. Noch heute wird dieses Gebet am Jim Kippur in den Synagogen gesprochen. Die im Roman wiedergegebene Version stammt aus dem Artikel von Günter Mayer »Rabbenu Gerschom bar Jehuda Meor ha-gola – Unser Lehrer Gerschom, Jehudas Sohn, die Leuchte des Exils« aus dem Heft »Juden in Mainz«, dem Katalog zur Ausstellung im November 1978.

(S. 461) **Die Leuchte des Exils:** Gerschom ben Jehuda (um 960 – 1028/1040) war ein jüdischer Talmudgelehrter, der viele Takkanoth (Rechtsordnungen) verfasst hat, unter anderem Takannoth über das Briefgeheimnis, über die Scheidung und gegen die Polygamie. Auch die Takkanah über die Behandlung Zwangsgetaufter, die Chaim zusammen mit Raimund im Zimmer von Dompropst Manfried findet, geht vermutlich auf Gerschom zurück. Sein Beiname »Leuchte des Exils« drückt die Wertschätzung aus, die dieser Mainzer Gelehrte genoss. Die in den SchUM-Städten Speyer, Worms und Mainz verfassten Rechtssatzungen hatten Bedeutung für das ganze europäische Judentum.

(S. 465) **Gerschoms Takkanah über die Zwangstaufe:** Gerschoms Takkanah über die Zwangstaufen ist entscheidend für Chaims und Raimunds weitere Handlungen und ist im Nachwort im Detail diskutiert. Die im Roman benutzte Formulierung stammt aus dem Buch von Rainer Josef Barzen »Taqqanot Qehillot Šum. Die Rechtssatzungen der jüdischen Gemeinden Mainz, Worms und Speyer im hohen und späten Mittelalter. Monumenta Germaniae Historica – Hebräische Texte aus dem mittelalterlichen Deutschland Band 2«. Harrassowitz-Verlag, Wiesbaden 2019.

Teil VIII: Rachels Opfer

(S. 492 ff.) **Rachels Kindstötungen:** In die Szene, in der Rachel
aus Verzweiflung ihre zwei Jüngsten tötet, sind Zitate aus der
Chronik von Salomo bar Simeon eingearbeitet (Baer [1892],
S. 101 f.): »Ich habe vier Kinder; auch diese …«, »Wo ist Deine
frühere Gnade, Herr?« »Schlachte nicht Isaak …«, »Mutter,
schlachte mich nicht!«, »Aaron, wo bist du?«, »Auch dich kann
ich nicht schonen, kann mich deiner nicht erbarmen.«
 Wie im Nachwort ausgeführt, ist die Szene im Roman jedoch
dahin gehend verändert, dass Rachel nicht wie in den Chroniken alle vier Kinder tötet, da Chaim und die Gemeinde dazwischengehen. Die jüdischen Chroniken sind sicherlich idealisierte
Darstellungen des Geschehens, wobei aber gerade in der Rachel-
szene die ganze Grausamkeit der Kindstötung deutlich wird.

(S. 507 f.) **Mosches Aufruf vom Dach des Turmes:** Mosches
Aufruf »Lasset uns das Dankgebet über die Speise sprechen …«
ist auch der Chronik von Salomo bar Simeon entnommen (Baer
[1892], S. 124).

(S. 508 und S. 531) **Abdeckung des Brunnens:** In den Chroniken
wird berichtet, dass die Beamten des Trierer Bischofs die Brunnen abgedeckt haben, da sie fürchteten, dass jüdische Frauen
ihre Kinder dort hineinwerfen könnten (Baer [1892], S. 136).

(S. 509 f.) **Der Tod des Kalonymos:** In den Chroniken werden
verschiedene Varianten des Todes von Kalonymos beschrieben.
Nach einer wurde er von den Dienern des Bischofs erschlagen,
eine andere besagt, dass er sich selbst getötet hat, eine dritte, dass
er auf der Flucht von Feinden erschlagen wurde (Baer [1892],
S. 113).

Teil IX: Kiddusch ha-Schem

(S. 522 ff.) **Mosches Rede im Turm:** In Mosches Rede sind Zitate aus den Chroniken eingeflochten: »Höre, Israel, der ...« (Baer [1892], S. 100), »Deinetwegen werden wir täglich gewürgt ...« (ebd., S. 124), »Sie wurden getötet und geschlachtet ...« (ebd., S. 98), »Ihr Verdienst und das Verdienst ...« (ebd., S. 127), »Dass er bald in unseren Tagen ...« (ebd., S. 127), »Der Herr der Vergeltung räche ...« (ebd., S. 136 f.).

In den Zitaten und auch in dem Szenenaufbau gibt es zahlreiche Anspielungen auf Vermischungen von christlichen und jüdischen Motiven in Bezug auf das Märtyrertum. Cohen geht darauf insbesondere im zehnten Kapitel seines Buches »Sanctifying the Name of God« ein.

Teil XI: Die Tage danach

(S. 535) **Selichah:** Auch der Ausschnitt aus dieser Selichah, die mit den Worten »Wie ein Armer flehe ich« beginnt, ist dem jüdischen Gebetbuch von W. Heidenheim aus dem Jahre 1888 (S. 247) entnommen.

(S. 541 f. und 545 ff.) **Der Brand der Synagoge:** Nach den Chroniken (Baer [1892], S. 105 f. und S. 158 f.) wurde die Mainzer Synagoge von Mar Isac dem Frommen in Brand gesetzt. Ein anderer Mann, Mar Uri, war in den Plan eingeweiht. Aus der Synagoge sollte ein Münzhaus gemacht werden, wie es Rachel von ihrer Freundin Elischewa zu wissen bekommt. Mar Isac starb in den Flammen, nachdem er seine Kinder getötet hatte.

Das Zitat »In Seine Hand will ich fallen ...« (Baer [1892], S. 105) stammt aus den Chroniken.

(S. 553 ff.) **Mikwe in Speyer:** Die Mikwe, in die Jehudith sich begibt, ist derjenigen von Speyer nachempfunden, die auch heute noch zu besichtigen ist. Diese wurde jedoch erst Anfang des 12. Jahrhunderts erbaut. Jehudith hätte also vermutlich dort das Reinigungsbad nicht in der Form, wie es im Roman beschrieben ist, erleben können.

Epilog

(S. 581) **Schlitze in der Wand zur Männersynagoge:** In Speyer stehen – angeschlossen an die mittelalterliche Synagoge für die Männer – die Überreste einer Frauensynagoge. Kleine horizontale Schlitze sind in den Wänden hin zur Männersynagoge eingefügt worden, um es den Frauen möglich zu machen, den Gottesdienst mitzuhören. Diese Frauensynagoge wurde jedoch erst um 1250 erbaut.

(S. 586) **Schluss des Markusevangeliums:** Die Unstimmigkeiten, die Raimund am Ende des Markusevangeliums ausmacht und mit Chaim bespricht, betreffen eine der bekanntesten nachträglichen Manipulationen in den Evangelien. In den meisten der ältesten Handschriften findet man den heute bekannten Schluss nicht. Er wurde nachträglich, wohl am Anfang des 2. Jahrhunderts, in vielen Bibelkopien hinzugefügt. Vermutlich waren einige Theologen mit dem ursprünglichen abrupten Ende des Markusevangeliums, das sich zu sehr von den anderen drei Evangelien unterschied, unzufrieden.

(S. 587) **Zitat von Gerd Theissen:** Der Satz »Heilige Schriften sind gefährliche Bücher« stammt aus der Schrift des Theologen Gerd Theissen: »Antijudaismus im Neuen Testament –

ein soziales Vorurteil in heiligen Schriften«. In: J. Thierfelder /
W. Wölfing (Hgg.): »Für ein neues Miteinander von Juden und
Christen«. Schriftenreihe der Pädagogischen Hochschule Hei-
delberg 27 S. 77–97.

Schlussbemerkungen:

In manchen der Zitate aus den jüdischen Quellen (zitiert nach
Baer [1892]) wurden einzelne Worte einer modernen Schreibweise angepasst, zuweilen auch die grammatische Zeitform. Weiterhin wurden zuweilen kleinere Wortumstellungen der Lesbar-
keit wegen vorgenommen, in seltenen Fällen auch Auslassungen
und kleinere nicht sinnentstellende Einfügungen innerhalb eines
Zitats.

Die meisten Bibelzitate – eventuell mit kleineren Abweichun-
gen – stammen aus der Martin-Luther-Übersetzung von 1912.

Danksagung

Viele Menschen haben mir bei der Arbeit an diesem Roman, die vor fünf Jahren begann, geholfen. Ihnen bin ich zu großem Dank verpflichtet.

Von jüdischer Seite hat Herr *Dr. Michael Rosenkranz,* Gemeinderatsvorsitzender der Jüdischen Gemeinde Bochum-Herne-Hattingen, den ganzen Text gründlich durchgesehen und kommentiert. Von christlicher Seite hat dies Herr *Dr. Klaus Schmidt* aus Mainz getan.

Erst die akribische Durchsicht von Herrn Rosenkranz und seine detaillierten Kommentare haben es mir ermöglicht, mich einem so komplexen Thema ernsthaft anzunähern. In besonderer Erinnerung sind mir die vielen Gesprächsnachmittage mit ihm und seiner Frau Maria Rosenkranz am Küchentisch ihres Hauses in Gelsenkirchen, an denen wir uns über Problemstellungen der Erzählung und Fragen des jüdisch-christlichen Dialogs ausgetauscht haben. Beiden bin ich zu großem Dank verpflichtet.

Herr Schmidt aus Mainz hat den kompletten Text durchgesehen und kommentiert und mir in vielen Treffen und Emails fundiertes Feedback zu den religiösen Problemstellungen gegeben. Sein großes Wissen über die Geschichte von Mainz und seine vielen Literaturhinweise haben mir geholfen, die notwendige fachliche Expertise für ein solches Projekt zu erwerben. Seine offene Art, in der er seinen katholischen Glauben lebt und Brücken zu anderen Religionsauffassungen baut, beeindruckt mich tief.

Frau *Dr. Cora Hermann,* Historikerin und Mitglied der Jüdischen Gemeinde Köln, danke ich für ihre gründliche Durchsicht des Romans und ihr detailliertes Feedback insbesondere zu rituellen und historischen Fragen. Herrn *Dr. Wenzel Maximilian Widenka* von der Katholischen Universität Eichstätt-Ingolstadt gebührt mein Dank für sein ausführliches Feedback insbesondere zu Fragen des christlichen und jüdischen Märtyrerverständnisses. *Dr. Peter Waldmann*, Stellvertretender Vorsitzender der Jüdischen Gemeinde Mainz, danke ich für seine Erklärungen zu den SchUM-Städten in Zusammenhang mit einer Führung durch die neue Mainzer Synagoge. *Prof. Dr. Wolfgang Dobras* vom Stadtarchiv Mainz bin ich für seine Erklärungen über die mittelalterliche Stadtgeschichte von Mainz zu Dank verpflichtet.

Bei Herrn *Dr. Rainer Josef Barzen* möchte ich mich für seine Hinweise zur Takkanah Gerschoms bedanken und zu seinen Kommentaren zum Nachwort des Romans. *Prof. Dr. Henrix*, Vorstandsmitglied der Adalbert-Stiftung-Krefeld und Vertreter der Deutschen Bischofskonferenz im Beirat der Internationalen Martin-Buber-Stiftung, danke ich für seine kompetenten Kommentare und sein einfühlsames Verstehen der Erzählung. Frau *Julia Brandt* danke ich für Informationen zur Mainzer Stadtmauer im Mittelalter. *Philip Blüdnikow* von dem Jødiske Samfund Danmark danke ich für seine Hilfe ganz am Anfang meiner Arbeit an dem Roman und insbesondere dafür, dass er mich auf Jeremy Cohens Arbeit über die Pogrome aufmerksam gemacht hat. *Professor Jeremy Cohen* danke ich für seine kritische Rückmeldung zum Plot der Geschichte. Mein Dank gilt *Professor Jürgen Bärsch*, der mir in Bezug auf mittelalterliche Gottesdienste wertvolle Hinweise gegeben hat. Herrn *Dr. Günter Reim* danke ich für seine ausführlichen Kommentare zum Achtzehngebet.

Meiner Lektorin bei der Textmanufaktur *Ulla Mothes* bin ich zu großem Dank für ihre kritisch-konstruktiven Kommentare zu meinem Schreiben und der Struktur des Buches verpflichtet. Ohne ihr Feedback wäre eine erfolgreiche Vermittlung an einen Verlag kaum möglich gewesen. Meinem Lektor beim Gmeiner-

Verlag Herrn *Daniel Abt* danke ich für seine gründliche Bearbeitung und die konstruktive Zusammenarbeit. *Frau Anne-Katrin Weise* und *Frau Beate Riess* danke ich dafür, dass Sie mich als Debütanten aus dem Wust der Romaneinreichungen herausgepickt und den Weg zu einer Veröffentlichung in einem Publikumsverlag geebnet haben. *Lisa Kuppler* und *Carlo Feber* bin ich für Ihre Geduld und Hilfe bei meinen ersten unbeholfenen Schreibversuchen bei den Seminaren am Nordkolleg Rendsburg zu Dank verpflichtet.

Meiner Freundin aus Schultagen *Michaele Reuys* danke ich für ihr profundes und ermutigendes Feedback über all die Jahre des Schreibens an dem Roman. Insbesondere gilt ihr mein Dank dafür, dass sie meine Liebe zur Literatur wiederentfacht hat. Pastor *Peter Fahr* danke ich dafür, dass er mir seine Übersetzungen der Psalmen 104 und 139 zur Verfügung gestellt hat. *Andrea Hensgen* und *Joachim Pietzsch* danke ich für ihr Feedback zu Teilen des Romans in frühen Phasen des Schreibens, *Gabriele Heesen* danke ich für ihr gründliches Lesen kurz vor Fertigstellung des Romans.

Meinem *Herzsonnenschein* danke ich für all ihre Liebe und Unterstützung.

Inhalt

Präambel 7

Dramatis Personae 10

Prolog 13

Teil I: Schatten aus dem Süden 18

Teil II: Schlimme Botschaften 84

Teil III: Die Schlingenleger 166

Teil IV: Murmelspiele 240

Teil V: Die Stunde der Wut 299

Teil VI: Verhandlungen und gutes Handwerk 389

Teil VII: Die Leuchte des Exils 433

Teil VIII: Rachels Opfer 474

Teil IX: Kiddusch ha-Schem 512

Teil X: Der Befehl des Domdekans 527

Teil XI: Die Tage danach 536

Epilog 562

Glossar 589

Nachbemerkungen des Autors 595

Copyright

stamm aus: H. Schreckenberg, »Die christlichen Adversus-Judeaos-Texte und ihr literarisches und historisches Umfeld (1.-11. Jh.)«. Frankfurt a. M. u. a. Peter Lang GmbH, Internationaler Verlag der Wissenschaften, 1982.

S. 423: »*Niemand soll es wagen, ihre Söhne und Töchter gegen ihren Willen zu taufen.*« Übersetzung aus: »›Wie es umb der iuden recht stet‹. Der Status der Juden in spätmittelalterlichen Rechtsbüchern« von Christine Magin, ursprünglich erschienen beim Wallenstein Verlag, 1994. Mit freundlicher Genehmigung der Autorin.

S. 455 und 458: Die Gebetsstrophen, die Chaim betet, »*Gedenke des Bundes ...*«, »*Lang her ist jede Prophetie*«, »*Herr, gedenke der Erschlagenen ...*«, und »*Wende das Geschick ...*« stammen aus dem Werk: Günter Mayer, »Rabbenu Gerschom bar Jehuda Meor ha-gola – Unser Lehrer Gerschom, Jehudas Sohn, die Leuchte des Exils«. In: Schütz, Friedrich, Schmidt-Heinike, Valy (eds.), »Juden in Mainz. Katalog zur Ausstellung der Stadt Mainz im Rathaus-Foyer.« November 1978. Maguncia. Mainz Stadtverwaltung, 1978. Mit freundlicher Genehmigung der Stadtverwaltung Mainz.

S. 465: »*Eine Rechtssatzung unter Androhung ...*« Die Übersetzung der Überschrift der Takkanah stammt von Rainer Josef Barzen.
© Rainer Josef Barzen (Hg.), »Taqqanot Qehillot Šum. Die Rechtssatzungen der jüdischen Gemeinden Mainz, Worms und Speyer im hohen und späten Mittelalter. 2 Bände = Monumenta Germaniae Historica. Hebräische Texte aus dem mittelalterlichen Deutschland, Band 2«. Harrassowitz, Wiesbaden 2019. Mit freundlicher Genehmigung des Harrassowitz-Verlags.

S. 586: Raimunds Satz »Heilige Schriften sind gefährliche Bücher« ist entnommen aus Gerd Theissen: »Antijudaismus im Neuen Testament – Ein soziales Vorurteil in heiligen Schriften. in: J. Thierfelder / W. Wölfing (Hg.): Für ein neues Miteinander von Juden und Christen«. Schriftenreihe der Pädagogischen Hochschule Heidelberg 27

© 1996 Deutscher Studien Verlag in der Verlagsgruppe Beltz. Weinheim Basel.

DIE NEUEN Lieblings-plätze